日　本
古代史

鄭樑生　著

三民書局

二版說明

　　鄭樑生教授是日本史與中日、中琉關係史的權威。鄭教授在《日本古代史》中，將日本史從史前時代至平安時代的歷史進行了貫通性的梳理，全盤地探討日本古代文明的文化、社會、政治、經濟等各領域。

　　日本受到地理環境的限制，文明開化的進程相當緩慢，直到外來文明的刺激下，日本文明才有跳躍性的發展。融合了外來與本土文化的日本，在奈良時代綻放出璀璨的天平文化。雖然日本古代國家沒落了，但日本古代王朝獨特的優秀文化，仍長久地保存下來，並成為後世日本文化的泉源。

　　本書引證大量日本學者的論著，配合圖片說明，讓人閱讀時能對日本史的源流與古代王朝的繁榮盛況有更深的體會，是一本能由淺入深帶領讀者了解日本古代史的優良著作。

　　此次再版，為符合現代出版潮流，本書除了調整內文間距及字體編排外，也重新設計版式，讓讀者能夠輕鬆、舒適的閱讀本書。

編輯部謹識

序

　　日本雖於近年發現了舊石器時代的遺物,但在新石器時代東渡的人類,卻未有接觸海外文化的機會,使日常生活緩慢地進步著,如此經過數千年,至西元前一世紀前後。當此之時,誇耀古代文化之精粹的希臘已經式微,即將進入羅馬帝國的強盛時代。就隔鄰之中國言之,當時不僅已建設了大漢帝國,而且在朝鮮半島擁有殖民地,綻放著燦爛的洛陽文化。

　　日本人的祖先受到這種文化的影響,方才邁入農耕生活,逐漸瞭解金屬器具的用法。結果,社會急速發達,在各地出現豪族,使許多小國家分立。迄至三世紀末,以那些小國家之一的王室為中心,形成了大和國家。此國家至五世紀時已有長足的進步與充實,使列島上的諸小國大都服從於它。到了七世紀後半,則斷然從事大化革新,確立以唐之律令為藍本之集權統治機構。於是日本便以首都奈良為中心,迎接古代國家之繁榮時代,受到以唐為中心之世界文化之影響,結出天平文化的花果。然此國家因成為其基礎的班田制度崩潰而逐漸發生動搖,政治實權也旁落貴族之手。至十世紀中葉前後,出現了藤原氏之極盛時代。因此,遂陷地方政治於不顧,致其秩序也靠武裝化的地方豪族來維持。

　　十一世紀末時,以莊園為基礎的貴族政治,因武士之崛起而急速式微,政治實權遂轉移到院廳之手——院政。在院政之下,武士棟樑之一的平氏日益增強其實力,終於掌握了政權。然公卿化的平氏政權無法長久維持,終於被在關東擁有地盤的源氏所擊倒。

　　日本古代國家的沒落,有如羅馬帝國之因受日耳曼民族之入侵而崩潰。

　　唯就如羅馬文化之支配歐洲中世之社會似的，日本古代王朝之文化因接觸大陸文明而築起了獨特的優秀文化，並且長久保持著它的傳統，成為後世文化的泉源。尤其在古代初期形成的天皇制，它雖然有過許多波折，卻能維持至今日，這在世界一百七十餘國中可謂無與倫比。

　　本書之撰述，凡戰前失真之論述均捨棄未用，完全以戰後之著作為藍本，尤其根據近年出版，且被日本學界所公認之新學說、新見解來立論。敘述時除注意其每一歷史事件之發生與其演變情形，亦即作為較深入、客觀之日本古代史外，以一介外國人的立場及觀點來論述，且兼及當時之東亞國際關係，與這種關係的演變對這個國家所造成之影響。至於大陸移民對彼邦的貢獻，日本人之獨特發展，大陸文化東傳以後對它所造成之影響與發展，也在探討之列。

　　要對一個國家，尤其對外國的古代史作廣泛而深入的瞭解，並非易事，取材也有其囿限。雖然如此，對所探討之問題，則儘可能說明其發生之經緯與其前因後果，並附若干圖表以為參考。同時也附難讀之人名、地名的日語羅馬拼音，以為對日文有興趣者之參考。如能因而對日本古代歷史有進一步的了解，那麼撰著本書的目的便達到了。

鄭樑生識

2006 年歲次丙戌仲春之月

淡江大學歷史學系

日本古代史

目次

第一章
日本之黎明

第一節　狩獵社會之發展與繩紋文化

一、史前文化之形成

　　日本位於歐亞大陸之東端，在太平洋西北形成弧狀列島。北自北緯四十五度的北海道起，南至北緯二十五度的沖繩為止，長約三千公里，氣候與景觀因緯度之不同而有異。日本雖係弧狀列島，卻非孤島，它從史前時代開始，即受到四周的種種影響。日本的國土有兩大特色，其一是四面環海，無論從哪一方面都可進入，外來文化與民族的進入路線非單一而係複數，因此混合了經由路線相異的各種各樣的文化。其二則因它位於歐亞大陸之盡頭，故其從北、西、南等幾條路線進來的文化到此以後，便無論進入之先後都被逐漸貯積起來，混合在一起而有如英國❶。

　　由北京猿人之出土可知，亞洲大陸在數十萬年以前已有人類。在此一時期，日本的國土尚與歐亞大陸連接著，因洪積世❷末期的氣候較今日溫

❶　樋口隆康，〈日本文化の源流〉，《圖說日本文化の歷史》，一（東京：小學館，1979）。

❷　洪積世 (diluvium)，地質時代之一，指新世代第四紀之前半，約一萬年前至兩萬年前。因地球上的冰河廣泛地發達著，所以也稱為冰河時代。

暖，所以在北海道一帶也有印度象的足跡。由於從各地發現了象、野牛、犀及其他哺乳動物的化石，所以如追蹤那些動物的來路，當可想像人類遷徙至此的情形。二次世界大戰後，群馬縣之岩宿地方及其他各地之洪積世與類似洪積世的地層裡，發現了似為當時人類所使用之石器，此石器雖具有舊石器時代的特性，只因它未與粗陶器同時出現，故稱為「無粗陶器文化」。不過此一地區經數次的陷沒與隆起等地殼變動，大致形成今日之列島形狀時，使用這種石器的人類到底如何至此則還不清楚❸。

　　那麼，在沖積世❹初期出現於這個島國的人種是什麼？如就考古學的觀點言之，此一人種所遺留的粗陶器，被認為可能是在本州中部以北，尤其從關東地方至東北地方大量出土的繩紋式粗陶器，如據人類學者的研究，使用這種粗陶器之人種與愛奴 (Ainu) 人或現今日本人有異，可視為其祖先型的特殊人種。當此人種分散到日本各地以後，又從各地方來了彼此不同的人種進行了混血，雖然如此，並未使日本石器時代人類的體質發生很大變化。近年則出現另一種說法，即環境之差異使體質發生變化，此一說法較混血說受重視。但無論如何，繩紋文化人本身已具有日本人之人種基礎。

　　上述日本原人到底從何處來？至今尚未探究明白。雖有就粗陶器之型式或語言特質，認為係從西伯利亞方面，經由撒哈林（Sakhalin，即庫頁島）或朝鮮半島，於西元紀元前 4、5,000 年遷徙至此的說法，並不確實。今日的日本民族絕非單一民族，乃是日本原人與從周圍各地遷徙至此的許多移民混血而成。其中，容或有因潮流關係，有南方之印度尼西亞族或內古利特 (Negritos)❺等民族東渡，然就地理上言，應是從大陸方面逐次遷徙

---

❸　豐田武，《概說日本史》（東京：大阪教育圖書出版社，1967），頁 3。

❹　沖積世 (alluvial epoch)，地質年代名。即第四世紀。新生代的一期，上接洪積期，今天地球的地貌開始於此期之末。

❺　黑色人種之一，身高一五〇公分以下。居住於非洲剛果盆地，及印度洋之安達曼群島 (Andoman Islands)、印尼、新幾內亞等地。

者為多。例如：與可能為日本原人所使用之繩紋粗陶器相對的，從京都、大阪、奈良一帶，及西日本等地卻出現不同的粗陶器——彌生 (Yayoi) 式粗陶器❻。而部分彌生式粗陶器，與後來之金屬器具文化銜接，發展成為「土師器」(Hajiki)❼，因此，彌生式粗陶器文化，實為日本文化之源流。彌生式粗陶器不僅與朝鮮有密切關聯，所有的金屬器具也都源自中國文化，所以日本古代的文化具有濃厚的北方要素。

二、繩紋文化之分期

在舊石器時代末期（西元前 11,000 年～10,000 年），除九州外，從中國❽、四國至北海道的廣大區域裡，傳播著以有舌尖頭器〔見圖一〕為代表的文化。此乃在槍尖的根部附有莖的石器，它們似被裝在長棒前端當作標槍來使用，係來自北方的文化。在同一時期，又有局部磨製的大型石斧出現而引人注目。那些石斧從長野縣神子柴 (Mikoshiba) 遺蹟出土而為數甚夥，之後則出現於東日本全域。它們俱為單刃而頗重，可能被用於伐木，故可認為當時的人們除狩獵外，也還從事採集。

九州雖未曾發現有舌尖頭器而只有細石刃，但在那些細石刃裡卻出現了日本最早的粗陶器。長崎縣北松浦郡之福井洞穴被確認有七個文化層，細石刃在第四、三、二層，其第三層又出現隆線紋粗陶器，經測定後知為

❻ 日本在其初期鐵器時代所使用未經上釉之粗陶器，因首次發現於東京都文京區向岡彌生，故有是名。西元前三世紀前後出現於九州北部，取代繩紋式粗陶器製作、使用於北海道以外的全國各地。至四世紀時發展成為「土師器」。有貯藏用甕、籩豆等型式。燒製時的溫度較繩紋式粗陶器高，器物表面塗赤色顏料，花紋簡略，有陰線紋、梳目紋、繩紋、凸帶紋等。

❼ 古墳時代以後，持續製造、使用沒有上釉的粗陶器直到奈良 (710～784)、平安 (794～1185) 時代為止。

❽ 此中國指瀨戶內海以北，日本海以南，京都、大阪以西之地，山口、廣島、岡山、兵庫、鳥取、島根諸縣屬之。

圖一　有舌尖頭器　因尖頭器之基部呈三角狀之莖，故有是名。被用作標鎗的前端。分布於九州外的全國各地。舊石器時代末期之石器。約一萬～一萬兩千年前。左側之長度為五點一公分。典據：《圖說日本文化の歷史》，一，頁 40。

西元前 12,700 年至 9,800 年之間的遺物。近年麻生優教授從長崎縣佐世保市之泉福寺洞穴發現了豆粒紋粗陶器，新潟縣小瀨澤 (Kosegasawa) 地方的遺蹟則除豆粒紋粗陶器外，又出現捺壓紋粗陶器，因此，日本最古老的粗陶器種類多而非單一❾。

　　前此日本學者通常將繩紋時代 (Zyōmonjidai)❿區分為草創期、早期、前期、中期、後期、晚期之六期，近年則有人提議將它劃分為如下之三期：

　　摸索期：約 13,000 年前至 10,000 年前，即前此所謂草創期。此一時期出現粗陶器、豎穴住居與繩紋式石器，係以準備階段式樣為中心。其時期約有三千年而變化緩慢，無住居遺址。

　　實驗期：約 10,000 年前至 6,300 年前，即前此所謂之早期。已有可謂為聚落的許多住居存在，正式開始以海洋資源為對象的漁業，並且在全國各地又增加許多不易搬動的粗陶器與石皿等，這雖表示已有定居一處的跡象，但並非長期的，乃是一再遷徙著，其遺址鮮有祭祀用遺物。

　　安定期：約 6,300 年前至 2,500 年前，即前此所謂之前、中、後期，係典型的繩紋文化繁榮時期，整個日本都以定居的聚落為中心，墓地也較安定。祭祀用遺物增加，令人感受到他們生活的安定與文化的成熟。不過中期以後的人口不僅未增加，反而有開始減少之現象，此當係因其狩獵採集

---

❾　樋口隆康，〈日本文化の源流〉，《圖說日本文化の歷史》，一。

❿　使用繩紋式粗陶器的時代。人類在日本列島開始使用粗陶器、磨製石器、弓矢的時代，持續至西元後而長達數千年之久。

表一：繩紋時代的時期區分

年代	六期區分	三期區分	粗陶器	時代特徵
	舊石器時代			
13,000 年前	草創期	草創期	圓底粗陶器	出現弓矢
10,000 年前	早期	實驗期	尖底粗陶器	出現貝塚、粗陶製人偶
6,300 年前				
	前期		平底粗陶器	出現獨木舟、原始農耕
5,000 年前	中期	安定期	火燄粗陶器	聚落的大規模
4,000 年前	後期		注口粗陶器	出現配石遺構
3,000 年前	晚期		龜岡粗陶器	出現水田
2,500 年前	彌生時代			

資料來源：泉拓良，〈繩文文化論〉，《倭國誕生》，頁 133。武光誠，《日本史の全貌》（東京：青春出版社，2004），頁 7。

經濟，或社會安定有其侷限所致❶❶。

三、繩紋期之住居與聚落

　　在草創期住居遺蹟所發現的聚落不多，僅有十餘處，其最多者為粥見井尻 (Kayumiijiri) 遺蹟的四棟❶❷，次為鹿兒島掃除山遺蹟之二棟。到了早期，即在實驗期聚落數目急速增加，構成聚落的住居數也隨之加多。不過大規模聚落繼續存在的時間短，其周圍亦復如此。九州南部則有大約九千五百年前的上野原 (Uenohara) 遺蹟❶❸，及加栗山 (Kakuriyama) 遺蹟❶❹出現

---

❶❶　泉拓良，〈繩文文化論〉，白石太一郎編，《倭國誕生》（東京：吉川弘文館，2002）。

❶❷　田村陽一編，《粥見井尻遺跡》，《關西の繩文住居發表要旨・資料集》（第一回關西繩文文化研究會，1999）。

❶❸　彌榮久志等，〈上野原遺跡〉，《鹿兒島縣立埋藏文化財發掘調查報告書》（鹿兒島縣立埋藏文化財センター，1997）。

由數十棟住居所形成之大規模聚落。如就其棟數言之,似乎已完成定居化,其實並無後繼者。此一時期的關東地方的聚落遺蹟雖增加,規模不大且多半沒有持續性。至於住居之擴及於東北地方和北海道,則係在此期後半。之後,便急速發達而連北海道也「繩紋化」❶❺。

　　就世界史的觀點言之,遠古時代的日本人定居的動向雖早,但在那以後的進展,卻較中東約晚兩千年。中東地區人士定居的開展之所以較日本早,其因固在中東人重視農耕,惟初期之農耕生產與繩紋的生產活動無甚軒輊,其故在於有關定居之精神的,流通之種種社會設施之完成❶❻。就繩紋文化方面言之,結構形成的落後固為其原因之一,但生產力遠較中東高且豐盛的自然環境,是否也可認為使其落後的理由?也就是說,在氣候逐漸暖化的過程裡,除九州外,相當於日本列島各地植物的交替期,亦即在採食植物之轉變尚不完全的時期裡,因弓矢的出現與利用陷阱狩獵之技術發達,及因釣鈎、漁網之出現而來的漁撈技術之革新等,致使狩獵、漁撈的有效性先行於植物之採集,這才推遲了定居生活的發展❶❼。

四、定居的狩獵採集文化

　　在第二期(早期)即將結束的西元前 6,500 年至 6,300 年前後,後冰期的暖化達到高峰,其從西元前約 13,000 年開始的定居化嘗試,到了此一時

---

❶❹　星崎和憲編,《九州縱貫自動車道關係埋藏文化財發掘調查書・加栗山遺跡・神ノ木山遺跡》(《鹿兒島縣埋藏文化財發掘調查報告》,一六,鹿兒島縣教育委員會,1981)。

❶❺　泉拓良,〈繩文文化論〉。川原崎剛雄、比留間淳一監修,《圖說日本史なるほど事典》(東京:實業之日本社,2002),頁 24～25。武光誠,《日本史の全貌》(東京:青春出版社,2004),頁 6～7。

❶❻　泉拓良,〈繩文文化論〉,《圖說日本史なるほど事典》。

❶❼　泉拓良,〈繩文文化論〉,《圖說日本史なるほど事典》。

期方才大致擴及於全域。迄至第三期初期（前期），動、植物的分布已大致穩定，氣候的變化也與目前無甚差異。而大規模聚落之持續發展與大規模貝塚之形成，分業或交易之一般化，具有結構之墓地之形成，及宗教的遺物、遺構之清楚化，地域色彩之明顯存在化與安定等，便成為定居生活的明確證據。當時的人們，亦即繩紋人作為主要食物的植物有溫帶地區的落葉、闊葉樹林，亞熱帶地區的闊葉樹，寒帶地區的針葉樹等。據考古學家的研究，繩紋人所利用的食用植物有栗子、胡桃等三十九種❶。

　　從第二期末開始增加的聚落，到了第三期便有許多留有住居遺蹟的聚落遺蹟，這種遺蹟係以東北地方為中心散布著。在那些聚落遺蹟裡可發現墓地，而它們位於聚落裡的重要位置。除墓地外，聚落的周圍有不少貯藏穴，這表示當時的人們已開始過其安定的定居生活。

　　第三期前半（前期、中期）的人們大都居住豎穴，唯至後期（後期、晚期），雖仍繼續居住豎穴，但有許多聚落已開始居住平地，或居住於搭蓋的簡陋建築物裡❶。並且在西日本也發現能夠辨別聚落結構的遺蹟，唯那些遺蹟既無連續的聚落，也不呈現環狀而具有廣場。近畿地方在三期後半中葉以後，墓地已從聚落分離而大型化❷。至於當時的埋葬方式，並非土壤裡的伸展葬或屈身葬，乃是有多數遺體的重葬或盤狀集骨葬、粗陶器棺葬、火葬等。基本上似有重葬與撿骨等，這表示生者與特定祖先之間的關係已加深❹。

　　第三期前半盛行製作土製偶像與石棒，而玦狀耳飾或硬玉製大珠等裝飾品，玉斧、大型石斧，特殊形態的石器等儀器的製作也發達，尤其土製

❶　參看白石太一編，《倭國誕生》（東京：吉川弘文館，2002）。

❶　有人認為那些簡陋的建築物並非居住場所，乃是用作喪葬的設施。

❷　大島直行，〈墓と墓地構造──北海道〉，《季刊考古學》，六九號 (1999)。中村健二，〈墓と墓地構造──西日本〉，《季刊考古學》，六九號 (1999)。

❹　泉拓良，〈繩文文化論〉，《圖說日本史なるほど事典》，頁 159。

偶像與石棒的製作，至後期已臻高峰，形態已有變化。

　　土製偶像與石棒乃整個第三期的基本繩紋宗教遺物，對這些遺物所作
為之解釋雖因人而異，但土製人偶從第一期開始即有而有顏面，其具體呈
現人形，係從第三期開始，立像則從三期前半中葉開始出現。〔見圖二〕石
棒在東北、關東北部出現者為小型，第三期中期以後出現於中部地方者則
為長達約一公尺的巨大型❷。

　　第三期前半已開始生產特定的製品，其從第二期開始至第三期中葉流
行的玦狀耳飾之製作，出現於少數遺蹟；產地則侷限於新潟縣糸魚川
(Itoigawa) 一帶的硬玉加工，產地範圍也僅在周圍五十公里以內。至於需要
高度技術的漆藝，產地也似有其侷限。除上述外，此一時期已開始有組織
的採掘黑曜石等流通於廣大地區的石材，並且隨著這種石材的採集而其流
通組織體系化。這種體制始於三期前半之始，至中葉已被整備；柏油的利
用與交易，也是從這個時期開始。又，磨製石斧與打製石斧等生活必需品，
似乎集中生產於特定的遺蹟，如富山縣邊境的A遺蹟，神奈川縣尾崎遺蹟
等即為好例❸。

圖二　遮光器土偶　因臉部類似極北民族所戴
防日光反射之遮光器，故有是名。繩紋晚期作
品。高三十五點五公分。青森縣龜岡遺蹟出土。
越後谷耕一典藏。

❷　泉拓良，〈繩文文化論〉，《圖說日本史なるほど事典》，頁 162～163。
❸　泉拓良，〈繩文文化論〉，《圖說日本史なるほど事典》，頁 162～163。

　　第三期後半的特徵之一，就是宗教的遺物與遺構急速增加；祭祀的遺物之種類、數量增加，裝飾品與象徵權威的各種非日常裝飾品也增加。具體傳達祭祀情形的遺物，以及小型 (miniature) 粗陶器、香爐形粗陶器等非日常用物品之數量也較往日為多❷。

　　第三期後半的另一個特徵，就是水場 (mizuba)❷遺構，其中埼玉縣赤山陣屋蹟 (Akayamajinyaato) 遺蹟，與長野縣栗林 (Kuribayashi) 遺蹟等，其多數似乎為除去堅果類之澀味而設，其在此一時期多見的栗塚、橡塚等亦與此有關❷。

　　除上述外，也盛行製作特產品，如群馬縣千網谷戶 (Chiamigaito) 遺蹟的滑車形耳飾❷，霞浦 (Kasumigaura) 沿岸的製鹽，在後期雖轉換到仙台灣，但鹽的流通地區可能相當廣泛，這在狩獵採集階段的食品流通而言，應是稀有的例子。在第三期後半繁榮的遺蹟，多生產或交易這類特產品，此與前期較之，交易的價值可能已影響了社會❷。

五、繩紋期的粗陶器

　　洪積世，即在冰河時代的人類文化被稱為舊石器時代，據說此一時代持續了數十萬年或百萬年以上，而了解當時文化的資料就是石器。當然舊石器時代的人們可能利用木、骨及其他材料來製作各種用具，但能夠留到現在的，卻只有石器。我們可由石器的種類、結構或製法等，來了解舊石

---

❷　泉拓良，〈繩文文化論〉，《圖說日本史なるほど事典》。

❷　除去七葉樹果實之澀味之設施。日本稱七葉樹為橡 (Tochi) 或栃 (Tochi)。

❷　金箱文夫，《赤山》(川口市遺跡調查會，1989)。岡村秀雄等，《縣道中野豐野線バイバス志賀中野有料道路埋藏文化財發掘調查報告書──長野縣中野市內──栗林遺跡七瀨遺跡》(長野縣教育委員會·長野縣埋藏文化財センター，1994)。

❷　設樂博己，〈土製耳飾〉，《繩文文化論》(東京：雄山閣，1983)。

❷　奧義次等，《舊石器時代の考古學》(東京：學生社，1998)。

器時代文化的特色，或其地方色彩。目前日本舊石器文化的編年或系統尚未闡明清楚，但新的資料仍被陸續發現，研究也日新月異，所以尚無定論。

在舊石器時代末期，除九州外，自中國、四國起至北海道的地區廣被著以有尖頭石器為代表的文化，此乃裝在槍之前端的短莖石器，似乎被當標槍來使用，〔見圖一〕此乃來自北方的文化。值得注意的是在同時代出現了大型局部磨製石斧，這種石器在長野縣神子柴遺蹟大量出土，以後則出現於東日本全域。由於有相當的重量且又是單刃，故可能像斧頭似的裝柄後用以伐木。因此可說，當時的人們除狩獵外，也還過著採集生活❷。

在同一時期的九州並未出現有舌尖頭器，而依然使用細石刃。所謂細石刃，乃非常細小的石刃，把它鑲在刻有細溝的木頭或骨頭上來使用。這種石器在 13,000 年以後分布於日本全域，它們與撒哈林、西伯利亞、堪察斯加，尤其與北亞的關係頗深❸。

就在使用細石刃石器當時，從中出現了日本最早的粗陶器。學者們從長崎縣松浦郡福井洞穴確認了七個文化層。細石刃雖在第四、三、二層，卻從第三層出現隆線紋粗陶器。據說用放射性碳所作年代測定 (14 C) 的結果，它們是 12,400 年前的東西。近年則由麻生優教授從長崎縣佐世保市之泉福寺洞穴，較隆線紋粗陶器更下方（18,000 年前）的土層發現了豆粒紋 (Tōryūmon) 粗陶器。出現於九州的隆線紋粗陶器，在愛媛 (Ehime) 縣上黑岩的第九層，同時出現有舌尖頭器，這種組合乃四國、本州的特色。至於新潟縣小瀨澤的下層，則同時出現捺壓繩紋粗陶器，因此，日本最古老的粗陶器也是多彩多姿的。

繼隆線紋粗陶器之後者為從福井第二層出現的爪形紋粗陶器，這種粗陶器的分布情形與隆線紋粗陶器一致，而與關東南部的繩紋草創期之搓線

❷　樋口隆康，〈日本文化の源流〉，《圖說日本文化の歷史》，一。

❸　樋口隆康，〈日本文化の源流〉，《圖說日本文化の歷史》，一。

紋（Yoriitomon，撚糸文）粗陶器平行❸。〔見圖三〕

　　繩紋時代在狩獵採集社會裡，有某種特定的類型長期持續存在著，此為世界所罕見。其年代在 9,000 年前至 1,300 年前之間，前後長達 7,000 年之久。隨著從寒季變為溫暖季的氣候變化，海岸線的地表也有所改變。儘管如此，幾乎已傳布於日本全境的繩紋世界裡，並未發生能夠改變其生活方式或社會結構的重大變化。非僅如此，繩紋文化在世界狩獵採集文化中，具有許多獨特的要素，這點值得注意。舊石器時代的人們也可能捕捉動物或採擷果實，故此一時期之人們已開始利用弓矢捕食鳥類，及使用釣鈎或銛從事漁撈，這使他們除採集貝類外，增加許多食物種類❸。

　　磨製石斧的出現，雖促進了砍伐木材以建築豎穴住居，不過當時最為顯著者卻是粗陶器的發達。通常從事狩獵採集生活的民族都不使用粗陶器，此當與其四處移動的遷徙生活有密切關聯。然繩紋時代的人們不僅建造結實的房子，也還將粗陶器用於日常生活，這種情形或許可認為是固定的狩獵採集文化。至於繩紋時代的人們之究竟從何處學到粗陶器和磨製石斧的製作技術，則不甚清楚。

圖三　漩渦狀附把手缽型粗陶器　在立體裝多的粗陶器中，從口緣至把手的隆起的漩渦花紋，似在表現水泡溢出的模樣。繩紋中期作品。高四十二點七公分。長野縣曾利遺蹟出土。長野縣井尻考古館典藏。典據：《圖說日本文化の歷史》，一，頁 41。

---

❸　樋口隆康，〈日本文化の源流〉，《圖說日本文化の歷史》，一，頁 40。
❸　樋口隆康，〈日本文化の源流〉，《圖說日本文化の歷史》，一，頁 40。

　　我們很難從考古學的一般理論來設想繩紋世界，其故在於它雖擁有粗陶器、磨製石器，及紡織品與編織品，卻無新石器文化之基本要素——農耕。因此，如就狩獵採集社會而言，理應進入新石器的階段，卻由於沒有農耕，所以也可說它是一種後進的文化❸。

　　繩紋時代的日本全國雖有相同的文化，卻因它係南北三千公里的細長列島，所以各地的氣候既不相同，環境與外來文化的影響亦異，在此情形之下自然會產生地方上的差別。因此，在繩紋時代，可以中部地方為界而東日本與西日本的文化可能有所不同。

　　根據學者們的調查，全國約有一萬處繩紋時代的遺蹟，其中八成集中於東日本；貝塚遺蹟的規模也以東日本者為大。由此觀之，繩紋的世界是以東日本為中心的。

　　繩紋文化的分布情形雖如上述，繩紋時代的日本人之生活卻踮蹐於這個列島，而富有島國意味。因為北自千島列島起，南至沖繩群島止，雖都廣被著繩紋文化，卻鮮與大陸交流。近年雖從韓國的三洞遺蹟發現了繩紋式粗陶器，卻是少有的例子❹。

　　在九州所發現繩紋前期的曾畑 (Sobata) 式粗陶器，似與朝鮮半島的梳目紋 (Kushimemon) 粗陶器同一系統，北海道的早期石刃鏃之具有特色者，則可能來自西伯利亞。雖然如此，這些遺物的出現卻是零星的。繩紋人雖固守於島國而未曾與大陸接觸，卻使其文化豐潤成熟，這種文化，實可謂為典型的島國文化❺。

---

❸　和島誠一，〈農耕文化の開始と彌生時代〉，《圖說日本の歷史》，一（東京：集英社，1974）。

❹　和島誠一，〈農耕文化の開始と彌生時代〉，《圖說日本の歷史》，一。

❺　樋口隆康，〈日本文化の源流〉，《圖說日本文化の歷史》，一。

六、繩紋期的宗教與社會

在第三期前半，亦即在前、中期，繩紋人盛行製作粗陶人偶與石棒，與之同時，珙狀耳飾及硬玉製大珠等顯示威信與財富的裝飾品，玉斧、大型石斧，以及特殊形態的石器等的製作也發達。那些遺物，尤其粗陶人偶與石棒的製作，從第三期前半中葉至後半之間有其高峰。它們的數目雖在三期前半即將結束之際暫時減少，唯至三期後半，亦即在後、晚期時，卻改變其形狀而數目再度增加。在西日本方面，裝飾品雖從第二期末開始出現，但粗陶人偶與石棒的製作卻較遲。九州方面則要在第三期後半方才有這類作品[36]。

一般認為：繩紋時代的人們以為自然物裡有靈魂存在，所以他們崇拜精靈，希望以咒術使自然發生作用，從而企求天災減少，獵獲物增加。亦即以祭祀粗陶人偶的方式，來祈禱動物和魚介類的繁殖。因石棒被認為象徵男性，故有時將粗陶人偶與石棒並排在一起來奉祀。玉器類則被認為象徵靈魂，所以把它繫在身上作為護符，其從第三期中葉，亦即從中期開始盛行的拔齒與屈身葬，也被視為咒術的行為[37]。

七、繩紋社會的侷限

前後長達約萬年的繩紋時代裡，初時約七千年間的人口，其間容或有若干增減，但確實在增加著。迄至約六千年前的第三期前半，亦即在前、中期，地域色彩已固定化。就整體言之，人口雖急速增加，不過到了第三期後半，亦即到了後、晚期，則看不出增加的跡象[38]。

有關獲取糧食、加工、貯藏的技術，在第三期前半非僅已全部出現，

---

[36]　樋口隆康，〈日本文化の源流〉，《圖說日本文化の歷史》，一。

[37]　武光誠，《日本史の全貌》（東京：青春出版社，2004），頁6。

[38]　武光誠，《日本史の全貌》，頁6。

而且出現巨大的聚落。就粗陶器言之，所有的裝飾技術與花紋構思，也都出現在這個時期。其與日常生活無關的漆品製作，硬玉加工等需要高度技術的作品，也可回溯到這個時節。這種技術水準與第三期後半，即與後、晚期較之，也沒有多大差異。換句話說，在技術上，第三期後半並無開展。非僅如此，在繩紋文化的延長線上，也沒有成立農耕文化。一般認為人口沒有增加的原因，在於經濟、社會的停滯傾向較強所致。也就是說，第三期後半的繩紋文化，雖使人們定居，然其狩獵採集經濟的侷限卻已悄悄地接近 ❸❾ 。

表二：各時代的地區別推定人口密度　　（單位：人／km²）

地區	繩紋二期	繩紋三期（前）	繩紋三期（中）	繩紋三期（後）	彌生時代	奈良時代
東北	0.03	0.29	0.71	0.66	0.50	3.50
關東	0.31	1.30	3.00	1.60	3.20	29.20
北陸	0.01	0.17	1.00	0.64	0.85	20.00
中部	0.12	0.91	2.59	0.79	3.07	10.40
東海	0.19	0.40	1.06	0.61	4.50	24.00
近畿	0.00	0.05	0.08	0.13	3.33	32.40
中國	0.02	0.04	0.04	0.08	1.80	29.90
四國	0.03	0.02	0.01	0.14	1.61	17.00
九州	0.05	0.14	0.13	0.24	1.56	17.40
全國	0.07	0.36	0.89	0.55	2.04	18.60

註：全國平均（不含北海道）。
資料來源：泉拓良、西田泰民編，《繩文世界の一萬年》（東京：集英社，1999），頁168。

---

❸❾　泉拓良，〈繩文文化論〉，《圖說日本史なるほど事典》。

第二節　農耕文化之開始與彌生文化

一、採集與栽培

繩紋時代乃以狩獵和漁撈為中心的採集經濟時代，雖然如此，卻從某一時期開始栽培植物，亦即開始從事農業，尤其中期以後，已形成定居的大聚落，故可能以此為背景而有了農業。

其成為繩紋時代已開始從事農業的證據之一，就是打製石斧與石皿，〔見圖四〕部分學者認為石斧在農耕時用以掘土，石皿則可能被用於製粉。

從繩紋時代中期遺蹟裡大量出現經火燒成的小型粗陶人偶──土偶，粗陶人偶以女性為樣板，表現其乳房，有時則寫實地作妊娠狀。這種人偶在尖石遺蹟係放在甕裡，或以石頭圍繞而掩埋於豎穴。粗陶人偶多半被故意破壞後埋葬，這表示它具有咒術宗教的意味。原始的農耕社會大都信仰地母神，這種信仰具有世界性。日本的粗陶人偶與此類似，所以它可能被用於祈禱農作物之豐饒❹。

同志社大學酒詰仲男教授，他曾經從栽培品種來證明繩紋時代已有農業存在。由於繩紋遺蹟一再出現栗子，而關東山地以北又是植物學上的「栗帶」，所以酒詰便注意到栗子可作糧食的問題。就如俗語所謂「桃子、栗子三年，柿子八年」似的，栗子不僅可在短時間內栽培起來，也容易管理。學者們雖無法證明當時的人們所採集的栗子是野生的抑或經由栽培，但確如酒詰所言，東日本出產許多堅果類果實❹。

學者們從岡山縣的繩紋晚期遺蹟──前池 (Maeike) 遺蹟發現了好幾

---

❹　井上光貞，《日本の歷史》，一（東京，中央公論社，1966），頁 145～146。
❹　酒詰仲男，〈日本原始農業試論〉，《考古學雜誌》，四十二卷二號 (1957)。

個直徑一公尺，深約一·五公尺的貯藏穴，〔見圖五〕穴內塞滿了橲樹、橡樹之果實。長野縣諏訪 (Suwa) 考古研究所研究員藤森榮一，則於昭和三十六年 (1961)，從該縣富士町的繩紋中期豎穴，發現六個已經碳化的麵包狀遺物。那些遺物係上下貼放著樹葉的烤麵包，屬澱粉類食物。我們雖無法僅靠上舉資料來證明嚴密意義的農業，在繩紋時代已經開始，卻可說以堅果類為食物的地區逐漸擴大。迄至晚期，這種傾向便愈益明顯❷。值得我們參考的是：在美索不達米亞 (Mesopotamia) 發生農耕文明時期，棗椰子 (Phoenix dactylifere L.; date palm) 所完成非常重大的使命問題。棗椰子原產於美索不達米亞，後來引進大麥、小麥等而開始農耕生活。唯在初期農耕的不安定時期，受洪水與旱害較少的果實，實較能保障最低限度的生活，並且係在果實的支撐下農業方才逐漸發達。就日本言之，其扮演與棗椰子相同角色的，可能是栗樹、橲樹、橡樹、核桃、椎樹、梖樹等能夠保存較久的粉食用堅果類❸。亦即當時的人們可能在這些堅果類的支撐下，逐漸發展其稻類穀物的栽培。

圖四　石皿　東京都西多摩群秋多町出土，繩紋中期。典據：井上光貞，《日本の歷史》，一，頁146。

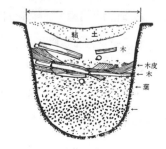

圖五　發現於岡山前池遺蹟。截面圖。典據：井上光貞，《日本の歷史》，一，頁148。

---

❷　井上光貞，《日本の歷史》，一，頁 147～148。

❸　井上光貞，《日本の歷史》，一，頁 148。梖為欅科落葉喬木，多自生於西日本。高約十五公尺，果實較櫟樹（柞樹）大。樹皮的軟層厚達十公分，可作軟木塞，木材可作薪炭。椎則為欅科常綠喬木，在溫暖的海岸地帶可成長為巨木。果樹成熟於次年秋季，味美。木材可用於建築，製作各種器具。

二、農業的開始

從繩紋文化轉移到彌生文化，表示從倚靠狩獵、漁撈等不安定生活，發達成為從事農耕而過更安定的生活。其所以造成這種具有革命性生活條件變化的契機是什麼？有人認為產生彌生文化的原因在於：擔負彌生文化的人們從大陸東渡後，與留下繩紋文化的先住民交替，亦即繩紋文化的石器時代人並非日本民族之祖先，乃是另外一個先住民族，這種思想在明治時代 (1868～1912) 頗為牢固。之後，這種想法促使「在遺留繩紋文化的先住民住居之後，擔負彌生文化的人們到來，與之交替」的思想發達。如果這種說法成立，則從繩紋進步到彌生的這種變化，實可說較「從狩獵、漁撈進為農耕」之經濟生活變化更為重要❹。不過，現今幾乎已沒有人主張人種交替說，僅言「繩紋人擺脫採集經濟，將水稻耕作，從而進入彌生時代」的說法成為定論。這種見解如果屬實，則在從事水稻耕作之際，是否有某些移民集團從大陸過來？

太平洋戰爭過後，九州大學的金關丈夫教授從事佐賀縣三永田 (Mitsunagata)，及山口縣土井濱 (Doigahama) 遺蹟之彌生人骨研究，發現這些人骨具有與部分對馬 (Tsushima) 人，及現代南韓人頗為相似的特色而身材不矮。此一事實表示這個時期的西日本有來自大陸的人們，亦即因具有水稻耕作技術的人們進入日本後，方才開啟了農耕發達的端緒❺。

---

❹ 日本人類學、考古學開拓者之一的坪井正五郎教授，他以為「繩紋人是在愛奴 (Ainu) 傳說裡的小神人可羅波克魯（Korobokkru，愛奴語。居住於鋒葉下的人）。京都大學教授清野謙次，與東京大學教授長谷部言人則認為：繩紋人即日本石器時代人，其頭骨、四肢骨及其他的計測值，接近於現代的日本人。日本石器時代的人係在各該地方，因環境與生活情形的變化，及與來自大陸和其他地方的人們混血成為現今的日本人。

❺ 金關丈夫，〈人種の問題〉，《日本考古學講座》（東京：河出書房，1956），第四卷。

　　構成彌生文化的各種要素雖幾乎都經由朝鮮半島南部→對馬→北九州的途徑，但繩紋時代人已有接受這種新文化的能力。這種新文化由若干移民從海洋的彼岸帶來，那些移民到日本以後不久，所有的日本人都進入彌生文化時代㊻。

三、彌生時代的農業

　　從粗陶器之編年及上述情形來看，彌生文化之產生始於以北九州為中心之西日本，此一事實無庸置疑。由於構成彌生文化的要素裡有外來文化，而該文化的發展又受外來文化刺激的結果，西日本到江戶時代 (1603～1867) 前後，都居於吸收外來文化門戶之地位。彌生文化在較短時間裡，從西日本擴及於東部及南部。例如：東北地方在彌生中期已到仙台附近，至後期則到達青森；尤其從青森縣田舍館 (Inakadate) 出土之彌生式粗陶器，它們不僅有稻穀痕，且有碳化了的稻穀同時出土，這證明了水稻耕作之急速普及。也就是說，成為日本人食生活之根本的稻米栽培，在西元前四世紀至三世紀前後，由西日本開始種植，然後在不很長的時間內傳布到全國各地。

　　從大約 2,400 年前的彌生時代前期開始，九州之一隅有人引水入田栽培水稻。福岡縣板付 (Itatsuke) 遺蹟出現的彌生前期水田，位於住居地的坡地緣邊，並沿著坡地挖掘水路，為供水而設柵欄，釘椿而以橫板補強田畦，以調整田裡的水量，故其耕作並非粗放的。因從板付遺蹟與佐賀縣菜畑 (Nabatake) 遺蹟出現鐵耙與木製盪耙 (eburi)，這表示有可能回溯到插秧的階段㊼。

　　種植水稻乃繩紋時代所無之生產手段，因日本列島的水稻耕作係有體

㊻　井上光貞，《日本の歷史》，第一冊，頁 152～155。

㊼　笠原安夫，〈出土種子からみた繩文・彌生の稻作〉，《歷史公論》，七四 (1982)。

系地出現，所以它是外地引進。稻作之東傳日本列島的途徑，雖有從其發祥地的長江下游直接傳布，或從琉球群島北上，及從朝鮮半島南下至日本等三種說法，但當我們注意到彌生時代前期的大陸系磨製石器，尤其有柄式磨製石劍與細型磨製石簇之分布於朝鮮半島南部之情形，則當時大陸系文化的東傳日本，應是經由該半島南部而無庸置疑❽。

彌生時代的水稻技術，主要受到後漢農業技術的影響。後漢時代的插秧法與施肥的經驗已相當豐富。從各地遺蹟出土的資料可知，彌生時代中、後期，日本不僅已採用插秧法來種植水稻，而且能將雜草深埋土中作肥料❾。由菜畑遺蹟出土的栽培植物及花粉分析的結果，得知彌生前期除水稻外，還種植粟、大麥、青麥、紅豆、綠豆、牛蒡、香瓜、瓢等。堅果類則有豐富的核桃、團栗 (donguri)；哺乳類有山豬、豬、鹿、野兔、鼯鼠等而種類頗多❺。

在彌生時代前、中期，磨製石刀的普及於西日本地方，此乃廣泛分布於東亞農耕文化的收穫用具。這種器具並非用於割稻，乃是將稻穗一根一根地摘下的工具。因在關東地方未發現這類器具，所以可能以貝製品來代替。唯至後期，這種石器卻銷聲匿跡。不僅石刀的情形如此，各種石器到了彌生時代中期便大致已失其蹤影，其故在於開始製造鐵器而鐵鐮刀已普及❺。

彌生式農業從前、中期演進至後期，其間在技術上已有長足進步。這種進步，非僅從石刀進步為鐵製鐮刀，從其他層面也可推測出來。因為彌生式農業的聚落在初時是選擇低濕地帶，中期以後則迴避難於居住的潮濕地區，進出平原四周的丘陵地帶，或翻越山頭，上溯河流到山岳地帶，並

---

❽　設樂博己，〈農業の始まりと地域文化の形成〉，白石太一郎編，《倭國誕生》。

❾　劉序章、趙建民編，《日本通史》（臺北：五南書局，1991 年 8 月），頁 7。

❺　劉序章、趙建民編，《日本通史》，頁 180～184。

❺　井上光貞，《日本の歷史》，一，頁 169。

根據經驗，挑選適合於涼爽地區生長的早稻播種。到了後期，其栽培方式已從直播改為插秧，亦即彌生時代後期的水稻耕作已邁進第二個階段❺❷。

四、農耕祭祀

彌生式粗陶器所描繪的動物不少，尤以鹿為然，占所有繪畫的約四成。鹿與鳥乃祭祀用鐘或銅鐸之重要繪畫題材，以西日本為中心出現三十例以上的木製鳥形製品。在繩紋時代，雖有以黏土製成的動物，卻多為山豬而鮮有鹿。迄至彌生時代，則描繪山豬者僅有銅鐸，鹿與鳥取代了山豬，成為此一時代繪畫造型之主體❺❸。

繩紋時代的人們喜愛山豬造型的原因，可能為其強韌的生命力所吸引，與此相對的，彌生時代的西日本之人們，則因以農耕為生活之基礎，故可能從鹿或鳥的身上發現了土地或稻子的靈魂，亦即農耕文化改變了繩紋人的動物觀❺❹。

在竿頭裝鳥的習俗始於朝鮮半島而廣泛分布於東亞各地，朝鮮半島往往將男女成對的木偶結合在一起，且多稱鳥竿為「蘇塗」(Sottai)，木偶則叫「將孫」（Chang-sung）❺❺。《三國志・魏書》❺❻，卷三〇，〈東夷傳〉，「馬韓」條有「立蘇塗」之記載，蘇塗即鳥竿，據說此一習俗可回溯到三世紀。彌生時代曾有木製偶像，而西日本約有十五例；《周書》，卷四九，〈異域傳〉上，「高麗」條則有建兩棟神殿，以奉祀木製男、女二神之記載。這在古時可能被視為鬼神之靈格，因此學者們便類推三世紀祖靈像之男、女鬼神，也用木像來表示，而將彌生時代木偶之原型求之於此❺❼。因

---

❺❷　井上光貞，《日本の歷史》，一，頁 166～167。

❺❸　設樂博己，〈農業の始まりと地域文化の形成〉，《倭國誕生》。

❺❹　井上洋一，〈イノシシからシカへ〉，《國學院大學考古學資料館紀要》，六 (1990)。

❺❺　井上洋一，〈イノシシからシカへ〉，《國學院大學考古學資料館紀要》，六 (1990)。

❺❻　以下簡稱《魏志》、〈東夷傳〉、〈倭人傳〉、〈韓傳〉。

從南韓光州市新昌洞遺蹟出現，西元前三世紀至二世紀之間製作之木製農具與鳥形木製品，所以從朝鮮半島找尋上舉木偶源頭之可能性增加。在大阪府山賀 (Yamaga) 遺蹟之彌生前期溝渠裡，曾經發現木偶與鳥形木製品，這表示它們兩者可能同時被用於祭祀。與此形態相似的鳥形木製品也從島根縣之西川津 (Nishikawatsu) 遺蹟出土，可見利用鳥形木製品與木偶舉行農耕儀禮的風習，已廣泛地傳布於西日本各地❺❽。

五、漁撈法的變遷

由於繩紋時代人曾遺下許多附有食物殘渣的貝塚，故可以魚骨來把握當時的漁撈情形。例如東京灣口的夏島貝塚，它雖屬繩紋時代早期的遺蹟，卻遺有鮪魚、烏魚、黑鯛、鱸魚、鱧魚、松魚、鯛魚、比目魚及其他多種魚骨。各貝塚雖因其所面臨的海洋特性之不同，致所獲魚種有異，但在繩紋時代食用的魚類在彌生初期大都已出現。

繩紋時代的捕魚方式很多，但其具體資料之引人注目的，就是刺具之銛頭，亦即使其前端尖銳的骨頭或角、或石製品裝置於長竿上，直接以手刺或用投擲方式；此外，也還利用釣鈎、漁網等❺❾。〔見圖六〕

迄至彌生時代，雖已開始種植水稻，卻未曾停止其漁撈活動。其接近海岸或湖沼、河川的遺蹟所見漁撈活動，雖可能繼承繩紋時代的方法，卻因不伴隨貝塚者增加，魚骨或骨角器的殘存事例不多，故難理解其實態❻⓿。

彌生時代也有當作猹❻❶來使用之骨針類捕魚器具，因從名古屋市西志賀 (Nishishiga) 貝塚，靜岡市登呂 (Toro) 遺蹟，及神奈川 (Kanagawa) 縣三

---

❺❼　設樂博己，〈農業の始まりと地域文化の形成〉，《倭國誕生》。
❺❽　設樂博己，〈農業の始まりと地域文化の形成〉，《倭國誕生》。
❺❾　間壁忠彥，〈食糧の獲得〉，《圖說日本文化の歷史》，一。
❻⓿　間壁忠彥，〈食糧の獲得〉，《圖說日本文化の歷史》，一。
❻❶　猹ゞ。在長柄前端縛上尖銳而有好幾個叉的鐵製漁具，用以捕水中之魚。

浦半島之毗沙門 (Bishyamon) 洞窟發現鹿骨製釣鈎，故當時的漁撈可能繼承繩紋時代的傳統。其面臨瀨戶內海的地區，如香川縣三豐 (Mitoyo) 郡詫間 (Takuma) 町紫雲出山 (Shiudeyama) 遺蹟，岡山縣倉敷市種松山 (Tanematsuyama) 真菰谷 (Makomodani) 貝塚等，出現於棒狀部位挖孔，將骨針插入孔內的釣鈎組合。鹿角製離頭旋轉銛則被發現於三浦半島及岡山市郡 (Kōri) 貝塚等處，而名古屋市西志賀貝塚也有鹿角銛頭。由此可知，彌生時代的日本各地都利用銛來捕魚❷。〔見圖七〕

　　由於彌生時代已開始使用金屬器具，所以在漁撈器具裡可發現青銅製和鐵製釣鈎，並且從彌生時代末期至古墳時代初期，一切利器都利用金屬製作之際，鐵製漁具遂取代骨角器而鐵器化❸。

　　彌生時代利用漁網捕魚的方式雖與繩紋時代無異，但彌生時代所利用的石錘有環狀溝在其表面，土錘則作成圓筒狀，使孔貫通的形狀成為一般型式，可見此一時期的網漁法已有長足進步。學者們在大阪府池上 (Ikegami) 遺蹟所發現彌生時代中期，新潟縣千種 (Chigusa) 遺蹟所發現古墳時代中期的手網 (tamo)，其型式與今日所見者雷同。在大阪灣沿岸則發

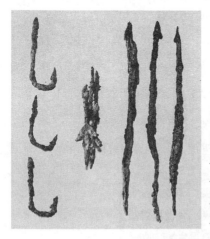

圖六　鐵製漁具　古墳時代　（見第二章第二節）大都使用鐵製漁具，釣鈎、銛等已成為此一時代的陪葬品。古墳中期遺物。右端者長二十六公分。岡山縣金藏山古墳出土，倉敷考古館典藏。典據：間壁忠彥，〈食糧の獲得〉，《圖說日本文化の歷史》，一，頁 60。

---

❷　井上洋一，〈イノシシからシカへ〉，《國學院大學考古學資料館紀要》，六 (1990)。
❸　井上洋一，〈イノシシからシカへ〉，《國學院大學考古學資料館紀要》，六 (1990)。

現彌生時代中期開始專為捕捉章魚使用的壺罐（takotsubo，蛸壺）〔見圖八〕，可見此一時期的人們已能利用章魚的習性來捕捉牠們。如據〈魏志·倭人傳〉的記載，當時已有潛水漁法，並且採集鮑魚等❻❹。

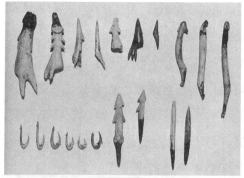

圖七　單裝固定銛

圖八　捕章魚用壺罐　捕章魚用壺罐在彌生時代，已出現於大阪灣，至古時代後期則盛行於瀨戶內海沿岸。以繩子粗、帶子細將許多壺串在一起使用。圖為彌生中期遺物。左側之長度十二公分。大阪四池遺蹟出土。大阪文化財中心典藏。典據：間壁忠彥，〈食糧の獲得〉，《圖說日本文化の歷史》，一，頁60。

六、木製農具

　　昭和十一年 (1936)，在奈良縣與京都大學的合作下，挖掘了位於奈良盆地中央地帶的田原本 (Tawaramoto) 町唐古 (Karako) 遺蹟。該遺蹟出現大量的粗陶器、石器和木製農具❻❺，因此揭開了彌生時代農業的實際情況。

❻❹　井上洋一，〈イノシシからシカへ〉，《國學院大學考古學資料館紀要》。
❻❺　井上光貞，《日本の歷史》，一，頁 163。

之後，在靜岡縣的登呂遺蹟及全國各地的遺蹟裡，也出現許多此類遺物，
這使大家對彌生時代農業的技術層面有相當的了解。

　　由那些出土遺物得知，從彌生時代初期開始，便有相當優良的木製農
具。學者們除在唐古遺蹟發現木製的犁、鋤外，也還從大阪府的瓜破
(Wuriwari)，京都市的深草 (Fukakusa)，福岡縣的立屋敷 (Tateyashiki)，愛
知縣的瓜鄉 (Urigō)，靜岡縣登呂等低濕地帶遺蹟發現了它們。這類農具在
彌生時代後期，以及在那以後的古墳時代也仍被繼續使用❻。

　　彌生時代的人們用於製作犁、鋤的木材為堅韌的櫟、橡、檪、櫪等樹，
而那些木製農具未裝任何金屬。如據深草遺蹟出土的連鋤大柄完整鋤頭，
可知當時鋤頭裝柄方式與今日有異，即基部突起的部分不在鋤面而在與泥
土接觸的下方，〔見圖九〕至其裝柄的角度則與今日相同❼。

圖九　裝柄方向相反鋤頭　從京都府深草發現帶柄之完整
木鋤，因係彌生式木製農具而將柄之洞為鈍角，故一向被認
為是中圖似的腳踏型式。左端為現代鋤頭；中為往日推測之
形狀；右則為從深草出土之鋤頭。典據：井上光貞，《日本
の歷史》，一，神話から歷史へ，頁 165。

❻　井上光貞，《日本の歷史》，一，頁 164。
❼　井上光貞，《日本の歷史》，一，頁 165。

七、彌生式粗陶器的編年

大約從西元前三世紀前後開始，日本的社會曾經發生很大變革，此一變革乃由種植水稻與使用金屬器具所引起之社會變化，並且粗陶器也因製造技術之進步而發達，從而產生彌生式粗陶器。其所以將此一新時代稱為彌生時代的原因，在於它是此一時期粗陶器的代表作。

彌生式粗陶器有種種型式，例如須和田 (Suwada) 式係南關東地方中期，登呂式為東海地方後期之粗陶器型式之一。彌生式粗陶器之研究者曾整理這些粗陶器的型式，予以編年，將它們區分為前、中、後三期。雖有人利用放射性碳來探測繩紋時代所製作粗陶器的年代，但要到中國產品東傳日本的彌生時代，方才了解其確實的製作時期。

彌生時代與繩紋時代不同，因為這個時期從中國輸入了許多青銅鏡、青銅劍，及其他物品。尤其中國製青銅鏡被埋於各時期的彌生式墳墓，因此那些遺物就成為了解彌生各期文化之絕對年代的最有力線索。亦即前漢時代（西元前 202～西元 8 年）製作的青銅鏡從彌生中期墳墓出土，後漢時代 (25～220) 的青銅鏡多半出現於彌生後期前半的墳墓。據此推定的彌生時代之年代區分如下：

前期　　西元前 300 年～西元前 100 年

中期　　西元前 100 年～西元 100 年

後期　　西元 100 年～西元 300 年

此固以各期均為二百年的概略性年代區分，不過這種區分方式與即將來臨的古墳時代的發生期並不矛盾。

由板付遺蹟及彌生前期的水田遺蹟發現了凸帶紋粗陶器。生產凸帶紋粗陶器之前，九州有黑川式粗陶器（黑色磨研粗陶器）。這種粗陶器具有農耕社會貯藏稻穀的功能，並見於世界各地的農耕社會。凸帶紋粗陶器的源頭可求之於朝鮮半島的無紋粗陶器。其小者作為陪葬品與供品而兼具宗教

功能，唯此習俗不見於繩紋時代的西日本。這種粗陶器係於燒製前在其表層塗黃赤色顏料 (bengala)，此乃世界各地的農耕民製作粗陶器所慣用的技術。顏料係塗至壺內能見到的地方為止，其手法則受朝鮮半島丹塗磨研 (Ninurimaken) 粗陶器之影響❻❽。

當彌生前期開始水稻耕作之際，又出現粗陶製的甕，其構造已被更新。亦即除以往的技術外，又引進朝鮮半島的技術。也就是說，除技術、型式變化受朝鮮半島的影響外，我們也應注意水稻耕作技術也傳自大陸❻❾。

粗陶甕之製作方式有二，其一是黏土帶的接合部分傾向內側，其二則為傾向外側。繩紋晚期的西日本製甕俱為內傾接合，從菜畑遺蹟出土而酷似朝鮮半島無紋粗陶器之甕則係外傾接合，而西日本之彌生前期粗陶器也是外傾接合。因與繩紋晚期同一時期的朝鮮無紋粗陶器為外傾接合，故彌生時代之甕之製作技術應源自朝鮮。

彌生式粗陶器的重要特色固為甕、壺及高杯 (takatsuki，籩豆)，然從登呂遺蹟出土的粗陶器卻鮮有大型壺，亦即用於貯藏稻穀的壺不多。雖然如此，卻建有將地板加高的倉庫——高倉。為貯藏稻穀，何以由壺轉變為高倉？其理由之一，固為從利用石刃改變為鐵製鎌刀，因而增加產量。然其最根本的原因在於：彌生晚期的農業已擺脫倚靠自然灌溉的初期階段，而以大規模工程營造灌溉與水田設施。這種發達的過程，自然使居住於村落的集團成為共同體而結合在一起。不把穀物貯藏在豎穴裡的自家的壺，而將其存放在由整個聚落共同管理的高倉的動向，也可從其製作這類貯藏器具的變遷中看出其端倪。而農耕聚落之逐漸發達，實與原始國家之形成有關❼❶。

---

❻❽　井上光貞，《日本の歷史》，一。

❻❾　設樂博己，〈農業の始まりと地域文化の形成〉，《倭國誕生》。

❼❶　井上光貞，《日本の歷史》，一，頁 170～171。

八、生產技術的提升

　　以農耕為中心的新的生產形態與生產技術，及伴隨青銅製武器之先進的軍事形態，係從大陸東傳日本。長久在封鎖的環境裡持續發達的繩紋文化，受到這種先進文化的強烈刺激以後，就如雨水滲入旱地似的，很快地吸收了新文化。並且當水稻耕作從西南方的九州開始以後，便迅速擴及四方，於彌生時代前期末傳到中部，中期則傳布到東北地方的南部。迄至後期則擴及於全國。以往他們雖缺乏農耕經驗，但此事反而使他們直率地吸收這種新文化。因此，彌生時代產生以水稻耕作為基礎的新社會。隨著生產力量的提昇，開始有了交易活動，並且以此為契機，引起社會經濟與文化之發達。到了一世紀前後，便在先進地帶的九州產生部族國家。而九州北部的某些部族國家，如現今博多（福岡市）附近的奴國，它曾與朝鮮半島西北隅的中國之郡縣──樂浪 (Rakurō) 往來，其從志賀島 (Shikanoshima) 出土之「漢委奴國王」金印，應為這種交通所獲之結果。

　　生產技術在先進國家刺激之下進步以後，西日本的部族國家增多，那些部族國家彼此擴張勢力的結果，曾經發生數次激烈的內戰。經由這些事件，至三世紀中葉時，便產生可謂為部族國家之聯合體的邪馬臺國 (Yamataikoku)。邪馬臺國的首長卑彌呼 (Himiko) 似為具有司祭者特性的統治者。這種重視司祭者或咒術行為的特性，似乎在整個彌生時代都存在於全國各地。其為西日本所重視的寬鋒銅矛、寬鋒銅劍；及以畿內❼為中心之東日本所尊崇之銅鐸等非實用大型青銅器，則似為與此觀念有關之祭器。由於這些青銅器都與朝鮮半島、亞洲大陸內部，或以中國實用品為藍本，

---

❼　畿，古代稱天子所領轄的地方。後來指京城附近的轄區。畿內，京城五百里以內的土地。日本的畿內為山城（Yamashiro，京都府）、大和（Yamato，奈良縣）、河內（Kawachi，大阪府）、和泉（Izumi，大阪府）、攝津（Settsu，大阪府、兵庫縣）五國（國為行政區），稱「五畿內」。

故可知當時的日本與其四鄰國家之間的關係深厚，並且與這些地區的交通在整個彌生時代都沒有間斷過。

九、彌生時代的東亞形勢

　　彌生時代的中國大陸與其北方之蒙古高原，均產生強大的政治勢力，他們無不加強本國的政治、經濟力量，並提高本身的文化而南北激烈的對立著。迄至西元前三世紀，北方蒙古高原的匈奴人結合了大規模的統一政治勢力，以裝備優異的青銅製短劍及弓矢的騎馬戰士集團，威脅著南方的中國。此一時期的中國雖適逢戰國時代，在政治上處於分裂局面，但其社會、經濟、文化卻已有飛躍的進展。於本世紀後期產生統一的大秦帝國，與北方的強大勢力拮抗。然秦帝國有如曇花，瞬間即逝，為劉邦所建立的大漢帝國所取代。之後，漢帝國的經濟、文化雖持續發展，卻一直與北方的匈奴對立著。當時，漢在東亞世界擁有與其他地區不同的高度文化，匈奴則保持其強大的軍事力量。

　　迄至西元前二世紀初，朝鮮半島上成立了衛氏朝鮮國。此一國家乃從中國亡命至此的衛氏，奪取由朝鮮土著，及來自中國的殖民者所組成初期金屬器時代末期的政治勢力——箕子所建立。衛氏在此半島建立國家後，逐漸將其統治勢力擴及於整個區域。相傳這個國家與其周邊諸國之各部族有來往，則它也必與對馬海峽對岸的北九州各部族之間交通往來，並且與亞洲內陸的匈奴帝國保持友好關係，因此造成與漢帝國之間的關係惡化。此一事實表示朝鮮的固有文化，原與亞洲內陸或北亞的文化有較親近的關係。就朝鮮半島之初期金屬器時代文化而言，無論銅劍、銅矛（鉾）等武器，或似與馬具有關而附鈴之器具，抑或多紐細紋鏡等，也都與亞洲內陸文化有關。

　　到了西元前二世紀後半，前漢帝國出現了武帝，他切斷了衛氏朝鮮與匈奴之間的聯繫，並擬接近其所企求、了解長生不死之術的仙人所居東方

之蓬萊山，遂發兵征討衛氏朝鮮。於西元前108年占領其首都王險城（今平壤附近），並於此半島的西北部置樂浪郡，北部置玄菟郡，西南部置真番郡，東南部置臨屯郡。據說在真番、臨屯兩郡各置十五個縣，則在此半島南部的三十個縣裡，必有相當數目的官吏、軍人及商賈徙居於此。那些商賈們則可能為獲得海產及其他珍貴物品，前往以北九州為中心的西日本沿岸地區。

另一方面，戰敗的衛氏朝鮮的統治者們，及屬於此一統治集團的人們，則大舉遷徙到朝鮮南部，而魚豢《魏略》以為他們才是韓人的祖族。此一記事雖可能僅是傳說，但也可能有某種史實存在其間，他們的部分人士，也可能橫渡對馬海峽前往九州北部❼❷。

由上述可知，從西元前二世紀末開始，朝鮮南部有許多中國人，及具有中國文化或亞洲內陸先進文化修養的原衛氏朝鮮人居住著，其中的部分人士則可能前往北九州。至於南韓慶州附近之所以出現前漢時代銅鏡，及被認為製作於衛氏朝鮮時代的東亞內陸式銅劍、銅矛、附鈴器具或裝飾品等，可能該地為那些中國人所居之遺蹟❼❸。

真番、臨屯兩郡於西元前82年被廢。其所以被廢的原因，可能在於該兩郡距中原遙遠，難於統治，及受當地居民的激烈反抗。之後，朝鮮南部便成為韓人的住區，而他們與北九州之間的關係也似乎沒有間斷。

在考古學上，可顯示從西元前二、一世紀起，至西元一、二世紀之間，朝鮮南部與北九州有聯繫的好幾種資料。就遺有民俗色彩濃厚之墳墓而言，該兩地區有許多相同處。將巨石放在地上，以為墳墓標識的南方式支石墓構造，兩者無二致，而支石墓下的甕棺墓與石棺墓的情形亦復如此；並且兩地也都出現壙墓。其從墳墓及其他地方出土的金屬製鏡子與劍、矛等武

---

❼❷　三上次男，〈世界史の中の先史日本〉，《圖說日本の歷史》，一（東京：集英社，1974）。

❼❸　三上次男，〈世界史の中の先史日本〉，《圖說日本の歷史》，一。

器，或飾品，也有許多相同者。至於被認為是漢式粗陶器的，也以對馬島為中心，發現於這兩個地區。非僅如此，尚有令人思考到兩地區間交易關係的貨幣。從慶尚南道之金海貝塚和濟州島山地港遺蹟出土的貨幣，為西元一世紀初王莽新朝 (8～23) 所鑄造之「貨泉」，而此「貨泉」也出現於彌生時代的各遺蹟──福岡縣小松原、熊本縣菊池市、京都府函石濱 (Hakoishihama)、廣島縣津之鄉 (Tsunogō) 町及大阪府瓜破等 ❼。

由上述可知，從彌生前期至中期之間，自北九州之墳墓發現的各種遺物，及生產器具、武器等物品，大都與朝鮮南部出土者相同，此一事實表示：該兩地區的文化有其相同性，而九州地方的居民有從半島南部東渡者。那些東渡者將先進的統治方式與生產技術，及社會或文化機構帶到日本。日本在這些外來文化的刺激下，彌生文化便在九州北部迅速發達。因此，在一世紀中葉時，北九州已成立部族國家而與後漢帝國交通。其所以有此事實，實肇因於此一地區為彌生時代的先進地區。在此情形之下，日後的日本列島便被包攝於東亞歷史的洪流裡前進，逐漸在東亞世界扮演重要角色。

然就如寬鋒銅矛、寬鋒銅劍、銅鐸等祭器所示，日本列島的居民所使用器具之原有型式，雖來自朝鮮半島與亞洲內陸及中國，現實上卻隨著日本風土與其社會的需求，變更其形態與構造。此乃日本接受外來文化的特性，這種情形，在日後的日本與外國之間的關係上，也強烈地顯露著。

彌生時代與周邊國家之間的交通，至三世紀中葉邪馬臺國時代顯得更為活潑。此一時期的東亞情勢相當複雜，中國呈現蜀、魏、吳三國鼎立的局面，因它們都有意打倒對方以統一中國的欲望，所以三國的軍事、外交活動頻繁，華南的孫吳與遼東方面的統治者公孫氏攜手，企圖從南北兩方夾攻曹魏。其在滿洲、朝鮮方面的魏之領土，也因受背後的高句麗人或韓人之攻擊而失其安定，所以魏似乎欲以東北諸民族背後的邪馬臺國為友，

───────

❼　三上次男，〈世界史の中の先史日本〉，《圖說日本の歷史》，一。

使其牽制朝鮮南部的韓人勢力，此乃中國人慣用的遠交近攻政策。

在上述情形之下，倭女王卑彌呼於239年派遣難升米至中國，魏明帝封卑彌呼為親魏倭王，難升米為率善中郎將。之後，魏與邪馬臺國之間的來往頻繁，一再遣使至帶方郡，有時則到魏都洛陽。因此，魏的文物必定被帶回邪馬臺國，或傳到日本其他各地。因遣使朝貢時必有交易活動，所以邪馬臺國的使節東歸之際，除鏡子、紡織品、奢侈品外，也當帶回其他各種物資。職是之故，政治機構、國家組織，以及其他各方面的生產技術或工藝技術，也必對倭國有莫大裨益。只因日本列島與大陸之間有海洋，所以未受外國勢力的直接壓迫。

第三節　邪馬臺國

一、中國史乘所見之日本

古時候中國人稱日本人為「倭」人，又以此稱謂日本，韓人亦復如此。向來非常崇拜中國的日本人於漢字東傳後，即以「倭」為其國名，乃自然趨勢。漢字東傳之初，日本即予使用，而當時職司文書工作的，又係從中、韓兩地遷徙之移民，故其以「倭」作國號，當在此時。

如前文所說，在考古學上，有關彌生時代的資料雖非常豐富，但僅靠那些資料，並無法了解當時的政治或社會情況。幸虧班固在《漢書》，卷二八下，〈地理志〉書寫彌生中期的日本情況曰：「夫樂浪海中有倭人，分為百餘國，以歲時來獻見云。」前漢亡於西元7年，所以這當係敘述西元前的情況。漢武帝元封三年（前108年），由海、陸兩路出兵朝鮮半島，討伐衛滿之孫衛右渠，置樂浪、玄菟、臨屯、真番四郡於是，而稱現今平壤一帶為樂浪郡。所謂樂浪海中，即朝鮮半島的海中，亦即指日本海而言。在那海中有國家，那國家就是日本。其言分為百餘國，即表示當時日本有百

餘個部落國家，經樂浪郡朝貢前漢，臣服於前漢中華世界帝國❼❺。之後，或因隨社會經濟的發展而相互合併，或因彼此攻伐而併吞，後漢時成為只剩三十餘國的部落國家，它們仍經由樂浪郡入貢後漢，臣服於後漢中華世界帝國。這些部落國家的名稱，與其同一時代的史書，陳壽〈魏志・倭人傳〉記有對馬（對馬島）、一支國（壹岐島）、末盧國（松浦）、伊都國（怡土或糸島半島）、不彌國（宇美）、奴國（那或儺）等，它們俱為九州北部之地名。

　　奴國即日後《日本書紀》所載儺縣 (Nanoagata) 或那津 (Nanozu)，即現在福岡市內的博多與志賀半島。該地既係古代日本在九州北部的要衝，又是對大陸交通的門戶。《後漢書》，卷一下，〈光武本紀〉云：「〔中元二年 (57) 春正月辛未〕東夷倭奴國主，遣使奉獻。」同書卷八五，列傳七五，〈東夷列傳〉，「倭傳」則云：「建武中元❼❻二年，倭奴國奉貢朝賀，使人自稱大夫，倭國之極南界也，光武賜與印綬。」倭奴國指倭國許多部落國家中的一國——奴國，它位於〈魏志・倭人傳〉所言，自帶方郡至邪馬臺國的途中，乃古代九州北部之大國。即〈魏志〉所謂：「倭云云，凡百餘國，自武帝滅朝鮮，使譯通於漢者三十許國，國皆稱王」的三十許國之一❼❼。也就是說，奴國乃《後漢書》所載，為中國人所知「倭國之極南界也」，並非對現今整個日本的稱呼❼❽。

---

❼❺　卜部兼方，《釋日本紀》（東京：吉川弘文館，1965，新訂國史大系本），卷一，〈開題〉。

❼❻　建武中元為後漢光武帝劉秀的年號，一稱中元 (56～57)。

❼❼　三宅米吉，〈漢委奴國王印考〉，《史學雜誌》，三編三十七號。徐先堯，〈漢倭奴國王金印考的經緯〉，《中國與日本》，五十一期。

❼❽　徐先堯，〈中國文獻中的日本原始國家〉，《醒獅月刊》，五卷，九、十、十二期。

表三：彌生時代與中國文獻

	考　古　學		中國文獻所記錄之日本	朝　鮮	中國
	繩紋	主要遺蹟			戰國時代
前300年	彌生前期	板付（福岡縣）			秦
前100年		唐古（奈良縣）		樂浪郡・帶方郡	前漢
西元1年	彌生中期	須玖（福岡縣）	樂浪海中有倭人，分為百餘國。57年倭奴國王遣使後漢，光武賜與印綬。	弁韓・辰韓・馬韓	後漢
100年	彌生後期	登呂（靜岡縣）	107年倭國王帥升等遣使後漢。倭國有大亂。239年女王卑彌呼遣使於魏。		三國
300年					

資料來源：井上光貞，《日本の歷史》，一，頁175。

二、部落國家的分立

　　奴國王的金印現藏於原藩主黑田家，乃每邊二・三公分的方形蛇紐金印，其複製品見於東京國立博物館。如據〈魏志・倭人傳〉的記載，奴國之西有伊都國，伊都國之西有末盧國，這些國家均保持獨立。伊都國在現今博多灣西岸的糸島半島基部，末盧國則在佐賀縣東松浦半島一帶，它們兩者之間的距離僅約三十公里，三世紀時仍處於半獨立狀態。所以當時國的規模相當小，都有王而彼此分立著。

　　奴國王於西元57年獲賜金印後，至後漢安帝之治世，又遣使者至洛陽。《後漢書》，卷八五，〈東夷列傳〉，「倭」條云：「永初元年(107)，倭國王帥升等，獻生口百六十人，請願見。」同書〈孝安帝紀〉亦有相關記載。

值得注意的是此次至中國朝貢的並非只有帥升一人，乃是複數的國家，亦即此 107 年的朝貢係小國聯合的舉動，具有重要意義。即在半世紀以前，奴國具有較強勢力而代表倭人朝貢中國，唯至後來，因某種關係而政治形勢發生變化，成立以末盧國為盟主的聯合體，朝貢於後漢，重新要求其在政治上的保障。後漢王朝雖授金印給奴國，卻未將印綬授予以末盧國為盟主的聯合體，只說它們「請願見」而已。

二世紀初不安定的政治形勢，及更廣泛的形成諸國聯合的機運後約經半世紀，倭國國內因發生大亂而形成以邪馬臺國為盟主的原始部落國家。

彌生後期的三世紀前後，日本人之歷史與其社會狀態因〈魏志・倭人傳〉之記載而相當清楚。其記事與《後漢書》之簡略者不同，全篇約有兩千字，對當時稱為「倭」的日本之歷史、地理及風俗等，俱有詳細記載。陳壽撰著《魏志》時雖參考魚豢的《魏略》，並非原原本本的轉錄而有所取捨，他當時認為不重要而刪去者，今日看來也有可能被視為重要的，如：日本人「尚不知用曆，而記春耕秋收以紀年」等是。無論《魏略》或《魏志》，何以能作如此詳細的紀錄？其資料來源雖有種種可能，但主要者應是在 240 年代，至少有兩次奉魏朝之命前往日本的帶方郡職官之實際見聞，及由數度從日本至帶方郡的衙門，或至魏都洛陽的使節的口述等，可能都被紀錄下來，故其記事與實際情形應不致相差太遠。

〈倭人傳〉所書寫的倭人國家約三十，言其女王國「本亦以男子為王，住七八十年。倭國亂，相攻伐歷年，乃共立一女子為王，名曰卑彌呼」。所謂「住七八十年」，乃〈倭人傳〉的作者陳壽以某一時間為起點算出來的年數。我們雖不知其確實時間的起點，然如以卑彌呼逝世的 240 年代末為起點往後算，則為二世紀的 6、70 年代。我們雖也不知《後漢書》的作者根據什麼來說此一大亂發生於「桓 （桓帝，147～167 在位）、靈 （靈帝，168～189 在位） 之間」，但《梁書》的作者則認為此一變亂發生於「漢靈帝光和 (178～183) 年中」。據此以觀，發生大亂的時期當在 170 至 180 年

前後。

　　我們雖無法得知大亂的起因，卻有兩事值得注意，其一是當時東亞世界的動向。即後漢的中央權力在二世紀中葉已式微，致經略東方的基地樂浪郡已喪失約束南滿與朝鮮半島的力量。於是在這些地區的諸民族之間自立之勢昂揚，東北東部的通古斯系高句麗早已整備國家組織，將其領土擴張到朝鮮半島北部。與之同時，居住半島中南部的韓族與濊族的活動也日漸活潑。致桓、靈之末無法制御韓族郡縣，許多郡縣之民都流入韓國 ❼⑨。

　　當樂浪郡的權威掃地之際，對馬海峽彼岸的北九州之國王們已因後漢帝國式微而無法藉其權威來維護政治安定，終致發生大亂。亦即以後漢為中心的東亞政治秩序崩潰，成為倭國大亂的歷史背景之一。另一個原因是彌生後期的鐵器之普及，〈魏志・倭人傳〉所謂：「兵用矛楯、木弓，木弓短下長上，竹箭或鐵鏃，或骨鏃。」即指此而言。同書〈韓傳〉，「辰弁」條則言：「國出鐵，韓、濊、倭皆從取之。」可見此一時期的倭人已對鐵表示極大關心而爭取海外資源。鐵器的普及不僅提高了農業生產力，也當加強其武器的威力。在這種情形下，是否從諸國的競爭或爭奪中產生更大的聯合，或成為國家產生的強大助力 ❽⓪？

三、倭諸國之概況

　　前文所謂帶方，就是遼東太守公孫度之子康於後漢末，在原樂浪郡之南半設置的郡名。其名由來於帶水。帶水即現今漢江，南韓首都首爾位於它的兩岸。公孫度之任遼東太守在 189 年。這年在首都洛陽爆發的政變，使後漢王朝實質上崩潰，其在各地獨立的將軍們互爭實權，發生內戰。當時公孫度據遼東、玄菟、樂浪三郡自立，自稱遼東侯等。經此內亂，中國

❼⑨　　陳壽，《三國志・魏志》（百衲本），卷三〇，〈倭人傳〉。
❽⓪　　井上光貞，《日本の歷史》，一，頁 200～201。

進入蜀、魏、吳三國鼎立的時代 (220～280)。其與〈魏志‧倭人傳〉所紀錄邪馬臺國有關的，就是魏，亦即帶方郡。

公孫度歿於 204 年。其子康在樂浪郡的屯有縣以南之地新設名為帶方郡的軍管區。康死 (221) 後，雖由弟恭繼其職位，唯至 228 年時，康之子淵奪位。魏於 238 年討伐公孫淵，奪回帶方郡，因此，〈魏志‧倭人傳〉所書倭國的方位，係以帶方郡為起點。曰：

> 倭人在帶方東南大海之中，依山島為國邑，舊百餘國，漢時有朝見者，今使譯所通三十國。從郡至倭，循海岸水行，歷韓國，乍南乍東，到其北岸狗邪韓國，七千餘里，始渡一海千餘里，至對馬國。其大官曰卑狗，副曰卑奴母離。所居絕島，方可四百餘里，土地山險，多深林，道路如禽鹿徑，有千餘戶。無良田，食海物自活。乘船南北市糴。又南渡一海千餘里，名曰瀚海，至一大（壹岐）國，官亦曰卑狗，副曰卑奴母離。方可三百里，多竹木叢林，有三千許家。差有田地，耕田猶不足食，亦南北市糴。

這段文字乃從帶方郡至壹岐島的路程，及敘述對馬、壹岐兩島的地理環境與居民生活的情況。〈魏志‧韓傳〉亦曰：

> 韓在帶方之南，東西以海為限，南接倭，方四千里。有三種：一云馬韓，二云辰韓，三云弁韓。辰韓者，古之辰國也。

文中所謂「南接倭」，即朝鮮半島的南岸雖是韓國，既云「東西以海為限，南接倭」，則當時的倭國不僅在釜山附近，也還領有南岸一帶，亦即三世紀當時的朝鮮半島南部屬於倭國。又，從文面看來，狗邪韓國似為韓國的一部分，其實是在韓的狗邪國，亦即位於朝鮮半島南岸的狗邪韓國為倭國的

部落國家之一，如從倭之女王國觀之，係倭三十個部落國家中位於最北端，因此才說「到其北岸」。在此以後的路程是：

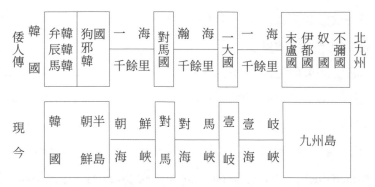

亦即從半島南部的狗邪韓國出發，經朝鮮海峽、對馬島、對馬海峽、壹岐島、壹岐海峽以後，便可抵達九州島。文中敘述北九州草木茂盛，此應係魏使之所見，而與其在對馬國所目睹道路如禽鹿徑，無良田者相同。和對馬國之深林，壹岐國之多竹木叢林相對的，倭國為闊葉林所覆蓋。〈倭人傳〉繼上舉文字之後又曰：

> 又渡一海千餘里，至末盧國，有四千餘戶，濱山海居，草木茂盛，行不見前人。好捕魚鰒。水無深淺，皆沉沒取之。東南陸行五百里，到伊都國。官曰爾支，副曰泄謨觚、柄渠觚，有千餘戶。世有王，皆統屬女王國，郡使往來常所駐。東南至奴國百里，官曰兕馬觚，副曰卑奴母離，有二萬餘戶。東行至不彌國百里，官曰多模，副曰卑奴母離，有千餘家。南至投馬國水行二十日，官曰彌彌，副曰彌彌那利，可五萬餘戶。南至邪馬壹（臺）國，女王之所都。

末盧 (Matsura)，《古事記》書作末羅，《日本書紀》則書為松浦，它位於肥前松浦郡松浦川河口附近，即現今唐津市。

魚鰒，就是魚類與鮑魚類；沉沒即潛水，亦即無論海水的深淺，均潛

水捕捉。〈倭人傳〉雖言倭有三十國，但其國別的記述卻只有八國，而此八國的記事中提及潛水捕魚鰒者則僅末盧國而已。其所以如此的原因，可能魏使為前往女王國而等待聯絡或休息，致在該國停留的時間較長，有機會目睹其捕魚鰒實況所致❽。

　　從末盧國向東南陸行五百里後即到達伊都國，伊都就是現今糸島半島。官曰爾支 (Nuki)，副曰泄謨觚 (Satsumakuwa)、柄渠觚 (Hagakuwa)，有千餘戶，其戶數與對馬國相同。糸島郡係近代郡名，《延喜式》❽以後，析為志麻、怡土二郡。目前的糸島半島有志摩町。此半島原為島嶼，現今稱為前原町 (Maebaruchyō) 的，與島 (shima) 即志麻 (Shima) 一衣帶水地相對著。如將它與〈倭人傳〉的記載相對照，則

志麻（今志摩）……………………………………………… 斯馬(Shima)國
怡土 ┬ （今）前原(Maebalu) ……………………………… 伊都(Ito)國
　　 └ 雲須（Kumoharu，今三雲、井原、平原）……………… 奴(Na)國

它們皆屬女王國。

　　糸島半島原為島嶼，與九州島不相聯屬。其原屬九州島方面的地方，即前原一帶為戶數千餘的伊都國，伊都國之南為二萬餘戶的奴國，即奴國位於現今瑞梅寺川、雷山川流域──三雲、井原、平原一帶。〔見圖一〇〕昭和四十年 (1965)，原田大六教授曾於平原發掘了彌生時代古墳，該古墳乃二世紀前半的遺蹟，這使大家了解該地有彌生時代王墓的存在。並且又從立岩（飯塚市）、丸尾（福岡市）、櫻馬場（唐津市）及其他地方的遺蹟發現了白銅鏡，這些地方俱為〈魏志・倭人傳〉所記載從末盧國至邪馬臺國的範圍。彌生古墳的棺為甕棺、箱形石棺及支石墓 (dolumen)。〔見圖一一〕

---

❽　山田宗睦，《魏志倭人傳の世界》（東京：教育社，1999 年），頁 47。

❽　「格」為平安時代 (794~1185) 律令的追加法令條文，即律令的補充條文，「式」則為其施行細則。《延喜式》共五〇卷，完成於延長五年 (927)，實施時間則在四十年後的康保四年 (967)。

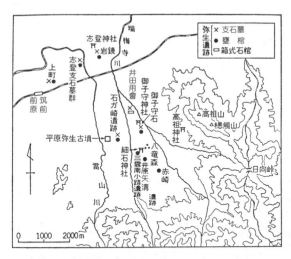

圖一〇　實際存在的神話　典據：山田宗睦，《魏志倭人傳の世界》，頁 76 所引原田大六，《實在した神話》（東京，學生社，1998）。

　　不彌 (Homu) 國可能位於糸島水道出口處的東端，臨今津灣。今津灣係以長垂山為中心，東有生之松原 (Ikunomatsubara)，西有今宿，而不彌國在長垂山以西之地。今宿有彌生前期後半的遺蹟，亦即與板付、立岩、室見川流域之有田、飯倉 (Iikura)、韓國金海等遺蹟並稱的，以青銅利器為陪葬品的代表性遺蹟。如據〈倭人傳〉的記載，到了不彌國以後：

　　　　南至投馬國水行二十日，官曰彌彌，副曰彌彌那利，可五萬餘戶。
　　　　南至邪馬壹（臺）國，女王之所都，可七萬餘戶。

　　〈倭人傳〉的記載，至此終於出現邪馬臺國之名，此一名稱，也是該〈倭人傳〉裡唯一出現處，係女王之所都。亦即該國乃魏使所要去的地方，從

圖一一　支石墓　支石墓 (dolmen)　新石器、青銅器兩時代的巨石文化所遺墳墓。由數方支石與一枚頂上石而成。以歐洲西部為中心，分布於北非、南亞、東亞地區。典據：《廣辭苑》，頁 1632。

郡治出發至此，水行十日，陸行則須一個月的時間。官曰伊支馬 (Ukima)，
次曰彌馬升 (Mumasogu)、彌馬獲支 (Mumaguwaki)、奴佳鞮 (Nakachi)，戶
數約七萬餘，為一大國。不過上述諸國都不在九州島。〔見圖一二〕

　　在此以後的〈倭人傳〉的記載是：

> 自女三（王）國以北，其戶數、道里可得略載，其餘旁國，遠絕不
> 可得詳。次有斯馬國，次有己百支國，次有伊邪國，次有都支國，
> 次有彌奴國，次有好古都國，次有不呼國，次有姐奴國，次有對蘇
> 國，次有蘇奴國，次有呼邑國，次有華奴蘇奴國，次有鬼國，次有
> 為吾國，次有鬼奴國，次有邪馬國，次有躬臣國，次有巴利國，次
> 有支惟國，次有烏奴國，次有奴國，此女王國境界所盡。其南有狗
> 奴國，男子為王。其官有狗古智卑狗，不屬女王。自郡至女王國萬
> 二千餘里。

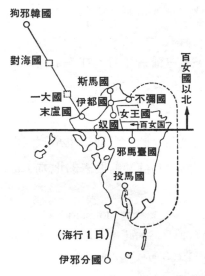

圖一二　前往倭國的路徑　典據：山田宗睦，
《魏志倭人傳の世界》，頁 100。

由於女王國以後的國家遠絕，所以魏使不知其詳情，僅記其名稱而已。此為三世紀當時的倭國之概況。〈倭人傳〉謂：從帶方郡至女王國有一萬二千餘里，如以現今里數言之，到底有多少？如據日本學者藪田嘉一郎根據《晉書》及《隋書·律曆志》編譯註之《中國古尺集說》所換算，魏之一尺約二四·二公分，晉為二四·五公分。一步（六尺）約一·四五公尺；一里（三〇〇步）約四三五公尺。〈倭人傳〉的作者陳壽可能根據這個尺度來計算其里程。

女王國乃承認諸國自立的宗主國，因此不能說它是專制的中央集權國家，但也不能認為係部族的聯合體，似乎仍將其視為國家較妥。如把它看作部族的聯合體，則在政治上，必須要有各國國王或有權勢的大人物參與其間，可是陳壽並未提及此一方面的問題。不過他說：「收租賦，有邸閣。」邸即邸舍，舍為貯藏穀物的倉庫，亦即女王國已具有使諸國繳納穀物的國家形態，該女王國乃當時日本第一個形式具備的國家。

四、倭人的食衣住

〈魏志·倭人傳〉對二、三世紀當時倭人的風俗習慣、地志、人文志有相當詳細的記載。它說：

> 男子無大小，皆黥面文身。自古以來，其使詣中國，皆自稱大夫。夏后少康之子，封於會稽，斷髮文身，以避蛟龍之害。今倭水人，好沉沒捕魚蛤，文身亦以厭大魚水禽，後稍以為飾。諸國文身各異，或左或右，或大或小，尊卑有差。計其道里，當在會稽、東治之東。

可見倭人男子有紋身之俗，自古以來，倭使都自稱大夫。夏后少康之子被封於會稽，他為避蛟龍之害而使其民紋身；而倭人也紋身以免潛水時受魚禽之害，至後來則稍加修飾。亦即陳壽引夏后少康之子，亦即引夏朝中興

英主之治績，與其子被封為會稽王之事，及倭的地理位置，來說明他與中國德治的關係❽。我們雖無法完全相信〈倭人傳〉的記載，但與考古學上所發現彌生後期的種種事實，卻有許多一致處。

　　前文已說彌生時代的日本稻作已相當普遍，〈倭人傳〉也紀「種禾稻」，而認為當時的稻作普及，唯對馬、壹岐及東松浦半島的末盧國，雖「差有田地，耕田猶不足食」，因此「乘船南北市糴」，或「捕魚鰒，水無深淺，皆沉沒取之」。菜蔬方面，雖言「倭地溫暖，冬夏食生菜」，卻未提及他們到底吃什麼菜？然因在彌生時代的遺蹟裡，出現瓜、桃、核桃等之種籽，故可能已栽培瓜類。由於〈倭人傳〉又紀錄「始死，停喪十餘日，當時不食肉」，可見他們平時食肉。繩紋時代以還，各地都有許多鹿與山豬，則其所食者應為此類動物。該〈倭人傳〉又說：「其地無牛、馬、虎、豹、羊、鵲」，無虎、豹、羊固為事實，然所謂無牛、馬，則似言過其實。因曾經從繩紋時代遺蹟裡發現蒙古馬的骨頭，而古墳時代❽以前遺蹟之鮮有牛、馬骨出土，當可認為此一記事並非虛構，並且我們也可由此得知，彌生時代的人們尚無吃牛、羊肉的習慣。既然不吃牛、羊，則當然不可能有畜牧❽。

　　當時的人們不僅吃菜蔬、魚肉，飲食時也還懂得使用器具——籩豆。所謂籩豆，乃古代以竹編成的食器，形狀如豆。祭祀燕享時，則用來盛果實脩脯。〔見圖一三〕彌生時代人將蒸好的副食放置其上，以手抓食❽。當

❽　山田宗睦，《魏志倭人傳の世界》，頁106。

❽　彌生時代發展到某一程度後，至歷史時代的時期，謂之古墳時代。此一時代從四世紀持續到七世紀。可析為四世紀的前期，五世紀的中期，及六世紀至七世紀的後期之三期。從彌生時代開始的農耕，因鐵器之普及而耕地面積擴大，灌溉技術進步，遂邁進正式的農業生產時代。隨著產量的增加，經濟力量的提升，身為司祭者的首長們便以此為基礎，成為與一般農民隔絕的階級的統治者，並且營造規模宏大的墳墓。各地的政治集團在經過複雜的階級分化途徑後，被納入以畿內地方為地盤之豪族「大王」之支配下，確立了古代國家——大和朝廷。

❽　井上光貞，《日本の歷史》，一，頁213。

時雖已有薑、橘、椒、蘘荷❽等，卻不知用來
調味。酒的原料則可能為稻米，亦即當稻作技
術東傳時，釀酒技術也可能隨之東傳。由此觀
之，日本人從其史前時代開始，即有好酒的特
性。

〈倭人傳〉說當時：

圖一三　籩豆　大分縣安
國寺出土。彌生後期遺物。
九州大學典藏。典據：井
上光貞，《日本の歷史》，
一，頁 215。

> 男子皆露紒，以木綿招頭。其衣橫幅，
> 但結束相連，略無縫。婦人被髮屈紒，
> 作衣如單被，穿其中央，貫頭衣之。種
> 禾稻、紵麻，蠶桑、緝績，出細紵、縑❽綿。

學者們從彌生時代遺蹟裡發現了土製或石製，有時則為鯨骨製直徑約四、
五公分之圓盤形器物，那些器物中間有約半公分之圓孔。它們被稱為紡錘
車，係將纖維插入孔裡，從事紡紗的工具。因從登呂、唐古等遺蹟出土的
紡織用具有木製經絲捲器、捲布器、穿緯絲用具等，可知當時的人們係用
最原始的紡織機來織所需的布料。在卑彌呼的宮廷裡，也似已從事紡織絲
織品，因為其使節八人於 245 年至洛陽時的貢品中有「倭錦、絳青縑、綿
衣」等物。卑彌呼死後，其宗女壹與所貢者則有「異文雜錦」等絲織品。
日本古代紡織品研究專家角山幸洋以為那些紡織品與現今臺灣或日本八丈
島等地，以最原始的紡織機織成之花紋相似。又，〈倭人傳〉所言縑綿的

---

❽　陳壽，《三國志・魏志》，卷三〇，〈倭人傳〉。

❽　蘘荷 (Zinger mioga Rose)，植物名，也叫陽藿、蘜菹、覆苴。蘘荷科。多年生草
　　本。高〇・五～一公尺。根莖橫走地下。葉互生，排成兩列。穗狀花序自地下莖
　　抽出，淡黃色。莖與葉可製纖維，並可供藥用。嫩花序可當蔬菜。

❽　雙絲織成的細絹叫縑。

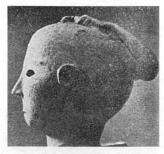

圖一四　女子髮式　大阪府仁德陵附近出土。五世紀作品。典據：井上光貞，《日本の歷史》，第一冊，頁220。

綿，係指絲綿，亦即指蠶絲而言。

無論男女，他們都跣足，男子幾乎全裸，只將布條纏於腰間，不梳頭而將布巾綁在頭上，這與現今日本人之於工作時，以毛巾纏頭的情形相似。女子則單被（單衣），在布的中央挖洞，自頭套下。不梳頭，只使其髮垂於背後，將其末端繫在頭上。〔見圖一四〕如果此一記載屬實，則彌生時代的日本人之生活方式，與東南亞一帶相似❽❾。

彌生時代的住居，係在直徑五、六公尺的方形或橢圓形豎穴上，以草或樹皮蓋成傾斜約四十五度的屋頂，並將其屋頂下垂到地面。據學者們的推測，這種住居可容納五、六個人，亦即可供一對夫婦及其子女們居住。當時已有住居群存在，如流入博多灣之那珂 (Naka) 川與御笠 (Mikasa) 川之間的福岡市比惠 (Hie) 遺蹟即有此遺構。該遺構以五、六個住居為單位，有水井、倉庫等，並以濠溝環繞其四周，而有五個相同的遺構聚集在一起，這表示當時聚落之存在，聚落的人口則約二百人。〈倭人傳〉所謂：「有屋室，父母兄弟，臥息異處」，當係指這種情形而言。

〈倭人傳〉又謂：

其人壽考，或百年，或八九十年。其俗，國大人皆四五婦，下戶或二三婦。婦人不淫，不妒忌。不盜竊，少訴訟。其犯法，輕者沒其妻子，重者滅其門戶。及宗族尊卑，各有差序，足相臣服。收租賦，有邸閣。國有市，交易有無，使大倭監之。自女王國以北，特置一

---

❽❾　井上光貞，《日本の歷史》，一，頁220。

　　大率，檢查諸國，諸國畏憚之。

此為彌生時代日本人的婚姻習俗，家庭倫理，經濟活動，以及女王國管理
各部落國家的梗概。

　　由上文所述，當可了解彌生時代的日本，亦即可以了解女王卑彌呼統
治邪馬臺國時代前後的日本概況。至於邪馬臺國的位置問題，從很早以前
開始，即有九州、近畿兩說，其相關論著可謂汗牛充棟。雖然如此，迄今
仍無定論。

第四節　與大陸之間的往來

一、從考古學上所見之漢與倭

　　西元前 108 年，漢武帝消滅了以現今平壤市為據點的衛氏朝鮮，設置
樂浪、玄菟、臨屯、真番四郡。武帝崩後，漢帝國將前此積極的對外態度，
改為重視內政的政策，於西元前 82 年將樂浪郡和位於東南及南方的臨屯、
真番兩郡廢除。七年後，則把位於樂浪郡東北的玄菟郡徙至遼東，且將其
大部分土地併入樂浪郡，使之成為大樂浪郡。經此重編，樂浪郡便成為前
漢統治東方的最前線。

　　前舉《漢書·地理志》所謂：「樂浪海中有倭人，分為百餘國，以歲時
來獻見云」。這段文字雖僅有十九字，卻是有關倭之最早，又最確實的紀
錄。此乃大樂浪郡成立後，約為西元前一世紀前後之事。由此一記載，我
們得知朝鮮半島的對岸有倭人居住著，他們居住的地方分為百餘國，那些
國家之使節定期前往漢之樂浪郡朝貢，唯年月不可考而已。

　　當日本列島被稱為倭時，其最接近中國大陸與朝鮮半島的，就是面臨
玄海灘 (Genkainada) 的九州北部。其綿延於沿海一帶的唐津、糸島、福岡

平原上，存在著末盧國、伊都國、奴國，它們成為前往邪馬臺國的中轉地，此一事實見諸《魏志‧倭人傳》。

　　當倭人出現於東亞世界的西元前一世紀前後，已有不少產自大陸的文物被帶至日本列島。例如：位於奴國所在福岡平原中央之春日丘陵，其前端之須玖岡本 (Sukuokamoto) 遺蹟有大石板甕棺，及大量遺物——約三十面的前漢鏡，三面草葉紋鏡（前二世紀後半），及星雲紋鏡、銘帶鏡（前一世紀前半）等，該墓建造於前一世紀中葉前後。位於伊都國所在之糸島平原中央有三雲南小路 (Mikumominamisyōji) 遺蹟之石板甕棺，屬彌生中期後半之遺物，墓裡有五十三面的前漢鏡，及各種銘帶鏡、星雲鏡等。大型草葉紋鏡在中國係王侯所持有之特別文物，在須玖岡本發現的大型草葉紋鏡（直徑二十三公分餘，平均十三公分），〔見圖一五〕其尺寸與花紋類似江蘇省廣陵王劉胥墓，及河北省中山王劉勝墓之出土物，而那些遺物可能為漢帝國所賜❿。

　　從三雲南小路遺蹟出土的，尚有許多玻璃璧。所謂璧，就是中央有圓孔的圓盤，用於祭祀的禮器。玉璧的數目與大小反映其所有者的身分，漢人認為玉璧遠較銅鏡為貴重。玻璃璧則被作為玉璧的替代品，它們多從雲南的中小型墓穴裡出現。因玻璃璧的價值不如玉璧，故漢帝國對奴國、伊都國首長的評價，可能還沒有達到擁有玉璧的地步❾。

　　由各遺蹟出土之遺物可知，西元前一世紀前半的漢鏡超越九州北部而向東散布。就本州西陲，面臨響灘 (Hibikinada) 之山口縣梶栗濱 (Kajikurihama) 遺蹟言之，從彌生前期之箱型式石棺挖出產自朝鮮半島的多紐細紋鏡與細型銅劍；位於此遺蹟南方丘陵上的稗田地藏堂遺蹟，則從箱型石棺墓挖出西元前一世紀前半之漢鏡與連弧紋銘帶鏡及蓋弓帽❾等前漢

---

❿　岡村秀典，〈考古學からみた漢と倭〉，《倭國誕生》（東京：吉川弘文館，2002）。

❾　岡村秀典，〈考古學からみた漢と倭〉，《倭國誕生》。

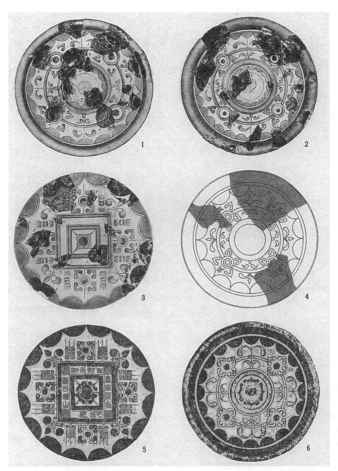

圖一五　大型草葉紋鏡　1至3號從須玖岡本遺蹟出土，4號出自廣陵王劉胥墓，5號出自中山王劉勝墓，6號出自「清河太后」墓。典據：轉引自岡村秀典，〈考古學からみた漢と倭〉，《倭國誕生》，頁213所引《漢鏡》，二期。

遺物。據此以觀，其從地藏堂遺蹟出土的前漢遺物，很可能與樂浪郡之直接交通獲得，而此一地區亦屬《漢書‧地理志》所謂「百餘國」之一。

　　漢帝國具有以皇帝為中心的內臣、外臣、朝貢國形成之同心圓狀的中

---

❷　裝在馬車傘骨前端之金屬製飾物。在漢代，馬車乃象徵官人身分者，故其作為飾品的蓋弓帽頗為貴重。

華世界結構，其支配理念則為中華思想與王化思想。它除以中華思想來區分內、外之別外，還以王化思想將皇帝之德及於「蠻夷」而予以德化。其被德化的四周民族，分為尊奉漢之禮法而臣屬之外臣，與處在絕域而只慕德的朝貢國家。就外臣言之，雖然重視彼此之間的文化關係，但漢與外臣兩方都因毗鄰而必然產生利害關係之一致，亦即具有保全國土與軍事上安全保障之重要層面。因此，當漢將朝鮮半島之衛滿封為外臣時，其所以除賜與財物外，又予以軍威的原因，實基於軍事的安保協定而來。至於前文所說，被冊封為「親魏倭王」的卑彌呼與狗奴國交戰之際，魏之所以遣使齎詔書、黃幢赴倭，應是基於與外臣之間的安保體制。

與此同心圓空間秩序之同時，臣屬於皇帝的內臣與外臣存在著王、侯、君、長等不同階層的序次，此一秩序因漢與周圍民族之間的關係而發生變動，亦即存在著內臣與外臣，或外臣與朝貢國之中間的特性。大體說來，這種關係是隨著漢帝國之擴展，由朝貢國成為外臣，由外臣成為內臣，而作向心的昇遷的傾向。漢滅衛氏朝鮮以後，除將降服的魏右渠之子衛長及其家臣們封為侯外，又使居住於郡縣裡的當地首長為內臣。其居於郡縣外的韓之諸族，則居於漢之朝貢國地位。至於在遙遠地方的倭，漢無須將「伊都」或「奴」之首長冊封為外臣，所以無疑的把它們定位為朝貢國。然從遠在絕域的海外到中國朝貢，乃表示帝德之高，漢帝國當然表示歡迎。因此，以漢鏡為始的眾多文物之賞賜，與其說是倭人之渴望，無寧言為漢帝國歡迎其朝貢所作之表現❾❸。

倭人出現在東亞世界的國際舞臺後約經半世紀的前漢平帝時，王莽的奏疏裡有東夷王朝貢之相關文字。《漢書‧王莽傳》所謂：「東夷王度大海奉國珍」，即指此而言。該〈傳〉既然說東夷諸族裡有渡海朝貢的，則其朝貢者有可能為日本列島的倭人。我們雖無法證實此東夷王之是否為日本列

---

❾❸　岡村秀典，〈考古學からみた漢と倭〉，《倭國誕生》。

島的倭人，或在平帝之治世是否有過朝貢，但從日本列島出土的前漢文物可知，西元前一世紀中葉以後，漢與倭之間的交通是持續不斷的。

　　王莽篡位後，廢五銖錢而鑄造貨泉。因貨泉鑄造於王莽篡位的短暫期間，故與漢鏡一樣，對判斷年代有助益。貨泉除從對馬、壹岐、九州北部、肥後（熊本縣）等彌生後期遺蹟出土外，也還從岡山縣高塚遺蹟之彌生後期開始時期之土坑，及大阪府之龜井、巨摩廢寺 (komahaiji)、瓜破等地層大量出現。由此可知，瀨戶內海一帶在一世紀初時與九州北部一樣，曾經有許多貨泉流入其間。

　　新莽亡於西元 23 年，之後劉秀即位於洛陽，是為後漢光武帝。唯光武即位之初，各地仍呈混亂局面。樂浪的王調叛亂被平定，後漢帝國之恢復支配樂浪郡，係在 30 年。後漢因受軍事力量的圍限及當地民族的自立，乃廢東部都尉，將位於郡東的七個縣委由當地居民自治。然由後漢帝國所為郡縣之恢復，卻促使周邊民族的入朝，即：高句麗於 32 年朝貢，光武帝恢復其王號；韓之廉斯人於 44 年貢獻之際，光武帝將其冊封為「漢廉斯邑君」；49 年以後，則扶餘王每年朝貢。在此情形之下，倭之奴國王於 57 年遣使奉獻。奴國之朝貢雖較上述諸國為晚，但在王、侯、君、長之外臣階層序列裡，卻與高句麗王、扶餘王並列為王，此當係比照東夷王之前例，歡迎來自絕域的朝貢。

　　二世紀以後，後漢因外戚與宦官之禍，致政治陷於紊亂，加之外敵相繼入侵，使國家迅速式微。其直接受到周邊民族侵寇之影響的，就是樂浪郡等邊境的郡縣，而尤以受高句麗侵略之害為鉅。順帝、桓帝之時，帶方令被殺，樂浪太守之妻被擄。〈魏志‧韓傳〉所謂：「桓、靈之末，韓、濊彊盛，郡縣不能制，民多流入韓國。」即是說明箇中情形者。

　　後漢帝國的混亂使以其權威為後盾的倭人社會發生動搖。〈魏志‧倭人傳〉說：「其國本亦以男子為王，住七八十年。倭國亂，相攻伐歷年。」此言倭國在男王繼續統治後，曾經發生激烈的內戰。《後漢書‧倭傳》則說：

「桓、靈間，倭國大亂，交相攻伐，歷年無主。」而將內亂的時期比擬於桓、靈兩帝在位的 146 年至 189 年之間。將桓、靈之治世前後視為倭國大亂的時期，這種說法與《後漢書‧東夷傳》之序文相同。

靈帝崩後，後漢內部的抗爭日益激烈，109 年，董卓焚燬首都洛陽，擁獻帝逃往長安。公孫度乘亂自立於遼東，東討高句麗，西伐烏丸，並將其勢力擴及於山東半島。迄至三世紀初，其子康在樂浪郡之南新設帶方郡，攻略韓、濊，奪回舊郡民。因此，〈魏志‧韓傳〉說：「之後，倭、韓遂屬帶方。」並且紀錄倭開始經由帶方郡與公孫氏交通。

各地出土的一世紀後半之漢鏡雖不多，但至二世紀前半卻驟然大量增加，這種現象當是反映倭國內亂之結束，與擁護女王卑彌呼的倭政權之成立。此一時期的漢鏡不僅數量多，其分布區域也迅速擴大。其所以產生這種現象，當係肇因於樂浪郡之復興而漢鏡之供給獲得保障，並且由於內亂之結束而各地之間的交易活潑化。

日本列島出土的二世紀漢鏡，與樂浪、帶方地區的鏡類相同，例如：德島縣萩原 (Hagiwara) 一號墓的畫紋帶同向式神獸鏡，與其同一型式的鏡子；〔見圖一五〕大阪府弁天山二號墓出土的一世紀後半方格規矩鏡，與其同一型式之鏡子，也從樂浪、帶方出土。因此，漢鏡之經由樂浪、帶方東傳日本，殆無疑慮❾❹。

二、卑彌呼之遣使

《後漢書‧東夷傳》說，倭之奴國於西元 57 年遣使至首都洛陽，使人自稱大夫，此為倭求中國封爵之始，其自稱大夫，即希望假授。光武帝賜以印綬。天明四年（乾隆四十九年，1784），農民甚兵衛在筑前（福岡縣）志賀島整理灌溉溝渠之際，發現了鐫刻著「漢委奴國王」五字的金印，重

---

❾❹　岡村秀典，〈考古學からみた漢と倭〉，《倭國誕生》。

二兩九錢，學者們認為此金印就是光武帝賜與奴國者。

　　由考古學者們所發掘的資料，可知北九州的諸小國在一世紀中葉急速發達的情形。從被視為壹岐國之中心地帶的原之辻 (Haranotsuji) 遺蹟，發現了船隻停靠的碼頭；三雲 (Mikumo) 遺蹟，及須玖岡本 (Suguokamoto) 遺蹟，則發現了有許多銅鏡陪葬品的王墓。《後漢書·東夷傳》又說，倭國王帥升於 107 年（後漢安帝永初元年）遣使朝貢中國，獻生口一○六人，願請見。

　　《三國志》，〈吳書·孫權傳〉云：

> 黃龍二年春正月，……。遣將軍衛溫、諸葛直將甲士萬人，浮海求夷洲及亶洲。亶洲在海中。長老傳言：秦始皇帝遣方士徐福將童男女數千人，入海求蓬萊神仙及仙藥，止此洲不還。世相承有數萬家，其上人民時有至會稽貨布。會稽東縣人亦有遭風流移至亶洲者。所在絕遠，卒不可得至，但得夷洲數千人而還。

吳黃龍二年，當魏明帝太初四年 (230)。《北史》及《隋書》，以夷洲為秦王國。亶洲，又作澶洲、澶州。此言孫權曾經派遣將士萬人尋求夷洲與亶洲，因亶洲所在絕遠，未能達到目的，只帶回數千個夷洲人。文中又提及徐福奉秦始皇之命，率領童男女數千人入海求蓬萊神仙及仙藥事。徐福乃中國正史所記載第一個出使東方的人物，他到底有沒有到達東方的仙境？或遇海難而葬身海底？抑或他抵朝鮮半島或日本的九州、本州西部，或更往東方走以求仙山？我們雖無法證實徐福一行之是否抵達日本列島，但在紀伊國（和歌山縣）之新宮 (Shingū) 市設有徐福公園，該公園裡立有「秦徐福之墓」碑，及徐福的雕像，且遺蹟被保存至今，則此事本身已成史實，無須再深入探討❾❺。

　　後漢帝國亡於 220 年，中國形成蜀、魏、吳三國鼎立的局面。

　　倭女王卑彌呼之首次遣使中國在魏明帝景初二年 (238)，前此，邪馬臺國係內屬以遼東半島為據點的公孫氏，唯當魏遣司馬懿征遼東，燕王公孫淵與之作戰而首都襄平（遼陽市）被陷，淵父子俱陣亡。結果，公孫政權滅亡，遼東、玄菟、樂浪、帶方四郡悉歸曹魏。

　　因公孫氏滅亡，卑彌呼遂遣難升米等，前往帶方郡，求詣天子朝獻。太守劉夏乃遣人將倭使一行送詣京師。卑彌呼的此一動作，可能引起魏的好感，因此封她為「親魏倭王」。魏明帝於同年十二月給與卑彌呼的〈詔書〉云：

　　　　制詔親魏倭王卑彌呼，帶方太守劉夏遣使送汝大夫難升米、次使都市牛利，奉汝所獻男生口四人、女生口六人、班布二丈二匹以到。汝所在踰遠，乃遣使貢獻，是汝之忠孝，我甚哀汝。今以汝為親魏倭王，假金銀紫綬，裝封付帶方太守假授。汝其撫綏種人，勉為孝順。汝來使難升米、牛利涉遠，道路勤勞，今以難升米為率善中郎將，牛利為率善校尉，假銀印青綬，引見勞賜遣還。今以絳地交龍錦五匹、絳地縐粟罽十張、蒨絳五十匹、紺青五十匹，答汝所獻貢直。又特賜汝紺地句文錦三匹、細班華罽五張、白絹五十匹、金八兩、五尺刀二口、銅鏡百枚、真珠、鉛丹各五十斤。皆裝封付難升米、牛利還，到錄受，悉可以示汝國中人，使知國家哀汝，故鄭重賜汝好物也。

此乃中國帝王對倭制詔之首載於史冊者。

　　「親魏倭王」乃魏給與外夷之爵位稱號最高者之一，明帝除對其貢品有所回賜外，又給與優渥的賞賜。

上舉〈詔書〉於次年——正始元年 (240)，由帶方郡使者攜往倭國，難升米一行隨之東返。魏使返國之際，曾託他將〈表文〉帶回，以謝魏之所賜。正始四年，卑彌呼復遣其大夫伊聲者、掖邪狗等八人前往中國，獻生口、倭錦、絳青縑、綿衣、帛、丹木、短弓矢等；魏朝則將中郎將之印綬賜與掖邪狗等人。於是卑彌呼之身邊共有九個率善中郎將，及一個率善都尉。中郎將的祿額二千石，相當於郡太守。兩年後，魏室賜詔敕與黃幢給倭。黃幢乃黃色軍旗，為軍隊最高指揮官所有。〔見圖一六〕學者們以為魏之所以遣人送黃幢至倭，乃因當時卑彌呼與南方的狗奴國男王作戰，而欲使難升米予以平定之故。就結果上言，此一說法與事實相符。然就當時國際情勢觀之，似亦與朝鮮半島問題有關 **96**。

且說發生此事之前一兩年，遼東的公孫氏頗為強盛，魏以此為憂，向公孫氏示好。吳則與公孫淵結盟，欲其襲魏之後。淵狡黠，敷衍魏、吳，以圖己利。適淵使至吳，孫權乃封淵為王，贈寶物以拉攏他。寶物中有幢。吳之群臣雖以為淵不足信賴，請止。權不許。

吳使至遼東時，淵斬之，將其首級送至魏，以示其對魏之忠誠。權雖有意遣軍攻遼東，但不能輕舉妄動，故未付諸實施。因魏窺伺吳之北疆，其西則有蜀虎視眈眈的伺機攻擊，而吳如欲攻遼東，又非經由海路不可，

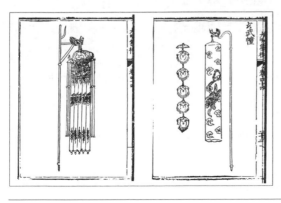

圖一六　玄武幢　右圖因根據五行思想裡的北方六神「玄武」，故曰「玄武幢」。左圖之由來不詳，幢中空而垂直，軍旗之一。典據：徐一夔，《大明集禮》，卷四四。

96　鄭樑生，《中日關系史》，頁 17。

則難升米之獲其幢，乃對倭的政策，亦即魏的東方政策之一種表現。這種表現，就是加強與倭之間的聯繫。就當時的東亞局勢言之，魏可能擬聯倭而從南北牽制朝鮮半島的韓、濊、貊等民族，以解除其在東方之不安，然後用其全力對付蜀、吳。

　　女王卑彌呼與魏建立朝貢關係以後，其國便迅速發展起來。事實上，朝貢乃是一種官方的交換貿易關係。對女王國而言，與其說它在此一過程裡獲得奢侈品與日常生活必需品，無寧言它從魏所得高度文化更為重要 **❾❼**。

三、階級社會之形成

　　當水稻農業成為主要產業以後，便產生數戶居住在一起的小聚落共同體。這些共同體的內部，亦即各個聚落均有獨自的倉庫，這種情形可能表示大家都在被劃定的幾塊田裡耕作，收穫時則將各聚落的部分穀物儲藏於倉庫。因此，由數戶住居所形成的聚落家族共同體，它在稻農耕的勞動過程裡扮演了重要角色。

　　繩紋時代的氏族共同體關係到了彌生時代，便隨著農耕生活之趨於安定，可能發生質的變化，產生更複雜化的結合關係，就是共同體的墓地。如：山口縣土井濱 (Doigahama) 遺蹟，即為從彌生前期末至中期之間形成的大集團墓地。該墓地分為東、北兩墓群，共有二〇七具遺骸，而東區多男性與幼兒之骸骨。幾乎所有的頭部都朝東，拔齒，身上有配飾，且四肢微彎地埋葬著 **❾❽**。

　　唐津灣岸的原末盧之地，亦即位於松浦地方的半田葉山尻 (Hayamajiri) 遺蹟，則是從彌生前期至中期之間形成的公墓。此一墓地有大陸式支石墓與甕棺雜在一起。該墓地為某一共同體數代家族所共有，其被

---

❾❼　鄭樑生，《中日關係史》，頁 17～18。

❾❽　和島誠一，〈農耕文化の開始と彌生時代〉，《圖說日本の歷史》，一。

葬於支石墓者，可能為家族共同體之家長或近親。由於中期的墳墓在石墓以外的甕棺裡有管玉之類的陪葬品，故階級分化可能已開始進行著。至於福岡縣的志登遺蹟，在較早時期即營造南方式棋盤型支石墓，而以打製或磨製石鏃陪葬，此亦當為階級分化的徵兆❾❾。

後漢光武帝賜與奴國的金印有一「王」字，實際上此王究竟為何許人物？玄海灘沿岸各地在彌生中期的甕棺墓裡出現許多從大陸輸入的漢鏡、玉器、武器、配飾等物，如：原為「伊都國」之地的三雲遺蹟（福岡縣），其拼裝的甕棺裡有三十五面漢鏡，大陸製銅矛二枝，及玻璃璧、勾玉、管玉等陪葬品；棺外則有進口的銅劍、銅戈各一枝❿被埋葬著。

彌生墓制之值得注意的，就是畿內，即滋賀縣南滋賀遺蹟之墓群，該墓群除土壙墓、壺棺外，又有方形周溝墓，及岡山縣總社市伊與部山 (Iyobeyama) 遺蹟的土壙墓、壺棺群中有兩方以石垣區隔的方形壇，其中央有組合式木棺，木棺周圍又有以石片所砌成類似豎穴式石室之配石墓。其被葬於方形周溝墓的，很可能為聚落首長。

彌生時代與繩紋時代的原始農耕較之，前者對植物栽培的倚賴度較高而已栽培水稻。這種轉移乃直接或間接受到中國大陸的影響，不久以後，展開了日本列島成立國家之史前史，產生日本民族之新時代。其成為變革主體的，除從繩紋時代就已定居於此一列島的人們之子孫外，尚有從朝鮮半島遷來者。

因農業生產必需倚靠陽光、土地、人力等自然條件來進行，所以在農耕社會裡，祈禱豐收便成為重要行事，亦即農耕社會的人們係藉祈禱豐收的方式，把共同體成員之生命託付給神祇，而向神祇祈禱當為彌生時代族長之重要任務。

---

❾❾　和島誠一，〈農耕文化の開始と彌生時代〉，《圖說日本の歷史》，一。
❿　和島誠一，〈農耕文化の開始と彌生時代〉，《圖說日本の歷史》，一。

　　彌生時代有以畿內為中心的銅鐸之祭祀，與從九州北部至瀨戶內海沿岸之間之以青銅製武器為祭器之祭祀。就銅鐸言之，從描寫在其表面上的繪畫題材，即可看出它與稻作農耕的關聯。如果在舉行祭祀之際敲打銅鐸，則當時的人們對未曾聽聞的金屬音聲，必會產生某種神秘感而殆無疑義。

　　以青銅製武器祭天的儀式，與東北亞方面的祭祀有關，故從其構造之為儀器的情形來看，也和銅鐸的情形相似。也就是說，青銅器大型化而被集中掩埋在一處，這表示其祭祀規模擴大，參加祭祀的共同體增加，成為地域廣大的統一祭祀。這種情形與中國雲南省晉寧縣石寨山漢代墓群發現之貯貝器蓋上，描繪著以銅鼓為祭器者較之，應有某種關聯，即日本列島之以銅鼓祭祀的風習傳自中國。

　　銅鼓也大型化，它與銅鐸一樣被認為是謎樣的銅器。在石寨山的漢墓裡，它與貯貝器同為陪葬品，而貯貝器上以人為犧牲的祭祀場面有使用許多銅鼓的情形，並且那是由女性主持的共同體的祭祀。其舉行這種祭祀者為雲南滇族的稻作農民，他們擁有水牛、鴨子等家畜，這就如他們被認為有奴隸似的，已達到較日本的彌生時代更進步的階段❿。

　　族長們為解決隨農業發達而來的各種矛盾問題，似以加強共同體之結合來調整，其所採取的具體方式，就是所有共同體與其成員之命運集中寄託於祭祀場所，而此事當是導致青銅器大型化的原因。此一事實也意味著：族長雖掌握製作各種青銅器的主導權，卻為維護自己權力而不製作武器，這有如中國之不製造祭器，而製作被認為是共同體之寶器或儀器之非實用的大型青銅器，在共同體的規範下擴大自己權力。當爆發戰爭而集團關係趨於緊張時，諒必也促進了這種動向，而大阪府勝部 (Katsube) 遺蹟之木棺裡，即埋葬著似乎因背部被石槍所傷而死的人骨⓫。

---

❿　和島誠一，〈農耕文化の開始と彌生時代〉，《圖說日本の歷史》，一。

⓫　和島誠一，〈農耕文化の開始と彌生時代〉，《圖說日本の歷史》，一。

　　彌生時代的日本列島，因各地的發展不均衡，致產生各種對立與抗爭。一旦爆發戰爭，居於上層的族長們便為獲得新耕地，或為確保交易路線而集結在一起；在下的共同體之一般成員，他們不僅要維護大家的利益，萬一戰敗，勢將淪為生口（奴隸），因此，也就非團結一致地對付敵人不可。當此之時，統率集團的族長之權威自然提高，其權限也自然擴大。所以當爆發所謂「倭國大亂」之大規模戰亂之際，就如青銅器之分布所示，在政治上、經濟上利害關係相同的地域便加強了他們的統合，並可能從而產生成為聯合體之核心的首長，與追隨核心首長之其他首長們階級上差異❸。

　　彌生中期中葉以後，從畿內中央至瀨戶內海兩岸丘陵出現的聚落具有防禦性質，故如說「倭國大亂」時的敵人在九州北部，則此一時期的畿內應居於守勢。當此高地性聚落消失的彌生時代後期，其發達於近畿地方的梳目紋粗陶器的影響已及於九州，並出現畿內的霸權已擴展到該地的跡象。因此，從彌生時代後期的某一時段開始，似乎已逐漸形成古墳文化。另一方面，就如從滋賀縣大岩山，或從兵庫縣櫻丘挖出集中而大量的銅鐸所示，農業共同體的集結也似乎廣泛地進行著。

　　彌生時代乃從無階級社會產生階級社會的時代。在日本成立的最早階級社會特質，孕育於此一時期。它在大陸先進文化的影響下，輸入以鐵器為首的各種器材、工具，與其相關技術，和日本列島原有者複雜地結合在一起，使其稻作社會因地域之不同而形成不均衡的發展。其間，原處於公僕地位的首長，卻以其權威範圍內發展的私有制為基礎，扮演統治者的角色，其能顯示完成此一過程者則為古墳的出現❹。

❸　和島誠一，〈農耕文化の開始と彌生時代〉，《圖說日本の歷史》，一。

❹　和島誠一，〈農耕文化の開始と彌生時代〉，《圖說日本の歷史》，一。

第二章
大和國家之發展

第一節　三至五世紀之東亞形勢

一、中國文獻所見之倭

　　距今三千多年以前，周朝統治黃河流域之初期，年幼的成王繼位後，由其叔父周公輔佐施行仁政。因此，後世儒者乃以周公為聖人之榜樣。周公輔政時期的國內平安無事，而四鄰各國之遣使朝貢、獻方物者亦絡繹不絕。王充《論衡·儒增篇》所謂：「周時天下太平，越裳獻白雉，倭人貢暢草。」即指此一情形而言。該書〈恢國篇〉又云：「成王之世，越裳獻雉，倭人貢暢。」此蓋當時東夷小國有失政者，成王伐之，故息慎❶來賀；而倭人貢暢，亦當成王之世，《論衡》凡三言之；可見在周時，中國文化已傳播至日本列島。

　　所謂暢草，就是鬱金草，據說釀酒時將萃取之花汁加入其中，不僅可使酒更香醇可口，也能使飲者長生不老，因此在祭天或祭祀祖先時供奉這種酒。中國人重視祭祀祖先，把它視為喜事，故於祭祖時上供牛、豬、羊、雞、鴨等五牲，及混合暢草汁的美酒，亦即當時的倭人貢獻中國人所珍重

---

❶　古國名。唐虞曰息慎，周曰肅慎。今吉林及俄屬東海濱省之處，亦屬古東夷之地。

的釀酒香料。由於考古學上或文獻上並無當時倭人往來於中國的相關紀錄，故倭人貢暢草的故竄被認為是一種傳說。即使是傳說，自遠古時代開始，東海已有倭人居住，他們便與中國發生關係，呈獻了貴重的暢草，其所以如此書寫的後漢時代中國人的心情，應有其相當的理由。因為在一世紀的後漢時代，中國與倭人的關係已是證據確鑿的事實。

　　倭人之出現於東亞世界舞臺，被確實紀錄於文獻，始自中國的戰國時代（前403～前221），亦即周王朝的權威掃地，秦、楚、齊、燕、韓、趙、魏等七雄互爭雄長的戰國末年，「倭」出現於《山海經》。該書〈海內北經〉云：「南倭北倭屬燕」。燕，宜是北燕，姬姓，周封召公奭於燕地，在燕山之野。故國取名燕。當時薊、燕二國，皆武王所立，後來燕併薊而居，故幽、薊兩地，即古燕國；至戰國時，擁有河北、遼寧及朝鮮北部之地。倭國在古時也有南北之分，部落國家且多，其四周環海，西南距朝鮮半島極近，朝鮮既為中國所有，倭人朝貢所至，必有自求為附庸者。中國職方，周時已有九服，倭人等亦願在服侍之列；《山海經》稱倭屬燕者，或許是在成王東伐，倭人貢暢草之後❷。

　　〈海內北經〉又說：「蓋國在鉅燕之南，倭之北，倭屬燕。」如果蓋國在朝鮮半島北部的蓋馬山系地方，則係在鴨綠江中游之渭原東方，而處於倭之北。「鉅」與「巨」同義，是大的意思，亦即蓋國位於中國東北部，指燕國的都城在現今北京，其極盛時期接近戰國末期。當時的燕國勢力及於南滿，因言倭屬燕，所以蓋國也可能屬於燕國。在中國史上，「屬」係指每年或每隔幾年，遣使攜帶方物奉貢的國家。由於上古時候有許多倭人居住於朝鮮半島南部，因此《山海經》所見之倭人似指半島上而非居住於日本列島者。但無論如何，當時已有倭人出入燕國位於遼東方面的政府機構。

---

❷　王婆楞，〈德化倭人時代〉，《歷代征倭文獻考》（臺北：正中書局，1966，臺一版），頁2。

不久以後，秦統一六國，旋又出現漢帝國，於是東亞迎接了嶄新時代。

當時北方的蒙古高原居住著遊牧民族——匈奴，他們威脅著中國北疆，為防其入侵而構築者為萬里長城。與之同時，始皇也曾動員百萬大軍，占領現今廣東、廣西至越南北部之河內一帶。秦在東方的領土則至朝鮮半島北部，如據始皇於行幸山東省琅邪臺行宮時所立石碑鐫刻「人跡所至，無非臣者」之文字，則秦帝國的威勢所及之範圍可能相當廣泛。唯秦因暴政，致有如曇花，瞬間即逝，由劉邦建立了漢帝國，前漢、後漢君臨東亞約四百年。從此一時代開始，東方民族的動靜逐漸明瞭，而「日本人之誕生」，也從這個時候開始。

劉邦即帝位（前 202）後，封功臣盧綰為燕王。劉邦與盧綰固為幼時以來的好友，唯當劉邦坐上皇帝寶座，盧綰被封為王時，盧綰可能不好受，故結合匈奴豎起叛旗。漢軍進擊時盧綰雖逃入匈奴，因病歿，事情遂告結束。盧綰的部下衛滿則逃往遼東，消滅了箕氏，建立衛氏朝鮮國，都王險城（今平壤）。

武帝繼位後不僅北伐匈奴，也還消滅南越王國，將其地析為九郡，更計畫與大月氏國結盟而遣張騫通西域。並且漢軍又征討帕米爾西北的大宛國，獲三千軍馬凱旋，於是東西交通的要道絲路便在漢朝的控制之下，伊朗系統的西方文化傳至首都長安，造成古代中國的黃金時代。迄至西元前 10 年，漢的陸軍自遼東南下，水軍則從山東半島向王險城進擊，殺朝鮮王衛右渠後，設四郡統治。漢統治朝鮮半島以後，居住於日本列島的倭人之朝貢便顯得很具體實在，所以班固方才在《漢書‧地理志》說「樂浪海中有倭人，分為百餘國，以歲時來獻見云」。「以歲時來獻見云」，這表示當時的倭人未直接前往前漢首都長安，僅至樂浪郡謁見太守，貢獻方物。

二、三世紀的東亞與倭國

前文已說，倭國在二世紀末葉發生大亂，各部落國家互相攻伐有年後

共立一女子為王，該女王即邪馬臺國之卑彌呼。《後漢書·倭傳》更清楚地說：

> 桓、靈之間，倭國大亂，更相攻伐，歷年無主。有一女子，名曰卑彌呼，……於是共立為王。

其將倭國大亂之年代縮小為桓、靈兩帝之治世 (147～188) 者為《梁書·倭傳》，曰：

> 漢靈帝光和中，倭國亂，相攻伐歷年，乃共立一女子卑彌呼為王。

靈帝光和年間為西元 178 年至 183 年的二世紀末葉，亦即卑彌呼出現以前的倭國板蕩不已。其所以動盪不安的原因，應與朝鮮半島的情勢有關。〈魏志·韓傳〉曰：

> 桓、靈末，韓、濊彊盛，郡、縣不能制，民多流入韓國。

《後漢書·韓傳》則曰：

> 靈帝末，韓、濊並盛，州、縣不能制，百姓苦亂，多流入韓國者。

亦即當倭國發生大亂的桓、靈之間，居住於樂浪郡東方、東南方與其接壤地帶的韓、濊之部族興盛，致樂浪郡所管轄的各縣無法制御他們。其在北方的高句麗，則如〈魏志·高句麗傳〉所云：

> 質、桓間，復犯遼東，寇新安、居鄉，又攻西安平，於道上殺帶方

令，略得樂浪太守妻子。靈帝建寧二年，玄菟太守耿臨討之，斬首，
虜數百級。伯固降，屬遼東。

質、桓間乃質帝與桓帝之交，質帝的在位期間僅一年 (146)，故高句麗之攻
西安平可認為始於 146 年。對於高句麗的不斷入侵，玄菟郡太守耿臨乃於
建寧二年 (169) 統軍予以征服，使之屬遼東。

就高句麗北方的烏丸、鮮卑言之，〈魏志‧鮮卑傳〉所引《魏書》云：

桓帝時，使匈奴中郎將張奐征之，不克，乃更遣使者齎印綬，即封
檀石槐為王，欲與和親。檀石槐拒不肯受，寇鈔滋甚。

之後，鮮卑之入侵後漢變本加厲，至靈帝時已臨幽、并二州邊境，故《魏
略》謂「無歲不被其毒」。當此之時，烏丸也好像受到鮮卑之刺激似的開始
寇略後漢之青、徐、幽、冀四州，殘殺吏民。

中原擾攘不安的靈帝中平元年 (184) 二月，爆發黃巾之亂，天下陷於
群雄割據的局面。經無數次的戰役以後，魏王曹操之子丕於建安二十五年
（黃初元年，220）十月建立魏朝，後漢滅亡。次年，劉備稱帝，國號蜀。
同年，曹丕封孫權為吳王，不受，於 222 年稱帝，建立吳國，於是華夏進
入三國鼎立的時代。

中平六年 (189)，公孫度被命為遼東太守。建安元年 (196)，曹操舉薦
公孫度為武威將軍永寧鄉侯。九年後，度死，子康繼其職位，成為實質上
的遼東王。因高句麗一再入侵遼東，康乃於建安中 (196～220)，率軍攻伐
高句麗，於樂浪郡屯有縣南設帶方郡，並且伐韓、濊等部族，以謀樂浪、
帶方地方之安定，「是後，倭、韓遂屬帶方。」❸

---

❸　陳壽，《三國志‧魏志》，卷三〇，〈倭人傳〉。

康死後，弟恭被舉為遼東太守。魏太和二年 (228)，康子淵奪其職位君臨遼東，魏明帝任淵為揚烈將軍遼東太守。前此一年，諸葛亮上〈出師表〉，發動大軍攻魏。公孫淵一再遣使至吳，採抗魏的態度。吳除封淵為燕王而與之聯手外，復遣使至高句麗，欲與之結盟，以期開展攻魏的有利情勢❹。不過高句麗王高宮，卻斬孫吳使節胡衛等，將其首級送往幽州❺，這表示高句麗與魏站在同一線上。時在魏青龍四年 (236) 七月。高句麗的這種動向使淵頗為惶恐，因為他有被魏、高句麗夾擊之虞，故乃改採親魏政策。魏乃任淵為大司馬，並封為樂浪公以回應。對魏而言，淵之叛吳，將使自己有更充裕的力量來對付蜀、吳。不久以後，魏司馬懿與蜀之諸葛亮在五丈原對峙，蜀軍敗北。

魏的本意原在打倒公孫淵，故於景初元年 (237) 夏，遣幽州刺史毌丘儉召淵。淵以此為對其宣戰，乃向丘儉挑戰。丘儉因雨敗退，淵軍遂乘勝進擊至魏的疆域，自稱燕王，建元紹漢，以這年為紹漢元年。明帝密遣帶方郡守劉昕，樂浪太守鮮于嗣越海平定二郡❻，以防淵逃入自己所扶持之樂浪、帶方二郡。景初二年，司馬懿之大軍進攻淵之根據地襄平（遼陽），斬淵，並殺城內十五歲以上男子七千人，及在戰場上的淵軍二千餘人❼。

公孫淵之滅亡恢復了曾一度中斷的中、日交通。如前文所說，卑彌呼於景初三年 (239) 遣大夫難升米至帶方郡，要求向魏朝貢，太守劉夏乃將邪馬臺國之使節一行送往首都洛陽。結果，卑彌呼除獲「親魏倭王」之封號外，又獲許多賞賜。那些賞賜物品中有銅鏡百枚。其在大阪府和泉 (Izumi) 市黃金塚 (Koganezuka) 古墳出土的畫紋帶四獸鏡有「景初三年，陳是（氏）作鏡，子保，孫宜，壽如金石」之銘。景初三年乃卑彌呼獲銅鏡

---

❹　佐伯有清，《古代の東アジアと日本》（東京：教育社，1997），頁 58。

❺　陳壽，《三國志・魏志》，卷三，〈明帝傳〉。

❻　陳壽，《三國志・魏志》，卷三〇，〈韓傳〉。

❼　陳壽，《三國志・魏志》，卷三〇，〈韓傳〉。

百枚之年，故此鏡可能為當時獲賜者。

　　三世紀以後，高句麗擺脫前此兄終弟及之繼承方式，開始實施父死子繼的世襲制度，奠定了古代國家發展的基礎。為消滅公孫淵而支援曹魏的高句麗增強了勢力，開始入侵遼東。〈魏志‧高句麗傳〉紀錄當時情形云：

> 正始三年，宮寇西安平。其五年，為幽州刺史毌丘儉所破，語在儉傳。

高句麗王高宮在正始五年 (244) 受毌丘儉之攻擊而敗北，當時的作戰情形被記錄於同書〈毌丘儉傳〉❽。丘儉討伐高句麗以後，朝鮮半島的諸部族便受到魏的種種壓力，而濊王則必須「四時詣（樂浪、帶方）郡朝謁」，且須負擔軍費及提供役使。當時韓之那奚國（安東）等國家忿而攻擊帶方郡之崎離營，使樂浪郡太守弓遵，帶方郡太守劉茂陣亡❾。

　　弓遵死後，由原為玄菟郡太守的王頎於正始八年 (247) 繼其任。〈魏志‧倭人傳〉紀錄當時倭國的情狀曰：

> 其八年，太守王頎到官。倭女王卑彌呼與狗奴國王卑彌弓呼素不和，遣倭載斯、烏越等詣郡，說相攻擊狀。遣塞曹掾使張政等，因齎詔書、黃幢，拜假難升米，為檄告諭之。卑彌呼以死，大作冢，徑百餘步，徇葬者奴婢百餘人。更立男王，國中不服，更相誅殺，當時殺千餘人。復立卑彌呼宗女壹與，年十三為王，國中遂定。政等以檄告喻壹與。壹與遣倭大夫率善中郎將掖邪狗等二十人，送政等還。因詣臺，獻上男女生口三十人，貢白珠五千，孔青大句（勾）珠二

---

❽　陳壽，《三國志‧魏志》，卷二八，〈毌丘儉傳〉。
❾　陳壽，《三國志‧魏志》，卷三〇，〈馬韓傳〉。

　　　　枚，異文雜錦二十匹。

之後，約經二十年，魏帝國滅亡，為西晉所取代。西晉建國後，倭女王壹
與於泰始二年 (266) 遣使朝貢。《日本書紀》〈神功皇后攝政前紀‧六十六
年〉條所謂：

　　　　是年，晉武帝泰初二年。晉《起居注》云：「武帝泰初二年十月，倭
　　　　女王遣重譯貢獻」。

相當於此，而《晉書》〈武帝紀‧泰始二年十一月〉條所謂：「倭人來獻方
物」，即其佐證。不過在此以後，直到東晉安帝義熙九年 (413) 十二月，與
高句麗等國家獻方物為止的約一百五十年間，都沒有與倭國相關之記載。

三、四世紀的東亞與倭國

　　從西晉建國以後經十年的武帝咸寧二年 (276) 起至十五年之間，東亞
各國幾乎每年都朝貢於晉。因史書僅言東夷，故無法了解到底是哪些國家
朝貢。雖然如此，東夷諸國之絡繹朝貢於西晉，當可視為它的勢力圈已經
形成。在此一時期，中、日兩國史乘對日本列島的問題，雖都呈現空白，
但其國內之社會分化必更為前進，政治則由原始的聯合國家進為古代的國
家而殆無疑慮 ❿。

　　四世紀以後，西晉的勢力開始式微，慕容廆稱鮮卑大單于，表示欲步
向自立之路而入侵遼東郡。西晉愍帝於建興年間 (313～316) 封廆為鎮東將
軍‧昌黎‧遼東二公；當時的西晉因受五胡之入侵而有不少貴族投向廆處
避難。西晉滅亡後，廆於東晉太興二年 (319) 進攻遼東之襄平（遼陽），平

---

❿　佐伯有清，《古代の東アジアと日本》，頁 84。

州刺史東夷校尉崔毖逃亡高句麗，於是成立以遼東為中心之慕容氏政權。東晉元帝封廆為監平州諸軍事安北將軍平州刺史；太興四年末，封廆為使持節都督幽州東夷諸軍事車騎將軍平州牧遼東郡公。咸和三年 (328)，廆建國為燕王，是為前燕。三年後，廆逝世，子皝、仁爭立。皝雖遣司馬之佟燾伐仁，燾見敗而降。結果，仁征服了遼東一帶，皝則在遼西伸張其勢力。之後，皝與仁之對立加深，終於咸康三年 (337) 發生正面衝突，皝軍自昌黎進攻平郭，仁軍大敗，仁被賜死，麾下武將多被斬首，佟燾逃亡高句麗。

　　前此咸康二年 (336) 二月，高句麗遣使朝貢於東晉，越明年，與河北之後趙王石虎相呼應，擬夾擊前燕，前燕乃於咸康五年攻高句麗之新城，故國原王見敗。次年，高句麗王遣子朝貢於前燕，但和議未成，前燕以四方之大軍攻高句麗，挖掘故國原王之父美川王之墓奪屍，並俘其母、妃，及男女五萬餘人以歸。翌年，高句麗王遣使朝貢，俯首稱臣，乞還乃父之屍。建元二年 (344)，高句麗又遣使朝貢東晉，其所以朝貢東晉，可能與它欲打開僵局之企圖有關。高句麗雖臣屬於前燕慕容氏，但並未亡國。故在四世紀時，高句麗謀求西進而取得遼東之西安平，結果，卻為前燕所敗。永和十一年 (355)，高句麗故國原王由前燕慕容儁封為樂浪公高句麗王，任常州諸軍事征東大將軍常州刺史，於是高句麗與前燕之間便建立了冊封關係。

　　高句麗美川王曾於其十四年 (313) 入侵樂浪郡，擄男女二千餘人；次年則進攻帶方郡。之後，樂浪、帶方兩郡遂入高句麗版圖；唯高句麗之南進，實難免與馬韓發生衝突。此一時期的馬韓各部族之聯合體已開始步向古代國家之路，由其諸小國之一的伯濟國統一馬韓，於 350 年頃建立百濟 (Kudara) 國。約二十年後的 371 年，百濟與高句麗發生戰鬥。《三國史記》，卷二四，〈百濟本紀〉，第二「近肖古王條」云：

　　　高句麗舉兵來，王（近肖古王）聞之，伏兵於浿河上，俟其至，急

　　擊之，高句麗兵敗北。冬，王與太子帥精兵三萬侵高句麗，攻平壤城，麗王斯由力戰拒之，中流矢死。王引軍退，移都漢山。

　　高句麗之積極南下，係在其宗主國前燕勢力式微之際，此事應與慕容氏在370年滅亡事有關。高句麗雖有意壓抑百濟，卻遭其反擊而導致故國原王斯由之陣亡。雖然如此，高句麗還是糾纏不放，屢侵百濟。

　　其在辰韓之地的諸部族，則幾乎與百濟建國之同時，由辰韓之一國的斯盧國統一辰韓諸國，建立新羅 (Shiragi) 國。新羅王為南下覬覦弁韓之地，必須與背後之高句麗合作，如此則難免與百濟對立。唯百濟如要防高句麗之南下，則非減低與新羅之間的對立不可。因此，近肖古王曾於366、368年兩度遣使新羅，致贈良馬兩匹。

　　百濟於高句麗故國原王敗死後的次年 (372)，遣使至東晉朝貢、獻方物，簡文帝乃封近肖古王為征東將軍領樂浪太守。孝武帝時，復遣使 (384) 貢方物。之後，朝鮮半島上的高句麗、百濟、新羅三國之間的情勢便更加險惡，而此事也與倭國發生關聯。

　　當朝鮮半島上的三個國家互爭雄長之際，繼女王壹與之後於三世紀後半朝貢西晉的男王，他逐漸擴大勢力，至四世紀時已統合各部落國家之聯合體，使它成為統一的國家。四世紀成立的大和政權，可能從三世紀後半開始即率領其四周的各酋長，以武力進行統一事業。我們雖無從得知《古事記》、《日本書紀》所記載的相關文字到底有多少真實性，但相傳完成統一事業者係被稱為「御肇國天皇」(Hatsukunishirasusumeramikoto) 的御間城入彥 (Mimakiirihiko)，他在八世紀時所獲諡號為「崇神天皇」。有關御間城入彥的傳說雖多，但他可能非在大和土生土長的人物❶。

---

❶　佐伯有清，《古代の東アジアと日本》，頁95。

四、五世紀的東亞與倭國

　　高句麗的廣開土王於 391 年繼承王位後， 即企圖擴張其勢力 。 如據〈廣開土王碑〉的記載，他曾於 395 年進攻遼東的陴麗（陴離郡附近），並親自率領部隊經富山至佟佳江，擊破陴麗之部落六千七百處，虜獲馬、牛、羊甚多。明年則進軍百濟，攻陷壹八等五十八城。為使百濟王降服，乃渡漢江逼近其國都。百濟王降伏，獻男女生口千人及細布千匹，誓從高句麗而為廣開土王所接受，並將百濟王之弟及大臣十人帶回其國都。三年後廣開土王的永樂八年 (398)，廣開土王遣軍至濊族所居之帛慎谷，俘虜與新羅接壤之加太羅谷居民三百餘。次年，聞百濟違背與高句麗之間的盟誓，與倭通好，乃進軍至平壤，向百濟施壓。當此之時，新羅王遣使將倭人破壞其邊境城池之事告知廣開土王，同時要求高句麗支援。十一年，廣開土王遣軍五萬援救新羅。高句麗軍經男居城，向倭軍駐紮之新羅城進發，不僅擊退倭軍，還追擊至任那 (Mimana) 加羅 (Kara) 之從拔城，予以攻陷。之後，高句麗軍雖遭安羅人戍卒抵抗，但不僅將其打敗，也還將倭軍消滅。因此，新羅乃獻物以謝其擊破倭軍。永樂十四年 (404)，倭軍入侵帶方之境，廣開土王親自出征，使倭軍全軍覆沒。十七年，復率步騎五萬援新羅，掃蕩倭軍，鹵獲許多武器。可見倭在進入歷史時代以前，已一再入侵朝鮮半島。

　　397 年，百濟與倭通好，〈廣開土王碑文〉將此事紀錄為「百殘違誓，與倭通和」。《三國史記》寫作「王與倭國結好」，《日本書紀》則引〈百濟本紀〉曰：「王子遣直支至天朝，脩先王之好」。〈廣開土王碑文〉雖言廣開土王聞知百濟與倭通好之消息而進軍平壤，卻未言與百濟戰鬥的情形。〈百濟本紀〉 則紀錄阿莘王於其六年夏五月與倭國結好後 ， 以太子腆支為人質 ❷；兩年後，欲侵高句麗而大徵兵馬，但人民苦於役而多奔新羅，致「戶口衰減」 ❸。可見百濟因與高句麗的連年作戰，遂使其人民陷於水深火熱

之中，終於不得不逃亡新羅。

　　百濟之與倭修好，係在四世紀末，至五世紀時，倭與百濟的交通已相當密切。《三國史記》言百濟阿莘王於其十一年 (402) 遣使至倭國求大珠；次年，則倭國的使者至百濟而獲阿莘王之優厚犒賞❹。

　　就倭與新羅的關係言之，倭軍曾於奈勿尼師今之三十八年 (393) 圍金城，《三國史記‧新羅本紀》云：

> 夏五月，倭人來圍金城，五日不解。將士皆請出戰。王曰：「今賊棄舟深入，在於死地，鋒不可當。」乃閉城門，賊無功而退。王先遣勇騎二百，遮其歸路；又遣步卒一千，追於獨山，夾擊大敗之，殺獲甚眾。

倭國雖因進攻新羅之金城而被殺、擄者甚眾，但在十年後的實聖尼師今元年 (402) 三月，倭、新羅兩國卻彼此通好，新羅王以其子末斯欽為人質，送往倭國❺。《日本書紀》，卷九，〈神功皇后攝政前紀〉所紀錄「新羅王波沙寐錦，即以微叱己知波珍干岐為質」之微叱己知波珍干岐，即為末斯欽。如據《三國遺事》的記載，末斯欽於訥祇王十年 (425) 逃回本國。

　　廣開土王之治世的前後約二十年，東亞諸國以高句麗為中心陷於戰亂之中，如：高句麗與百濟之戰，新羅與倭國之戰，或高句麗與倭國之戰等，到了最後，倭人因戰敗退居本國，成立新的王朝。

---

❷　金富軾，《三國史記》(漢城，景仁文化社，1994)，〈百濟本紀〉，第三，阿莘王六年條。

❸　金富軾，《三國史記》，〈百濟本紀〉，第三，阿莘王八年秋八月條。

❹　金富軾，《三國史記》，〈百濟本紀〉，第三，阿莘王十一年條云：「遣使倭國求大珠」。十二年條則云：「春二月，倭國使者至，王迎勞之特厚」。

❺　金富軾，《三國史記》，〈新羅本紀〉，第三，實聖尼斯今王元年三月條。

　　廣開土王逝世 (412)，長壽王高璉繼位後，致力與中國之間的交通，於東晉義熙九年遣長使高翼節奉〈表〉，獻赭白馬，高璉被封為「使持節都督營州諸軍事征東將軍高句麗公」❻。倭人也在同年遣使至中國朝貢，並獻方物❼。百濟則於義熙十二年 (416) 遣使至東晉，安帝封其王余映為「使持節都督百濟諸軍事鎮東將軍百濟王」。

　　東晉滅亡，劉裕稱帝，建立宋朝以後，百濟、高句麗、倭也都遣使朝貢，要求敘爵。高句麗王高璉於宋永初元年 (420) 被封為「使持節都督營州諸軍事征東將軍高句麗王樂浪公」，兩年後加「散騎常侍平州諸軍事」之銜。少帝景平二年 (424)，高璉遣長史馬婁等赴宋獻方物。

　　北魏之拓跋氏於 434 年使北燕臣服，進出遼東以後，高句麗便從 435 年開始朝貢北魏，高璉於北魏太延元年 (435) 被封為「都督遼東諸軍事征東將軍領護東夷中郎將遼東郡開國公高句麗王」。高句麗之所以朝貢北魏，應與其疆域之受北魏威脅有關。

　　宋元嘉十六年 (439)，宋擬伐北魏而命高璉輸馬，璉即獻八百匹。六年後，高句麗王遣長史董騰上〈表〉，貢方物。大明七年 (463)，宋孝武帝封高璉為「車騎大將軍開府儀同三司」，並承認前此給與之持節、常侍、都督、王、公諸爵號。

　　百濟王余映則於宋武帝時進為鎮東大將軍，少帝景平二年，余映遣長史張威貢方物。元嘉七年 (430)，百濟王余毗（毗有王）獻方物時，宋廷曾授與和余映相同之爵號。余毗死後由余慶（蓋鹵王）繼位。慶於孝武帝大明元年 (457) 遣使求敘爵號。次年，復請授予余紀等十一人的將軍號。百濟之所以要求國王之封號與其諸臣之將軍號，可能為謀其國內秩序之安定。

---

❻　沈約等，《宋書》，卷九七，〈高句麗國傳〉，義熙九年條。

❼　房玄齡等，《晉書》，卷一〇，〈安帝紀〉，義熙九年條。

第二節　大和朝廷與古墳之出現

一、神武東征的傳說

如據 《古事記》、《日本書紀》 的傳說史，則日本的首位天皇神武 (Jinmu) 從九州日向（Hyūga，宮崎縣）之高千穗 (Takachiho) 宮，經瀨戶內海，然後迂迴難波（Naniwa，大阪府）、熊野（三重縣）進入大和國（奈良縣）， 平定該地區後， 這位天皇於西元前 660 年歲次辛酉即位於橿原 (Kashihara) 宮。此一記載對決定史實的三條件──年代、人物、地點都相當明確而具備史實的條件，故乍看起來這個說法正確而具說服力。不過其必然的原因不僅不清楚，該兩書所記載之傳說也有大異其趣之處。並且其年代也是《日本書紀》的編者根據八世紀前後的中國曆法，尤其根據讖緯❶⑧曆運說等來決定之年代，故此年代不足採信。因為一般所謂「神武東征傳說」雖言神武從日向東征至大和建國，卻僅言其航海的路徑與停泊的地點，而毫無符合東征的傳承，故只不過為東航的傳說。然從他到達難波以後至即位橿原宮的一段故寔，則紀錄著他征服各地與戰鬥咒術的故事，及具有歌謠形式的傳承等。所以有關征服大和的故寔，很明顯的係將古代掌握以大和地方為中心的各王從事征服、統合該地區的故寔，彙整成為一個英雄的事蹟，亦即將大和的個別故事與傳承彙整成為一位英雄的事蹟而予以體系化，實際上並無神武天皇。因此，大和政權乃是經漫長的時間，將周邊地區一一加以統攝， 然後以近畿地方的大和為中心， 將日後的河內 (Kawachi)、和泉 (Izumi)、紀伊 (Kii)、伊賀 (Iga) 四國，亦即在利用大和與自然交通上容易通行的河川，使其通路統一之際成立大和政權。因此，此

---

⑱　讖書和緯書的合稱。為占驗術數的書。同緯讖。

一政權係經相當長久時間方才成立。唯此奮鬥過程，其時間到底有多長，當時掌握政權者為誰？已無從查考。目前我們能夠說的是：當此王權被世襲而逐漸擴大、確立之最後階段，便立於其所統攝的畿內地盤上，逐漸向西方擴張至播磨 （Harima，兵庫縣）、吉備 （Kibi，岡山縣）、丹波（Tanba，京都府）、出雲 (Izumo) 等地，然後繼承此一王權者，即為《古事記》、《日本書紀》 所紀錄皇室族譜，自神武天皇數起第十位的崇神(Sujin) 天皇。《古事記》 與 《日本書紀》 將神武、崇神兩天皇同樣讀為Hatsukunishirasusumeramikoto，而書作「始馭天皇」與「御肇國天皇」，文字雖異，其意卻同為首先統治日本國的天皇。將具有首任天皇之意的稱號分別給與首任與第十任之兩天皇，此事應是某種錯誤所造成。如前文所說，神武東征的故窠係由大和個別故窠與傳承彙整而成，故神武並非實際存在的人物， 第十任的崇神才是日本史上的第一位天皇， 即大和政權始於崇神❶❾。

二、實際存在的首任天皇

　　《古事記》與《日本書紀》均認為從首任天皇神武至推古天皇共有三十三任。《日本書紀》雖清楚地書寫此三十三任天皇駕崩年分，《古事記》則否，雖然如此，《古事記》卻以干支對此三十三位中的十五位天皇紀之文末註記其崩年。何以《古事記》只對此十五位天皇加註記？此當係原有的古帝紀有將其首任至推古天皇紀錄為十五任者，因此十五位天皇均紀其崩年，並據此紀錄各該帝紀之文末。而此十五任天皇之首位為崇神之事尤其重要。至於《古事記》未書崩年干支的天皇，則其實際存在的可能性低，或因後來基於某種需要所為之虛構人物。

　　因有「《古事記》崩年干支註記」的推古天皇之崩年與《日本書紀》相

---

❶❾　水野祐，《大和の政權》，頁 82～87。

表四：天皇崩年表

天皇	古事記崩年		日本書紀崩年		年差
	干支	西元	干支	西元	
崇神	戊寅	318	辛卯	前 30	348
成務	乙卯	355	庚午	190	165
仲哀	壬戌	362	庚辰	200	162
應神	甲午	394	庚午	310	84
仁德	丁卯	427	己亥	399	28
履中	壬申	432	乙巳	405	27
反正	丁丑	437	庚戌	410	27
允恭	甲午	454	癸巳	453	1
雄略	己巳	489	己未	479	10
繼體	丁未	527	辛亥	531	−4
安閑	乙卯	535	乙卯	535	0
敏達	甲辰	584	乙巳	585	−1
用明	丁未	587	丁未	587	0
崇峻	壬子	592	壬子	592	0
推古	戊子	628	戊子	628	0

同，故以此為基準，將《古事記》崩年干支之實際年代，對準干支一輪六十年之同一干支之年分，而從推古天皇以次逆推，便可回溯至首任崇神之崩年干支的實際年代；然後將此推算的年代與《日本書紀》的紀年比對，則推古天皇至繼體天皇之間兩書的之記載幾乎相同，在那以前則時代越早，兩書所紀年代的差異便越大，至崇神天皇之崩年的差異為三四八年。此一差異在日本古代史上具有重大意義，即《日本書紀》所立年代之「御肇國天皇」的崩年為西元前一世紀後半，相當於前漢「倭之百餘國」時代。唯「《古事記》崩年干支註記」的年代卻為四世紀前半的女王國與狗奴國對立之後，即相當於晉代。而此一年代似乎合於大和國家完成統一的時期，且符合崇神為首任天皇的有力證據之一。至於否定無「《古事記》崩年干支註記」之天皇為實際不存在之虛構人物之相關論著有：水野祐《增訂日本古代王朝史論序說》，及《日本古代の國家形成》等可資參考。

我們假定從首任至推古天皇為十五任的帝紀存在，則它何以算為十五任？其因之一就是含有中國的聖教思想，及尊重奇數，而以三七五的組合使之成為十五任。其因之二則可能根據中國的陽九陰六思想而來。據此以觀，則崇神至雄略為陽九，繼體至推古為陰六。其中如遇不合各該任數之天皇，則只記載其傳承而有故意省略其他的跡象。若然，則自神武至開化

的九任天皇，不僅神武為虛構，其他八任也都是後世傳說皇統系譜形成過程裡被虛構者❷。

三、崇神天皇的治績

神武、崇神兩天皇統一國家的傳說要素不同，神武東征說在地域上係從日向 (Hyūga) 移至大和的遠征故壘；崇神天皇則係統馭畿內與其周邊，即統一吉備 (Kibi)、丹波 (Tanba)、東方十二道、東海地方等，其所統一的領域更偏向東方而範圍更廣泛。如用其他方式來表示兩天皇所統馭的區域，則神武所統馭之領域為使用銅鏡、銅矛的文化圈，及使用銅鐸的文化圈的西部，崇神所統馭者則幾乎涵蓋整個銅鐸文化圈。銅鐸文化圈的中心在大和，以此為中心所構成的崇神傳說「御肇國天皇」這個稱號，實較符合大和國家之首任天皇，而崇神的傳說係與祭祀有關者為主。

崇神之後為成務，成務之後則為仲哀，在此三任中，統攝了本州西部的山陽之吉備，山陰之丹波與出雲（Izumo，島根縣）等地；遠征九州時由仲哀親自率領瀨戶內海的水軍，日本海方面的水軍則由在山陰地方有勢力基礎的神功皇后❷所統率而兩軍於周防（Suō，山口縣）會合。因曾為女王國領域的北九州沿岸地區有背叛南方的狗奴國為仲哀作內應者，故得順利登陸而戰於北九州，然因仲哀中矢而亡，遠征遂告失敗。

由崇神所代表的大和國家因持續西進的結果，其勢力便日漸擴張而成為能與九州之王國拮抗的強大統一國家，唯在最後階段，因與九州之王國決戰敗北而崩潰。雖然如此，我們卻無法舉文獻史料來證實此事，乃是根據《古事記》、《日本書紀》的內容作批判的處理，然後依據文獻以外的資

---

❷ 水野祐，《大和の政權》，頁 88～92。

❷ 《日本書紀》以為仲哀天皇之皇后，名息長足姬尊，神功為諡號。仲哀猝死後，出兵討伐新羅，使百濟、高句麗歸服，為侵略三韓故壘的中忻人物。一般認為她是編纂《古事記》、《日本書紀》時，將日本定位為大國的虛構人物。

料作如此解釋❷。

　　據學者們的推測，崇神天皇的崩年為西元 318 年，故他之統一大和周邊的地區，鞏固大和國家之基礎，派遣《日本書紀》傳承上的四位將軍分別前往北陸、東海、山陽、山陰等地，以確立國家地盤的時期為三世紀後半至末葉，而第三任仲哀之駕崩九州，則在 362 年，因此，崇神王朝的大和國家曾經統治本州島的東海、東山以西之地達百年之久。這種支配地域的崇神王朝的統治體制，因崇神本身具有咒術的司祭靈能 ❷，方才能夠掌握支配權，所以「御肇國天皇」乃體神之靈能之巫 (kannagi)，親自祭祀諸神，體神意以視國政，而兼具咒術司祭的王之色彩。這種本質雖為日後的諸天皇所繼承，卻隨著政治的支配範圍擴大，與執政實務之繁雜化而無法兼顧祭祀與政治。當此之時，天皇便不得不將祭祀與施政分開。唯天皇並非完全放棄司祭的王之本質，乃是以其本質為基礎，把祭神、窺神意的平日祭祀權委讓未婚的皇女，然後遵循該皇女所體會的神意來執政──天皇執政。亦即天皇身負國家政治之責，平時的祭祀工作委讓未婚的皇女，其被委讓的皇女則替天皇舉行平日的祭祀。當遇重要祭祀或遇重大問題時則仍由天皇親自祭祀以體神意，以解決問題。因此，崇神王朝之本質乃具有宗教卡里斯馬 (Charisma) 的支配形態，而採天皇執政，皇女代行祭祀的形式。這種形式與女王卑彌呼之以祭祀權統治國政，政治實務則委由男弟執行的情形相似❷。

四、古墳與王權

　　從四世紀至六世紀之間，日本列島建造許多丘型墳墓，其在前半期築造者有大阪府堺 (Sakai) 市所見長四八六公尺的仁德 (Nintoku) 天皇陵 （大

---

❷　水野祐，《大和の政權》，頁 104〜106。

❷　此言施奇跡以從事預言之神賦資質。

❷　水野祐，《大和の政權》，頁 104〜106。

圖一七 由空中俯瞰之古市古墳群 留存於大阪府羽曳市周邊的
古墳時代中期前方後圓墳群。從圖片右上方起允恭天皇陵（國府市
野山古墳）、仲姬命仲津山墓（澤田仲津山古墳）、應神天皇陵（譽
田御廟山古墳），及其陪塚散布於此一地區。典據：鈴木靖民編，
《倭國と東アジア》，頁 2。

仙陵古墳），後半期則由均質的墳丘與石室所構成，而如大阪府柏原市平尾
山古墳群所示，在長三公里，寬二公里的範圍內，竟有一千五百座墳墓聚
集著，因此，學者們乃將此一時期稱為「古墳時代」㉕。〔見圖一七〕

具有墳丘的墳墓並非至古墳時代突然出現，早在彌生時代初期即有方
形周溝墓，與具有彌生聚落特有要素的環濠配合在一起，開始出現於北畿

㉕ 一瀬和夫，〈倭國の古墳と王權〉，鈴木靖民編，《倭國と東アジア》（東京：吉川
弘文館，2002）。

及近畿中央地帶，然後以濠溝圍繞特定墳墓的規畫作為形式化。迄至中期後半，這種墳墓也出現於關東，且開始具有地方色彩。如島根縣至富山縣之間的日本海岸有利用舊地形築造之四隅突出墓與貼石墓，瀨戶內海東半的圓形墳丘等。後期後半則有如岡山縣楯築彌生墳丘墓，與兵庫縣原田中遺蹟之具有雙向突出之雙方中圓型墓等，至於在大阪府久寶寺遺蹟所見者則為前方後方型。其在彌生時代後期後半出現的，無論何種型式的墳丘都誇張其突出部分，或將其輪廓、區畫作明確的表示而擴大其規模，並由強調特定集團的，轉為強調特定的個人❷❻。

古墳時代乃在日本列島廣大地區形成共同性頗強的一定關係，此一關係被整備成為政治組織。地域社會統一的過程，也可說成權力的統一，它與國家形成論有密切關係。那麼當時地域社會的結構如何？如就前方後圓墳之分布情形而言，鳥取縣在中國、四國諸縣裡的數目最多；廣島縣北部的三次盆地 (Miyoshibonchi) 四周有小規模的前方後圓墳分布著，此處乃內陸交通的要衝。岡山縣南部的勢力在中國、四國地方較優異，其故在於該地有名為「穴海」的兒島灣成為瀨戶內海航路的據點，並且該地區又有吉井川、旭 (Asahi) 川、高梁 (Takahashi) 川流入穴海，與東海、北陸、山陰、讚岐（Sanuki，香川縣）、畿內各地均有來往而成為交通樞紐。此可由該縣津寺 (Tsudera) 遺蹟所發現許多古墳時代初期之粗陶器獲得佐證❷❼。古墳時代前期墳墓規模大小的差異，雖與農業生產力的差異接近，但在那以後則雖也受農業生產力的影響，卻因受地域間的相互交流與政治因素而急速形成地域中心❷❽。

就備中 （Bitchyū ，岡山縣）、 備前 （Bizen ，岡山縣）、 美作

---

❷❻ 山口良一編，《原始・古代の墓制》（京都，同成社，1991），頁 89。

❷❼ 龜山行雄，〈古墳時代初頭の土器〉，《津寺遺跡 3》,《岡山縣埋藏文化財發掘調查報告 104》（岡山縣，サンコー印刷株式會社，1996）。

❷❽ 新納泉，〈古墳時代の社會統合〉,《倭國と東アジア》。

（Mimasaka，岡山縣）、備後（Bingo，廣島縣）等地而言，如不思考其水系問題，則將此一地區分為南、北兩部分最為自然，即岡山北部約有五個核心地區形成連鎖狀態，南部則由楯築彌生墳丘墓與墳丘古墳所構成足守(Ashimori)川流域形成一個重點❷❾。由於此一地區有經由吉井川、旭川、高梁川聯結南北的大動脈，故有時可能處於中央以外的勢力之下，但也有可能與朝鮮半島的不同勢力結合。因此，當與畿內或朝鮮半島各該勢力之力的關係發生變化時，便可能立即給此一地區帶來重大影響；亦即此一地區因其地勢受到日本列島內各種政治變動的影響，當其勢力強大時，周圍的勢力便傾向於它，反之則與其他社會結合❸❶。

五、結合各地區的原理

當國家制度整備以後，各地區便被分為幾個階層來統治，亦即地域關係形成向心的金字塔型。不過這種制度尚未十分完備的社會，則其地域關係複雜，通常都會有各種各樣的結合原理介入其間。如：具有共同的祖先的「部族」關係，設定理念的共同祖先，以形成「部族的聯合」，從而產生廣泛的同族意識❸❶；但也有可能因物資流通等經濟關係所結合者❸❷。

就此一時期的中國而言，在內政方面係根據國家制度來施政，對四鄰各國則以獨特的「冊封體制」來統合。亦即四鄰各國以屬國身分朝貢中國，其統治之正當性因而獲得承認，而中國皇帝之回賜品也遠超過其貢品之所值。倭之五王也以「使持節都督」開始的頭銜，被納入中國的支配體制之下。對倭國社會而言，引進完備的國家制度在當時雖可能有很大的落差，

❷❾　新納泉，〈古墳時代の社會統合〉，《倭國と東アジア》。

❸❶　新納泉，〈古墳時代の社會統合〉，《倭國と東アジア》。

❸❶　近藤義郎，《前方後圓墳の時代》（東京，岩波書店，1983）。

❸❷　都出比呂志，〈日本古代の國家形成論序說〉，《展望日本歷史》（東京：東京堂，2000，再版）。

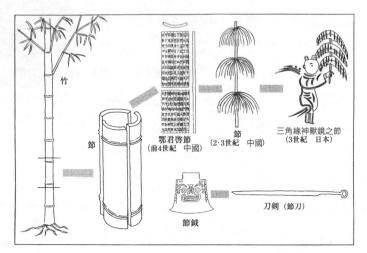

圖一八　「節」的發展過程　典據：一瀬和夫，〈倭國の古墳と王權〉，《倭國と東アジア》，頁 149。

但此冊封體制的原理似較易模仿而可能給列島社會帶來相當大的影響；亦即血緣的結合、祭祀的結合、經濟的結合，及政治的結合逐漸產生重大的作用。其能顯示這種作用的資料為關於「節」者，而刀劍尤能推測其政治的結合原理。如石上 (Isonokami) 神宮所藏七支刀，埼玉 (Saitama) 縣埼玉稻荷 (Saitamainari) 山古墳出土的辛亥年銘鐵劍等，都是因奉仕關係而獲賜者❸❸。此一制度起源於中國利用竹節的符信，而此「節」的原理在古墳時代可能已為倭人所認同❸❹。從古墳時代初期開始，一再從古墳出土的三角緣神獸鏡，它們有被稱為「傘松形」的花樣，〔見圖一八〕此為「節」的確實例子。此一圖形與中國文獻的記載相符，亦即在古墳時代的初期階段，日本列島的各集團已從曹魏學到「節」的支配原理。

---

❸❸　新納泉，〈古墳時代の社會統合〉，《倭國と東アジア》。

❸❹　新納泉，〈王と王との交渉〉，都出比呂志編，《古代史復元》，六 (東京：講談社，1989)。

六、社會統合的開展

　　從五世紀後半至六世紀之間，規範列島內諸勢力之間的政治、經濟關係者為朝鮮半島的政治情勢與列島內的東國❸開發。

　　列島內的諸勢力與朝鮮半島加耶 (Kaya) 地區的諸勢力關係密切，而以採接近百濟立場為主流，與高句麗保持自廣開土王以來的敵對關係，對新羅則持疎遠態度。加耶於 562 年為新羅所滅，百濟亦受高句麗之壓迫，而朝鮮半島旋為新羅所統一。高句麗逐漸強大後，於 475 年攻陷百濟國都漢城。之後，百濟與加耶協助新羅對抗高句麗。496 年，高句麗降於百濟、新羅之聯軍。百濟在六世紀初的武寧王時代臻於全盛而與倭形成蜜月關係。其間，百濟與新羅之間的關係逐漸冷淡，加耶地區開始為新羅所蠶食。529年，百濟大敗於高句麗，步向沒落之途。由於當時日本列島的許多物資都仰賴百濟，故朝鮮半島情勢的變化，便立刻對日本列島內各勢力間的關係造成影響。

　　六世紀以後，東國方面因開發而聚落增加，如千葉縣的下總 (Shimousa) 地方原只在高亢處有聚落的，至此一時期已擴及面臨較大河川與山谷的地帶❸。聚落急速增加的原因之一，應是利用牛、馬促進了濕地的開發，此可由群馬縣黑井峰 (Kuroimine) 遺蹟有馬厩，及該遺蹟附近有許多馬之足跡獲得佐證；唯能證明牛隻存在的資料不多。如果當時有所謂生產重心，則古墳時代前期係在畿內西方，後期在畿內，之後則擴及於東海、關東地帶❸。

　　古墳時代的社會，係將重點置於建築古墳和祭祀方面，而以競爭的再

---

❸　從畿內稱呼之本州東部地方。其範圍雖因時代之不同而有異，但大體上指現今北陸以外的中部、關東地方而言。

❸　松尾昌彥，〈稻作社會の構造〉，《松戶市立博物館常設展示圖錄》（東京：1994）。

❸　新納泉，〈古墳時代の社會統合〉，《倭國と東アジア》。

分配經濟為其特點。築造大規模的墳墓雖學自中國與朝鮮，但其規模卻變大而建造主體之階層也擴大，致墳墓在文化層面所處的地位與大陸迥異。而中國的朝貢與「節」的原理，也被日本列島模仿、擴充，成為規範地域間相互關係的重要角色。地方首長以向上級首長繳納貢租或提供勞役的方式，謀求自己地位的安定及獲所分配的物品，這種關係在列島內相當普遍。這種關係雖可納入再分配經濟的範疇，但與其說是經濟關係，無寧言政治關係的作用較大。

此一時期的地方首長處在一方面爭取自己集團的首長權，另一方面則與其他集團之首長競爭的雙重競爭關係裡。並且要居於較近鄰首長有利的地位，方能維護其在本身集團裡的地位之安定。只因上層首長也有競爭存在，所以便構成錯綜複雜的再分配網狀組織。與之同時，不僅與中央豪族相互間的競爭發生關係，也還與朝鮮半島或中國的諸勢力發生關聯。反過來說，朝鮮半島與中國方面的政治變動，會給中央豪族相互間的關係帶來影響，並且經由再分配的組織波及地方首長，亦即列島內各地首長之譜系會隨著大陸的政治變動發生變化。

七、世襲王權的成立

日本在太平洋戰爭敗北 (1945) 後，已無天皇制研究的禁忌，故在那以後不久曾出現兩個重要學說，其一是江上波夫教授所提「騎馬民族征服國家說」，其二則為水野祐的「三王朝輪替說」，此兩說均從正面否定一向成為皇國史觀基礎的《古事記》、《日本書紀》所描繪的天皇形象，而改寫了充滿衝擊性的假設。對江上所謂龐大騎馬集團從朝鮮半島東渡，征服日本列島的說法持否定態度者較多 ❸。水野則舉武烈、繼體兩天皇間譜系之斷絕而給往日以懷疑「萬世一系」之論說很高評價，認為在仲哀、應神兩天

---

❸　佐原真，《騎馬民族は來なかった》（東京：日本放送協會，1993）。

皇間也同樣存在著中間斷絕的問題。並且從崩年干支之記述來確認崇神以下各天皇之實際存在，否定綏靖至開化的所謂闕史八任，以論說崇神至仲哀的古王朝，應神至武烈的中王朝，及繼體以後的新王朝之三朝輪替說，而此一說法的影響頗大❸。王權繼承方式的變化，和被繼承王權之內容，與政權結構有密切關係❹。

在「倭五王」以前，日本列島的王權似由執行能力強大，尤其對處理朝鮮半島外交問題獲各首長肯定之大和地區幹練首長來繼承。故當時的王權繼承似無引進血緣原理之餘地，亦即王權的繼承係由前王與新王之間來完成，故其作為歷史的正統性根據的，只要他或她出自大和即可，無須考慮歷任各王如何的問題。唯在五世紀以後，卻因引進血緣原理而改變了以往的繼承方式。亦即倭王權因出身奈良盆地的聯合首長獨占對外交涉權，遂變成由有血緣關係的人來繼承。當要繼承時，就要看他作為倭王的實力，即在外交上的判斷能力如何？如果遇到戰爭，則似乎還要看他的軍事指揮能力。而〈高句麗廣開土王碑文〉所記載四世紀末至五世紀初支援百濟對抗高句麗的戰爭經驗，便成為大和的聯合首長發展為泛日本列島之政治聯合體的契機，使大和政權成為代表倭王權❹。不過，在上述情形下所形成五世紀當時的倭王權力尚未構築自律的秩序，故要求國力較強大的劉宋皇帝賦予維護秩序所需之爵號。身為倭王的他們在進行這種交涉之際，不僅相對提昇自己的政治地位，也還使其身為倭王的權威更為加強，於是形成了能夠繼承倭王地位之特別血緣集團。亦即在王權繼承上引進血緣原理❹。血緣原理的引進雖可使倭王權的繼承順利，從而提高政治聯合體的安定性，然在基本上王權的繼承係以先王之逝世為契機，獲多數首長之支持者方能

---

❸　大平聰，〈世襲王權の成立〉，《倭國と東アジア》。

❹　大平聰，〈日本古代王權繼承試論〉，《歷史評論》，四二九號 (1986)。

❹　新納泉，〈古墳時代の社會統合〉，《倭國と東アジア》。

❹　新納泉，〈古墳時代の社會統合〉，《倭國と東アジア》。

成為下任之王，故其基本結構並未改變。因此，引進血緣原理後，反而有血緣內部爭權的危險性，並因此發生王權繼承者滅絕之事態，這種事態終於成為事實，繼體天皇（507～531 在位）即位之背景即屬於此。繼體的王權繼承雖可能已對上述問題作根本解決，但這個問題大致要委諸欽明天皇（539～571 在位）之手❹。

　　六世紀以後，在日本列島呈現著加強對倭王之求心力的政治關係，如：將屯倉 (Miyake)❹、部民 (bemin)❹呈獻給倭王的相關記載集中於安閑（531～535 在位）、欽明朝的事實；武藏國造 (Musashinokuninomiyatsuko)❹之亂❹藉請求王權來調停等，這表示此一時期的倭王不僅成為國內矛盾的調停者，也還加強身為倭王之內涵❹。

　　當各地區矛盾的進展與請倭王調解糾紛的要求達到極限之際，繼體天皇崩而發生繼承人選問題的糾紛——辛亥之變。欽明在此爭奪王位戰爭獲勝後，便排除與自己對立的人選（安閑、宣化），鞏固了身為最高統治者的地位，並將服從度高的人員任命為全國各地的政府首長。於是倭王的地位便成為整個倭國政治秩序的根源，從而使倭王有可能自律的將官職賦予各

---

❹　新納泉，〈古墳時代の社會統合〉，《倭國と東アジア》。

❹　也寫作官家、御宅、三宅。大和朝廷的直轄地。其名稱由來於貯藏穀物之倉庫，或經營上的辦事處之名。

❹　大化革新以前的社會裡，由朝廷或豪族所擁有、統治之人民集團。由農民、漁民或具有特殊技藝者所組成，大都被冠以地名或職能名，如：馬飼部、鳥取部、弓削部等。

❹　大化革新以前，由大和朝廷所任命之地方官，至遲在七世紀初已完備。任命地方豪族擔任斯職，以確立朝廷的統治。其擔任國造者由朝廷給予臣 (omi)、君 (kimi)、公 (kimi)、連 (muraji)、直 (atai) 等姓氏，大化革新以後廢除。

❹　武藏國之首長笠原直使主之同族小杵擬叛亂，而尋求隔鄰之首長上毛野蚪小熊支援，因使主上訴倭王而被殺的事件。

❹　大平聰，〈世襲王權の成立〉，《倭國と東アジア》。

豪族。當倭國的政治達到此一地步以後，王權的繼承人選便侷限於確立此一政治地位的欽明一族了。於是前此主張歷史的正統性之複數的譜系被單一化，具備了以應神天皇（270～310 在位）為始祖的「帝紀」誕生之歷史的必然性❹。

八、倭王權的轉變

在六世紀初前後，倭王權的權力結構曾發生很大的變化，當時雖經「倭五王」的努力，不僅未能使朝鮮半島的情勢獲得改善，反而令日本列島失去安定感，終致地方首長失去身為政治主體的寶座。

倭王武遣使前的 475 年，百濟因蓋鹵王在對抗高句麗的戰役裡被殺，將國都從漢山城（首爾）南遷至熊津。之後，為恢復王權進出馬韓的榮江流域，然後又東進而擬將加耶西端的蟾津江流域弄到手❺。538 年，復將國都遷至更南方的泗沘城（扶餘），正式進攻加耶。加耶被攻後，倭王權並未採取任何行動。後來加耶諸國雖因內訌而於 562 年為新羅所滅，倭王權卻因此失去威信，致仰賴其威信之地方首長之政治地位發生動搖。其最顯著例子，就是前文所提武藏國造之亂。亂後，在武藏地區設橫渟 (Yokone)、橘花 (Tachibana)、多冰 (Ōhi)、倉樔 (Kurasu) 四座屯倉，以為倭王權在地方首長領域裡的政治、經濟據點，它們可能是地方首長為答謝倭王權之調停所獻者❺。

倭王權在六世紀前後所面臨的變化，除上述朝鮮半島情勢與地方結構的變化外，尚有與王權有重大關係的倭王遴選辦法的重大改變。其所以發

---

❹　大平聰，〈世襲王權の成立〉，《倭國と東アジア》。

❺　《日本書紀》（東京，吉川弘文館，1986），卷一七，〈繼體天皇紀〉，六年 (512) 十二月條所謂大伴金村與穗積臣押山等策謀割讓給百濟的「任那四縣」為上哆唎、下哆唎、娑陀、牟婁，它們指包含容山江流域的全羅南道一帶。

❺　館野和己，〈屯倉制の成立〉，《日本史研究》，四號 (1978)。

生變化的根本原因在於上述繼體崩後發生的辛亥之變，王權可能因此發生分裂或動搖。因五世紀的王位繼承者須具備首長階層所期待之人格與素質，故前王的子弟未必能獲繼位的保證。如果繼位人選為複數，則很可能發生糾紛，致王權的地位下降，影響政策的推行。因此，欽明乃更改前此由複數王家以實力取得王權的方式，改為王統的世襲化與單一化，亦即引進「大兄」(ōe)制原理及世襲原理，使倭王權之繼承步向重視血統與世襲之路❺❷，亦即欽明王權將前此由複數王家以實力來繼承王位的方式，改由王統世襲而單一化，將王權繼承改為重視血統與世代。

　　王權繼承採「大兄」制以後，便將前此根據大王天資來施政者，改為依據政治機構，以謀求安定的、制度的永久性統治，創設合議制。其所以如此的主要因素之一，在於各地方統治結構發生動搖而各地首長對王權的從屬性提高，對大王的向心力較往日更為昂揚。結果，各地的繳納貢賦、奉仕關係便被大王一元化，因而王權的行政事務增多，從而整備、擴充了統治機構。行政組織擴大以後，原為大王所管轄的各種事務便趨於繁雜，致大王無法直接掌握所有的機構，所以不得不採將部分管轄權委諸有勢力階層（「大兄」或群臣）的體制，不過這種體制可能會使整個王權的主意無法統一。為此乃設防止此一缺失與統合分管各種事務的有力階層，以謀統一運用仕奉集團的中樞機構❺❸。

---

❺❷　佐藤長門，〈倭王權の轉成〉，《倭國と東アジア》。

❺❸　佐藤長門，〈倭王權の轉成〉，《倭國と東アジア》。

表五：王權的繼承關係

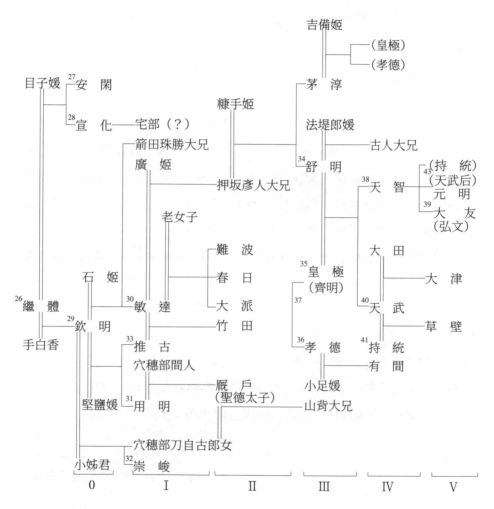

典據：佐藤長門，〈倭王權の轉成〉，《倭國と東アジア》。
註：阿拉伯數字為《皇統譜》之即位次序（以下同此）
　　＝表示為夫妻。

第三節　大陸移民與王權

一、大陸移民的浪潮

　　如據近年考古學的研究成果，從大陸東傳稻作文化與金屬器具文化的彌生時代以後，大陸系移民之急速增加，係從五世紀初前後開始。那些移民多半從朝鮮半島南部的新羅、百濟間之加羅地區東渡，而尤以五世紀前半從洛東江流域徙居日本列島者為然❺❹。其所以如此的原因在於從四世紀中葉開始，百濟、新羅因受高句麗南進的刺激而崛起❺❺後，與高句麗處在對立的百濟便與加耶諸國形成友好關係❺❻。在此情形之下，倭國乃經由素有來往的加耶南部諸國之仲介，與百濟為伍而對抗高句麗❺❼，而倭國之被捲入四世紀末至五世紀初，以朝鮮半島為舞臺的國際糾紛，也見於〈高句麗廣開土王碑文〉。當從加耶南部東渡的移民急速增加以後，倭國便以與加耶南部諸國之關係為軸心，使其外交趨於活潑，並隨國際關係之緊張而使王權與政治、軍事結合，此事可能給朝鮮半島與日本列島之間的人、物移動之擴大帶來很大影響❺❽，亦即那些移民之增加與王權間之外交有密切關係。

---

❺❹　定森秀夫，〈陶質土器からみた近畿と朝鮮〉，《古代王權と交流》，五（東京：名著出版，1994）；〈陶質土器・初頭須惠器からみた瀨戶內と朝鮮〉，《古代王權と交流》，六（東京：名著出版，1995）。

❺❺　李成市，《古代東アジアの民族と國家》（東京：岩波書店，1998），第一編第一章。

❺❻　田中俊明，〈加耶をめぐる國際環境〉，《新版古代の日本》，二（東京：角川書店，1992）。

❺❼　鈴木靖民，〈加耶の鐵と倭王權についての歷史的パースペグティヴ〉，《日本古代國家の展開》（京都，思文閣，1995）。

❺❽　田中史生，〈渡來人と王權・地域〉，《倭國と東アジア》。

　　因五世紀東渡日本的移民們曾把各種技術與文化帶入而造成極大影響，故此一時期的列島可謂為技術革新的時代。唯當時積極引進外來技術者，只侷限於少數有財、勢的首長們。例如須惠器 (sueki) ❺❾窯，它們出現於與當初王權有密切關係的大首長，或與朝鮮半島之交通有直接關聯的大首長之據點❻⓪，其從事鍛冶工作者在五世紀初仍分散而規模尚小，鐵匠們也與其他生產工人一樣，被有財、勢的首長們所掌握❻❶。那些首長們似有意將那些移民納入自己政治、經濟地盤之企圖，此可由以奈良葛城 (Kazuragi) 地方為據點的葛城氏之作為窺見其端倪。

　　由奈良縣御所 (Gose) 市南鄉遺蹟群之調查成果可知，五世紀時為支持「葛城王」而擁有高度技術的移民們，集中居住於金剛山東麓與葛城山東麓，從事鍛冶及製造玻璃、石玉等工作❻❷。這種生產活動可能在與葛城氏有關宅第附近之聚落進行。與此類似的情況，也出現於被認為與物部氏有關之奈良縣天理市布留 (Furu) 遺蹟及其周邊遺蹟❻❸。從布留遺蹟出土的遺物可知，自五世紀前半開始已生產鐵器、武具（戰鬥用各種裝備）、玉器等，其從事此一方面之工作者為被當地首長納入「家產」的移民們。

---

❺❾　又名祝部 (iwaibe) 式粗陶器、朝鮮粗陶器，從古墳時代後半至平安時代盛行製作之陶質粗陶器。以窯室千度以上的還原火炎燒成，呈灰色或灰黑色，有坏、高杯、甕、罐等。屬新羅系統。

❻⓪　植野浩三，〈須惠器生產の展開〉，《中期古墳の展開と變革——五世紀における政治的・社會的變化の具體相》，一（第四十四回埋藏文化財研究集會實行委員會，1998）。

❻❶　花田勝廣，〈古墳時代の鐵・鐵器生產工房——大阪を中心とした古代鍛冶——〉，《柏原市歷史資料館館報》，三（柏原：柏原市歷史資料館，1992）。

❻❷　《大和における渡來文化の受容と展開——五世紀における政治的・社會的變化の具體相》，二（第四十六回埋藏文化財研究集會實行委員會，1999）。

❻❸　和田萃，〈渡來人と日本文化〉，《岩波講座日本通史》，三（東京：岩波書店，1994）。

二、王權與外來文化

如據《宋書·倭國傳》的記載，倭王讚於 425 年遣司馬曹達（一作等）朝貢。曹達所冠「司馬」之職銜，乃前此 421 年，讚由宋冊封為安東將軍之際所設將軍府之府官，係承繼中國官爵而來，所以並不止於外交目的上的稱呼，可能具有某種程度之職官實質功能❻❹。由曹達之名觀之，他應是大陸移民。亦即在五世紀前半時，以王為中心的政府機構裡，確有大陸移民職司外交工作。《日本書紀》以為在雄略之治世有身狹村主青、檜隈民使博德等兩位大陸移民從事外交工作。「身狹村主」(Musanosuguri)、「檜隈民使」(Hinokumanotaminotsukai) 等姓氏雖在六世紀以後才有，但青、博德兩人應是實際存在的人物而俱屬史部 (Fumihito)❻❺。史部職司文書而由大陸系氏族所構成，因此，那些移民之以史為姓者多。唯此史部制之成立在六世紀後半，故五世紀後半當時的青、博德等人，可能以文筆、記錄見長而被提拔者❻❻。《日本書紀》，卷一四，〈雄略天皇紀〉，十五年條謂：

> 秦民分散，臣連各隨欲驅使，勿委秦造。由是秦造酒，甚以為憂，而仕於天皇。天皇愛寵之，詔聚秦民賜於秦酒公。公仍領率百八十種勝，奉獻庸調。

同書冬十月條則謂：

---

❻❹　鈴木靖民，〈武（雄略）の王權と東アジア〉，《古代を考える　雄略天皇とその時代》（東京，吉川弘文館，1988）。

❻❺　《日本書紀》，卷一四，〈雄略天皇紀〉，二年 (478) 十月是月條。加藤謙吉，〈史姓の成立とフヒト制〉，《日本古代の政治と社會》（東京：吉川弘文館，1995）。

❻❻　加藤謙吉，〈史姓の成立とフヒト制〉，《日本古代の政治と社會》。

詔聚漢部，定其伴造者，賜姓曰直。(一本云：「賜漢使主等，賜姓曰直。」)

又如據《日本書紀》的記載，漢人之從樂浪、帶方兩郡大量遷徙日本列島，係在三世紀的應神天皇時代 ，中國在朝鮮半島的遺民弓月君 (一稱融通王)，於 274 年率領一百二十縣之人民赴倭；弓月君自稱秦始皇之十三世孫，故日人稱之為秦人。據傳弓月君東渡之際曾為新羅所阻，應神遣葛城襲津彥迎於海上。另一漢人集團之渡日，則在應神天皇二十年 (289)，由阿知使主及其子都加使主所率領，阿知使主自稱為後漢靈帝三世孫，故日人稱之為漢人❻❼。此秦氏與漢氏被認為是古代移民的「雄族」、「雙璧」，「東漢氏」組織編制在五世紀後半，其被稱為「今來漢人」的新渡漢人在六世紀，「西漢氏」 在六世紀後半 ；秦系集團的組織編制則持續至六世紀中葉❻❽。

在同一時期，為客居百濟的阿直岐所推薦的王仁 (Wani) 博士，於 284 年 (應神十五年，西晉太康五年) 攜《論語》十卷、《千字文》一卷赴日，此為儒學正式東傳日本之始。如據東京上野公園王仁碑的記載，王仁自稱其先王鸞，鸞之後狗，原為漢高祖劉邦之後裔，至百濟後始易姓。此一事實可以說明多數日人所認為韓人的古代東遷者，事實上均為華人之苗裔，他們給草萊未闢的日本以高度文明的曙光。日方文獻雖謂王仁於三世紀末應神天皇之時，自百濟攜帶上述兩書赴日，唯現行《千字文》乃梁 (502～557) 周興嗣所撰，其成書在六世紀，故王仁所帶者應另有其書。其實漢籍在王仁以前應已東傳，因為秦漢末年中原板蕩之際，曾經有大批漢人東渡

---

❻❼ 宋越倫，《中日民族文化交流史》(臺北：正中書局，1966)，頁 27～28。

❻❽ 加藤謙吉，〈西漢氏の存在形態〉，《古代王權と祭儀》(東京：吉川弘文館，1990)；《大和政權と古代氏族》(東京：吉川弘文館，1991)；《秦氏とその民》(東京：白水社，1998)，頁 95。

扶桑，而他們在當時的日本政府也曾供要職，則那些華人知識分子於其東渡之際，亦必攜帶漢籍前往，在異鄉所過日常生活中仍以漢字來表達己意，自屬必然。故王仁所傳者，應是日本官方輸入之始，其途徑則由三韓；其由民間東傳者應較官方為早。至於當時由民間東傳的內容，因缺乏史料典據，故不可得而知之。

中國五經博士之設，始於前漢武帝建元五年（前 136） **❻**，至梁武創業，梁愍其弊。天監四年（北魏正始二年，505），乃召開五館，建立國學，總以五經教授，置五經博士各一人 **❼**。此一制度旋為百濟所仿，自梁敦聘毛詩博士以弘揚彼邦之經學 **❼**。未幾，百濟的學官已明白的稱為五經博士或專經博士，更有專業博士的出現。這些博士的出現包括兩方面，一是派往日本，並在彼邦建立輪番制度；一是從中國聘請。所以百濟於梁武帝天監十二年（繼體天皇七年，513）朝貢日本時，乃使其五經博士段楊（陽）爾等人隨之 **❼**。三年後的十五年九月，則有漢高安茂買棹東航。迄至梁元帝承聖二年（欽明天皇十四年，552）六月，當日本遣內臣使於百濟時，醫、易、曆等博士自百濟赴日而遞相往來於其兩國之間，日本從而獲得卜書、曆書，以及種種藥物 **❼**。次年二月，百濟遣下部杆率將軍三貴，上部奈率物部鳥等乞救兵之際，則以五經博士柳貴代固德馬丁安，僧曇惠等九人，為代前此赴日之僧深等七人之職務東渡；別奉敕貢易博士施德王道良，

---

❻　班固，《漢書》（百衲本），卷六，〈武帝紀〉，建元五年春月條云：「置五經博士」。

❼　李延壽，《南史》（百衲本），卷七一，〈儒林傳〉。

❼　金富軾，《三國史記》（漢城：乙酉出版社，1980，再版），卷二六，〈百濟本紀〉，第四，武寧王十九年條：「王遣使入梁朝貢，兼表請毛詩博士、《涅槃》等經義，并工匠、畫師等。從之」。

❼　《日本書紀》，卷一七，〈繼體天皇紀〉，七年 (513) 夏六月條云：「百濟遣姐彌文貴將軍、洲利即爾將軍，副穗積臣押山貢五經博士段楊（陽）爾」。

❼　《日本書紀》，卷一九，〈欽明天皇紀〉，十四年 (552) 六月條。

曆博士固德王保孫，醫博士奈率王有㥮陀，採藥師施德潘良豐，固德丁有陀，樂人（施）德三斤，秀德己麻次，季德進奴，對德進陀等人❼。此一事實證明中國經學在六世紀初已被日本有系統的移植，而漢高安茂之赴日，實意味著百濟當時的經學之研究方法非僅直接師承中國，而且將它直傳日本。所以古代日域人士不僅經由韓人學習中國文化，也還直接向中原人士學習經學❼。

三、大和朝廷的發展

從三世紀中葉前後開始的統一運動，經過大約百年的四世紀後半，即在應神、仁德天皇（相傳 313～399 在位）之治世以後，展開了新局面。如據《三國史記‧新羅本紀》的記載，此一時期的倭國部隊在對馬設營，以兵船侵犯新羅東境，非僅如此，更從南部直接攻進該國境內。由此可見，大和朝廷從四世紀後半開始，便有組織的對外侵略，並且在新羅的南方構築前進基地。其構成此一地區的金官、加羅、安羅等，即是後來被稱為任那 (Mimana) 的諸部落國家❼。

在同一時期，大和朝廷與百濟建立友誼，此可由前文所提百濟於西晉泰和四年 (369) 所製，後來贈送倭王的「七支刀」，被典藏於奈良縣天理市石上 (Isonokami) 神社之事獲得佐證。大和朝廷與百濟之間的關係，在獲贈

---

❼　《日本書紀》，卷一九，十五年 (524) 二月條。

❼　井上順理，《本邦中世までにおける孟子受容史の研究》（東京：風間書房，1972），頁 23。

❼　金富軾，《三國史記》，〈新羅本紀〉，第三，奈勿王九年 (364) 夏四月、三十八年 (393) 夏五月，實聖尼斯今王四年 (408) 夏四月、六年 (410) 春三月、七年 (411) 春二月、十四年 (418) 八月，訥祇王二十四年 (440) 春二月、二十八年 (444) 夏四月，慈悲王五年 (461) 夏五月、六年 (462) 春二月、十九年 (475) 夏六月、二十年 (476) 夏五月各條。

七支刀當時似乎彼此平等，唯至四世紀末百濟與高句麗作戰見敗，需大和朝廷支援時，倭國似乎逐漸興起自己優於百濟的念頭。對大和政權而言，出兵三韓，與在當時民族意識逐漸昂揚的新羅，及一流的軍事國家高句麗之部隊對陣，實為使其飛躍的契機。大和朝廷的進步之一，就是軍事方面的整備，其二為生產力量的擴充，其三則為使它的眼光朝外，從而積極對外交通。

　　如從考古學的立場來看，五世紀初的古墳陪葬品已較前有明顯的變化，其最顯著的差異，就是受大陸先進文化技術影響的鐵製器具之增多，而尤以鐵製武器為然。例如從應神天皇陵陪塚出現許多直刀、鐵鏃與甲冑作為戰鬥用品而普遍化、規格化。就生產方面而言，它也跟軍事的整備一樣，逐漸進步著。並且從四世紀至五世紀的一段時間，河內平原已被大規模的開發，並隨著溜池、灌溉溝渠等設施的增加，耕地面積也逐漸擴大。

四、五世紀大和政權的政治組織

　　當國內各種產業受大陸先進文化影響而逐漸進步之際，當時大和政權的政策到底由誰來決定、施行？其統治組織又如何？關於第一個問題，雖有人認為由掌握軍權的天皇實施專制，但也有人認為是由居住畿內而早已成為大和政權之成員的，以葛城氏為首之諸豪族與天皇共同決議，亦即天皇與豪族們的合議制，而一般認為後者的可能性較高。學者們之所以多認為合議制的理由在於：第一、四世紀的王陵雖都不相連屬，五世紀的王陵規模雖擴大，但其他首長的墳墓規模也同樣擴大而彼此相對應。並且根據《宋書》的記載，倭王讚遣其臣倭隋等十三人朝貢中國時所乞求除授之爵號的位階，遠較同一時期之百濟王與其臣下之間的差異小；而讚本身所希望冊封之爵號安東將軍・使持節都督為二品，為倭隋等請求者則為三品而只差一級。第二、天皇與諸豪族之間的地位是相對的，亦即未能超越「同輩中之首席」的範疇。因此，當時的天皇雖居於軍事領導者的地位，然成

為其背景的軍事力量卻含有畿內諸豪族共有的要素而值得注意**⑰**。

對當時的政治組織問題雖有種種說法，唯當時之已有原始的政治組織，殆無疑問。其居於組織之頂點的天皇稱おおぎみ (oogimi)，而以漢字「大王」來表示。大王之稱號見於鐫有癸未年（443 或 503）之銘的紀伊國（和歌山縣）隅田八幡宮之鏡子，與肥後國（熊本縣）船山古墳出土之大刀銘，武藏國（Musashinokuni， 東京都、神奈川、埼玉縣）稻荷山 (Inariyama) 古墳出土之鐵劍銘，可見在五世紀時已有此一稱號。如就中文語法言之，氏族國家之族長謂之「王」，氏族之聯合國家之君主即「王中之王」，因此，「大王」之稱呼頗為適合。由於高句麗在四世紀末已使用這個稱號，所以大和朝廷之作如此稱呼，可能據此而來。大王地位之值得注意的是：此一時期的王位繼承資格，已存在著以一定範圍之人士為原則之慣例。《宋書》等中國史乘所見倭王之譜系侷限於兄弟或父子，唯就法制史觀點言之，當時的繼承方式為選定繼承，亦即經由遴選來確定繼承人，也就是說，大王的人選有其限制。

在此一時期的中央政治組織裡已出現「大臣」(ōmi)，如據《日本書紀》的記載，大臣兩字首見於雄略天皇之治世 (456～479)，即上述倭武王時代的葛城圓大臣。該氏為大和西南部之豪族，從應神天皇前後開始，以外戚身分位居要職，出兵朝鮮半島時，該氏族已有人擔任將軍從軍。初期大臣的職掌內容雖不甚清楚，但可能僅負責管理大和地方的豪族們。

就地方組織言之，當時已出現「縣」(agata) 的制度。縣的範圍相當於前代的氏族國家，或日後律令制度的郡。縣的首長縣主 (agatanushi) 由族長擔任。因此，大和朝廷可能在其統一過程裡，使服屬的族長擔任縣主，從而將其領地納入縣裡。至於縣主對中央政府的服務內容，要看各該氏族國家在服屬大和朝廷之際的力的關係而互不相同。唯多半對大王之家政，亦

⑰　利光三津夫，《日本古代政治史》（東京：慶應通信株式會社，1989），頁 21～22。

即對內廷持續提供物資或勞力。在日後令制裡的宮內省酒部 (Sakabe)、水部 (Moitoribe) 等，無不任用畿內周邊縣主的子孫，他們帶領原來的領民完成一定的義務。像縣主們在個人的服屬關係下，對大王完成某種程度的貢納義務者謂之伴造 (tomonomiyatsuko)，其體制則稱為「部民體制」。

部民之最古老形式之一為山部，他們向內廷貢納山產。各種部，尤其像山部這種遍及全國各地者，其組織便多少會複雜化，所以在中央置山部直 (Atai)，地方則設山部阿弭古 (Abiko) 等機構來管理。

其在中央負總管理之責者稱「伴造」，地方上的管理人員則謂之「伴」(tomo) 或「伴部」(tomobe)。在五世紀當時的部民制裡，這種伴造、伴部、部民間，原則上有擬制的同族關係而與六世紀略異。這種組織是管理與服從的關係而沒有同族關係，它表示當時的共同體內部的血緣意識依然濃厚，如非血緣關係則難以管理❼❽。

五、氏姓制度

1.氏　族

當日本列島為大和朝廷所統一後，中央與地方的族長便被納入以大王為中心的新政治關係裡，這些族長之一族謂之「氏」(uji)。所謂氏，原為這些家長之有實力者結合其分家或同族人所組織之政治團體，然中央的勢豪之家，他們卻隨其勢力之發展，以結合同一血緣之直系或旁系方式，將毫無血緣關係的其他地方豪族也納入自己的氏族裡。

平安時代 (794～1185) 編纂的《新撰姓氏錄》，依出身系統將這些氏族分為皇別、神別、諸蕃三種。皇別為系出歷任天皇者，如：自稱出自武內宿禰 (Takenouchino Sukune) 之紀氏、平群 (Heguri) 氏、蘇我 (Soga) 氏等；神別則似為後來服屬的地方勢豪，如：自稱饒速日命 (Nigihayabinomikoto)

---

❼❽　利光三津夫，《日本古代政治史》，頁 23。

之後的物部氏即相當於此。至於諸蕃，則是從中國與朝鮮半島遷徙至此國度的移民後裔，如：秦 (Hata) 氏、漢 (Aya) 氏、百濟 (Kudara) 氏等。氏族通常開發一個地方而予以占住，根據其勢力之大小稱為大氏、小氏。氏的成員叫氏人 (ujibito)，統率氏人者稱氏上 (ujinokami)。各氏俱有其所信奉之神祇，謂之氏神，祭祀氏神為氏上最重要職務。氏人相互間如發生爭執，主要由氏上調停解決。氏上與氏人各自將眾多的部民作為自己屬民而予以管理，並且擁有稱為「夜都古」（yatsuko，奴）的純家奴。他們不認為那些奴隸有人格，不僅將他們當作物品來買賣，或贈送給別人，也還作為繼承的財物。奴隸的數目雖不多，集中的密度卻很高。他們之所以未成為典型的勞動奴隸，可能肇因於日本的主要產業為必需細心作業之水稻耕作，而對外貿易不發達所致❼❾。

2.部

　　所謂部 (be)，通常指在農村組織家庭，一方面從事農耕，一方面應主人家之需要，以世襲的方式為同一產業奉獻自己勞力，或從事其他活動之農民團體而言，那些農民各自為戶而隸屬各氏。此部在社會的階級分化達到某一程度，有勢力的氏族領有其他居民時，就在原有的生活形態中被納入其管理之下。其成為部民的，既有戰敗之其他氏族成員，也有由百濟部、漢部 (Ayabe) 等大陸移民組成者，更有佐伯部 (Sahekibe) 等當時被視為異族者，但無論如何，氏族成員與部民之間並無血緣關係。而部民相互間的團結也非血緣關係上的團結，乃多半集合個別的人民編制而成。

　　部有直屬朝廷的，也有中央及地方豪族、神社私有的。其為豪族私有者謂之部曲（kakibe，民部），大都以其所屬氏族名為部名。豪族們使部民耕作自己所有之田莊 (tadokoro)，逐漸擴大勢力。朝廷也擁有許多直轄地與直屬部民（shinabe。tomobe，品部），使伴造管理他們。伴造選自氏上或

---

❼❾　豐田武，《概說日本史》，頁 22～23。

部民之有勢力者。直屬朝廷之部有如下兩種：

　　⑴直屬天皇而需繳納貢賦之地方農民與漁民——山部、海部、鵜飼部。

　　⑵到朝廷所設機構或工作場所服勞役之部民，他們大都由擁有特殊技
　　　藝——主要為手工業技術的大陸移民所組成。如：

　　金屬器具：鍛師部、金作部、鏡作部。

　　石工、木工：石作部、玉作部、工部。

　　紡織及染色：服部 (hatoribe)、綾部、錦織部 (nishigoribe)、倭文部
　　　　　　　　 (shidoribe)、麻績部 (omibe)、衣縫部 (kinunuibe)、赤
　　　　　　　　 染部、茜部 (akanebe)。

　　武器：弓削部 (yugebe)、矢作部 (yagiribe)。

此外，又有稱為御名代部 (minashirobe)、御子代部 (mikoshirobe) 的，相傳
這種部是為使自己名字留傳後世，或因無皇子而設，如：日本武尊
(Yamatotakerunomikoto) 之建部，仁德天皇之雀部 (sasagibe) 即是。不過也
有學者認為御名代部係當時皇族之私有部民，而以該皇族之名為名；御子
代部則係天皇為己子而設，當時由臣下諸家所領有。

　　朝廷雖根據各部民之專長使他們工作，然其所直轄之田地御縣
(miagata)、屯田 (mita)、屯倉等則設部，使之耕作。當時朝廷在各地都有
直轄地而特別重視位於大和者。

　　3.姓

　　初時，姓 (kabane) 為各氏所自稱，或由旁人所稱呼，唯當氏族受朝廷
管理後，便代表其在朝廷所處的地位，所以姓之種類與其排列次序因時代
之不同而有異。唯當姓制發達以後，以歷任天皇為祖先的氏族便以臣
(omi)、君 (kimi)、別 (wake) 等為姓；所謂神代史上神的子孫姓連 (muraji)；
大陸移民之後裔多姓史 (fuhito)、村主 (suguri) 等。朝廷官職俱由這些姓氏
擔任、世襲。其中臣為初期皇室的皇裔（皇別諸氏）之姓，連為早就歸服
皇室的首長子孫之姓，此兩姓在諸姓中最為尊貴❽。

　　至於地方，如部族國家為大和朝廷所統一，則他們大都向朝廷表示忠誠而被安置於原地。這些地方集團叫做國、縣、邑、村，其首長稱為國造 (kuninomiyatsuko)、縣主、稻置 (inagi)。這些有勢力的地方氏族任官後，因其地位為世襲，故國造、縣主等稱呼也成為代表身分的姓氏，這些姓與伴造同屬卑姓，「臣、連、伴造、國造」則為仕奉朝廷的一切氏姓的總稱。

　　中央與地方的氏族均擁有許多部民，使他們耕種廣闊的土地。身為首長的氏上則統率氏人與部民仕奉朝廷，或負責地方政治而各盡其職，並負責完成租稅、賦役等義務。朝廷由這些中央氏族所組成，身為政治領袖的大王除統率氏上外，在宗教上也居於最高司祭者的地位。

　　當大和朝廷將中央與地方的豪族納入氏姓制度加以統一，以擴張其專制權力之際，臣、連等有勢力的部族則兼併弱小部族而收編許多部民，逐漸擴大其勢力，尤其擁有大陸新技術的漢、韓移民，他們便成為諸豪族爭奪的對象。土地集中於勢豪之家，始於雄略天皇治世之前後，或更早的時期，而大伴、平群、物部、蘇我等豪族互爭雄長。其間，皇室的勢力也逐漸擴大而已能壓倒諸豪族，此可由屯倉、御名代部、御子代部等皇室領土擴大之事實獲得佐證。皇室領土中最重要者為屯倉，它們隨著朝廷勢力之擴大而增加。屯倉都在邊遠地方，至朝鮮半島南部服屬時急遽增加。

　　地方上的屯倉由伴造管理，且由中央派遣國司 (kuninomikotomochi) 監督屯倉與國造、縣主之政務。隨著皇室領土面積的擴大，朝廷便向國造徵調舍人 (toneri) 以充侍衛部隊。非僅如此，更整備地方統治組織，並為使中央行政業務能夠順利推動，乃置大臣、大連之職。財政充實以後，則除設收藏神物、官物之齋藏 (imikura) 外，又設內藏 (uchitsukura)、大藏 (ōkura) 等以分擔皇室與政府之支出。其總管此三藏而掌握財政實權者為武內宿禰之後裔蘇我氏。其位居樞要的，除門閥外也登用人才。因此，此一時期的

---

⑳　豐田武，《概說日本史》，頁 24。

大和國家似已非諸豪族的聯合政權，而以大王為中心，形成專制的君主國家體制❽。

六、大和時代的文化

日本與朝鮮半島發生政治關係後，海路交通便顯著發達，攝取大陸文化更為迅速。因當時的百濟須仰賴日本之處頗多，故與日本之間的關係最為密切，所以中原文化與南朝文物大都經由百濟東傳。其在文化移植方面貢獻最大者為眾多的大陸移民，他們移植中原文化之際，日本人士也積極的予以接受，故以農耕為始的各種技術與技藝，以及學問與文字相繼東傳此一國度，使中央氏族們的日常生活無論在精神上或物質上都更為充實❽。

從大和朝廷在朝鮮半島南部的任那直轄地設屯倉之前後開始，大陸人士的徙居日本列島者逐漸增多。因受半島局勢的影響，那些移民多從百濟東渡。他們除漢人外，間亦有被俘之新羅、高句麗人，及逃避戰亂者。至其大規模東渡，則為前舉自稱秦始皇後裔的弓月君一行，與後漢靈帝後裔的阿知使主一行。大和朝廷將土地分配給那些移民，並編為部，使他們從事各該專門的製作，因此國內的生產與文化在質、量上俱有長足進步。尤其那些移民大都直屬朝廷，故於伸張皇威方面扮演了重要腳色。

大和時代的生產以農業為主而水田耕作居於首要地位，而粟、稗、豆、麥等旱地作物所受重視的程度則似不如水稻。當時的農具固為木製，但上層階級則逐漸利用鐵製鋤頭與鐮刀，間亦可發現「唐犁」。它們俱為從大陸進口的優秀農具，因此農具之普及使耕作效率顯著提高，開墾事業長足進步，而大陸移民們在開墾與修築灌溉溝渠、構築堤防方面的貢獻極大。

除農耕外，養蠶與紡織方面的發展也不能忽略。養蠶雖見於〈魏志‧

---

❽ 豐田武，《概說日本史》，頁 25。

❽ 關晃，《歸化人》（東京：志文堂，1956），頁 21。

倭人傳〉，但當時的移民秦氏曾負責養蠶、織絹工作而繳納絲織品。由於中國江南地區盛產絲織品，所以歷任天皇都遣人至此一地區學習紡織與裁縫技藝，因而日本人士的服飾也逐漸發生變化，亦即男子的服裝由原來以布纏腰的方式，改為筒袖而其長及膝之上衣，並穿寬鬆褌（hakama，裙）的模式；女子也從原來在布上開洞自頭套下者，改為上下兩段的長衣。男子將頭髮分成左右兩邊綁起，女子則將它梳在頭上繫起來❸。

由古墳出土的陪葬品可知，當時的工藝為因應朝廷與豪族們之需求而有顯著進步，例如佩玉，其形狀與石材之種類多而尤以勾玉之製作最為精巧，由此可窺知古代日域人士嗜好之所在。甲冑則將鐵板重疊起來製作，間亦有金銀製者。粗陶器則雖早已有土師器 (hajiki)，至後期則製作青鼠色硬質的祝部 (iwaibe) 粗陶器（須惠器），成為後世陶器之祖型。至於玻璃之製作與金銀之精緻工藝品，其源流可溯及西方文化，可見當時文化的流動規模相當大。

當時的建築技術也受大陸之影響而進步神速，不過農民們則大都與石器時代一樣仍居住豎穴，但冥器（陪葬用品）的房屋卻已出現住家、貯藏食物的倉庫，及飼養家畜的圈舍，這些建築技術成為產生飛鳥 (Asuka) 時代雄偉建築的基礎。

隨著農耕文化的發達，宗教也以農耕儀禮為中心者較多。此一時期的人們感覺驚異的自然現象而與日常生活有關者如：穀物、雨、水、太陽、大地等，無不將其神聖化而以之為崇拜對象，而《古事記》、《日本書紀》所出現神祇之所以多與農耕有關的原因在此。人們在初春向這些神祇祈求豐收，秋季奉獻剛收穫的穀物以酬謝祂們❸。

到了此一時期，為對抗其他氏族以求自己氏族之安寧與幸福，開始有

❸　豐田武，《概說日本史》，頁 27。
❸　豐田武，《概說日本史》，頁 27。

了守護氏族成員之共同神祇。這種守護神雖大都作為居住各該地區之神靈——產土神 (ubusunakami) 來祭祀，唯當達到思考人格神之階段，同族意識提高時，這些神祇便被當作祖先神來崇拜，此即為「氏神」之起源。祭祀祖神之際，每一氏人都參加而由氏上司祭，向神奉獻期望氏族願望之祝詞 (norito)。並且隨著祭祀儀式之複雜化，便出現專門負責這種儀式的巫祝，而多由女性擔任。當此之時，既有咒術的儀禮，也有燒鹿骨，視其裂痕以窺神意之太占 (futomani) 法，更有將人為之罪或自然災害視為污穢，而欲祛除之以潔淨身心，藉謀安泰者，如：襖 (misogi)、祓 (harai)❽❺等是。

當割據地方的氏族被強大的氏族所統攝而國家逐漸統一時，有關氏族守護神之傳說便逐漸被統一、整理，並且在諸神之間設定位階之高低與其職能之分化，而同族觀念之提昇與神名之統一，即肇因於此。這種現象隨大和朝廷勢力之發展而更為顯著，致諸氏族所信仰之諸神與其傳承，為朝廷之神祇組織及其神化體系所吸收❽❻。

出現於《古事記》、《日本書紀》的日本神話雖含有以天照大神為中心之高天原 (Takamagahara) 神話，以大國主命 (Ōkuninushinomikoto) 為中心之出雲神話，及與日向三代有關之筑紫神話三要素，然在此出現的諸神無不以皇室之祖先神天照大神為中樞，結合成為密切的譜系。其所以如此的原因在以強調日本國家的建設，完全靠歷任天皇之力，故其特色在於統一的色彩。非僅如此，這些神話謳歌現實的色彩濃厚，很少提及死亡與死後的世界，這應是反映古代日本人士之樂觀性格而值得注意。此神話之成為《古事記》、《日本書紀》所見之形式，可能經過數次整理與統一。在神話裡散見大陸思想，正說明它們因大陸文化之東傳而內容更為豐富。至其最後一次整理，則應在皇室權威確立的應神、仁德天皇至繼體、欽明天皇治

---

❽❺　於春秋兩季臨水灌濯，祛除不祥，謂之襖；除凶祈福的祭祀叫做祓。

❽❻　肥後和男，《日本神話の形成》（東京：岩波書店，1935），頁 31。

世之前後**❽**。

第四節　仁德王朝之消長

一、王朝輪替論與仁德朝

　　相傳應神天皇崩後，仁德天皇與其弟菟道稚郎子 (Ujinowakiiratsuko)
互讓繼承皇位，為弟者為讓位而終於自擇死亡，致仁德不得不繼位；仁德
登極後，察覺人民之苦，乃免三年貢賦而使其富足云。唯《古事記》與《日
本書紀》卻記載至雄略天皇而此一皇統斷絕時，稱雄略為十惡不赦者，並
編造皇統旁系繼承之故寔，但此一故寔也自仁德經四任至武烈天皇而此一
皇統再度斷絕時，又說武烈為無與倫比的暴君。這種記載方式應是仿效中
國史書，言第一個帝王為聖君，王朝輪換之際的末代帝王則為暴君，將仁
德天皇的皇統斷絕合理化，亦即為使擁立繼體天皇之繼位合理化而捏造的
暴君即是武烈天皇（499～506 在位）。如據《日本書紀》，卷一六，〈武烈
天皇紀〉的記載，武烈天皇的殘暴行為如下：

　　二年 (500) 秋九月，剖孕婦之腹而觀其胎。（時年十二歲）

　　三年 (501) 冬十月，解人指甲使掘署預。（署預即薯）

　　四年 (502) 夏四月，拔人頭髮使昇樹巔，斫倒樹本，落死昇者為快。
（樹本即樹的根部）

　　五年 (503) 夏六月，使人伏入塘根流出於外，持三刃矛刺殺為快。
（根，涵洞）

　　七年 (505) 春二月，使人昇樹，以弓射墜而笑。

　　八年 (506) 春三月，使女裸形坐平板上，牽馬就前遊牝，觀女不淨，

---

❽　津田左右吉，《日本古典の研究》（東京：內外圖書出版株式會社，1936），頁 59。

沾濕者殺，不濕者沒為官婢，以此為樂。

亦即每年都紀錄一件暴虐行為，以彰顯非改朝換代不可。

　　仁德王朝斷絕後，從越前（福井縣）迎接的新王朝天皇之所以被稱為繼體的原因，在於此一天皇之血統與前朝不同。繼體之「繼」固有繼承之意，卻與同一血統之「嗣子」之「嗣」有異，亦即與無血統關係而繼承時的「繼子」、「繼母」之「繼」字同義。因此，此一天皇的諡號之所以為「繼體」，表示這位天皇的血統與過去完全無關 ❽ 。

二、仁德天皇之遷都難波

　　《古事記》與《日本書紀》俱謂仁德即位後，將首都遷往難波高津宮。其所以遷都的原因在於從其父應神天皇在九州的時代開始，高句麗的好太王採南進政策，企圖進擊朝鮮半島南部而正在推行這項政策。倭國為抗拒高句麗軍的強大攻擊以維護南韓的權益，實非徵調足以抗禦的兵員使之前往該地不可。然在仁德即位當時，高句麗的強大兵力不僅已使百濟面臨即將亡國的窘境，也還將倭軍趕至任那、加羅而窮追不捨，致不知何時會入侵日本列島，故給倭國帶來莫大威脅。為因應這種危機，倭國自非投下龐大兵力不可。為此，就得開發列島的東方之地，將以此所獲人力、物力投入朝鮮半島，所以仁德便採順應半島情勢變化的措施。

　　仁德天皇所採取的第一個策略，就是預防重蹈百濟都城被高句麗攻擊之覆轍，乃使倭國的根據地遠離敵人。第二個策略，就是為補充半島的兵力，必需開發東方諸國。然九州與東國相距甚遠而聯絡不便，這才把首都遷至近畿地方。至其遷都的時間，可能在 404 年以前 ❾ 。仁德之所以將首都遷至瀨戶內海盡頭面臨海洋的難波，乃因該地可利用水路迅速與九州聯

❽　水野祐，《大和の政權》，頁 154～156。

❾　水野祐，《大和の政權》，頁 157～158。

繫，而且一旦受到高句麗的攻擊，也能夠自我防護而占地利優勢。並且以
難波作為開拓東國的根據地既較九州方便，要把東國所獲兵員送往半島時，
也可利用水路來運輸。

高津宮位於現今大阪城附近的上町丘陵上，大和、山城、伊賀（三重
縣）、河內各地的水匯合成為淀 (Yodo) 川或大和川向北流入大阪灣，故其
遷都後的首要工作為治水。都城的東側雖是河內平原，但該處不僅有大湖
沼，其周邊的低濕地帶又是各河流氾濫的源頭而田地不多，若久雨不晴，
即為水所淹沒，故其條件不佳。以難波為首都的生活條件雖未必很好，但
係顧慮當時東亞的政治、軍事情勢來考量，而它又是東西交通的要衝，所
以方才遷都於此。仁德天皇遷都後，首先經略河內，排水開墾土地。河內
治水事業與開墾土地之成功，奠定了此一王朝的經濟基礎，使其日後的經
略東國，在朝鮮半島上與百濟並肩作戰，以及與中國南朝交通往來等政治、
外交、軍事各方面能夠順利進行。其能象徵此一情況的，就是被視為應神、
仁德兩天皇陵墓的龐大古墳。

三、五世紀的東亞與仁德皇統

五世紀的日本曾經發生若干重大事
件，無論政治上、社會上或文化上都有過
很大的轉折。

從四世紀末開始至五世紀初在位之
天皇為仁德，仁德之後為履中、反正
(Hanzei)、允恭、雄略四天皇。《古事記》
與《日本書紀》雖在允恭與雄略之間加上
安康天皇，但安康似為未即位的皇太子木
梨輕皇子 (Kinashikarunomiko)，並且仁德
的皇統至雄略斷絕後，至大伴氏擁立繼體

表六：仁德皇統在位起迄年表

天皇名	即位年	崩　年	在位年數
仁　德	313	427	33
履　中	400	432	5
允　恭	412	462	24
木梨輕太子	453	462	0
雄　略	456	479	27
飯豐皇女	498	499	10
繼　體	507	527	28

天皇為止，似由皇女飯豐青尊 (Iitoyoaonomikoto) 勉強繼承皇位。如據《古
事記》之崩年干支與《宋書》等的記載，仁德皇統的在位情形如表六。

　　有人曾將統治整個五世紀百年間的政權稱為倭政權，又把它叫做征服
王朝。其所以稱征服王朝的原因，在於他以武力平定國內❾。五世紀初，
仁德皇統的專制形態已形成，至末期則露出破綻，呈現由大臣、大連等豪
族專權的徵兆。

四、仁德皇統之經略朝鮮

　　從四世紀末開始至五世紀初，與高句麗廣開土王激戰的結果，仁德皇
統與百濟同樣受到嚴重打擊。仁德皇統因支援百濟阻擋高句麗之南下，致
非小心翼翼的維護其對大陸的橋頭堡不可；百濟則因國力弱小而經常需要
援軍。仁德皇統為挽救此一劣勢以恢復其在半島之威信的起死回生之術，
就是強力進行尚未開發經略的東國，從而將所獲之軍事、經濟力量投入半
島。因此在整個五世紀裡，歷任天皇之所以以開發東國為急務，實肇因於
朝鮮半島的政治、軍事狀況之變化──高句麗之富強，與好太王之子長壽
王南下政策積極化。而仁德皇統之所以朝貢中國南朝，乞賜爵號，不外乎
欲使其統御南韓諸國的理由正當化，藉中國南朝的權威來牽制南韓諸國及
高句麗，以維護自己的勢力。

五、倭五王❾之請封

　　自從倭女王壹與遣使以後經一世紀半的 413 年（晉安帝義熙九年），倭

---

❾　水野祐，《大和の政權》，頁 166。

❾　倭五王係《晉書》、《宋書》所錄五位倭國王之名，即讚、珍（或作珎）、濟、興、
　　武。他們從西元 413 年至 478 年之間至少朝貢中國南朝九次。因以中國式之名來
　　稱呼天皇，所以他們到底是哪一位天皇，很難確定。讚被認為相當於應神、仁德
　　或履中天皇，珍（珎）相當於反正或仁德天皇，濟相當於允恭天皇，興相當於安

王讚——仁德天皇恢復與中國之間的交通，遣使朝貢於晉❷。仁德系五位天皇在位的五世紀裡，前後共遣十二次使節至中國，如據中國史乘的記載，其遣使情形如表七。

表七：仁德系倭王遣使情形一覽表

朝代名	中國年號	西　　元	倭王名	朝　貢　情　形	典　　　　　據
晉	義熙　九	413	讚	獻方物	晉書安帝本紀
宋	永初　二	421	讚	可賜除授	宋書
宋	元嘉　二	425	讚	奉表獻方物	宋書
宋	元嘉　七	430	闕名	遣使獻方物	宋書文帝本紀
宋	元嘉一五	438	珍	賜安東將軍號	宋書文帝本紀
宋	元嘉二八	451	濟	賜安東將軍號	宋書文帝本紀
宋	大明　四	460	濟	遣使獻方物	宋書孝武帝本紀
宋	大明　六	462	興	賜安東將軍號	宋書孝武帝本紀 夷蠻傳
宋	昇明　一	477	武	獻方物	宋書順帝本紀
宋	昇明　二	478	武	上表。賜安東 大將軍號	宋書順帝本紀、 夷蠻傳
齊	建元　一	479	武	賜鎮東大將軍號	南齊書東南夷傳
梁	即位　一	502	武	賜征東將軍號	梁書諸夷傳

此一時期的倭王之所以如此頻繁的向中國南朝朝貢，除擬獲文物外是否尚有其他目的？值得注意的是倭王珍於遣使朝貢之際，曾請賜「安東將軍」號，他不僅自稱「使持節都督倭百濟新羅任那秦韓慕韓六國諸軍事安東大將軍倭國王」，要求劉宋文帝真除，也還請賜與「平西征虜將軍」、「輔國將軍」等爵號給其所遣十三位使節。

前此晉咸安二年 (372)，林邑近肖古王余句入貢之際，曾獲賜「鎮東將

康天皇，武相當於武烈天皇。因日本史乘無相關記載，又無法確定到底是哪一位天皇，故只能稱他們為倭五王。

❷　房玄齡等，《晉書》（百衲本），卷一五，〈安帝本紀〉，義熙九年 (413) 條。

軍領樂浪太守」之號，孝武帝太元十一年 (386)，百濟王余暉獲賜「使持節都督鎮東將軍百濟王」之號。倭王之獲賜「安東將軍」號始於元嘉十五年 (438)。因倭王之獲賜將軍號的時間不僅較百濟、高句麗晚，又是自動要求，故很可能仿百濟之例而為。

　　倭王珍雖自稱「六國諸軍事倭國王」而要求除授，但因百濟早已遣使朝貢而承認百濟王之地位，當然無法承認其為倭王屬下，故只許珍為「安東將軍倭國王」。此一頭銜持續至倭王興。倭王武遣使時則除自稱「使持節都督倭百濟新羅任那加羅秦韓慕韓七國諸軍事安東大將軍倭國王」外，又要求「開府儀同三司」，而獲賜「使持節都督倭新羅任那加羅秦韓慕韓六國諸軍事安東大將軍倭王」之號，百濟之所以被除外的原因在於：該國雖受高句麗長壽王之攻擊而大傷元氣，卻仍以為它是朝貢國家而無法承認其為倭之屬國。

六、倭王武之乞求

　　當倭王向中國南朝朝貢之際，其在朝鮮半島的處境卻日益困窘，亦即五世紀的倭國在該半島的權益愈益惡化。勢力強大的高句麗南進則羸弱的百濟疆域會受其侵略；受侵略而無法抵擋則求救於鄰邦之倭國。對倭國而言，高句麗如入侵百濟，制服新羅，則其在南韓的橋頭堡任那便危如累卵而將失去權益，故擬助百濟以阻高句麗之南下。如果救援成功，當可維護其在半島上的威信，否則必為百濟、新羅或任那所輕視，故非使半島上的軍援成功不可。然因高句麗的勢力過強，致倭國在半島上的權威每下愈況。

　　高句麗長壽王於 475 年，以三萬大軍攻陷百濟首都漢城，殺蓋鹵王，使百濟瀕臨滅亡，倭政權乃擁立百濟王子文周，遷都熊津，並將任那的部分疆土割讓給百濟，銳意使其復興，而倭王武之朝貢於宋，乃高句麗滅百濟後兩年之事。因百濟已亡而無法與之共同抵抗高句麗，故形成倭與高句麗對峙之局勢。在此情形之下，劉宋乃有意與倭通好，以壓抑高句麗，倭

也獲劉宋之支援以抗禦高句麗而彼此交通往來。倭王武在劉宋順帝昇明二年 (478) 所上〈表文〉說：

> 封國偏遠，作藩於外，自昔祖禰，躬擐甲冑，跋涉山川，不遑寧處。
> 東征毛人五十五國，西服眾夷六十六國，渡平海北九十五國。王道
> 融泰，廓土遐畿，累葉朝宗，不愆於歲。臣雖下愚，忝胤先緒，驅
> 率所統，歸崇天極。道逕百濟，裝治船舫，而句麗無道，圖欲見吞，
> 掠抄邊隸，虔劉不已。每致稽滯，以失良風，雖曰進路，或通或不。
> 臣亡考濟，實忿寇讎。壅塞天路，控弦百萬，義聲感激。方欲大舉，
> 奄喪父兄，使垂成之功，不獲一簣。居在諒闇，不動兵甲，是以偃
> 息，未捷至今。欲練甲治兵，申父兄之志，義士虎賁，文武效功。
> 白刃交前，亦所不顧。若以帝德覆載，摧此強敵，克靖方難，無替
> 前功。竊自假開府儀同三司，其餘咸假授，以勸忠節❸。

乍看起來，此一文章內容似在誇耀其英勇，實則申訴其苦況，而欲獲得劉宋之援助。因此他為便於在半島上行使軍權，故要求承認其「大將軍」的爵號，藉此權威以對抗高句麗。之後，不僅高句麗的勢力難遏，新羅與百濟也入侵任那，欲從任那取得土地以彌補因高句麗而失去者，致倭國在半島的權益與威信大不如前。不僅如此，國內也因豪族們之相互拮抗而無法採取一貫政策，或作好戰鬥準備，所以倭國在半島上所處的地位便愈益不利。

七、仁德皇統之消長

　　仁德系天皇執政的五世紀政權特性，在於統治方式發生變化，專制統治體制此一時期雖已經完成，然在不久以後，竟又告崩潰。

---

❸　沈約等，《宋書》（百衲本），卷九七，〈夷蠻傳〉，「倭國」條。

　　從仁德王朝完成專制國家體制開始，大王家內部便為繼承強大的王權而內閧日益激烈，而此一鬥爭也立即波及其統治下的諸豪族之間，致大王家的內閧必有豪族涉入其中。因此，如說大王家的內閧為豪族所引起，也不過分。以大王為中心的勢豪之家的權力鬥爭，乃整個五世紀所見之重要政治事件。結果，中央大豪族的政治權力增強，不久出現豪族專權的時代，加速氏姓制度之混亂與崩潰。其所以不斷發生政治事件，實肇因於破壞往日共同體的統治體制，確立根據新的部民制之階級統治體制。就國家最下層組織之村落結構而言，往日農業共同體的內部雖實施分業，然至後來卻以少數家長制家族、家庭共同體及單婚家族為單位開始分解。其內部則使少數手工業家族分立，而納入大陸移民或自古以來之移民集團，且以手工業家族與移民家族為部民，由中央的伴造來管轄。因此，大王家為加強地方的村落而採用氏姓制度，亦即擬根據以家長制家族開始茁壯的地方豪族之勢力與規模給與姓氏，使他們成為皇家統治體制的基礎，於是便很快的擴充國家機構。豪族們則在政治上與被強化的大王家結為姻親關係，而以外戚身分擔任政府要職，並藉此以發號施令。豪族們的這種野心，實成為中央政權發生動搖的重要因素。

　　如前文所說，五世紀在宮中發生的事件，幾乎都有中央或地方的豪族牽涉其中，結果，與各該事件有關者，事後都在中央掌握大權，如：大三輪 (Ōmiwa)、葛城、平群 (Heguri)、紀 (Ki) 諸氏俱為大和時代以來的豪族，而尤以物部氏為然。與此相對的，大伴氏等新豪族則逐漸取代舊豪族進出中央政界，而蘇我氏之崛起也值得注意。大體說來，大臣、大連等新姓氏從臣、連分出以後，仁德政權的統治權因而擴大且確立。大和的舊豪族們因開發河內平原而成為此一政權下層組織的一分子，亦即當設依剛屯倉 (Itsunanomiyake) 時就產生依剛連，設狹山屯倉 (Sayamanomiyake) 時產生狹山連，設大戶屯倉時產生大戶首 (Ōtonoobito)，設櫻井屯倉則產生田部連 (Tabenomuraji)，這些負責徵收屯倉稅的河內平原之農耕共同體的首長們，

都與倭政府機構的末端發生關聯。

　　職司軍事的物部氏（其權勢曾一度為大伴氏所奪）或大伴氏等氏族之所以能夠獨占大權，這就如物部氏似的，既使河內平原的許多共同體之首長順從自己，也在派遣遠征軍至朝鮮半島時成為中心人物，因此鞏固了其在中央政界的地位。就大伴氏言之，其情形亦復如此。物部氏原為大和世家，故其政治基礎可能早已奠定；大伴氏則原為天皇衛隊的成員，與其他職業部之伴造同一性質。當仁德皇統專制化，及一再遣軍遠征朝鮮半島而軍權擴大以後，便乘機發達起來。大伴氏之伴固與伴造之伴同義，但大伴氏之伴卻是以軍事為氏姓之伴，即戰士團，其為伴造之大伴氏則是戰士團的指揮者。立於衛隊頂點的大伴氏便隨著麾下戰士團的組織擴大，政治上的發言也變得強大有力，至雄略天皇時，大伴氏便位居中央政界的巔峰。在大和沒有基礎的大伴氏在仁德朝以後，將其勢力伸張到東國，從該地求取戰士團所需之兵源。

八、仁德系王朝的斷絕

1.任那之背叛

　　如據《日本書紀》的記載，倭王武於劉宋昇明二年向順帝呈遞前舉〈表文〉後三年，筑紫的安致臣、馬飼臣等率船遠征高句麗，唯倭國之軍事行動已失先機，不僅無法獲勝，而且其為倭國領土的任那諸國，因見其在半島南部的勢力式微，便開始出現動搖徵兆。

　　倭國之統治任那，原承認任那之前身的弁韓諸國之自立性，亦即承認那些國王之統治而在其上面置加羅國，並於此設倭國之總督府──任那日本府，而由該府職官來治理，因此，如果倭國對半島南部的影響力減弱，任那諸國自立的情勢會昂揚，乃自然趨勢。此一事實可由《南齊書‧東南夷傳》所謂：「加羅國王荷知獨遣使南齊，受輔國將軍加羅國王之號」，窺見其端倪。劉宋亡後，南齊於 479 年建國，位居任那諸國之中心的加羅卻

避開倭國於同年單獨向其朝貢，中國也承認他而封為國王。此為史書有關任那自立運動的最早紀錄。之後，日本史乘則有如下之紀錄：

> 紀生磐宿禰跨據任那，交通高麗，將西王三韓整脩宮府，自稱神聖。用任那左魯〔寮〕那奇、他甲肖等，計殺百濟適莫爾解於爾林（爾林，高麗地也），築帶山城距守東道。斷運糧津，令軍饑困。百濟王大怒，遣領軍古爾解，內頭末古解等，率眾趣於帶山攻。於是生磐宿禰進軍逆擊，膽氣益壯，所向皆破，以一當百。俄而兵盡力竭，知事不濟，自任那歸。由是百濟國殺佐魯那奇、他甲肖等三百餘人❾❹。

韓國史學家以為此一記載有百濟歪曲史實之處，實際上是大和朝廷為挽回任那失勢之舉動。不過此一舉動也未獲成功。事件過後雖謀善後之策，但百濟卻已邁出壓迫任那之步伐。

2.地方豪族之崛起

應神王朝從允恭天皇治世之五世紀中葉開始進入內憂外患的時代，在夕陽斜照的情況下迎接了六世紀。在此一時期的倭國，似乎對統御強大的地方勢力感到棘手，而尤以吉備地方之豪族為然。

吉備地方在接近古墳時代中期，首先在岡山平原一帶，繼則在吉備各地構築許多古墳。至五世紀中葉，古墳的規模驟然變大，出現造山、作山兩座大古墳。前者位於岡山縣高松町，全長約三五〇公尺，後者位於同縣總社市，長約二七〇公尺。如果古墳之大小可成為政治勢力強弱之標誌 (barometer)，則吉備國造所擁有的勢力應與大和朝廷不相上下。

---

❾❹　《日本書紀》（東京：吉川弘文館，普及版），卷一五，〈仁賢天皇紀〉，三年 (487) 是歲條。

　　吉備地方之所以能夠形成如此強大的勢力，在於它以中國山地南麓之小盆地及廣闊的吉備高原為背景，擁有氣候溫暖面臨瀨戶內海肥沃沖積平原而頗適宜農業的發展。並且此地又居大和政權對外交通所必經之要衝——瀨戶內海，故對吉備之發展勢力有利。更由於大和朝廷以軍事經略朝鮮半島南部時，吉備國造所提供兵力之比例又很大，如與之對抗，大和朝廷便可能無法經營朝鮮半島。不僅如此，吉備背後的中國山脈又有豐富的鐵資源，這對提高吉備國造之勢力應有積極意義。因此，《日本書紀》之所以有許多關於該勢力與大和朝廷作對的文字，自非偶然❾❺。

3.中央豪族之崛起

　　仁德王朝時除地方上的豪族外，中央也有若干勢力強大的氏族，其較著者有前舉大三輪、葛城、平群、紀、物部等大和之舊氏族，及大伴、蘇我等新興豪族。大體說來，大臣 (Ōomi)、大連 (Ōmuraji) 等新姓氏從臣、連諸姓分開而新定這些氏姓；我們可認為此一事實表示仁德系政權的支配權已擴大而確立。這些大和的舊豪族因開拓河內平原而與仁德系政權之下層組織發生關聯，即：當設依剛屯倉時產生依剛連，設大戶屯倉時產生大戶首，設櫻井 (Sakurai) 屯倉時產生櫻井田部連 (Tabenomuraji) 等，他們因管理屯倉之稅收而成為河內農耕共同體的有勢力首長，與仁德系政權政治機構之末端聯結在一起❾❻。

　　從五世紀中葉前後開始，中央的天皇家與葛城氏都已式微，至末葉則由平群氏擅權。唯在此一時期提高政治實力，對日後有較大貢獻者則為大伴、物部等負責軍事的兩個氏族。這兩個氏族在《古事記》、《日本書紀》所記載神武傳承裡即已出現，如：開天闢地之際與天孫邇邇芸命 (Niniginomikoto) 一起下凡的眾神裡有大伴連之始祖天忍日命

---

❾❺　井上光貞，《日本の歷史》，一，頁 443～444。

❾❻　水野祐，《大和の政權》，頁 181～182。

(Amenooshihinomikoto)，神武東征之傳承裡有大伴連之祖先道臣命
(Michinoominomikoto)，而在大和的戰役裡有物部氏的祖先邇芸速日命
(Nigihayahinomikoto) 等。因《古事記》與《日本書紀》的卷首出現大伴、
物部兩氏，所以可能有人誤以為他們是非常古老的氏族，其實這只不過反
映製造神話雛型的六世紀，亦即此兩世族在繼體天皇至欽明天皇之治世居
於執政者的地位，因此傳承的製造者乃特地在神話裡標榜他們，由於《古
事記》除神話外，其〈帝紀〉裡記載大伴金村之事蹟外，並無此二氏之相
關文字。《日本書紀》則從〈垂仁天皇紀〉出現大伴連之遠祖武日
(Takehi)，武日之後為武以 (Takemotsu)，此一記載除一般傳承外，可能也
採大伴氏的氏族傳承，不過實際存在的人物可能從武以之子室屋 (Muroya)
開始❾⑦。

　　《日本書紀》記載雄略天皇即位時，除命平群臣真鳥為大臣外，又以
大伴連室屋與物部連為大連。並且在有關吉備的紀錄裡，言雄略天皇崩而
發生吉備之亂時為室屋所平定，由室屋擁立清寧天皇。室屋在清寧之治世，
與平群臣真鳥同居執政者地位。在日本古代史上著名的大伴金村即室屋之
子。平群氏在此以後雖也擁有強大勢力，卻因在仁賢天皇辭世之際企圖為
王，致為大伴金村所滅，由金村擁立武烈天皇。於是大伴氏取代平群氏，
成為首席執政者。

　　物部氏進出中央政界之時期與大伴氏大致相同，該氏之首先出現於歷
史舞臺，可能為履中天皇之治世。《日本書紀》言物部大連伊莒弗
(Ikofutsu) 於履中天皇時與圓大臣 (Tsuburanoōomi) 等共同處理國事，而物
部連大前宿禰曾協助履中之即位云。該書又說允恭天皇逝世後發生木梨輕
太子事件之際，曾助太子與安康天皇作戰；雄略天皇時則物部麁鹿火
(Arakabi) 與大伴金村同樣位居樞要。

---

❾⑦　井上光貞，《日本の歷史》，一，頁 444～445。

　　大伴、物部兩氏的家世雖不如葛城、平群諸氏顯赫，卻因當時重視軍事，而應神王朝又是軍事王朝，亦即身為軍事最高統帥的天皇家，與有勢力的將軍——葛城、平群諸氏之宮廷化而彼此反目，致失去統帥者的地位而沒落。更由於大和政權在處理朝鮮問題之際，因地方勢力的崛起，致在軍事上面臨重大危機，在此情形之下，地位較低但擁有軍權的大伴、物部兩氏便得居最高執政者的地位，亦即時勢使他們掌握了中央政權。

　　經由仁德、履中、反正諸天皇之努力構築之強大國家權力，因部制及其作為原始官司制的氏姓制出現內在的各種矛盾，故從允恭天皇即位前後開始，在皇權之下諸豪族為掌握政治主導權所為之鬥爭日益激烈，露出由天皇執政轉為天皇不執政的徵兆。如將磐之媛命 (Iwanohimenomikoto) 送進宮中作為仁德天皇之后的葛城氏，他不僅以外戚身分擅權，也還以強硬手段使允恭天皇即位的妃子忍坂大仲姬命 （Osisakanoōnakatsuhimenomikoto，後來為皇后）掌權；似乎已開啟了天皇不執政之路。雄略天皇則將皇族裡有皇位繼承權的皇子全予殺害後自立。其所以使雄略採取骨肉相殘手段的原因，在於當時的皇位繼承法採男系的兄終弟及制，雄略的繼承次序又排在最後，所以他為繼承皇位而將排在前頭的諸兄殺害，而雄略之所以如此，其背後似有大伴氏在策畫。年輕時的雄略之所以有「大惡天皇」之稱而為眾人所畏懼，實肇因於他的殺諸兄自立。

　　雄略雖殺諸兄以自立，卻因他以後無正統繼承人而仁德系皇統遂告斷絕。如據《日本書紀》的記載，雄略臨終時，曾流著眼淚將後事託付常與他一起征戰的大伴大連室屋、東漢直搊 (Yamatonoayanoataitsuka) 兩人云。

第五節　王室之內鬨與權臣之崛起

一、王室之內鬨

前文已說倭王武曾於 478 年向劉宋順帝上〈表〉，次年，南齊取代劉宋。如據《南齊書》的記載，齊高帝於本年將劉宋賜與倭王武的「使持節都督倭新羅任那加羅秦韓慕韓六國諸軍事安東大將軍」之爵號，改為「鎮東大將軍」。又如據《日本書紀》的記載，被認為相當於倭王武的雄略天皇於 489 年崩，而《南齊書》也未言日本遣使赴華，故此「鎮東大將軍」之號可能由南齊不知他已崩而片面賜與者。南齊亡於 502 年，繼之而起者為梁武帝。《梁書》亦言武帝於其即位之年進倭王武「鎮東大將軍」之號為「征東將軍」。唯此時也未記日本使節前往中國之事，因此這也可能為中國方面循前朝之例自動授爵。

《日本書紀》既已說雄略天皇崩於 479 年，現在假定他在 502 年當時尚在世，則我們非考慮他與《日本書紀》所紀錄於 507 年即位的繼體天皇之間，有清寧、顯宗、仁賢、武烈四天皇的在位問題不可。即使我們無法斷言《日本書紀》的紀錄絕對正確，但繼體之即位在六世紀初事無誤，所以除非發生特殊情況，在僅數年或十幾年內有四天皇的更迭，是件不尋常的事情。因此，應如《日本書紀》所紀錄，倭王武之去世是在 479 年或在此以後不久之事。若然，則中國係將爵號賜與已不在人世的倭王。其所以發生這種現象，可能中、日兩國之間的邦交已中斷一段時間，中國方面不了解在那以後的倭國情況所致。亦即梁武帝即位時，鑑於往日新王朝成立之際，周邊國家都會遣使祝賀，故稱此次亦透過使節將爵號授與各國王，將其權威宣示海內外。職此之故，《梁書》雖記載進爵號給高句麗、百濟、倭等國王，卻未提及遣使問題。基於上述，502 年所進爵號，乃中國的片

面作為，為日本所不知，亦即當時的中、日兩國已無官方往來。

　　雄略崩後中、日兩國關係之所以中斷的原因在於日本。相傳雄略是將其堂兄弟眉輪王、市邊押磐皇子、御馬皇子及胞弟境黑彥皇子、八釣白彥皇子打倒後即位的人物。由於在此前後皇族間之繼位爭奪戰非常激烈，故與皇統有關的皇族人數逐漸減少（參看表五）。雄略以後，這種骨肉相爭的情形並未好轉，此事就如表七所示，清寧天皇雖打倒其異母兄弟登上皇位，卻因無子繼承而找出前此其父為雄略所殺，致匿居播磨 (Harima) 之仁賢、顯宗兩兄弟，使他們繼位。如就血統上言，清寧與他們之間的關係是堂兄弟，如從日本律法言之則屬四等親，今日日本民法則為六等親，可見當時已將皇位繼承範圍擴大。其所以一再重演骨肉相殘悲劇的原因，在於仁德天皇以後成立兄終弟及制。仁德以前的皇位繼承情形雖不甚清楚，大體上似以父死子繼為原則。唯在仁德以後，因葛城氏為外戚，將仁德的諸皇子，亦即使葛城氏之外孫相繼登上皇位，俾能長期確保外戚的地位，掌握大和朝廷的實權，致產生兄終弟及的慣例。兄終弟及的慣例成立後，便容易發生兄弟相爭、叔姪互鬥、堂兄弟反目的現象，這種糾紛與相互殺戮的悲劇在日後也一再重演。皇室發生內鬨而與諸豪族間的複雜動向糾纏在一起，勢必將大和政權導向動亂的局面，致無法採取強大有力的外交政策❾❽。

　　雄略天皇崩後，不僅國內政情更為惡化，而且朝鮮半島的新羅勢力逐漸強大，日本已無法保持原有的地位，所以如不作更多的努力，勢必無法維護半島的現狀，在此情形之下，放棄與中國之間的來往，乃不得已之事。因此，478 年以後，中國史書之所以未見日本遣使之相關記載，應是反映當時之日本國情者。清寧天皇雖找市邊押磐皇子之子來繼承皇位，不過在顯宗、仁賢兩天皇後至武烈天皇時，既無皇子，又無較親近的皇位繼承人，所以仁德天皇的皇統至武烈便告斷絕。結果，為皇位繼承人選問題，諸豪

---

❾❽　黛弘道，〈斑鳩の里〉，《圖說日本の歷史》，三（東京：集英社，1974）。

族之間有種種推測而政情頗為不穩。武烈崩後，以畿外勢力為背景進入大和者為繼體天皇。

　　如據《日本書紀》的記載，武烈天皇辭世後，大連大伴金村原擬從丹波國（Tanbanokuni，京都府）桑田郡迎接倭彥 (Yamahiko) 王，但王卻害怕迎接之官兵而隱匿，因此金村乃改從三國 (Mikuni) 坂名井（福井縣坂井郡）迎應神天皇之五世孫男太迹 (Ohoto) 王繼承皇位，此即為繼體天皇云。

　　繼體天皇在有姻親關係的尾張連，近江（滋賀縣）的三尾君等皇親之支援，及獲大伴金村之支持而君臨大和朝廷。然因諸豪族對繼體的看法與企圖不一，所以在未能建立統一政權的情形下，竟於 527 年撒手人寰。繼體天皇之所以能入主大和，除大伴金村之大力支持外，畿外豪族之力量也不能忽略❾❾。

　　繼體崩後，由他與手白香皇女之間所生的皇子繼位，是為欽明天皇。然以尾張氏之女為母的欽明之庶兄安閑天皇等，卻在不久以後以其支持者為後援，與欽明對立，在此情形之下，天皇兄弟間發生政爭。此一政爭雖由安閑之同母弟宣化天皇（536～539 在位）所繼續，旋因宣化之死而結束。因此政爭，大和朝廷對國內外的威信似乎喪失不少。

二、王權之式微

　　在五世紀確立的大王統治，至六世紀時有些變調，因為由畿內勢力統治全國的大業雖逐步進行著，然大王在其政權內部的權力卻反有萎縮現象。大王威權下降的理由雖多，其決定性因素可能為如下三點：

　　⑴皇統於六世紀初斷絕後，繼體天皇因獲重臣們之擁立而繼承皇位。繼體雖被認為應神天皇之後裔，然其親等卻是五或六世孫，並且又居住於越前而非畿內。五、六世孫屬遠親，即使重視皇族的律令制，其身分也已

---

❾❾　黛弘道，〈斑鳩の里〉，《圖說日本の歷史》，三。

超越皇族界限；更何況越前國又是大和政權所認為文化尚未廣被的新開關之地。因此，繼體原非能夠繼承皇位的身分。此一時代大王之能誇耀其地位之要素，在於保持其祖神直系之傳承，這也可由三世紀的邪馬臺國之卑彌呼死後，因國內亂而擁立年僅十一的少女壹與，結果「國遂定」之事實獲得佐證。大王家之血統斷絕，似乎使大王所預言之神賦資質 (charisma)降低了，上述大王家之內鬨，也當是權威式微的原因之一。

⑵大王權威下降的第二個因素在於其軍事領導者的特性逐漸稀薄，其因之一，可能因部民制發展而軍事的伴造組織已整備，而大伴氏、物部氏等之武將地位已確立。大伴、物部兩氏在六世紀前半均以負責大王家之軍事義務者身分出現，成為在全國擁有巨大伴造者。非僅如此，他們又成為構成大王家政機關之連姓伴造貴族之代表，向「大臣」自稱「大連」。《古事記》、《日本書紀》在雄略天皇以後，已無天皇親自參加戰役的紀錄，這表示軍事機構已整備，天皇不必親自出馬。

⑶大王權威下降的第三個因素，在於朝鮮半島南部的經營破綻。何時開始擁有殖民地任那的問題雖尚須探討，但倭五王時代已存在著。任那既是倭國在半島南部的前線基地，也是大王家在家政上別處無法取代的寶庫。由此提供的新式武器，及其成為革新各種各樣的技術要素之鐵材，乃保證大王之優越性的要素。然此優越性卻因五世紀末朝鮮民族意識之昂揚而逐漸露出危機，並且更因大王家對任那政策的失敗，致引起任那諸國的不信任感，而百濟與新羅又從東西兩方面進出該地。更有進者，欽明天皇之治世雖一再出兵，任那的中心地帶卻完全為新羅所兼併。

上述各事之使大王權威造成傷害，實不難想像。

三、中央官制的變化

在中央方面雖發生重大的力的關係的變化，畿內的朝廷本身與畿外的統治體制則無改變。乍看起來，此事雖有矛盾，其實不然。即使大王的權

威失墜，那也只不過大王的家政機關失去力量而已，大和政權的組織本身
實較往日更強大有力，此乃由於大王的私人機構，即內廷向外廷的發展。
外廷由中央議政官、古代的中央官僚，及與縣主異質的地方官員所組成。

　　前文已說中央的議政官以大臣、大連為中心。最初的大臣為葛城氏，
次為平群氏，至五世紀末為蘇我氏所取代。大連在初時由大伴氏世襲，欽
明天皇時，物部尾輿 (Mononobeno Okoshi) 彈劾大伴金村經營朝鮮失敗之
過，之後此一姓氏便為物部氏所專有。當時官制之值得注意的，就是有異
於伴造制的官僚制逐漸成立，例如：此一時期成立的馬司，乃與前此內廷
機構迥異的組織。馬司管理職業部的「馬飼部」，其在各地的部民則由當地
的首長法飼造統轄。不過中央並不設伴部，其為伴部的馬飼造則在馬司輪
流服勤，而與日後令制的馬寮相同。

　　一般性的地方制度有國造制。此一制度並非全國一起實施，乃是從畿
內開始，然後逐漸擴及地方，故其為官員的特性也因地方之不同而有若干
差異。例如：畿內周邊的國造原則上為「直」(Atai) 姓，其統治區域就如
山代直、河內直、丹波直、伊勢直似的，與令制之國（行政區域）無異；
但九州地方則如大分君、火君、阿蘇君似的多君姓，其所管轄的區域則與
日後律令制的郡，亦即與舊制縣主所統治的地區略同❿。

四、繼體王朝的動搖

　　由大伴氏所擁立的繼體天皇雖扮演著諸豪族權力鬥爭的安全閥角色，
卻隨著部民制為基礎的大豪族間勢力的擴大，致國內各豪族為爭奪執政權
而相互傾軋，呈現氏姓社會末期的形象，這種情形日益深刻。在此情形之
下經二十年方才進入大和的繼體王朝，除須解決國內豪族之爭權問題外，
朝鮮半島問題也逐漸惡化而非予處理不可。擁立繼體天皇後，執政者大伴

---

❿　利光三津夫，《日本古代政治史》，頁 26～27。

金村 (Ōtomono Kanamura) 所面臨的重要事件，就是把任那的四縣割讓給百濟的問題。

　　當時受高句麗壓迫的百濟與新羅均為保護己國而採富國強兵政策，並企圖取得任那諸國之地。百濟斯麻王為恢復被高句麗長壽王所蹂躪之國土，乃欲取南方任那之地，以補償其在北方失去者。故於 512 年 12 月遣使朝貢日本，請求將百濟都城附近之土地──熊川城附近之地給他。大伴金村除接受其朝貢外，又將任那之上哆唎、下哆唎、娑陀、牟婁四縣割讓給他。因該地區乃經略任那之要地，故給倭國造成極大損失。復由於割讓問題完全由大伴金村個人決定，致金村受百濟賄賂之謠言甚囂塵上。因此，倭國內部便以半島問題為契機分成兩派抗爭不已。

　　513 年，百濟遣姐彌文貴將軍、洲利即爾將軍及五經博士段楊 (陽) 爾赴日，要求歸還百濟被伴跛國所掠奪己汶之地。故乃召百濟之姐彌文貴，新羅之汶得至，安羅之辛巳奚，伴跛之既殿奚等，宣布割讓己汶、帶沙之地。不過此一決定雖使百濟喜悅，伴跛國則遣戢支獻珍寶，並聲言反對割讓己汶，結果不報。在此情形之下，伴跛國乃於 514 年築己汶、帶沙城，以備倭國；並且又在爾列比、麻須比築城，召集軍士，擬掠奪村落。亦即伴跛以割讓給百濟為不滿，採取反抗倭國的行動。

　　515 年，物部連率舟師五百前往帶沙江。雖在帶沙停留六日，因受半跛軍之攻擊而退至汶慕羅島。任那之己汶為聯絡倭、韓要地❶，故將此地割讓給百濟為大伴金村之失策。此一割讓不僅使南韓諸國發生很大的動搖，也使倭國的威信掃地，致加羅、任那、新羅輕視倭國。非僅如此，也成為大伴金村日後失位的因素。

　　割讓任那四縣給百濟的問題不僅助長任那、加羅的離叛倭國，也還導致新羅之進出。新羅法興王於 524 年，以拓展土地名義巡狩半島南部，致

---

❶　己汶、帶沙被認為在金海府黃山津附近。

任那各地面臨被侵略的危險。明年，法興王與百濟不斷交涉，顯示其有意奪取任那之徵兆。倭國為收復失地，乃決定派遣遠征軍，於 527 年 6 月命近江臣毛野為統帥，使六萬大軍前往新羅。新羅為防遠征軍渡海攻擊於未然，乃企圖與筑紫國造合力使近江臣毛野之部隊無法離開筑紫❿。

　　對朝鮮半島的外交失策，竟成為發生內亂的契機。因北九州既是前往半島的門戶，也是運輸軍需物資的基地，所以每當遠征時當地人民所需負擔的兵員、兵糧或軍費相當沉重。如果經略半島成功則問題尚小，一旦失敗，則其埋藏在內心的不滿勢必爆發，從而集結成為對中央政策的反抗。因筑紫國造磐井 (Towai) 為打消中央的政策，遂與新羅結合而舉兵，一般民眾也加入反政府的戰鬥行列。新羅利用磐井使遠征軍無法離開筑紫的策略奏效，亦即筑前、筑後、肥前、肥後、豐前、豐後六國的人民聽從磐井的指揮，阻礙遠征軍渡海。大和朝廷認為事態嚴重，乃動員預備部隊援救毛野。經年餘的激戰後，政府軍終於逐漸擊敗叛軍，於 528 年 11 月，在筑紫御井郡的決戰中斬磐井，使叛亂落幕。磐井的叛亂非但使新羅有備戰的充足時間，也成為物部大連在中央政界崛起的重要因素。

五、大伴氏之失勢與蘇我氏之崛起

　　磐井之亂平定後，近江臣毛野雖前往朝鮮半島，卻因一再失政而使倭國在該地的威信跌落谷底，新羅則變本加厲地入侵任那。在國內則武門之家的物部、大伴兩氏之對立尖銳化，至安閑天皇薨，蘇我氏所擁立的欽明天皇即位後，蘇我氏乃於 540 年唆使物部大連尾輿上奏謂：「因大伴大連金村將任那四縣割讓給百濟，不僅使新羅怨恨倭國，且使其變成強國，終致不易征討，此俱為金村之罪」。金村稱病不朝，終因割讓任那四縣事離開中央政界❿，由物部氏掌握中央政府大權。當大伴、物部兩氏相互傾軋時，

❿　水野祐，《大和の政權》，頁 202。

蘇我氏未涉入其中而採旁觀態度以收漁人之利；大伴氏失勢後則形成物部、蘇我兩氏對立的局面。

531 年，欽明天皇之所以能夠繼承皇位，實由於其母手白香皇女為前一王朝之皇女，欽明被視為正統之故。然支持繼體天皇勢力之一的尾張氏卻擁立其外孫安閑、宣化而與之對抗。安閑、宣化兩天皇之所以俱以手白香皇女之姊妹為后，不外乎擬藉此以彌補與其父繼體同樣的血統上的缺點。欽明為與庶兄安閑、宣化拮抗，乃巧妙地利用這點，亦即以宣化之女石姬為后，欲藉此將所生之子敏達天皇作為正統繼承者。此一企圖因安閑、宣化之均在即位後不久便去世而獲得某種程度的效果。欽明即位後約經十年，皇室內部的糾紛平息而暫獲安定。唯欽明在此一方面的成功，並非他個人的力量，乃是獲蘇我稻目（Sogano Iname，？～570）的支持。

蘇我氏乃以河內國石川地方為據點的豪族，從前此約一世紀的滿智(Machi) 時代開始掌握大和朝廷之財政管理權而急速崛起。從那個時候開始，蘇我氏便進入大和，在政權所在地附近建立其第二據點，以期逐漸擴張勢力。然從很久以前開始，許多有勢力的豪族都散居在大和各處，故像蘇我氏這個新興氏族便很難加入其行列。唯至六世紀初，大和朝廷因武烈天皇薨，皇統斷絕而發生動搖。而繼體之能夠從越前進入大和，乃靠大和豪族大伴氏與畿外尾張氏之力，故當時的朝廷可能為此引起一些糾紛。

為擁立繼體所引起的朝廷糾紛，實給蘇我氏帶來進入大和的良機，亦即蘇我稻目整合石川地方的勢力進入大和，將其第二據點設在曾我。其所以設在曾我的原因在於距歷代皇居所在地的磐余 (Iware)、飛鳥、泊瀨 (Hatsuse) 近而與石川之聯絡方便。並且該地又是古人視為神聖的宗教聖地，故對缺乏傳統權威的新興氏族蘇我氏而言，是頗適合發展勢力的好地方❿。

---

❿　《日本書紀》，卷一九，〈欽明天皇紀〉，元年 (539) 九月乙亥朔己卯條。

　　於是蘇我氏從稻目這一代開始加入大和的豪族社會。如前文所說，蘇我氏之進入大和，乃乘擁立繼體天皇問題而來的朝廷混亂與動搖，故稻目對此一問題儘量避免鮮明旗幟，巧妙周旋於諸豪族對立之間，亦即見風轉舵的使諸豪族承認其進入大和。由此當可推知稻目之政治知覺，與他身為政治家的手腕與能力，而他此一方面的專長在日後發揮得更淋漓盡致。

　　蘇我稻目之對繼體天皇順從與否雖未明白表示其態度，但對其子欽明天皇卻一開始就表示支持，此可由他之將自己兩個女兒堅鹽媛 (Kitashihime)、小姊君 (Oanekimi) 獻給欽明之事獲得佐證。老奸巨猾的稻目對安閑、宣化兩天皇的側室問題也沒冷眼旁觀。稻目於宣化天皇之治世成為「大臣」後，曾經奉宣化之命，遣尾張連將尾張國屯倉之稻穀運至那津（博多）給宣化之外祖父，可見稻目是獲宣化之信任的❿。

　　另一方面，欽明與安閑、宣化雖對立，但都沒有排斥稻目。前此清寧天皇尚為皇太子時，其母吉備稚媛 (Kibino Wakahime) 陰謂之曰：「欲登天下之位，先取大藏之官。」❿亦即大藏為重要職位，而當時負責管理大藏者為蘇我氏，可見其受重用之一斑。稻目入大和後，可能傾其全力營運大藏，故無論欽明也好，安閑、宣化也好，如與稻目對立，都未必有好處。蘇我稻目在當時複雜的政治環境裡，不僅巧妙地周旋其間而思考其保身之道，而且還能夠伸張自己勢力，可見他具有身為政治家的非凡才華。

　　安閑、宣化兩天皇與欽明天皇之間的對立，後來因宣化崩而自然落幕，因此蘇我稻目的立場也趨於安定。不過此一時期物部尾輿因朝鮮半島問題使大連大伴金村失位後，由尾輿取代金村為大連，故稻目與尾輿之對立難於避免，然就大勢言之，實難否認稻目占優勢。因為蘇我、物部兩氏的家世懸殊，物部氏非向蘇我氏讓步不可，而蘇我為臣姓，物部氏之為連姓之

❿　《日本書紀》，卷一九，〈欽明天皇紀〉，元年 (539) 九月乙亥朔己卯條。
❿　《日本書紀》，卷一九，〈欽明天皇紀〉，元年 (539) 九月乙亥朔己卯條。
❿　《日本書紀》，卷一五，〈清寧天皇即位前紀〉。

事實，最能顯示他們差異之所在。具有臣姓的豪族，就如葛城、平群、巨勢 (kose)、春日 (Kasuga)、紀諸氏似的，都是以原籍為氏名之當地有勢力氏族，其立場與皇室對等或接近對等，為樹立大和朝廷之成員；連姓豪族則如大伴、中臣 (Nakatomi)、山部 (Yamabe)、犬養 (Inukai) 諸氏似的，大都以朝廷裡各自之職業為名，所以原本是奉仕朝廷的臣僚。因此，連姓豪族與皇室聯姻者甚稀。與此相對的，臣姓豪族之與皇室聯姻者頗多。就這點言之，臣姓豪族與連姓豪族在身分上的差異相當清楚。因此，蘇我、物部兩氏的氏族特性不僅有很大差異，在政治感覺上也有新舊的差異。更有進者，蘇我氏從稻目之祖滿智 (Machi) 時代，亦即從五世紀中葉前後開始即掌握大和朝廷之財政大權，掌握了秦、漢等大陸移民系氏族。

　　蘇我氏因經常與大陸移民接觸，故有新鮮的政治感。此一氏族找到可謂為律令制官僚制度之萌芽之官司制，以為這是大和朝廷日後應走之路，將其努力目標集中於此。新興的蘇我氏雖認為這是使自己日益發展的最好辦法，但這種辦法卻使將前此根據氏姓制度實施之統治體制發生重大改變。在這種情況下，物部氏便不得不明白表示其反對態度。物部氏原以負責祭祀神祇、刑罰、軍事為主之傳統氏族，他們緊靠著原有的氏姓制度發展，可謂為舊體制派。因此，保持以氏為中心來分擔政務的體制，實較官司的支配體制更能維護自己勢力，及防範蘇我氏勢力之伸張❿。

六、佛教之東傳

　　相傳佛教於後漢明帝永平十年 (67) 東傳中國，唯在那以後並無顯示佛教發達的事蹟，直到桓帝之治世前後，安息國之安世高，大月氏國之支婁迦讖相繼東來翻譯經典，中國佛教方才步上發展之途。桓帝時代相當於倭國發生內亂而出現邪馬臺國之時期。迄至南北朝時代 (439～589)，佛教日

---

❿　井上光貞，《日本の歷史》，一，頁 444～445。

益隆盛，南朝以門閥為中心，北朝則在強大的皇權之下，邁入黃金時代。

　　佛教之被朝鮮半島上的強國高句麗所接受，被認為是在小獸林王（371～381 在位）之治世。據說小獸林王曾建大學及頒布律令，使高句麗步向文明之路。此一時期的中國北部有五胡諸民族各自建國，其中之一的前秦王苻堅，曾遣釋順道前往高句麗贈與佛像與經論❿。

　　高句麗以此為契機採保護佛教的政策，於小獸林王五年 (375) 創建肖門寺與伊弗寺；故國讓王九年 (392) 頒教令使人民崇信佛法。此一事實見諸《三國史記‧高句麗本紀》，而故國讓王即廣開土王的前一任高句麗王，這相當於日本應神天皇之時。

　　佛教之傳至新羅的經過，眾說紛紜，如據末松保和的考證，為新羅奠定佛教基礎者為高句麗之布教僧侶而非經由宮廷，這位僧侶有人認為是263 年至新羅傳教之阿道，也有人認為是訥祇王（417～458 在位）之治世至此國度之墨胡子。至法興王（514～540 在位）時，訂律令與百官公服，形成權力統一的國家，佛教受國家的保護。法興王於 527 年頒佛法興隆之詔，開始建築興隆寺，於真興王治世之 544 年竣工，允許人民出家。新羅則於取得任那後八年，興建皇龍寺。

　　成為日本佛教母胎的百濟佛教之起源雖不詳，《三國史記‧百濟本紀》卻以為始自胡僧摩羅難陀於枕流王元年 (384) 自晉至此傳教而獲王之崇拜。不過佛教之受百濟官方保護，可能在聖明王 (523～554) 治世之前後，因為《日本書紀》，卷二二，〈推古天皇紀〉，推古天皇三十二年 (624) 夏四月丙午朔戊申條謂：

> 百濟觀勒僧表上以言：「夫佛法自西國至於漢經三百歲，乃傳之至於百濟國，而僅一百年矣。」

---

❿　井上光貞，《日本の歷史》，一，頁 500。

又如據《隋書》，卷八一，〈東夷傳〉，「百濟」條的記載，此一時期的百濟在軍事上採五部、五方❿之制，以整備國家組織。亦即百濟也與高句麗、新羅一樣，在確立國家體制之際採取保護佛教政策。

佛教之由百濟東傳倭國的時期有二說，其一為 538 年，其二則為 552 年，孰是孰非，迄今尚無定論。然從當時之倭國與中國、朝鮮半島之間的密切交往情形觀之，在此以前的日本人士之知佛教的可能性頗高，因為那些東渡人士裡必有信奉佛教者。對佛教正式東傳以前攝取佛教的問題，早在朱雀天皇 （930～946 在位） 之前後，已有京都比叡山延曆寺僧藥恆著《法華驗記》所引延曆寺僧禪岑之〈記〉提及：「繼體天皇第十六年 (522) 二月，大唐漢人案部村主、司馬達止（亦書如達等）結草庵於大和高市郡坂田原，安置本尊皈依禮拜。世人皆稱為大唐之神」。此言司馬達止為中國人，釋虎關師鍊《元亨釋書》則以為他是南朝梁 (502～557) 人。案部即鞍部，即製作馬具的工人，達止可能係從中國聘請的這類技工，亦即佛教在正式東傳以前的 522 年，已有中國移民在大和結庵膜拜佛像。

前文已說，在欽明朝時蘇我稻目被命為大臣，物部尾輿則被命為大連處理國政，自此以後此兩氏的對立便無法避免，尤其對是否接受佛教問題所造成的抗爭使其對立變本加厲。如據《日本書紀》的記載，百濟聖明王於欽明天皇十三年 (551) 冬十月，遣使赴日獻釋迦佛之金銅像與經論、佛具，言佛教之功德而勸其信奉云。

在此一時期，百濟與新羅、高句麗對立而陷於苦境。前此因百濟要求割讓任那四縣，所以倭國乃使其派遣五經博士等輪流至本國作為補償。迄至佛教東傳前後，因百濟問題而來的朝鮮半島之情勢更為險惡，致百濟遲早非決戰以起死回生不可。故由聖明王所為佛教之東傳倭國，實為他對倭

---

❿　五部，將都城分為五部分，使達率各率五百人防守。五方，將地方分為五個單位，而在各該地方之中心置兵，使方領、方佐統率他們。

政策之重要一環，姑且不論結果如何，其動機的政治意味相當濃厚。

　　就新興氏族蘇我氏而言，實欠缺宗教的權威，他為與較他早在大和的氏族拮抗，乃採用新來的佛教以取代神道的權威。物部氏則認為維護原有神道權威方能使自己生存下去，所以當然反對信仰佛教。因此，政治上的對立加上宗教的對立，使兩氏的抗爭白熱化 ❿。

　　在此對立情況下，此後的諸天皇一時無法表示贊成與否的態度。欽明天皇雖傾向於信仰佛教，但決定姑且讓蘇我稻目禮拜，以觀日後之情形。欽明以後之敏達天皇則不僅不信佛，反有鎮壓佛法之傳聞。敏達之弟用明天皇個人雖篤信此一宗教，卻因位居天皇，不便表明其信仰態度。用明天皇之所以採曖昧的態度，實欲防範大臣、大連的對立導致悲劇收場。然當用明崩而為決定其繼任人選問題時，蘇我、物部兩氏的衝突便一觸即發。稻目之子馬子 (Umako) 大臣獲諸皇子與諸豪族之協助，消滅尾輿之子守屋 (Moriya) 大連而擁立崇峻 (Susyun) 天皇。於是政權便完全落入馬子之手，崇峻則與傀儡無異 ⓫。

---

❿　黛弘道，〈斑鳩の里〉，《圖說日本の歷史》，三。

⓫　黛弘道，〈斑鳩の里〉，《圖說日本の歷史》，三。

第三章
古代天皇制之成立

第一節　聖德太子之新政

一、謀殺崇峻天皇

　　物部守屋滅亡後的次月（587 年 8 月），蘇我馬子擁立欽明天皇與稻目之女小姊君所生之泊瀨部皇子 (Hatsusebenomiko)，為崇峻天皇（587～592 在位）。相傳擁立崇峻時有欽明與稻目之女堅鹽媛 (Kitashihime) 所生之額田部皇女，即日後之豐御食炊屋姬尊（敏達天皇之后，推古天皇），及群臣共同推舉，亦即崇峻與其周邊完全為蘇我氏有血緣關係之人士所包圍，無血緣關係的皇子不僅不會被擁立，一旦有被擁立的風聲，便會像穴穗部皇子似的被消滅。馬子雖擁立系出蘇我氏的崇峻，卻依然將天皇傀儡化，以外戚身分掌握執政大權。然崇峻卻非如馬子所想像那種沒有風骨，萬事唯唯諾諾之人，因此馬子與崇峻之間便有了鴻溝，無法把事情處理得很順利。

　　在上述情形之下即位的崇峻，打從開始就沒有什麼後盾，其后妃也沒有一個出身皇族，這似可認為其所處地位是不幸的。《日本書紀》雖言立大伴連糠手之女為妃，然大伴氏固為豪族之名門，卻是無法與天皇家聯姻的連姓氏族，更何況又是已經沒落而心甘情願在蘇我氏底下任職的二流氏族。因《日本書紀》有關崇峻朝政治的記載過於簡略，故無法了解其真相，它

僅言興隆佛教、經略東國、復興任那為當時之政策。

就興隆佛教問題言之：崇峻即位那年，百濟貢調之使赴倭，獻佛舍利及僧侶數名、寺工、鑪盤博士、瓦博士、畫工等技術人員。因蘇我馬子有意興隆佛教，所以百濟派遣這些人士東來，實為良機。馬子除優遇僧侶，聆聽受戒之法外，又使已出家的司馬達等之女善信尼隨其使節前往百濟留學。與之同時，馬子又在飛鳥之真神原 (Makaminohara) 興建正式寺院，此即為法興寺（飛鳥寺、元興寺）。之後，此一寺院便成為飛鳥時代的佛教中心。

如據《日本書紀》的記載，善信尼等人於崇峻天皇三年 (590) 完成修行回國，因飛鳥寺尚未竣工，故住櫻井寺。本年司馬達等之子多須奈等十一名男女出家。此一時期之僧尼大都是大陸移民，唯其中也見大伴連狹手彥 (Sadehiko) 之女善德之名。由此當可窺知大伴氏與蘇我氏結合，積極謀求重振家世之態度。

對蘇我氏而言，興隆佛教固為理所當然之事，但東國與天皇家之淵源頗深，所以如要經略該處，自然會發生問題。因東國有許多為天皇或皇族所設之名代部與子代部，並且天皇衛隊的舍人主要從東國之國造子弟遴選，所以東國實為天皇家經濟、軍事之根本。對此東國，曾於崇峻二年 (589) 遣使前往。東山道（滋賀縣、岐阜縣、長野縣、群馬縣、東北地方）遣近江臣滿，東海道（三重縣以東之太平洋沿岸諸國）遣宍人臣鴈，北陸道（福井縣以東之日本海沿岸諸國）則遣阿倍臣，使他們巡視與蝦夷之交界處及諸國國境。此一時期的倭國似乎尚未建立將諸國區分於諸道的制度，不過遣使前往上述三地區以宣示朝廷之威武，及採加強其服屬關係的措施。如果此事為崇峻的主意，對確保皇家利權自有裨益，然若為有意使朝廷步向豪族聯合與官司制之蘇我馬子所主導，則成為以擴張朝廷勢力為主而有威脅皇家在東國之利權之虞❶。

---

❶　直木孝次郎，《古代國家の成立》（東京：中央公論社，1965），頁 42～44。

　　屯倉原為天皇所有地而設，然當政治機構發達以後，財政方面便會使
隸屬天皇與朝廷者分離，故其管理財政之機構有內藏 (Uchitsukura) 與大藏
(Ōkura) 之分。當有內藏與大藏之別時，地方上的屯倉就非弄清其屬內藏或
大藏不可。如為限制天皇專制而稽查屯倉，則其屬天皇者便可能有減少之
虞。又，名代部、子代部原是天皇或皇族為其子孫而設，但時間一久，其
所屬關係就難免變得不清楚，因此，稽查時所裁決的態度勢必對皇家造成
影響。如從崇峻天皇地位不安定的情形推之，遣使雖使中央政府的勢力滲
透於地方，卻使天皇與皇族在東國的地盤受到打擊❷。

　　光復任那也是當時施政重要的一環。《日本書紀》記載因崇峻頒詔而決
定遣軍光復任那，於崇峻四年 (591) 十一月，以紀臣男麻呂 (Omaro)、巨勢
臣猿 (Saru)、大伴連囓 (Kui)、葛城臣烏奈良 (Onara) 等為大將軍，合其他
臣、連之兵共二萬餘，他們皆曾經協助蘇我馬子打倒物部守屋者，而此次
遣軍遠征，亦可能出自馬子主意。

　　自從任那喪失於欽明朝後，光復該地固成為歷代朝廷之願望，但無論
敏達天皇或用明天皇，也都因國內情勢不成熟而無法付諸實行。既然號稱
動員二萬餘大軍而將他們遣至九州，這可視為內政整備、國力充實之成果。
遠征軍雖到達筑紫，卻停留在該處，至次年也仍無法渡海。當此之時，大
和卻發生崇峻天皇被弒的重大事件。

　　崇峻五年 (592) 十月四日，有人把山豬獻給天皇，崇峻指著山豬說：
「何時如斷此豬之頸，斷朕所嫌之人？」並多設兵仗以加強警衛❸。馬子
聞悉後，知崇峻惡己，乃招集徒黨謀害天皇。我們雖不知崇峻背叛馬子的
原因，但可能因馬子事事獨斷而與崇峻意見對立，致產生非壓抑他不可的
憤慨之心❹。

---

❷　直木孝次郎，《古代國家の成立》，頁 44～45。

❸　《日本書紀》，卷二一，〈崇峻天皇紀〉，五年 (592) 冬十月癸酉朔丙子條。

❹　水野祐，《大和の政權》，頁 209。

　　馬子聞此消息後，認為天皇討厭自己，決心先下手，遂偽稱東國之貢調已到，誘崇峻參加獻調儀式，使其屬下東漢直駒加以殺害。因東國的貢賦多，故崇峻掉進馬子的陷阱。崇峻被弒後，竟未舉行殯 (mogari)❺禮而於同日被草草的埋葬在倉梯岡陵（櫻井市南部）。

二、推古女皇之即位

　　相傳推古 (Suiko) 天皇即位時有彥人大兄、竹田、厩戶 (Umayado) 等下一代的王位候補繼承人相互拮抗，為避免紛爭擴大，遂推舉女皇云。其實並非如此，因當時為欽明所生子相當活躍，而推古又是前朝太后而皇族裡的地位高，並且又擁有為太后所設稱為私部 (Kisairabe) 之部民而經濟基礎穩固❻。非僅如此，她又曾經推舉崇峻即位而具有政治方面的勢力，所以推古在任何方面都具備繼承皇位的素質。更由於她與蘇我氏的關係密切，這也是使她登上皇位的重要條件❼。

　　蘇我馬子謀殺崇峻天皇後，為湮滅其弒天皇之證據，在形式上立刻擁

表八：皇室族譜裡的女皇

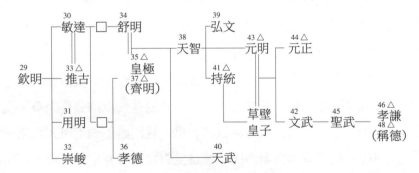

註：①阿拉伯數字為即位次序。②△表示為女皇。

---

❺　在正式喪禮之前，為暫時收殮遺體舉行之祭禮。

❻　岸俊男，《日本古代政治史研究》（東京：塙書房，1966），頁 251。

❼　吉村武彥，《日本古代の社會と國家》（東京：岩波書店，1966），頁 176。

立新天皇，企圖以大臣身分在天皇之下掌握大權而樹立臨時政權。因此他擁立與自己血緣關係濃厚的外甥女。因係女皇，天皇的實際統治權則由攝政聖德太子來負責，與自己共同綜理一切政事。亦即他擁立與自己血緣關係最濃厚的皇女、皇子，俾便以外戚身分自由掌握政權，唯因聖德太子的天皇氏自覺濃厚而未能達到目的。《日本書紀》，卷二一，〈用明天皇紀〉，元年 (585) 正月一日條記載聖德之出身云：

> 立穴穗部間人皇女為皇后，是生四男。其一曰廐戶皇子（更名豐耳聰，聖德，或名豐聰耳，法大王，或云法主王）是皇子初居上宮，後移移斑移斑鳩。於豐御食炊屋姬天皇世位居東宮，總攝萬機，行天皇事。

聖德太子名廐戶豐聰耳皇子，聖德太子為他的諡號。誕生於敏達天皇三年 (574)。用明天皇第二子，母穴穗間人 (Anahobenohashito) 皇女。同母弟有來目皇子、殖粟皇子、茨田皇子三人。廐戶之父用明天皇為欽明第四子，母為欽明與蘇我稻目所生小姊君（堅鹽媛之同母妹）之第三子。亦即聖德太子的母系出自蘇我稻目。日本古代社會雖以同母兄妹婚為近親結婚而視為禁忌，異母兄妹婚則在近親結婚之外而未予迴避。不僅如此，當時社會為保存「貴種」而在特殊階層公認一夫多妻制與連帶婚姻制。因此，存在著異母兄妹間之性關係被公認的連帶婚姻制，乃自然趨勢。所以從血統關係言之，聖德乃與蘇我氏之血緣關係濃厚的皇子，亦即無論從父系或母系來說，他身上都流著蘇我氏濃厚的血液。聖德係因他英明、仁慈而給予之諡號。

就聖德本身之婚姻而言，他至少有四個妃子，即：敏達 (Bidatsu)、推古兩天皇之女菟道貝鮹 (Ujinokaitako) 皇女，及其孫女橘大郎女 (Tachibanano Ōiratsume)，蘇我馬子之女刀自古郎女 (Tojikonoiratsume)，膳

臣加多夫古 (Kashiwadeno Katabuko) 之女菩岐美郎女等，而她們都與天皇家、蘇我氏兩方有關。

三、聖德太子與蘇我馬子

　　廄戶皇子至遲在推古天皇八年 (600) 前後已輔政，不過其參與政治並非如後世之全權處理政事，乃是與天皇共同參與政治。唯《日本書紀》既言他「總攝萬機，行天皇事」。則他之有極大權限，當是事實。然當時朝廷尚有大臣蘇我馬子在，大臣的任務也是輔佐天皇，而天皇對馬子的信賴與期望也相當深厚。因此，只要馬子健在，聖德便難自由展現其才華，更何況馬子又是他的岳父而彼此間的關係微妙。所以聖德為迴避與馬子之間的正面衝突，採與之協調的方式逐漸抑制其橫暴，逐漸恢復皇權。馬子的作為雖橫暴，但橫暴未必等於侵害皇權。馬子深知天皇的傳統權威為日後加強、發展朝廷權力所必需，因此他一方面尊重天皇傳統的地位，另一方面又加強以蘇我氏為中心之豪族聯合，並透過官司制之整備以掌握實權，將天皇推上不執政的地位，使皇權有名無實。

　　與此相對的，聖德的基本立場則是要成為下一任天皇，因此加強皇權為當務之急。然為避免與馬子之間的衝突，就不能將此一問題正式提出來。在此情形之下，只要是官司制等能夠加強朝廷力量的政策，便盡量與馬子配合，而不干預在精神方面加強天皇權威的實際政治問題，俾便將來自己當天皇時，利用此一權威來重新組織以天皇為中心的官司制，以恢復天皇專制的地位❽。然因他先推古、馬子而死，此一構想便無實現的機會。雖然如此，其部分意圖似已被實現，如遣軍征討新羅便是好例。

---

❽　直木孝次郎，《古代國家の成立》，頁 66～67。

四、遠征新羅

　　征討新羅乃從崇峻朝開始的重要工作，崇峻四年所遣兩萬部隊在筑紫逗留期間迎接推古朝，三年後（推古三年，595）返回大和。此一遠征雖未能達到目的，但大軍集結於北九州之事實，當給新羅莫大壓力。推古五年遣使前往新羅後，新羅即於次年獻鵲兩隻，繼則獻孔雀一隻以表示其恭順之意，此當係遣軍至九州的成果。七年 (599) 則百濟遣使獻駱駝一頭、驢驢一頭、羊二頭、白雉一隻以示友好之意。

　　如果倭國對新羅的貢品感到滿足，則可能暫時保持和平的狀態，然而似乎在數量上有所不滿，並且倭國又有收復被新羅所兼併的任那之理由。因此，至推古八年時又計畫進攻新羅，且付諸實施。大將軍境部臣，副將軍穗積臣，兵員萬餘。此次遠征到底由馬子或聖德策畫雖不甚清楚，然大將軍境部臣即馬子之弟境部摩理勢，與蘇我氏之關係密切，故可視為馬子所主導。計畫遠征時可能下了相當決心，因為倭國曾於本年遣使赴隋。此次遣使乃倭王武（雄略天皇）以後已經百年，其所以將遣使與遠征同時進行，或許含有期望隋帝國承認它以實力討伐新羅之用意在。

　　這次遠征成功了，《日本書紀》記載新羅幾無反抗地豎起白旗，將多多羅、素奈良、弗知鬼、委陀、南迦羅、阿羅六城割讓給倭國。前四城與新羅於繼體天皇二十三年 (529) 奪自任那之多多羅、須那羅、費智、和多四村相同，這些地方都是任那的主要部分，南迦羅為該四村之總稱，阿羅即安羅，也是任那要地，亦即新羅將任那的中心地帶歸還倭國。雖然如此，任那並未復活，其故在於新羅在投降條件裡言明由它替上述六城繳納貢賦。我們雖不知當時新羅代任那繳納的物品內容，然如據神功皇后征討新羅之傳說內容觀之，則應是倭國所珍重之金、銀、鐵等金屬與其產品，及錦、綾等高級紡織品。這些物品為朝廷所必需，更何況鐵等金屬又可製造武器和生產用具，所以無論在軍事上或經濟上都能加強朝廷的地位。新羅雖屈

服，但似乎未將任那的貢賦交與倭國。因此，至推古十年 (602) 又計畫征
討新羅。《日本書紀》以為此次「軍眾二萬五千人」，將軍為聖德之同母弟
來目皇子，而未見紀、巨勢、阿部、大伴等臣姓、連姓勢豪之名。遠征軍
雖至筑紫之島郡（福岡縣糸島郡），但在準備渡海時來目生病，次年二月死
於筑紫。來目去世後由聖德之異母弟當麻皇子繼其任。當麻雖從難波
（Naniwa，大阪）上船，但至播磨（Harima，兵庫縣）時因隨行之妻子舍
人姬王 (Tonerinohimiko) 在赤石（Akashi，明石市）死亡，結果遠征遂告中
止。遠征軍的最高指揮官由皇族擔任，這可視為大和朝廷在此一時期已掌
握軍權而值得注意。

五、定冠位

聖德太子在二十歲那年 (593) 當太子後，推古天皇於次年使他與蘇我
馬子頒〈三寶興隆〉之詔。前此聖德之父用明天皇以蘇我系大王公認佛教，
而聖德本身也師事高句麗僧慧慈，表示其鑽研成果者為《法華經》、《勝鬘
經》、《維摩經》等《三經義疏》的註疏。推古九年 (601)，聖德開始營造斑
鳩宮 (Ikaruganomiya)，四年後遷至新都，並興建斑鳩寺（今法隆寺），為開
發斑鳩地方努力。其毗鄰斑鳩的額田部 (Nukatabe) 高地有以推古乳名來命
名之「額田宮」❾，此可能為使聖德進出斑鳩之契機。並且嬪妃與蘇我氏
有關者之宮殿也都建於斑鳩地區，成為開發斑鳩地區的支柱❿。

推古朝內政之值得注目者為定十二階冠位與頒布《憲法十七條》。

十二階冠位取法於朝鮮半島三國而尤以百濟為範。高句麗、新羅之冠
名富於民族色彩，且多從官職名衍生，百濟則自達率至武都之十二階（佐
平為付加，佐軍以下為別的區分）為五個率位，五個德位，兩個督位而秩

---

❾　森公章，〈額田部氏の研究〉，《國立歷史民族博物館研究報告》，八八 (2001)。
❿　仁藤敦史，《古代王權と都城》（東京：吉川弘文館，1998），頁 134。

序井然，名稱也含有階級觀念，似從開始即以位階來立案❶。除取法半島
三國外，又以中國陰陽家之五行思想為根據，即以陰陽家五行之木、火、
土、金、水配以仁、禮、信、義、智，而以德字統攝，亦即准五行而用德、
仁、禮、信、義、智六個字作冠位名稱，各分大小，共得十二階位。而此

表九：朝鮮三國之冠位制度

【高句麗】　　　　　　　【新羅】　　　　　　　【百濟】

京位　　　　　　　外位

【新羅】		【百濟】
〔太大角干〕		
〔大角干〕		①佐平
①大對盧		②達率
②太大兄		③恩率
③烏拙		④德率
④太大使者	①伊伐湌	⑤扞率
⑤位頭大兄	②伊尺湌	⑥奈率

表內容依圖：

【高句麗】	京位	外位	【百濟】
①大對盧	①伊伐湌		①佐平
②太大兄	②伊尺湌		②達率
③烏拙	③迊湌		③恩率
④太大使者	④波珍湌		④德率
⑤位頭大兄	⑤大阿湌		⑤扞率
⑥大使者	⑥阿湌		⑥奈率
⑦大兄	⑦一吉湌	①嶽干	⑦將德
⑧褥奢	⑧沙湌	②述干	⑧施德
⑨意俟奢	⑨級伐湌	③高干	⑨固德
⑩小使者	⑩大奈麻	④貴干	⑩季德
⑪小兄	⑪奈麻	⑤選干	⑪對德
⑫翳屬	⑫大舍	⑥上干	⑫文督
⑬仙人	⑬舍知	⑦下干	⑬武督
〔⑭自位〕	⑭吉士	⑧一伐	⑭佐軍
	⑮大烏	⑨一尺	⑮振武
	⑯小烏	⑩彼日	⑯克虞
	⑰造位	⑪阿尺	

典據：森公章，《倭國から日本へ》。

---

❶　森公章，〈蘇我氏と飛鳥の宮廷〉，《倭國から日本へ》（東京：吉川弘文館，
　　2002）。

德目之根據五行思想，可由聖德太子的傳記集《上宮聖德法王帝說》所謂：
「准五行以定爵位也」，及《聖德太子傳略》所言：「太子始製五行法，……
德攝五行也，故置頭首」，獲得佐證。

　　此十二官位所選用之名稱雖未必出自聖德個人的主意，卻可由此得悉
那些在廟堂者對中國的五行思想已有某種程度之了解。如據董仲舒《春秋
繁露》〈五行相勝〉的說法，則五行的次第為仁、義、禮、智、信，其所配
之五行為木、金、水、火、土。又如據鄭玄《中庸》註，則禮配以火而智
配以土。而聖德用於官位的德目之排列方式，則是根據班固之說而來。聖
德的此一措施，很明顯的欲將朝廷的人事制度組織化，以中國人日常所重
視之德、仁、禮、信、義、智六個德目來支配政治思想，以達成自強目的。
唯實施冠位的範圍，無論在階級或地域上，都有其侷限，所以並非全國同
時實施，似乎是在近畿與其周邊之諸豪族間，經長久歲月，並利用各種機
會逐步推行。就法制成立史上言，此一制度只能說是第一步而已❷。此一
制度除以百濟制度為藍本外，實乃仿《隋書》所謂：「後周制冕加為十
二，……而色應五行」而為。

　　訂定冠位制後，革除了前此根據氏姓制度而來之職官世襲之陋規，與
不能人盡其才，不能開登用人才之門之弊，使按各人勳功之大小，分別授
與適當位階，且以冠色之不同，來表示某一官員地位之高下。此冠位屬於
個人，止於一身而唯才是用，故其意義重大。此冠位定於推古十一年（隋
文帝仁壽三年，603）十二月戊辰朔壬申，次年春正月戊戌朔實施❸。當時
授與十二階冠位之情形如次：

大德：境部臣雄摩侶、小野臣妹子 △、大伴連咋子。

小德：中臣連國、御食子、河邊臣禰受、物部依網連乙等、波多臣廣庭、

❷　鄭樑生，《日本通史》（臺北：明文書局，1993），頁38～39。

❸　《日本書紀》，卷二二，〈推古天皇紀〉，十一年(603)十二月戊辰朔壬申條；十二
　　年春正月戊戌朔條。

近江腳身臣飯蓋、平群臣宇志、神手、大宅臣軍、巨勢臣德太、
大海、粟田臣細目、秦造川勝△、高向史黑麻呂、大伴連馬飼・
某、阿輩臺。

大仁：鞍作鳥、犬上君御田耜△、藥師惠日、阿曇連比羅夫、秦造川勝
△、土師娑婆連、上毛野君形名、矢田部御嬬連公、船首王後、
勝臣清國、神主久遲良。

小仁：物部連兄麻呂。

大禮：小野臣妹子△、吉士雄成、犬上君御田耜△、忌部首宇都庭麿、
哥多毗（額田部連比羅夫）。

小禮：鞍作福利。

大信：大部屋栖野古連公。

小信：未有人獲得此冠位。

大義：坂上首名連、大三輪君弟隈。

小義：未有人獲得此冠位。

大智：和邇部臣稚子。

小智：伊福部臣久遲良、都牟自。

　　註：△號所見複數冠位之人物，可能為升遷者❶❹。

　　至於十二階冠位所定定冠色，則德為紫，仁為青，禮為赤，信為黃，
義為白，智為黑，其大小以顏色的濃淡來區分。冠以絁（粗綢）來縫製，
上方成袋狀而有邊，若然，則當時的男子係將頭髮梳到上方繫緊的。

六、頒布憲法

　　聖德定冠位後，復於推古十二年 (604) 夏四月丙寅朔戊辰頒布《憲法
十七條》。此憲法之適用對象並非倭國之全體人民，乃是對朝廷公卿，及所

---

❶❹　森公章，〈蘇我氏と飛鳥の宮廷〉。

屬官吏所要求之政治道德——行為規範。並且在其簡潔條文中敘述統一國家的觀念，道德政治之理想，君、臣、民應有之形態等，而企圖統一的理念洋溢於其字裡行間。此《憲法十七條》條文，俱用漢文書寫，其內容所受儒家、釋家宗義、刑名法家之說的影響頗深，且強調以天皇為中心之國家意識。十七條文共百八十句中，四字句居多而占百四十四句，宛然有律語之趣。文章品致，簡奧奇峭，蔚然古色，有漢魏遺風。它們非僅成為稍後實施之大化革新 (645) 之政治理想，也給日後所編纂法典以重大影響。例如：第一條謂：「以和為貴，無忤為宗，人皆有黨，亦少達者。是以或不順君父，乍違於鄰里。然上和下睦，諧於論事，則事理自通，何事不成？」第三條謂：「承詔必謹，君則天之，臣則地之，天覆地載，四時順行，萬氣得通。」第四條則謂：「群卿百寮，以禮為本，其治民之本，要在乎禮。上不禮而下非齊，下無禮以必有罪。是以群臣有禮，位次不亂；百姓有禮，國家自治。」君臣為人之大倫，各尊其位，守其「分界」，行其「所宜」，上下相得，則民事治矣！而君使臣以禮，不越分，不驕怠；臣亦感於其情，自然盡其忠以事之，不敢或忽。所以君臣如一體，恩義之至者；君臣如手足，則臣視之如腹心，其相關切，無以復加。禮則為調節人與人之「度量分界」，以「位」以「階」，定人與人相處之秩序。甲之行為有「度量分界」，乙之行為亦有「度量分界」而相安，是謂之「和」。禮之用，和為貴，先王之道斯為美，小大由之。先王之道既以和為貴，為美，則事無大小，悉依照而行。如此則人之親疏等級的界限方能加以節制，方能足以止亂，足以自立，孔子以臨朝。臣拜下為敬，拜於上則慢，為不可也。禮在人與人之間，尤其在君臣、官場之間既如此重要，而聖德又能以之規範其臣工，可謂已領略中國聖人旨意而用心良苦。至其第二條所謂：「篤敬三寶，三寶者佛、法、僧也。則四生❶❺之終歸，萬國之極宗，何世何人，非貴是法？

---

❶❺　佛經按世界眾生出生方式之不同分成四類：一曰胎生，如人類及哺乳動物在母胎

人鮮尤惡，能教從之，其不歸三寶，何以直枉？」乃其臣工都皈依佛法，誠心向善，以治理人民，使人民也都能夠篤敬它，信奉它以行善事。故此憲法所貫穿之精神，實在於強調皇室中心主義，獎勵佛教，求知及求政治之公正。（參看附錄一）

七、對隋交通

隋文帝楊堅 (541～604) 曾於六世紀末，取代北周建國，旋又擊潰南朝之陳，統一中國分裂的局面而勢力如日中天。倭國因當麻子喪亡而中止遠征新羅後不久的推古天皇十五年 (607) 秋七月，聖德太子以其大禮小野妹子（蘇因高）為使，朝貢於隋❶。利用交通以直接移植中國文化。同月，小野與通事及數十僧侶偕往大陸，奉〈表〉，貢方物。其〈表文〉之部分文字見於《隋書・倭國傳》。煬帝見該〈表文〉中有「日出處天子致書日沒出天子無恙」之句而大為不悅，乃言：「此蠻如此無禮，無復以聞」！日本學者據這段文字，以為是隋、倭兩國的平等外交，但觀看當時東亞國際形勢，與隋、倭兩國國力之懸殊，此一說法既難令人苟同，也不為中國學者所接受，而此一論戰至今仍未停止。煬帝雖對其〈表文〉內容表示不悅，卻又與之周旋，應與其對朝鮮半島之政策有關。因小野朝貢之際，正是煬帝計畫征討高句麗之時，而倭國與高句麗長年作戰之事，自無不知之理。所以煬帝雖對倭國〈表文〉深感不滿，但如能使倭國牽制高句麗之背後，對自己之征討工作自屬有利，故仍與之交通。

成體而後生；二曰卵生，如鳥在卵殼內成體而後生；三曰濕生，如蟲依濕氣而受形；四曰化生，無所依托，唯依業力而忽然現在，如諸天及劫初眾生。見《俱舍論》，八。業力，思想各方面所表現之行為。

❶ 魏徵等，《隋書》，卷八〇，〈倭國傳〉雖言倭國曾於隋文帝開皇二十年 (600) 出兵新羅後遣使朝貢，但其結果似不佳，故《日本書紀》未提此事，而以 607 年為首次遣使。

　　明年四月，小野偕隋使文林郎裴世清以下十二人回國，倭國朝廷乃為
他們更造新館於難波高麗館之上，且以小野所帶回《隋朝儀禮》迎接隋使。
於是聖德遣使中國以求交通的目的達成了。當時煬帝雖頒〈詔書〉給小野，
但他卻以「經過百濟國之日，百濟人探以掠取」❶為藉口，未將它呈獻朝
廷。於是群臣議之曰：「夫使人雖死之不失旨，是使矣何怠之失大國之書
哉！則坐流刑」！然推古卻赦之曰：「妹子雖有失書之罪，輒不可罪，其大
國客等聞之亦不良」，而免其罪❶。

　　小野雖未受罰，卻於次年(609)再度被命為使節，隨裴世清等前往中
國。據說當時自日本航行至中國的生存率為二分之一，則他之第二次膺命，
實無異被判半個死刑。雖然如此，大和朝廷能夠重開自倭五王以後中斷之
中、日兩國間之官方往來，不僅表示其在外交方面的態度積極，也可從而
看出當時倭國的外交權已完全掌握在皇室手中，移植中原文化的主導權也
在皇室。小野第二次赴華之際，僧旻、高向漢人玄理、南淵漢人請安等華
裔留學生、留學僧八人偕行。他們俱在中國停留二三十年之久，除修習中
國之先進文化外，也還經歷隋滅唐興之情況，回國後對七世紀的倭國之內
政改革有相當貢獻。

　　以派遣使節赴隋為契機，新羅（任那）之使節於推古十九年(611)來
朝。當時雖有征討高句麗之事實，但新羅可能因倭國加入以隋為中心之東
亞國際秩序，而將倭國視為提攜之對象。百濟則為對抗新羅而更頻繁的朝
貢倭國，而與隋對立的高句麗也遣使赴倭。結果，無論在政治上或文化上，
從朝鮮半島輸入了更多的東西，如：百濟僧觀勒於十八年(610)傳習曆法、
天文、地理、遁甲、方術，路子工(Michikonotakumi)於612年建造須彌
山，味摩子(Mimashi)將伎樂東傳日本，高句麗僧侶曇徵於二十年傳製紙、

---

❶　《日本書紀》，卷二二，〈推古天皇紀〉，十六年(608)六月壬寅朔丙辰條。

❶　《日本書紀》，卷二二，〈推古天皇紀〉，十六年六月壬寅朔丙辰條。

墨、碾磑（水車）等技術。

八、編纂史書

推古二十八年(620)，聖德太子與蘇我馬子商議輯錄《天皇記》、《國記》、《臣連伴造國造百八十部及公民等本記》。唯這些史書已佚亡，故其內容不詳，而它們之是否被完成，也值得懷疑。不過聖德之擬透過此一事業以加強朝廷權威，使朝廷與各氏族間的關係作有系統的、歷史的密切結合，實無庸置疑。而象徵朝廷權威之「天皇」一詞，似乎也是從此一時期開始使用。僧觀勒獻曆書以後，從推古十二年甲子正月開始用曆；而日本之紀年，也可能在這個時期定的。

得在此一提者，即聖德太子雖對其新政懷有很大希望，並穩妥地實施，但並未獲預期效果。其故在於他不僅欠缺具體的經濟、社會政策，又與權臣蘇我馬子妥協，致無法徹底執行。不過他既然能夠找出當時內政問題之癥結所在，又能指出古代國家應走之方向，給日後之大化革新奠定基礎，故其政績仍值得肯定。

第二節　蘇我氏與大王家

一、首都之開發與蘇我氏

如據《古語拾遺》的記載，在五世紀末的雄略朝曾整備齋藏(Imikura)❶、內藏❷、大藏❸，由蘇我滿智屬下的東漢氏、西文氏、秦氏

---

❶　大和朝廷貯藏神物、官物的倉庫。
❷　大和朝廷存放官方物品的倉庫。
❸　此亦為貯藏政府公物的倉庫，與齋藏、內藏合稱三藏。自此以後，祭祀、宮廷、外廷財政各自分離。蘇我氏因管此三藏而勢力增強。實施律令制度後成為大藏省。

等大陸移民系氏族管理。蘇我稻目、馬子父子也在欽明、敏達兩朝從事設置吉備白豬屯倉等，使大陸系移民船史 (Funenofuhito) 管理船賦 (funenomitsuki)，對朝廷財政問題涉入甚深。非僅如此，馬子又使東漢氏之成員弒崇峻，而大和朝廷又首先將大陸移民安置於葛城地區，故蘇我氏與大陸移民之關係匪淺❷。

　　蘇我氏擁有稱為宗我部 (sogabe) 之部民，其分布與物部氏重疊者多。馬子之妻為物部守屋之妹，物部氏滅亡時繼承其遺產，故可能根據物部氏之分布情形設宗我部。宗我部人士雖無姓氏，蘇我氏並未遣有勢力者前往管理，而採由中央直接管理方式。因蘇我氏負責管理大和朝廷之財政，又與大陸移民們的關係深厚，故獨占了傳自大陸的文化與技術。更由改進部民的管理，與引進新的思考方式，遂逐漸成為中央最有勢力的豪族❸。

　　就蘇我氏與飛鳥地區之關係言之，蘇我稻目在飛鳥有向原家、小墾田家、輕曲殿等宅第，前二者與推古之宮室相去不遠。因該氏之根據地多以飛鳥地區為基礎，〔見圖十九〕而飛鳥南邊之檜前 (Hinokuma) 又是與蘇我有密切關係之東漢氏從五世紀起開發者，故飛鳥地方與蘇我氏頗有淵源。

　　蘇我氏之於飛鳥興建日本最早的正式佛教寺院飛鳥寺（法興寺、元興寺），始於物部守屋滅亡之次年（崇峻天皇元年，588），基地得自東漢氏系之飛鳥衣縫造樹葉 (Asukano Kinunuinomiyatsukonoha)。建造之技術人員與僧侶於同年來自百濟。相傳馬子等在營建期間穿著百濟服裝，可見此寺在文化、技術兩方面受到百濟的支援。如據考古學家挖掘的結果，得知該寺的配置為一塔三金堂式，與高句麗之清岩里廢寺相同，故受高句麗文化之影響也可能相當深❹。史乘記載：高句麗僧慧慈與百濟僧慧聰於推古天皇三年至倭國，俱被視為「三寶棟梁」而居住飛鳥寺。

---

❷　森公章，〈蘇我氏と飛鳥の宮廷〉。

❸　森公章，〈蘇我氏と飛鳥の宮廷〉。

❹　東潮、田中俊明，《韓國の古代遺跡》，二（東京：中央公論社，1989），頁 252。

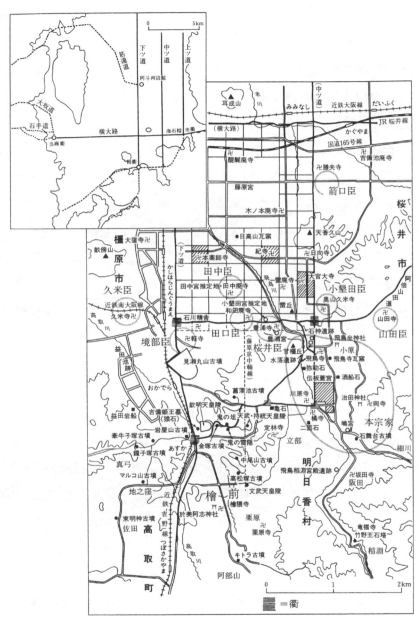

圖一九　木和盆地之古道與蘇我氏族人之分布情形　典據：森公章，
〈倭國から日本へ〉，森公章編，《倭國から日本へ》（東京，吉川弘文
館，2002），頁17。

飛鳥寺之首任寺司為馬子之子善德，其刻本尊之鞍作鳥（司馬達等之孫）一族與信仰佛教的蘇我氏關係密切。推古天皇三十二年發生僧某以斧毆其祖父的事件後成立統制佛教機構之際，擔任僧正者為住飛鳥寺之觀勒，僧都鞍部德積，法頭阿曇連某，他們與蘇我氏的關係都很深。相傳當時的寺院有四十六座，僧八百一六十人，尼六十九人，受戒場所限於飛鳥寺❷，而此一管理機構也可能設於飛鳥寺。飛鳥寺雖為蘇我氏之祖祠，卻成為蘇我氏所主導興隆佛教之中心，扮演著國家道場的重要任務。該寺西側有槻樹，其前面廣場為當時舉行國家典禮的場所❷。

飛鳥寺原為推古豐浦宮、小墾田宮、馬子之嶋之宅第，與東漢氏之檜前相連，被稱為「真神原」(Makamigahara)、「苫田」(Tomata)，乃促進開發飛鳥地方的象徵。除飛鳥寺外，蘇我氏一族又逐步營造山田寺、久米寺、小墾田寺、輕寺等，掌握了飛鳥地方的主要交通路線，逐步整備首都飛鳥的形貌。

二、蘇我氏與皇室

推古三十年 (622)，聖德太子以四十九歲撒手人寰。聖德雖致力加強皇權而採取種種措施，卻因其逝世而無法完成。當時，大王家尚無足以成為政務中樞之幹練王位繼承人。聖德在世時，無論實力、族譜關係，或因年齡差異而來的經驗與權威等，可能都不如蘇我馬子。聖德死後，馬子便成為唯一的政治中心人物。

聖德死後第二年，蘇我馬子計畫討伐新羅，此一計畫乃聖德所放棄者，亦即隨著聖德之死，對朝鮮半島的外交方針又復舊。然此遠征計畫被視為誤判情勢而在不久以後便中止，據說馬子後悔出兵計畫過於躁急草率云。

---

❷ 《西琳寺天永注記》。

❷ 今泉隆雄，《古代宮部の研究》（東京：吉川弘文館，1993），頁 161。

這當可認為聖德與馬子的外交觀念有很大差異。

　　推古天皇三十二年 (624)，馬子以其在朝廷的權勢為背景，使阿曇連 (Azuminomuraji) 某與阿倍臣麻呂（內麻呂、倉梯麻呂）請求天皇將其直轄地葛城縣 (Katsuraginoagata) 賜給他。馬子謂：「葛城縣本臣故居，故因其縣為名。請將該地賜臣，使之成為臣之領地」。推古對其露骨而不客氣的要求所作答覆是：「我出自蘇我氏，大臣（馬子）係我伯父，因此大臣所說的話本應聽從。不過如在我治世失去葛城縣，則後世天皇必批判我這頑固而愚蠢的女人當了天皇，很快就失去它。若然，不僅我失去名譽，大臣也必被認為不忠，這豈非留惡名於後世」**㉗**？

　　馬子雖言葛城縣為其故居，此說不確。蘇我與葛城原為互不相同的兩地，因相傳蘇我、葛城諸氏（平群、巨勢、紀、波多）以武內宿禰為共祖而為大家所承認，所以馬子遂以此為藉口，請將其同族葛城氏獻給皇室的葛城縣還他**㉘**。蘇我氏對葛城之地非常執著，馬子之子蝦夷 (Emishi) 曾於皇極元年 (642) 將其祖祠建於葛城之高宮。馬子的要求雖被拒絕，但還是不死心而一直主張該地原為其所有。高宮位於葛城之中心，為葛城氏之根據地。該地距蘇我西南十餘公里，因此蘇我氏認為葛城氏滅亡後該由他來管理。由此一事實，當可了解蘇我氏專橫之一斑。馬子既使阿曇、阿倍等中央有勢力的豪族代其向推古要求葛城之地，則那些勢豪在當時已被納入蘇我氏的旗幟下。

　　發生上述要求賜地事件以後約經年半的推古三十四年 (626)，馬子去世而被葬於桃原墓 (Momoharanohaka)。《扶桑略記》所謂死年七十五雖未必可靠，但由兩年後薨的推古為七十五觀之，則他之相當長壽，應無庸置疑。馬子死後，其子蝦夷繼承大臣之職位。

㉗　《日本書紀》，卷二二，〈推古天皇紀〉，三十二年冬十月癸卯朔條。

㉘　黛弘道，〈古代天皇制の成立〉，《古代國家の繁榮》（東京：集英社，1974）。

三、擁立舒明天皇

　　蘇我蝦夷發揮其政治手腕的機會，出乎意料之外的很快到來。推古天皇於其治世之三十六年 (628) 三月尚未確定嗣位者時便辭去人世。在此情形之下所產生的就是到底該由誰來繼承皇位的問題。當時最有希望的候補人選為敏達天皇之嫡孫，亦即在位以前去世的押坂彥人大兄皇子之子田村皇子，與聖德太子之長子山背大兄王兩人。田村之父彥人大兄，祖父敏達俱為嫡子。田村之母為敏達之女糠手姬，祖母則為息長真手 (Okinagamate) 王之女廣姬皇后，因此就血統上言無人能勝過他。就山背言之，母為馬子之女，祖父用明天皇，祖母間人 (Hashihito) 皇女，祖父母俱為蘇我之外孫，在皇室內則與敏達之嫡子相對的是庶子，然其特色在與蘇我氏之關係密切。職是之故，田村以嫡系占優勢，山背則不僅為聖德之子，又與蘇我氏有雙重的姻親關係而值得期待。由於他們兩人所具備皇位繼承人的條件幾乎相同，推古可能因此無法遽下決定由誰來繼位。

　　就此前後之即位情形而言，天皇本身並不決定繼任人選，而以群臣推舉為原則。又如據當時的一般規則，推古也非迴避皇嗣之決定問題不可。更何況蘇我之勢力愈益強大，一不留神表示有關皇嗣的意見或願望而與蘇我氏之意願有出入，則可能會引起糾紛，而此事不難逆料。

　　擔心將來問題的推古在死亡前一日召見田村謂：

　　　　昇天位而經綸鴻基，馭萬機以亭育黎元，本非輒言，恆之所重，故汝慎以察之，不可輕言❷❾。

同日，又召山背教之曰：

---

❷❾　《日本書紀》，卷二二，〈推古天皇紀〉，三十六年三月丁未朔壬子條。

汝肝稚之！若雖心望，而勿誼言，必待群言以宜從❸。

次日（三月七日），推古崩。九月，合葬於其已故皇子竹田之陵，此即河內 (Kawachi) 磯長山田陵 (Shinaganoyamadanomisasagi)，不過，至此尚未決定繼承者。蘇我蝦夷雖有意立刻解決此一問題，但認為如群臣不贊成，勢必引起紛亂，乃決定於事前拐彎抹角地表明自己意見。故與自馬子時代開始即以之為協商對象的阿倍麻呂商議，然後於自宅宴請群臣。宴會即將結束時阿倍說：

今天皇既崩，無嗣，若急不計，畏有亂乎。今以詎王為嗣。天皇臥病之日，詔田村皇子曰：「天下大任，本非輒言。爾田村皇子慎以察之，不可緩。」次詔山背大兄王曰：「汝獨莫誼謹，必從群言，慎以勿違！」則是天皇遺言焉，今誰為天皇❹？

群臣對此話的反應不一。大伴鯨、采女摩禮志、高向宇摩、中臣彌氣、難波身刺等人擁護田村皇子，許勢大麻呂、佐伯東人、紀鹽手等人則推舉山背大兄王，蝦夷之同宗蘇我倉麻呂未表示意見。前此，蝦夷曾訪其叔境部摩理勢，故知摩理勢擁護山背大兄王。蝦夷得知群臣的意見不一，無法達成自己願望，故乃將此問題留待日後決定而結束宴會。

蝦夷的本意是要擁立田村皇子，在血緣上山背大兄王與蘇我氏的關係雖較田村皇子為濃厚，但蝦夷對聖德太子及其子弟既無好感，山背大兄王又未娶蘇我氏之女。與此相對的，田村皇子不僅娶馬子之女法提郎媛 (Hotenoiratsume)，且已生古人大兄皇子。非僅如此，田村皇子個性溫和而

---

❸　《日本書紀》，卷二二，〈推古天皇紀〉，三十六年三月丁未朔壬子條。

❹　《日本書紀》，卷二三，〈舒明天皇紀即位前紀〉。

不似聖德太子之汲汲於加強皇權，致影響蘇我氏之既得權益。

　　蝦夷仔細衡量其利害得失後，心中早已決定擁立田村皇子。因其心中所作決定一再表露於其言行，故山背大兄王在斑鳩宮掛慮此事，乃使人探聽蝦夷真意。蝦夷雖只言要遵從推古天皇之遺詔來辦理，但問題在於遺詔的內容，雖然只是意義等內容的細微差別 (nuance)，但山背本人的說法是：「我始終把你放在心上，鍾愛之情無與倫比。國家大本不只在我世，你尚未成熟，所以要慎言。」如天真的依文面來解釋，當然是遺言要他當天皇，然這只不過是抬死槓。蝦夷則一直主張要遵循遺詔而不說清楚，藉以拖延時間。

　　之後，蝦夷又徵求境部摩理勢的意見。摩理勢對蝦夷執拗不放的態度

表一〇：皇室族譜（敏達—舒明—天武）

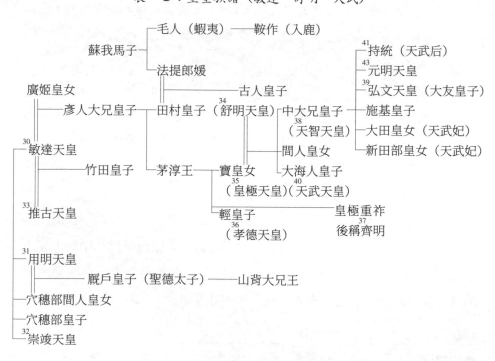

註：①阿拉伯數字為即位次序
　　②＝表示為夫妻。

大為震怒，遂摧毀族人在馬子墓地所築之廬舍，並回蘇我氏之領地不出仕。
蝦夷雖使人曉以同族之義，請他同意擁立田村皇子，唯摩理勢仍不首肯，
蝦夷遂派兵殺死摩理勢父子。於是蝦夷的意向便更為明確，決意討伐不從
己者。在此情形下，擁立田村皇子之朝議遂決。次年 (629) 正月田村即位，
是為舒明天皇 （629～641 在位）。蝦夷之擁立舒明雖獲成功，但也可認為
他把自己在政治方面的無能昭告於天下 ❸❷。

　　舒明天皇即位後仍繼承前朝之外交政策，與朝鮮半島之三個國家維持
交通。二年 (630) 遣犬上御田鍬赴唐朝貢，此舉雖較高句麗之於推古二十
六年 (618)，百濟、新羅之於二十九年入唐朝貢為晚而居亞洲朝貢國家之
末，但這可能係受於三十一年 (623) 回國之隋代赴華留學生所奏：「大唐國
者法式備定之珍國也，常須達。」❸❸ 而有意移植唐朝文化。犬上返國時，
唐遣高表仁赴日。當時唐雖有意冊封倭國，卻因「表仁無綏遠之才，與王
爭禮，不宣朝命而還❸❹」。《日本書紀》雖言唐使至難波，卻在兩個月後突
然出現他們回國之記載，故高表仁一行在倭國期間的活動情形不明。

　　舒明天皇在位期間內政之值得注意者為八年三月所訂與采女 (uneme)
的通姦罪❸❺，及大派王之提議文武百官須嚴守朝參的時間。然此一提議遭
蘇我蝦夷之反對而未能實現 ❸❻。由此當可推知，大王家與蘇我氏之間已有
乖離徵兆。

---

❸❷　黛弘道，〈古代天皇制の成立〉，《古代國家の繁榮》。

❸❸　《日本書紀》，〈推古天皇紀〉，三十一年 (623) 秋七月條。

❸❹　張昭、賈緯等，《唐書》（百衲本），卷一九九上，〈倭國傳〉。

❸❺　《日本書紀》，卷二三，〈舒明天皇紀〉，八年 (636) 三月條。所謂采女，就是侍候
　　天皇，負責其飲食的宮女。

❸❻　《日本書紀》，〈舒明天皇紀〉，八年秋七月己丑朔條云：「大派王謂豐浦大臣曰：
　　『群卿及百寮朝參已懈，自今以後，卯始朝之，巳後退之。因以鍾為節。』然大
　　臣不從」。

　　舒明即位於岡本宮，因祝融之災遷至田中宮。十一年 (639) 著手興建
百濟宮與百濟大寺。百濟大寺被認為是現今櫻井市吉備之吉備池廢寺，百
濟宮也可能在其附近。若然，則大王的宮殿已不在飛鳥而舒明有擬離開蘇
我氏自立的跡象。百濟大寺乃大王家首建之佛教寺院，於次年由遣隋留學
歸國之釋惠隱主持宮廷法會，可見大王家在興隆佛教方面也有意表示其主
體性❸。並且在營造王宮、佛寺時，又超越前此部民制所實施之分擔方式，
由朝廷直接向各「國」（行政單位）課徵稅賦。而僧旻、惠隱、高向玄理、
南淵請安等留學僧、留學生回國後，也在朝廷工作。這種情形與《萬葉集》
卷一第二首〈國見之歌〉所歌詠內容推之，舒明朝的大王家似有意開始掌
握其獨自之權力❸。

四、上宮王家之滅亡

　　舒明天皇於遷徙百濟宮 (640) 一年後崩，由皇后寶皇女繼位，是為皇
極天皇 （642～645 在位）。蘇我蝦夷與其子入鹿在皇極朝的專橫更為醒
目❸。例如：百濟王子於皇極二年 (643) 來朝時，蝦夷在畝旁家
(Unebinoie) 與之對話；當發生旱災而各地求雨無效之際，蝦夷不僅令各寺
院誦讀經典，也還在飛鳥寺要求僧侶讀《大雲經》，親自持香爐求雨等。並
且如前文所述，在葛城興建祖祠，表演八佾舞，更徵調「舉國之民并百八
十部曲」，以營造位於今來 (Imaki) 之墓，亦即蘇我氏採取這些手段而欲與
大王之外交權與祭祀、咒術力或徵收權拮抗❹。身為國家主政者之出面接
待外賓，或處理天旱問題而有上述舉動，固所當宜，但為營造蝦夷、入鹿
父子之墳墓，至遭上宮家大娘姬王 (Iratsume) 抗議的行為實未免過分。同

---

❸　黛弘道，〈古代天皇制の成立〉，《古代國家の繁榮》。

❸　黛弘道，〈古代天皇制の成立〉，《古代國家の繁榮》。

❸　門脇禎二，《蘇我蝦夷・入鹿》（東京：吉川弘文館，1977），頁 153。

❹　門脇禎二，《蘇我蝦夷・入鹿》，頁 153。

年，蝦夷因病退隱時，私自將其紫冠授與乃子入鹿。明年，入鹿於甘擣岡
(Amakashinooka) 建築上宮門、谷宮門等宅第，並設城柵、武器庫，命出身
東國的士兵與東漢氏守衛，以加強嫡系蘇我氏的專制。

前此舒明十三年 (641)，百濟、高句麗滅亡，由新羅統一了朝鮮半島，
此事成為東亞動亂的起點。百濟義慈王雖從新羅奪回原加耶地區之四十餘
城而繼續侵攻，並放逐反對自己所確立之專制王權者。故上述百濟王子之
來朝，也似乎以世子豐璋為人質的方式謀求整肅反對派。高句麗雖從 631
年前後開始與唐進入緊張關係，但莫離支泉之蓋蘇文殺榮留王與貴族百人，
擁立寶藏王，以專制方式集權。之後，在二十餘年裡完成與唐作戰的體制。
在六世紀大躍進的新羅，此一時期則由女王執政而陷於停滯狀態，致在受
百濟與高句麗侵攻時不得不求助於唐。在此情形之下，倭國也非加強國力，
決定明確的外交方針以推展政治不可。唯自舒明朝以來，中央政府已呈分
裂狀態，而嫡系蘇我氏的掌權也大不如前。在此緊迫情勢下，遂企圖恢復
嫡系蘇我家之權力。在此過程裡，蘇我入鹿似乎企圖使與蘇我氏有血緣關
係之古人大兄皇子繼位。皇極即位時雖有候補山背大兄王，但鑑於舒明即
位時之紛爭，嫡系蘇我家乃反對其繼位，而使與其同輩且又具有太后身分
的皇極來繼承。現在如要使古人皇子繼承皇位，則山背大兄王便成為眼中
釘，並且又有營造雙墓所造成的紛擾。因此，入鹿竟於皇極天皇二年十一
月，命巨勢臣德太、土師連娑婆、倭馬飼首某等襲擊斑鳩宮，消滅上宮王
家的人。入鹿之消滅上宮王家，不僅是蘇我氏的一大損失，而且成為「乙
巳之變」的序幕。

五、飛鳥時代❹的文化

1.服　飾

自從大陸移植水田農耕與金屬器文化後，自然採集時代之共同體生活
便告結束，並帶來階級制社會的成立。這就如高松塚古墳之陪葬品〔見圖

二〇〕所示，當時的豪族過著高級生活。

　　以六世紀接受佛教文化為契機，與大陸之間的往來日益頻繁。至七世紀與隋、唐展開正式邦交以後，便隨著國內的社會變動興起文化革新，而飛鳥時代正值此文化革新之時期，故可謂為從擺脫原始生活轉移到古代生活之過渡期。

　　高松塚古墳壁畫所描繪的男女人像都很健康。官吏階層的食物充足，並且因醫藥知識之東傳而醫療也較往日完善。如據《日本書紀》等文獻的記載，可知十六歲以上貴族男子的平均壽命約二十五年，只有少數超過六十。一般民眾的嬰兒死亡率雖高，但十歲以上的平均壽命則較貴族為高。也就是說，一般民眾雖因繳納稻米等食物而不得不吃雜糧，卻因此擺脫營養不均衡而對健康有益。

圖二〇　高松塚古墳之陪葬品　高松塚古墳出土之金銅製八葉唐草紋裝棺金屬器具（上），與銀製走獸唐草紋裝飾刀劍之金屬器具（下）之片斷。前者為裝飾塗漆木棺之裝飾品，中央留有釘孔。後者則為刀劍裝飾品，可與正倉院或千葉縣香取神宮之大刀、聖德太子之大刀媲美。前者長十點八公分，後者長七點三公分。奈良國立文化財研究所典藏。典據：《圖說日本文化の歷史》，二（東京，小學館，1974），頁154。

---

❹　推古天皇執政前後的時代，原為美術史上的時代區分，如用於政治史，則其時間範圍的說法不一。在廣義上係從聖德太子於推古天皇元年 (593) 擔任攝政起，至和銅三年 (710) 遷都平城京為止，狹義上則僅止推古朝 (593～628)。政治史採狹義的說法。

　　不過在古代社會裡，健康未必等於長壽，因當時的人們對流行病或饑饉的抵抗力弱且衛生情況亦不佳。欽明天皇十三年曾流行疾病，人們以為這是因奉祀蕃神（佛教）致引起國神（神道）之怒，而在豪族之間引起爭議。之後也屢有疾病流行的紀錄。此外，霖雨（長久下雨）也往往造成饑荒而路有餓殍。

　　由高松塚壁畫可知，當時男子所穿者為長衫長褲，上衣為左衽、垂領，胸前用布鈕或帶子來繫，腰部則繫以細小帶子，並將裡衣袖露於外。女子亦多穿長上衣，左衽，而式樣與男裝大致相同，唯不穿長褲而穿打摺之長裙（裳），裙之下襬鑲邊。女子的服飾五彩繽紛，頗為美觀。與高松塚壁畫之服飾相似者有中宮寺所典藏〈天壽國繡帳〉所描繪之男女圖像，唯此〈繡帳〉所見女裝並無腰帶。相傳此〈繡帳〉製作於聖德太子去世後不久的七世紀前半，它描繪了當時貴族的裝束。雖受大陸文化的影響，卻仍遺有前一時代濃厚的餘痕❷。

　　當時統治階級之服飾雖傾向於中國式，一般民眾則幾乎與古墳時代無異，亦即以衣與有襠褲子──褌、裳兩段式之簡化者為常服。而山上憶良所歌詠〈貧窮問答歌〉❸裡的「布肩衣」，乃彌生時代套頭系無袖衣而為多數民眾所穿著，因開襟衣的穿、脫方便，多穿幾件也不礙工作，所以成為一般民眾之常服而流傳著。由正倉院❹所典藏官給衣服之貼身衣可知，當

---

❷　樋口清之，〈宮廷生活と庶民の日々〉，《圖說日本文化の歷史》，二（東京：小學館，1979）。

❸　《萬葉集》。

❹　古代的主要倉庫叫正倉，正倉的一個區域謂之正倉院。因現存者僅有奈良東大寺所屬正倉院，故目前所謂正倉院即指此而言。正倉院位於東大寺大佛殿西北松林中，隸屬宮內廳。有寶庫、聖語藏、假庫、新寶庫、持佛堂等，其最重要者為校倉造 (azekurazukuri) 寶庫，內有北、中、南三倉庫，典藏所謂「正倉院御物」萬餘件。種類繁多，大部分為奈良時代 (710～784) 器物，有武器、文書、法會用具、面具、樂器、服飾等。它們來自中國大陸、中東、近東、希臘、羅馬等地，

時的人們已穿相當於汗衫與內褲的衣物，在腰間圍以犢鼻褌 (tabusagi)——相當於日後六尺長的褌（fundoshi，丁字褲），女子則似有襯裙❹。

布料有絹、絁、布而由全國各地繳納給中央（調）。絹與絁的差別雖不清楚，但有人認為其差異在於繰絲法及其品質有異。為生產絲織品，便獎勵植桑與養蠶，養蠶為當時家庭生活裡的重要工作。布的原料為麻，麻布乃古代衣料的代表。麻有苧麻、大麻兩種。這就如留有麻生 (Asao)、麻原 (Asahara) 等地名似的，自古即有野生之麻，及如麻田 (Asada) 等地名所示，也栽培麻。一般民眾的衣料除麻以外，尚有利用楮、藤、葛等纖維織成之布料。

紡織係婦女的重要工作，她們把手工織成的布放進河裡漂洗，且將布料用植物染料來染色，而已有栽種染料的園地。茜 (Akane)、紫等也是從其根部採集染料的植物。此外，也有利用胡枝子與菖蒲花來染整者。

2.飲 食

彌生時代的日本人士雖從採集動植物等自然食品，進入稻作農耕等計畫的糧食生產，然至古墳時代以後，因土地開發與農業技術的進步，便確立以穀物為主食的飲食生活。在此以後的飛鳥時代則因以稻米等各種食品之貯藏與流通，使統治階級擺脫從山野、河川、海邊求取食物之原始生活而可過安定的食生活。

然當中央集權國家成立以後，國民便被強制繳納稅賦而貢獻稻米及各地物產。〈賦役令〉所定取代調（地方特產）、調副物等物產與食品有關者如下：

雜物：鹽、鰒、鰹魚、烏賊、蝶螺、熬海鼠 (iriko，海參)、礎割、雜脯、紫藻、雜海藻、海藻、滑海藻、海松、凝海菜、雜腊、海

大都為聖武天皇（724～749 在位）與光明皇后生前之用品。

❹ 樋口清之，〈宮廷生活と庶民の日々〉，《圖說日本文化の歷史》，二。

藻根、末蠃、滑海藻、澤蒜、島蒜、蝮鮓、貽貝鮓、白貝菹、
辛羅頭打、海細螺、棘蠃甲、甲臡、雜鮨、近江鮒、煮鹽年魚、
煮鰹魚、鰹魚煎汁。

調副物：胡麻油、麻子油、荏油、曼椒油、猪脂、腦、鹽、雜臘、繰
魚龍汁、山薑。

當時從地方上供者有上述食品事，可由藤原京出土之簡牘所記載內容獲得
佐證。〔見圖二一〕

3.家與家族

佛教東傳以後興起大陸風格的建築，即在基石上立柱、塗牆、敷瓦，
寺院以外的建築則多在柱上蓋草以為屋頂而無隔間設備，因此統治階層之
寢室係以帷幕或屏風來區隔。房子呈長方形而約可居住五六人。

相傳當時的社會以母親為中心，採走婚方式。初時夫妻分居，同父之

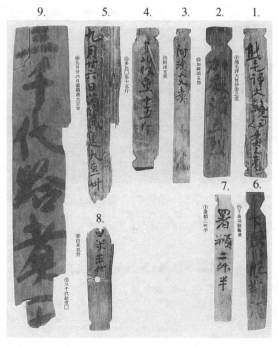

圖二一　書寫著食品名稱的原宮木簡　木簡有如貨籤被繫在自地方運往京師的貢賦貨物上。從藤原宮遺址出土的這種木簡將近二千片，由此可窺知當時生活之情形。1.之「伊委之」為沙丁魚，2.的「加麻須」為梭魚，4.「多比」為鯛，這類魚係加工後運輸，7.的「阿津支」係紅豆，9.的「三千代」指與藤原不比等再婚的縣犬養三千代。1.～4.、6.、7.、9.典藏於奈良縣橿原考古學研究所，5.、8.典藏於奈良國立文化財研究所。典據：《圖說日本文化の歷史》，二，頁163。

異母兄妹可通婚，如：律令之起草者藤原不比等 (Fujiwarano Fuhito)，他就娶同父異母妹之五百重媛 (Ioehime) 為妻而生京家 ❹ 始祖麻呂。家中雖以女性為中心，但在外面則由男子掌握主導權，父母、夫婦、子女同住。

4.佛教文化

　　倭國在七世紀前半所移植之外來文化，乃是對其六世紀所攝者之革新與持續發展。如前文所說，佛教曾於六世紀經由百濟東傳倭國以後，百濟學者與僧侶曾不斷前往彼邦傳授大陸文化，提供醫、易、曆、樂、造佛、造寺等各方面的人才，有時則貢獻鑪盤博士、畫工等專門人才。於是中國南朝的高度文化便源源不斷的經由百濟移植倭國。唯高句麗在此一文化東傳工作上所扮演的角色也不可忽略。因當新羅統一其鄰近各部落國家而國力逐漸盛時，真興王乃隨其國勢之發展出兵半島西部，侵略高句麗之疆域。因此高句麗乃不得不改變其對倭國與百濟的態度。高句麗雖自廣開土王時代以來與倭國形成敵對關係，卻因新羅之崛起而情勢有所改變，遂從欽明天皇三十年 (570) 開始遣使倭國。結果，倭國之移植中原文化又多出一個途徑 ❹。

　　佛教東傳之初，與其說它是思想或修行之教，無寧言為以建佛寺、造佛像等物體建設為功德之咒術，這種現象決定了中原文化在日本的性格。營建佛教寺院的本來目的，雖在使起願者有祭祀儀式場所，而對宗教所作要求能夠獲得滿足然在結果上言，那些寺院卻成為培養大陸式新文化、新技術之溫床，而我們可從此一方面發現其更大的客觀意義。因為那些寺院的屋瓦，屋頂的層疊，朱漆，精巧複雜的伽藍，實將中國的建築藝術發揮得淋漓盡致。至其以金銅或木材所雕具有神秘感的相貌與流麗肢體的佛像，

---

❹　藤原四家之一，以藤原不比等之第四子麻呂為其始祖，因麻呂曾兼左京大夫之職，故有此一稱呼。除其子貞成擔任參議・從三位，曾孫冬緒為大納言・正二位外，並無位居要職者。

❹　鄭樑生，《日本通史》，頁 53。

也匯合了中國雕刻藝術之精髓。至於天蓋、佛壇、廚子之類，無不仰賴中國的工藝藝術。他們在此寺院舉行法會時所奏之音樂，則表現大陸音樂之妙。所以就整個寺院而言，無論在靜的或動的方面，莫不成為大陸文化之一大淵藪❹。

如據史乘的記載，推古天皇三十二年當時的全國寺院總數四十六，僧八一六人，尼五六九人。但經考古學調查的結果，飛鳥時代的寺院遺址有四十九，其中以對飛鳥、四天王寺、法隆寺所作挖掘調查最引人注目。因為不僅可從法隆寺所保存推古朝遺物中探求其所受東西洋藝術形態的影響，也還可從該寺釋迦三尊像的古拙、嚴肅相貌，及其被花紋化的衣服下襬等看出北魏風格。並且也可從百濟觀音或夢殿觀音看出此一傾向。〔見圖二二〕

繪畫方面則有聖德太子逝世後，其妃橘大郎女幻想往生天壽國情形所繪〈天壽國曼荼羅繡帳〉，玉蟲廚子基座之〈密陀繪齛迦本生譚〉等。工藝方面的作品則除〈繡帳〉、〈廚子〉外，尚有法隆寺所典藏金銅灌頂幡、獅子狩文錦等物的意匠含有希臘、薩珊及波斯文化色彩。

當時豪族雖只將佛教當作祈求自己與族人安樂的咒術，未能更進一步把它作為一種思想來深入理解，但聖德太子則非僅對儒家思想有相當造詣，對佛教也已作深入研究而體會其理論性且具有體系的思想，而其所定冠位名稱之使用儒家德目，及《憲法十七條》之援引儒、釋、老莊、刑、名、法家之說，即是最好證明。至如前文所說聖德太子曾對《勝鬘經》、《維摩經》、《法華經》等三部佛教經典加以義疏完成《三經義疏》，此事雖令人存疑，卻可由此得知，佛教東傳以後不久，不僅已廣為流傳，而且已有人開始了解它所蘊含的高深哲理。

飛鳥文化係朝廷與貴族所享受的文化，其傳布地區尚未逸出大和地方。

---

❹　鄭樑生，《日本通史》，頁 53。

圖二二　古拙的微笑　修長的觀音菩薩像。
左手輕取水瓶，溫和地伸出右手。面容溫柔，
體態安詳，以百濟觀音之名受信徒之崇拜。
其修長軀體雖具異國風味，但原以檜木雕刻
而成，技法亦屬日本式，以寫實的曲線未完
成。高二○九點四公分。為奈良縣法隆寺所
供奉。典據：《圖說日本文化の歷史》，二，
頁 11。

　　無論雕刻、繪畫，莫不以佛教為中心發展。至其內容，除主要受到中國南
北朝與隋朝文化之影響外，間亦可發現受到朝鮮半島、希臘、薩珊朝、波
斯等地之影響，因此，此一時期文化所含國際色彩相當濃厚。至於佛教興
隆的原因，除身居要職者之倡導、保護外，其利用視覺所採取之象徵主義，
與抓住民眾願望從事社會福利事業，亦有以致之❹。

---

❹　鄭樑生，《日本通史》，頁 53。

第三節　大化革新

一、蘇我氏之滅亡

1.乙巳之變

　　舒明天皇薨後蘇我蝦夷因不欲山背大兄王繼位，乃使寶皇女登極，是為皇極天皇。然女皇只不過是過渡性質，遲早非遴選繼任者不可。當時皇極之長子中大兄皇子 (Nakano Ooenoōji) 年十六，其庶兄古人皇子二十上下，如再過若干時日，當可完全阻止山背大兄王之即位，不過蝦夷所預定之下任天皇人選為古人大兄皇子。

　　從此一時期開始，蝦夷之嫡子入鹿參與政事，而其威力凌駕乃父云。入鹿曾師事釋旻學《周易》，旻譽之曰：「入吾堂者無如宗我太郎」，可見其學術造詣有足觀者。後人之所以唾罵入鹿的最大理由，應在於他遣兵將山背大兄王殺之於其住所斑鳩宮。

　　且說採用與氏姓制度不同之官司制者為蘇我稻目，之後蘇我氏便以擴大此新機構的方式拓展權勢。此一機構乃為對抗擁有廣大面積之私有地之舊豪族將其族人配置各地維護勢力，以擴張新興蘇我氏勢力的最佳方式。然聖德太子卻欲將此官司改為以天皇為中心之機構，以恢復天皇之權力與尊嚴，並予強化，致使蘇我氏有被奪去根本之感。聖德死後雖已無此一方面的顧慮，卻對聖德一族懷有敬而遠之之心情。當此之時竟發生山背大兄王與田村皇子同為皇位候補繼承人的問題，就蘇我氏而言，他之厭惡山背乃理所當然之事。田村皇子繼位後，山背並未就此放棄繼承皇位的企圖，他仍等待下一個機會。因此，舒明崩後可能又要求繼位。皇極即位後其願望雖告斷絕，但也可再等待下一個機會。如上節所說，入鹿為防範聖德時之情況重現，及使古人皇子之繼位不致發生枝節，遂毅然決然的襲擊山背

大兄王，將他一家人置於死地。

　　然此一作為卻引起批判蘇我氏的浪潮。當時舒明、皇極兩天皇之子中大兄已是十八歲青年，曾詳細觀察此一事件。山背既是皇室長者，也是自己繼承皇位的競爭對手。然他不但無法因對手之死而感到喜悅，反而擔心同樣的不幸可能會降到自己身上而難免焦慮。將來是否會因庶兄古人皇子而排除自己？這種不安遂使中大兄興起打倒蘇我氏之念。

　　另一方面，出身祭祀神祇之家的中臣鎌足 (Nakatomino Kamatari)，他也對蘇我氏之作為有反感。其父彌氣 (Mike) 雖任由蝦夷擺布而擁立田村皇子，但他卻厭惡蘇我氏之專擅而稱病退隱攝津三島之別業 (naridokoro，別墅及其周邊之土地)，使其討伐蘇我氏的構想逐漸成熟。於是他開始在皇室成員裡找尋足以共謀大事的人物而首先接近輕皇子。皇子感佩鎌足之人格與見識而使其寵妃阿部氏迎之於別殿照顧其生活。鎌足也感謝其誠意而言將來一定協助登基，但冷靜的鎌足認為輕皇子不足以共成大事，遂另覓人選而選中中大兄皇子。某日，恰巧在法興寺西邊的槻樹下舉行蹴鞠（Kemmari，踢球）大會，鎌足見中大兄之皮鞋脫落，乃向前拾起跪著呈上。以此為機緣，兩人遂互訴款曲而獲共鳴，成為打倒蘇我氏的核心。

　　兩人為免引起他人注目，乃決定利用前往南淵漢人請安處習儒路上共謀大事。鎌足認為謀大事必需要有勢力強大的支持者，乃建議中大兄娶蘇我氏一族而為蝦夷、入鹿父子所厭惡之蘇我倉山田石川麻呂之長女為妃，並與之共謀為捷徑。中大兄用其謀，請他提親。然至結婚當日，石川麻呂之異母弟身狹奪新娘逃逸。正當石川麻呂驚慌失措之際，新娘之妹表明願代姊出嫁，石川麻呂遂將其送進宮中云。於是有勢力的石川麻呂遂成為中大兄打倒蝦夷、入鹿父子之伙伴。

　　之後，鎌足又物色直接執行計畫的人物，中選者為佐伯部子麻呂、葛木稚犬養網田兩人，於是討伐蘇我大臣家的同志已齊全。亦即在盟主中大兄之下，以中臣鎌足為參謀，佐伯部子麻呂、葛木稚犬養網田為尖兵。人

數雖少，卻易於保密，亦即採少數精兵戰術。

　　襲殺山背大兄後，蝦夷、入鹿父子唯恐有人報復，故除特別注意身邊的防衛外，又在其甘檮岡宅第周圍增設城柵，門旁置武器庫，儲水以備火災。非僅如此，更使士兵衛成其家，出入時以五十名衛士保護其安全，謂之「東方儐從者」(Azumanoshitoribe)。其各氏族之守衛蘇我宅第者則稱「祖子孺者」(Oyakonowarawa)，而東漢直也守護該父子以勵忠勤云❺⓪。

　　根據以上所述，可知當時的蘇我氏從東國招集士兵。蘇我氏勢力之已及於東國事，可從正倉院所典藏《遠江國（靜岡縣）濱名郡輸租帳》紀錄宗我部之人名，及同國佐野郡，或相模國（神奈川縣）足柄郡有中世曾我庄等事實獲得佐證。因蘇我氏盡一切手段來警戒，所以如要打倒他，除非用更多的兵力，或用謀略不可。由於中大兄的人員極少，除用計謀外別無他法，因此他們等待機會的來臨。

　　皇極天皇四年 (645)，高句麗、百濟、新羅（任那由百濟使節兼任）三國來貢調。中大兄與鎌足擬利用此一機會引誘入鹿自其宅第出來。依當時朝廷的慣例，三韓所貢之調在朝廷舉行儀式後要分配給諸豪族。因此認為平日警戒森嚴的入鹿也會貪圖那些物品而上朝。於是中大兄決定使石川麻呂朗讀〈表文〉，趁機擊斬入鹿。是日，皇極臨朝舉行貢調儀式，古人大兄列席。不出所料，入鹿現身會場。鎌足素知入鹿的疑心重而晝夜刀劍不離身，乃使在宮裡從事歌舞音曲之俳優巧妙地使他卸下刀劍參加儀式。當石川麻呂開始朗讀〈表文〉時，中大兄即命門衛關閉宮中各門，並將各門衛集中一處給與金銀等物，使他們遠離宮門而其他人員無法開啟。

　　中大兄親執長槍藏於殿舍旁，鎌足以弓矢協助。經由海犬養勝麻呂將刀劍交與佐伯部子麻呂、葛木稚犬養網田兩人，然子麻呂竟緊張、恐懼過度而發抖，這使鎌足不知所措。眼看〈表文〉就要念完，子麻呂卻沒有出

---

❺⓪　黛弘道，〈古代天皇制の成立〉，《古代國家の繁榮》。

手，中大兄不得已，親自躍身向入鹿砍去，繼則子麻呂揮刀斫其足，終於將入鹿殺死。事前皇極不知原委而大為驚慌，經中大兄說係為保護皇室後了解事情的經緯，便不再作聲而離去。入鹿被殺那天下雨，其遺體僅用草蓆來掩蓋。

　　入鹿死後，其手下多作鳥獸散。蝦夷因而孤立無援，乃在自宅放火自焚。死時焚燬了國史及其他許多寶物。於是自稻目以來經馬子、蝦夷、入鹿四代百餘年間逞其權勢的蘇我大臣家竟脆弱得倒下去。其所以致此的原因在於他作為豪族的基礎薄弱。此一氏族雖透過官司制掌握大權，但不僅私有地少，軍事力量也不足。與之同時，又因消滅山背大兄王而失去人心，導致蝦夷、入鹿父子之墳墓究竟在何處，也無人知曉❺。

二、革新政治

1.革新之必要

　　前文已說，聖德太子以四十九歲壯齡而歿，其理想政治未能充分達成。時，大臣蘇我氏以其空前權勢對抗皇室。蘇我蝦夷干涉推古天皇之皇位繼承問題，排斥最有力的候補人選山背大兄王，擁立田村皇子（舒明天皇）。不久，蝦夷之子入鹿復襲擊山背大兄王，使其自殺，並殺其子弟妃妾。

　　當國內蘇我氏逞其橫暴之際，國外情勢亦相當緊迫。推古天皇二十六年，隋滅唐興。唐之國力甚盛，北征突厥，西服吐蕃與吐谷渾，東伐高句麗。此一四面伸張之壓力，隨時有及於倭國之勢。故中大兄皇子與中臣鎌足等人乃於皇極四年六月十三日發動乙巳之變，襲殺蘇我入鹿於太極殿，並使其父蝦夷自焚於其家。

2.新政府的成立

　　蘇我蝦夷、入鹿父子滅亡後次日，皇極天皇表明退位之意。皇極之本

---

❺　鄭樑生，《日本通史》。

意在將皇位讓與己子中大兄皇子。中大兄乃徵求鎌足之意見。鎌足認為中大兄既有庶兄古人皇子及叔父輕皇子，不如暫使叔父繼位以表敬意，以孚眾望。中大兄聽從鎌足的建議推舉輕皇子繼位。輕皇子雖主張應由古人皇子來繼承，但古人聞後突然前往法興寺出家，旋又隱居於吉野（奈良縣）。因此，輕皇子無法再推辭而終於繼承皇位，是為孝德天皇 (645～654)。鎌足實現前此與輕皇子約定之事，並使中大兄為皇太子以掌握實權。與之同時，尊皇極天皇為皇祖母尊 (Sumemioyanomikoto)，以阿倍內麻呂為左大臣，蘇我倉山田石川麻呂為右大臣，僧旻、高向玄理兩人為國博士 (kuninohakase)，鎌足則授與大錦冠而以之為內臣 (uchitsuomi)，於是新政府的中樞大致已定。

　　在此所謂左大臣、右大臣，只不過模仿唐制將大臣分為左、右，亦即指左邊的大臣、右邊的大臣，與後世者不同。左、右大臣代表臣姓之有力豪族參加新政府，故可謂為舊勢力、舊體制的龍頭。鎌足的內臣則因他係連姓，故其官職與姓氏無關，可能為與大臣不同系統之要職，為推動革新政治的中樞。僧旻與高向玄理都是隨小野妹子赴隋留學者，其國博士之頭銜也非後來實施令制時的國學之博士，而可能為國策顧問之類的職務❷。

　　六月十九日，天皇、皇祖母尊、皇太子召集群臣於法興寺西旁大槻樹下告天神地祇曰：

　　　天覆地載，帝道唯一。而末代澆薄，君臣失序。皇天假手於我，誅珍暴逆，今共瀝心血。而自今以後，君無二政，臣無貳朝，若貳此盟，天災地妖，鬼誅人伐，皎如日月也。❸

---

❷　鄭樑生，《日本通史》。

❸　《日本書紀》，卷二五，〈孝德天皇即位前紀〉，大化元年 (645) 六月乙卯條。

此一盟誓可謂為最直率的表明大化革新之理念者。同日始建年號為大化元年，其將此前後一系列的改革稱為大化革新的原因在此。

3.革新政治的開展

迄至七月，重新舉行朝鮮半島三國之朝貢儀式，並告諭高句麗、百濟使節將採和親方針，希望他們砥礪忠勤。繼則下詔給左、右大臣問政道之要旨，決定祭祀神祇後施政。亦即在慎重顧慮舊勢力的情形下，逐漸推行新政策。

革新政府成立後，中大兄所要採取的理想政治體制，當然是中央集權的天皇制國家。不過，日後要當天皇的中大兄與身為貴族的鎌足之間，多少會有體制問題的些微差別，亦即天皇專制體制與貴族合議體制之異。雖然如此，當前最要緊的，莫過於鞏固中央政權以確實掌控全國。在此一階段裡，他們兩者之間的意見不會分歧。如就加強中央權力的立場言之，當然要循蘇我氏所推動，聖德太子所繼承、發展之官司制，但中大兄等人所構想的卻是仿效隋、唐兩朝的律令制度。因官司制無法完全擺脫氏姓制，因此前者係與後者妥協後產生者。與此相對的，律令制則與氏姓制無關，所以如要徹底改革政治，就應拋棄官司制，而全面實施律令制。

八月以後，開始將此一構想付諸實施，如：五日任命東國等的國司(kuninotsukasa)，遣使前往大和之六個縣 (agata)，在朝廷設鐘匱❺之制，訂男女良賤之法等。東國乃皇室領地多的要地，大和六縣則是皇室自古以來的直轄要地，故其遣人前往這些地方的用意應在鞏固皇室地盤。鐘匱之制乃天皇直接聽人民之憂之意，藉此以加強人民對新政權誕生的印象，及謀整肅政治。男女之法則定男女出生後的歸屬，以為訴訟之基準，此為革新政府的第一個法令。

同月八日，遣使至飛鳥寺，稱讚蘇我稻目、馬子父子興隆佛教之功，

---

❺　鐘和匱，古代訴訟鳴冤的人，把狀文投入匱中，然後敲鐘告訴。

並向僧尼傳達天皇也將採同一方針以發展佛教。因飛鳥寺乃蘇我氏所建，蝦夷、入鹿父子死後，有不少人對未來感覺不安，所以前往該寺含有對佛教界宣示新政府的宗教政策之意。

九月，有名叫吉備笠垂 (Kibino Kasanoshitaru) 的男子至中大兄處，言其參與古人皇子之謀叛，因害怕所以自首。中大兄聞後以為良機來臨，故隨即遣兵殺其庶兄古人。相傳當時所遣兵員只有四十人，則古人方面並無防備，所以簡單的被解決掉。或許古人並無謀叛之實，反正無法讓他活下去，而日本古代的政治環境險惡在此。後來，古人之女成為中大兄之妻，叫做倭姬 (Yamatohime) 皇后❺❺。

同月，下令禁止諸豪族之兼併土地。十二月，為振奮人心，發布遷都難波之令。此都稱難波長柄豐碕宮 (Nagaranotoyosakinomiya)，因營造費時，至白雉二年 (651) 始完成，故竣工以前是輾轉於諸宮而過有如流浪似的日子。難波之宮殿位於今大阪市中央區大阪城遺蹟之南的上町丘陵上❺❻。前此飛鳥朝雖已有官司的要素萌芽，基本上還是世襲各職務的有力豪族在各自的根據地處理政務，難波宮則以各豪族離開自己根據地執政為前提。同時為宣示大王之威信而具有與諸宮隔絕之構造，亦即有作為營運政務之中樞的朝堂院，和圍繞中央朝廷的十四棟以上之朝堂，以及配置其周圍的政府衙門等❺❼。

4.革新之詔

明年 (646) 正月一日，賀正禮畢，即頒布〈改新之詔〉。如據《日本書紀》，卷二五，〈孝德天皇紀〉，大化二年春正月甲子朔條的記載，其第一條為廢除以往子代之民及屯倉、部曲之民；廢除田莊與食封之給付。第二條

---

❺❺　黛弘道，〈古代天皇制の成立〉，《古代國家の繁榮》。

❺❻　中尾芳治，《難波宮》（東京：ニュー・サイエン社，1986），頁 36。

❺❼　吉川真司，〈難波長柄豐碕宮の歷史的位置〉，《日本國家の史的特質》，古代・中世（京都：思文閣，1997）。

言地方行政各種制度的整備。第三條言有關戶籍簿與班（頒）田收授法之
規定。第四條言廢除前此賦役及實施田調制。各條（主文）均附以「凡」
字開始的副文。（參看附錄二）這些條文如全部付諸實施，則較以往的國家
體制有很大的變革，能夠達到建設中央集權的律令國家，同時也成為構築
律令國家之起點，可與築造近代國家之明治維新媲美，被認為是宣示大化
革新之方策而受重視❺❽。

〈革新之詔〉對評價孝德朝政治有密切關係，然與日後的律令條文類
似的部分不少，故《日本書紀》所錄〈改新之詔〉究竟是否為「原詔」文
字，早已有人質疑❺❾。就第三條有關戶籍者言之，其編製全國性戶籍以天
智天皇九年 (670) 的《庚午年籍》為嚆矢，六年一造的戶籍在持統天皇四
年 (690) 以後制度化。《日本書紀》雖謂頒布〈改新之詔〉六年後的白雉三
年 (652) 班田與造籍，然在實際上，應該是戶籍編訂後才班田。因造籍必
需要有相當時間，所以無法同時實施造籍與班田，故它應為《日本書紀》
之編者所捏造❻⓿。若然，則其主文之可靠性亦令人存疑。因此有人認為律
令制度之確立在天智朝或天武、持統朝，孝德朝的改革（大化革新）問題
尚有全面檢討之餘地❻❶。

5.中央官制的實態

大化三年 (647) 將前此冠位十二階改為七色十三階，因其戴冠時節限
於大會、饗客及四、七月之齋時，故尚有冠位十二階之遺痕。因《日本書
紀》謂：「罷古冠。左、右大臣猶著古冠。」可見此新冠位制度的實施並不
徹底，亦即大臣們對孝德天皇的政策未予積極支持。五年 (649) 三月，左

---

❺❽　井上光貞，《日本古代國家の研究》（東京：岩波書店，1965），頁 132。關晃，《大
　　化改新の研究》，上、下（東京：吉川弘文館，1996）。

❺❾　野村忠夫，《研究史　大化改新》（東京：吉川弘文館，1978，增訂版），頁 255。

❻⓿　岸俊男，《日本古代籍帳の研究》（東京：塙書房，1973），頁 127。

❻❶　森公章，〈倭國から日本へ〉，《倭國から日本へ》。

大臣阿倍內麻呂病歿；同月，右大臣蘇我倉山田石川麻呂以謀叛罪被處死，其所以被處死的原因，可能肇因於東國等國司之功過對立，及石川麻呂之不事事聽從孝德有關。

同年，實施十九階冠位制，此事可由飛鳥京遺蹟出土之木簡獲得佐證。其特色在於下層階級的細分，這表示已能廣泛的操控官僚機構。當時擔任左大臣者為巨勢德太 (Koseno Tokoda)，右大臣為大伴長德 (Ōtomono Nagatoko)，他們俱為上宮王家滅亡以後一直與孝德採取同一行動者，故可能支持孝德之政策。由於他們之戴新冠，所以中央豪族們也就服從這種冠制。就在此時，似由國博士高向玄理、僧旻設置「八省百官」，整備了中央官制。

如據《令》的規定，中央有神祇官與太政官。太政官有太政大臣、左大臣、右大臣，其下置中務 (Nakanotsukasa)、式部、治部、刑部、兵部、刑部、大藏、宮內八省。地方則將全國分為東海、東山、北陸、山陰、山陽、南海、西海七道，並分為國、郡，由國司、郡司管理。西海道因與國外接觸，故特設大宰府使之管理全道。又如據《令義解》、《令集解》的記載，實施徵兵制而有衛府（京師）、軍團（諸國）、防人 (sakimori，邊防士兵）等常備軍，且有五刑、八虐等刑罰以加強官僚的支配。

6.土地國有

各項新政中最值得注意者為「班田收授法」，其內容是：①無論良賤，凡六歲以上之男女，皆由國家授與一定面積之口分田 (Kubunden)。②良民男子二段，女子為男子之三分之二，死者還田。③官戶、陵戶、家人與良民同額，公奴婢、私奴婢為良民之三分之一。④每六年辦一次班給收公。⑤口分田不准賣斷❷。唐朝的均田法雖以十八歲以上為授與對象而顧及人民的勞力問題，但日本卻為抑制豪族之兼併土地而以六歲以上為分配對象，故含有某種程度的社會政策色彩。班田法並非全國一起實施，乃是從一個

---

❷　豐田武，《概說日本史》，頁42。

地方開始，然後逐漸擴及於全國。如據古文獻的記載，在大化以前，尤其在朝廷的直轄地曾經實施「條里制」❻，所以此一土地改革方才易於推行。

7.社會編制

　　就身分制度言之，乍看起來，大化革新似一方面解放部民使之成為公民，廣泛謀求國民生活之安定，其實不僅在法制上良民與賤民之間有嚴格的規定，而且良民也因是否有官位而區分為貴族與公民，公民依然苦於租、庸、調、雜徭等沉重負擔而過著困窮生活❻。

　　⑴貴族：大化革新以前的中央、地方諸豪族被任命官職。因政府機構龐大，職官數目也多。貴族雖與一般民眾一樣獲得口分田，非但無調、庸、徭之義務，還獲國家之種種優遇。如：按各人官爵、位階、功勳之不同，給與封戶、田地、俸祿等。所謂封戶，即將一定數目之戶數之租之半數與庸、調給與封主的制度。即使犯罪，也可減刑。貴族以外的人士則除非有特殊情形都不能擔任官職，因此，無法進入培養官吏的大學或國學讀書。

　　⑵公民：在政治上雖無法享受權利，但屬自由民而居良民之多數，成為生產勞動之中心。受口分田，須負擔租、庸、調。此外，全國正丁之三分之一被指定為士兵而隸屬軍團，從中召集服役三年的防人役及服一年的

---

❻　古代分割土地的方式。稱六町（約四六五公尺）四方之土地為里或坊。以一郡或數郡為單位，稱其南北為一條、二條；稱東西為一里、二里。各里又將每邊劃分六等分，而以溝或畦來分成三十六個區域，每一區域叫一坪。因此，耕地的位置以第幾條第幾里第幾坪來明確標示。

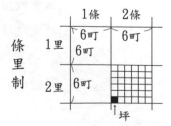

❻　豐田武，《概說日本史》，頁42～43。

表一一：革新政府的組織

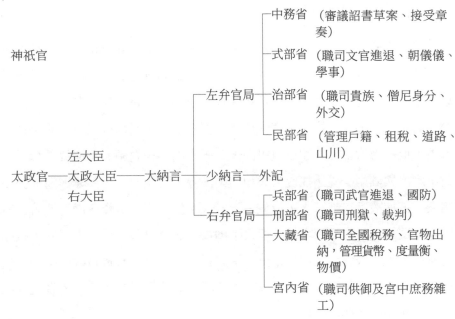

中央

地方

衛士 (eji) 役。

(3)品部、雜戶：大化革新之際未被完全解放的職業部之部分人民。他們不負擔庸、調而有在政府機構工作，或繳納手工藝品之義務。雖屬良民，但身分低於一般公民，至平安時代初期大都被解放。

(4)奴隸：無任何勞動技能而成為他人財產，其人格不獲承認。官奴隸有陵戶、官戶、公奴婢 (Kunuhi)，私奴隸則有家人與私奴婢 (Shinuhi)。他們主要集中於寺院、神社、富豪之下，男子主要務農，女子從事家事，其

人口約占全國總人口之一成。延喜年間 (901～923) 在法令上宣布廢除。

三、中大兄身邊的傾軋

　　大化五年三月，左大臣阿倍倉梯麻呂 (Abeno Kurahashimaro) 逝世後不久，因蘇我日向 (Himuka) 向中大兄進讒言，謂其庶兄石川麻呂正在計畫於皇太子（中大兄）遊海濱之際加以暗殺，故其背叛是遲早的問題。中大兄輕信其言。孝德天皇擔心事情的演變，再三遣人至石川麻呂處探詢事情的真偽，但他每次都回答說要直接向天皇報告而不得要領。孝德終於發兵。石川麻呂與其兩子遂逃往位於大和的山田寺，自刎而亡，其妻與隨從亦多殉死；被捕殺者二十三人，流放者十五人。旋為沒收其資產而遣使時，發現重要寶物、圖書裡都寫著「皇太子御物」而據實報告，中大兄聞後雖頗為懊悔，但如公開處罰他，則無異暴露自己的失察而有礙新政的推動，故在表面上雖提升日向為筑紫大宰帥，實際將他貶至九州，故時人謂之「隱流」(shinobinagashi) 云❻❺。

　　代表舊豪族勢力的左、右大臣相繼去世後，於四月發表繼任人選：左大臣巨勢德陀古 (Koseno Tokotako)，右大臣大伴長德，俱賜以大紫冠，此冠乃曾為左、右大臣所拒絕者。至此，中大兄已完全掌握大臣，確立其身為革新政府主角之地位。

　　白雉元年 (650) 二月，位於現今山口縣下關附近的穴戶國國司草壁醜經 (Kusakabeno Shikofu) 獻其在轄區所捕獲之白雉。孝德垂詢眾臣的結果，俱言此為祥瑞，故決定大肆慶祝。孝德對出現祥瑞頗為喜悅，乃對群臣之奉公有所賞賜，並頒改元白雉之詔，及免穴戶地方之調、役三年。於是自誅殺蘇我入鹿後四年餘的緊張與不安歲月獲得舒緩，革新政治的成效已逐漸顯現。

---

❻❺　黛弘道，〈古代天皇制の成立〉，《古代國家の繁榮》。

改元白雉後，政府的新措施顯著減少，除於白雉二年天皇遷御難波長柄豐碕宮，及於次年該宮落成外，值得一提者只有四年、五年的連續差派遣唐使。

白雉四年 (653)，大使吉士長丹 (Kishino Nagani) 與大使高田根麻呂 (Takadano Nemaro) 所率兩艘遣唐船前往中國，後者之船在九州南方海面遇難，乘員一二〇人中僅五人生還；前者則平安到達目的地，於次年五月回國。前此二月，曾命高向玄理為押使，使其率領大使以下之使節人員赴唐。如據《日本書紀》的記載，於白雉二年至倭國的新羅「調使」因穿唐服而為大和朝廷所譴責，巨勢大臣建議為此事向新羅問罪，自難波至筑紫之間排列軍船，並召該國使節赴倭。如據《三國史記‧新羅本紀》的記載，新羅在真德王四年（大化四年，648）遣金春秋赴唐，請改穿唐服而從次年開始穿戴唐式衣冠。由此可知，唐、新羅的聯合體制已被加強，而此事對倭之同盟國百濟實為一大威脅。因倭國不欲新羅接近唐，故巨勢大臣乃擺出以武力威嚇之態度，但仍不放心而於白雉四年以外交手段使唐牽制新羅。然因兩位大使中冠位較高的高田根麻呂歿於海，故於次年任命高向玄理，此乃當時所認為最理想之人事安排，然他再度前往中國後竟客死異鄉，所以此次遣使的目的似未達到。

在差派遣唐使前後，孝德天皇與皇太子中大兄的不和表面化。此事肇因於白雉四年某月，中大兄疏請還都飛鳥而為孝德所拒，所以中大兄乃決定奉母后（皇極天皇），妹間人（Hashihito，孝德之后）皇后及弟大海人皇子遷居飛鳥之河邊行宮 (Kawabenokarimiya)，而主要貴族與官員亦從之。孝德因此受到嚴重打擊，擬退位而使人在山崎營建宮殿俾便居住。此事過後，孝德的心情始終不佳，以憂傷度日，遂致臥病在床。明年秋，病情日益惡化。中大兄得此消息後，於十月一日與母后、皇后等趕回難波宮探視。十日，孝德終於撒手人寰。十二月一日，葬孝德於大阪磯長陵。同日，皇太子一行又回到河邊行宮。

　　五年正月，中大兄之母皇極重祚，是為齊明天皇（655～661在位）。當時年逾三十的中大兄之所以不繼位的原因，在於登基後便無法直接發號施令。更何況自己登基後要當皇太子的胞弟大海人皇子已年逾二十，以天皇不執政為原則之中大兄一旦登極，則必須將執政大權交與大海人，這對血氣頗盛的中大兄而言實無法忍受。非僅如此，中大兄之子大友皇子當時已八歲，如果自己繼續擔任十年或十五年的皇太子後即位，屆時便可跳躍大海人把皇位讓與大友。因盤算目前與將來，中大兄乃作出維持現狀的結論，再把母后請出來，此一決定當有中臣鎌足的建言在❻❻。

第四節　壬申之亂

一、皇權的提升

1.有間皇子之謀反

　　齊明天皇即位後，雖因大興土木使人民陷於水深火熱之中而風評不佳，卻能壓抑政治上的動搖而暫時呈現和平狀態。唯至齊明四年 (658) 十一月，發生孝德天皇之子有間 (Arima) 皇子以謀反罪被捕，被處絞刑事件。孝德崩時有間年已十五，對乃父與中大兄之間的不和略知一二，故同情亡父之處境及對中大兄有反感。一直懷有這種心情的有間成長至十九歲那年的十一月三日，齊明天皇與中大兄一行前往牟婁 (Muro) 溫湯，衛戍首都飛鳥的官員蘇我赤兄 (Akae) 向有間數落天皇之失政而予以嚴厲抨擊。曰：

> 天皇所治政事有三失矣，大起倉庫，積聚民財，一也。長穿渠水，損費公糧，二也。於舟載石，運積為丘，三也。

---

❻❻　黛弘道，〈古代天皇制の成立〉，《古代國家の繁榮》。

有間聞後知赤兄之心向己，遂欣然答曰：「吾年始可用兵時矣！」❻❼兩日後，有間前往赤兄家登樓而謀。商議中椅子之扶手木條竟自斷，因知為不祥之兆，故當夜只盟誓而將實行問題留待他日。然就在當夜，赤兄竟「遣物部朴并連鮪，率造宮丁圍有間於市經家，便遣驛使奏天皇所」。九日，赤兄奉命將有間與其同黨守君大石、坂部連藥、鹽屋連鯯魚等送往紀伊之溫湯。中大兄問有間曰：「何故謀反？」答曰：「天與赤兄知，吾全不解。」而不再言語。有間除深悔自己之輕率外，復對赤兄之奸謀肝腸寸斷。如再往壞的方面想，或許赤兄早已知中大兄之心事方才有此舉動。但無論如何，中大兄對有間的態度捺下謀反的烙印，於十一日命人絞殺有間於藤白坂❻❽。中大兄因無法容忍對自己有反感的先帝之子而予以絞殺，致富於青春氣息的十九歲年輕人消失於人間。

2.援救百濟與加強國防

齊明六年 (660) 十月，百濟因受唐與新羅之侵攻，其王佐平鬼室福信乃遣佐平貴智等，來獻唐俘一百餘人，並乞師請救，及王子豐璋返回百濟曰：

> 唐人率我螫賊，來蕩搖我疆場，覆我社稷，俘我君臣。而百濟國遙賴天皇護念，更鳩集以成邦。方今謹願迎百濟國遣侍天朝王子豐璋，將為國主❻❾。

齊明詔曰：

> 乞師請救，聞之古昔，扶危繼絕，著自恆典。百濟國窮來歸我，以本邦喪亂，靡依靡告。枕戈嘗膽，必存拯救。遠來表啟，志有難奪。

---

❻❼ 《日本書紀》，卷二六，〈齊明天皇紀〉，四年十一月庚辰朔壬午條。

❻❽ 《日本書紀》，卷二六，四年十一月甲申、戊子條。

❻❾ 《日本書紀》，卷二六，六年冬十月條。

可分命將軍百道俱前，雲會雷動，俱集沙喙，翦其鯨鯢，紓彼倒懸。
宜有司具為與之，以禮發遣❼⓪。

於是齊明於次年正月率中大兄與百官前往九州。然至五月，齊明薨於朝倉
宮。因此，中大兄一方面簡單處理天皇喪事，一方面以皇太子身分指揮軍
事，增派兵員，並使百濟王子豐璋返國為百濟王。然在兩年後的天智二年
(663) 八月，倭國水軍與唐之水軍戰於白村江（今錦江河口）而大敗，豐璋
逃亡高句麗，百濟遂亡❼①。百濟亡後，其王公貴族之亡命倭國者甚多而頗
獲優遇云。

　　百濟敗亡對大化以來約二十年間領導國家的中大兄而言，其所受打擊
實非同小可。由於他的強硬作風，引起不少人的反感，而此次敗北，使人
們的反感表面化，如不妥善處理此一問題，勢必危及其地位。為此，中大
兄作大幅度的讓步，採舒緩貴族們不滿情緒的寬宥政策，亦即他恢復部分
私有民，並制訂新冠制。恢復私有民雖有違公地公民的基本政策，但與大
化以前的私有民——部曲 (kakibe) 有很大差異。亦即他並非給與豪族或其
家，乃是針對豪族之地位、官職給與之勞力，藉此以彌補豪族們因出兵朝
鮮半島所造成的若干勞力損失。自此以後，並未發生顯著的紛爭，其故在
於將十九階冠位改為二十六階以增加下層官吏，使下層人員易於升遷。

　　除整備內政外，國防也不能忽略。唐軍攻略百濟並在該國屯駐後，不
知何時會進攻日本列島，這使倭國大為不安。故於整備內政之同時，將大
宰府遷至距今福岡市之南十餘公里之太宰府町，並在其前方築大堤——水
城 (Mizuki) 以儲水。更於對馬、壹岐兩個島嶼及筑紫配置防人，設烽火
臺，以備唐軍之來襲。次年則採用百濟的築城術，在筑紫與長門（山口縣）

---

❼⓪　《日本書紀》，卷二六，六年冬十月條。
❼①　《日本書紀》，卷二七，〈天智天皇紀〉，二年秋八月壬午朔甲午、戊戌、戊申、乙
　　酉；九月辛亥朔丁巳、辛酉、癸亥各條。

建築城堡。迄至天智六年 (667) 則築大和之高安城與讚岐（香川縣）之屋島城，以為從瀨戶內海至大和的通路。屯駐百濟的唐軍將領從白村江之役敗北之次年、又次年遣使赴倭，由於這些使節並非親善使節，乃是視察戰敗後的倭國國情，故倭國無法鬆懈而不斷加強國防。非僅如此，中大兄又力排眾議，將首都從飛鳥遷至近江之大津，其所以遷都的理由，應與國防有關。

3.中大兄之即位

中大兄在其母齊明天皇崩 (661) 後改元天智，他雖仍以太子身分發號施令，然至遷都後的天智七年 (668) 正月，終於在近江大津宮正式登基，是為天智天皇。登基後所要做的就是遴選皇太子，將政事交給他處理。其成為皇太子者為皇弟大海人皇子，嚴格地說則為皇太弟。大海人乃天智之同母弟，是位理想的皇位繼承人。雖然如此，天智的內心卻不欲將皇位讓與他，因為其子大友已二十一歲。就年齡言之，以大友為皇太子並無問題，然大友之母出身卑微──伊賀國（三重縣）郡司之女，名采女 (Uneme)，在宮中擔任下層女官。由於當時注重家世、個人的才華及辦事能力，這對卑母所生的大友而言，是立太子的致命傷。因此，天智雖不得不暫時擱置這個問題，但絕非就此放棄。天智是個遇到困難會發揮鬥志的人物，故他一面使皇太弟大海人的地位逐漸降低，一面加強、確立大友的地位，致引起大海人之不滿。

當大海人對天智之作為心生不滿之際，中臣鎌足的態度又如何？大海人對中臣的印象始終不佳。中臣自天智當皇太子以來一直輔助他，天智也無不言聽計從，這使大海人對中臣愈看愈不順眼；並且隨著年齡之增加，認為自己應被重用，即使當了皇太子也無法期待天智的關愛。在這種情形下的某日，天智在琵琶湖畔的樓閣宴請群臣。大海人酒醉後，竟在席間揮舞槍枝，將它插在地板上。這使天智大為震驚，擬立刻將他處死而與中臣商討善後之策。中臣極力勸諫，使天智止住殺皇太弟之意，挽救了大海人

之命，因此，大海人對中臣的態度為之一變。中臣之所以為大海人辯護的原因，可能在於天智之幾個皇子俱為卑母所生，不適宜繼承皇位，大海人則不僅與天智同父母，聲望亦高，乃最適合繼位的人物。大海人雖一直厭惡自己，但自己的孩子年紀尚幼，如藉此賣個人情，對孩子的將來或許有裨益。天皇雖一時震怒，不過時間一久，心情必將恢復平靜而後悔，也許有一天還會感謝自己。中臣的作為凡事面面俱到，事事圓融❷。

4.中臣鎌足之死

天智即位之次年 (669)，中臣鎌足與世長辭，年五十六。天智對這位自討伐蘇我氏以來經常共同行動的中臣之死深感悲痛。中臣死前，天智賜以「藤原」之姓，自此以後通稱中臣為藤原內臣❸。

鎌足死後天智朝所為空前大事業，就是在庚午年 (670) 編纂戶籍 （庚午年籍），使國、郡、里制趨於完備。

大海人對這位救命恩人之辭世頗為惋惜。因為中臣曾為自己調停與天皇之間的情感，如今他離開人世，將對自己投下陰影。果不出大海人所料，中臣死後不久天智便開始對大海人採取新攻勢。天智認為強趕大海人離開皇太子的位子非賢明之策，故擬設實質上能與之拮抗的新官職，使皇太弟的地位自然弱化，亦即擬任命大友皇子為太政大臣，而太政大臣的職掌與皇太弟幾乎相同。

天智九年 (670) 正月五日，天智正式任命大友為太政大臣，次日，使大友實施新冠位、法令。如據以往慣例，此事應由皇太弟大海人來做，既然由太政大臣實施，則皇太弟便虛有其頭銜而已，大友成為實質上的皇太子，這使大海人頗為不悅。於是天智、大友與大海人之間的對立愈演愈烈。

同年八月，天智因身體不適而終於臥病在床。之後，病情不但沒有好

---

❷　黛弘道，〈古代天皇制の成立〉，《古代國家の繁榮》。

❸　《日本書紀》，卷二七，〈天智天皇紀〉，八年冬十月丙午朔庚申條。

轉，至十月則更加惡化。天智憂慮大友的將來，乃於十七日將大海人召至病榻旁交代後事。按天智的計畫，大海人如接受天皇的委託，就在其退出宮門時刺殺他。因而派遣蘇我安麻呂至大海人處，請他上殿。因安麻呂一向與大海人友好，所以告訴大海人要特別小心。職此之故，他聽了天皇的委託之言，不僅不認為是真心話，反而視為有某種陰謀在❼❹。

接受委託，就是要當下一任的天皇。大海人回憶著安麻呂的話回答說：

> 臣之不幸，元有多病，何能保社稷，願陛下舉天下附皇后，仍立大友皇子宜為儲君。臣今日出家，為陛下欲修功德❼❺。

天智聽後，口中雖說「遺憾」，內心必大為喜悅，故立刻同意其出家。大海人隨即在大內佛殿之南剃髮出家，天智賜與袈裟。大海人向天智請求前往吉野隱居而獲准，故乃即日前往。人們雖謂大海人之前往吉野有如縱虎歸山，其實天智所設計的陷阱已被大海人巧妙的拆穿。大海人在宇治與送行的大臣們告別，於飛鳥之嶋宮住宿一夜後成為吉野宮之人。隨行者有妃子菟野 (Uno) 皇女❼❻，即日後的持統天皇與其子草壁皇子，庶子忍壁皇子及下層官員——舍人等共五十人。

5. 大海人皇子之舉兵

大海人在吉野隱居約經半年後，其舍人朴井連雄君返回故鄉美濃國（岐阜縣）之際，近江朝廷正命美濃、尾張（Owari，愛知縣）兩國司徵調營造天智天皇位於山科 (Yamashina) 之陵墓的夫役，而使那些夫役都帶武器。雄君回吉野後隨即將此事報告大海人，大海人也聽說朝廷在近江京與飛鳥京之間，處處有人監視吉野的動靜，並且又命衛戍宇治橋的人員阻止服侍

---

❼❹ 《日本書紀》，卷二八，〈天武天皇紀即位前紀〉。

❼❺ 《日本書紀》，卷二八，〈天武天皇紀即位前紀〉。

❼❻ 日後之皇后，天智天皇之次女。

大海人的舍人搬運糧食。大海人聞後，以為近江方面的人員正一步一步的備戰，以逼吉野。因此，大海人乃於六月二十四日急速從吉野向東國出發。大海人雖事前派舍人等分別前往美濃及飛鳥等地，儘量作應有的措施，然因事出突然，所以幾乎沒有準備就徒步出發。同行者有菟野皇女，草壁、忍壁兩皇子，舍人朴井連雄君、縣犬養連大伴、書首根摩呂、安斗連智德、調連淡海等二十餘人，及女官十餘人，共約四十人。一行於當夜抵伊賀（三重縣），次晨與來自近江的高市皇子會合後進入伊勢，控制了鈴鹿關。二十六日，遙拜伊勢神宮，祈禱勝利。

當此之時，與前夜從近江經由鈴鹿關至此的大津皇子一行會合。不久以後，先往美濃的村國連雄依報告已控制不破 (Fuwa) 之道路，故除使其監督軍事外，復遣使前往東海、東山兩道募兵。同日，大海人至桑名之郡家 (kōrinomiyake)，次日使菟野皇女居郡家，親自前往不破，以野上為本營——司令部。當此之時，尾張國司小子部連鉏鉤率兩萬兵來歸，故乃將其兵分配各處以加強防禦。

乍看起來，大海人的行動雖很匆忙，卻可窺見其採萬全之策，亦即可認為其行動頗有計畫。因為在僅僅數日之間便占領各地衝要之處，且確保數萬大軍。當此消息傳到近江朝廷後，便立刻引起一大恐慌。近江朝雖採種種對應措施，但一切都較大海人晚一步，或遇抵抗而失敗。無論東國或吉備（岡山縣）、筑紫，近江方面都無法達到募兵的目的。因此，既有擬逃往東國的，也有打算隱匿山中的，人心大為動搖。

當此之時，退隱大和觀察時勢的大伴馬來田 (Ōtomono Makuta)、吹負 (Fukei) 兄弟擬加入大海人之陣營以重振大伴氏之家運，乃於六月二十九日率領數十名同志襲擊近江陣營的重要據點——飛鳥古都。是時因近江陣營的坂上直熊毛 (Sakanoueno Ataikumake) 倒戈來歸，故大伴的人馬便很輕易的占據了它。大海人獲此消息後，立刻任命吹負為倭京之將軍，於是三輪、鴨 (Kamo) 等地的大和勢豪無不集於吹負麾下。為攻擊近江，一行乃於七

月一日朝奈良出發，這對近江陣營而言實是禍不單行。次日，下令從伊勢至大和，及從美濃至近江方面的兩路各數萬大軍開始進攻。近江陣營雖使山部王以下數萬大軍襲擊不破，卻因內鬨而山部王為蘇我臣果安 (Soganoomi Hatayasu) 所殺，而果安亦自盡，至襲擊告敗。

在此情勢之下，近江的將軍羽田公矢國父子降於大海人，致敗北的色彩更為濃厚。當時除大伴吹負的部隊敗於近江軍而一度退至飛鳥外，大海人陣營的主力先後進攻息長、犬上、栗太等地而處處獲勝，於七月二十二日攻至瀨田河畔，與對岸的近江軍對峙。經一場激烈戰鬥後，近江的主帥大友皇子（弘文天皇，671～672 在位）於次日失去逃亡所在，進退失據而自縊於長等 (Nagara) 之山前 (Yamasaki)。大友自縊時，群臣均已四散逃走而僅有物部連馬呂等一二舍人守護至其最後一刻。大友時年二十五。大津京被焚燬。此一戰亂自大海人舉兵後一個月便告結束。

亂發時，大海人以其子高市皇子為前線指揮官，以鼓舞全軍士氣，他本人則坐鎮設於野上之本營指揮所有部隊。亂後，隨即下令搜捕左右大臣以下之「罪人」。二十六日，驗大友皇子之首級。八月二十五日，斬右大臣中臣金，流放左大臣蘇我赤兄、大納言巨勢比等 (Koseno Hito) 與其子孫，及中臣金、蘇我果安之子等，其餘百官則赦免。

值得注意的是：一般人士對中大兄——天智自大化以來的施政有所不滿，尤以下層官吏及農民為然，此一不滿情緒又與對大海人的期待同情結合在一起。就血統上言，大海人遠勝大友；並且無論大友有如何傑出的才華，畢竟只有二十五歲而與年近不惑且政治經驗豐富的大海人較之，實不可同日而語，這些事實應可認為是大海人獲勝的因素。雖然如此，大海人並未拋棄前朝的政治方針以遷就下層官員和農民之意。無論中大兄也好，大海人也罷，他們都遵循建設國家的共同路線，其差異只是速度的快慢而已。亦即亂後因有許多近江陣營的大官、貴族被處死、用刑的結果，天皇與貴族之間力的關係發生很大的變化，皇權顯著加強。

6. 天智朝的對外關係

　　早在天智三年 (664) 五月，唐朝派往百濟的將軍劉仁顯遣郭務悰攜帶書信與土宜赴日。仁顯一方面對戰敗的倭國施壓，一方面偵察國情，且在外交上展示綏靖之策。因唐與企圖統一朝鮮半島的新羅對立，而百濟的情況也相當險惡，故可能擔心倭國的態度。明年，唐遣劉德高赴倭，天智派守君大石坂合部連石積等隨德高入唐，於是唐日間的友好關係成立。另一方面，與唐較量的高句麗獨裁者泉蓋蘇文歿 (665) 而發生內訌。之後，開始與倭往來。中大兄即位之年 (668) 七月，高句麗使節自日本海南下至近江大津宮，九月，新羅遣金東嚴來朝，此當係唐、新羅與高句麗之間的對立情況緊迫所造成。同月，高句麗因內訌分裂而影響其抗戰力，致國都為唐軍所占據，結束其獨立不羈的王朝。

　　明年三月，耽羅國（濟州島）王遣王子赴倭；九月，新羅使者東渡。本年天智遣河內直鯨使唐，此後至大寶元年 (701) 為止，與唐之間的交通中斷，此或許因倭之國內情勢使然。

二、皇親政治

1. 天武朝的政治

　　壬申之亂後第二年 (673)，大海人皇子正式登極，是為天武天皇（672～686 在位）。如前文所說，近江方面的貴族大官沒落。大海人獲勝後，使皇權大為增強。這可從大伴御行 (Ōotomono Miyuki) 之尊崇天皇為神，天武本身之自稱「明神」(akitsumikami) 窺見其一斑。事實上，天武重用皇后菟野皇女及草壁、高市等皇子，美濃王、粟隈王等皇族，而在其治世未曾任命太政大臣與左右大臣，因此，皇權之伸張亦可由此獲得佐證。這種皇族、皇親居於政府要職的政治謂之皇親政治，此一情形持續到八世紀前半。

　　天武以極大權勢為背景，為鞏固、加強其權力而採取種種措施，如：①於其治世之第四年 (675) 廢除於天智朝復設的部曲。②下令停止食封

（676～682 年為準備期間）。③貫徹公地公民制。④設法壓抑貴族勢力。⑤重新修定位階。⑥制訂八色之姓 (yakusanokabane)。⑦開始編纂律令與國史。⑧整備神祇制度與宮廷禮儀。這些措施無不與強化皇權有關。如此精力充沛的各種政策，在結果上卻激化天皇與貴族之間的矛盾。遂使貴族之不滿與反抗在其治世之前半表面化，致宮廷發生動搖。在這種情勢下，天武又為皇位繼承人問題大為煩惱。天武雖有不少兒子，但到底要立現今皇后所生草壁皇子，或立已故皇后姊太田皇女所生大津皇子為皇太子而難於取捨。草壁比大津大一歲，前者為皇后之子，後者之母已亡故，以此條件言之，草壁占優勢。唯就其個人言之，草壁體弱多病而無才華，只不過是個敦厚的貴公子。大津則不僅擅長詩歌與劍術，容貌雄偉出眾而為眾人所心儀。如綜合他們兩人所具備的種種條件，實無甚軒輊，故天武的操煩處在此。天武八年 (679)，天皇之所以偕草壁、大津等六皇子前往吉野盟誓彼此無兩心，實表示他對繼承人選問題的煩惱。只因天智是專制君主，故其煩惱更為深刻。經深思熟慮的結果，終於十年 (681) 決定立草壁為皇太子，而此一決定應與輔助天武施政之皇后有關。

2. 草壁與大津的對立

天武雖以草壁為皇太子，但萬事並不因此就順遂，更何況把能幹的大津閒置一旁，不僅對他本人，對穩住政情方面也有負面影響。因此，在立皇太子後十二年 (683)，天武決定使大津也參與朝政。天武雖知如此作很可能會重蹈自己與大友皇子對立的覆轍，何以又冒險下這步棋，其故在於草壁的身體羸弱，對其將來無法抱很大希望，這才使他事先選定草壁登基後的皇太子。天武的構想雖如此，草壁之母菟野皇女卻認為大津是草壁的強敵，兩人不可能共存共榮，這種母愛遂演變成為對大津的厭惡。在這種情形下，草壁與大津兩人的感情便逐漸發展成為深刻的對立。

天武十五年 (686) 九月，被譽為神祇而使律令政治向前邁出大步的天皇，他也無法戰勝病魔而與世長辭。從天武病危的八月起，即有大津背叛

表一二：皇室簡譜

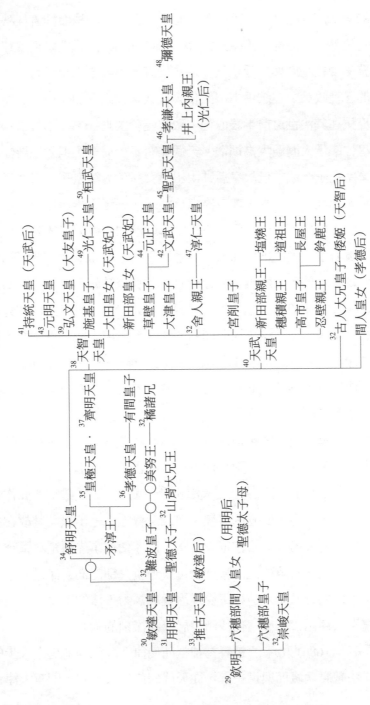

典據：高柳光壽、竹內理三編，《日本史辭典》（東京：角川書店，1984，第十六版），頁 1034。
註：阿拉伯數字為皇統譜所見之即位次序。

表一三：古代爵位變遷表

大寶元年(701) 諸王諸臣	親王	天武十四年(685) 諸臣	諸王以上	天智三年(664)
正一 從一	一品	正 大一廣一大二廣二	明 大一廣一	大小 織
正二 從二	二品			大小 繡
正三 從三	三品	正 大三廣三大四廣四	明 大二廣二	大小 紫
正四上下 從四上下	四品	直 大一廣一大二廣二	淨 大一廣一大二廣二	大錦 上中下
正五上下 從五上下		直 大三廣三大四廣四	淨 大三廣三大四廣四	小錦 上中下
正六上下		勤 大一廣一大二廣二		大山 上中下
從六上下		勤 大三廣三大四廣四		
正七上下		務 大一廣一大二廣二		小山 上中下
從七上下		務 大三廣三大四廣四		
正八上下		追 大一廣一大二廣二		大乙 上中下
從八上下		追 大三廣三大四廣四		
大初上下		進 大一廣一大二廣二		小乙 上中下
小初上下		進 大三廣三大四廣四		大小 建

典據：北山茂夫，《天武朝》，頁221。

皇太子的傳言，由於心儀大津者多，故皇后頗以為意。因此在天武崩（九月九日）後未及一個月的十月二日，皇后便以發覺大津謀反為藉口，拘留審查大津及其同黨，次日將大津處死。唯大津之謀反可能非他本人之意，因大津死後，其伙伴們不僅大都被釋放，重回政壇擔任要職者亦不乏其人。由此觀之，可能有人體皇后之意而向大津進陰謀之言，然後又向皇后告密，亦即大津為奸人所乘，相傳其告密者為天智之子河嶋皇子云❼。

三、營造藤原京

　　葬送大津皇子後，雖應由皇太子草壁皇子繼承皇位，卻採皇太后與皇太子共同執政的體制。其故在於草壁既無天皇之才，群臣對其即位也沒有好感，所以暫時由太后與太子共治，然後逐漸調整皇太子即位的條件與環境。可是草壁向來體弱多病，在尚未登基之 689 年 4 月便去世，享年二十八。當時草壁之子輕皇子（日後之文武天皇）年僅七歲，非但無法執政，連立為太子亦不可能。因此，皇太后乃決意在輕皇子長大成人之前，暫時繼位，故於次年正月當了天皇──持統天皇（686～697 在位）。不過當時政界對這位女皇未必採合作態度，貴族們既想挽回已失去的權勢，天智與天武的兒子們也都虎視眈眈的覬覦皇位，這使持統頗有孤獨感。故乃於即位後半年的同年七月，起用天武諸皇子中最年長的高市皇子為太政大臣，以謀政治之安定。與之同時，又任命貴族多治比嶋為右大臣，自將皇權加以很大的限制。由此既可看出這位女皇心中的苦惱，也可知當時政界的情勢已發生很大的變化。尤其高市皇子的太政大臣這個位子，乃天智天皇曾經給與大友皇子者，此係比照皇太子的地位而記憶猶新，故持統之將此重要職位給與高市使其協助自己之事值得注意。在此一階段裡，如果高市認同將皇位讓與輕皇子，則持統便非暫時讓位給高市不可，所以她對此實下

---

❼　黛弘道，〈古代天皇制の成立〉，《古代國家の繁榮》。

圖二三　從藤原京遺址遠眺之情景　持統天皇於其治世之第八年，從飛鳥遷都至此後，到元明天皇於和三年 (710) 遷都平城京為止的十五年間，藤原京成為國家政治的中心。而可謂為大化革新之總決算《大寶律令》也在此完成、施行。此地為大和三山所包圍，雖然風光明媚，卻因幅員狹小，且有不符天子南面之思想之處，故為元明天皇所棄。中央之山為耳成山，山前之樹林為大殿遺址。它位於現今奈良縣高市郡。典據：《圖說日本の歷史》，三，頁 138。

了很大的賭注。職此之故，不僅無法實施天皇專政，就連守護皇親政治也逐漸發生困難。於是除前舉多治比嶋外，不久又有阿倍御主人 (Abeno Miushi)、大伴御行、大伴安麻呂、石上麻呂等活躍於政壇，至持統末年則藤原（中臣）鎌足之子不比等 (Fuhito) 嶄露頭角。非僅如此，前朝廢除的食封制又告復活，對高市以下諸皇子及上述貴族們也都不時給與食封。持統即位的前兩年 (689) 實施了《飛鳥淨御原令》❼❽，使國家制度更進一步

❼❽　在七世紀後半，天武天皇之治世所訂之法律，天武十年以後完成。律的卷數不詳。持統三年 (689) 實施《令》二十二卷。其若干內容可從《日本書紀》等推知。律始訂於此時，成為日後所頒行《大寶律令》之修訂基礎。

的整備，不過這只是形式上的，實則已顯露貴族恢復其勢力的徵兆。雖然如此，此一法令之頒布與實施，實為皇太后繼承天武事業而給政界帶來的最大成果。

在上述情形之下，持統非但沒有倚靠他們，反而使她更深覺必需加強皇權。所以她即使在農忙時期也出巡，而最能表示其剛毅者即為營造藤原京。被大和三山所包圍之藤原京規模〔見圖二三〕在地形上雖較平城、平安兩京為小，但其大內所包含正殿——太極殿在內的朝堂院等規模卻是首屈一指。其規模之所以弘大的理由容或很多，至少應與這位女皇的個性有關。藤原京完成於持統八年 (694)，同年十二月，天皇自淨御原宮遷徙於此。越明年七月，太政大臣高市皇子去世。持統任命他為太政大臣時雖有讓位給他的心理準備，然他之死也未必能夠輕易立輕皇子為皇太子，因天武尚有忍壁 (Osakabe)、長 (Naga)、弓削 (Yuge) 等皇子，他們對皇位繼承問題都有發言權。所以持統乃召集皇族諸臣舉行推舉皇位繼承人的會議，果不出所料，眾議紛紜，無所取捨。幸經大友皇子之子葛野 (Kadono) 王強力推舉，終獲大家之同意。於是在十一年 (697) 二月立輕皇子為皇太子。八月一日，皇太子繼位，是為文武 (Monbu) 天皇（697～707 在位）。

第五節　古代信仰與佛教、道教

一、固有信仰

眾所周知，百濟聖明王於欽明天皇之治世遣使赴日東傳佛像與經典，亦即所謂佛教之正式東傳日本。僧侶與建築佛寺之技術人員也主要來自百濟，而日後飛鳥佛教之成立與開展，百濟佛教也扮演領導角色。

佛教之傳日，似由蘇我稻目與百濟王廷事前計畫。百濟一方面為報答前此大和朝廷給與之援助，一方面期待日後之支援而有此舉動；蘇我稻目

則認為接受佛教，可獲東漢 (Yamatonoaya) 氏等大陸移民們之支持與協助。蘇我氏、物部氏等中央豪族在五世紀後半以後，往來於朝鮮半島之間，故對百濟佛教有所見聞。

如據《日本書紀》，卷一九，〈欽明天皇紀〉，十三年十月條的記載，當時從百濟送來者為「釋迦佛金銅像」，《元興寺伽藍緣起并流記資財帳》則說是「太子像」。太子像即出家入山前的釋迦，亦即描繪悉達太子的半跏思維像，也就是苦惱於生、老、病、死之人間問題而沉思之畫像。與太子像同時送至日本者有《說佛起書》，此書可能為敘述釋迦之生平事蹟者。

當時雖送佛像與經典至日，僧、尼並未東渡，其故在於當時既未考慮在日本傳布佛教，也顧慮日本宮廷與豪族們對接受佛教問題是否會起反感，百濟實不願自己被捲入其爭執的漩渦裡。

神道是日本固有的信仰，其原始型態為自然崇拜，乃相信靈魂不滅而具有濃厚的巫的特性。它隨著氏姓制度的發達，國家體制的整備，發展成為崇拜祖神、氏族神、國祖神。大和朝廷規定神社的格式與祭儀而使其制度化，當時職司神祇業務者為物部氏。佛教東傳後，在朝野討論是否接受它之際，物部氏認為日本已有自己之神，反對接受。當時具有與佛教對立的思想體系之神道，尚未成立。不過神祇祭祀的思想和儀式已有各種表現；而這些思想與儀式，正是逐漸發展的民族宗教❼❾。

在固有信仰中，無論自然或人事，凡具有超人靈力者，均被視為神。四時風雨適宜，農產豐稔，認為是天神地祇的恩惠，祖先神的保護。於是在耕作當中，播種時舉行祈年祭，以祈禱神之保佑；收穫時舉行新嘗祭，以感謝神的恩惠，此一行事，至今仍在皇宮中舉行。又時常祭祀氏神或土神，以探詢神意，或慰安神廬。這種信仰，從農村部落的儀式到整個國家的政治，係一貫的思想根據。天皇為最高祭司，他依從神意，統治國家。

---

❼❾　陶振譽，《日本史綱》（臺北：國防研究院，1964），頁 17。

探詢神意的方法，有太占❽、盟神探湯 (Kugatachi)❽等；為接近神，則舉行襖❽、祓以除穢。另外，尚有一種風氣，在一定場所興建房屋，以為神祇常居之所，此即為神社。皇室之氏神在伊勢神宮祭祀，有內宮與外宮，兩宮相距數公里。其他各氏的氏神，各部的土神，也在各神社分別祭祀。

1.各地區的神祇

人們生活的場所為部落，部落乃農耕之所在，因此，部落之神主要為農耕之神。水神亦為農耕之神。水田耕作不可或缺者固為水，但水神給與旱田的恩惠亦不知凡幾。雖然所有神祇都會賜福給人們，但有時也會作祟。水神發飆時會帶來洪水，使人類受苦。因此，人們除祈求神祇之保護外，也祈求其心平氣和，平靜無事。

河川發源於山岳，水神信仰雖與山神信仰相通，然所信仰者並非所有的河川或山岳，乃是信仰與特定部落有關者，亦即部落之神有地域的侷限性，就這種意義上言，是封鎖的。

神與各該部落的人們之日常生活有密切關聯，海邊之人以海神為守護神加以祭祀，如：祭祀綿津見神 (watatsuminokami) 之阿曇 (Azumi) 氏，或祭祀宗像 (Munakata) 神的宗像氏，乃從事與朝鮮半島之間之海上交通者，而祭祀海神的豪族日本各地都有。在這種場合的海神，並非在所有的海洋，乃是在祭祀者生活圈裡的海。

為維持農耕所需者，除土地與水外尚有太陽。五穀之發育必需要有太陽之熱與光。然因陽光普照於天下，故無法侷限於某一地區，此乃太陽信仰所具有的特殊性。部落之神雖奉祀於社，然在社成立之前，很可能祭祀

---

❽　燒鹿之肩骨，由其裂痕來占卜。

❽　將手伸入開水中，視其傷否，以定邪正。據說在允恭天皇時，曾為矯正姓氏之錯亂而用此法。

❽　古人於春、秋兩季，臨水灌濯，祓除不祥的祭祀。在三月上旬巳日（三國曹魏後改在三月三日）舉行者為春襖，七月十四日舉行者為秋襖。

於遠離污穢之處。如：出雲國（島根縣）新任國造向天皇所上〈出雲國造神賀詞〉裡提到大三輪（櫻井市三輪）、葛木之鴨（御所市鴨神）、雲梯（橿原市雲梯町）、飛鳥（高市郡明日香村）等四處林木茂盛之處為神所居之地，祭祀時，神會降臨接受祭禮的神聖之場所。故以磐石圍它，設神座等而成為「社」。

　　神社建築乃是模仿此一時代者，雖經長久歲月，並未變更古代的式樣，故可從現今的神社建築推知此一時代的建築模式。伊勢神宮的「神明造」，出雲大社的「大社造」，住吉神社的「住吉造」，俱為當時的建築模式。

　　日本的建國神話，大體上也是在此一時期奠定基礎。此一神話之主旨是：皇室之始祖稱天照大神（Amaterasuōmikami），祂同時也是太陽神。天皇統治日本，乃據皇祖天照大神之旨意。這種神話對後來日本歷史產生極大支配力❸。

2.信仰的三階段

　　古代的信仰可分三階段，即：個人信仰、氏族信仰、國家信仰。信仰原為個人之事，認為石、木有超人威力而視之為神，乃發自個人的心情，與一家一族有異，而與國家的信仰亦不相同。如以個人信仰為第一階段，則其第二階段便為對地域之神的信仰。例如：部落之神從共同災害中保護部落之人們，約定部落農耕之豐穰。部落之神雖也是個人崇拜的對象，卻已超越此一領域而成為部落各成員共同信仰的對象。凡居住於該部落的，都無法拒絕信仰部落之神。

　　第二階段之神，可謂為宗教的，也是國家的，部落神之祭祀權與支配權不可分。第二階段的神之保佑範圍侷限於該部落，亦即每一部落有每一部落之神及其支配者，各該部落之神威與部落之支配權，不會逾越各該部落。六世紀東傳的佛教不僅是個人信仰的對象，也成為蘇我氏之神。亦即

---

❸　陶振譽，《日本史綱》，頁 17～18。

飛鳥時代的佛教具有第一階段與第二階段的兩個神之特性。因疾疫之流行而引爆接受佛教與否的崇佛派與排佛派的對立，表示佛被視為第二階段之神。「國神」與「他國神」之相剋，不外乎為部落神之相剋。而崇佛派之勝利意味著在第二階段已公認接受佛教，亦即揭開了「氏族佛教」之序幕。

　　天武、持統兩朝之確立律令制度，乃將佛教提昇到第三階段，亦即超越個人或部落、氏族的信仰，開闢了昇華為「國家佛教」的道路。佛教的接受擴及於全國，並且佛教成為律令國家之主的天皇及天皇政治之擁護者。另一方面，封鎖的部落之諸神，也被定位於律令國家之秩序與統一之中，成為天皇及天皇政治的擁護者，亦即製作將天皇家之祖神天照大神置於最高位的神統譜，中央、地方豪族所奉祀的部落之神便從屬於天照大神，因此，設神祇官與太政官並列的意義，可求之於此。但無論如何，當至白鳳時代（七世紀後半），其擴及於全國的統治權與其不可分割的祭祀權便為天皇所掌握。神、佛所經由的軌跡雖複雜多歧，但多神的世界並沒有改變而均被重編於唯一的最高神祇之下，「氏族佛教」便發展成為「國家佛教」[84]。

　　道教則既屬民間信仰，也是習俗。袪災納福之咒術雖已固定成為宮廷之年中行事，但它與佛教不同，並未發展成為由男、女道士所組成之教團組織，就這點言之，實與不將神職人員與民眾嚴格區分的神道無異。因此，當道教信仰逾越地域轉化成為民眾運動時，便無法排斥由國家權力所為之規範[85]。

---

[84]　上田正昭，〈咒能から藝能へ〉，《圖說日本文化の歷史》，三（東京：小學館，1979）。

[85]　上田正昭，〈咒能から藝能へ〉，《圖說日本文化の歷史》，三。

二、佛　教

1. 佛教之傳入

　　前文已說，佛教的傳入，引起了尊佛排佛的問題；蘇我氏與物部氏之間，發生激烈爭執。蘇我氏早已接納大陸移民，注意外來文化；物部氏則堅持固有信仰，不好新奇事物。然因大和朝廷熱心吸收新文化，佛教在日本遂逐漸推廣。唯東傳之初，對於佛教的高深理想並未理解，大致是大家對於莊嚴的佛像和華麗的佛具所象徵的新文化抱著一種憧憬而已。同時，大家也期望佛教能在自己生前給與福德，死後賜以安樂❽❻。

2. 飛鳥佛教的源流

　　從古代開始成為日本思想要素之佛教，在飛鳥時代初期係由官方傳自朝鮮半島；推古十五年派遣隋使以後則直接模仿、追隨中國，而上舉諸國佛教之以中國為中心，自不待言。朝鮮半島三個國家的佛教雖各有特色，然在基本上卻是中國佛教的分支，日本古代佛教亦復如此。

　　從印度東傳至中國的佛教在一世紀前半，與道教同被視為咒術。即使到了二世紀後半佛教經典開始傳入，對其理解也沿用道家用語或概念，從事近似性解釋，而反覆嘗試作較理想的解釋。復由於其成為理解佛經最大線索之經典翻譯，初時只不過是零星的，所翻譯經典的品質，也因翻譯作業主體的外國僧侶對漢語的了解不深而有其侷限，所以當時要正確理解佛教所需之版本可謂絕無僅有。

　　迄至東晉 (317～420) 末，因鳩摩羅什所為經、律、論等「三藏」凡三百餘卷之翻譯，中國佛教的藏書便驟然豐富起來，譯經也從以往孤立的、隨興的翻譯之「古譯」時代，進入根據鳩摩羅什所譯容易誦讀且又正確的譯文來翻譯重要經典之「舊譯」時代。以中國為始的東亞各國即據此舊譯

---

❻　陶振譽，《日本史綱》，頁 17～18。

經典弘揚正式的佛教，其通曉經文原義的鳩摩羅什身邊，則聚集著許多負責傳布南北朝初期佛教之人士，如：以廬山慧遠為始研究《涅槃經》、《勝鬘經》之學僧而為教判❽前驅之慧觀，飛鳥時代也東傳日本之三論教學之祖師道生，鑽研《維摩經》、《涅槃經》、《般若經》之學僧僧肇等，中國正式的佛教在人才方面也從鳩摩羅什身邊啟動。

慧遠的《大乘大義章》乃輯他致鳩摩羅什之十八條問題與其回答而成，其內容乃就佛、菩薩之法身（本質的身體）與菩薩之修行等，以說明大乘、小乘之別，或大乘佛教裡的見解之差異，而為其中心者即是法身問題。亦即當時中國佛教界最關心者為「何謂佛」？這表示佛教東傳四百年後，對此基本問題還無法獲得共識。事實上，包含佛身論在內的佛教基本理解之驗證與確認，在此以後也進行著。其為問題中心之大乘、小乘異同問題之一再被提起，說明了它們兩者之間的區分或大乘經典、小乘經典之區分尚不明確，亦即此一問題在南北朝時代尚無共識，要到隋朝(589～618)方獲解決❽。

如據《梁高僧傳》的記載，慧遠對僧尼應遵守的規則——戒律的護持雖非常嚴格，然如從整個中國佛教界來看，則在四世紀後半已簡化其戒條或刪除，而出現中國自定的各種僧侶生活規則，因此戒律條款的意義已逐漸相對化，已非嚴守其每一戒律不可❽。由於戒律條款本身係沿用小乘律典，所以這種傾向到了唐代(618～907)，竟產生遵守戒律為小乘之批判風潮。慧遠時代雖尚不至於此，既然嚴守戒律已成為罕有現象，則南北朝佛教給黎明期日本佛教所帶來的影響當非淺鮮。此一情形亦可從此後日本佛教之動向，得知它給日本佛教界對戒律認識的影響依然存在❾。

---

❽　教相判釋，即以釋迦一世裡的時期等，將佛所說之場面、聽眾、內容加以分類、定位之中國佛教之獨特解釋法。

❽　曾根正人，〈日本佛教の黎明〉，《倭國から日本へ》（東京：吉川弘文館，2002）。

❽　曾根正人，〈日本佛教の黎明〉，《倭國から日本へ》。

如從種類清楚的實際造像情形觀之，實以佛、菩薩、觀音占絕大多數，而釋迦又居其半，由此當可窺知這係受印度之影響而將釋迦視為當前佛教之本師而予以信仰。彌勒佛像占三成，乃現在以後始出現的未來佛，係信徒可直接期待聽其佛法而被信奉。觀音則被視為對現世利益靈驗而對往生者之追善亦有效，故南北朝時代對觀音信仰也相當盛行。這種佛、菩薩之造像與信仰首先從中國傳至朝鮮半島三國，然後於飛鳥、白鳳時代傳至日本。

另一方面，從南北朝時代正式啟動的教學❾❶研究，雖盛行涅槃教學或唯識系的地論教學與攝論教學，然在此一時期最盛行者為研究《成實論》的成實教學。當譯經充實的北魏 (386～534) 末，已有僧尼二百萬，寺院三萬餘，南朝梁則在其首都建康即號稱僧尼「常萬人」，寺院七百餘。唯在量上雖已急速發展，但在教義理解的質的方面，卻尚未達到理想的地步。中國佛教之在教義上也難達到佛陀所教導的水準，則非等到隋代智顗之天台教學或吉藏之新三論教學不可。而中國佛教之經由遣隋使與遣唐使直接東傳日本，也是從此一時期開始。

3.推古朝的佛教政策

聖德太子著有《三經義疏》而對佛教的態度積極，推古則否。她雖於其即位之初頒布〈三寶興隆〉之詔，但《日本書紀》的此一記事不僅相當唐突，其真偽也成問題。即使其頒布此一詔敕屬實，也無法認為這是即位不久的推古之意，而認為係順從以往主導祭祀佛教之蘇我馬子之意而為，因為除此推測以外，並無推古推動佛教的證據。非僅如此，當她首次差派遣隋使時 (607)，曾特地下詔不可忽略祭祀神祇。佛教祭祀既已公然舉行，或者就因為如此，推古方才管理原有神祇之祭祀，並且在聖德死後的推古

---

❾❶　曾根正人，〈日本佛教の黎明〉，《倭國から日本へ》。

❾❶　把佛教的經、律、論或三乘、十二分教作學問研究之教宗之學。所謂三乘，就是依人之性情、能力，使其到達「果地」的教法（乘），分為聲聞乘、緣覺乘、菩薩乘三種。十二分教則是依形式、內容，把佛法分為十二種，也叫十二部經。

三十二年發生僧某以斧毆打其祖父之事件時，便立刻下詔曰：

> 夫出家者頓歸三寶，具懷戒法，何無懺忌，輒犯惡逆？今朕聞有僧以毆祖父，故悉聚諸寺僧尼以推問之，若事實者，重罪之❾❷。

而擬整肅佛教界的綱紀。於是百濟僧觀勒上〈表〉曰：

> 夫佛法自西國至於漢經三百歲，乃傳之至於百濟國，而僅一百年矣。然我王聞日本天皇之賢哲，而貢上佛像及內典未滿百歲。故當今時，以僧尼未習法律，輒犯要逆；是以諸僧尼惶懼，以不知所如，仰願其除惡逆者以外僧尼，悉赦而勿罪，是大功德也❾❸。

推古乃聽之。當時映入推古眼簾的，並非僅三年間就有佛寺四十六所，僧尼多達一千三百八十五名的飛鳥佛教之盛況，乃是不守戒律，行為放蕩的僧尼。飛鳥佛教在量的方面急速擴張，先進的知識分子也已萌生對教學的關心，然有弘揚佛教重責的僧尼卻無法守戒律，因此推古有意懲戒他們。但觀勒則認為僧尼未習法，所以容易犯錯。亦即觀勒認為當時的僧尼非僅無法嚴正持戒，連戒律方面的知識都沒有。由此可知飛鳥佛教之實情，及當時日本佛教界的去向。從佛教東傳至飛鳥時代為止，貫穿於日本佛教界的，就是僧尼對戒律的不理解或輕視，即使律典東傳而增進了對戒律的知識，基本上仍然在無法守戒的情況下，中國揚州大明寺僧鑑真及其弟子於天平勝寶六年 (754) 抵達日本。鑑真一行雖致力移植戒律，重視僧尼之資格條件。律令政府雖有意導正僧尼的偏差行為，但他（她）們只承受佛教

---

❾❷　《日本書紀》，卷二二，〈推古天皇紀〉，三十二年夏四月丙午朔戊申條。

❾❸　《日本書紀》，卷二二，〈推古天皇紀〉，三十二年夏四月丙午朔戊申條。

的儀禮、制度。因此，日本古代佛教就在沒有正確理解戒律的情況下，一
味追求制度、祭祀、教學方面的發展❾。

4. 宮廷佛教的興隆

當蘇我蝦夷、入鹿父子於皇極四年滅亡後，由蘇我稻目、馬子所傳承
的興隆佛法的主導權便轉移到天皇家。革新政府設從事指導教團的「十師」
之制，任命十位僧侶為十師，以對應事態的發展。

同年末，革新政府遷至難波。當時遷宮之如何緊急，可由難波無宮廷，
及政府衙門之設施尚未整備之情形推知。其所以急速遷徙的原因，可能認
為留在支持蘇我氏之豪族或寺院勢力強大的飛鳥有其危險性，尤其擁有眾
多奴婢的寺院被認為是保持潛在戰力的地方。

革新政府遷到難波以後所著眼者為難波吉士之私寺，因統治難波吉士
寺者為擔任革新政府左大臣的阿倍內麻呂，所以如要將此寺作為革新政府
的寺院，實很方便。為祈求飛鳥親蘇我勢力之崩潰，與臣民向四天王祈求
擁護革新政府，不僅在該寺安奉四天王像，也還將它命名為四天王寺。此
固為根據《金光明經》之經說而為，然難波四天王寺之完成於孝德朝事，
已因發掘調查而明瞭。

當與朝鮮半島的百濟、新羅關係緊迫之際，與唐有軍事盟約的新羅居
於優勢，而兩國於齊明六年開啟戰端。因此，齊明天皇乃召百名僧侶修「仁
王會」(ninnōe)。如據《仁王般若經》的說法，當國土亂，預料外敵即將入
侵之際，國王如召百名僧侶講授《仁王經》，則護持佛法的鬼神將聚集守
備、擁護該國土。亦即對朝鮮半島之軍事情勢加深危機感的宮廷，舉辦了
鎮護國家的法會。

舒明天皇時，他開始以天皇身分建造寺院，且於宮廷舉辦佛事。其后
齊明天皇雖崩於筑紫，其子中大兄皇子（天智天皇）乃為求母皇之冥福而

---

❾　曾根正人，〈日本佛教の黎明〉，《倭國から日本へ》。

建觀音寺於該地，並以舉行齊明殯禮的舊川原寺為其菩提寺（弘福寺）。又，大海人皇子（天武天皇）曾一度出家，即位後則興建了大官大寺與藥師寺。亦即天皇家對佛教的中立、旁觀的態度，為舒明天皇所排除，宮廷佛教由舒明一家傳承下去❺。

　　天武天皇為祈求五穀豐穰，曾遣使前往全國各地誦讀《金光明經》與《仁王經》；至其治世之第十四年 (685) 則命諸國建寺。如據學者們的遺蹟、遺物發掘調查結果，七世紀後半的寺院多達五二〇座，其分布情形則東至群馬縣、栃木縣，西達大分縣、熊本縣。地方豪族的私寺也被定位為鎮護國家之寺院，而大官大寺、藥師寺、川原寺，及擔負日本佛教之開創傳統的飛鳥寺等四大寺君臨於全國各寺院之上❻。

5.現人神思想與佛教

　　金光明會，即在佛前講說《金光明經》，以祈求國土安穩，萬民豐樂，乃此經典咒術的一個層面，然其更重要者卻是思想體系的層面。如據《金光明經》的說法，國王雖為統治國土而誕生為人，然他在母后胎內的某一時期開始，已接受保護佛法之三三諸天之守護而被加上神力，亦即國王在誕生以前由護法之諸天──神賦予作為國王之使命與高貴的身分。也就是說，國王身分之尊貴性與統治權發自神，故《金光明經》可謂在談帝王神權說。此一經典與《仁王經》雖在天武天皇之治世有許多人誦讀，然把天皇視為「現人神」(arahitogami) 之思想，可能根據《金光明經》而來❼。

　　所謂現人神，就是假藉為人出現的神，指天皇而言，此乃由於人們無法以肉眼看到日本神祇之故。或以為人們因天武天皇親自指揮軍隊，在壬申之亂獲勝而即位，故將其英姿視為神的顯現❽。不過值得注意的是天武

---

❺　曾根正人，〈日本佛教の黎明〉，《倭國から日本へ》。

❻　曾根正人，〈日本佛教の黎明〉，《倭國から日本へ》。

❼　曾根正人，〈日本佛教の黎明〉，《倭國から日本へ》。

❽　曾根正人，〈日本佛教の黎明〉，《倭國から日本へ》。

與佛教之間的關係。在舒明、皇極一家信仰佛教的氣氛中長大的天武為求乃母齊明天皇（皇極天皇）之冥福而書寫《一切經》，並且又在其第十七忌辰之天武六年 (677)，使僧侶在飛鳥寺誦讀《一切經》，及親臨該寺南門禮拜三寶。當他患病時則為祈禱早日康復而舉行許多佛事，崩時則有眾多的僧尼參列其殯禮。而天武陵墓之所以為八角，乃象徵佛界淨土之蓮花，亦即可能象徵他坐在淨土之蓮花萼上。總之，在天武天皇所見之現人神思想，實與《金光明經》之經說及天武本身之佛教信仰有密切關聯。

三、道教與喪葬儀禮

1.道教與民間信仰

　　早在欽明十四年 (552)，大和朝廷曾應百濟之要求，將馬、船、弓、箭等送至該國，而相對的要求該國派遣醫、易、曆等博士及送卜書與曆書；十五年，百濟將醫博士等派遣至日本❾❾。道教乃包含除災治病，及修煉長生不老或成仙方術之中國古代的民間信仰。北魏時雖成立由男、女道士組成之教團道教，然其為民間信仰的道教在日後也溶入民眾的日常生活之中。在欽明朝送至日本的醫博士或卜書雖可能具有道教色彩，但在推古十年來日的百濟僧觀勒已獻曆書、天文地理書及遁甲❿❿、方術❿❶之書。相傳觀勒至日時，大友村主高聰 (Ōtomonosugurino Kōzō) 曾從其學天文、遁甲，山背臣日立 (Yamashirono Hitate) 則學方術云。

---

❾❾　《日本書紀》，卷一九，〈欽明天皇紀〉，十四年春正月甲子朔乙亥，六月；十五年二月條。

❿❿　方士術數之一，即奇門遁甲。以天干裡的乙、丙、丁為三奇，以八卦的變相，修、生、傷、杜、景、死、驚、開為八門，故名奇門。十干中甲最尊貴，故不顯露，六甲常隱藏於六儀之中。六儀指戊、己、庚、辛、壬、癸。三奇六儀分布九宮，而甲不獨占一宮，故名遁甲。迷信者認為奇門遁甲可推算吉凶禍福。

❿❶　卜筮、占驗、星相、醫術等方技。

　　由前文雖可知百濟於六世紀後半將道教傳至大和朝廷，但除此以外，大陸移民們也把它傳至日域。因為在皇極元年發生大旱災時，曾舉行求雨典禮，而經各村落之祝部 (Hafuribe) 即巫覡之指示殺牛、羊以祭祀諸社之神，或向河神求雨而無效。蘇我蝦夷獲群臣之報告以後，決定以佛教儀式求雨，乃於其氏寺之飛鳥寺南庭安置佛像，親執香爐祈禱，亦未見效。繼則皇極天皇至飛鳥川的水源地南淵河上仰天而求，即雷聲大作，大雨傾盆，連下五日。於是「天下百姓俱稱萬歲曰至德天皇」 ⑩ 云。殺牛、移市以求雨，乃中國民間道教的習俗，由各村落之巫覡來領導，在此所謂各村落，可認為是皇極天皇與蘇我蝦夷所居住之飛鳥附近。亦即在居住飛鳥地方的大陸移民之間舉行道教儀式。至於移市或向山川求雨，亦見於高句麗或新羅 ⑩ 。

2.道教與國家

　　皇極三年 (644)，在東國流行「常世 ⑩ 神信仰」，即居住富士川岸旁的大生部多 (Ōubeno Ōo) 勸各村居民祭蟲，以為如此可獲財富並長壽。其與大生部多採同一步調的巫覡遂詐託於神語，言「祭此神者，致富與壽」，因此，人們遂散家財以備牛、馬、酒、菜，於路旁祭祀常世神。於是被常世神迷住的人們增加，致所浪費錢財無數。葛野的秦河勝聞知後遂毆打大生部多，巫覡們見狀終於停止祭祀，結束了一場鬧劇。據說當時被當作常世神來奉祀者為常生長在橘樹或舅椒，體長四寸餘，大如拇指，色綠而有黑點，其貌酷似家中所養之蠶 ⑩ 。

　　給與富貴與長壽之常世神信仰，可能系出民間道教。因巫覡們係受當地豪族大生部多之指示信仰常世神，故常世神信仰範圍的擴大，等於大生

---

⑩　《日本書紀》，卷二四，〈皇極天皇紀〉，元年秋七月甲寅朔庚辰；八月甲申朔條。

⑩　田村圓澄，〈佛教傳來と古代信仰〉，《圖說日本文化の歷史》，二。

⑩　經常不變，永久不變之意。讀作 tokoyo。

⑩　《日本書紀》，卷二四，〈皇極天皇紀〉，三年秋七月條。

部多勢力的擴大。秦河勝之所以受大和朝廷之命出來阻止，乃由於此一信仰已擴大成為民眾運動。至於秦河勝之何以被命擔任壓制與道教有關之常世神信仰，可能因他既是佛教徒，而且又了解朝鮮半島之宗教情況❿。

　　道教雖是民間信仰與習俗，然當被利用於民眾運動時，大和朝廷就非禁止不可。雖然如此，壓制常世神信仰並非以道教為禁止對象。當時的道教不僅透過祈雨、治病、除災納福等現世利益滲透於一般民眾的日常生活裡，也還傳布於宮廷中。

　　齊明六年，百濟敗於唐、新羅聯軍之前後，曾有許多百濟人遷徙日本。那些移民中的貴族裡有法制、兵法、醫藥、儒學、陰陽學的學者，他們在其後日本學術、文化的發展上扮演重要角色。例如：在持統五年 (691) 賞賜醫博士 (kusushinohakase) 德自珍、咒禁博士 (jyūgonnohakase) 木素丁武、沙宅萬首等三人銀各二十兩，即對其所作貢獻而為。其在前年實施的《飛鳥淨御原令》(Asukakiyomihararyō) 裡有關於咒禁博士的規定，亦即將百濟貴族移民所東傳，以道教之咒禁來治療疾病的方術，在律令制度裡作適當規定。

　　如據《大寶令》的規定，每年六月、十二月的晦日要舉行祓禮，而男女百官都集合於舉行祓禮的場所，以祛除所犯罪惡或身心之污穢。負責掌祓的中臣氏獻麻，東 (yamato)、西 (kawachi) 文部 (fuhitobe) 奉祓刀，並以漢音讀祓詞。所謂文部，即東文忌寸與西文忌寸，他們俱為百濟系移民。《延喜式》紀錄著「東文忌寸獻部橫刀時之咒」文，其內容為向道教之皇天上帝、三極大君、日月星晨、東王父、西王母祈求帝祚之永恆與天下萬民之太平。

　　大寶二年 (702)，當持統上皇駕崩時，雖曾停辦十二月晦日的祓禮，但由東、西文部所為之解除儀式則照常舉行，亦即道教已與宮廷的日常生活

---

❿　田村圓澄，〈佛教傳來と古代信仰〉，《圖說日本文化の歷史》，二。

緊密結合在一起。

　　當時一般民眾死後都被埋葬於地下，亦即人死後都要到地下的黃泉國，因此，黃泉國之所以被認為是黑暗地方，實與墓地之黑暗相通。大化二年頒布之〈薄葬令〉對王以下之墳墓規模，造墓人員之數目、所需日數等均有限制，一般民眾則規定以粗布包裹後埋入地下。

　　如果家裡有人死亡，首先由相關人士為其舉行殯禮，即為死者布置喪屋（moya，靈堂）放置靈柩，上供飲食，日夜在其靈前歌舞，以阻妨礙死者復甦之邪氣、邪靈出現。舉行殯禮的時間從數日到數月不等，間亦有長達數年者。至於殯禮的習俗，則成為守靈（tsuya，通夜）習俗而流傳至今。

　　此一時期每家每族都有崇拜祖先的習俗，亡故的親人進入所謂祖靈之中，接受一家一族的祭祀。隨著佛教之滲透於民間，便舉行為「七世父母」祈求冥福之儀式，這種儀式雖以佛教東傳前之祖靈崇拜為中心，卻是佛教式的❿。

---

❿　田村圓澄，〈佛教傳來と古代信仰〉，《圖說日本文化の歷史》，二。

第四章
古代國家之繁榮

第一節　國勢之發展

表一四：制度整備情形表

天皇	天　智	天　武	持　統	文　武
首都	大津宮	飛鳥淨御原宮	藤原京	平城京
律令	近江令		飛鳥淨御原令	大寶律令
戶籍	庚午年籍		庚寅年籍	
位階	二十六階冠位	六色四十八階冠位		律令位階制
姓氏		八色姓		
			完成	半完成

一、律令制度的確立

1.開拓國土

　　從大化革新起，經奈良時代至平安 (794～1185) 初期，乃以朝廷為中心而中央集權的綱紀最為伸張的時期，尤其奈良時代七任天皇七十餘年，以聖武天皇之天平時代為黃金時代。奈良時代始自元明天皇和銅三年三月，將首都從藤原京遷至平城京。以往的慣例是每當新天皇上任，都要遷徙至新都，但隨著統一國家的成立，及政治機構的逐漸完備，實需整備作為首

都的規模。因此，在藤原京的大內已出現皇宮與各政府機構的並立，市街則有朱柱、白壁、瓦頂的貴族宅第與莊嚴的大寺院。與此相對的，一般民眾所居住的地方則依然為簡陋的茅草小屋，故與古代希臘都市之為市民興建劇場或集會場所者大相逕庭❶。

　　大和民族的發展雖從四、五世紀前後開始向朝鮮半島與東北地方發展，然當在半島的勢力式微以後，便主要以蟠踞東北地方的蝦夷為征服目標。大化革新以後，也仍繼續進行此一事業，至齊明天皇四年時，阿倍比羅夫 (Abeno Hirafu) 從秋田、能代 (Noshiro) 地方進出津輕、渡島 (Oshima)，使該地的蝦夷服屬，相傳也還征討遠處的肅慎 (Mishihase) 云。迄至奈良時代，此一開拓事業更具組織，陸奧 (Mutsu) 國從出羽 (Dewa) 國獨立，多賀城成為鎮守將軍鎮守所在地兼國府，在北方的各要地建設前進基地之「柵」。於是在現今秋田地方置出羽柵（秋田城）。至天平九年 (737) 則開關聯絡出羽柵與多賀城之直達道路，與之同時，太平洋沿岸方面的開拓也逐漸進行。另一方面，又懷柔蝦夷，使其同化，故至平安中期時，蝦夷的風俗習慣已與中央地方的人士無甚差異❷。

　　南島方面的開發則因遣唐使為避新羅攻擊而利用南方航路的結果，逐漸有了進展。九州南部的居民隼人 (Hayato) 也在和銅三年設大隅 (Ōsumi) 國之前後大致歸順。多襧（Tane，種子島）、夜玖、奄美（Amami，大島）、度感（Toko，德之島？）等島的人民來朝；文武、元明兩朝則有信覺（Shigaki，石垣島？）、求美（久米島？）人來獻方物。

2.開發地下資源

　　統治領域的擴大表示以農耕為主的經濟生活已有進展，當時的國民雖大都為從事農耕的班田農民，其以這些農民為基礎的政府對水利灌溉問題

---

❶　豐田武，《概說日本史》，頁 44。

❷　豐田武，《概說日本史》，頁 45。

非常重視，而致力於灌溉溝渠與堤防之修築。

因相繼輸入大陸先進農耕技術的結果，米穀以外的農作物種類增加，更由於鐵製農具的普及，插秧法的引進，根割的一般化，和耕地面積的增加，農業生產力也可能有相當的進展。當時上田的段❸單位面積的收穫量雖僅約九斗❹，然與往日較之已有很大的進步。又，養蠶業普及的結果，以調繳納絲織品的地方逐漸增加，不過那些絲織品只能夠滿足宮廷貴族的需要，故一般民眾依舊穿著以麻或楮等植物纖維織成的粗布衣物。至於天然資源的開發，也有相當的進展，即在奈良初期陸奧已開始貢獻黃金，武藏貢獻銅等各種礦物，而各地的礦產已被陸續發現。

在上述情形下，諸國盛行開採金、銀、銅、鐵等礦產，復由於大陸的優秀工藝技術東傳的結果，宮廷貴族與寺院的工業迅速發達。宮廷有織部司、漆部司等小工廠，由非自由民之品部、雜戶等擁有特殊技術的人們從事工業生產。當時的工藝品雖可見之於正倉院寶物或奈良諸大寺，唯那些物品都是貴族們的奢侈品與一般民眾無緣。民間則依然利用農閒時間製作粗陋的日用雜貨或調庸物品，而未能擺脫自家工廠之域。不過隨著農業的進步與國司的獎勵，已開始有人利用多餘勞力製作手工藝品，政府把那些產品稱為產業而使製作者販售。因此，物品開始流通，各地方則在國衙所在地的國府或水陸交通要衝、神社、寺院前出現交易市場。尤其集權政府所在地的奈良，不僅有來自全國各地的許多貢品，貴族、僧侶們的需求量也多，故設東西市而商業交易頗盛。此東西市原已設於藤原京，繼則設於平城京而較前完備。

3.建設交通

政府為使集權政治的威令能夠及於諸國，乃致力改善交通建設，完成

---

❸　段，也寫作反，土地面積的單位。一段（反）等於三百坪，約九九一・七平方公尺。十段（反）為一町，約等於一公頃。

❹　容量單位，一升的十倍。一斗相當於十八・〇三九公升。

東海、東山、北陸、山陰、山陽、南海、西海七條交通要道。這些官道原則上每三十里（約今五里，一里等於三‧九二七三公里）設「驛家」，使驛長指揮驛子與驛馬，為旅客換馬，或提供住宿之便。各驛有二町至四町的驛田，以其收入作為驛家之經費。然此「驛路之制」係為聯絡中央與地方之政務而設，故其利用者侷限於以公務來往之官吏或報告公家之緊急事務者，由政府將驛鈴發給各驛以證明其利用資格。因此，一般公民雖為搬運調庸物品而頻繁往來於京師與地方之間，卻無法利用驛制。據說當時為繳納貢賦上京的，於歸途死在他鄉山野者亦數見不鮮云❺。

隨著交通的發達，便有貨幣的要求。一般原始社會雖以物易物便能度日，但大化革新以後，已有欲鑄造貨幣的趨勢，而在天武朝有鑄造之跡象。旋在和銅元年 (708) 發行了日本最早的貨幣和銅開珎 (Wadōkaihō)。此一鑄造事業持續至天德二年 (958)，其間共發行十二次貨幣，謂之「皇朝十二錢」❻。然因當時尚屬自給自足階段，故僅流通於以東西市為中心之畿內。政府雖曾發布蓄錢敘位令以獎勵使用，但其效不彰❼。

4.農民的生活

產業的開發也使農民的生活獲某種程度的改善，當時農民的勞動多以戶為單位進行，戶分為鄉戶與房戶。鄉戶負責訴訟及從事整合眾多房戶，鄉戶主之有勢力者因有廣大面積的口分田與奴隸，所以在村裡的勢力相當大。其在生活上獲改進的雖是這種富戶，但數目甚少而絕大多數為貧戶。因此，眾多農民的悲慘日常生活與奢華的貴族較之，不可同日而語。只因當時的農業為粗耕，故其所收穫之糧食僅能滿足家人所需，如要繳納貢租，

---

❺　坂本太郎，《上代驛制の研究》（東京：岩波書店，1968），頁 46。

❻　亦稱皇朝十二錢。始自和銅開珎，其後有萬年通寶、神功開寶、隆平永寶、富壽神寶、永和昌寶、長年大寶、饒益神寶、貞觀永寶、寬平大寶、延喜通寶，及天德二年鑄造的乾元大寶。

❼　豊田武，《概說日本史》，頁 46～47。

自非租賃國家或豪族之土地來耕作不可。然因國家的租稅──租、庸、調、雜徭卻毫不容情的賦課於農民身上，其中租為田每段繳稻二束二把，相當於收穫量的百分之三。田租的比例之所以較封建時代為輕，其故在於古代的統治重點放在人民的勞力而非土地的生產。調庸為課徵於成年男子的人頭稅，其中調為繳納蠶絲、絲織品、麻布等物產；庸則是成年男子（正丁）每年上京服十日勞役的代款（繳布）。調庸雖被用於中央政府之支出，農民卻非自己搬運至京師不可。雜徭則係每人每年為國司提供六十日的勞役，但其甚者竟多達一年的三分之一。非僅如此，部分正丁需服兵士役，在軍團服務；並且又要當一年的衛士，上京執勤；更有為防守邊境而服三年之「防人」(sakimori) 役者。除上述外，又有所謂「出舉」(suiko) ❽，此乃由政府收取五成利息（稻穀）之強迫借貸。在這許多負擔之下，氣候稍有不順，農民們便無法承受而發生饑荒。結果，在農民之間便出現為逃避雜徭與出舉而拋棄田地四處流浪者，致成為嚴重的社會問題。

　　奈良時代的農民雖過著牛馬不如的生活，但班田法卻幾乎已實施於全國。由於農民們的孜孜努力，及嚴密稅制的確立，故國家財政已顯著加強，而聖武天皇的天平時代，即是這種興隆機運達到最高潮的時期。聖武在其〈詔敕〉所謂：「夫有天下之富者朕也，有天下之勢者朕也。」❾實直率地表露皇權至上與其強大者。

　　持統天皇雖將皇位讓與其嫡子草壁皇子所遺輕（Karu，珂瑠）皇子，卻無法心平氣和的度其餘生，其故在於繼位的文武天皇年僅十五，而天皇身邊又有長親王、舍人親王、新田部親王、刑部親王等老練的天武諸皇子具有皇位繼承問題的發言權。因此，持統無法離開政治寶座，乃以史無前

---

❽　春天借稻穀給農民，秋天連本帶利歸還的強迫借貸。有公出舉 (kusuiko) 與私出舉兩種，後者的利息較前者高。

❾　《續日本紀》（東京：吉川弘文館，1986），卷一五，〈聖武天皇紀〉，天平十五年 (743) 冬十月辛巳（十五日）條。

例的太上天皇名義，與當今天皇共同執政，迎娶大化革新之功臣藤原鎌足孫女，即子不比等之女宮子為夫人，並以大化時代之大氏族紀竈門之女，及石川刀子娘為嬪。天智天皇與天武天皇雖有許多出身皇女的嬪妃，文武天皇則連一個皇女、王女的妃子都沒有，這可能為防皇親之以血緣關係來發言。因此，文武天皇的治世可謂為持統天皇政治的延伸。這位太上天皇雖在文武即位後六年的大寶二年崩，但她曾在這段時間制訂、施行《大寶律令》，並差派遣唐使。

《大寶律令》乃將持統三年實施之《飛鳥淨御原令》二十二卷修訂而成。在此以後不久的元正天皇（715～724 在位）時雖又制訂《養老律令》，因與《大寶律令》無甚差異，故日本的律令體制可謂完成於持統之時。遣唐使的派遣雖於天智八年的第六次以後中斷，但在大寶元年以粟田真人為執節使，高橋笠間為大使，組織龐大的使節團，於次年出發。自此以後，使節的派遣頻繁，使天平文化開花結果。

《大寶律令》實施後，將食封之支給對象由原來的三位以上官員改為四位以上，封戶較前加倍。庸布由原來的每人二丈六尺（七‧八一公尺）減為一丈三尺；田租則由原來的二束二把減為一束五把。這些修改雖有減輕農民負擔的用意在，但其主要者在於提高皇親與官員的待遇。這種改訂可謂為對持統太上天皇家長制專制政治的反動，文武天皇可能無法承受這種沉重的反動壓力，故在持統崩後四年，年僅二十五便撒手人寰。

文武崩後，雖有時年七歲的幼兒首 (Obito) 皇子，卻仿持統之例，由四十七歲的首皇子之祖母，即文武之母，草壁皇子之妃阿閇皇女繼位，是為元明天皇（707～715 在位）。這位天皇亦以天智為父，蘇我姪娘為母。姪娘為持統伯母，持統與元明則為同父異母之姊妹。

元明天皇為紀念其即位之次年由武藏國秩父郡（埼玉縣）獻和銅，乃將年號改為和銅，並置催鑄錢司鑄造上述銅錢（和銅開珎）以謀銅錢之流通。遷都平城京之詔頒布於和銅元年二月十五日。該詔書謂：

朕祇奉上玄，君臨宇內，以菲薄之德，處紫宮之尊。常以為作之者
勞，居之者逸，遷都之事，未必遑也。而王公大臣咸言：「往古已
降，至於近代，揆日瞻星，起宮室之基；卜世相土，建帝王之邑，
定鼎之基永固，無窮之業斯在。」眾議難忍，詞情深切。然則京師
者，百官之府，四海所歸，唯朕一人，〔豈〕獨逸豫？苟利於物，其
可遠乎？昔殷王五遷，受中興之號；周后三定，致太平之稱，安以
遷其久安宅。方今平城之地，四禽叶圖，三山作鎮，龜筮並從。宜
建都邑，宜其營搆資。須隨事條奏，亦待秋收後。今造路、橋，子
來之義，勿致勞擾。制度之宜，今後不加❿。

女皇雖無意遷都，但因王公大臣之強烈要求才這麼做。具體言之，此王公
大臣應是當時的右大臣藤原不比等。為營造新都，銅錢是必要的。和銅三
年，女皇與群臣遷徙新都，奈良時代於焉開始。

表一五　皇室族譜（舒明～桓武）

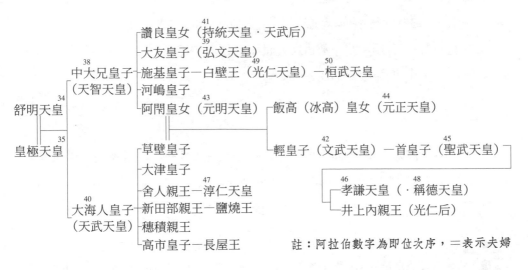

前此大化二年正月所頒〈改新之詔〉第二條曰：「初修京師，置畿內國司、郡司、關塞、斥堠、防人、驛馬、傳馬，及造鈴契，定山河」。「其郡司並取國造性識清廉，堪時務者為大領、小領」❶。《常陸風土記》則謂於孝德天皇之治世，中央政府任命的官員從事設郡工作，則日本的國郡制在大化革新之際已宣示其基本方針。其對郡國制作全面性規定者則為《大寶令》，至弘仁十年 (819) 伊賀國（石川縣）之成立，這項作業便告完成。至於今日所謂六十餘州的「國」之編制，則在《大寶律令》施行後經百餘年的歲月才告成。

實施國郡制的基礎作業為編戶，因日本屬島國而不與其他國家或異民族接觸，故國家的統治人民重於土地，為統治人民，編戶便成為重要工作。此編戶乃將人民的家族歸納為戶，編成徵稅或徵兵等的行政單位。只因此戶係為便於行政而編，故它到底是將實際在一起生活的家族為單位，抑或與實際生活無關，則不甚清楚。反正編戶後就製作戶籍，並根據此戶籍將每數十戶編為一里。因編戶為統治人民的重要手段，所以在大化以前已經開始這項工作。《大寶令》裡稱為「里」的，至靈龜元年 (715) 改為「鄉」，天平十年 (738) 前後所作《統計書》紀錄著日本國「郡五五五，鄉四〇一二，里一二〇三六」，此一數目與九世紀前後成書的《倭名鈔》所舉全國鄉數無甚出入，可見天皇統治之及於全國，在八世紀初。

二、開發資源

當時政府除整備國郡制外，也還派遣所謂「覓國使」至邊境，嘗試國土外延的開發。與之同時，又在全國各地開發資源。文武三年 (699)，對馬國司忍海造大國❷獻該國所產白銀，此為日本產銀之始。之後又在該島發

---

❶　《日本書紀》，卷二五，〈孝德天皇紀〉，大化二年春正月甲子朔條。

❷　忍海氏原為定居於大和國忍海郡的大陸移民忍海漢 (Oshinouminoaya) 氏之伴造，此漢氏為鍛冶之技術人員，而對馬之發現銀，不能忽略這種條件。

現黃金，故乃將年號定為大寶⓭。

　　當時所貢獻之礦產有文武二年 (698) 因幡（Inaba，鳥取縣）國之銅礦，近江（Ōmi，滋賀縣）國之白礬石，伊豫（Iyo，愛媛縣）國之錫，周防（Suō，山口縣）國之銅礦，近江國、安藝（Aki，廣島縣）國、長門國（山口縣）之金青⓮，伊勢國（三重縣）之朱沙、雄黃，常陸（Hitachi，茨木縣）國、備前（岡山縣）、伊豫、日向（Hyūga，宮崎縣）諸國之綠青⓯，豐後國（大分縣）的真朱⓰，下野（Shimotsuke，栃木縣）之雄黃，及四年所獻丹波（Tanba，京都府）國之錫等。

　　和銅六年 (713)，命各國撰著「風土記」（地方志），要求寫出各國所產之銀、銅、彩色（礦物顏料）、草木、蟲魚、禽獸等色目（種類）。唯此並非要諸國將所有自然物加以紀錄，乃是要他們寫出對各該國有用的物產。

　　在此一時期，依各該國之物產而將《令》所規定諸國之調加以調整，亦即將各國應繳納之物品修改為：大和國（奈良縣）、三河國（愛知縣）之調為雲母，伊勢國（三重縣）為水銀，相模（Sagami，神奈川縣）國為石硫黃（磺）、白礬石，近江國（滋賀縣）為磁石，美濃國（岐阜縣）為青礬石⓱，信濃（Shinano，長野縣）國為石硫黃，上野（Kōzuke，群馬縣）國為金青⓲，出雲國則為黃礬石。修改法令後，自然使各該地方加強開發這些資源。由於這些物品大都為自然顏料與工藝品的材料，故成為創造不久以後綻放燦爛花朵的天平文化之資料。

　　大化革新之際，廢除私地私民而將人民改編為「戶」，使之成為公民，

⓭　日本在大化以前斷斷續續的有年號，自此以後則未曾間斷。

⓮　黃色顏料。

⓯　岩狀青綠顏料。

⓰　純粹的朱。

⓱　紫色明礬，燒了以後呈紅色，可作染料。

⓲　鮮美的藍色顏料。紺青。讀作 konjyō。

同時使私地成為公地而以之為口分田分配給人民，此為律令國家的作法。惟當時成為公民的並非所有的人民，其被稱為奴婢、家人的仍然為私民。至於土地，除稻田外，山川林野並非公地，而這些土地之遠較稻田廣闊，自不待言。

　　此一時期的奴婢、家人究竟有多少雖不清楚，唯飛鳥時代的元興寺有奴婢一七一三人，法隆寺所登錄之奴婢則有五三三人。物部守屋死後，其奴婢之半數改隸四天王寺而共有二七二人云。有人推測八世紀前後的奴婢、家人占全國人口的二成，故前舉聖武天皇於決定鑄造大佛時頒布之詔書所謂：「夫有天下之富者朕也，有天下之勢者朕也。」裡的富與勢，實需除去這些私有部分。

　　大化革新前後的稻田到底有多少？雖然無從查考，但八世紀則可得若干線索，例如天平七年 (735) 的《相模國封戶租交易帳》所紀錄封戶一千三百戶之稻田為四一六二町二段二〇九步。因一千三百戶相當於二十六鄉，故每鄉平均有一六〇町多之稻田。天平十二年的《遠江國濱名郡輸租帳》，紀錄該郡所轄區之稻田一〇八六町一段四五步，因該郡有七鄉，所以每鄉平均一五五町。天平十九年曾定每一鄉之田租為稻二〇〇〇束，當時田租為每町稻十五束，則一鄉的稻田平均面積為一三三町多。如將上舉三種資料加以平均，則每鄉約一四九町多。因此，即使把每鄉的平均面積視為一五〇町，也應是當時的實際情形。如與《古律書殘篇》所見天平十年前後所作統計全國共四〇一二鄉相乘，則當時全國的稻田總面積約有六十萬一千八百町。

　　至於公民的數目，如據昭和時代 (1926～1989) 的數學家兼歷史學家澤田吾一《奈良時代民政經濟の數的研究》所作結論，當時的人口約有五六〇萬，此固為推算的數字，但與稻田一樣，和實際情形相當接近。因此一數字係公民數，如加上奴婢、家人，則全國總人口在六百萬至七百萬之間。澤田又根據這個人口結論，認為八世紀的中央政府之歲入約有當時升斗之

二百萬石，現今升斗之八十萬石，亦即相當於一二〇萬公噸。

三、營造首都

　　大寶元年制訂，次年施行之《大寶律令》有關於首都之種種規定，其〈職員令〉規定於左、右兩京各設京職，每一京職均有大夫 (taifu) 一人，亮 (suke) 一人，大進 (daishin) 一人，少進一人，大屬 (daisakan) 一人，小屬二人，坊令十二人，使部三十人，直丁二人，職司民政、警察、兵事。京職之下有市司 (ichinotsukasa)，負責交易場所的物價、度量、警察業務。〈戶令〉則規定「凡京每坊置長一人，四坊置令一人」。因有這兩種規定，所以左、右兩京便被劃分為十二條四坊。《大寶令》乃藤原京時代所制訂，故此都制雖以唐都長安為範，然在具體上應是根據藤原京之都制而為，唯藤原京都制之實際情形如何？卻不可得而知之。不過在和銅三年三月所遷都城平城京的建設情形則相當清楚。

　　元明天皇於和銅元年頒布遷都平城之詔後，即設造宮省而以大伴手拍為造宮卿，繼則以阿倍宿奈麻呂、多治比池守為造平城京長官，中臣人足、小野廣人、小野馬養為造平城京次官，坂上忍熊為大匠，進行營建都城工作。終於三年三月正式遷都，五年正月則賑恤返回諸國的被徵調之工作人員。

　　遷都以後，政府也仍繼續從事市街的整備工作。靈龜元年，為從事貨殖，乃使諸國之富戶二十戶遷徙至京，此當係為遷徙新都而須要融資者所採取之措施。明年，除將原在飛鳥京的元興寺拆遷至平城京外，也相繼將藥師寺、建興寺、葛城寺、紀寺等拆遷至京師，故至養老四年 (720) 平城京裡已有二十八座佛教寺院。

　　寺院的遷建不僅打斷了想要把首都遷回飛鳥的懷古之念，也還具有使首都更為壯觀的作用。由於對蝦夷、隼人等邊境族群採取以佛教提昇其文化之當時，壯麗寺院之林立於首都，似有全國性考量之意義在；而唐都長安的伽藍配置，也應在其考量之內。

　　神龜元年 (724)，使五位以上及富裕庶民家宅第，由原來的木板、稻草
屋頂改為瓦頂，並將牆漆成紅、白色，此乃將日本式住宅改為大陸風格者。
旋又在首都的大路兩旁栽種以柳為主的路樹，朝夕可看見身穿唐裝上下班
的文武官員往來於路上。

　　平城京的規模，南北約四‧五公里，東西四‧四公里，近於正方形。
將其劃分為南北九條，東西八坊，而在北方的盡頭開闢一條大馬路，然後

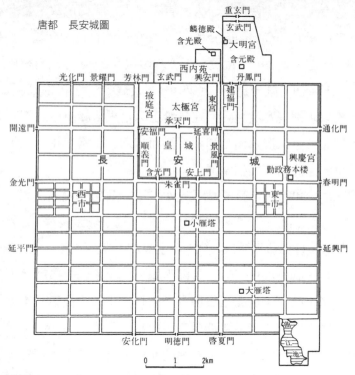

　　圖二四　唐都長安城圖　唐代的長安城係將隋之大興城擴
充、修築而成。四周由泥土堆砌之城墙所包圍，北邊有大明
宮。城域三平方公里（二百五十一點五萬坪）。城內中央後
方有宮殿，南有包含各政府機構在內的皇城。城裡有東西向
十四條，南北向十一條的大道。藤原京與平城京即以此為範
構築者。典據：1963 年《考古》雜誌。

每隔四町（約四三二公尺）開闢寬八丈（約二四公尺）的東西向道路，至南邊的京極九條，此以東西向道路區分者為「條」。〔見圖二四、二五〕

南北向則在中央有寬二十八丈（約八四公尺）的朱雀大路，大路東側稱左京，右側叫右京，每隔四町各有東西向的大路，亦即平城京以寬八丈的街道來劃分成為四町平方的區域，而將每一區域稱為「坊」。左、右京各有三十六坊，與《大寶令》所規定者，即較藤原京少十二坊。不過藤原京的坊之大小不明，所以就整體上言，平城京的規模應不會比藤原京小。

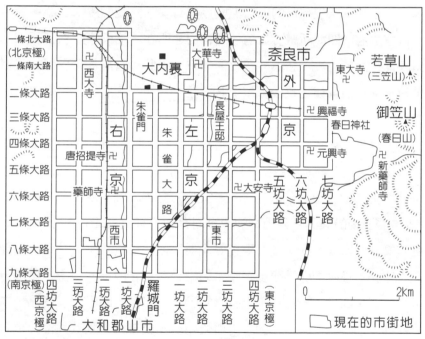

圖二五　平城京　模仿唐朝長安城營建而成的平城京，東西約四‧三公里，南北約四‧八公里（長安城為東西約十公里，南北約八‧五公里），長、寬每四町（約四百三十六公尺）開闢一條大路，每一町（約一百零九公尺）開闢一條小路。以朱雀大路為中心，分為左京與右京，而以東部為外京。北部中央的大內（宮城）有天皇居住的內裡（大內），與處理政務的朝堂院及各政府機構。典據：鄭樑生，《日本史》（臺北：三民書局，2003），頁 34。

各坊又以寬四丈（約十二公尺）的小路來劃分而有如棋盤，此小區域謂之「坪」(tsubo)。七十二坊裡的中央北端四坊之地為大內裡（Daidairi，大內），在此一區域有天皇與其家族住宅（內裡），及政廳、各政府衙門。

四、居住京師者

1.天皇家與皇族

將全國總人口推算為約六～七百萬的澤田吾一認為居住平城京者有二十萬，不過這些居住都市的人口應與今日有異。這就如遷都之詔所謂首都為「百官之府，四海所歸」似的，乃官衙之所在，治天下之君王所居，四方諸國前往之處，表示它為純粹政治都市。因此，它是為天皇與文武百官從事政治活動而營建之政治都市，其居住此一城市的人們也是從事政治活動的。

《大寶令》規定：皇族分親王與諸王，天皇的兄、弟、姊、妹、皇子、皇女為親王，天皇之孫、曾孫、玄孫為諸王而屬皇親（皇族），玄孫之子——五世孫雖可稱王，卻不在皇親之列。當時的皇族人數容或不多，卻不能忽略，因為親王需給與其身分相符的儀容而有許多家吏 (keri) 與帳內 (toneri)。家吏有文學、家令、扶、從、書吏等職稱，他們負責親王之教育及處理親王家之家務；帳內則保護親王之安全與維護親王之威儀。親王之位階分為一、二、三、四品，一品親王家有一六〇人，二品一四〇人，三品一二〇人，四品一〇〇人之帳內。因家吏與帳內俱為成年人，且其大部分都有家眷，故皇家的人數不少。

就諸王而言，他們雖無家吏與帳內，但五世孫可稱王的話，王數必不少。在平安時代初期獲賜姓氏與王銜者有天武天皇之三子，即舍人、長、忍壁。舍人親王有子孫二百餘人，長親王四十餘人，忍壁親王七十餘人。實施《大寶令》當時稱王者，用明天皇有五子，舒明天皇兩子，天智天皇三子，天武天皇十子，假定他們的子孫與上述三親王大致相同，則其子孫

人數必相當可觀。

2.官員與寺院人口

　　天皇與皇親使「四海所歸」之人，在「百官之府」，即在中央政府的官員約八千餘人。《令》所規定之官員任用乃根據個人才能，而始自推古朝的十二階冠位。然因大化前的氏姓社會之遺制根深柢固，就連在壬申之亂將天皇之神格性極度提高的天武天皇在任用官員時，也非以該人之家世為優先條件不可。並且又訂定以皇家為頂點之八色姓 (yakusanokabane) 即：真人 (mahito)、朝臣 (asomi)、宿禰 (sukune)、忌寸 (imiki)、道師 (michinoshi)、臣、連、稻置 (inagi)，而以其家世來建立社會秩序。大化革新以後，雖將首都從近江京遷至藤原京，復從藤原京遷至平城京，其居住都城之官員階層並無多大變化，依然為阿倍、石上、大伴、高向、下毛野、粟田、石川、小野、中臣、藤原、多治比、巨勢、佐伯、縣犬養、麻田、安曇、伊吉、池田、忌部、榎井、大藏、大野、大神、大宅、息長、笠、賀茂、當麻、田邊、土師、秦、坂上住等姓氏之人們。這些姓氏乃出現於《續日本紀》者，他們身為官員，當然居住首都。官員裡也有從地方上京而定居都城者，如左京七條的從八位下池田日奉部直神護，他誕生於下總 (Shimofusa) 海上郡（千葉縣）的國造之家，其祖父、父親、兄長均曾擔任該郡大領之職，他本人則以光明皇后之舍人身分在宮中服務數十年之久。

　　舍人屬下層官員，人數眾多，屬大化以前舍人部系統，當時隨侍在天皇或皇族，從事警衛、雜役，係從地方豪族子弟中徵召者，以石上舍人、石川舍人等以其所奉侍之天皇或宮名來稱呼而多為東國子弟。此一制度為令制所繼承，規定中務省九十人，中宮職四百人，春宮坊六百人。此外，尚規定給侍從與警衛人員，其人數如下：資人一百，二位八十，三位六十，正四位四十，從四位三十五，正五位二十五，從五位二十，女人減半。太政大臣三百，左、右大臣二百，大納言一百，離職則減半。

　　在東大寺寫經處工作的人員來自全國各地。號稱京內四十八寺寺院人

口亦不能忽略。此一時期之寺院與僧侶俱為替天皇、國家祈禱之要員，當時的人們相信祈禱的場所越大，僧侶越多，效果便越大。舉行東大寺大佛開眼供養典禮時所聘請的僧侶為一〇二六人，沙彌❶九千人，共一〇〇二六人，他們主要來自左、右京。天平十九年(747)的《大安寺資財帳》所紀錄該寺之現住僧有八八七人，其中僧四七三人，沙彌四一四人；法隆寺則僧一七六人，沙彌四一四人，共五九〇人。並且各寺院又有許多奴婢，如：元興寺一七一三人，東大寺三一〇人，法隆寺五三三人，藥師寺一七二人，這些人數均見諸載籍，斑斑可考，因此，京內四十八寺的奴婢人數亦不能忽略。

第二節　律令國家之王權

一、天皇與貴族

以奈良時代為中心的律令國家之到底是天皇具有絕對權力的專制國家，或貴族參與最高決策的貴族共和制國家，亦即到底是天皇集權而可以自由自在的行使其大權，抑或尚有與天皇相對的獨立著，而具有身分的、政治的、經濟的特權之世襲的統治階級存在？

總攬統治權者所具有的皇權為①官制的改廢權。②官吏任免權。③軍權、刑罰權。④外交及有關皇位繼承問題的大權等。這些權乃身為大王(ōkimi)所具有以最高軍事指揮權為中心之權，是以「攝斷萬機」❷、「國家大事，賞罰二柄」❸等文字來表現，而在發動處理危機問題的非常大權上，可以控制太政官❹。這些權限的具體法令見於《公式令》，〈詔書式〉，

---

❶　修行尚未到家的僧侶。

❷　《續日本紀》，卷八，〈元正天皇紀〉，養老五年(721)冬十月丁亥條。

❸　《續日本紀》，卷二四，〈淳仁天皇紀〉，天平寶字六年(762)六月庚戌條。

它表示對外國使節的詔敕之發布，立皇后、皇太子，及左、右大臣以上官員之任免，五位以上爵位之授與，官吏任免權，外交及有關王位繼承問題的權限等為天皇所有。並且在〈軍防令〉「節刀」條言，天皇為使出征的將軍能夠完成使命而賜與節刀。此節刀象徵天皇給與之強大軍事權與刑罰權，持有節刀者可不待敕裁而將部下處以死罪以下之刑罰。這表示天皇通常擁有軍權與刑罰權。這就如〈名例律除名條疏〉所謂：「非常之斷，人主專之」似的，不受《律》之約束者只有天皇，亦即天皇擁有刑罰權的超越性。至於官制的改廢權問題，《律令》雖無明文規定，但《令》所無之大學寮、齋宮寮、內匠寮 (takumuryō)、中衛府、近衛府等機構的設置卻由〈詔敕〉獲得承認❷。尤其太政官與天皇之間的關係，乃如設中納言❷、參議❷ 等職位似的，太政官並無決定自己機構之權而需靠「他律的」天皇之大權❷。

　　天皇除身為總攬統治權者所具有之權力外，又居於支配所有階級或全體「王民」之首長地位，擁有祭祀、敘位、賜姓等權限，亦即在〈公式令〉「論奏式條」裡有「大祭祀」或「敕授外應授五位以上」之事例，而《延喜式・太政官條》則有「預官社神」、「得度」、「百姓附籍、移貫、改姓」、「放賤從良」等條件。

　　由上述可知，無論在制度上或實例上看，太政官（貴族）都沒有可與皇權相對的貴族性要素，因此，在律令國家裡存在著與貴族制原理相反的，

---

❷　石母田正，《日本の古代國家》，《石母田正著作集》，三　（東京：岩波書店，1989）。

❷　《類聚三代格》（吉川弘文館本），卷四。

❷　《律令》未規定之官，設於慶雲三年 (705)，減大納言二名而置中納言三名。職司奏疏之轉達及傳達天皇命令。不能代理大臣職務。正四位上。封戶二百，資人二十。

❷　《律令》所無之官，唐名宰相、相公。因參與朝政，故有是名。次於大臣、納言之要職，選自三位以上之官員。

❷　石母田正，《日本の古代國家》，《石母田正著作集》，三。

由官僚制原理與王權來選擇之要素，並且因貴族對國家的求心性之強大或自立性之弱小而其地位下降❷。

二、王權的結構

　　日本史上有所謂畿內制。畿內制，即模仿中國制度，以天皇所居都城為中心，因天皇之德所及程度之不同，以同心圓方式將地域加以區分。由於畿內被認為是天皇之德能夠強烈到達之處，所以在稅制或官人出身方面採優遇措施，其範圍是大和、河內、攝津、山背、和泉等五國而被視為特別行政區。如據《日本書紀》的記載，〈大化改新之詔〉裡有四至、畿內之規定，在天武朝以後一再出現「京畿內」一詞，但畿內的範圍不受遷都之影響，因為日本古代所謂的畿內有別於京師之存在，乃是指中央豪族自古以來所居之地，與中國之畿內制不同❷。至於與支配蕃國、夷狄等帝國的秩序之構想、理念相對應的畿內制，實須把它之實體化，乃至皇權被強化的天武朝，由皇權主導後方才有此可能❷。

　　律令國家的天皇並非侷限於畿內政權之王，乃是居於統治權之總攬者地位，扮演著整個統治階層所有「王民」之政治首長角色❸。律令國家的天皇雖居於權力結構的中心，然若與平安時代較之，則對天皇之權力的收斂似不完整。因為奈良時代並無年幼的天皇，權力結構的核心便完全不一樣。所以對發動權力或權威的方式，在奈良時代存在著許多非由天皇單獨裁決的局面。亦即在天皇身邊有多位已退位的太上天皇（上皇）及其配偶（或生母）的皇后（皇太后），或預定繼位的皇太子，構成權力核心，「成

---

❷　長山泰孝，〈國家と豪族〉，《岩波講座日本歷史》，三（東京：岩波書店，1994）。

❷　關晃，〈畿內制の成立〉，《關晃著作集》，二（東京：吉川弘文館，1996）。

❷　石上英一，〈律令國家と天皇〉，《講座前近代の天皇》（東京：青木書店，1995）。
　　笹山晴生，〈天武朝の史的意義〉，《史學雜誌》，第一〇〇編第一二號 (1991)。

❸　石母田正，《日本の古代國家》，《石母田正著作集》，三。

為制度化的權」，賦與由天皇所為高度的政策決定能力，與保證順利繼承皇位之使命❸。

我們得注意的是：七世紀的宮室具有不為大王宮 (ōkiminomiya) 所收斂的權力結構，即包含皇子 (miko) 宮、妃 (kisaki) 宮或皇祖母 (sumemioya) 宮在內的宮殿分散的體制，不過它在本質上與律令下的東宮、中宮（皇后宮）或太上天皇宮有異。亦即皇子宮就如古人大兄皇子或中大兄皇子似的，同時存在著複數的可能繼位人選，故與奈良時代的東宮不同。妃宮則維持著獨立於大王宮而有複數。如與律令之規定比較，則無皇后、夫人、嬪等之序列化。就令制下與太上天皇有關者言之，在同一時代，以文字表示為「王母」❸ 之王族內部女性年長者之皇祖母宮頗重要。其典型例子如：因皇極天皇生前讓位而出現的前大王宮——皇祖母宮，此一事態在官僚機構或文書行政尚未特別化的階段裡，因擁有與現大王宮極為近似的權力結構，故隱藏著王權分裂的可能性。為彌補這種分散的權力結構，乃經由大王主持經營皇子宮，以及豪族之有勢力者為成員之群臣會議，使群臣集結於王權之下。

就後宮之變遷言之，我們雖可確認藤原宮的文武天皇後宮有複數的妻子，然對其身分似無明確的規定。大寶元年當時，天武天皇的後宮持統、文武天皇的後宮元正等各自維持、營運著家政機構，至平城京前半期則有元明、元正等女皇，致天皇所應管理的後宮與皇后之間的中宮並無明確的區分，這種情形可能持續至聖武天皇即位。

另一方面，妃宮也與皇后、皇太后等中宮之夫人以下集體居住的後宮分為兩極。〈後宮職員令〉只記載嬪、夫人、妃，如據〈職員令〉則皇后為中務省所管轄「中宮職」所支援。這種區分非常重要，因為可設中宮職以

---

❸ 仁藤敦史，〈律令國家の王權と儀禮〉，仁藤信編，《律令國家と天平文化》（東京：吉川弘文館，2002）。

❸ 難波宮出土木牘。

「母儀天下」的皇后，與隸屬狹義的後宮而自立性薄弱的夫人以下之間，可能有很大的質的區隔，因為天皇的妻子們裡擁有宮之獨立經營權者，只有元配之皇后，並且當皇后、皇太后、太皇太后等三后紛立時則僅設中宮職，此一原則乃將天皇定位為內裡（大內）的唯一主人，並宣示不許紛立後宮之理念。

就舍人（宮人）與帳內、資人之稱號言之，其範圍或定級（定格）與「宮」(miya)、「家」(ie) 之差別化發生連帶關係。如據《日本書紀》的記載，奉仕妃宮、皇子宮者通常都以「舍人」(toneri) 來表示，不過在律令制體制下則僅有奉仕 「宮」 之主人者方才被視為內位的 「舍人」。其奉仕「家」之主人的，則被定位為「帳內」、「資人」，而廢除奉仕王家者的舍人表面記載。在官僚秩序上這些人的地位雖低，律令卻未否定「帳內」、「舍人」與其主人之人格的結合。這就如「舍人」於其出仕之初，以見習宮人身分在天皇身邊服務似的，「帳內」、「舍人」與其主人之人格的結合，乃以律令官人制裡已與其本質相同的原理為前提，而以不拘階層的原則，可由「帳內」、「資人」晉升為「舍人」，亦即可由「外位」晉升為「內位」，此事可由〈遷敘令〉，「帳內・資人」條、「帳內勞滿」條之規定，及「三條大路木牘」所見：他田日奉部神護 (Osadanohimatsuribenojingo) 之從藤原麻呂之資人，升為藤原宮子之中宮舍人之實例獲得佐證。像這種在律令官人制的基礎部分，給與主人與「帳內」、「資人」之私的關係為前提之定位至為重要。另一方面，律令制下的「家令」(karei) 所處的地位，具有律令官人與私的從者之兩面性，不過其地位較一般官人為低，他們奉仕皇子及執行大王之公務而以不兼其他職務為原則❸。

---

❸ 仁藤敦史，〈斑鳩宮の經營について〉，《古代王權と都城》（東京：吉川弘文館，1998）。

三、王權儀禮的成立

　　《令義解》，卷六，〈儀制令〉，第十八之雙行註謂：「儀者，朝儀」；「制者，法制」，可見政府將朝儀與法制等同視之，王權儀禮（朝儀）占有重要地位。因此早在文武二年以〈別式〉制訂〈朝儀〉❸❹。其儀式就如中國之將它分為朝儀與會儀似的，在概念上由朝賀等行事與在那以後之宴會（節會，sechie）❸❺所構成。前者主要強調以天皇為頂點之服屬、貢納關係，及由朝拜而來的君臣關係；後者則主要由共同飲食與賜祿，以圖促成君臣關係之和睦與一體感。其儀式架構因舉行儀式場所與參加者之不同而有不同規定。在都城制成立以前，往往會在天皇之行幸地點，或在飛鳥寺廣場舉行儀式而未必侷限於宮室內部，之後則限於宮中太極殿或朝堂而一元化。並且儀禮的咒術性被逐漸消除，至平安宮時代則作為國家儀式場所的朝堂與國家饗宴場所的豐樂院分離，其儀式內容也唐化而制度化。至於天皇出御的場所，朝賀與即位在太極殿，節會及對蕃國使節或化外民的賜宴，則在太極殿閣門（內側之門）舉行。此與日後平安宮之朝堂與豐樂院之利用區分相對應❸❻，藉以促進君臣關係之一體感，且又遵循儀式目的。

　　文武朝以後，天皇之不參加政務儀禮、呈獻儀禮、神事之次數逐漸增加，其所以產生這種現象的原因，並非出現年幼天皇、天皇身體羸弱或個人天賦的問題，乃表示在大局上，不必期待天皇之政務處理能力，日常的政務可由太政官以下之官僚機構依法或遵循前例來處理之體制已經確立。

---

❸❹　《續日本紀》，卷一，〈文武天皇紀〉，二年八月戊子朔癸丑條云：「定朝儀之禮」。

❸❺　因節日或其他公事而在宮中舉行之宴會。原指節日之宴會，後來變成天皇賜宴群臣之意。平安時代以後盛行，以元旦、白馬 (ōuma)、踏歌、端午、豐明 (toyonoakari) 為五節會，最受重視。

❸❻　橋本義則，〈平安時代の豐樂院〉，《平安神宮成立史の研究》（東京：塙書房，1995）。

當舉行儀式的地點從太極殿——廟堂或豐樂院轉移到紫宸殿等大內內部時，對六位以下官員的參與雖有所限制，但朝賀、節會等有意義的儀禮則天皇持續參加❸❼。

在朝儀裡受重視的是被記載為「元會之禮」、「朝會之禮」的元旦朝賀，被書為「大嘗之儀」的即位典禮，及被記為「鄰國入朝」、「蕃客之儀」等外交儀式，《延喜式‧左右近衛府》以為元旦、即位、蕃國使表為「大儀」，如果天皇不參加外國使節之朝獻，該儀式便會降格成為「小儀」❸❽，而這些都是與官僚秩序或外交、王位繼承等天皇大權有關之重要儀式。尤其元旦的朝賀之架構與即位儀式相同，這就如參加諸蕃或夷狄之儀式所象徵者似的，它們被定位為以天皇為中心的，專制國家之社會的統合，用儀禮的秩序來顯示，元旦朝賀的重點在於確認天皇與畿內五位以上之「氏」之間的關係❸❾。

日本朝賀儀禮的特色在於：參加中央之朝賀者以中央官員為原則，非以地方官為朝集使參加，因此地方係以身為天皇代理人的國司(kuninomikotomochi)為中心獨自舉行，形成雙重架構❹⓪。就這點言之，此一時期的君臣關係尚未一元化於天皇，而類似隋唐以前地方首長與屬吏之主從關係獲承認之架構。例如：《漢書》，卷四三，〈叔孫通傳〉所記載高祖七年所舉行的朝會，僅有高級官員出席而不包括確認君臣關係的儀禮即是。國司長官雖於元旦召集屬僚與郡司在國衙之正廳向正殿禮拜，然後首長受

---

❸❼　神谷正昌，〈九世紀の儀式と天皇〉，《史學研究集錄》，一五 (1990)。古瀨奈津子，〈平安時代の儀式と天皇〉，《日本古代王權と儀式》(東京：吉川弘文館，1998)。

❸❽　藤原時平，《延喜式》，卷四十六，〈左衛門府〉條。

❸❾　藤森健太郎，〈日本古代元日朝賀儀禮の特質〉，《史學》，第六卷第一、二號 (1992)。大隅清陽，〈儀制禮と律令國家〉，《中國禮法と日本律令制》(東京：東方書店，1992)。

❹⓪　古瀨奈津子，〈平安時代の儀式と天皇〉，《日本古代王權と儀式》。

朝賀及設宴，因此儀式乃國司首長以天皇代理人身分，確認天皇居於統合令制國家行政權之頂點。至於畿內貴族在元旦朝賀儀式裡，簡化對天皇之服屬儀禮的原因，在於作為儀式書範本的唐制本身，其要素較前代稀薄。就日本國情言之，傳統的服屬要素已分散於大嘗祭❹、節會、貢獻御薪 (mikamagi)，而有異於唐制之一元化於元旦朝賀儀式。

　　律令制成立期的過年朝賀儀式並非單獨舉行，其架構與平安初期有異，以天武四年的例子言之，便如供御藥（一日）、朝拜（二日）、貢獻薪柴（三日）、賜宴（七日）、大射‧獻祥瑞（十七日）似的，朝拜與賜宴分離而分散的傾向濃厚❷。朝拜至賜宴的中間有貢獻薪柴儀式，而畿內貴族之服屬天皇的儀禮有可能由來於此。故其特徵在於：①唐雖由皇帝將薪柴賜與百官，日本卻由百官貢獻天皇。②雖以畿內官員為對象，但成為朝集使的在京國司也要負擔。③從天武朝開始。④五位以上官員的負擔較六位以上重。⑤檢薪乃表示其為該人之奴隸。這些特徵乃表示畿內豪族向天皇宣示之儀禮❸，成為正月十五日之固定儀式持續至平安時代❹。

---

❹　天皇即位後首次舉行的新嘗 (niiname) 祭，以當年收穫之新稻穀親自祭祀天照大神及天神地祇的大禮，為神事之最大者。

❷　《日本書紀》，卷二八，〈天武天皇紀〉，四年正月條。

❸　瀧川政次郎，〈百官進薪の制と飛鳥淨御原令〉，《律令格式の研究》（東京：角川書店，1967）。

❹　仁藤敦史，〈律令國家の王權と儀禮〉，《律令國家と天平文化》。

四、古代的地方衙門

1.律令國家與地方政府

表一六：律令制對地方統治的成立

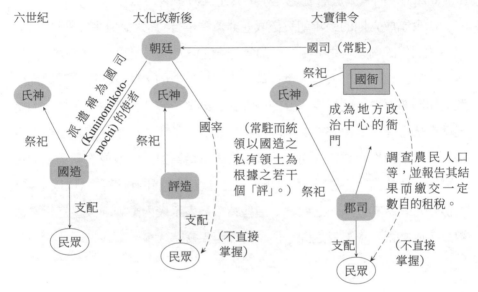

典據：武光誠，《日本史の全貌》，頁29。

　　日本古代國家為繼承唐代先進的律令體制統治組織，並把全國各地進貢的物品集中於京師，組成律令國家的中央集權體制，實需將地方豪族們所擁有傳統的民眾支配權加以組織化[45]。在以往的倭王權時代，與古墳時代之前方後圓墳體制，或六世紀前後透過國造制、屯倉制等，曾經開展使地方豪族們服屬於大王王權的過程，就如前舉《宋書‧倭國傳》所錄倭王武之〈表文〉所示，曾為使東、西、北海地方「諸國」之服屬而為軍事行動奔波。在擴充王權的過程裡，就如六世紀前半的筑紫國造磐井之役所見，

---

[45]　石母田正，《日本古代國家論》（東京：岩波書店，1973），頁26。

雖曾遭遇地方豪族們之反彈，但倭王權卻在東亞國際關係緊張下，以與中國、朝鮮半島諸國之交流為後盾，且以強大的軍事力量為背景，逐漸使地方豪族們從同盟關係轉變成為隸屬關係。《隋書‧倭國傳》以為當時倭國的地方官有類似中國之牧宰、里長之「軍尼」(kuni)、「伊尼翼」(inagi)。《日本書紀》，卷二五，〈孝德天皇紀〉，大化元年八月丙申朔庚子條，〈東國國司詔〉所見，被派往東國的國司雖以調查田地為任務，卻禁止他們從事裁判，此乃對地方豪族支配權有某種程度顧慮所為之措施。服屬於倭王權之下的地方豪族們至七世紀中葉的孝德天皇時代，在「天下立評」的「評」(kōri) 的地方制度下，被中央政府收編成為「評造」(kōrinomiyatsuko)，而在律令國家形成過程裡的七世紀後半，地方豪族們便與大王之昇華成為天皇相對的，在古代官僚制下，企圖以地方官員化來確保自己在當地的支配權。

在律令體制下，中央豪族以天皇代理人身分，被任命為國司前往地方，其在國司之下的地方豪族則被編為郡司，負責直接統治民眾。國司與郡司在律令體制下擔負治理地方的重要任務，其據點則為國府（國衙）與郡家（gunke，郡衙）。

律令國家對中央、地方官僚制的運用，乃模仿唐制而以「文書主義」為其特徵，亦即非以往之口頭聯絡而以文書將中央之命令傳達地方，把各地方的資訊集中於中央，藉謀各政府間或政府裡的聯絡。除為掌握民眾而製作戶籍、計帳等公文書外，只要看正倉院寫經所典藏之數目龐大的帳簿，或從首都、地方國衙遺蹟出土之大量木牘、漆紙文書、墨書粗陶器，便可知中央、地方政府文書行政所完成的重大使命。

2.國司與郡司

國司與郡司統治民眾的方式，並非以武力為背景的強壓性支配與榨取，乃是強調儀禮、祭祀、勸農、裁判、治安等群眾性儀禮的統治與行政的、制度的徵稅作其表面上的職掌內容。《令義解》，卷一，〈職員令〉，「大國

條」所訂國司之職掌是：

> 掌詞社、戶口、簿帳、字養百姓、勸課農桑、糺察所部、貢舉、孝
> 義、田宅、良賤、訴訟、租調、倉廩、徭役、兵士、器仗、鼓吹、
> 郵驛、傳馬、烽候、城牧、過所、公私牛馬、闌遺雜物，及僧尼名
> 籍事。

郡司（大領）的職掌則為：「掌撫養所部，撿挍郡事」。至於國、郡司在其
任內所要完成的重要任務——「巡行部內」，乃每年巡行國內諸郡一次，教
導人民遵守禮的秩序，並考察郡司的政治實情。同書卷二，〈戶令〉，「國守
巡行條」云：

> 凡國守每年一巡行屬郡，觀風俗，問百年，錄囚徒，理冤枉。詳察
> 政刑得失，知百姓所患苦。敦喻五教，勸務農功。部內有好學篤道、
> 孝悌、忠信、清白、異行，發聞於鄉里者，舉而進之；有不孝悌、
> 悖禮亂常、不率法令者，糾而繩之。

在此也以德治、勸農為重點。然當國郡司出巡以後，卻給民眾帶來了困擾，
這可由〈戶令〉，「國郡司條」所謂：「凡國郡司須向所部撿挍者，不得受百
姓迎送，妨廢產業及受供給」，推而知之。
　　律令國家所認為之理想國司形象是能夠實行儒教的德治主義者，《續日
本紀》，卷八，〈元正天皇紀〉，養老二年 (718) 四月乙丑朔乙亥條簡介筑後
國守道君首名之生平所謂：

> 首名，少治律令，曉習吏職。和銅末，出為筑後守，兼治肥後國。
> 勸人生業，為制條，教耕營，頃畝樹果菜，下及雞肫，皆有章程，

曲盡事宜。既而時案行，如有不遵教者，隨加勘當。始者老少竊怨
罵之，及收其實，莫不悅服。一兩年間，國中化之。又興築陂池，
以廣灌溉。肥後味生池，及筑後往往陂池皆是也。由是，人蒙其利，
於今溫給，皆首名之力焉。故言吏事者，咸以為稱首。及卒，百姓
祠之。

即是象徵此一理想的證明。亦即由中央所派遣先進的合理的國司為：除教
化地方豪族與民眾外，也能夠勸農，使民眾生活能獲安定，增加稅收以完
成統治者。

　　由中央派遣的國司與當地豪族之郡司們的上下關係，在於國司視察郡
內，評定郡司之勤務❹❻。如果郡司與國司在當地相遇，則原則上郡司須執
下馬禮❹❼。

五、古代地方衙門的實況

1. 國府之組織

　　國府乃由中央所遣國司統治該國的據點，它以成為政務、儀式、饗宴
場所的國廳（政廳）為中心，而有國府所屬各政府機構辦公場所的曹司（實
務衙門）群，國司們居住的國司館（守館、介館、掾館、目館），國家倉庫
群並立的正倉院，負責國府所屬官員膳食的廚子（國廚、國府廚），陸上交
通之驛家或水上交通之國府津，及其他雜舍所組成。國府附近除於八世紀
中葉以後興建國分寺、國分尼寺❹❽等雄偉伽藍❹❾外，又有成為國府交易圈

---

❹❻　《令義解》，卷二，〈戶令〉，「國守巡行」條。

❹❼　《令義解》，卷六，〈儀制令〉，「遇本國司」條。

❹❽　見本章第四節〈奈良佛教〉。

❹❾　伽藍，梵語僧伽藍摩 (sanghārāma) 的簡稱。意為眾僧居住之園林。後用為佛寺之
　　別稱。也作迦藍、僧伽藍。

核心的市場存在。國府近旁復有從事製造粗陶器、鐵、瓦、漆等的遺蹟，及國府所屬官員們所舉行律令的祭祀場所、烽火、城廓等，後來則成為神社而有總社、印鑰社、一宮等建築物❺。國府位於聯絡相鄰國府之七道驛路，或聯絡國府與郡家等地方交通網路的聯結點上，並且又是官道匯合之地❺。

2.郡家的架構

　　郡家乃郡司統治郡內的行政據點，其房舍除作為儀禮場所的郡廳（政廳）外，尚有官舍（曹司）群，郡司所居郡司館，國家倉庫群的正倉院，負責膳食的廚家，驛家及其他雜舍。郡家附近大都有郡司族人之氏寺，與支撐郡家經濟的粗陶器、鐵器、瓦等的生產工廠。郡家也與國府一樣的位於古代官道（驛路、傳路）的交叉點上，但也有接近陸上交通之驛家或水上交通之渡口者。

　　在律令體制下，郡司之統治轄區，已擺脫人格的支配，成為行政的、制度的，及組織的。如據《類聚三代格》卷六所錄，弘仁十三年 (822) 閏九月二十日〈太政官符〉，則在郡服勤的「郡雜任」有：

　　　　書生、案主、鎰取、稅長、徵稅丁、調長、服長、庸長、庸米長、驅使、廚長、驅使、器作、造紙丁、採松丁、炭燒丁、採薰丁、菖丁、驛傳使舖設丁、傳馬長。

可見郡家與國府同樣由許多行政分掌組織所構成，每一正倉院均有稅長在與郡家不同地點服勤❺。

---

❺　木下良，《國府》（東京：教育社，1988），頁 50。山中敏史，《古代地方官衙遺跡の研究》（東京：塙書房，1994），頁 35。

❺　木下良編，《古代道路：古代を考える》（東京：吉川弘文館，1996），頁 133。

❺　作藤信，〈地方官衙と在地の社會〉，《律令國家と天平文化》。

3.地方官衙的功能

　　古代地方官衙在當地社會所達成的功能及於政治、經濟、文化等領域，這可由當時地方官衙遺蹟窺見其梗概。如據《令義解》，卷六，〈儀制令〉，「元日國司條」的記載：

　　　　凡元日，國司皆率僚屬、郡司等向廳朝拜訖，長官受賀，設宴者聽。其食以當處官物及正倉院充，所須多少從別式。

則國司須於元日率屬僚、郡司舉行向天皇朝拜之儀式，然後國司親自接受屬僚之賀禮，並以郡稻、正稅饗宴所有與會者。因中央政府也在元日舉行百官向天皇朝賀的儀式，所以諸國也同時向天皇禮拜，所以這種儀式具有國司與地方豪族之郡司間，重新確任地方豪族對國家之服屬關係的特性，與之同時，經由共餐來重新確認國司與郡司相同的官員意識。

　　國府在財政方面的功能除管理、營運正倉院，及利用正稅而成為交易場所的國府交易圈市集外，也從事貢賦勘驗或編組貢調使。郡家則負責出舉（強迫借貸）的支付、收納及貢賦物品的勘驗工作❸。

　　地方官衙在宗教方面的功能為祭祀附屬於國府而營運的國分寺、國分尼寺，及在郡家附近的郡寺。並由國司、郡司向地方神社奉獻幣帛，由僧侶禮拜供養。

　　至於文書行政（傳達資訊）方面的功能，可從地方官衙遺蹟，如大宰府遺蹟（福岡縣太宰府市）出土之許多木牘、漆紙文書、墨書粗陶器、文字瓦得知其梗概。這些事例說明了大宰府或國衙的政府為文書行政場所，而成為書生等負責文書業務的下層官員工作處所。

---

❸　佐藤信，〈宮都・國府・郡家〉，《日本古代の宮都と木簡》（東京：吉川弘文館，1997）。

　　當時中央政府對地方官員同樣提供飲食，故國府有國廚（國府廚），郡家有郡廚。在國府之國廳或國司館舉行的宴會或日常飲食，係由國廚負責供應。至於郡廚，如據前舉《類聚三代格》卷六所錄，弘仁十三年閏九月二十日〈太政官符〉的記載，在郡雜任的廚長之下配有五十名工作人員，負責郡司以下郡家員工之伙食。

六、地方官衙與當地社會

1.地方豪族所接受的漢字文化

　　前此一般認為漢字文化之向地方發展，係單方面的由中央傳布，然近年從古代遺蹟、觀音寺遺蹟、及那須 (Nasu) 國造碑出現遠較《古事記》(712)、《日本書紀》(720) 之敕撰史書成書為早之七世紀木牘，得知七世紀當時的地方豪族接受漢字文化與儒教的情形，亦即地方官衙為當地社會弘揚漢字文化的據點，此事可從地方官衙遺蹟出土之木牘、漆紙文書、墨書粗陶器、文字瓦等獲得佐證。因在地方官衙服務的下層官員必需要有漢字、漢文的閱讀與書寫能力及儒教教養，故他們當成為各地方傳播漢字文化者。

2.地方官衙與漢字文化的開展

　　從地方官衙遺蹟出現古代文字資料的原因，應與日本律令國家仿效中國之以文字傳達政令，或蒐集各種資訊有關，因為利用文字，律令政府方得確保中央集權的國家體制。這種文書主義使前此「口頭的世界」轉變成為「文字的世界」❺❹。亦即在天皇對百官，中央政府對地方豪族，地方豪族對民眾的各種關係裡，可謂已從人格的支配從屬關係變為官僚制的、行政的上下關係。在七世紀後半確立律令國家的過程裡，中央與地方的各衙門培養出大量具有漢字能力與儒教修養的下層官吏群。實際上，人數眾多的這種下層官員之在短期間內被培養出來，方才確立了律令體制。當這種

---

❺❹　早川庄八，《日本古代官僚制の研究》（東京：岩波書店，1986），頁 37。

體制確立以後，便透過國府與郡家逐漸把漢字文化推廣於地方社會，此事可由地方衙門遺蹟出土之遺物獲得佐證。

3. 地方官衙與當地社會

　　律令國家因設劃一的地方官衙而朝向中央集權的全國統治，且於七世紀中葉派遣國司調查各地人口與田畝以設「評」，使地方豪族成為「評造」，天武天皇時代則確立「國」的領域，使國司常駐於此。其為「評」之官衙的「評家」成立於七世紀後半，至八世紀時變為郡家，在八世紀前半整備國司之統治據點國府。國府乃成為由中央所遣國司與地方豪族——郡司之間確認支配與從屬關係的場所。地方官衙既是實現律令制儀禮、行政或徵稅的場所，也是扶植對國家之歸屬意識的地方。這就如國府之國廳正殿在元旦舉行典禮時被定位為象徵天皇之建築物似的，地方官衙必需雄偉莊嚴而讓當地社會的人們感到國家的權威，而此當與國家的倉庫正倉院或國分寺之巨大堂塔佛寺有相通之處。

第三節　遣唐使

一、遣唐使的派遣

　　隋朝雖統一南北朝二百餘年的混亂局面，卻只經兩代，不到四十年，便為李唐所取代。唐朝成立 (618) 後，高句麗、新羅、百濟三國均遣使朝貢。唐政府除向高句麗要求遣還隋末遠征該國的敗殘之兵外，也將當時俘虜的高句麗人送還其本國，這可謂為戰後的善後處置。當此一處置結束後的高祖武德七年 (624)，唐朝分別遣冊封使前往上述三國，將高句麗王高建武冊封為「上柱國遼東郡王高句麗王」，新羅王金真平為「柱國樂浪郡王新羅王」，百濟王余璋為「帶方郡王百濟王」，形成唐朝與朝鮮半島三國之間的冊封關係，而此三國負有每年向唐朝貢的義務。

　　另一方面，倭國於隋代遣往中國的留學生們，因長期留學而有充分的時間學習隋、唐的文物與制度，至此一時期已相繼回國。由於當時的日本十分仰慕中華文化，渴望輸入中華文物，所以當留學僧惠齊、惠光，醫惠日、福因等於推古三十一年（武德六年，623）隨新羅使節返國向朝廷報告：「大唐國者法式備定之珍國也，常須達。」❺❺以後，倭廷便於七年後的舒明天皇二年（太宗貞觀四年，630），派遣犬上御田鍬（亦書作御田耜）、藥師惠日一行以朝貢的姿態，首次與唐朝正式交通，越明年回國。從舒明天皇二年至宇多天皇寬平六年(894)的二六四年間，先後共任命十九次遣唐使，其中有三次因故未能成行，最後一次獲選的菅原道真則因建議停派而亦未成行，故其在承和五年（文宗開成三年，838）至中國的藤原常嗣一行，應為在唐代所派遣最後一次使節，實際到中國的只有十五次❺❻。

二、遣唐使的航路

　　遣唐使往返中、日兩國間的航路有⑴北路、⑵南路、⑶南島路三條❺❼：

1. 北　路

　　此一航線為早期遣唐使所走者，亦即遣隋使所走路線，當時日本稱為「新羅道」，但也有例外，如：第四次使節所率兩艘船於齊明五年（高宗顯慶四年，659）五月七日自難波啟航後，於九月十三日抵百濟的一個小島。他們本應循以往路線前往中國，適值新羅與百濟互相攻伐，唐與高句麗之間也因此一年發生戰爭而彼此關係險惡，且唐又準備應新羅之請，由海路遣軍援助。在此情形之下，便無法循舊路前往中國。因此，兩船於九月十四日離開該小島時，朝東海駛去。然大使坂合部石布所乘船隻竟在途中遇難，副使津守吉祥所乘者則僅經兩日夜即抵越州（浙江省）會稽。副使一

❺❺　《日本書紀》，卷二二，〈推古天皇紀〉，三十一年(623)秋七月條。

❺❻　本段引自拙著，《中日關係史》（臺北：五南書局，2001），頁41～42。

❺❼　以下有關遣唐使航路的文字引自《中日關係史》，頁43～47。

行於齊明七年（高宗龍朔元年，661）四月一日自越州揚帆東返時，則費十六日時間回到朝鮮半島南端的耽羅島（濟州島），於五月二十三日回到筑紫。這條偶然發現的航路，日後所派遣唐使並未利用。

2. 南　路

此一航路係循九州島南下至薩摩國（鹿兒島縣）附近，然後橫渡東海至長江口。第一、二、五、七次使節俱走北路，唯第二次遣唐使高田根麻呂試圖取道南路，但於出航後不久的白雉四年（高宗永徽四年，653）七月在薩摩國與竹島之間遇難。此次航行雖失敗，卻成為開闢南路的先驅。其航行此一路線首次獲成功者為第七次使節粟田真人。

遣唐使之所以捨比較安全的北路而利用南路，其因在於前此新羅在統一朝鮮半島時，日本派遣大軍干涉，以致互動干戈。後來國勢日強的新羅又將唐帝國的勢力驅逐至大同江以北。復由於日、新兩國關係惡化到幾乎要動武，在此情形之下，新羅非但不可能給予通行上之方便，反而有刻意製造麻煩之可能。《新唐書》，卷二二〇，〈東夷傳〉，「日本條」所謂：「新羅梗海道，更（由）明、越州朝貢」，即說明此一事實者。

3. 南島路

即大洋路。此一航路由值嘉島（長崎縣）直接橫渡東海至長江口附近。第三次遣唐使雖航行南島路以迴避經由新羅時可能遭遇之麻煩，但南島路亦有其不便之處。因此航路係逐島南下而頗費時日，如第十次遣唐大使大伴古麻呂、吉備真備等與揚州大明寺僧鑑真所乘船隻，從蘇州出發至薩摩國秋妻屋浦，共費三十五日；而此一路線也未必安全可靠。因為第九、十兩次遣唐船都曾在途中遇難。

南島路的航行從筑紫大津浦出發，向西南航行至松浦郡值嘉島停泊，以待順風啟航，然後橫渡東海至長江口登陸，東返時亦在此處登船。

除上述三條航路外又有經由渤海國的渤海路。渤海國 (698～926) 位於現今中國東北地方（滿洲）的東南部，至朝鮮半島北部，為粟靺鞨的首領

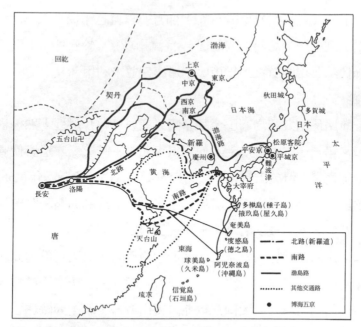

圖二六　遣唐使航路　典據：佐藤信，《律令國家と天平文化》。

大祚榮所建，係唐代東北地區的少數民族政權。大祚榮建國後，以舊國（吉林省敦化縣附近之敦東城）為首都，自稱震國王。唐玄宗開元元年 (723) 冊封他為左驍衛大將軍渤海郡王，於是去靺鞨舊稱，專稱「渤海」。唐以其地為忽汗州，令大祚榮兼任該州都督❺❽。大祚榮死後，其子大武藝繼位為武王。武王擴大疆域，東臨日本海，西至契丹，南到泥河龍興江，北抵黑水以北。治下共有五京，十五府，六十二州❺❾。迄至後唐明宗天成元年為契丹所滅。

　　因渤海國為李唐帝國之一州，故它與日本之間的關係，即為中國與日本之間的關係。渤海路主要為渤海國與日本之間的貿易而開闢。渤海國於

---

❺❽　武安隆，《遣唐使》（哈爾濱：黑龍江人民出版社，1985），頁 55。
❺❾　武安隆，《遣唐使》，頁 55。

開元十五年（神龜四年，717）以高仁義為使，首次前往日本，日本則於次年四月派遣引田虫麻呂答聘❻。渤海國共遣使三十五次，日本派遣十三次。日本與唐交通時，也曾利用此一航路，如：第九次使節多治比廣成，第十次使節藤原清河等是。

表一七：遣唐使節表

序次	出　　　發	回　　　國	使　　節	航　路	典　　據
1	600 舒明 2.8	602 舒明 4.8	犬上御田耜 藥師會日	北　路	日本書紀 舊唐書
2	653 白雉 4.3	654 白雉 5.7	吉士長丹 高田根麻呂 掃守小麻呂	北　路	日本書紀
3	654 白雉 5.2	655 齊明 1.8	高向玄理 河邊麻呂 藥師惠日	南　路	日本書紀 舊唐書
4	659 齊明 5.7	661 齊明 7.5	坂合部石布 津守吉祥 伊吉博德	自百濟 至越州	日本書紀
5	665 天智 4.12	667 天智 6.11	守大石 坂合部石積 吉士岐彌 吉士針間	北　路	日本書紀
6	669 天智 8	670 (?)	河內鯨	北　路	日本書紀
7	701 大寶 2.6	704 慶雲 1.7	粟田真人 高橋笠間 坂合部大分	南島路	續日本紀 舊唐書
8	717 養老 1.3	718 養老 2.10	多治比縣守 大伴山守 藤原馬養	南島路	續日本紀 舊唐書
9	732 天平 4.4	735 天平 7.3	多治比廣成 中臣名代	南島路	續日本紀
10	752 天平勝寶 4.閏3	754 天平勝寶 6.1	藤原清河 大伴古麻呂 吉備真備	南島路	續日本紀 舊唐書

❻　《續日本紀》，卷一〇，〈聖武天皇紀〉，神龜五年 (738) 二月丁卯朔壬午條。

11	759 天平寶字 3.2	761 天平寶字 5.8	高元度	南島路	續日本紀
12	761 天平寶字 5.10	因船壞中止	仲石伴 石上宅嗣 藤原田麻呂		續日本紀
13	762 天平寶字 6.4	因無順風中止	中臣鷹主 高麗廣三		續日本紀
14	777 寶龜 8.6	778 寶龜 9.10	藤原鷹取 小野石根 大神末足	南　路	續日本紀
15	779 寶龜 10.5	781 天應 1.6	布勢清直 多治比廣成	南　路	續日本紀 舊唐書
16	804 延曆 23.7	806 延曆 24.9	藤原葛野麿 石川道益	南　路	日本後紀 舊唐書
17	838 承和 5.7	839 承和 6.10	藤原常嗣 小野篁	新羅船 航路	續日本後紀舊唐書
18	894 寬平 6.8	因菅原道真建議中止	菅原道真 紀長谷雄		日本紀略

三、遣唐使節團的組織

　　倭國的遣唐船，初時只兩艘，唯自奈良時代以後通常為四艘，人員約六百。其所以派四艘，既非定規，也非人數上的關係，乃只是抱著比較安全的想法，船隻即使在中途遇難，也可能有其中任何一艘能夠達到目的。遣唐使為臨時官，故其人員沒有規定，其規模與內容因時代而有所不同。如據《延喜大藏省式》，其大致情形是：大使、副使各一人，有時也派大使、副使各二人，或僅副使二人。更有時在大使之上有執節使，或押使，而其下又有判官、錄事、知乘船事等。他們俱為主要幹部，被派至各船當船長，或兼任其他航海中的任務。他們之下則有譯語、主神、醫師、陰陽師、畫師、史生、射手、船師、音聲長、新羅奄美譯語、卜部、儻從、雜使、音聲生、玉生、鍛生、鑄生、細工生、船匠、梶師、儻人、挾杪、水

手長、水手等。其幹部與隨員為現職官員，而柂師、挾杪、水手等之多數，則是臨時徵召的白丁——公民。又因他們是文化使節性質，所以除上述人員外，另有留學生與留學僧參加他們的行列。關於留學人員，則視其留學期間之長短，將他們分為長期留學與短期留學。長期留學是一直留到下次遣唐使抵達時為止，兼有一種聯絡官的任務。短期留學則僅與使節一行共同往返。迄至八世紀末，這種區別更為明確，稱「請益」或「還學」，而與一般留學有別。所謂請益，就是根據《論語》、《禮記》「即有所受而請增益」之意，故可說是特別研究員。那些請益僧中最負盛名者為天台僧圓仁❻❶。

　　遣唐使節之人選必須顧及其是否有高尚的人格與豐富的學識，而以遴選學者或有學問素養的傾向大，故其大部分為文章博士、文章得業生❻❷，並且以聰明的秀才型居多。尤其容貌、風采、行儀、禮貌之成遴選條件，可由《舊唐書》等史乘所記載「容姿溫雅」等文字推知其端倪。大使則除須具備上述條件外，也還顧及其家世，故他們於完成任務回國以後晉陞高官，對制訂制度，促進文化之發達有貢獻者多。例如：《大寶律令》的制訂者固以刑部親王、藤原不比等為代表，然其實際從事制訂工作的，卻是曾經數次至中國的遣唐使隨員伊吉博德。其以副使身分赴華，日後當大臣的吉備真備則訂定釋典儀式，並改革大學制度。弘仁十九年（憲宗元和十三年，818）到中國的菅原清公則為文章博士等是。

---

❻❶　鄭樑生，〈賴世和 (E. O. Reischauer) 博士與「圓仁入唐求法巡禮記」〉，收於鄭樑生，《中日關係史研究論集》，三（臺北：文史哲出版社，1993）。

❻❷　古代模仿唐制，在大學設紀傳（後來改稱文章）、明經、明法、算四道，修完各該課程，並經考試及格，即可分發至政府機關任職。就其文章道言之，在大學考試及格後為擬文章生，接著通過式部省的文章生考試以後就成為文章生，然後從其中遴選兩名為文章得業生。

四、遣唐使的角色

　　大寶元年，以粟田真人 (Awadano Mabito) 為執節使的遣唐使，雖於三
年以後回國，然在此以後經十年的養老元年 (717)，則以多治比縣守
(Tajihino Agatamori) 為押使，大伴山守為大使，藤原馬養 (Umakai，宇合)
為副使，組織共五五七人的龐大使節團前往中國。此一使節團將隨行的留
學生與學僧留在長安，於次年回至九州大宰府。迄至天平四年任命，五年
出發 (733)，則以多治比廣成為大使，中臣名代 (Nakatomino Nashiro) 副之，
組成總數五九四人的使節團，於次年啟航，天平七年及九年分成兩批回國。
此一使節團帶回參加前次使節團赴唐留學的學生與學僧，及唐僧、婆羅門
（印度）僧、林邑（越南）僧、波斯（馬來）人等。自此以後，日本的佛
教界顯得更為多彩多姿。外國僧侶與外國人之至日本，在以藤原清河為大
使，大伴古麻呂為副使，於天平勝寶四年 (752) 揚帆之使節團達到顛峰，
因他們東返時，揚州大明寺僧鑑真及其弟子們同行之故；當時的使節團人
員也超過五百人。

　　不過天平寶字三年 (759) 的遣唐使，與前此各次使節稍異其趣，其故
在於為迎接尚未回國的前次大使藤原清河名義，任命高元度 (Kōgendo) 為
大使，橫渡日本海，經渤海國前往唐國。此一使節團雖僅有九十九人而較
以往減少許多，卻是反映玄宗治世後半盛唐之式微，及東亞情勢之變化
者❻。因玄宗迎接楊貴妃 (745) 後使政治陷於紊亂，終致引起胡人安祿山
的叛亂 (755)，玄宗偕楊貴妃逃往四川。此一變亂消息很快的傳至日本。日
本當局擔心尚未回國的使節的安危，所以特地派遣高元度等人赴華。高元
度一行經渤海國抵唐時，安祿山之亂已敉平而玄宗也已回到長安。然玄宗
卻以亂尚未完全平定路途危險為由，不讓清河同行。另以沈惟岳為水手，

---

❻　竹內理三，〈大唐留學〉，《圖說日本の歷史》，三（東京：集英社，1974）。

將高元度送回日本。

之後，又任命大使仲石伴 (Nakano Iwatomo)、石上宅嗣 (Isonokami Yakatsugu) 為遣唐大使、副使，並命安藝 (Aki) 國建造四艘船隻，更以高麗大山為遣高麗（渤海）使，擬復經由渤海路前往中國而進行準備工作，其間在人事上也有若干變動。次年，使節名也改為「送唐人使」，就在難得順風為理由遷延時日之際，從渤海傳來中國內亂尚未平息的消息，遂中止了此次遣使。因此，藤原清河遂失去返國的機會，終於死在中國。然日本當局並未將清河棄置不理，於寶龜八年 (777) 命小野石根 (Onono Iwane) 為代理大使組織使節團。此一使節團於次年為唐使趙寶英、孫興進所送行，清河之女喜娘亦與他們一起回到日本。兩年後，為送回唐使孫進興，送唐客大使布勢清直一行前往中國大陸。前次任命之遣唐使共九次，其中五次以迎接清河為理由派遣。即使清河這位大使值得日本當局這麼做，卻也表示當時的日本人對唐的意識已發生變化。

五、留學生與留學僧

遣唐使前往中國的目的在與中國王朝的交流，因此遣唐使本身學習唐文化係屬於次要的，其以學習唐文化為目的者則為那些留學生們。從大化革新至制訂《大寶律令》為止之國家組織之整備，除遣唐使本身所獲之新知識外，也根據同行留學生們所獲之學識。

遣唐使與留學生所學得的，並不侷限於國家體制，例如：與大寶年間之使節團赴唐的釋道慈，他在中國停留十八年，學三論宗與法相宗回國後，仿長安西明寺的設計，將大安寺遷建平城京，而其在唐佛教界所獲之知識成為日後鑄造奈良大佛之主要因素云。

養老年間的使節團裡有吉備真備、阿倍仲麻呂、大和長岡及釋玄昉等留學生與留學僧偕行。玄昉曾帶回經論五千卷與佛像等，給奈良佛教的發展帶來劃時代的貢獻。奈良時代曾設官營鈔經處，數次鈔寫各數千卷的佛

教經典，其用於鈔寫之經書即是玄昉帶回的。

　　如據《舊唐書》、《續日本紀》、《扶桑略記》、《日本國見在書目錄》等書的記載，吉備真備為吉備國豪族下道朝臣國勝 (Shimotsumichiason Kunikats) 之子，母楊貴（八木）氏。他與玄昉一樣留學十八年，學三史、五經、刑名、算術、漢音、曆學、兵學、書法等實學與經學。返國之際帶回《唐禮》一三〇卷、《大衍曆經》一卷、《大衍曆立成》一二卷、《樂書要錄》一〇卷、《銅律管》一部、《東觀漢記》一三三卷、測影鐵尺一枚、絃總漆角弓一張、馬上飲水漆角弓一張、角弓一張、射甲箭二〇隻、平射箭一〇枝，而他所帶回的這些物品對八世紀的日本具有重大意義。其中《唐禮》促使朝廷整備禮典，由他所帶回孔子像，開始舉行祭孔典禮，因他帶回的曆書，於天平寶字七年 (763) 將原來採用的《儀鳳曆》改為《大衍曆》。吉備真備回國後被任命為大學助教，教導學生們學習五經、三史、明法、算術、音韻（漢字音韻學）、籀篆等六道，振興日本諸學。繼則為東宮學士，為皇太子阿倍內親王講授《禮記》、《漢書》，加深聖武天皇對他的信任，獲賜吉備之姓。並且在天平十年代 (739～748) 成為當時掌握大權的橘諸兄 (Tachibanano Moroe) 的智囊，為移植大唐文化而不遺餘力，對日本的學術、文藝有莫大貢獻。

　　大和長岡原名小東人 (Koazumahito)，在唐學法律，回國後參與制訂《養老律令》，因功獲賜功田四町。後來又與吉備真備編修《刪定律令》。此書雖已佚亡，然從其書名推之，應是為修改《養老律令》之不完備者。因時人對法令問題皆向長岡請教，故他遂成為法曹界的長老。

　　當時與之同行的阿倍仲麻呂，有俊才之令譽，他入唐時年僅二十，曾經參加科舉而仕於玄宗，改名朝衡（晁卿），歷任司經校書、左拾遺、左補闕、儀王友、衛尉少卿、秘書監兼衛尉卿（從三品）等職。天平勝寶五年 (753) 隨藤原清河從明州（寧波）揚帆回國，因遇風浪漂流至安南。此後一直留在中土，且擔任左散騎常侍、鎮南都護，及兼安南節度使等職務。與

李白、王維等文人有來往而文名頗著。當李白聞其遇海難時，乃作〈哭朝卿衡〉詩弔之曰：「日本朝卿辭帝都，征帆一片遶篷壺。明月不歸沉碧海，白雲愁色滿蒼梧」。阿倍在唐五十四年，七十三歲時 (770) 歿於長安。追贈潞州大都督。

橘逸勢 (Tachibanano Hayanari) 係平安前期官人，於延曆二十三年 (804) 隨第十六次遣唐使藤原葛野麿一行赴華。擅長書法，曾協助釋空海（弘法大師）書寫〈伊都內親王願文〉與〈三食帖冊子〉，而前者為其真蹟云。後來因參與政變（承和之變，842），於前往被流放的伊豆（靜綱縣）途中，歿於遠江（靜岡縣）。

六、來日唐人

遣唐使回國之際，除將前次至中國的留學生、留學僧及各種各樣的文物帶回外，也時常把外國人士帶回。當時雖有使節人員到中國以後定居該地不歸者，但也有以送使身分赴日而定居日本，於唐文化之傳播有貢獻之華人。其中，於天平七年以送使身分至日的袁晉卿，獲賜清村宿禰之姓，成為大學音博士，歷任玄蕃頭❻❹、大學頭、雅樂員外助兼花苑司等職務。

在那些東渡的外國人士中最具特色者為僧侶，如：創建大和長谷寺的道明，為經典轉讀漢音之普及不遺餘力的道榮，應日僧榮叡、普照之請渡日，住大安寺西唐院講律，奠定律宗基礎的道璿等俱為唐僧。其中對日本佛教界有大貢獻者，則是來自揚州大明寺的釋鑑真。鑑真因榮叡、普照之懇請，決意東渡弘揚戒律。然其赴日計畫卻遇四次挫折，最後因漂流至南海而竟失明，同行之榮叡也途中病歿。歷經十餘年的艱難困苦後，終於天平勝寶五年搭乘遣唐使大伴古麻呂之船抵日。當時有揚州白塔寺法進、泉

❻❹ 玄蕃寮的首長。玄為僧，蕃指外蕃。治部省屬下的官員。職司僧、尼、名器、供齋，及接待、迎送外賓等。

州超功寺曇靜、台州開元寺思託、揚州興雲寺義靜、衢州靈耀寺法載、寶
州開元寺法成等十四名，藤州通善寺尼智首等三名唐僧、尼，及揚州優婆
娑潘仙章，胡國（安息國）人安如寶，崑崙人軍法力，瞻波國（位於馬來
半島）人善聽等二十餘人偕行，並將來許多經論❻。

　　鑑真抵日後不久，即應聖武天皇之要求在東大寺興建戒壇院，使該寺
成為佛教界的總本山（大本營）。繼則在奈良興建唐招提寺，致力弘揚戒
律，於天平寶字七年七十七歲時圓寂❻。

　　當時前往日本者並不侷限於唐僧，如天平七年大福光寺律師道璿東渡
時有波羅門僧（印度僧）菩提，林邑（越南）僧佛哲，波斯人李密翳赴日。
菩提為巡禮中國五臺山入唐，因遣唐使多治比廣成之懇請，與佛哲偕往。
菩提抵日後住大安寺，常誦讀《華嚴經》，於舉行大佛開眼供奉典禮時擔任
導師。佛哲則將其故國之林邑樂東傳，且於大佛開眼典禮時演奏此樂，使
與會者大為讚歎，遂使此樂成為大安寺之特技，於外國使節入朝或天皇行
幸之際演奏，更於大同四年 (809) 在雅樂寮設唐、高麗、百濟、新羅、度
羅樂師之際，設林邑樂師。佛哲通曉梵語，著《悉曇章》一卷，成為日本
悉曇學前驅❻。

　　在此一時期東傳之佛教有三論、法相、華嚴、律、成實、俱舍及天台、
真言等宗派，其東傳始末容於下節〈奈良佛教〉中敘述。

　　由日本史乘的記載可知，當時中、日兩國商船的往來相當頻繁。這些
商船的往來雖成為日本停派遣唐使的因素之一，卻擔負停派後中、日兩國
間往來與經濟、文化交流的任務。當時往來於兩國間的中國商船除從事經

---

❻　有關鑑真東渡日本的經緯，可參看《中華大藏經・遊方部》所錄淡海三船，〈大唐
　　和尚東征傳〉，及鄭樑生，〈大唐和尚東征傳——中國佛教東傳的一幕〉，收於鄭樑
　　生著《中日關係史研究論集》，一（臺北：文史哲出版社，1990）。
❻　鄭樑生，〈大唐和尚東征傳——中國佛教東傳的一幕〉，《書和人》，二七〇(1975)。
❻　鄭樑生，《日本通史》，頁 79～81。

貿活動，為日本政府運輸物資與傳達書信外，也還將中國的先進文化與生產技術東傳日本。而日本是從七世紀開始至十世紀中葉為止，無論政治制度或經濟、社會、藝術等領域，其革新的內容幾乎都受到中國文化的影響，仿效唐代制度來制訂。

第四節　奈良佛教

一、南都六宗

奈良時代的文化與前一時代一樣，以佛教文化為中心，此一文化傳自大陸而日本色彩稀薄。唐的佛教因大唐帝國的勢力及於中亞，故西域或印度的僧侶前往中國，並且又有唐僧之印度巡禮盛行，致印度色彩濃厚。此一時代在平城京繁榮的佛教之六個宗派：三論、成實、法相、俱舍、華嚴、律謂之南都六宗。其中除華嚴、律兩宗外，均在七世紀東傳日本，興盛於奈良時代。不過這些宗派並非如後世之各自獨立成為一派，這就如東大寺、大安寺、法隆寺似的，俱有各宗派之學僧而寺院無宗派之別，而以一人兼學諸宗為常，亦即八宗兼學。雖然如此，卻也有其主修者，因此各宗亦有盛衰之不同。

六宗中以三論宗之東傳時期最早。它係以釋迦示寂後約六、七百年誕生的波羅門僧龍樹所著《中論》、《十二門論》，及其弟子提婆所著《百論》為根本經典之宗派。傳至中國後，由隋初的吉藏所完成。推古末年赴日的高麗僧惠灌住元興寺講授三論，而有弟子智藏。至智藏之弟子道慈（？～744）、智光、禮光等出，於八世紀前半成為日本佛教興隆之主流。亦即道慈於大寶元年隨第六次遣唐大使粟田真人赴唐回國後，住大安寺鼓吹宗風，給聖武天皇之佛教政策以影響，被視為當代佛教興隆之最早功臣。智光與禮光則住元興寺宣傳此宗，相傳在十世紀前後由智光所繪曼荼羅被典藏於

元興寺，成為中世民眾信仰的中心。

　　成實宗以印度訶梨跋摩所著《成實論》為根本經典，鳩摩羅什之弟子僧叡於五世紀初在中國講授此經以後，盛行於唐初。日本則於天武天皇之治世赴日的百濟僧道藏成為此一宗派之領袖而受朝廷重用。至文武、元明兩朝前後，三論、成實兩宗雖名僧輩出，然法相宗卻興盛於元正、聖武兩天皇之治世。

　　法相宗乃印度僧世親所著《成唯識論》、《瑜伽論》於四世紀前後傳至中國後，為唐僧窺基所開之宗派，然至玄奘從西域跨越帕米爾高原，在印度求法而為高宗所重後方才盛行，其東傳日本者為白雉四年入唐之釋道昭 (629〜700) 云。

　　道昭在元興寺東南隅建禪院居住，巡迴諸國為社會事業而盡力，臨終之際遺言將其火葬，時為文武四年 (700)。

　　俱舍宗以《俱舍論》為其本義，自從唐僧玄奘將《俱舍論》譯成中文以後，便開始發達。其被日本東傳的時期，在齊明天皇治世之前後。桓武天皇延曆十三年以後，附屬於法相宗，以東大寺、興福寺為中心研究它。

　　華嚴宗以《華嚴經》為其根本經典，乃唐初賢首所創，新羅學問僧審祥於奈良初入唐學自賢首。審祥在奈良東大寺講授《華嚴經》六〇卷，東大寺之大佛（奈良大佛）即根據此一經典所說本尊營造，而東大寺即成其本寺。佛教傳來後不久，規範僧尼日常舉止的律也東傳，但其作為宗派傳至日本者，則是唐僧道璿 (702〜760) 與鑑真 (688〜763)。尤其鑑真所建唐招提寺成為此一宗派之大本營而流傳下去。

　　律宗在孝謙天皇天平勝寶六年，由出揚州大明寺僧鑑真所東傳，屬大乘佛教的一個支派。其所依經典為《四分律》、《法華經》、《瑜伽師地論》、《成實論》等。除唐招提寺外，又於下野藥師寺，筑紫觀世音寺設戒壇而盛極一時。

　　六宗中，在思想上比較重要者為華嚴宗，但實際上勢力較大者為三論

與法相，後來則唯獨法相成為貴族佛教而繁榮。當時僧侶所從事者為農業之開發與貧民之救濟等，其成績較著者為釋行基 (668～749)。與之同時，法隆寺、興福寺、四天王寺等大寺院則設悲田院、施藥院、療養院等以從事社會福利事業，故此一時期佛教之活動是多方面的。

二、南都六宗的佛教學

　　白鳳時代（七世紀後半）佛教寺院的急速增加，一方面表示需要眾多的僧尼。如要成為僧尼，首先要在優婆塞❻、優波夷❻之階段跟隨有相當之師主修行讀經與誦咒。他們也被稱為「淨行者」，時機一到，便可成為沙彌、沙彌尼，其修行期間為六年、八年或十年以上。出聲誦讀的經典選用《法華經》或《金光明最勝王經》，默誦的經典則除《聖趣經》外，尚有《佛頂陀羅尼》、《虛空藏陀羅尼》等真言密教的陀羅尼。梵文經句之長者謂之陀羅尼，短者叫真言。我們雖可由他們所誦習之經典窺知陀羅尼與真言在奈良佛教裡所占比重之大，然當時無論律令國家對佛教所期待之鎮護國家，或個人對它所期望之疾病痊癒或現世利益，也都認為可從密教之祈禱，亦即可由咒術來實現。

　　無論中央貴族或地方豪族，他們都按各自身分的高低獲擔任律令政府官員的保障。唯其能夠昇遷的官職有侷限，能夠擔任官員的人數亦有其界限。可是僧界則在佛法興隆的時代潮流裡需要眾多的出家人。更由於寺院的數目一直在增加，因此僧人立身揚名的機會日益增多。例如：玄昉、道鏡等雖出身於下層豪族，只因出家，故能與上層貴族來往，進出政界。

---

❻　佛家語。梵語 Upāsaka 的音譯。指未出家而信佛的男子。義譯為清信士、近事男、善宿男。魏收等，《魏書》，卷一一四，〈釋老志〉云：「俗人之信憑道法者，男曰優婆塞。」

❻　佛家語。梵語 Upāsikā 的音譯。指未出家而信佛的女子。義譯為清淨女、近善女、近事女。一如等，《大明三藏法數‧七眾》云：「梵語優波夷，華言清淨女。」

在佛教界有沙彌、沙彌尼與僧、尼等身分上的上、下關係，而僧、尼亦有位居僧正、僧都、律師之僧剛（職司佛教界之指導與統制之僧官）等上層僧、尼及一般僧、尼，形成上、下之秩序，不過出家成為沙彌、沙彌尼，卻可謂擺脫律令社會。因俗法之律不適用於出家人，所以如要適用，就得還俗。非僅如此，出家人又可免除各種貢賦與徭役。

三、興建國分寺

養老五年正月，元正天皇為年輕的東宮（聖武），命佐為王、伊部王、紀男人、日下部老、山田御方、山上憶良、朝來賀須夜、紀清人、越智廣江、船大魚、山口田主、樂浪河內、大宅兼麻呂、土師百村、鹽屋古麻呂、刀利宣令等十六人於退朝後在東宮等候。越智廣江乃當時明經（政治學）首屈一指的博士，鹽屋古麻呂有明法（法律學）第一的博士之令譽，紀清人、樂浪河內、山田御方等人長於文章，山口田主則精於算術，至於山上憶良則曾為遣唐使成員而兼學和漢、儒佛之當代學者。此十六人雖未必經常在一起侍候東宮，但他們之為教育東宮而盡力，當無法否認。聖武因受這些人的薰陶，其學識之傾向於儒家，乃自然趨勢。這種情形也是文武、元明、元正三任天皇的一貫作風。如據儒家的王道思想，君主之統治天下，乃受天帝之委託而為，其政治的得失，由上天所示之禍福來判定。天子的政治如不符上天旨意，則會發生疾疫、農作物歉收，或地震等天災，給現實的社會生活帶來種種災難。

天平六年 (734) 四月七日，發生大地震而傷亡無數，故乃遣使前往畿內及七道諸國視察災情，並詔曰：「地震之災，恐由政事有關。凡厥庶寮，勉理職事。自今以後，若不改勵，隨其狀跡，必將貶黜焉！」❼⓪亦即聖武天皇以為只要勤於政務便可防止天災，此正是儒家的王道思想。同年，聖

---

❼⓪　《續日本紀》，卷一一，〈聖武天皇紀〉，天平六年夏四月戊申條。

武設寫經司而以門部王為其首長，使之書寫《一切經》而在其願文裡說：
「雖於政事餘暇讀諸經，為保全身體與安民，在經、史中以釋教為第一，
自今以後當歸三寶（佛、法、僧）。」聖武天皇對佛教有此認識的時期雖不
明瞭，但他在其即位之次年——神龜二年 (725)，為除災害而曾下令於左、
右京及大和國內諸寺舉行七天的誦經活動。四年則召僧六十與尼三百人在
中宮誦讀《金剛般若經》以袪除災害。五年八月則為求皇太子之病癒而刻
一七七尊觀音像，及製作一七七卷佛經，以禮拜及誦讀經典，但未見效而
太子夭亡。之後則為求國家平安而書寫《金光明經》六四帙凡六四〇卷，
每國各頒發十卷。

　　由上述可知，聖武天皇早就將佛教信仰與儒教主義並列，欲藉此以除
災害。其在此一方面的信仰，就如於神龜四年在中宮誦讀經典似的，應是
受到當時夫人藤原光明子之影響。光明子之影響可能至天平元年 (729) 發
生長屋王之變，她成為皇后以後更為強烈。前此元正天皇養老元年，雖以
民眾布教僧行基及其弟子擅自為大眾說罪福為理由，嚴禁其布教，然至天
平三年 (731) 卻允許追隨行基之男六十一歲以上，女五十五歲以上之優婆
塞、優婆夷（居家信徒）入道，亦即承認行基之布道符合佛之教誨。又，
元正天皇雖於靈龜二年 (716) 下令統合整理諸國已荒廢的寺院，唯至天平
七年，不僅撤消此一命令，還進一步禁止合併而要求整修已荒廢的寺院，
採取與前朝完全相反的佛教政策。其所以如此的原因，在於聖武天皇有佛
教第一之意識。

　　要保全身體，使民安樂，當以佛教為第一之聖武天皇，他之將政治從
儒教主義轉變為佛教主義，乃自然趨勢。其首先將此一思想具體化的，就
是興建國分寺。天平十三年 (741) 為發願興建國分寺而頒〈詔〉曰：

　　　朕以薄德，忝承重任，未弘政化，寤寐多慚。古之名主，皆能光業，
　　　國泰人樂，災除福至。修何政化，能臻此道。頃者年穀不豐，疫癘

頻至，慙懼交集，唯勞罪己。是以廣為蒼生，遍求景福。故前年馳
驛增飾天下神宮，去歲普令天下造釋迦牟尼佛尊像高一丈六尺〔者〕
各一鋪，并寫《大般若經》各一部。自今春已來，至於秋稼，風雨
順序，五穀豐穰。此乃徵誠啟願，靈貺如答，載惶載懼，無以自寧。
案：經云：「若有國土，講宣讀誦，恭敬供養，流通此經王者，我等
四王，常來擁護。一切災障，皆使消殄；憂愁疾疫，亦令除差。所
願遂心，恆生歡喜。」宜令天下諸國各敬造七重塔一區，并寫《金
光明最勝王經》、《妙法蓮華經》各一部。朕又別擬寫金字《金光明
最勝王經》，每塔各令置一部。所冀聖法之盛，與天地而永流；擁護
之恩，被幽明而恆滿。其造塔之寺，兼為國華，必擇好處，實可長
久❼。

由這段文字可知，聖武天皇興建國分寺的目的，在於祈求國土安穩，五穀
豐穰。此誠如前舉〈詔敕〉所說，天平四年 (732) 以後，五穀歉收與天災
疾疫接踵而來，尤其九年的天花蔓延於全國，除藤原不比等的四個兒子武
智麻呂、房前、宇合、麻呂外，聖武身邊人士之死於此疾疫者亦復不少。
因此，以佛教為第一之聖武天皇之求救於佛教，自屬必然。

　　唯此並非聖武天皇一人之構想，在其背後除光明子的勸誘外，更有在
本世紀初負笈中國的釋玄昉、釋道慈等所提供的新知識。中國早在隋文帝
時於各州縣興建僧寺與尼寺，迄至唐代則天武后時（睿宗嗣聖七年，朱雀
四年，690），於各州興建大雲寺，頒布《大雲經》。中宗則於神龍元年（慶
雲二年，705）在各州建中興寺與中興觀，後來改稱龍興寺、龍興觀。觀乃
中國固有信仰的道教寺院。因唐王室姓李，故信仰以老子為祖的道教而同
時興建寺、觀。

---

❼　《續日本紀》，卷一四，〈聖武天皇紀〉，天平十三年三月壬午朔乙巳條。

　　相當於日本天平十年的開元二十六年 (738)，唐玄宗也令天下諸郡建開元寺。開元寺對天平十三年所頒建國分寺之〈詔〉即使沒有直接影響，但唐朝歷代建寺的風潮與建造國分寺的構想不可能沒有關係。然要進行全國都興建以七重塔為中心，且具有完整七堂伽藍之國分寺並非易事，因此，至天平十九年也仍有尚未奠基者。即使已奠基，也因其建築拙劣為由，從中央派遣使者至全國各地巡視檢驗寺地與進行情況，並特選有財力的郡司，如能在三年內完成塔、金堂（藏經閣）與僧堂，便使其子孫永為郡司以資獎勵。雖然如此，至天平寶字八年 (764) 也仍有尚未完成者。

　　對中央的這種積極作為，並非所有的地方政府都故意怠工，就武藏（Musashi，東京都、神奈川縣、埼玉縣）國之國分寺言之，可從其寺院遺蹟發現刻有多摩郡之「多」、「太末」、「玉」，豐嶋郡之「豐」、「嶋」，荏原 (Ebara) 郡之「荏」、「原」，久良 (Tsutsuki) 郡之「久」、「久良」，都築 (Tsutsuki) 郡之「都」，橘樹 (Tachibana) 郡之「橘」等，在整個武藏國全域的地名之瓦，或「小野鄉」、「白方」、「日頭」(Hizu)、「三田」、「太田」、「蒲田」、「大井鄉」等郡名，以及刻有「戶主壬生部七國瓦」、「戶主矢集國」、「日頭戶主宇遲部」、「戶主占部乙萬呂」、「荒墓鄉戶主遲部結女」等人名的許多瓦片，這可證明該地區的戶主們都為建造國分寺而出錢出力。在這種情形下至八世紀末，全國各地的國分寺可能已大致完成❷。

　　國分寺制度之模仿唐制雖無庸置疑，但其所以能獲國司之協助而成功的原因，在於各郡司本身的信仰，因為從若干文獻與近年考古學界的研究成果，可知在八世紀時有可謂為郡分寺的郡家附屬寺院存在。建造國分寺之詔雖頒布於天平十三年，但其構想可能產生於九年前後。因為在九年三月曾詔曰：「每國令造釋迦佛像一軀，挾侍菩薩二軀，兼寫《大般若經》一部」❸，使之向佛祈求天平七年以來天花之流行與農作物之歉收給與護持。

---

❷　竹內理三，〈大佛開眼〉，《圖說日本の歷史》，三。

十二年六月則「令天下諸國，每國（寫）《法華經》十部，并建七重塔焉。」❼❹由此可知，天平十三年所頒詔敕，並非突然產生者。

建造國分寺的構想可謂因天平十二年 (740) 發生的藤原廣嗣之亂而急遽具體化。藤原不比等的四個兒子於九年因天花而相繼病歿後，掌握政治大權者為光明皇后之異母兄橘諸兄 (Tachibanano Moroe)。諸兄於天平十年正月任右大臣，兩年後請聖武天皇行幸其在山背 (Yamashiro) 相樂 (Sagara) 的別墅，而其子奈良麻呂獲授從五位的位階。十五年五月，諸兄晉陞為從一位左大臣。

天平十年，從大養德 (Yamato) 守改為大宰少貳的藤原廣嗣係已故藤原宇合之長子，他於十二年從大宰府上〈表〉言時政之得失與天地之災異，以為其所以致此的原因在於諸兄重用留唐歸國之吉備真備與釋玄昉兩人，並且以除此兩人為藉口舉兵。朝廷乃以大野東人為大將軍，從東海、東山、山陰、山陽、南海五道，動員一萬七千兵馬加以討伐。廣嗣雖以大宰府兵及隼人（古代九州南部的居民）抵抗，因戰敗逃亡海上之際被捕殺。同年十一月亂平。

此一戰亂雖經兩個月即告結束，然其影響卻甚大。亂發後，聖武離開平城京東行至伊勢，途中雖獲廣嗣之亂已平息之報告，竟不回平城京而駐蹕恭仁 (Kuni) 京，並發表以此為國都，且將平城京之兵器及其居民遷徙於此，而興建國分寺之詔敕即發布於此。恭仁宮之地固為從元明天皇時起即有藤原行宮，但也是諸兄別墅之所在，故遷都恭仁京的計畫之出自諸兄，殆無疑慮。

---

❼❸　《續日本紀》，卷一二，〈聖武天皇紀〉，天平九年三月己亥朔丁丑條。

❼❹　《續日本紀》，卷一三，〈聖武天皇紀〉，天平十二年六月甲戌條。

四、大佛開光㊄

當把恭仁宮安排妥當後，開闢了通往北陸與東山兩道之路——從恭仁宮至近江甲賀郡之路，於是又在甲賀郡的紫香樂（Shigaraki，信樂）建造行宮。天平十五年十月，聖武於第四次行幸此宮之際，頒詔欲於此地鑄造盧舍那 (Rushiana) 大佛。曰：

> 朕以薄德恭承大位，志存兼濟，勤撫人物。雖率土之濱已霑仁恕，而普天之下未浴法恩，誠欲賴三寶之靈，乾坤相泰。修萬代之福業，動植咸榮。粤以天平十五年歲次癸未十月十五日，發菩薩大願，奉造盧舍那佛金銅像一軀。盡國銅而鎔象，削大山以構堂，廣及法界為朕智識，遂使同蒙利益，共致菩提。夫有天下之富者，朕也，有天下之勢者，朕也。以此富勢，造此尊像，事也易成，心也難至。但恐徒有勞人，無能感聖。或生誹謗，反墮罪辜。是故預智識者，懇發至誠，各招介福，宜每日三拜盧舍那佛，自當存念各造盧舍那佛也。如更有人情願持一枝草一把土助造像者，恣聽之㊅。

亦即聖武宣布欲以七世紀以來所開發一切財富投注於鑄造佛像。頒詔次日，使東海、東山、北陸三道二十國的調庸物品運至紫香樂宮。第四日即開闢寺地，並使行基法師與其弟子們向民眾募款。一年後則準備鑄造大佛而建大佛骨架，並親臨現場引繩結緣㊆，所以工程似乎進行得很順利。

㊄　佛家語。指佛像塑成後，擇日行禮，開始供奉。也叫開眼光。《佛說一切如來安像三昧儀軌經》云：「復為佛像，開眼之光明，如點眼相似，即誦『開眼真三言』二道」。

㊅　《續日本紀》，卷一五，〈聖武天皇紀〉，天平十五年冬十月丁卯朔辛巳條。

㊆　言與佛道結緣。

聖武何以擬在即使今日亦感交通不便的甲賀山中舉辦此一大事業的原因不明，或許他因掌握天下財富，致自負而一時心血來潮；或用東洋的君主觀來粉飾知識分子所常有內心的動搖，但無論如何，選擇甲賀山區的理由莫名其妙❼❽。

聖武天皇在紫香樂開闢鑄造大佛之寺地後，雖於十五年十一月返回恭仁宮，卻於次年閏正月一日，詔喚百官於廟堂問曰：「恭仁、難波二京，何定為都？」群臣各述己見。「陳恭仁京便宜者五位以上二十四人，六位以下一百五十七人；陳難波京便宜者五位以上二十三人，六位以下一百三十人。」❼❾恭仁京與平城京、難波京較之，土地既狹小，交通也不便。如要勉強說出其長處，則恭仁之南有木津川而令人聯想到唐都長安南邊有渭水而已。

四日，遣從三位巨勢朝臣奈良麻呂、從四位上藤原朝臣仲麻呂向市場商人詢問定京事，而人人皆願以恭仁京為都，但有願難波者一人，願平城者一人❽⓿。眾人意見雖如此，聖武竟於十一日行幸難波。二月二十六日，當聖武再度行幸紫香樂宮而不在京之際，橘諸兄宣言以難波為皇都。並且聖武天皇停留紫香樂宮至本年十一月在當地建造大佛骨架後，將前此與諸兄同在難波的太上天皇（元正天皇）迎接至紫香樂宮，並於次年正月在此舉行宮中宴會，這表示首都已從難波遷至紫香樂，橘諸兄被拋棄在難波京，聖武與執政者諸兄之間的意見明顯對立。十七年 (745) 五月二日，「太政官召諸司官人等，問以何處為京？皆言可都平城。」❽❶十一日，聖武回平城京，「以中宮院為御在所，舊皇后宮為宮寺」，「諸司百官各歸本曹」❽❷。聖

---

❼❽　竹內理三，〈大佛開眼〉，《圖說日本の歷史》，三。

❼❾　《續日本紀》，卷一五，〈聖武天皇紀〉，天平十六年 (744) 閏正月乙丑朔條。

❽⓿　《續日本紀》，卷一五，〈聖武天皇紀〉，天平十六年閏正月戊辰條。

❽❶　《續日本紀》，卷一六，〈聖武天皇紀〉，天平十七年五月戊午朔己未條。

❽❷　《續日本紀》，卷一六，〈聖武天皇紀〉，天平十七年五月戊午朔。

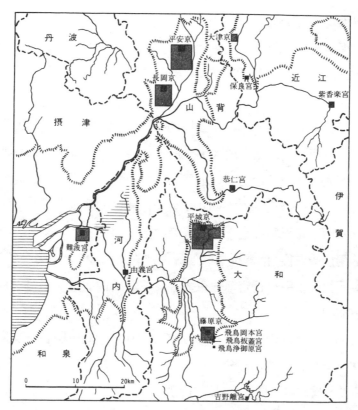

圖二七　古代皇宮遺址分布圖　從七世紀後半至八世紀之間，在政權變化中不時有遷都之舉。大化元年在難波豐碕宮齊明天皇二年 (656) 徙至飛鳥的岡本宮，天智天皇六年遷往大津京，天武天皇元年 (672) 遷至飛鳥的淨御原宮，持統天皇八年移至藤原京，和銅三年則遷至平城京。之後，於天平十三年遷到恭仁宮，兩年後則短暫時間在紫香樂宮，然後搬回平城京。典據：《圖說日本の歷史》，三，頁 207。

武自天平十二年以來前後長達五年的徬徨至此結束。〔見圖二七〕

　　其在紫香樂進行的鑄造大佛工程，也隨著返回平城京而改在位於平城京東山的金鐘寺施工。其施工的正確時間雖不詳，但聖武天皇與元正上皇及光明皇后曾於十八年偕往金鐘寺，將一萬五千七百坯之燃燈呈獻盧舍那

佛之前以供養，則其動工的時間可能在還都以後不久。二十一年 (749)，完成鑄造工程。相傳其間曾經重鑄了八次，可見工程相當艱巨。因此，人們一時懷疑其成功的可能性，竟有人乘機偽稱宇佐八幡禰宜之八幡神託，以謀進出中央❽。

同年，陸奧 (Mutsu) 國獻大佛鍍金所需之黃金。聖武天皇大為喜悅，自稱三寶之奴而將此事報告於大佛之前，並將年號改為天平感寶。繼則把皇位讓與皇太子阿倍內親王而為上皇，皇后光明子為皇太后。阿倍內親王即孝謙天皇 （749～758 在位）。由於孝謙的繼位，雖又出現女皇，但上皇仍與往日元明、元正兩天皇一樣的過問政治。

大佛鑄造竣工後，繼續從事興建覆蓋祂的大佛殿。天平勝寶四年四月，上皇、太后與天皇引率百官前往東大寺，並邀請僧侶萬人舉行空前盛大的開光供養典禮。

此大佛為結跏趺坐之座像，高五丈三尺五寸，其中臉長一丈六尺，寬九尺五寸，眉長五尺四寸五分，眼長三尺九寸，鼻長三尺二寸，嘴寬三尺七寸，頤長一尺六寸，耳長八尺五寸，頸長二尺六寸，肩寬二丈八尺七寸，胸寬一丈八尺，腹長一丈九尺，臂長一丈九尺，自肱至腕之長度一丈五尺，手掌長五尺六寸，螺髮九六六個，高各一尺二寸，直徑各三尺六寸，銅座高一丈。〔見圖二八〕 用於鑄造之金銅為：熟銅七十三萬九千五百六十斤（約四百四十四噸），錫一萬二千六百一十八兩，鍊金一萬四百三十六兩，水銀六萬八千六百二十兩，炭二十萬六千六百五十六斛（一斛約零點二八立方公尺）。水銀與炭表示以汞劑 (amalgam)❾法把黃金貼在佛身。其安置此大佛的佛殿高十五丈六尺，東西二十九丈，南北十七丈，柱八十四根，

---

❽　竹內理三，〈大佛開眼〉，《圖說日本の歷史》，三。

❾　汞劑，化學名詞。又名貢膏，亦書如汞齊。為金、銀、銅、鉛、錫、鋅、鈉等金屬溶解於汞所成合金的總稱。汞劑之為液體或固體，視含汞量的多寡而異。冶金術上常用汞劑以提鍊金、銀等。

天蓋三千一百二十二蓋，迴廊東西五十丈六尺三寸，南北六十五丈。如前舉造佛之詔所示，這些材料都是從全國各地運來的。又如據東大寺所典藏之紀錄，則當時奉獻木材者有五萬一千五百九十人，奉獻銅、鐵、錫等金屬材料者三十七萬二千七十五人。至其搬運上述木材者有一百六十六萬五千七十一人，搬運各種金屬者共五十一萬四千九百二人。此外，又有捐獻其他物品或金錢的，如：越中（富山縣）人利波志留志的米五千石；河內人河俣人麿的錢一千貫；物部子嶋錢一千貫，車十二輛，牛一頭；近江人甲賀直東錢一千貫，牛一頭；攝津人漆部伊波布二百匹，少田根成錢一千貫，車一輛，鋤頭二百把等❽❺，可謂舉全國之力完成了此一大事業。

圖二八　奈良大佛　位於奈良市雜司町的東大寺的盧舍那佛以「奈良大佛」著稱於世。天平十五年起願鑄造大佛而公告，兩年後動工，天平勝寶二年(750)完成。越明年舉行開眼供養典禮。十二、十六世紀曾經兩次因戰火而毀損。典據：《圖說日本の歷史》，三，頁207。

---

❽❺　竹內理三，〈大佛開眼〉，《圖說日本の歷史》，三。

在大佛開光之前，聖武上皇與光明太后首先行幸東大寺，繼則由諸家奉獻各種人造花。四月九日，孝謙天皇行幸該寺，引領文武百官設齋，儀式與元日相同，五位以上穿禮服，六位以下著制服。萬名僧侶自南門入。開光導師波羅門僧正菩提乘輿自東入，講師隆尊律師乘輿自西入。之後，讀師延福法師入。開光法師趨向盧舍那佛之前，提筆點睛。點睛之際，在筆上繫上繩子，使所有參加典禮者結緣❸。

開光後，講師與讀師陞座講讀《華嚴經》，其由玄蕃寮官員所引導的眾僧、沙彌自左右兩旁入。大歌女、大御舞三十人，久米舞、猪伏舞、女漢躍歌一百二十人，跳子百人。先後演奏唐古樂、唐散樂、林邑樂、高麗樂、唐中樂、唐女樂、高麗女樂等，以結束盛大的供養典禮❸。當時所使用的各種器具均捐贈東大寺，為正倉院保存至今❸。

以大盧舍那佛為本尊之教理，他究竟根據《華嚴經》或《梵網經》的問題，在佛教史學家之間曾有過一番爭論。其所以會爭論的原因，在於即使同為盧舍那佛，因所依之經典的不同，其意義便有異。《華嚴經》所說之盧舍那佛為法身佛，《梵網經》所言者則屬報身佛。所謂法身佛，即其本身為著作正法的釋迦如來，謂之毗盧舍那佛，譯作「遍一切處」，即法無所不在之意。報身佛則由因行（讚歡佛的行為，ingyo）之功德而出現之佛，名為盧舍那佛而譯作「光明遍照」。如係前者，則此本尊為絕對佛，設若係後者，則屬化身無數，濟度眾生之分身佛之本身。如果東大寺的大佛係根據《華嚴經》的法身佛，則聖武之信仰為皈依絕對佛，並且因其皈依而將其比作毗盧舍那佛，自覺本身之絕對性而鑄造。而前文所舉鑄造大佛之詔篇首所謂：「朕以薄德恭承大位，……修萬代之福業，動植咸榮」云云，即其具體表現❸。

---

❸　竹內理三，〈大佛開眼〉，《圖說日本の歷史》，三。

❸　《續日本紀》，卷一八，〈聖武天皇紀〉，天平勝寶四年夏四月丁丑朔乙酉條。

❸　竹內理三，〈大佛開眼〉，《圖說日本の歷史》，三。

　　然一般認為刻在東大寺蓮瓣上的釋迦說法圖相，即表示東大寺是作為國分寺的總本山而建，也就是說，大佛蓮瓣上表現著釋迦說法的三千世界，乃《梵網經》所說之世界。蓮華的世界有一千的蓮華葉，每一葉都出現一位釋迦說教。其受此釋迦之教化者為三千大千世界。此三千大千世界之一裡有百億之須彌山，以此須彌山為中心有百億世界，在此也出現百億的釋迦從事教化。亦即在該圖相的蓮華藏世界有一葉百億的小釋迦，千葉一千的大釋迦，在華臺上有這些小釋迦、大釋迦的本佛之報身佛坐著，也就是說，本佛分身成為大小佛教化眾生，此乃《梵網經》所說蓮華臺世界而為《華嚴經》所無。並且這些小釋迦表示日本六十餘州之國分寺本尊之丈六釋迦像，而東大寺的大佛即為作其本佛而造。

　　上舉構想乃將聖武視為世俗界的最高君主，欲將天皇所支配諸國之身影也及於宗教界。奈良大佛蓮瓣之圖相雖成為一般所認為之理論根據，但主張大佛為《華嚴經》本尊說的學者，則認為此蓮瓣乃大佛鑄造完成以後，根據宗教界情勢之變化而刻，未必為發願鑄造大佛時所企圖者❿。

　　對奈良大佛的含義問題，如根據前說，則聖武認為象徵國家即象徵自己，所以鑄造大佛，而與「有天下之富者朕也，有天下之勢者朕也」之意識無異，亦即與國分寺之意圖無關。然如就後者言之，則聖武是居於統治國民者的立場，祈求國家安泰而為。因此，東大寺與國分寺的關係密切。上舉兩說所代表的含義雖如此，唯當初應是根據《華嚴經》之教說而造，且有聖武所意圖者在，然在完成以後不久，引進《梵網經》的教說方才加上此一方面的意義❾❶。

---

❽❾　《續日本紀》，卷一五，〈聖武天皇紀〉，天平十五年冬十月丁卯朔辛巳條。

❿　家永三郎，〈畝傍史學叢書〉，《上代佛教思想史》（東京：畝傍書房，1942）。

❾❶　竹內理三，〈大佛開眼〉，《圖說日本の歷史》，三。

第五節　天平文化

一、學術與思想

　　奈良時代的國力之充實，與政府積極的文化保護政策相結合，產生雄偉的天平文化。不用說此一文化係在唐文化的影響下所產生，以宮廷及貴族為中心的文化，不過在此文化所聚集當時人們對藝術的堅實熱情，及從唐文化所攝取世界性特質，在日本文化史上實具有不朽價值。

　　當提到奈良時代時，雖通常立刻會浮現佛教問題，但此一時代的儒教與儒教思想，被作為與官僚的新政治機構相對應之理論而被廣泛採用著。然將它作為教養之一而加以接受的，卻侷限於上層階級。他們學習儒學的態度，與其說體會其哲理，無寧言為模仿唐人，把它當作文學來研究、鑑賞而已。當時學者有石上宅嗣 (729～781)、吉備真備 (693～775)、阿倍仲麻呂 (698～770) 較著。漢詩也作於上層貴族之間，於天平勝寶三年 (751) 刊行了漢詩集《懷風藻》一卷。內容多相似而意境尚不高。例如：

飄寓南荒贈在京故友　　　　　　　　石上乙麻呂

　　遼夐遊千里，徘徊惜寸心。風前蘭送馥，月後桂舒陰。斜雁凌雲響，輕蟬抱樹吟。相思知別慟，徒弄白雲琴 ❷。

---

❷　南荒，指土佐 (高知縣)。石上乙麻呂為左大臣石上麻呂之第三子。自幼潛心於經籍，愛詩賦，遺有《銜悲集》二卷，今已佚亡。此詩乃他因與藤原宇合之妻久米連若賣犯通姦罪，自天平十一年三月被流放於土佐後，至十三年九月被赦回京以前之作。

侍宴　　　　　　　　　　　　　　　　　　山前王

至德洽乾坤，清化朗嘉辰。四海既無為，九域正清淳。元首壽千載，
股肱頌三春。優優沐恩者，誰不仰芳塵❸。

　　由於將儒家經典當文學來研究、鑑賞，所以標榜儒教主義的大學或國
學都不興盛。如據〈學令〉，大學乃教授五位以上官員之子弟與東西史部子
弟之所在，它設於京師；國學則設於各國，教導郡司之子弟，如尚有名額，
庶民子弟亦可入學。由此入學資格觀之，當時的學校乃教育貴族與政府官
員子弟之機構，與登用官吏有密切關聯。

　　大學屬大學寮，除頭 (kami)、助 (suke)、允 (Jyo)、屬 (sakan) 等事務官
外，教官有博士、助博士、音博士、算博士、書博士。學生定額四百人，
算生三十人，書生若干人。教科書規定為經學 （政治學）、《周易》、《尚
書》、《周禮》、《儀禮》、《禮記》、《毛詩》、《左傳》、《孝經》、《論語》，故當
時的學制採儒教主義，大寶四年 (704) 藤原武智麻呂擔任大學助時，將此
學制振興起來。然因當時的貴族子弟可以恩蔭制度當官，且漢學知識的普
及程度亦低，因此利用這種教育設施者甚稀❹。

　　此一時代為給大和朝廷權威以歷史的定位，乃根據在大化以前已大致
整理有關朝廷的古傳承，計畫從事大規模的史書編纂工作。亦即聖武天皇
繼承聖德太子之遺志著手編修國史，乃召稗田阿禮 (Hiedano Are) 誦習帝紀
與舊辭。至元明天皇和銅五年 (712)，太安麻呂 (Ōno Yasumaro) 即據舊辭
撰寫《古事記》三卷，此乃將國初至推古天皇朝有關朝廷之古傳承作統一
的敘述，係以漢字來表達日語發音之獨特文體，如：將須佐之男命
(Susanoonomikoto) 放逐於高天原 (Takamagahara) 的一段文字：

---

❸　此乃在宮中侍宴，稱頌帝德之作。山前王為從四位下，刑部卿。

❹　豐田武，《概說日本史》，頁 52。

於是八百萬神共議而於速須佐之男命，負千位置戶，亦切鬚及手足
爪令拔❾❺。

乃日本語化的漢文，即日本學者所謂之「準漢文」❾❻。其本文文體雖如此，
〈序〉文則以駢文來書寫。如：

夫混元既凝，氣象未效，無名無為，誰知其形？然乾坤初分，參神
作造化之首；陰陽斯開，二靈為群品之祖。所以出入幽顯，日月彰
於洗目；浮沉海水，神祇呈於滌目。故太素杳冥，因本教而識孕土
產島之時；元始綿邈，賴先聖而察生神立人之世。寔知懸鏡吐珠，
而百王相續；喫劍切蛇，以萬神蕃息歟？

可證。

養老四年，則由舍人 (Toneri) 親王所主持編纂的《日本書紀》被獻上
朝廷。其文採漢文體，第一、二卷書寫神代事，第三卷以下為編年體，自
神武天皇至持統天皇之紀 。 此後至延喜前後完成了官撰史書 《六國史》
(Rikukokushi) 。 所謂 《六國史》，即：《日本書紀》、《續日本紀》
（Shokunihonki，文武天皇至桓武天皇）、《日本後紀》（桓武天皇至淳和天
皇）、《續日本後紀》（仁明天皇一朝）、《日本文德天皇實錄》、《日本三代實
錄》（清和、陽成、光孝三天皇） 等六部由政府主持編纂的史書。在編纂
《六國史》之前的和銅六年，為蒐集編纂上舉史書之資料，及為了解諸國
之地理，乃撰述《風土記》，而今日所見《常陸》、《播磨》、《出雲》、《肥
前》、《豐後》、《風土記》，即當時編纂的部分著作。

---

❾❺　其義為：於是八百萬神共謀，使速須佐之男命背負千位置戶，且剪其鬚，拔其手
足之指（趾）甲」。

❾❻　豬口篤志，《日本漢文學史》（東京：角川書店，1984），頁 65。

在和歌方面，也出現吐露真情的歌風，《萬葉集》即輯錄那些作品之篇幅最大者。它收錄短歌、長歌、旋頭 (sedou) 歌❼等共約四千五百首。主要將天武、持統兩朝以後，至淳仁天皇為止的和歌，它們無不巧妙利用漢字的音韻書寫而成❽。主要作者有柿本人麻呂、山上憶良（660？～733？）、山部赤人、大伴家持（Yakamochi，718？～785）等。因其作者涵蓋天皇、皇族、乞丐、邊防將士、風塵女子，故為後世所編纂敕撰集無法比擬者。

二、南都諸學

日本八世紀的文化雖以佛教文化為代表，但我們也不能忽略在此一時期已逐漸奠定在九世紀繁榮的唐文化之基礎。唐文化在本質上係根據漢籍而來的中國式思考之各種學問。八世紀初所為國史、地誌及《大寶律令》、《養老律令》等的編纂，乃受唐文化影響的產物。就連被視為日本固有之三十一字的和歌言之，其所以能夠形成今日這種固定的型式，實受七世紀末中國文學之影響❾。前舉《萬葉集》之編輯固為八世紀後半，然其所收錄者卻始自仁德天皇而止於天平寶字三年 (759)。如根據近年的研究，現今所見二〇卷本的《大歌集》，其前十六卷係自天平十六年 (746) 至十八年之間，比照敕撰方式完成者。當舉國為鑄造盧舍那佛而忙碌之際卻能夠編纂這部歌集之事實，實非深入探討此一時代日本人的意識不可。

聖武天皇在鑄造大佛之前自稱「三寶之奴」，也說「經史之內，釋教最

---

❼ 和歌的型式之一，以五七七、五七七之六句而成。以五七七的片歌而可能由兩人唱和或問答而成。

❽ 例如《萬葉集》第七九三首云：「余能奈可波，牟奈之伎母乃等志流等伎子，伊與伊余麻須萬須加奈之可利家理。」如用現代日文書寫則：「世の中は、空しきものと知る時し、いよいよますます悲しかりけり。」（當知世上縹緲無常時，愈益感到悲哀。）

❾ 竹內理三，〈大唐留學〉，《圖說日本の歷史》，三。

上。」❿此乃「安民使生業持續」、「上為國家，下為生類祈福」者，在此有中國統治者治國治民之自覺，故佛教不過作為治者之手段而已，故其根柢有中國的、儒教的政治學深深存在著。

三、佛　教

奈良時代初期雖以儒教為政治理論之依據而重視它，然在天平前後出現的政界之不安與天災、疾疫之接踵而至，及貧民之不斷增加，竟造成災異說之流行，給儒教政治帶來深刻的反省。因此，佛教迅速流行於政府官員之間，致採儒教的政治方針之聖武天皇也產生佛教至上的世界觀。結果就如上節所說，創建了國分寺、國分尼寺與東大寺，並使鈔寫、誦讀《法華經》、《金光明最勝王經》、《仁王經》的風氣大開。尤其當時的人們認為可經由誦讀《金光明最勝王經》，獲得四天王之庇護，從而祛除一切災厄，並且因鎮護國家思想而佛教廣泛的為一般大眾所信仰。

四、行基的民眾佛教運動

因〈僧尼令〉規定僧、尼居住寺院，所以任何僧、尼都必須居住於任何一座寺院，並在該寺院從事學問研究及參加佛事。不過值得注意的是僧、尼並無居住特定寺院的義務，因此他們被認為是不住一處的修行者，承認他們巡迴各寺院的自由。職此之故，政府所管理的僧、尼名單裡沒有現住寺院名的記載之原因在此。

此一時代由佛教所為之社會事業盛行，僧侶們之活動包括農業開發，貧民救濟等，涉及範圍相當廣泛，其中留下許多業績者為行基及其伙伴們。行基為和泉大鳥郡蜂田鄉百濟系移民後裔。自幼出家，起初在官寺從道昭、義淵學法相宗，不久以後返鄉從事民間布教工作。他布教時即鑽〈僧尼令〉

---

❿　天平六年寫經司所書《一切經》裡頁文字。

之漏洞從事造橋、鋪路，築造灌溉溝渠等。其出現在行基周圍者雖有受具
足戒❶之僧、尼即「大僧」，然其大部分為受沙彌戒❷的沙彌、沙彌尼，及
居家之佛教信徒優婆塞、優婆夷。

　　行基為傳教所建佛教寺院有三十六，尼院十三。其分布地區為和泉院
七、尼院三，河內院五、尼院二，攝津院十一、尼院四，山城院八、尼院
二，大和院五、尼院二。院指四周有籬笆之建築物，與七堂伽藍之寺有異。
亦即他從事構築池溝、濠溝、橋樑、布施、療養院等設施，及男、女住宿、
休息、療養之場所，以為僧院或尼院。行基所推動的土木工程之需勞力的
工作如挖土、搬石等由男人負責，燒飯、住宿、看護等由女人擔任。

　　行基的民眾佛教運動只在畿內進行，且無後繼者。行基所具有強烈的
個性既是支撐該集團的動力，而在營造平城京時所發生的種種異常事態，
則為此一運動的泉源。當行基於天平二十一年示寂後，此一民眾運動便告
結束。

　　行基的活動在初時被視為違反〈僧尼令〉而遭禁止，後來獲承認而繼
續其社會事業。他因協助建造東大寺有功，獲賜大僧正之職銜。

五、山岳、民眾與道教

　　九州北部遺有山岳信仰形態的山岳巒，如福岡市的背振山 (Seburisan)，
福岡縣糸島郡的雷山 (Raisan)，田川郡的英彥山 (Hikosan)，豐前市的求菩
提山 (Kubotesan)，大分縣國東 (Kunisaki) 郡的六鄉滿山 (Rokugōmanzan)
等。相傳這些山岳的開基者為天竺之王子（背振山），天竺之清賀（雷山），
魏之善正（英彥山），高麗的行善（求菩提山）等，他們皆來自印度或中
國、朝鮮半島。這些山在平安時代以後雖建有天台宗的寺院，且成為修驗

---

❶　比丘、比丘尼應保有的戒法。如據《四分律》，比丘應保二百五十戒，比丘尼則為
　　三百四十八戒。因保此戒法時無量戒德可圓滿具足於其身，故如此稱之。

❷　出家受十足戒以後的男子，在受具足戒成為比丘以前者。

場所，卻不提及它們與延曆寺高僧名德之間的關係，而僅言大陸人士。可見以這些山岳為信仰場所者，俱來往於朝鮮半島或中國大陸之間，亦即這些山在奈良時代已固定成為民間道教信仰的根據地，而道教信仰為大陸移民所東傳。

宇佐八幡的原始信仰形態為御許山 (Mimotosan) 的山岳崇拜，接近山巔處有三個巨石，形成所謂之磐境 (iwasaka)。如據《宇佐八幡託宣集》的記載，大神比義 (Ōganohigi) 為求八幡現身，三年間在山上不食穀物祈求的結果，八幡便以三歲幼兒的姿態現身謂：「從天降八幡於辛國城，自己成為日本神。」「辛國」即「韓國」(karakuni)，這表示八幡源於朝鮮半島。宇佐八幡的神職人員由宇佐、大神、辛島氏所組成。辛島氏即韓島氏，此一氏族可能為大陸移民。但無論如何，八幡與朝鮮半島有密切關聯，而大神比義之在山上不食穀物，實為道教的修行方式。

為求長生不老之仙術入山，吃仙藥，斷穀物以修行之道士在奈良時代已出現。相傳在文武天皇三年被流放於伊豆的役小角 (Enno Ozunu) 居住於葛城山而擅長咒術云。與役小角同一時代的行基也在葛城山的高宮山寺出家，度過二十餘年的山林修行生活。其獲稱德天皇之皈依的道鏡，也曾在葛城山修行，亦即山林修行與道教有關。也就是說，道士的山林修行方式與中國、朝鮮相同，而此一方式為日本僧侶所繼承❿。

另一方面，作為思想的道教，也廣泛流傳於貴族之間。此固為一種空想主義 (romanticism)，其源流卻可求之於新羅之花郎。花郎，即新羅有挑選英俊的青年為首領，以組織青年貴族集團之風習。新興王把花郎集團納入國家制度裡。花郎集團雖以儒教為日常道德之依據，並求彌勒之呵護，但值得注意的是他們心儀道教的神仙思想。花郎集團雖時常優遊於山水之

---

❿　相傳居住於葛城山的役小角穿葛布衣，食松樹，可在空中自由飛行。中世時，被奉為修驗道之始祖。

間，卻被視為在山水聖地修煉道教，擬藉此置身於神仙世界。花郎求仙境於東海即東海岸，他們所遊金剛山以靈岳著稱，日本貴族把奈良縣南部的吉野視為神仙境。

　　吉野為仙女所居之仙境，它引發宮廷貴族之美夢。《懷風藻》裡收錄著遊吉野，歌詠仙女柘姬的藤原不比等之詩，及中臣人足、紀男人、丹墀廣成、高向諸足等人之作品，這些貴族可視為憧憬仙女的日本花郎。釋空海在赴唐 (804) 之前，曾於吉野修行了二十年，於久米寺多寶塔對《大日經》有所領悟云。如據《三教指歸》的記載，空海在年輕時之所以屢至吉野，無非把該地視為仙境。

　　道教雖以咒術、護符為利益現世的宗教，引誘人們於神仙世界，然它在奈良時代的佛教修行方面，也扮演了重要角色。

六、藝　術

1.美術、建築

　　國運的昌隆，須有裝飾國家威儀的藝術。此一時代的藝術受國家深厚的保護，呈現生氣蓬勃的新興國家之精神，尤其朝廷傾力於佛教興隆的結果，藝術的精髓自然傾向於佛教建築及佛像、佛畫之製作方面。更由於積極攝取唐文化的結果，非僅圓熟的唐代藝術，就連西方薩珊 (Sasan) 王朝與印度南方的笈多 (Gupta) 王朝的藝術也給日本造成影響。

　　此一時代的藝術始於天武天皇之興隆佛教運動為背景之白鳳文化❹，

---

❹　盛行於七世紀後半的文化。以壬申之亂為界可分為前後兩半。前半雖受飛鳥文化
　　相當大的影響，但已出現新的要素。佛像雕刻方面出現寶髻、三面冠、柔和容貌，
　　以環珞裝飾軀體的風格。後半則受到唐朝東傳的印度、笈多之影響，這可從藥師
　　寺金堂（藏經閣）之藥師三尊像、東塔，及該寺東院堂之聖觀音像等雕刻、建築，
　　法隆寺金堂之壁畫看出其風貌。此外，制訂律令、編纂國史，被輯錄於《懷風藻》
　　弘文天皇以下之漢詩，《萬葉集》柿本人麻呂等人之歌等，在文學、學術領域也有

當時的建築雖僅有藥師寺的東塔，但雕刻的材料與種類較前豐富，尤其在鑄銅方面的發達空前，而藥師寺的金堂藥師三尊像，東院堂之聖觀音像，安奉於法隆寺橘夫人廚子之彌陀三尊像等即其代表作。繪畫也與雕刻一樣，利用豐滿的線條，並敷以美麗的色彩。如法隆寺金堂之壁畫，它雖受西亞與印度中部阿亞達 (Ajanta) 藝術的影響，卻不流於卑俗而呈現清秀素淨之趣。

繼白鳳文化之後的天平藝術則顯得更為圓熟，因聖武天皇保護佛教，故建造了以東大寺為始之許多七堂伽藍，現存者有唐招提寺金堂，法隆寺夢殿，東大寺法華堂等。東大寺的正倉院也建築於此一時代，其典藏聖武遺物之校倉造 (azekurazukuri) 為敕封倉庫。在雕刻方面有東大寺法華堂之不空羂索觀音 (Fukūkensakukannon) 等諸佛像，戒壇院之四天王像，唐招提寺之諸佛像等，在姿態方面表現自然之妙而注入生命，並朝著崇高的理想與目標來製作而有許多傑出作品。其所使用的材料除金銅、木材外，也還利用易於寫實的塑像與乾漆像。至於繪畫方面，遺留下來的物品雖不多，但如藥師寺的吉祥天女像〔見圖二九〕等，用筆精巧，體態豐麗圓滿，與正倉院之鳥毛立女屏風 (Torigeritsujyōnobyōbu) 同為表示此一時代人們的好尚。

2.音　樂

飛鳥、白鳳時代東傳了伎樂與高句麗、百濟、新羅之所謂三國樂，並且表演由來於中國正月行事之踏歌。迄至奈良時代則又傳來唐樂、渤海與林邑樂等亞洲的樂舞，所以除傳統的和風歌舞外，東傳的樂舞使日本的演藝史更為多彩多姿。

在七世紀後半的天武、持統朝雖已設「樂官」，但對日本歌舞、音樂之

顯著的進步。在文化史上，是上承飛鳥文化，準備下一個時代天平文化綻放絢爛花朵的時代。

圖二九　吉祥天像　此係描繪頭上戴著豪華飾品，左手持寶珠，戴手鐲、瓔珞，搖襬著衣服的下擺散發出蠱惑的媚力的吉祥天像。衣服的複雜花紋，粗大的蛾眉，充滿媚力的眼睛、嘴唇，表現著天平風俗的豪奢層面與美感意識。典據：《圖說日本文化の歷史》，三，頁13。

發展有重大貢獻者則為雅樂寮。大寶二年施行的《大寶令》有關於雅樂寮的規定。治部省下的雅樂寮在頭、助、允（大允、小允）、屬（大屬、小屬）等四個職等下分配以下之人員教習歌舞與音樂。

　　有關和風歌舞〔見圖三〇〕者有歌師 (utashi) 四人，歌人 (utabito) 四十人，歌女 (utame) 百人，儛師 (mainoshi) 四人，儛生 (mainosyō) 百人，笛師 (fuenoshi) 二人，笛生 (fuenosyō) 六人，笛工 (fuefuki) 八人；外來樂舞則有唐樂師 (tōgakunoshi) 十二人，樂生六十人，高麗樂師 (komagakunoshi) 四人，樂生二十人，百濟樂師 (kudaragakunoshi) 四人，樂生二十人，新羅樂師 (shiragigakunoshi) 四人，樂生二十人，伎樂師 (gigakunoshi) 一人，腰鼓師 (kuretsuzuminoshi) 二人負責各該音樂、歌舞之表演與演奏。

圖三〇　和舞　和舞於
宮廷舉行大嘗祭、鎮魂
祭、及平野祭、梅宮祭、
大野祭、春日祭時表演。
手持木神枝舞蹈的古老
方式，見於平安時代所紀
錄〈儀式〉「平野祭」條，
《江家次第》大野祭條。
典據：《圖說日本文化の
歷史》，三，頁174。

歌師指導歌人、歌女，臨時教「有聲音而堪供奉者」。儺師教導儺生學五節舞、田舞、筑紫舞、諸縣舞 (morokatamai) 等雜儺 (kusagusanomai)，笛師教導笛生吹奏笛子；唐樂師以下的人員則教導樂生學外來音樂。伎樂師之樂生與腰鼓師以附屬雅樂寮的樂戶充之，由腰鼓師教導腰鼓生習鼓。其經辦雅樂寮之下層事務與庶務者有使部二十人，直丁二人。

雅樂寮的設置對日後歌舞、音樂的發展有很大影響，它除教導歌舞外，也還傳習音樂。在隋、唐的官制裡有太常寺與太樂署，由尚書省的禮部負責有關樂舞的事務，日本則屬治部省，使其教習「雅曲、正儺」（雅正之曲與舞）與雜樂 (zōgaku)●。

唐朝以宮廷傳統的樂舞為「雅正」，民間之樂舞為「雜」，日本則有天平三年所訂雅樂寮之「雜」的大唐樂（唐樂）外。當時規定高麗樂、新羅樂、百濟樂、度羅樂、諸縣舞、筑紫舞之樂生人數●，並將外來的樂舞視為「雜樂」。上述「雜樂」有筑紫之筑紫舞與日向之諸縣舞，這兩種歌舞之所以被納入「雜樂」，可能與宮廷之和風歌舞風格不同。

值得注意的是天平三年所定有關雅樂寮雜樂生人員的規定：唐樂的樂

● 田村圓澄，〈國家鎮護の祈り〉，《圖說日本文化の歷史》，三。
● 田村圓澄，〈國家鎮護の祈り〉，《圖說日本文化の歷史》，三。

生不侷限於唐人而以足堪教習者充之，度羅樂、諸縣舞、筑紫舞之樂生以樂戶充之，但高麗、新羅、百濟三國之樂生卻由朝鮮移民來組成。如據《續日本紀》的記載，天平勝寶元年 (749) 在東大寺演奏唐、渤海、吳之音樂及表演五節田舞與久米舞。於是雅樂的內容愈益豐富，這就如天平寶字七年正月於朝堂饗宴之際，上演唐、度羅、林邑、東國、隼人之樂舞似的，以外來樂舞為主流者發展成為雅樂。迄至平安時代初期，則產生以外來樂舞為「雅曲、正儛」，原有的歌舞為「雜」的想法。於是古代亞洲樂舞在八世紀被集大成，至天長十年 (833) 前後，成立了雅樂之左右兩部制，左方以唐樂為中心而有林邑樂等，右方則以高麗樂為中心而將渤海樂納入其中。

七、年中行事

　　每年在一定日期舉行的年中行事至奈良時代已多樣化。因朝廷的祭祀儀式固定化，神社、寺院的祭禮、法會的發展，民間各種行事的經常化等，使年中行事的內容更為整備。並且又有自古以來就有的大陸移民們的各種行事與風俗也加入其中，故使奈良時代的年中行事更為充實。

　　正月的元日節會 (ganjitsusechie)，七日的白馬 (ōuma)，十六日的踏歌 (tōka)，五月五日的端午，十一月中辰日的豐明 (toyonoakari) 叫做五節會，此外又有三月上巳的節會，七月七日的七夕 (tanabata) 節會，九月九日的重陽 (chyōyō) 節會等。

　　1.元日（元旦）節會始於靈龜二年，會後賜宴群臣。七日之宴以推古天皇二十年 (612) 舉辦者為最早，至奈良時代則舉辦牽著白馬（青馬）走動，用以避邪之活動。不過在天平年間前後，白馬節會似乎尚未固定化。十六日的踏歌節會之宴會雖確立於天平二年，但在持統天皇七年 (693) 正月十六日，八年正月十七日、十九日已有其前例。

　　2.二月舉行祈求穀物豐穰之祈年祭。

　　3.三月上巳舉辦曲水宴❿之事雖分別見於 《日本書紀》，〈顯宗天皇

紀〉，元年、二年、三年條，但是否在五世紀末已有此行事，值得懷疑。持統天皇五年 (691) 三月三日的曲水宴，表示這種節會已逐漸具體化，大寶元年 (701) 以後盛行。如據《日本書紀》，〈推古天皇紀〉、〈天智天皇紀〉的記載，五月五日有獵藥、獵鹿等活動，其將五月五日的節會稱為「端午」（端五），則見於天平寶字二年 (758) 三月之〈詔敕〉 ⓽ 。七夕之宴以持統天皇五年七月七日的例子為最早，至天平年間，文人於是日聚會歌詠七夕詩。重陽之宴始自天武朝而奈良時代常有這種活動。不過端午節、重陽節的這種活動曾經中斷一時，至桓武朝又恢復。除上述外，三月中又舉行鎮撫疫神之鎮花祭。

　　4.四月，伊勢神宮舉行神衣祭，廣瀨、龍田兩神社舉行大忌祭與風神祭，率川社舉行三枝祭。

　　5.六月舉行月次祭、鎮火祭，及防惡靈進入都城的道饗祭、大祓祭。

　　6.七月十五日：盂蘭盆會，在飛鳥時代東傳，至奈良時代，自天皇以至庶人，也都以寺院為中心舉行此一儀式。中國雖也同樣舉行，然已有道教色彩攙入其間；日本則至今仍維持釋家原有風貌，與東傳當時並無多大改變。明治以後，因受西洋文明之洗禮，皇室以不奉行。民間則一如往日，利用此日祭拜祖先墳墓，謂之「中元」。此外，又舉行大忌祭、風神祭。

　　7.八月十五日：中秋節，利用中秋月圓之夜賞月，共敘天倫，此一風俗在今日鄉村仍可見到。

⓻　曲水，流經庭園、樹林、山麓之彎曲流水。曲水之宴為日本古代的年中行事之一。三月三日，朝臣臨曲水，在上游流下的酒杯尚未到自己面前之前歌詠詩歌，並水中取杯飲酒，然後在另一個廳堂舉行宴會。

⓼　《續日本紀》，卷二〇，〈孝謙天皇紀〉，天平寶字二年三月壬申朔辛巳條云：「朕聞孝子思親，終身罔極。言編竹帛，千古不刊。去天平勝寶八歲五月，先帝登遐。朕自遘凶閔，雖懷感傷，為禮所防。俯從吉事，但每臨端五，風樹驚心。設席行殤，所不忍為也。自今以後，率土公私，一准重陽，永停此節（焉）」。

8.九月九日：重陽節，飛鳥時代以前已東傳，作重九登山之舉。此一風俗旋傳入皇室，歷任天皇均於是日親御南殿受文武百官朝賀，舉行重九儀式，並賜重陽宴。奈良時代且有觀射、賦詩活動。相傳重陽宴始於天武天皇之治世而屢有此舉。後來曾中斷一時，至桓武朝 (781～806) 又告恢復。

9.十一月冬至：自從移植隋、唐文化以後，便在宮中舉行祝宴。冬至如逢朔旦，則認為是吉祥之兆而必須擴大慶祝。此外，又有相嘗祭、大嘗祭、鎮魂祭。

10.十二月中旬揮塵（susubarai，煤拂），於此月擇日清除家中灰塵。

11.十二月二十日除夕前「大儺」❿，舉行此一儀式時，由舍人扮鬼，大舍人充方相⓫氏，另以小兒八人充倀子相隨。先由陰陽師朗誦祭文，方相氏發聲驅鬼，群臣應之。殿上人立於殿堂兩旁，分別以桃弓葦矢射之。扮鬼者自宣陽、承陽、陽明、玄暉門逃至瀧口，儀式即告結束。其在民間，則以撒豆驅鬼納福。撒豆時口中念：「福在內，鬼在外」。此一風俗至今仍流行於民間。

12.十二月二十三日：於民間送灶神上天，此月也要舉行大祓祭。

八、遊戲與武藝

奈良時代的室內外遊戲盛行，野外的遊戲由來於迎接神祇或精靈之「神

---

❿　古代在臘月（陰曆十二月），驅逐疫鬼的儀式。《漢書》，卷二二，〈禮樂志〉云：「先臘一日大儺，謂之驅疫」。舉行此一儀式時由舍人扮鬼，大舍人充方相氏，另以小兒八人充倀子相隨。先由陰陽師朗誦祭文，方相氏發聲驅鬼，群臣應之。殿上人立於殿堂兩旁，分別以桃弓葦矢射之。扮鬼者自宣秋、承陽、陽明、玄暉門逃至瀧口，大儺儀式即告完成。民間則以撒豆驅鬼納福。撒豆時口中念：「福在內，鬼在外。」此一風俗至今仍流行於民間。

⓫　一方諸侯的領袖。地方首長。

遊」，而蘊涵以人為本位之遊戲，那些遊戲和傳自大陸的遊戲結合在一起，產生各種各樣的遊戲。

　　雙六 (sugoroku)⓫在前一朝代已流行而多被用於賭博，故於持統三年下令禁止；「捕亡令」⓬遊戲亦被認為博戲而遭禁止。雖然如此，卻無法禁絕。

　　圍棋則流行於貴族、官員之間，他們利用公事餘暇享受下棋之樂趣。此外，又有彈碁、投壺等遊戲頗為盛行。

　　在武藝方面則有放鷹、走馬、騎射、步射等武藝訓練、競技兼具的活動。這些活動到後來逐漸被納入年中行事之中，成為官員們的競技活動。

　　野外遊戲有蹴鞠、拍毬等。其由原衛士 (eji)、隼人 (hayato)、健兒 (kondei) 所舉行相撲比賽雖成為朝廷舉辦饗宴、節會時的餘興節目，逐漸形成相撲節會，後來則從全國各地召集擅長相撲的人士，致相撲成為競技之一而盛行⓭。

　　隨著「市」的發展，在首都及各地市場或街頭出現表演各種技藝者及乞丐⓮，而乞丐中亦有表演技藝及替人說好話者。因此，當時的市，既是交易、遊戲之場所，也是人們遊樂、社交的地方。

⓫　室內遊戲之一。兩人對坐，把兩個骰子放入木筒或竹筒內搖出，看骰子上的點數有多少，然後按點數把排在盤上的棋子向前推出，先到對方地盤者獲勝。此一遊戲起源印度，奈良時代經由中國傳到日本。

⓬　追捕逃亡者，有如警察捉強盜之遊戲。

⓭　上田正昭，〈內外樂舞の競演〉，《圖說日本文化の歷史》，三。

⓮　《續日本紀》，卷二五，〈淳仁天皇紀〉，天平寶字八年三月戊戌朔己未條云：「東西市頭，乞丐者眾」。

第五章

貴族政治之過度發展

第一節　奈良時代之告終

一、橘奈良麻呂之變

1.聖武天皇之殂落

　　鑄造盧舍那佛與興建東大寺的成功，可謂為專制的權力集中之成果，然這兩項大工程卻使人民疲弊不堪，並且以它為背景，在這位專制天皇周圍一再發生掌握大權者的陰謀。

　　持統這位女皇為使自己血脈的皇子繼承皇位所提出嫡子相承的原理，只要很順利的有其血統存在，就可封殺各種陰謀。然聖武天皇的第一皇子基 (Motoi) 雖於誕生後不久即被立為太子，卻年僅二歲即夭折，第二皇子安積 (Asaka) 親王也在天平十六年十七歲而亡。基皇子之母為藤原光明子，安積親王之母則是縣犬養廣刀自 (Agatainukainotoji)。前者年幼而能被立為太子，應為藤原氏所策畫而無庸置疑，亦即藤原氏因恐安積親王被立為太子所為之陰謀。

　　聖武天皇除此兩皇子外並無其他兒子，安積親王生前，光明子所生阿倍 (Abe) 內親王已於天平十年二十二歲時成為東宮。前此一年，藤原不比等的四個兒子已相繼死亡，致藤原氏勢力一時受到挫折，故阿倍之被立為

東宮，當是光明子在後宮具有強大發言力使然❶。

　　即使阿倍內親王已成為皇位繼承人，也像元明、元正兩天皇一樣，反
正是個看守性質的天皇，因此，藤原氏——光明皇后的焦慮可能在此。安
積親王薨而又無其他皇子，當會因皇位問題產生種種意圖。

　　天平感寶元年 (749)，聖武天皇利用鑄造大佛完工的機會，把皇位讓與
阿倍內親王，是為孝謙天皇。退位後的聖武以上皇身分監護孝謙八年，於
天平勝寶八年 (756) 崩。臨終遺言應將皇位讓與新田部 (Nitabe) 之子道祖
(Funado) 王，然道祖王卻以諒闇（ryōan，服喪）期間有不檢點行為為由，
於次年被廢。

　　新田部親王為聖武之叔父，所以道祖王係孝謙的堂叔。新田部親王之
母為中臣鎌足之女五百重媛 (Ioehime)，道祖王之母的出身不詳，可能非藤
原氏。

　　孝謙與群臣商討取代道祖王之東宮，因此，右大臣藤原豐成（南家）
與藤原永手（北家）推舉道祖王之兄鹽燒 (Syōyaki) 王，豐成之弟仲麻呂推
舉舍人之子大炊 (Ōsui) 王，文室珍努 (Funyano Chinu) 與大伴古麻呂推舉大
炊王之弟池田王。然鹽燒王與池田王兩人，或以無禮貌，或以不孝為理由
未被接受，結果以仲麻呂所推舉大炊王為東宮。當時大炊王娶仲麻呂之子
真從 (Mayori) 之寡婦粟田諸姊 (Awadano Morone) 為妻，住在仲麻呂的私
宅❷。大炊王之母為當麻山背 (Taimano Yamashiro)，與藤原氏無血緣關
係。因此，其所以被立為東宮，乃由於其舅父藤原仲麻呂之政治力量為背
景使然。

2.藤原仲麻呂之崛起

　　藤原仲麻呂為右大臣豐成之弟，其學問、才華遠較乃兄為優，似乎很

---

❶　竹內理三，〈奈良朝の終焉〉，《圖說日本の歷史》，三。

❷　《續日本紀》，卷二〇，〈孝謙天皇紀〉，天平寶字元年 (757) 夏四月戊寅朔辛巳條。

早就獲光明皇后之賞識。聖武天皇退位，孝謙天皇即位之日，時任參議的仲麻呂不經由中納言之職而直昇大納言，旋又兼紫微令。紫微令為紫微中臺之首長。紫微中臺原為皇后宮職，當光明皇后成為太后時，改為太后宮職而新設，其命名為紫微中臺，具有重要的政治意味。

其所以命名為中臺，乃根據唐高宗龍朔二年（天智天皇元年，662）改尚書省為中臺，玄宗開元元年（元明天皇和銅六年，713）改中書省為紫微省之例。唐之尚書省、中書省相當於日本太政官之最高層政府機構。將太后宮職作如此命名，意味著為光明太后設置相當於太政官的衙門，這實可謂太后有意干政的積極意圖。

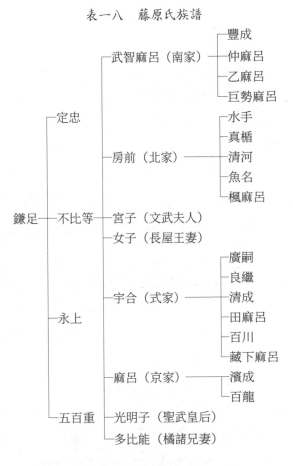

表一八　藤原氏族譜

仲麻呂成為紫微中臺首長後其政治地位之超越左、右大臣，乃理所當然之事。而住在其私宅的大炊王如無仲麻呂這種政治人物作後盾，實不可獲選為繼道祖王之後的東宮。大炊王被立為太子的同日，為減輕人民負擔而將中男❸的年齡從十七歲改為十八歲；正丁❹的年齡從二十一歲改為二

---

❸　青年男子。因介於成年男子正丁與少年男子少子之間，故稱為中男。須繳納正丁

十二歲。並且又以「治民安國以孝為先」的理由，規定每戶各藏一本《孝經》，使之讀、習，褒獎孝行，懲罰不孝。這兩件事乃唐玄宗於天寶三年（聖武天皇天平十六年，744）所實施，這雖與紫微中臺一樣非日本所獨創，　卻是對前此所推動佛教至上主義政策改為儒教主義的措施而值得注意。尤其採取減輕人民負擔的政策，及以人民私德之孝為安國之至高無上政策，毫無疑問的是對佛教至上主義所為之基本的修正❺。

　　立太子之次月，新設紫微內相之職而由仲麻呂就任，使之負責內外諸軍事，其官位、祿賜、職分等皆比照大臣，於是仲麻呂掌握了軍權。繼則為封鎖諸氏族之軍事策畫而發布五款敕令曰：

> 諸氏長等，或不預公事，恣集己族，自今以後不得更然，其一。王臣馬數，依格有限，過此以外，不得蓄馬，其二。依令隨身之兵，各有儲法，過此以外，亦不得蓄，其三。除武官以外，不得京裡持兵，前已禁斷，然猶不止。宜告所司，固加禁斷，其四。京師廿騎已上不得集行，其五❻。

掌握軍權而又封鎖諸氏之武力，實很明顯的有獨裁意圖，這種措施同時也表示王臣們之反對仲麻呂而在他們之充滿不安氣氛。

3.橘奈良麻呂之變

　　由於藤原仲麻呂之崛起，左大臣橘諸兄便急速失勢，於天平勝寶八年聖武天皇臥病之際，以他有不敬言論為理由被解除職位，次年在失意中辭世。因此，諸兄之子奈良麻呂乃招集反對仲麻呂的各大臣，陰謀打倒他，

之四分之一調庸徭役。

❹　基本上，成年男子須繳納調庸徭役。

❺　竹內理三，〈奈良朝の終焉〉，《圖說日本の歷史》，三。

❻　《續日本紀》，卷二○，〈孝謙天皇紀〉，天平寶字元年六月丁丑朔乙酉條。

以挽回橘氏勢力。當時獲邀參與此一計畫的王族有安宿 (Asukabe) 王、黃文 (Kibumi) 王、道祖王、鹽燒王，及自仲麻呂掌握軍權後，族業受到威脅的大伴、佐伯等舊氏族——大伴古麻呂 (Ōtomono Komaro)、大伴池主 (Ikenushi)、佐伯全成 (Saekino Matanari)、佐伯古比那 (Kohina)、多治比國人 (Tajihino Kunihito)、多治比犢養 (Tajihino Koushikai)、小野東人 (Onono Azumando)、賀茂角足 (Kamono Tsunotari)，右大臣藤原豐臣之子乙繩 (Ototsuna) 等。他們以天平勝寶九年 (757) 七月二日為舉事之日，其準備雖一切就緒，卻因有暗中通敵者，致小野東人於當日被捕，道祖王被幽禁，安宿王、黃文王、鹽燒王、古麻呂及奈良麻呂等所有參與者被捕、刑求。結果，黃文王、道祖王、大伴吉麻呂、多治比犢養、小野東人及主謀奈良麻呂死於獄中，鹽燒王因未直接參與謀畫罪減一等，賜與冰上真人之姓，降為庶人。安宿王與其妻子則同被流放於佐渡島（新潟縣）。連坐者多達四四三人。至於右大臣藤原豐成則以知情不報，及其子乙繩參加此一陰謀為由，被貶為大宰員外帥 (Dazaiingainosetsu)。

　　此一陰謀雖在尚未爆發之前即被鎮壓，卻是在八世紀發生的幾件政治陰謀中最為深刻者。當時以武藝仕奉朝廷的大伴、佐伯等舊世族，被認為只要他們在一起便所向無敵。然大化以來推動的律令體制，卻給軍制帶來很大的變革，致這些世族的影響力變得單薄，故當武臣看到文治派的藤原氏洋洋得意於政壇時，以忠君愛國為職志的他們當然感覺不安。

　　前此天平勝寶八年，聖武天皇崩後未及十日，以大伴古慈悲 (Koshibi)、淡海三船 (Ōmino Mifune) 等人會誹謗朝廷為由，將他們監禁於左右衛士府。大伴氏一族因而大為動搖，族長大伴家持 (Yakamochi) 乃賦詩以要求族人自重，不可輕舉妄動。雖然如此，仍有許多大伴、佐伯家之人參與此一陰謀。我們可由此窺知，在天平文化繁榮的背後隱藏著舊世族深刻的不滿情緒，可是舊世族的陰謀卻因藤原仲麻呂巧妙的事前攻擊而功敗垂成。

表一九：皇室族譜（長屋王、奈良麻呂、惠美押勝之亂）

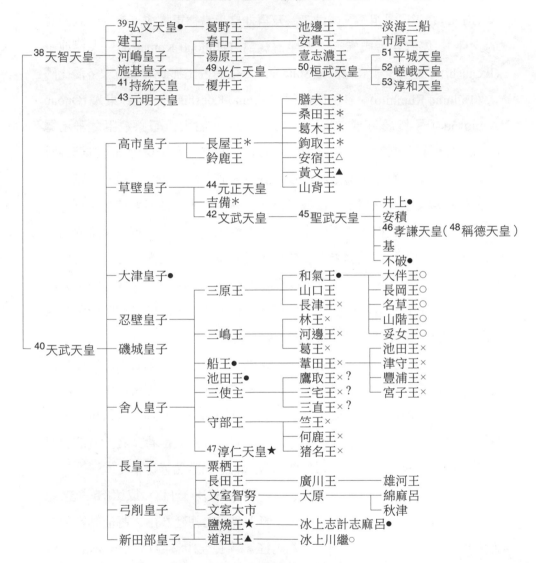

典據：竹內理三，〈奈良朝の終焉〉，《圖說日本の歷史》，三。

註：＊為在長屋王事件被殺者。△為在奈良麻呂事件被殺者；▲為獲罪者。★為在惠美押
勝事件被殺者；×為獲罪者。●印為在其他事件被殺者，○為獲罪者。

二、儒教主義之興起

1.儒教主義之實施

　　封殺奈良麻呂之陰謀以後的次月——八月，駿河國（靜岡縣）益頭郡呈獻幼蠶所織成「開下帝釋標知天皇命百年息」等字，朝廷以此為吉祥徵兆而將年號改為天平寶字。同日，將人民須繳六十日雜徭 (zōyō) 之規定改為三十日，並將天平勝寶八年以前的出舉利息全部免除。

　　閏八月，則將諸國士兵所服大宰府防人役，改由西海道即九州士兵千人來充任。迄至十月六日，則憐惜搬運諸國庸調之腳夫於返鄉時往往餓死途中，乃使諸國供應糧食、醫藥。九年正月，則憐愍人民之貧病，及為拯救其貧寒而派遣問民苦使 (momikushi) 前往八道。之後，因東山道問民苦使之奏報，乃比照推遲一年的正丁、中男，將令制所訂六十一歲以上為老丁者改為六十歲以上，六十六歲以上為耆者改為六十五歲以上。並且又把國司任期由原來的四年延長為六年，及免除人民之迎送；每三年派遣巡察使前往各國視察國司之治績，和慰問人民之所憂。與之同時，又拿出諸國之部分「公廨」❼(kugai) 以設常平倉，米價低廉時由政府收購，價格高昂時則以較廉價格出售，以調節米價，並以此所獲之利益作為救濟諸國搬運調庸者之費用。更於東海、東山、北陸三道置左平準署，山陰、山陽、南海、西海四道置右平準署負責處理此一事務。

　　上述這些措施未必皆出自藤原仲麻呂之主意，例如：正丁、中男、老丁等年齡的降低，在唐武則天時已有前例，而問民苦使之差遣，在唐太宗時也有類似的作為。因此，仲麻呂所採措施之多數，實較施行令制時所模仿唐制為多。其最顯著者則是始自天平感寶至神護景雲的五個四字年號❽。

---

❼　作為政府機關或政府官員費用的稻。

❽　即：天平感寶 (749)、天平勝寶 (749～756)、天平寶字 (757～764)、天平神護 (765～766)、神護景雲 (767～769)。

此乃模仿則天武后擅權時定天冊萬歲、萬歲封登、萬歲通天等四字年號者。
且於發生奈良麻呂之變之次年八月變更以往之官名如下：

太政官 → 乾政官	太政大臣 → 太師	左大臣 → 太傅
右大臣 → 太保	大納言 → 御史大夫	紫微中臺 → 坤宮官
中務省 → 信部省	式部省 → 文部省	治部省 → 禮部省
民部省 → 仁部省	兵部省 → 武部省	刑部省 → 義部省
大藏省 → 節部省	宮內省 → 智部省	

即將八省百官之名更改成為更中國式的，也就是說，聖武天皇的構想，雖
經常有中國意識在其根柢，然其有關民政措施之切中時弊，無法否認❾。

2.惠美押勝之上場

藤原仲麻呂的施政情形雖如此，其實他無非是一個炫耀自己權勢的野
心家，自天平寶字二年八月，孝謙天皇讓位給居住於其私宅之大炊王——
淳仁天皇（758～764 在位）後，其本性就顯得更為露骨。亦即新天皇即位
之當月，仲麻呂除擔任新改名的太保外，又使淳仁天皇頒〈詔〉稱美藤原
鎌足以來之功績，並謂：「汎惠之美，莫美於斯。自今以後，宜姓中加惠美
二字。禁暴勝強，止戈靜亂，故名曰押勝。」更謂：「朕舅之中，汝卿良
尚，故字稱尚舅。更給功封三千戶，功田一百町，永為傳世之賜，以表不
常之勳。別聽鑄錢、舉稻及用惠美家印。❿」可用家印，即表示可將私印
當作公印來使用，亦即意味將天皇之大權委諸惠美押勝。兩年後 (760) 進
從一位，當太政大臣。非僅如此，他又獲賜近江國（滋賀縣）淺井、高島
兩郡之鐵礦。鐵在當時，乃平時可作農具，戰時可製武器的重要物資而惠
美押勝居然從朝廷獲得。

惠美押勝即藤原仲麻呂，不僅他本人居最高官位，其子弟們也或任參

---

❾　竹內理三，〈奈良朝の終焉〉，《圖說日本の歷史》，三。

❿　《續日本紀》，卷二一，〈淳仁天皇紀〉，天平寶字二年八月庚子朔甲子條。

議，或擔任衛府首長，或為掌握軍權而擔任擁有愛發、不破、鈴鹿等要衝之越前、美濃、伊勢三國之首長。與之同時，稱太皇太后（文武天皇夫人藤原宮子）、皇太后（藤原光明子，天平寶字四年薨）之墓為山陵，比照天皇而以其忌日為國忌。 更決定實施以藤原不比等為總裁編輯之 《養老律令》。

3. 僧侶政治之出現

　　光明皇太后在世時，對仲麻呂之凡事庇護，孝謙上皇一時唯有忍耐。光明皇太后薨後，仲麻呂之權勢開始走下坡。雖然如此，孝謙上皇與仲麻呂之間的關係特殊，如無釋道鏡之闖入，一時亦不致斷然決裂。

　　當孝謙鬱鬱寡歡之際，乃行幸位於近江的保良宮。身為看病禪師之道鏡，經常以所謂宿曜秘法為孝謙治「病」，使他在保良宮極盡人間歡樂，此為天平寶字五年 (761) 之事。為此，淳仁天皇向上皇直諫，致使他惱羞成怒，於次年五月返回平城京，至法華寺剃髮為尼，號隆基。六月三日，召五位以上官員於廟堂，詔曰：「政事之常祀、小事，今帝行給；國家大事與賞、罰二柄，朕行之。」 ❶而收回一切國家行政及人事、賞罰之權，仲麻呂之權亦從此大為削弱，道鏡之地位則從此直線上升。七年，一躍而為少僧都，其弟淨人亦於此時列入貴族，並由孝謙欽定弓削宿禰之姓 ❷。

　　在此情形之下，仲麻呂自感不安，遂廣布心腹，將其子姪分據全國要衝。不過孝謙在道鏡幕後參與下，以迅雷不及掩耳之手段，在近江將其一舉擊潰，並予捕殺，淳仁天皇亦以亂發時暗中調動六千兵馬欲予響應為由同時被罷黜，幽禁於淡路（Awaji，兵庫縣），次年橫死。此即「惠美押勝之亂」。仲麻呂之權勢從橘奈良麻呂之變算起至其滅亡，前後共十五年。其圖謀從天平之佛教至上主義轉變為儒教主義的著眼點，雖未必偏離政治改

---

❶　《續日本紀》，卷二四，〈淳仁天皇紀〉，天平寶字六年六月戊申朔庚戌條。所謂「政治之常祀小事」，即在政治裡，平常之祭祀神祇與不重要的小事。

❷　宿禰，略等於「大師」，為人臣之最高稱謂。

革的要點，然順世之才卻無法成為逆境的指南，而竟在逆賊的污名下消逝
於人間。

孝謙翦除仲麻呂之後，於同年十一月復辟，是為稱德天皇（764～770
在位）。道鏡於孝謙復辟之前即被敕封為大臣禪師，大小政事悉由其裁決，
在政治上的權勢無與倫比。天平神護元年 (765)，陞為太政大臣禪師。未及
一年，竟又被封為「法王」，與天皇同進同出。

道鏡當權後，鑑於天平十五年所頒「墾田永世私財法」❸，致貴族與
寺社利用其雄厚的資金，驅使民眾從事開拓田地，造成一般社會大眾的貧
富差距日益擴大，乃於天平神護元年三月，以稱德天皇名義禁止永世私有
制度，唯對一般民眾開墾少量土地（一二町）為例外。這種類似近代均田
制度的措施值得注意。道鏡為防貴族們之謀反，乃禁止其私儲武器，及徵
募勇壯。

道鏡氣宇非凡，處事幹練，唯在政治上有失寬厚處，特別是一向為朝
廷支柱的貴族階級，在其壓迫之下頗為困苦，而尤以外戚藤原氏為然。久
圖反擊之機，奈因他與稱德天皇之間的特殊關係，無能為力。當時稱德與
道鏡之間顯然已有禪位之默契，於是在神護景雲三年 (769) 五月前後，唆
使當時具有最崇高地位的宇佐八幡神宮的神官大宰主神習宜阿曾麻呂
(Dazainokantsugasa Sugenoasomaro)，言宇佐八幡託夢謂：「道鏡登天位，
天下則太平」。於是稱德天皇說是夢中承天神指示，可由比丘❹尼法均前往

---

❸　奈良時代，政府為增加田畝，於養老七年 (723) 頒布「三世一身法」，規定：凡新
築灌溉設施開墾之田畝，子、孫、曾孫三代可享免租優待，利用原有設施開墾者，
則開墾者本人可享此一優待。然因這種田在不久以後須歸公，沒有吸引力，成效
不彰。政府乃於天平十五年發布「墾田永世私財法」，而根據位階限制開墾的面
積，申請後三年內必須動工。在此條件下允許將所開墾之田畝永歸私有。於是權
門、勢家、寺、社便爭相利用其豐沛的人力、資金大肆開墾，造成日後莊園的發
達。律令制的土地國有制度也因而破壞。見後文。

宇佐神前證實。不料法均臨時辭退，由其弟和氣清麻呂 (Wakeno Kiyomaro) 代理前往九州。清麻呂與藤原氏私通，返回平城京後亦以「神託」為辭，言「自開闢以來，君臣之分早定制，應掃除無道，早立皇儲」。此於道鏡之蓄謀無異晴天霹靂。道鏡在盛怒之下將清麻呂流放於大隅（鹿兒島縣），法均亦被勒令還俗，流放備後 (Bingo，廣島縣)。

由於和氣清麻呂在「八幡神託事件」作意外的證言，使道鏡攫取皇位的陰謀受到挫折，道鏡在貴族的多方排斥下勢力漸趨沒落，然因稱德天皇之極力迴護，公卿貴族亦無可奈何。

道鏡的野心雖因和氣清麻呂之言而受挫折，但稱德天皇對他的寵愛並未因此受到影響。神託事件過後的次月，稱德行幸位於道鏡的原籍──河內之由義宮 (Yugenomiya) 而以它為西京，改河內國為河內職，並晉陞奉迎車駕有功之弓削淨人 (Yuge Kiyohito) 一族之男女官位，然後返回平城京。明年 (770) 二月復行幸由義宮而病發，四月返京，完成惠美押勝之亂後起願、製作的一百萬座木造三重小塔，將陀羅尼納入其中而安置於諸寺，此即所謂「百萬塔陀羅尼」。然稱德之病仍未癒，乃於六月十日將兵權委諸左大臣藤原永手，及右大臣吉備真備之手後，已無力氣視事，終於八月四日撒手人寰，享年五十四。因道鏡在各方面欠缺深謀遠慮，在政治、軍事上竟毫無布置，故一旦喪失稱德之庇護，自然成多年來受其壓迫之貴族階層之反噬。當稱德安葬山陵後，道鏡猶在墓旁設廬供奉，不料貴族們的緹騎奄至，道鏡猝不及防，卒俯首就擒。從此被流放下野國，為藥師寺「別當」，於寶龜三年 (772) 抑鬱而死❶❺。

---

❶❹　佛教語。梵語 Bhcksuni 的音譯。又譯為苾芻尼、苾蒭尼，為女子出家受具足戒者之通稱。

❶❺　宋越倫，《中日民族文化交流史》（臺北：正中書局，1966），頁 131～132。按：「別當」為統轄寺院的僧官，天平勝寶四年始設於東大寺。平安時代則成為一般政府機關首長之稱呼。鎌倉時代 (1185～1333) 政所、侍所之長官亦作如此稱呼。

三、天智系政權之復活

1.天智皇孫之即位

因稱德天皇未定皇嗣，故其崩後由群臣議定。右大臣吉備真備雖推舉天武天皇之孫大納言文室真人淨三（長親王王子），卻為左大臣藤原永手所反對。因淨三本人固辭，乃決定改立時任參議的其弟文室大市，但右中弁藤原百川在暗中與其同族永手、良繼謀，於宣布人選之際忽稱：先皇遺詔冊立天智天皇之孫白壁王，並即日迎接白壁王以為皇太子。白壁王旋即位，是為光仁天皇（770～781在位）。光仁即位之日，頒詔廢除惠美押勝之亂以後禁止僧侶居住山林修行之法令，此允許可在山林修行佛法的法令，成為次一時代佛教之主流天臺、真言兩系山岳佛教興起之前提條件。

2.奈良時代之結束

吉備真備之擬擁立系出持統天皇之天武後裔固為理所當然之事，但藤原氏之推舉推動律令體制者天智天皇之子孫亦屬當然。律令體制雖由天武一家所完成，卻因聖武天皇之將此體制利用於佛教至上主義而在政治、社會方面產生許多弊端；亦即在造寺、造塔方面極端消耗了國力與民力。奈良麻呂謀叛時所舉理由之一為因營造東大寺致臣民陷於水深火熱之中，然在東大寺之後，孝謙天皇又興建西大寺與西隆寺，並為鑑真創建唐招提寺。西大寺雖未鑄造大佛，但其規模為二宇之金堂與兩座塔，規模與東大寺難分軒輊。其在惠美押勝之亂以後發願建造的百萬塔前後費時七年，卻因獲眾多捐助者才得完成。平安中期的經史家三善清行(847～918)曾謂：天平以後，為造大寺院、大佛像而費國稅之半。天平十五年所發布「墾田永世私財法」雖成公地政策破壞的主要因素，但這也可能為迎造大佛而欲得貴族與庶民之普遍支持所採之措施。並且為紀念大佛開光，於天平勝寶元年定東大寺四千町，元興寺二千町，及其他各寺可擁有之土地面積而使其開墾。至道鏡掌握政權，除這些寺院外，禁止其他寺院的開墾。於是東大寺

在二十一國裡擁有七十八莊，西大寺十八國三十三莊，元興寺七國，藥師寺九國，大安寺十一國，各有數百町至數千町的寺有土地，致壓迫了農民的生活。

　　當古代社會進行階級分化之際，有權勢者與貯積財富者，他們與一般民眾之間的貧富差距變大，將一定面積的土地分配給男女的「班田收授法」理應可使貧富之差變小，但事實上未必如此。因為此一時代的生活單位並非每一個人而係房戶或鄉戶，故其構成戶之戶口之多寡會影響田地的面積。職此之故，戶口的多寡會影響該戶的生產力，人手多的農家之能作大規模經營，這在無機械可利用的當時乃自然的道理，所以此一時代雖有「富戶」的名稱，現實上貧農占絕大多數。

3.天武皇統的告終

　　光仁天皇即位後，追稱其父志貴皇子為春日宮天皇，以其兄弟姊妹為親王，妃井上內親王（聖武之女）為皇后，並以皇后所生他戶 (Osabe) 親王為東宮。在即位之初立太子，實屬空前，這可能在防因皇位繼承人問題而來的陰謀之發生。皇后既是聖武之女，他戶為其外孫，則此皇儲屬天武系統。然在一年多以後的寶龜三年，皇后因坐巫蠱被廢，致他戶親王亦見廢，由系出百濟的高野新笠為母之山部親王為皇太子。由於此一事件的發生，系出天武者的皇位復活便成為不可能之事。

4.佛教至上主義的否定

　　光仁天皇之即位與廢太子事件，除表示光仁朝的政治否定聖武天皇以來的政治外，也否定其血統。因此，光仁朝的政治本身，是在否定或修正前朝政治中進行。寶龜十年 (779) 下令諸國造僧尼籍貫俾使與諸寺之名籍對照，藉以了解官僧之所在，以防自度。經調查結果，得知諸國國分寺僧尼之居住京城者甚多，故乃使他們各回原籍。復由於有假冒已亡故之名者，遂對現存僧尼各給證明書以取締僧尼們之奸計。次年正月，京中數寺因大雷受損，其新藥師寺西塔，葛城寺塔並金堂等皆焚燬。故下詔曰：

　　　僧侶行事與俗不別，上違無上之慈教，下犯有國之道憲，僧綱率而
　　　正之，孰誰不正乎？又諸國國師，諸寺鎮三綱，及受講復者，不顧
　　　罪福，專事請託，員復居多，侵損不少，如斯等類，不可更然。宜
　　　修護國之正法，以弘轉禍之勝緣。凡厥梵眾，知朕意焉！ ❻

　　如係前朝，在這種場合必動員僧綱以下之僧侶祈求攘災致福，然光仁卻以
此為上天之懲戒而欲僧尼修行以弘轉禍之勝緣，故在意識上有很大的改變。

　　對前朝政治的否定，在官制方面也可看出來。寶龜元年 (770) 九月，
光仁尚未即位時，因令外 (ryōge) 之官多而糜費公帑，乃宣布裁撤無關重要
之機構；三年，廢除內豎省與外衛府。五年三月則整理編制外的國司，其
任期達五年者予以解任，未滿五年者則於滿五年時解職。迄至六年，更將
諸國編制外郡司之主帳以上官員遇喪則解任而不准復職，以進行裁員。其
所以裁這類官員的原因在於令外之官的任命，並非事務上所需，乃是由許
多在京的下層官員兼任而只領其俸給之救濟政策。

　　至寶龜十一年 (780)，鑑於官員之蠶食者眾，如一年歉收便立刻失去生
計，所以大量裁減政府官員使之歸農。並且又據此歸農政策改革兵制，即
除去三關邊要以外諸國之士兵，使羸弱者歸農，遴選殷富之家堪習弓馬者
使之習武藝。並且留意農民之所以離農流浪他鄉的原因，以消弭此一缺失。
亦即光仁天皇在其主政的前後十一年間，為消除因佛教至上主義所衍生的
矛盾而努力不懈。唯至天應元年 (781) 四月三日，因病讓位與年四十五的
皇太子山部親王──桓武天皇。

---

❻　《續日本紀》，卷三六，〈光仁天皇紀〉，寶龜十一年正月丁卯朔丙戌條。

第二節　營造新都與經略東北

一、新天皇的上場

1.立山部親王為皇太子

在日本古代史上，桓武天皇之治世乃值得注目的時代。桓武不僅營造新都平安京，也致力於平定東北地方。

桓武原為三世王而與皇位無緣，然因聖武天皇薨後，政界為皇嗣問題擾攘不安而陷於泥沼之中。就在此時，桓武之父白壁王竟意外的被擁立為天皇——光仁天皇。如前文所說，當時雖由稱德天皇所寵愛的道鏡擅權，但藤原永手、良繼、百川等人利用稱德辭世 (770) 的機會從事政治改革而擁立白壁王，並將道鏡逐出政治圈外。藤原氏認為當時政治混亂的最重大原因，在於各氏族因皇位繼承問題而對立。為袪除此一弊端，乃擁立系出天智天皇的白壁王，以取代天武系皇統。因白壁王在山部王誕生後娶聖武之女井上內親王為妻，故為繼承聖武者而具有說服力。

前文已說，光仁天皇即位後，於寶龜元年十一月立井上內親王為皇后，次年正月，以皇后所生他戶親王為皇太子。山部親王雖是長子而年齡又遠較他戶大，卻因其母出身卑微而無法當皇太子。

山部親王之所以能夠登基，乃由藤原百川之力，而光仁天皇之登基，亦藉百川的巧妙策略。為使山部能夠繼承皇位，百川首先離間天皇與皇后，言皇后在詛咒年邁的天皇早日離開人世，使己子他戶親王即位。因此，皇后於寶龜三年三月見廢，他戶亦失其皇太子的地位。他戶被廢後，立時年三十七的山部為皇太子。

2.光仁朝的政治

山部親王被立為皇太子的八世紀末，實施律令制度的日本已有式微的

徵兆。當時的天皇、皇族及貴族們都利用全國的戶籍制及班田收授制度來掌握農民，以農民繳納、提供之物資與勞力來過豐饒生活，使文化綻放絢爛的花朵。然農民卻因不堪沉重的負擔而逃亡、沒落者明顯增加。地方上的土豪與部分富農則開始將沒落的農民置於自己保護下，以擴充土地。由於中央的貴族們持續為爭權而相互傾軋，故政府對農民的支配力減弱，其支撐貴族繁榮的農民所繳物品不僅逐漸減少，品質也不如往日。

寵愛道鏡的稱德天皇為營造華麗的佛教寺院與宮殿而消耗國家財力，且提拔寵臣而威脅了傳統貴族的政治地位。因此，貴族們認為如果這種情形持續下去，勢必使律令國家的體制崩潰，他們在社會上、政治上的特權也將喪失，所以光仁天皇是在這種情況下為藤原氏所擁立。

在光仁天皇之下，以藤原氏為中心的新政府接二連三的採取嶄新的政策。其重點在於緊縮漫無節制的財政，裁撤無關重要的政府機構及遣散冗員。並且為拯救已沒落之農民及保障他們的生活以鞏固國家財政，乃使在中央政府機構任職的農民返鄉，或修復已經荒廢的灌溉設施。對於直接負責民政的國司，則除加強監督外，也取締其違法勾當。然而無論政府如何努力，也無法阻擋農村情況的改變。政府既無法否定社會的變化，自非採因應其變化的對策不可。其成為國家武力基礎的諸國士兵，也因農民階層之沒落而只能召集羸弱的兵員，但那些兵員又為國司或土豪出身的士官——軍毅 (gunki) 所驅使，耕種他們的私有田畝。在此情形之下，為維護地方的守備力量，乃改變原有的徵兵制度，而從富農的青年中遴選擅長武藝者以為兵員，亦即政府非承認農民之沒落與富農階層之崛起之事實不可❶ 。

3.蝦夷的叛亂

當政府致力於重建律令政治之際，暴風雨、旱災、饑饉、疾疫等災害

---

❶　笹山晴生，〈新都の造營と東北の經略〉，《圖說日本の歷史》，四。

卻接踵而來。非僅如此，在光仁天皇治世之末年，竟又爆發重大事件，即陸奧國（東北地方）的蝦夷與伊治呰麻呂 (Ijino Asamaro) 的叛亂。光仁天皇即位以來，東北地方的情勢始終不穩，政府為討伐蝦夷之叛亂而一再派遣部隊。迄至寶龜十一年，政府根據陸奧國的計畫築造覺鱉城，平定膽澤（Izawa，岩手縣水澤市），以謀降服蝦夷。當正在準備征討蝦夷的同年三月，伊治呰麻呂竟突然豎起叛旗。

　　呰麻呂出身蝦夷，以蝦夷社會族長身分被政府任命為陸奧國上治郡大領（郡之首長）。然他與陸奧按察使 (azechi)、參議紀廣純對立，故呰麻呂伺機欲殺廣純。恰逢廣純為建築覺鱉城而率俘軍❶前往蝦夷之地，呰麻呂乃引誘俘軍使之內應，包圍廣純，並予殺害。非僅如此，呰麻呂於護送被俘之陸奧介（職稱）大伴真綱至東北之經略據點多賀城時，竟縱火焚燒該城。朝廷因呰麻呂之叛亂而受到很大的打擊，立刻任命中納言藤原繼繩 (Tsugutada) 為征東使，使之前往陸奧。征東軍原擬集結多賀城，卻在尚未獲令人滿意的戰果之前，光仁天皇於天應元年七十三歲時，因病將皇位讓與皇太子山部親王。結果，蝦夷問題的解決便與重建國家體制問題結合在一起，落在新天皇桓武身上。

4.貴族們的相互傾軋

　　桓武天皇即位後，首先立同母弟早良 (Sawara) 親王為皇太子，封生母高野新笠 (Takanono Niigasa) 為皇太夫人，意即以與自己有血緣關係之人員來鞏固皇權，使反對派無可乘之機。由於母親之出身卑微，致貴族們對桓武頗為排斥，故至他之確立皇權，尚需經歷數年的種種政爭。

　　天應元年十二月，光仁天皇崩。明年——延曆元年 (782) 閏正月十日夜晚，冰上川繼之 (Hikamino Kawatsugu) 隨從大和乙人手持武器企圖入侵宮中而為警衛所捕，經盤問結果，得知川繼陰謀糾合軍人擬從北門湧入宮

---

❶　由投降之蝦夷人組成之部隊。

中以打倒天皇，他則為其同伙宇治王作嚮導云。因此，桓武乃召喚川繼擬問明事情的真相，但川繼聽說欽差到而竟從自宅後門逃走。於是朝廷嚴守關卡搜索。十四日，川繼在大和國葛上 (Kazurakinokami) 郡被捕。結果，川繼與其妻被流放伊豆之三島，其母不破內親王及其姊妹被遷徙至淡路國（兵庫縣）。不過事情並非就此結束，十九日，左大弁大伴家持、右衛士督坂上田麻呂等五個政界要人受牽連被解職或被逐出京城之外。他們雖在不久以後復職，但川繼的同伙三十五人及姻親、友人等也都被逐出京城。

　　冰上川繼為道祖王之子。道祖王乃新田部親王之子，為天武天皇之孫而以聖武天皇之女不破內親王為妻，因此在奈良時代後半被捲入聖武天皇薨後皇位繼承問題的政爭，終於在內亂中被斬。鹽燒王、不破內親王夫妻雖生冰上志計志麻呂、冰上川繼兩子，然鹽燒王死後，其妻、子卻無法擺脫悲慘命運而被捲入政治陰謀，而志計志麻呂也被流放土佐國。

　　川繼事件爆發當時，川繼之母不破內親王為聖武天皇所遺唯一的皇女，

表二十：與桓武天皇即位有關的皇室族譜

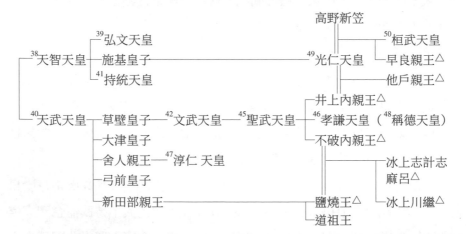

典據：笹山晴生，〈新都の造營と東北の經略〉，《圖說日本の歷史》，四。
註：①△因牽涉政治問題失位者②阿拉伯數字為即位次序。

而川繼為聖武之皇孫。當回想藤原百川放逐井上內親王、他戶親王母子問題時，這雖也可說桓武天皇方面為消除皇位繼承者所為之挑釁，但這也可能是川繼利用光仁天皇之逝世與蝦夷叛亂的機會所採取之行動，然他所策劃弒天皇的舉動失敗而欲使天武系皇統復活的可能性也幾乎完全喪失。

擁立桓武天皇的藤原氏在永手、百川死後，依然維持著其在朝廷的勢力。雖然如此，藤原氏內部未必十分團結。藤原氏雖於不比等死 (720) 後分為南家（武智麻呂，Takechimaro）、北家（房前，Fusasaki）、式家（宇合，Umakai）、京家（麻呂，Maro），然在桓武天皇即位後不久，京家的濱成被貶為大宰員外帥，禁止其參與政務。冰上川繼事件過後則以他為同黨而解除其參議、侍從之職。迄至延曆元年 (782) 六月，朝廷的中心人物左大臣藤原魚名坐冰上川繼之謀反事件被免大臣職務。魚名乃北家房前之子，於光仁朝擔任內大臣而頗獲光仁之信任，卻與桓武天皇發生衝突而失位，於前往大宰府任所途中，在攝津國生病而獲准返京養病，終於死在別墅。

二、營造新都

藤原魚名死後的朝廷中心人物為藤原是公 (Korekimi)、種繼等南家的人們。桓武天皇即位後動盪不安的政局，以這些人為中心而在延曆三年 (784) 前後已穩定下來。

在政局開始安定的延曆三年五月，中納言藤原小黑麻呂、種繼兩人被派往山背國乙訓 (Otokuni) 郡長岡村視察擬遷都之地。明年六月，種繼被命為造長岡宮使，開始營建新都城。

長岡京位於京都市西南，即現今向日 (Mukō) 市至長岡市之間，南北五公里餘，東西約四‧五公里之方形地區，南有淀川，西有丘陵，相傳長岡即據此丘陵命名者。桓武天皇欲遷都至此的原因在於長岡具水陸之便，與桓武的淵源頗深。桓武之母系出百濟系移民和 (Yamato) 氏，百濟系移民之中心人物百濟王氏一族之根據地在河內國交野 (Katano)，該地與淀川相隔，與長岡相距不遠。〔見圖三一〕

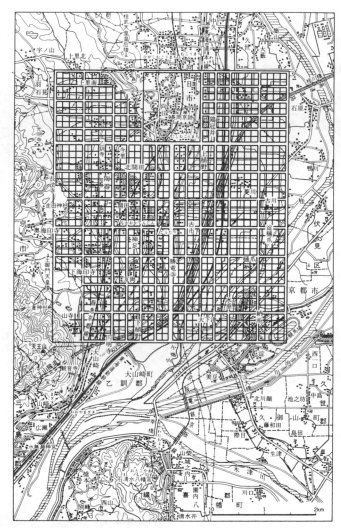

圖三一　長岡京計畫圖　長岡京的規模與平城京、平安京較之，到底有何差異？
其條坊單位的一町究竟是幾丈四方？此為長久以來的疑問。二次大戰後不久，
根據古文獻的地名及挖掘出來的門址，間隔一百二十公尺的道路等，得知為左
右四坊九條，而被認為是平安京的原始型式。其東西南北的大、小路遺構至今
存在。此圖即據上述情形繪製者。典據：笹山晴生，〈新都の造營と東西經營〉，
《圖說日本の歷史》，四，頁45。

　　從長岡京之營造前期開始至在那以後，桓武天皇一直採取彰顯天智天皇——志貴皇子——光仁天皇等桓武直系父祖的措施❶，並限制使用光仁、桓武之本名「白壁」、「山部」，於大津宮附近創建梵釋寺，將光仁天皇陵遷至志貴皇子陵墓所在之田原地方。然其歌頌「王朝交替故事」的，就是分別在延曆四年 (785) 十一月，及在延曆六年 (787) 十一月所舉行之「祭祀天神」典禮❷。

　　中納言藤原種繼乃推動遷都工作的主要人物，長岡京之營建工程從延曆三年至四年之間日以繼夜的進行。建都所需工人雖從各地徵調，卻因農民之疲弊，土豪及有勢力農民之成長而已無法像建設平城京時之採取強制手段。因此，政府乃於四年七月，以支付「和雇」(wako)——工資方式從各地徵調三十一萬四千名農夫參與建設工程。雖言支付工資，但非出自本人意願，故與強制徵調無異。在此情形之下，政府也就不得不倚賴天平以來在地方上成長的土豪之經濟力與民眾支配力。其協助營建長岡京者為山背國及其附近之近江（Ōmi，滋賀縣）、但馬（Tajima，兵庫縣）諸國之土豪，他們藉此取得高官厚祿，並提高自己在地方上的地位，以擴大政治、經濟方面的更大發展，亦即長岡京的營建是在這種人的協助下進行的。

　　如此匆忙的遷都活動，自然使舊都平城的居民感到不安而發生動搖。因為在三年九月平城京大雨而有許多民房損毀，並且在遷都的忙亂中治安惡化，一再發生由盜賊所為縱火與搶劫，致政府不得不任命左、右鎮京使以維持治安。這種不安與動搖當然也發生在貴族之間。所以反對遷都的人士自然遷怒到負責遷都工作的種繼身上，致政界開始瀰漫沉悶的空氣。

　　延曆四年八月，桓武天皇為送其女朝原內親王前往伊勢神宮當齋宮

表二一：桓武天皇與藤原氏的關係

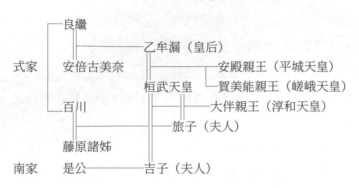

(itsukinomiya) 而離開長岡前往平城宮，由皇太子早良親王，右大臣藤原是公，中納言藤原種繼留守。九月二十三日，營建工程的負責人種繼於手持火炬巡視工地之際，被從黑暗中發射的兩枝箭射中，次日死亡。桓武天皇獲種繼被暗殺的消息後，於二十四日急忙從奈良返回長岡，立刻開始搜索人犯，逮捕大伴繼人、大伴竹良等十餘人。經刑求結果，皆承認殺害種繼。據其自白，則此一暗殺事件由大伴、佐伯兩氏主謀，而命地方豪族出身的近衛 (konoe) 伯耆桴麻呂 (Hahakino Mochimaro)、中衛牡鹿木積麻呂等兩人謀殺。迄至二十八日，又得知甫逝世的大伴家持為主謀，而家持是獲皇太子早良親王之同意才決定執行此一暗殺行動云。根據此一自白，大伴繼人等六人被認定為主謀而處斬刑；伯耆桴麻呂、牡鹿木積麻呂兩人也被斬於淀川河畔。此外，五百枝 (Ioe) 王等五個皇族、貴族則以共犯被分別流放於伊豫（愛媛縣）、隱岐（Oki，島根縣）、伊豆（靜岡縣）等地。至於以《萬葉歌》人名聞於世的大伴家持，他死後不僅未舉行葬儀，其一切職銜也都被剝奪而受到不名譽的處分。然事情並非就此結束，二十八日，桓武頒詔將此一暗殺事件的經緯昭告於世，言人犯不僅暗殺種繼，也還企圖打倒天皇以立太子，且經太子之同意。是夜，桓武遣軍包圍太子居處。早良親王被捕後囚禁於乙訓寺。早良親王非但極力否認，也還絕食抗議這項指控。

十月八日，早良的太子身分被廢，旋決定將他流放淡路（兵庫縣）。宮內卿石川垣守等人雖護送早良前往淡路，然絕食十餘日的早良體力已十分衰弱，故死於途中。繼早良為皇太子者為安殿 (Ate) 親王（日後之平城天皇），暗殺事件於是落幕。桓武雖喪失寵臣，卻因此得以肅清反對勢力，並得立長子為太子。

然在暗殺種繼事件過後不久卻天災、饑饉、疾疫踵至，致影響了營建新都的後期工程。因有：在此一事件中被處死者之陰魂作祟，方才導致這種現象之流言，而營建情形又不理想，致桓武不得不下廢長岡京之決心❷❶。

延曆十二年正月，再度為遷都而勘察位於長岡京東北的山背國葛野 (Kadono) 郡宇太村，然後立即計畫拆卸長岡宮，桓武則遷至左京北方的東院看守在桂川 (Katsuragawa) 對岸的新都營造工程。

桓武天皇於延曆十二年三月巡視新都預定地後不久，便開始營建新都工程，九月，分配宅地。明年七月，將東西市遷徙於此。十月，桓武行幸新都城，頒布〈遷都詔〉。十一月，改稱山背國為山城國，並以人人如此稱呼而將新都城命名為「平安京」。

三、蝦夷戰爭

延曆十三年十月二十八日，征夷大將軍大伴弟麻呂報告已壓制蝦夷。此一戰役的經緯是：東北地方的蝦夷 (Ezo) 戰爭乃與兩次遷都同時進行的桓武朝之大事業，它是為宣揚新王朝之成立及誇耀聲威而為者。此系桓武即位後的第二次軍事行動。八世紀中葉以後，北上川中游的蝦夷集團勢力急速強大，至寶龜五年攻擊陸奧國桃生 (Monou) 城。朝廷雖立刻遣軍征討，但戰亂卻擴及出羽 (Dewa)，進入所謂「三八戰爭」的長期戰爭。朝廷雖企圖平定蝦夷的根據地膽澤，然在光仁朝竟未獲任何成果。因此，桓武

---

❷❶　吉川真司，〈平安京〉，吉川真司編，《平安京》（東京：吉川弘文館，2002）。

天皇乃於延曆七年 (788) 任命紀古佐美為征東大使，高呼「坂東安危，在此一舉」，而動員大軍。古佐美在衣川 (Koromogawa) 設營，將其所部分為三軍向志波（盛岡市附近）前進，然至膽澤時，被以阿得路易 (Aterui) 為首之蝦夷軍所挾擊，被殺者一〇一六人。

　　第二次軍事行動，乃繼此敗戰而為。朝廷命坂東諸國調整軍士與武器，並準備糧食十二萬斛❷❷。與之同時，任命大伴弟麻呂為征東大使，坂上田村麻呂為副使，使十萬大軍加入作戰行列。至延曆十三年夏，成功地控制蝦夷。如據先前的報告，斬蝦夷四五七人，俘一五〇人，焚燼其聚落七十五處。於是包含志波在內的膽澤地方被納入古代日本的統治之下。

　　延曆二十一年 (802)，以坂上田村麻呂為征夷大將軍的第三次軍事行動再獲勝。從次年開始建築膽澤城。正在築城時，阿得路易來降，被田村麻呂帶至平安京。官員們因蝦夷已平定而大為喜悅，並為雪多年來的怨恨而將他處死。當時田村麻呂認為：為懷柔蝦夷，應將他釋返陸奧，然這種主張未被接受。

　　二十三年，在距膽澤城北方約六十公里處築志波城。志波城乃陸奧國最大的城柵，有八四六公尺四方的外廓與一五〇公尺四方的政府建築物，其規模超越多賀城。此一城堡成為古代日本最北的據點，而期待著陸奧深處的蝦夷之歸順與降服。營建此城時，坂上田村麻呂被命為營造使，並且又以他為征夷大將軍，以備第四次的軍事行動❷❸。

　　然就如下文所說，因「互論德政」而整個蝦夷政策發生很大的改變。桓武天皇崩 (806) 後，文室綿麻呂 (Funyano Watamaro) 雖於弘仁三年 (812) 進攻爾薩體 (Nidate)、幣伊 (Hei)，卻成為最後一次的武力壓制策略。志賀城見廢而由小規模的德丹城取代，支配蝦夷的據點則後退至膽澤城。非僅

---

❷❷　體積的單位。通常用以計算米穀，一斛（石）等於十斗，約一八〇公升。

❷❸　吉川真司，〈平安京〉，《平安京》。

如此，陸奧國的常備軍大幅減少，八世紀以來持續著的移民城柵設置區域的政策也中止，於是「征夷」就此告終❷。

四、互論德政

桓武天皇延曆二十四年 (805) 十二月丙申朔壬寅，中納言近衛大將藤原內麻呂，參議藤原緒嗣、菅原真道等於朝中互論天下德政。緒嗣云：

> 方今天下所苦，軍事與造作也。停此兩事，百姓安之❷。

真道雖對此表示異議，但桓武採納緒嗣的意見，決定停止征討蝦夷及營造平安京。對一般民眾而言，「軍事與造作」確為一大負擔，例如一〇萬遠征軍，當時的日本總人口約六百萬人，其中有兵役義務之正丁約一百一十萬❷，即一次軍事行動須動員正丁的一成。而那些兵員之絕大多數又是從坂東諸國徵調，其徵調規模容或有大小之別，卻徵調了許多次。非僅如此，坂東又是數目龐大的軍糧與武器的供給源，故因三八年戰爭所造成的疲弊實不難想像。新都城的建設亦復如此。營建長岡京時以「和合」方式曾有一次就徵調三十一萬四千人的紀錄。又如據三善清行所上〈意見十二條〉，則在兩次營建都城裡，消耗了諸國正稅的三成。因此，「軍事與造作」之給當時日本社會帶來深刻影響，殆無疑慮。只因為如此，民心之動搖與他們對政府的抵抗也就相對的強烈❷。

不過當時的日本政府對這些問題並非坐視不管，它曾數次採免租稅措

---

❷　熊谷公男，〈平安初期における征夷の終焉と蝦夷支配の變質〉，《東北學院大學東北文化研究所紀要》，二四 (1992)。

❷　《日本後紀》，卷一三，〈桓武天皇紀〉，延曆二十四年十二月丙申朔壬寅條。

❷　鎌田元一，〈日本古代の人口〉，《木簡研究》，六 (1984)。

❷　林陸朗，〈桓武天皇の政治思想〉，《平安初期の政治と文學　歷史編》。

施，及將每年六十日的雜徭減為三十日 (795)，並派遣「問民苦使」
（momikushi，799）訪視民間疾苦，以採相應措施。與此相關的就是在桓
武朝曾整頓、肅清地方行政。當時除取締因調庸或正稅而來的國司之怠慢
與貪污、瀆職外，於延曆十六年 (797) 設勘解由使❷(kageyushi) 以整頓國
司之移交制度；復於二十二年 (803) 完成《延曆交替式》❷。並且在延曆
十七年至十八年 (797～798) 之間修改支撐地方財政的公廨稻 (kugaitō)❸。
只因採取這些措施，故律令制度得以維持暫時的安定❸。

　　互論德政後經三個月的延曆二十五年 (806) 三月十七日，桓武天皇崩，
春秋七十。《日本後紀》評論他四分之一世紀的治世云：「自登宸極，心勵
政治。內興作，外攘夷狄。當時雖費，後世賴之。」可謂允當之論。

第三節　弘仁貞觀期之政治與交通

一、桓武朝的結束

1.皇權的安定

　　遷都平安京以後的四五年間，既無很大的政變，也無全國性天災，有
關內政的各種政策也都推動得很順暢，故為桓武天皇在位二十五年裡政局
最安定的時期。不用說遷都長岡京後復強行遷至平安京的作為，當然會引

---

❷　始設於平安初期的令外官。官吏移交職務時的人事監督官。

❷　一卷。菅原真道等編。記錄國司移交時應注意之事項與相關規定。

❸　天平七年置於諸國之官稻之一。以此強迫貸與農民（出舉），以此所獲利息（作為
　　利息之稻穀）作為政府經費及官員俸祿。此一制度雖為鞏固政府財政而設，卻在
　　不久以後完全流為官員俸祿而弊竇叢生，故於天平寶字元年明確規定其分配率。

❸　笹山晴生，〈平安初期の政治改革〉，《岩波講座日本歷史》，三（東京：岩波書店，
　　1976）。

起皇族、貴族及一般民眾的反彈與動搖。因為當發布遷都的方針後，既有
向朝廷匿名投書的 ，也有像皇太子安殿親王與其妃帶能子 (Tanoko) 之娘
家——藤原式家的勢力，對於主導遷都之藤原南家繼繩 (Tsugutada) 或其子
乙睿 (Otoe) 心生不滿的。此一時期桓武所寵愛的，已從皇后乙牟婁所生安
殿親王轉移到南家是公之女吉子所生伊豫親王身上。伊豫親王雖於平城天
皇（安殿親王）之治世死得很悲慘，唯在桓武在世期間，皇子間的對立並
未表面化。

　　此一時期的朝廷之值得注意者為以藤原氏為首的貴族勢力的式微。延
曆三年以後，整個桓武朝都未曾任命左大臣，右大臣也在藤原繼繩於延曆
十五年去世後不復任命，所以在大納言以上的政府中樞裡已無藤原氏，兩
年以後則由神 (Miwa) 王擔任右大臣，壹志濃 (Ichishino) 王擔任大納言，持
續著以皇族為中心的政治體制。並且神王、壹志濃王兩人都與桓武同一祖
父而為至親。

　　桓武賜新姓給與自己有姻親關係的豪族，對皇族或宮女則賜與數十町
乃至數百町之田地或尚未開發的原野。並且擴大皇族、貴族通婚的範圍，
允許他們娶現任大臣及良家子孫的三世（天皇之曾孫）以下之王，及藤原
氏二世（天皇之孫）之王為妻。因此，當時的宮廷可謂具有以天皇為中心，
以姻親、親戚等來結合皇族、貴族之共同體特性。

　　桓武在內政方面所重視者為地方行政，對國司的加強監督，尤其留意
國司的移交問題，故制訂《交替式》以嚴格規定移交時應遵守事項，並置
勘解由使監交。與之同時，又勵行班田制。為減輕農民負擔，於延曆十一
年 (792) 免除陸奧、出羽、佐渡、九州諸國以外其他各國子弟之兵役；三
年後則將出舉的利率從五成減為三成，卻未達到目的。其故就如前所說，
農民因征討蝦夷與營造新都而負擔沉重。

2.桓武辭世

　　桓武朝政治之值得注意者除上述外，尚有於延曆十七年 (798) 修改前

此由特定門第來擔任郡司之規定，及有關佛教方面的政策。就佛教政策而言，其執政初期是禁止捐贈田地給寺院，及寺院經營私出舉等有關經濟方面者為主。同年，又修改為當僧、尼而舉行之資格考試得度❸、受戒制度，為僧、尼開闢能夠深入了解佛教教義，並能作宗教實踐之優秀人員之路。

前此延曆十五年曾鑄造新錢隆平永寶，次年完成由菅原真道、秋篠安人 (Akishinono Yasuhito) 編撰之《續日本紀》。在對外關係方面，則與渤海國之間的交通從延曆十四年開始頻繁；二十三年派遣以藤原葛野麻呂為大使之遣唐使。此舉與征討蝦夷、營造都城兩大事業相互輝映，而將朝廷威勢顯耀於國內外，唯此一時期之桓武已逾耳順之年。

延曆二十三年八月，平安京為暴風雨所襲，致桓武經常行幸之神泉院❸及許多民房受損，中院❸西樓倒塌，壓死牛隻。在此以前，桓武已感身體不適，為消除不適，乃於是秋前往和泉國日根野 (Hineno) 與玉出嶋（和歌山市），唯自年末開始病倒。桓武知自己即將離開人世，為恐死後諸皇子因皇位繼承問題發生對立，乃於二十四年四月召見太子安殿親王，將日後之國事交給他處理。同日，復將武器庫之鑰匙交給他，以鞏固太子的地位。並且又先後任命菅原真道、秋篠安人、坂上田村麻呂等人為參議，以加強政權❸。

當這些新任命的參議加入中央政壇後，政府領導階層最關心者為如何處理桓武傾其力量所為之征討蝦夷、營造平安京等兩大事業。經二十四年十二月幾次廷議的結果，解雇了朝廷雜役一二八一人，宮廷警衛（即衛門府），左、右衛士府之衛士一三三〇人，使其返鄉，並免除參加營建都城之

---

❸　佛家語。凡人超越生死而到涅槃，如由此岸到彼岸，所以稱為得度。又，出家落髮為沙彌，也稱得度。

❸　平安京裡的庭園。

❸　中和院，位於大內東側的殿宇。

❸　笹山晴生，〈新都の造營と東北の經略〉，《圖說日本の歷史》，四。

二十一國之庸。

延曆二十五年 (806) 三月十七日，桓武崩，年七十。使桓武與天武、聖武三天皇同樣成為日本古代專制君主者固為他們的領導能力與決斷力，但面臨國家體制基礎崩潰當時，貴族們之希望集結於強大有力的權力之下亦有以致之。桓武雖掌握強大權力以推動兩大事業，改變政治局面而獲得成功，卻無法扭轉時代的巨大洪流，及消除與皇權結合在一起的極少數特權階級之獨占國家大權，及他們之逸出國家財政外以追求私人利潤等，平安時代貴族社會所見之動向。由於這種弊端早就萌芽於桓武之治世，遂導致律令國家體制之崩潰，而在此後益發嚴重❸❻。

二、緊縮政治的嘗試

1.平城天皇之政治

延曆二十五年三月十七日，由時年三十三的皇太子安殿親王繼位，是為平城 (Heizei) 天皇（806～809 在位）。《日本後紀》謂平城「精神聰敏，玄鑑宏達，博綜經書，工於文藻。」❸❼此言固為事實，但他體弱多病而易為感情所衝動，或許因此在其短短四年的治世裡也發生種種問題。

當時的天皇並非虛位，而擔負統治一國的實質責任。更何況他繼承英主桓武之後，故可能有責任重大的沉重壓力。他於桓武崩後兩個月的五月十八日，在太極殿舉行即位典禮，改元大同，並開始實施新政策。

平城所實施的新政策，一言以蔽之，就是緊縮政治。桓武之兩大事業營建都城與征討蝦夷，固為奠定後世發展基礎之重要政績，卻因耗損鉅額帑藏，致在晚年不得不採緊縮財政的措施，這種措施當然為平城所繼承。其在這種情形下實施者，即裁撤、合併無關重要的政府機構，及設觀察使。

---

❸❻　笹山晴生，〈新都の造營と東北の經略〉，《圖說日本の歷史》，四。

❸❼　《日本後紀》，卷一四，〈平城天皇紀〉，延曆四年十月條。

大同三年 (808) 正月，裁併了原屬各省與衛府的十餘政府機構；六月，復
裁撤衛門府，並將其他六衛府的舍人各減百人。雖然如此，也有增加下層
人員的例子，故其措施可謂為謀求行政組織的合理化。也就是說，中央政
府的這種措施，其目的在於節省開支，故其對國家財政之根本的地方行政
當然沒有忽略。就這方面言之，其具有重大特色者為觀察使制度。

　　觀察使之設始於平城即位後約一週的大同元年五月二十四日，在東海
道以下六道所任命者，此一職位由參議擔任。因五畿七道而每道需一位觀
察使，故後來共任命八人。二年四月，正式廢除參議之官名，改稱觀察使。
觀察使的封戶二百，此與參議之八十戶較之，實為一大優遇。觀察使的職
責為判定國司之良否，並執行原由勘解由使所負責之工作❸。

2.平城朝的缺陷

　　平城雖裁減冗官並為振興地方政治而努力，但也有美中不足處，其所
以如此的原因，在根本上平城本身的個性起了很大作用。平城治世的污點，
即伊豫親王事件與藤原藥子之亂。

　　伊豫親王事件發生於大同二年 (807) 十月。伊豫親王乃平城之異母弟，
事件源於大納言藤原雄友 (Katsutomo) 聽說名叫藤原宗成者勸伊豫親王謀
叛，乃將此一消息告訴右大臣藤原內麻呂。雖然宗成立刻被捕，但他極力
說主謀為伊豫親王本人。平城天皇乃命一百五十名士兵包圍親王宅第，並
將親王與其母藤原吉子幽禁於川原寺（弘福寺）之一室，旋又發布廢親王
為庶人之詔。親王母子聞後仰藥自盡，宗成等被處流刑。當時被視為伊豫
親王之一夥的中臣王則被杖擊至死。其受此一事件之累者尚有大納言藤原
雄友，中納言藤原乙睿 (Takatoshi) 等。雄友係藤原吉子之兄，伊豫親王之
舅父，他被流放於伊豫（愛媛縣）。因此一事件的開端在於雄友將消息告訴
內麻呂，故他之無謀反企圖，至為明白。至於乙睿之何以受累，則不可得

---

❸　勘解由使在此一時期被廢。

而知之。雄友與乙睿俱屬藤原氏南家，因此事件發生後，南家出身的公卿已呈完全消滅的狀態。

伊豫親王事件過後又發生更重大的事件——藤原藥子之亂。藤原藥子乃在營建長岡京中途被暗殺的藤原種繼之女，其夫中納言藤原繩主(Tadanushi)，生三男兩女。當其長女在平城當太子時進入東宮後，藥子也當了「東宮宣旨」之官。桓武雖因厭惡藥子而使其退出東宮，唯當平城即位後，又將她召入宮中為「尚侍」。尚侍乃後宮諸機構之長官，負責傳達天皇之命，及接受臣下之奏疏等，因她位居要職，故不時有蠻橫作為。

另一方面，平城於大同四年四月，將皇位讓與同母弟之太子神野(Kamino)親王而為上皇，此新天皇即嵯峨天皇（809～823在位）。平城退位的理由雖在於體弱多病，但其欠缺持久力與耐力，及在精神上無法負擔國政之全責，也可能使他有讓位之意，而平城之退位可能使藥子產生困擾。

前此平城於即位之次日，即將時年十五的長子阿保親王放置一旁，立胞弟神野親王為太子，此固為揣摩桓武之意而作，然嵯峨為報答其好意，故於即位後立刻以平城之第三子高丘親王為太子，因此平城、嵯峨之間不僅無對立情事，反而使平城上皇對嵯峨天皇有些拘謹，其利用這種情形引起不幸事件者為藥子兄妹。

對藥子兄妹而言，平城之讓位必是非常遺憾之事，如據史乘的記載，他們在平城退位後也常干預政治，且以上皇之命為藉口為所欲為。在此情形之下，觀察使問題又以奇妙方式出現。如前文所說，觀察使乃平城即位後懷很大熱忱而設，然僅經兩年其熱忱便退下，即因人事調動而觀察使出缺時也不填補，致有數道觀察使出缺。此缺額在嵯峨即位當日任命藤原仲成、藤原真夏，九月任命紀廣濱、多入鹿擔任。此四人中仲成、真夏、入鹿三人屬平城派，就其任命時機觀之，這些人可能為平城所推舉，而藥子等可能為在嵯峨朝裡確立平城勢力，方才請平城推舉。仲成等被命為觀察使後一週，以財政困窘為理由，廢除觀察使的二百戶封戶，配套措施則是

使觀察使兼任國司，以獲其俸祿。此一措施可能為嵯峨對上皇介入人事所為之反彈。於是天皇、上皇兩派勢力之對立逐漸浮在表面。

平城讓位後曾輾轉數處養病，於大同四年十一月決定在舊都平城落腳，而由仲成負責營建宮殿。十二月，上皇入平城京。當時似有不少官員跟隨，遂形成平安京與奈良之兩派。

弘仁元年 (810) 六月，發布史無前例的上皇之詔，罷觀察使而恢復參議之舊職稱，並復封戶舊制，此乃對廢除觀察使封戶所為之報復。觀察使之由設置者平城本人頒詔廢除，這表示已非觀察使制度上的問題，乃是為維護上皇方面的人員的利益為目的。在此情形之下，觀察使這個職稱便僅四年就消失。

由上皇發布命令的情形，在此以後也可能以種種方式出現，唯《日本後紀》對此一時期的歷史沒有記載，故難究其詳。就平安京方面的天皇而言，如要迴避與上皇發生正面衝突，自不能忽視上皇之命，這就如日後在誅伐藥子之〈宣命〉裡所說，已產生「二所朝廷」〔見圖三二〕。

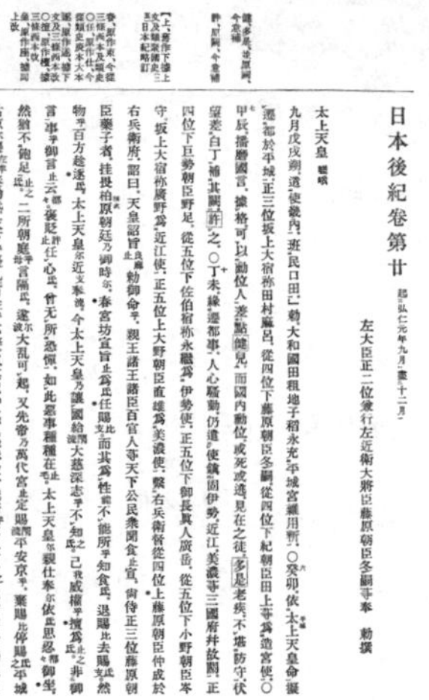

相傳日本之設藏人頭 (kurōdonotō)❸❾，始於巨勢野足 (Koseno Notari)、藤原冬嗣 (Fuyutsugu) 於弘仁元年三月擔任斯職。此兩人俱為嵯峨尚為太子時擔任東宮大夫與春宮亮 (suke) 而隨侍在側的心腹。初期藏人所的組織與工作內容之不明處雖多，但太政官既已分成兩派，而上皇勢力又儼然存在，則此一時期的藏人頭

圖三二　有關二所朝廷之紀錄

❸❾　原為管理皇室收藏文書及各種器具之倉庫——納殿的官員叫藏人，其主管稱藏人頭。弘仁元年設藏人所後，則保管機密文書、傳達詔敕、宮中事務行事之處理，及服侍天皇日常生活等，致少納言、近侍等失去侍候天皇的任務。

之經辦有關對上皇的機密事項，自不難想像❹。

　　弘仁元年九月，平城上皇終於下令遷都平城京，此一命令無異對平安京之朝廷下最後通牒。同月六日，嵯峨天皇姑且採取了解上皇之命形式，命坂上田村麻呂、藤原冬嗣為造宮使。他們既是天皇心腹，當然無意遷都，斬斷禍根的時機終於來臨。當傳聞遷都消息而人心動搖之際，天皇方面從十日開始布署。首先遣使前往伊勢、近江、美濃等地加強國府與關卡之防備，並急速逮捕仲成，將他監禁於右兵衛府，更頒詔宣示藥子、仲成之罪，然後下令放逐藥子，及降調仲成等上皇方面官員的職務。仲成之所以會輕易被捕，可能上皇方面未曾預料會受天皇反擊而沒有任何防備。上皇聞自己心腹被捕、受處分後忿怒異常，十一日與藥子同車離開奈良前往東國，並召集畿內與紀伊國之兵，以東國為立足點決一死戰。如說是仿壬申之亂時的天武天皇之例，那就無話可說，這簡直是瘋狂行為。

　　天皇方面當然不會有任何疏失，當獲上皇前往東國的消息後，便急速與坂上田村麻呂、文室綿麻呂等帥領輕兵前往，並封鎖諸道，及射殺監禁中的仲成。十二日，上皇行至大和國添上 (Sōnokami) 郡越田村時，得知道路已被官兵封鎖。上皇雖不聽隨從人員之勸而猶欲前進，卻已無計可施，乃返平城京剃髮出家，始終同行的藥子則仰藥自盡。就這樣，在短短兩天內亂便告結束。

　　亂後的處理也頗為簡單，藥子與仲成原只獲上皇之寵愛逞威，既無與朝廷對立之政策，也無此一方面的組織，所以他們兄妹一死，事情便告結束。僅有越前國司聞上皇前往伊勢，擬舉兵立刻被捕而已。不過上皇之子──太子高岳親王被廢，另立嵯峨天皇之異母弟大伴親王（日後之淳和天皇）為東宮。後來，高岳親王出家成為高僧，他為求法赴唐，在前往印度途中示寂於馬來西亞。

---

❹　川崎庸之，〈弘仁貞觀の宮廷文化〉，《圖說日本の歷史》，四。

其與此一變亂有關的官員雖有被降調至諸國者，唯至天長元年 (824) 允許他們回京，所以當時被處死者僅仲成一人而已。此後至平安時代末期爆發保元之亂（見後文）為止的三百四十年間，不復有由朝廷執行死刑的事情發生。

亂後，天皇與上皇之間不再發生衝突，一切都以上皇一時溺愛藥子為理由來解決。故上皇在平城京度日，至天長元年七月辭世，享年五十一。

三、嵯峨之喜愛漢學

藥子之亂後，嵯峨、淳和、仁明三任四十年間，除承和九年 (842) 發生廢太子事件外，幾乎沒有政變而政情頗為安定。並且天皇之實力與權限亦大，所以在他們親政之下，政權未集中於特定的某一家族，朝廷可好整以暇地整備唐式文化。唐式文化雖在奈良時代已被大量輸入，唯當時所輸入者只是表面上的，其真正滲入日本人士之精神方面，乃弘仁年間 (810～823) 以後之事。

嵯峨不僅喜愛漢學，他本人也是一位漢詩文大家與書法名人。因他致力於興隆唐式文化，故在文化方面有絢麗的層面，與平城朝之質樸有異。不僅宴會的次數增加，詩會也變成與文化不可分離的活動。宮殿之門與其他諸門既採唐式名稱，禮式、禮法也改用中國的，服飾則增加它的華麗性，亦即服色原依品秩高低而定，而前此侷限於高官穿著的，如今則地位稍低者亦可穿著，也就是說已經有了制服。嵯峨的愛好唐式文化乃表示當時的風潮，這種風潮也被淳和、仁明兩天皇之治世所繼承，其間，制度、禮儀也都被整備❹。

制度、禮儀之整備，其典型為格式之編纂。當時雖有作為國家根本法典的律令，然僅有律令並無法推動實際上的行政工作。由於律令的條文大

---

❹　土田真鎮，〈弘仁貞觀の宮廷文化〉，《圖說日本の歷史》，四。

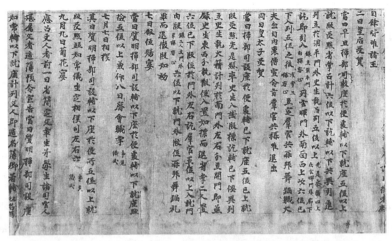

圖三三　此係〈式部式〉的一部分，記錄著過年時舉行之儀式。奈良國立文化財研究所典藏。

都僅指示概略性原則，故在實施時偶有具體的指示，或須作若干變更，對此即會以詔敕或〈太政官符〉來發布補充條文，此補充條文就是「格」。並且每一政府機關處理日常事務或實施特定政策時，須有具體的施行細則，而此施行細則即為「式」。這種「格」與「式」隨著時間的流逝而增加，內容也會顯得雜亂，所以必需加以整理，使它成為比較完整的法典。〔見圖三三〕

　　奈良時代雖曾數度編纂律令，卻未曾製作綜合性的格式，編纂格式之機運雖起於桓武天皇的延曆年間 (782～806)，不過僅在延曆二十二年輯有關國司移交時之法令編輯《延曆交替式》而已，其正式編纂工作卻因桓武天皇薨而中斷。

　　由於中國不僅編纂律令，也還不止一次的編纂格式，故愛好唐文化且喜愛形式的整頓之嵯峨當然不會忽略這種事情。因此編纂格式的工作重新啟動，於弘仁十一年 (820) 完成日本最早的格式《弘仁格》十卷、《弘仁式》四十卷。後者經若干修訂後，至天長七年 (830) 方才實施。此兩部法令集雖僅有其中的一部分留存於世，但可由此窺知「格」為詔敕或官符之

原文，「式」則以「凡……」為開端的單獨條文，按機關別來編定。其有關朝廷儀式者則有〈弘仁儀式〉、〈內裡式〉等，可見有關儀禮的問題在此一時期也已制度化。

編纂「格」、「式」時，當然也對律令的原有條文表示關心，有關律令的條文，在奈良時代已由明法家們作種種解釋，然因言人人殊，所以必須將那眾多的解釋加以統一，以便引用。故於淳和天皇時召集學者檢討往日對令文所為解釋，然後採用其中適當的見解作為官撰註釋書的說明，此即完成於天長十年，施行於承和元年 (834) 的《令義解》十卷。於是其註釋文字與本文具有同等效力。此書一出，大家莫不以此為依歸，致其他各種見解幾乎不為人所顧。然《令義解》所作解釋只記學者們檢討令文以後的結論，未言各家觀點之所在。唯各家議論之值得參考者多，所以在清和天皇貞觀年間 (859～876)，法律學家惟宗直本乃輯諸註釋書，將各種不同見解按令文的先後次序加以排列，成為《令集解》五十卷，以為日後研究者之參考。因此書引用《大寶令》註釋書之「古記」，《養老令》註釋書之「令釋」、「新令私記」、「跡記」、「彈麗」、「省例」，及中國律令等而使《大寶令》恢復其原貌，故可由此得知律令變遷之情形❷。

由萬多親王等人於弘仁六年 (815) 編輯完成的《新撰姓氏錄》三十卷、《目錄》一卷，乃將京師及山城、大和、攝津、河內、和泉等地一百八十家譜依皇別、神別、諸蕃來分類，並將其重點放在改賜姓方面而具有預防畿外民，尤其已斷絕其戶籍者之流入京畿，及冒名、冒恩蔭以逃稅賦和兵役之意義。

---

❷　鄭樑生，《日本通史》，頁 136。

四、古代都市的架構

1.京中農民與京戶

　　居住京師的民眾謂之京戶，正確地說，就是在眾多的京師居民裡，被左、右京職❸所掌握而正式登記於戶籍計帳（戶籍簿）之居民。京戶雖頒給口分田，但如有六年以上無法進計帳者，則比照京戶逃亡之例除籍而其口分田歸公。因此，就如對農村公民製作戶籍計帳似的，京中居民也編戶造籍，並根據其籍帳頒給口分田及課徵調徭錢。居住京師者所獲之口分田謂之京戶田，而與農村一般公民的口分田——土戶田作一區別。也就是說，京戶係居住於平安京的公民——京中農民，即使貴族也不例外。在基本上，平安京係由具有農民特性的居民所構成。只因平安京的商業活動，亦即社會的分業尚未發達，所以即使其人口已多達十至十五萬，卻仍是個尚未成熟的都市。

2.諸司廚町

　　紀錄上首先在平安京上場者為諸司廚町。所謂諸司廚町，即附屬於政府機構的住宿設施，它提供給從地方至京師服務的衛士、仕丁、舍人等課役民於非輪班時休息，因以一町的土地為基準，在那裡建築住宿處，故有是名。《日本後紀》，卷一七，〈平城天皇紀〉，大同三年十月己酉朔丙辰條有「左衛士坊失火，燒百八十家，賜物有差」之句為首見，故此當為遷都以後發生之事。這種建築主要在大內的東、西兩方，尤其集中於東側。

　　諸司廚町之值得注意者為其多數從平安後期至中世之際式微，其殘存者成為民宅，由政府徵收地租而成為重要財源。尤其如織部町、駕輿丁町等，它們以廚町為母胎，逐漸形成工商業之「座」。其在京師紡織高級絲織品的西陣織之織工們之「座」稱為大舍人座，此乃因鄰近織部町的大舍人

町，也居住許多織工，或他們環繞於大舍人町居住所造成的結果❹。

五、水陸交通

1.《延喜式》所見之交通路線

　　以畿內、東海道為始的七條官道，原則上每三十里（十六公里）置驛（亦書如驛家）站，而在驛換乘馬匹來往於中央和地方之間，以傳達各種消息。《延喜式》（兵部省）記載著諸國之各驛名稱及各該驛所常備之驛馬與傳馬 (tstawariuma)❺ 的數目。如據《令》的規定，每郡各有傳馬五匹，然《延喜式》則似非置於各郡而分配於有驛路經過的地方。又如據《公式令集解》的記載，傳馬與驛馬的差異在於「事急乘驛，事緩乘傳馬」，故其速度有別。

　　驛路有大、中、小之別，〈厩馬令〉規定：「凡諸道置驛馬，大路，中路十匹，小路五匹」。山陽道為大路，東山、東海兩道為中路，其他則為小路。

　　山陽道：平安京至大宰府，其間自山城國山崎驛至筑前國久爾驛，凡五十八驛。

　　東山道：自平安京至秋田城，凡五十八驛。

　　東海道：自平安京至常陸國府。

　　北陸道：自平安京至佐渡國府。從近江穴多 (Anou) 驛至佐渡雜多 (Sawada) 驛，其間共有三十九驛。從越後至佐渡雖是水路，但具體上越後渡戶 (Watabe) 驛與佐渡松崎驛之間似有水運。

　　山陰道：自平安京至伊豫國府有支路從出雲之千酌 (Chikumi) 至隱岐島之水路。

　　南海道：自平安京至伊豫國府，其間，紀州與淡路，淡路與讚岐之間

---

❹　村井康彥，《古代國家解體過程の研究》（東京：岩波書店，1965），頁 132。

❺　國司赴任，及移送罪犯時乘用之馬匹。

需乘船，然《延喜式》未記載渡海地點之驛站的舟數。

西海道：相傳此道有大宰府至豐前國府，至豐前、日向國府，至筑後、肥後、薩摩、大隅國府；自肥前國府至島原半島，經筑前、肥前海岸至壹岐、對馬島之五道。

此七道之完工時間不詳。

2. 至平安京的日數

如據《延喜式》，卷二四，〈主計〉上的記載，各國搬運調庸至平安京所需日數，最遠之陸奧國五十日，出羽國四十七日，佐渡島三十四日，隱岐島三十五日，大宰府二十七日。自平安京返回各地則：陸奧國二十五日，出羽國二十四日，大宰府十四日；亦即上京的日數為返鄉時的一倍，其所以如此的原因可能在上京時攜帶沉重的調庸物品。陸路與水路的行程則前者較後者為快；運費則反之。

3. 都城周邊的交通系統

前往全國各地的官道既以平安京為起點，則自都城前往諸國的道路必形成放射狀態。如從水運觀之，平安京的地理條件較平城京為優，其故在於前者有河港淀 (Yodo) 津作其外港。淀津位於當時湖水巨椋 (Ogura) 池之西，居於桂川、宇治川、木津川匯流處附近水運之樞紐，係山陽、南海諸國道經瀨戶內海、淀川所運調庸物品的卸貨地點。此處既是河川交通的要衝，則當時可能人口密集，形成都市的聚落。

4. 水運的興隆

平安時代的水運已相當發達，就瀨戶內海言之，莊園地主們為運輸其貢米而確保裝載方便的港灣，如攝津住吉神社占據著播磨 (Harima) 國明石 (Akashi) 郡魚住濱、加古郡阿閇津濱 (Ahetsuhama)；石清水 (Iwashimizu) 八幡宮之莊園為淡路之鳥飼莊及播磨、備前 (Bizen)、備後 (Bingo)、安藝 (Aki)、周防 (Suō)、長門 (Nagato) 及伊豫等內海地區所經營。其在九州遠賀 (Onga) 川流域的筑前國觀世音寺的莊園貢賦，係利用瀨戶內海把它運到

大和之東大寺。如據《平安遺文》二二九六號檔案的記載，運輸一百石米所需者除船費、祭船費、水手們之工資等為四十五石外，尚需付警衛士兵之糧料。

隨著水上交通的發達，瀨戶內海沿岸的許多港灣便被作為裝卸物資的船舶停泊處，迄至平安時代後半，則大輪田泊（Ōwadanotomari，神戶市）已扮演瀨戶內海航路東邊終點站的角色。

當臨海諸國利用海洋運輸貢賦至京師後，各國似已有特定的輸出港口，即所謂「國津」，不過，我們只能從《延喜式》卷二六了解北陸諸國之情形而已。即：若狹（Wakasa，福井縣）以陸路將物貨運至近江之勝野津，然後利用琵琶湖水運至大津，從大津再以陸運方式至京師。其他各國則從各該國港灣出發，將物資集中於敦賀（Tsuruga，石川縣），然後以陸路運至琵琶湖北方的鹽津，鹽津至大津則利用湖水，然後再以陸路運至京師❹❻。

《延喜式》所紀錄各國規定之港口，加賀國為比樂湊 (Hirakaminato)，能登 (Noto) 國為加嶋，越中為日運 (watari) 湊，越後國為蒲原津 (Kanbaranozu)，佐渡則為國津。又，該書所記載琵琶湖之港灣為鹽津、勝野津、大津三個港口，但瀨多、石山亦居於重要位置。因為石山與大津一樣，經由敦賀、鹽津諸港的北陸諸國貨物均在此卸貨，瀨多則置有大和、西大寺之勢多莊，以運輸各該寺之貨物。

第四節　律令制之瓦解與豪族之動向

一、東亞的變動與日本

從仁明天皇承和七年 (840) 前後開始東亞發生變動，與唐有同盟關係

---

❹❻　千田稔，〈《延喜式》にみる水陸の交通〉，《圖說日本文化の歷史》，四。

的回紇和吐蕃兩個王權相繼瓦解。回紇的土耳其系遊牧民族四散而其近半數徙居河西與吐魯蕃之間，而南下至中國北部者亦近十萬人云。唐朝雖攻擊它們而接受其降者，然於一再發生政爭與藩鎮割據的情況下，便無法鎮撫政治與社會的混亂。另一方面，西藏高原加深了分權的狀態，並且又失去由吐蕃所為西域的支配，其在東方的雲南則南詔強盛起來。

清和天皇貞觀元年 (859) 浙東的裘甫，十年則龐勛叛亂，七年後更爆發黃巢之亂。黃巢雖被李克用擊破，然唐朝的權威掃地，各藩鎮相繼自立。之後，出身黃巢軍的朱全忠於醍醐天皇延喜七年 (907) 稱帝，是為後梁太祖。

唐亡後，東亞大分為三，自蒙古高原起至日本海沿岸為契丹，華北主要為土耳其系軍閥之五代諸王朝，華南則由軍閥所形成十國之中小政權興起。其周邊則有高麗、日本、越南、雲南、西藏諸國。

華北的後梁、後唐、後晉、後漢、後周等五個短命的王朝相繼興亡而始終為契丹所苦。朝鮮半島則新羅式微而於十世紀初進入後三國的分裂時代，於 963 年為高麗所統一。雲南則從十世紀初開始南詔王權的內鬨不斷，而段思平於 937 年建立大理國。越南北部則安南都護府消失而越南人的政權在與南漢的對立中成長，於 968 年成立丁氏大瞿越國。

日本雖從朱雀天皇天慶二年 (939) 開始爆發大規模的內亂（容於後文敘述），但並未發生政權交替，其因在與東亞諸國之間的關係較淺，及未受其他民族的軍事攻擊。日本未受外國攻擊的原因固在於四面環海而有天然屏障，不過日本當局之採不介入主義亦或有以致之。首先就與唐、渤海的關係言之，前此雖發生寬平六年的停派遣唐使問題，其真相則如下文所述：本年八月，菅原道真、紀長谷雄分別被任命為遣唐正、副使。次月，道真聞釋中瓘之言，知唐已式微後，復因有航海之危險與治安方面的顧慮，乃上〈疏〉請重新考慮遣使問題。《日本紀略》雖據此奏疏書寫停派遣唐使之記事，實際則遣唐使的稱呼在數年後也仍可見到。故可能在延期派遣中自然中斷❼。

　　渤海在九世紀時政權已獲安定，而從九世紀後半至十世紀前半共遣十次使節至日本。唯契丹於十世紀崛起，渤海因此感到威脅而王權開始發生動搖。迄至 925 年末，耶律阿保機發動攻擊，僅一個月就將渤海國打倒。阿保機雖建東丹國而以之為屬國，但渤海遺民仍持續抵抗。在此情形之下，「渤海國使」 裴璆於延長七年 (929) 十二月航行至日本海岸的丹後（Tango，京都府）。裴璆自稱渤海人，已降東丹國，且數落契丹王的罪惡。日本王朝雖責其有違人臣之禮，其真意可能在拒絕藉誹謗以重建渤海國之企圖。亦即不干涉他國內部糾紛，以避免被捲入國際問題的態度明確。此一態度乃九世紀中葉以後，日本在與新羅的緊張關係下，親身體驗出來的冷靜而透徹的外交方針❹。

　　就朝鮮半島諸王朝與日本之關係而言，九世紀的新羅社會雖不安定而至本世紀末相繼發生地方豪族的大叛亂。半島南部的甄萱獨立而於 900 年稱後百濟王。中北部的弓裔則於次年建後高句麗，其部下王建於 918 年反叛，建高麗國，是為高麗太祖。至於新羅則仍在東南部保持其勢力，於是朝鮮半島進入後三國鼎立時代。此三國一再重演交戰與聯合，並且為鞏固自己政治地位而遣使前往契丹、中國等國家❹。

　　後百濟王甄萱於醍醐天皇延喜二十二年 (922) 致〈牒〉（書札）於大宰府，要求上〈表〉稱貢。然日本視甄萱為新羅臣下而加以拒絕。甄萱雖也未獲中國諸王朝之承認，但日本之所以拒絕其來朝，可能不欲介入後三國之糾紛❺。醍醐天皇延長七年，甄萱復經由大宰府要求朝貢。此時雖已被

---

❹　石井正敏，〈いわゆる遣唐使の廢止について〉，《中央大學文學部紀要》，一三六 (1990)。

❹　石上英一，〈日本古代一〇世紀の外交〉，《東アジア世界における日本古代史講座》，七（東京：學生社，1982)。

❹　北村秀人，〈新羅の滅亡と高麗の建國〉，《東アジア世界における日本古代史講座》，七。

後唐冊封為百濟王，日本卻仍以不與臣下交通為由予以拒絕，前後兩次回書都未用正式外交文書而以大宰府〈牒〉形式發出。朱雀天皇承平五年 (935)，新羅敬順王降服高麗。後百濟王甄萱則在承平元年 (930) 大敗於高麗，王位為其子神劍所奪。承平六年，高麗太祖滅神劍，統一了朝鮮半島。其間，太祖受後唐之冊封。高麗統一朝鮮半島後，於承平七年 (937)、天慶二年、三年三度遣使至日本，希望與日本交通往來。日本雖承認高麗為國家，卻依然拒絕與之交通。其所以如此的原因，可能對朝鮮半島情勢的警戒仍無法解除。之後，高麗的國情雖已獲穩定，日本的態度也未曾改變，所以日、麗兩國之間始終沒有正式邦交㊶。

十世紀的日本貴族未必昧於國內外的情勢，當時的地方政治並非只由太政官與國司之間的關係而成，乃是貴族們以院、宮、王、臣家之主身分，與各地國司、富室階層之間有資訊傳達路線，而海外貿易商人所傳國際資訊也會從交易使或在大宰府附近的屬下傳送過來。所以公、私兩方面所傳各種消息會反映在日本王朝的內政與外交方面㊷。

至於中國，當時雖呈現動亂與分裂的局面，但物資依然流通，華商在十世紀也仍頻繁往來於中、日兩國之間，持續在大宰府從事交易。當時的華商大都為華南，尤其是吳越的人士。承平六年 (936)，華商蔣承勳赴日，攜帶吳越國王錢元瓘的禮物致贈朱雀天皇及左大臣藤原忠平，右大臣藤原仲平。然日本不承認吳越為國家，故只有左、右大臣接受其禮物。忠平曾致書「大唐吳越王」，言不與臣下通聘，故僅保持私的交通路線與貿易的利權㊸。

㊵　吉川真司，〈平安京〉，《平安京》。

㊶　石上英一，〈日本古代一〇世紀の外交〉，《東アジア世界における日本古代史講座》，七。

㊷　石上英一，〈日本古代一〇世紀の外交〉，《東アジア世界における日本古代史講座》，七。

之後，與吳越國商人之間的交易依然頻繁，其由大臣所為與吳越王之間的通聘，左大臣藤原仲平在天慶三年 (940)，左大臣藤原實賴在天曆元年 (947)，右大臣藤原師輔則於天曆七年 (953) 與吳越通聘，其撮合此一通聘的俱為吳越商人。亦即積極的孤立主義與希求中國物產的矛盾，產生這種臣下、間接交易之對華外交形式，與高麗之斷交成為日後日本王朝之對外基本態度❺❹。

二、調庸制的變遷

律令制乃從中國移植的制度之一，在日本制度史上具有兩個特色，其一顯現於為維持經濟所作之各種規定，具體言之，就是定租、庸、調、雜徭等貢納關係的各種規定，即：為保證班田收授法以下與有關土地的各種規定，而制訂以戶籍、帳冊等為核心之帳冊來掌握生產者。其二則為整然有序的統治機構──中央集權的官僚機構，即以天皇、太政官為頂點，中央有八省百官，地方有國司、郡司、里長、五保而透過戶主以支配戶口的方式，使中央政府所意圖者能夠貫徹於地方政府末端。

九世紀雖是這兩個特色都發生變化的時期，但其特別醒目者為之貢納關係之發生變化。第二個特色的官僚機構則至少在其上層並無多大改變，故此一時期仍被包含於律令時代的主要原因在此。唯此乃從表面上所看之情形，例如：仍有人擔任攝政、關白，藏人所 (Kurōdodokoro)、檢非違使 (kebiishi) 等令外官加入政治中樞，或在農村的支配方式方面發生很大差異而有種種改變等，雖然如此，律令的秩序本身並無根本的改變。

如前文所說，其成律令的貢租中心者為租、庸、調、雜徭及公出舉。

❺❸　石上英一，〈日本古代一〇世紀の外交〉，《東アジア世界における日本古代史講座》，七。

❺❹　石上英一，〈日本古代一〇世紀の外交〉，《東アジア世界における日本古代史講座》，七。

如據〈賦役令〉的規定，調以繳納絹、絁、絲、布為主，此外尚有稱為雜物的鐵、鍬、鹽、海產，稱為副物的紫、茜等染料，黑葛、木賊、油、漆、紙、蓆、鰹魚煎汁 (katsuonoirori) 及其他鄉土特產，課徵對象為正丁、次丁與中男而不及其他的人頭稅。次丁與中男繳正丁之半。庸的課徵對象為正丁而歲役十日，次丁五日，中男及居畿內者不課。調、庸物品先送至郡衙，由郡衙轉送至國衙，然後由國衙具文送往國都。

　　然在八世紀中葉以後，史料上已出現延期繳納或不繳調、庸之事態，至九世紀則這種情況愈益嚴重。為此政府乃採追究掌管調、庸之國、郡司政策。迄至寶龜年間 (770～780) 則定專門負責貢調的國、郡司，使其繳納責任更為明確，雖然如此，其效不彰，其故在於除催繳外又有因恩赦而來的銷帳，致稅收益發困難。

三、公出舉制的確立

　　把錢財借給人家以回收本利者為「出舉」，而其成為問題者在於律令國家本身成為出借及回收主體之公出舉。在律令條文裡並無相關條文，故舉辦出舉無法源可據。雖然如此，在天平六年實施郡稻正稅混合之際，實施國司借貸之制。此乃中央政府將一定數量的穎稻無息出借給國司的恩貸制度，國司因此可將它出借，以其利息作為收入的來源，而天平十七年成立的公廨稻 (kugaitō)❺❺制，可能由此借貸制發展而成。

　　所謂公廨稻，即國司以出舉所獲利息填補官稻的負欠，及把它作為相當於往日國儲之財源，並將其餘額編入國司之歲收。因設公廨稻的結果，由國司所掌握作為出舉財源的穎稻便大致被二分為正稅與公廨兩稻，前者主要作為國衙之經常費用與繳交中央政府的財源，後者則作為負欠之填補與國司之所得及其他項目。此外，其一部分雖被作為雜（色）稻留下，不

---

❺❺　又稱「公用稻」，主要用作國司的辦公費、旅費，及將調庸運往京師時的運費。

過公廨稻制卻給國司帶來運用出舉稻之自由與權限，以此為報酬而鞏固國衙財政，並確保中央政府的財源。因此，以正稅、公廨兩稻為主軸的財政運用之基礎因此確立，並且稅制特性濃厚的公出舉制度也因此完成❺❻。

四、律令體制的瓦解

　　九世紀後半至十世紀的東亞，只有日本免於分裂、滅亡的厄運。此一時期的日本史史料豐富，我們可從而窺知日本古代國家無王朝交替使其改變成為中世國家的過程。

　　因承受七世紀東亞之變動而形成的律令體制，係將列島社會的大部分人民視為公民，從事掠奪其物產與勞力。那些物產與勞力成為統治階層的收益，被用於國家及社會事業，因而使由政府、寺社、軍團維持秩序變為可能。因此，公民制與官僚制的關係密切不可分，即公民制支撐了官僚制，無官僚制便無法維持公民制。然在九世紀中葉至十世紀中葉之間，這種精巧的組織卻陷於機能不全的困境。

　　就公民制言之，為逃避國家之統治，自古以來便有公民之流浪與逃亡，那些流浪或逃亡者被視為浮浪人（流浪人）。然浮浪人不僅使課丁數目減少❺❼，他們還進入富豪階層的保護傘下，成為富豪階層所有而反抗國司者不少。並且又因公民之仕院、宮、王、臣家或諸官衙而被免除課役，或國司操作帳簿之事態擴大，致諸國九世紀之課丁數持續減少。在這種情形之下，公民制雖步上弱化之路，在十世紀前半以前尚能勉強維持下去。唯至後半則查帳組織完全發揮不了作用，致立於這種組織的公民制也終於瓦解❺❽。至於把田地分配給人民的班田制，也在九世紀鬆懈而在九世紀後半至十世紀初落幕。

---

❺❻　吉川真司，〈平安京〉，《平安京》。

❺❼　奪取調庸之基本數目。

❺❽　寺內浩，〈律令制數的支配の崩壞〉，《日本史研究》，三八八 (1994)。

　　公民制的瓦解引起了調庸制的崩潰，造成中央財政的破綻。苦於軍事、外交支出的唐朝雖以兩稅法及鹽的公賣來度過難關，但古代的日本卻只確保上層貴族階層之收入，而未對國庫的困窘採取治本的對策。調庸的收入可能從九世紀後半開始急速減少，致下層官吏無法只靠俸祿來度日。迄至十世紀中葉則中央政府的財政已到山窮水盡的地步，致使日本王朝在基本上不再倚賴調、庸物，而只對受領 (zuryō)❺❾課徵少數的調、庸物品與年中行事費，如果需要特別經費，則使其個別繳納或徵收，因此，調庸制與律令財政被廢了❻⓿。

　　不僅公民制發生問題，官僚制也變質。律令官人制在九世紀中葉以後，被重編、縮小成為只適合於貴族社會的組織，律令政府也除關於天皇、太政官部分外規模被簡化縮小，變成最上層貴族集、住之場所❻❶。其約二萬人的下層官吏之多數則分屬於院、宮、王、臣家與諸司。這種變化在十世紀中葉暫且結束。從表面上看似為律令官僚制，但在實質上卻變成完全不同的國家組織，於十世紀後半步上初期權門政治❻❷之路。

　　就這樣，以「天皇·太政官——國郡司—公民」構成的律令體制，被改變成為「院、宮、王、臣家·諸司—富豪階層—（非公民）」的關係。然而院、宮、王、臣家不肯放棄稱為封戶的龐大收入，而「院宮王臣家——國司」的關係依然重要。其被縮小重編的中央財政也大致具有同樣的結構，故受領被重視的理由之一在此。又，與律令體制同時誕生的郡司在社會階

---

❺❾　指親自前往任所執行職務之國司，與遙任（自己不往任所而指派代理人為其處理職務）相對的稱呼。

❻⓿　佐藤泰弘，〈古代國家徵稅制度の再編〉，《日本史研究》，三三九 (1990)；《日本中世の黎明》（京都：京都大學學術出版會，2001）。

❻❶　吉川真司，〈朝堂と曹司〉，《都城における行政機構の成立と展開》（奈良：奈良國立文化財研究所，1997）。

❻❷　律令體制告終後至中世權門體制確立以前之日本國之體制。

層裡也沒有沒落，他們脫下郡司的外衣，或成為院、宮、王、臣家之一分子，或成為寄生於受領的國衙官員。其在十世紀後半加強的受領統治乃藉他們之手編組「非公民」，將受領與院、宮、王、臣家放在天平兩端，致逐漸產生公田與莊園之對立，從而建立莊園制之基礎❻❸。

　　至於公地制方面，當時雖實施班田制度，然因農民逃亡，致口分田荒蕪，復由於人口增加，所需口分田便發生不夠分配的現象。因此，政府乃於養老六年 (722) 計畫開墾新田百萬町，以彌補口分田之不足，但沒有成功。故於次年發布《三世一身法》，凡在開墾田畝時新築溝渠等灌溉設施者，除本人外，子、孫、曾孫三代均可免租稅，利用舊有灌溉設施者則只有開墾者本身可免租。墾田固為輸租的一種，開墾之初因可免稅而頗具吸引力，然在期限過後，其田卻須歸公，所以便逐漸失去魅力。故乃於天平十五年發布《墾田永世私財法》，允許所有新開墾之田畝可以永久私有。結果，政府本身破壞了土地公有的大原則。於是擁有眾多勞力的貴族與寺院便爭相開墾田畝，且將自己所開墾的土地納入其不輸租田之中，農民也因重賦而逃入私有地，從而產生日後的莊園。於是以土地公有制度為基礎的律令國家，竟從土地制度上開始崩潰❻❹。

五、列島社會的區域集團化

　　在律令體制裡，除畿內、陸奧、出羽、西海道諸國外，係以全國一致的統治為原則。在租稅品種方面雖有特產品之不同，卻難以感覺各地之特色與其地域性。然隨著律令體制之式微，便開始出現列島各地區籠統的統一。此乃在律令體制下產生或變形的地域性，而可能為中世日本的地域集

---

❻❸　北村秀人，〈新羅の滅亡と高麗の建國〉，《東アジア世界における日本古代史講座》，七。

❻❹　鄭樑生，《日本史——現代化的東方文明國家》(臺北：三民書局，2003)，頁 36～37。

團之萌芽❻。其最明顯的例子為首都平安京一帶地方，其直接受平安京之影響者為山城、大和、河內、和泉、攝津等五畿內，及近江、丹波、播磨、紀伊、伊賀等地。這些地區與理念型律令體制之畿內不同，乃是在首都有大本營的院、宮、王、臣家及諸司，其末端組織遍及於各個角落。其成為律令體制之推手的富豪階層被平安京強力牽引著，而互相構築其網狀組織❻，他們的一部分可能直接受統治者的約束。不僅在政治方面如此，其以平安京為中心形成的水陸交通網，在經濟上也與這些地區緊密結合在一起，而瀨戶內海地區與京畿地區的關係亦復如此。至於水運發達，海賊橫行的瀨戶內海地區，也當可認為是一個地域集團。

如據近年的發掘調查，十世紀後半為村落、耕地很大的區分期，在這個時期以前的律令體制下村落已分解而組成由數棟建築物聚集在一起的聚落。此聚落雖有相當的流動性，卻可發現中世初期村落的形態。並且在條里制內部的開發與再開發進展，村落也受其限制而採配合其開發情形來配置。因此，地域社會的新秩序可能在這個時期形成，故其從律令體制轉移到初期權門體制的現象，實伴隨著具體的社會變化❻。

坂東也成為地域集團而明顯化。在律令體制下成蝦夷戰爭之補給站的坂東，至九世紀末時治安已敗壞，故至十世紀中葉出現有如曇花瞬間即逝的東國國家❻。關東平原固使它能夠集團化，但其影響所及之處有南陸奧、信濃 (Shinano)、甲斐 (Kai)、伊豆、駿河 (Suruga) 等地。廣闊、平坦的平原為此一地區之特色，莊園如考慮到運輸問題時，就不得不考慮為大面積

---

❻　北村秀人，〈新羅の滅亡と高麗の建國〉，《東アジア世界における日本古代史講座》，七。

❻　吉川真司，〈平安京と地域社會〉，《京都府の歷史》（東京：山川出版社，1999）。

❻　廣瀨和雄，〈中世への胎動〉，《岩波講座日本考古學》，六 (1986)。

❻　此指平將門在十世紀三十年代後期，於關東武裝叛亂而自稱「新皇」的事件。此事容於後文論述。

者，而此大面積即孕育了地域權力。出現曇花似的東國國家以後，此一地區的紛擾也未止息，因此，朝廷雖遣武勇的國司來統治，但其稅收也仍不理想，但此未必意味在現實上已荒廢。至於在律令體制下成為東國社會特徵的墨書粗陶器，在十世紀中葉以後急速失去蹤影，而此一時期的聚落之結構也有很大變化云❻❾。由此觀之，坂東地方的古代式社會在十世紀中葉以後已失原有秩序。

　　東北地方則在男鹿 (Oga) 半島至八幡平 (Hachimantai) 以北地方逐漸產生地域的一體性❼⓿。此一地區北接在九世紀中葉被廢的德丹城統治區域，而及於北海道南部，於十世紀中葉至十二世紀之間產生「防禦性聚落」。這種聚落有以環溝圍繞者，及只劃分聚落之一部分者，這表示此一地區也同樣體驗了社會的變動。

　　九州地方因在律令體制下成為對朝鮮半島的軍事、外交據點，故為大宰府一併統治。九世紀中葉以後，因唐、新羅商人的頻繁來航而產生「留住國司」與「富豪浪人」之活動等新要素。於是九州便成為經濟要地而顯現，當時雖產生與朝鮮半島社會變動有關之小權力，並未破壞地域集團的集體性。從九世紀中葉至十世紀前半之間，大宰府的權限更被加強，迄至十世紀末則對其轄區諸國的直接統治已有進展，亦即從此一時期開始形成府官階層❼❶。

　　至於九州島南方的琉球，它雖在八世紀已朝貢日本，但不知從何時開始，日、琉兩國的關係已中斷。琉球從貝塚時代至庫斯克 (Gusuku) 時代❼❷

---

❻❾　高島英之，〈書評　平川南著《墨書土器の研究》〉，《日本史研究》，四七二 (2001)。

❼⓿　齊藤利男，〈蝦夷社會の交流と「エゾ」社會への變貌〉，《古代蝦夷の世界と交流》(京都：名著出版，1996)。

❼❶　佐々木惠介，〈大宰府の管內支配變質に關する試論〉，《奈良平安時代史論集》，下 (東京：吉川弘文館，1984)。

已正式進入農耕社會，至十五世紀成立琉球王國。近年則有人認為在十世紀前後已開始進入庫斯克時代，而有勢力的首長──按司 (aji) 可能已開始出現於歷史舞臺❼❸。

六、富豪農民

1.九世紀富豪之形成

　　從彌生時代開始，日本已從原始的無階級社會狀態轉移到階級社會，迄至八世紀則農村已完成其應有的階級分化。如據正倉院所典藏《戶籍計帳》的記載，八世紀前半的農村社會之「戶」之結構可分為：①由戶主及其妻等有血緣關係者所組成的親屬團體。②除上述外，包含寄口 (kiko)❼❹、奴婢等無血緣關係成員之戶。③戶內的小單位各自表示其獨立性，且包含無血緣關係者。④以有勢力戶主之家族為中心，而擁有戶主及無血緣關係之大親屬集團。其中①為未分化型，多見於可能為邊境地區的下總 (Shimousa) 國戶籍，由這型的各戶構成一個行政村落。與此相對的，在④所舉者乃出現於筑前國嶋郡川邊里 (Kawabenosato) 戶籍的嶋郡大領肥君豬手 (Dairyōhinokimino Ite)，或御野（Minono，美濃）國（岐阜縣）肩縣郡 (Katagatagun) 肩々里 (Katagatanosato) 戶籍所見國造大庭 (Ooba) 之戶等典型例子，他們不僅是村落，也還可說是可以控制郡內的豪族型。③乃出現於山城國愛宕 (Otagi) 郡出鄉之戶籍簿而可謂為先進地域型，只因他接近

---

❼❷　琉球語，城。

❼❸　高良倉吉，〈グスクの誕生〉，《岩波講座日本通史》，六（東京：岩波書店，1995）。

❼❹　kiko，亦讀作 yoriku 或 yoseku。戶籍上的部類之一。個人或整個家族被編入異姓戶籍者。因律令國家之給付與掠奪之不平衡而絕戶之家族，或沒落之戶，被富戶所領取之戶主之同族或女系親屬，及無血緣關係者等，故與戶主之關係複雜而成為古代家族之重要勞力。

京師，故可發現許多與律令官員之最下層有關者，或與律令政府機構有某種關係者。③則多見於御野戶籍的中間地域型❼。

　　大體說來，八世紀戶口以豪族型或先進地域型較發達，中間地域型與邊境地域型沒落而處於被前兩者吸收的過程裡，九世紀的發展情形亦復如此。豪族型除自己家族的勞力外，尚擁有奴婢等許多勞力，而將這些勞力投入耕作，從而貯積許多穀物。並且又利用其所貯積的穀物，使之成為產生新的利潤的財源。他們的主要財富為奴婢、牛馬、稻穀、倉庫等。在許多場合，他們是自古以來的望族，且與下層律令官員有某種關係。至九世紀時，廣泛的出現這種豪族，他們多與王臣家或律令政府有密切的關聯。

　　然在富農成長的背後卻有不少一般農民沒落下去，他們沒落的主因為天災與律令國家加諸他們身上的沉重負擔、債務、吸收沒落農民之富豪階層的發展，以及基於貴族階層之需求而來的經濟活動等。九世紀一再發生的天災不僅與設置公營田 (kueiden) 為始之重要新政策有關，而且帶來社會的變動，致農村荒蕪而有許多農民逃亡。苦於災害與重稅之雙重負擔的農民所表示的對應方式，就是偽造戶籍，亦即為盡量確保口分田及減輕賦役而變造戶籍。在此情形之下，至九世紀時，無論戶籍或戶籍簿，也都無法用以掌握農村的實態。因此，未繳調、庸的戶數增加，出舉也無法順利推行，而調庸之成為地方稅之基本原因在此。窮困的農民雖出售胼手胝足地製作的調庸物品以易糧食，至秋季繳納貢賦時把它買回來，卻是以低價出售，高價購回，致連穀種也無法確保。然為次年的生產，致有不得不向富豪等借貸出舉稻者❼。

　　穎稻的私出舉在八世紀以後雖被查禁，但遇天災時卻又臨時予以許可，或由政府下令無息貸放的當時，被查禁的私出舉便成為半公開的行為。無

---

❼　吉川真司，〈平安京〉，《平安京》。

❼　彌永貞三，〈律令制の崩壞と地方豪族の動き〉，《圖說日本の歷史》，四（東京：集英社，1974）。

論被稱為王臣家的貴族也好，神社、寺院也好，富農也好，為要貯積財富，無不舉辦私出舉。居住於京城，過著奢華生活的王臣家雖舉辦私出舉，但他們並未與農民直接接觸，乃是將出舉稻穀貯藏於農村，將出舉業務委託其所信任之人，而國衙的公出舉在此一時期也開始採取同一方式。由於私出舉所付利息較公出舉高，致貧民的債務一直增加而無法償還。因此，他們遂拋棄鄉土與口分田舉家逃亡，為求取更好的環境流落他鄉成為浮浪民，或放棄公民權利，從戶籍上消逝。於是富豪便將那些沒落農民隸屬化，從事大規模的農業經營，且以其財富與充足的勞力為背景開墾荒地，以擴大其土地。那些富有的部分農民既有武裝成為初期武士集團的，也有與流浪農民為伍盜賊化，致成為治安問題者。

農民裡當然也有親自從事小規模的開墾田畝，終於成為富豪的，但也有不勝公民負擔，或無法支付出舉利息放棄墾田者。其蒐購墾田的部分富豪則將自己所購墾田轉售、捐贈給神社、寺院或貴族，且與莊園地主勾結成為莊官者。與此同時，在浮浪人裡，既有從事商業活動以求生存的，也有委身於莊園從事農耕的，至於流落他鄉後成為富農者亦有**❼❼**。

2.九世紀富豪的動向

延曆十六年八月的〈官符〉裡有禁止「浮宕之徒」寄居於親王與王臣家莊園，假主家威勢以完全免除調庸之記載。由此一記載，可知耕作莊園的浮浪人與莊園地主之王臣家勾結成為密切不可分的關係，並且由此可知這種關係成為政府收不到調庸的直接原因。如據年代稍後的九世紀中葉貞觀十三年 (871) 八月的〈官符〉所載，大宰管區的「浮浪之輩」，或奉「交易之直」給府司，或賄賂國司以從事不法勾當，致所貢輸之調庸非出自當地農民所造而係粗劣貨，由居間的浮浪者們獨占其實際利益。這種浮浪者已非沒落的農民，乃是賄賂府司、國司，並與之勾結以貪鉅利的富商。據

---

❼❼　彌永貞三，〈律令制の崩壞と地方豪族の動き〉，《圖說日本の歷史》，四。

此以觀，當時已有浮浪人從商成為富豪，他們就是粗劣調庸物品的承包者。在出現「粗劣調庸」的背後有富豪（浮浪人）的商業活動，及以此為媒介的，包含調庸在內的商品流通著❼❽。

　　當時富豪與地方權力勾結的現象並不侷限於大宰管區，尤其郡司不僅屬於富豪階層，而且又是國衙權力的下屬機關。如從忠實的徵稅承包人的層面來看，他是與國衙合作的「郡司」，若從其不欲國司過問郡務的層面觀之，則他就成為當地的土豪——富豪。由此當可推知，如郡司者即使尚未達到大富豪的地步，也與地方權力勾結而獲某種利益的情形當非少數。例如：仁和二年 (886) 冬，被命為讚岐守 (Sanukinokami) 的菅原道真前往任所時，曾見從事製鹽者而賦詩曰：

　　　　何人寒氣早，寒早賣鹽人。煮海雖隨手，衝烟不顧身。旱天平價賤，風土未商貧。欲訴豪民擢，津頭謁吏頻❼❾。

由此可窺知，九世紀末葉的讚岐（香山縣）富豪，與地方權力勾結獨占販鹽之利，壓迫了製鹽者的生活。

　　那些富豪們不僅與地方權力勾結，也還與中央權力結合在一起。他們所託付的對象即如九世紀初的〈官符〉所記載「親王及王臣」、「王臣家」，及中葉以後所書「諸院、諸宮、王臣勢家」、「五位以上」等中央貴族，或神社、寺院，或官司家，他們不外乎為莊園地主或莊園地主階層。這些中央權力與地方富豪階層之所以會相互勾結，其主要因素在於他們雙方都各有所求於對方。

　　中央權力所求者為聚斂土地。身為上層律令官員的他們所處的立場，

---

❼❽　彌永貞三，〈律令制の崩壞と地方豪族の動き〉，《圖說日本の歷史》，四。

❼❾　菅原道真，《菅家詩草》。

雖奠基於成為實施律令制背景的班田制──公地、公民制，然他們在八世紀以後，卻一貫地朝向擁有廣大面積的土地的目標前進，其能解開這種矛盾的，可能包含於富豪之成長，及富豪與中央權力之結合。對貴族而言，選定未墾土地加以登錄雖易，卻非設法獲得開墾所需勞力不可。召集沒落的班田農民──浪人，使之開墾、耕作，乃當時被廣泛採用的方法。但也有雇傭附近農民，將田地租借給富豪經營，不時派人監督者。中央貴族欲與地方富豪結合的第二個要素，在於委託私出舉業務。中央貴族之將作為本錢的稻穀放在地方收其利息，乃在實施律令制度以前即有之事實。在史料上，雖在八世紀以後已禁止這種借貸，事實上並未能禁絕。他們從事勾結的場所在「莊園」，這種作為使國衙的支配領域受到深刻的影響。其影響之一，就是調庸之徵收與公出舉的營運，影響之二即是因上述影響而來的徵稅制度的改變。影響之三就是富豪裡有結黨群居者而形成萌芽期的武士集團。影響之四則為九世紀末葉以後，國司的裁判權無法達到他的整個轄區，致律令制地方統治機構中樞的國司權限被切割。

第五節　王朝貴族之美感意識

一、謳歌華風時代的文學

1.文學思想與唐式文化

自從遷都平安京以後約一世紀之間，隨著雕刻、繪畫、音樂、演藝、年中行事或生活風俗等，文學也徹底傾向於唐朝風格，迄至九世紀則以此豐饒的土壤為基礎，結出日式風格的花果。

一般說來，支持文學唐式化的基礎，在於官員們的文章道（紀傳道）之學問，或文章經國之思想。登用官吏之機構大學寮之分科主流從前一時代之明經道轉移至此文章道，乃由於認為：如要將異國的律令理念切合日

本實情加以運用，與其學習儒教之純粹理論，不如學習歷史或文學之具體事例為合適。並且又認為：學文學之心須與施政之心聯結在一起之文章經國之思想，為官員們強烈支持。其主張政治與文學相連的這種思想，在日後以形式化的律令制為原則的時代，已成為男性官員精神結構之基礎❽。

為要了解九世紀唐文化之傳播情形而一覽漢文著作時，便可知它廣及國史、法典與其註釋，姓氏錄等為營運律令國家之公家著作，或醫書、字書、作詩書、遊記等適用於日常生活或興趣方面而遍及許多層面。尤其繼前一時代之《日本書紀》編纂的《續日本紀》、《日本後紀》、《續日本後紀》、《日本文德天皇實錄》、《日本三代實錄》等連續編纂之六國史，乃為使律令的行政能夠順利推行之依據，它們與「格」、「式」及《令義解》等法令解釋書同為希望重整律令體制之時代要求而著作❽。

至九世紀前半為止，學習漢文有如學習外國語文而大都以漢音閱讀，然從停派遣唐使的九世紀末開始，以日語來讀漢文的方法已相當普遍，旋又發明訓點假名，使「訓點語」的獨特語彙、語法體系化。並且差不多與之同時完成表達日語的假名❽。於是原在日常生活裡所攝取的唐式文化，轉變成為創造日式的。

在九世紀中葉以前，日本人士享受六朝至唐之間的各種各樣的著作，《遊仙窟》則是從奈良末期至此一時期被廣泛閱讀的作品。唯從九世紀後半開始，人們的注意力卻集中於白居易的《白氏長慶集》，此一著作之所以受歡迎的原因，並非中國人所喜愛有關政治、社會的諷喻詩或閒適詩，乃是被中國人酷評為「淫言嗶語」、「白俗」的世俗的感傷詩，如〈長恨歌〉、〈琵琶行〉即其典型例子。杜甫、李白詩之幾乎未被注意而只接受白氏作

---

❽　秋山虔，〈王朝貴族の美意識〉，《圖說日本文化の歷史》，四（東京：小學館，1979）。

❽　秋山虔，〈王朝貴族の美意識〉，《圖說日本文化の歷史》，四。

❽　漢字為真名 (MANA)。

品，這表示國風貴族文化開展的獨特性。並且在引用中國詩文時有斷章取義之處，亦即在引用原詩文佳句、名言之片斷以增加自己所製作詩文之風雅情趣，這種情形不侷限於文學作品，在書寫公文時也採取此一方式❸。

2.嵯峨文學圈

漢詩文的製作至嵯峨、淳和兩天皇時達到最高峰，在僅僅十餘年間裡編撰了《凌雲集》(814)、《文華秀麗集》(818)、《經國集》(827) 等三部敕撰漢詩文集。這些作品與前一時代的《懷風藻》較之，遊玩、宴飲等在公共場所的作品，及表達各自情意的贈答、唱和之作居多數，作者亦擴及於中下層官員而遍及整個官僚社會。此乃以天皇為中心，以君臣和樂為基調的詩篇，並且又是以中國詩為媒介的觀念之詩。其觀念就是重點不在實際人事或大家所矚目的景緻之歌詠，而在發抒作為王道之理想世界的中國風土，或對未知世界之積極的想像。以文章經國觀為基礎的這種觀念之詩，乃透過朝向人們理想的精神風景形成的抒情。

3.僧侶的文學

平安時代僧侶的漢詩文製作亦頗為盛行，當時成立的真言、天臺等新佛教集團為擺脫在奈良末期與政治黏連的腐敗情形，在國家庇護下為離開京師之俗緣而分別在高野山、比叡山創建寺院。其開山空海（真言宗）、最澄（天臺宗）俱為遣唐留學生。他們之倚靠著中國文化來摸索日本佛教應走的新方向之情形，與同一時期的政治、文化之動向並無二致。其特徵俱在以山地為修行場所，而心平氣和地思索，使佛教成為更接近自己的問題，亦即在摸索修行法。與南都佛教之熱心於註解經典較之，可謂以思索、評論為特色。在這種新傾向之下，遂導致其教團內漢詩文的盛行。頗獲嵯峨天皇之信任，且與達官貴人廣泛交往的空海，在學問方面也有傑出的表現，遺有年輕時撰著之《三教指歸》(797)，日本現存最古老之字書《篆隸萬象

---

❸　佐々木惠介，〈大宰府の管內支配變質に關する試論〉，《奈良平安時代史論集》，下。

名義》(830？)，及根據中國六朝、隋、唐之詩論講述作詩法之《文鏡秘府論》(819)，經由其弟子真濟編輯而成之詩文集《性靈集》(835) 等。另一方面，始終致力於求法的最澄，其有關文學的著作雖不多，然其所著《顯戒論》(820) 乃對南都佛僧的格調甚高的論駁之作。此外，尚有比叡山的圓仁著有旅行記《入唐求法巡禮行記》（838 以後），此書以平明的文章敘述身為遣唐留學生的他在唐所體驗的艱苦情形。

4.菅原道真

　　在九世紀前半，像往日支撐嵯峨文學圈似的天皇親政鬆懈而開始呈現所謂前期攝關體制。當藤原氏北家之攝關家獲與皇室之間的裙帶關係而掌握政權以後，便獨占政界人事之中樞，致政治理念與現實的政權乖離。在這種局勢裡，仍墨守王道主義與文章經國思想為自己唯一倫理據點者，即是詩人菅原道真 (845～903)。當時的菅原家已與大江家同為學術上的兩大門派，而道真乃繼其祖父清公 (Kiyokimi)，父親是善 (Koreyoshi) 的第三代領袖。他自幼為學問而刻苦自勵，維繫著嵯峨天皇時代之代表詩人清公之文學傳統，結果根深柢固地孕育了他詩文與政治相關之理想主義，而其詩文多依據由自己內心獨自培養之理想來注視現實問題。只因為以理想的觀念為媒介，故使其詩之抒情性益發純化，提升了孤高的格調❽。

　　道真於三十三歲成為文章博士，九年後被任命為讚岐守前往任所，當時他曾慨歎身為學者無法使詩文與政治發生關聯，且憂慮世間鮮有學者詩人為理想而活。唯他返京後，獲宇多天皇（887～897 在位）之信任而在短期間內升任高官。故此一時期在得天獨厚的環境下，有許多以天皇為頂點的謳歌王道主義之作。然以宇多讓位給醍醐天皇（897～930 在位）為契機，顯露在攝關時代（見後文）重用學者的悲劇。道真雖於五十五歲時升任右大臣，然在兩年後的延喜元年 (901) 因藤原時平之中傷，致被貶為大

---

❽　秋山虔，〈王朝貴族の美意識〉，《圖說日本文化の歷史》，四。

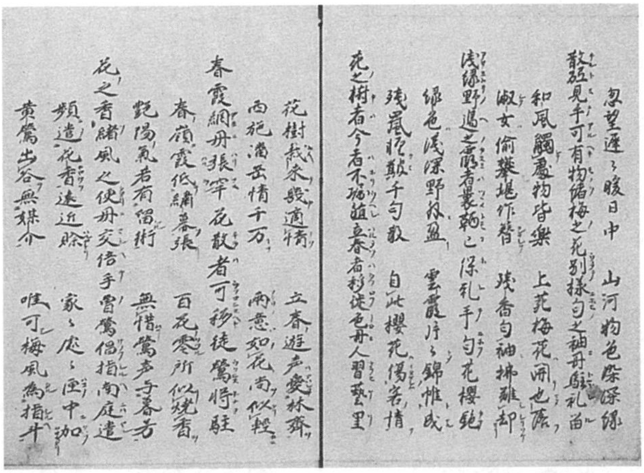

圖三四　《新撰萬葉集》，上卷　以「萬葉假名」記錄九世紀末的和歌（大都是寬平後宮之歌合之歌），用同一意念的七言絕句漢詩來相互對照的詩歌集。由此可看出《古今集》時代的和歌和漢詩在現上的異同。雖被認為管原道真之作，但不無疑問。東京內閣文庫（公文書館）典藏。

宰府權帥。三年，死於大宰府。後世之人以他為「天滿大神」而獲全國各地民眾之信仰。他著有漢詩文集《菅家文草》、《菅家後集》，及編著《日本三代實錄》、《類聚國史》、《新撰萬葉集》〔見圖三四〕等。

5. 漢詩文的去向

漢詩文的教養雖為平安時代官員所必需，然至十世紀以後，其製作熱潮卻急速減退。由於王道主義與文章經國的理念掃地，致詩文製作陷於成為興趣的文事器具或為製作公文之實利工具之危機。唯至十世紀中葉，這種情形已逐漸改變為產生新的動向，其動向之一就是雖標榜漢詩文之教養，卻精通和歌或其他一般的文化，形成生活於獨自的人生的文人個性；其二則是與逐漸滲透於貴顯階層之間的淨土教接觸，而以之為文學與人生之理念，並欲以此生活於新的詩文世界；但也有兼具這兩種動向者。前者之代表人物為從事廣泛文學活動之源順 (Minamotono Shitagau)。源順雖於四十三歲時為文章生，至七十歲方才被任命為能登守，然其淵博的文學造詣，可由參與編輯漢和辭書《和名類聚抄》（935 以前），及《後撰集》獲得佐證。他所作和歌與漢詩，有不少乍看起來似奇異而具有遊戲風味，如《雙

六盤歌》、《碁盤歌》、《沓冠歌》、《字訓詩》、《雜言詩》等風格異於一般學者的作品。後者則可從始於天慶九年 (946) 開始的勸學會——貴族文人與比叡山之僧侶們有關往生極樂問題的研究會，及他扮演領導角色的慶滋保胤看出其典型。這就如保胤在其《池亭記》直率表達念佛與沉溺讀書之理想似的，因標榜淨土思想來獨自維繫自己思想與文學，並且開拓了編輯自古以來往生者事蹟的《日本往生極樂記》之新形態。非僅如此，此勸學會也促使源信《往生要集》三卷❸的問世。

　　在十一世紀以後的文人們之動向裡也可發現上述兩個類型或其兩面性，從十一世紀後半至十二世紀初雖有大江匡房 (Ōeno Masafusa) 等人的傑出著述，但總說起來，詩文製作愈益陷於低迷。然在這種情況下，卻有欲

圖三五　《本朝文粹》〈無尾牛歌〉　源順之詩文有許多出人意表之奇異之作，此為其中之一。他透過無尾牛不體面的模樣來激烈批判學者或學問未獲應有之評價的時代，與痛恨自己遭時不遇而進入老人之境！他雖然處在這種社會體制之中，卻又好像坐得很端正似的醒悟精神，可認為是當時文人的典型之一。東京都國立國會圖書館典藏。

❸　佛教經論集，完成於寬和元年 (985)。從許多經論裡摘錄有關描寫地獄、極樂（天國）的文字，以言如要往生極樂就必需念佛。此書給日本淨土教思想造成很大影響。

編古今詩文之動向而值得注意，如：藤原明衡 (Akihira) 所編《本朝文粹》（1064 以前）〔見圖三五〕，收錄嵯峨天皇至後一條天皇 （986～1011 在位）之佳作四百餘篇。此外，尚有《本朝麗藻》（1007 前後）、《本朝續文粹》（1140 以後）、《本朝無題詩》（1162 以後）等。

二、平安和歌之成立

1.《古今集和歌》時代

　　在九世紀後半，宮廷社會裡的和歌與漢詩文之式微相表裡而有復興之徵兆，使國風文學朝新的方向出發。在政治上雖與攝關政治的起動相對應，卻與其推動者藤原良房有密切的關聯。這就如在他所主持祝賀宴會或法會裡的歌詠和歌，或在其女明子（Akirakeiko，文德天皇后）之宅第一再舉行的宴會裡所歌詠者似的，貴族們在華麗的場所從事歌詠的活動，在不久以後便習慣化、風俗化。《古今和歌集》(905) 的著名作者有在原業平 (825～880)、小野小町、遍昭 (816～890)、大伴黑主、喜撰、文屋康秀等六歌仙，他們大都活躍於八世紀五十年代至九十年代之間，而相當於《古今和歌集》時代正式起步的時期，在此以前的作品則顯示從《萬葉集》步向《古今和歌集》之過渡期的歌風。

　　一般說來，攝關體制下的貴族社會之成為焦點的雖是後宮之女人集團，但包含該集團在內的，為要提高其共同連帶關係而受注意的，就是和歌的上場。和歌有以歌聯繫人與人之間的關係，或在共同場所彼此製作和歌以之為社交媒介的意圖在，故多贈答與唱和之作而流行歌合❽、屏風歌❼的

---

❽　將歌人分為左、右兩組，依歌題各賦一首，然後由評判人員判其劣，以決定何組獲勝的文學遊戲。以左、右各一首的組合稱一番（hitotsugai，一對），少者數對，多則有至一千五百對者。始於平安初期，後期、鎌倉時代臻於全盛，至近世 (1603～1867) 猶未稍衰。其記錄勝敗理由的「判詞」（評語）促使了歌論的發達。

❼　配合屏風上的圖畫歌詠能與畫題內容相稱的和歌。以畫中人物的立場歌詠為原

原因在此。雖然如此，這並不意味現實的人際關係堅牢，乃可謂在閉鎖的貴族社會裡，具有稱為歌之言語的次元，使已薄弱化的人們之連帶關係復原之作用。因此，它具有超越男女差別，身分高低，以及思想的異同，將人們的對等關係重新結合之作用。與之同時，它也還具有能夠表達與他人不能相容的自己內心的抒情詩原有的機能，而其能發明將此雙重性加以統一的表現方式，實為《古今和歌集》時代和歌的最大特色。

　　上述這種表現體係之所以能夠確立，乃依《萬葉集》以來之和歌之傳統，與受前此隆盛的漢詩的影響。事實上，即使在九世紀前半，在私的人際關係裡也持續著彼此歌詠和歌，這種習慣之通達性也成為它發達的基礎。對於漢詩則取捨著它隆盛期的王道主義或文章道之理念，而繼承超越事實觀念的詩法。和歌之由漢詩之構想徹底洗鍊而成，可由其新技法，及「菊」等新歌題材引進「秋為悲傷季節」等新構想獲得佐證。至於和歌與漢詩之流行，可由以漢詩之一句為歌題的大江千里❽的《包題和歌》(894)，或在每一首和歌裡配內容相同之漢詩的菅原道真之《新撰萬葉集》（上卷，893）〔見圖三十四〕看出來。亦即在編輯《古今和歌集》前夕，像千里、道真等傑出的漢詩文家積極參與歌詠新風格的和歌，這種情形值得我們注意。

2.和歌的趨向

　　在《古今和歌集》以後，敕撰和歌集的編輯傳統化，其至鎌倉時代初期為止的《後撰集》（951以後）、《拾遺集》（1005以後）、《後拾遺集》(1086)、《金葉集》(1124)、《詞花集》(1151以後)、《千載集》(1187)、《新古今集》(1205)等八代集，被認為是王朝詞華集的典型。從十世紀中葉開始，則編輯個人歌集之所謂私家集盛行。作者本人所選之「自撰」，及由作者以外之人編輯之「他撰」，此外，又有作者本人編輯後，復由後人加以剪

<hr>

　　則。從九世紀末開始流行，紀貫之 (Kino Tsurayuki)、伊勢為其代表歌人。
❽　平安前期儒者、歌人。生卒年不詳。日本中古三十六歌仙之一。

裁者。這些作品至後來卻變長變大而有如《伊勢集》或《一條攝政御集》似的，帶有日記或故事傾向之作品不少。並且又有稱為私撰集之形態，如將自古以來的許多歌予以細分後再依題分類的《古今六帖》（十世紀末）即為其中之一，它有如今日之「俳句歲時紀」，似被用為作歌之辭書，因為當時學習作歌，係以參考古（老）歌為不二法門❽。

　　歷代的敕撰集雖直率的表達每一時代的歌風，但《後拾遺集》卻有《古今和歌集》、《後撰集》、《拾遺集》等三代集時代所無之新傾向，預告十一世紀後半為和歌史之轉變期，而帶有和歌之製作更具個人特性的作為，及個人之歌詠藝術至上之傾向。早在十一世紀初的和泉式部 (Izumi Shikibu) 之和歌形成主觀而浪漫的豐富詩情，實可謂先得此一新傾向，故其真正價值之在他逝世後方才獲得承認的原因在此。十一世紀後半的源經信的平明清新的敘景歌也是顯著的新傾向之一，其作品之構思不侷限於一定的類型而重視與自然清新的接觸。其將此風格作進一步推展者為經信之子俊賴。俊賴與保守派的藤原基俊等對抗著，樹立題材、表現自由的新風格。此一新風格給成為中世和歌之出發點的藤原俊成以強大有力的影響。

3.歌論、歌學

　　隨著吟詠和歌的盛行，對和歌之文學的自覺便提高，於是產生有關評論和歌的歌論或屬學術領域的歌學。然無論歌論或歌學都從關心作歌法方面出發，故絕大多數的著作都兼具此兩者而難於區分。紀貫之 （Kino Tsurayuki，866？～945？）早已在《古今和歌集》，〈假名序〉裡提倡：將和歌分析成為心與詞之兩要素，而如何把人的感情語言化的問題，及心與詞各屬不同次元的想法。此心、詞二元論的主張雖與《古今和歌集》時代的複雜表現架構有密切關聯，但在那以後也一直繼承著心、詞相互調和的意圖，而在整個平安時代都是以《古今和歌集》和紀貫之為典範。當時有

---

❽　鈴木日出男，〈王朝貴族の美意識〉，《圖說日本文化の歷史》，四。

關歌論、歌學的代表作有原原本本繼承紀貫之之主張的藤原公任 (Kintō) 的
《新撰髓腦》（1041 以前），含有表達之具體研究的能因之 《能因歌枕》
（1050 以前），樹立和歌新風格的源俊賴的《俊賴髓腦》(1115)，及集平安
和歌學之大成的藤原清輔 (Kiyosuke) 之《袋草子》(Fukuronosōshi) 等。

三、物語文學的誕生

1.物語文學的成立

從十世紀初開始，繼和歌復興之後誕生名為「物語」的假名散文之新
文學形態，此一文學形態與漢文學有關，其故在於它以古傳承及中國小說
為基礎。一般說來，古代的種種有關各氏族的傳承，在納入奈良時代之正
史《日本書紀》之際，其屬神奇怪異的部分雖被刪除，然其被刪除者卻經
由民間之口傳，成為物語的豐富題材云。另一方面，從奈良時代開始，在
知識分子之間盛行閱讀來自中國的神怪小說或街談俚語之類的小說。不久
以後，有人因而被激起創作意願。如據空海和尚《三教指歸》的記載，有
自稱日雄人的撰寫了可與中國之《遊仙窟》媲美的充滿滑稽的小說《睡覺
記》。

迄至九世紀，開始書寫許多漢文傳記，此類作品雖依據官方史書所寫
功臣傳的模式，卻是擺脫正史之國家的邏輯來書寫之獨特的軼聞或傳記，
如：都良香 (Miyakono Yoshika) 的《富士山記》、《道場法師傳》，紀長谷雄
(Kino Haseo) 的《白石先生傳》，藤原兼輔 (Kanesuke) 的《聖德太子傳曆》，
作者不詳的《浦島子傳》、《續浦島子傳》、《玉造小町壯衰書》等即其代表。

以假名散文所為物語的成立，係以攝關體制下的後宮為中心之女性文
化狀況為背景。假名的發明使女子的讀、寫技巧成為可能，宮廷和歌則成
為無論男女都能夠彼此交流的工具而發達，因此使每一個貴族家庭都熱心
學習和歌、書法（假名）、管弦教導自己子女，俾成為應有之教養。而物語
即是為女子創作之讀物。當時的一般人士認為物語的價值遠較漢詩文、和

歌為低，只不過提供女子娛樂之需。物語的讀者固為女子，然其創作卻是具有漢詩文修養的男性官員的餘技，或被認為是不上大雅之堂的作品❾。

2. 初期物語面面觀

流傳今日的十世紀前後的物語雖不多，卻有被稱為「傳奇物語」的《竹取物語》、《宇津保物語》、《落窪物語》系統，與名為歌物語的《伊勢物語》、《大和物語》、《平中物語》系統。前者具有古代傳承、傳奇性要素，故除京師的現實外，也往往孕含空想的世界；後者則以與和歌有關之口傳故寔為基礎，描寫生活於宮廷社會之人們之現實情況。

被視為物語之祖的《竹取物語》乃將自古以來有關竹取翁、富翁、短期成長、難題婿、羽衣 (hagoromo) 等故寔，以獨特方式加以重新組織，在豐富的空想中把握人間社會的真實情況，而對貴公子們愚蠢的求婚失敗情形，含有對世俗強烈諷刺的意味，對於從污穢而無常的地上飛翔至永恆之樂園，則雖明知此為人們的美夢，卻描寫著希望認真生活於人間世界的群眾。

長達二十卷的《宇津保物語》將四代的琴藝高手家譜與故寔，與其第三代仲忠時之求婚於貴宮 (atemiya) 之故寔交錯，然此兩件事的關聯未必是連帶的，故與其說物語本身處在形象固有的世界，無寧言為寫實的反映當時社會情況的作品。亦即它寫實的描寫顯貴人物與地方高級首長們之生活方式與類型，其對事實的詳盡描寫，實隱藏著作者觀察力之深邃與筆力之強韌有力。《落窪物語》則描寫一直被繼母虐待的公主，因聰明的侍女之機靈而與貴公子結婚，不久以後使繼母屈服的故事，在此反映著不易使悲慘命運逆轉的繼子們之美夢。

《伊勢物語》完成於平安中期，以和歌為主體而全書由一二〇餘短篇故寔而成。就全書言之，係以在原業平 (Arihirano Norihira) 為主角，敘述

---

❾　鈴木日出男，〈王朝貴族の美意識〉，《圖說日本文化の歷史》，四。

出自名門卻為當時權勢所壓倒的學者，為不被允許的戀愛，亦即與二條天皇之皇后高子在齋宮戀愛而身心俱疲；或生活於與落魄的惟喬(Koretaka)親王之友情及年邁母親的骨肉之情，抑或飄泊於東國之旅等，把多愁善感的心情，沉淪之人生一齣又一齣地描述。雖然如此，這是超越在原業平之實際形象的虛構篇什，實際上，業平在五十五歲時晉昇為藏人頭，既未曾與人通姦，也未曾經驗飄泊之旅。

《大和物語》則是各篇什之主角互不相同的短篇集，它對實際存在的人物，尤其對宮廷的著名人物之戀愛事件本身表示關心，故可認為它是受宮廷社會歌詠傳承束縛的作品。歌物語除上述外，尚有以好色名聲高的平貞文為主角之《平中物語》；從女人立場來悲歡藤原高光出家問題的《多武峰少將物語》（又名《高光日記》）；及與九世紀前半詩文家小野篁有關之《篁物語》等。

3. 假名散文與物語

如前文所說，平安時代假名的發達雖與和歌有密切關聯，卻也隨著私的和歌贈答而產生消息文（書信文），所以似乎很早就有日常所使用的假名散文，九世紀末至十世紀初，此平假名散文似已普遍化，如：紀貫之《古今和歌集》以假名書寫的序文，〈大堰川行幸和歌·序〉(907)、《土佐日記》等即是好例。貫之的兩篇序文係學自華麗的駢體文而多對句，《土佐日記》則漢文規範意識薄弱而確立假名散文的獨特風格，使之能夠對人間社會作批判的凝視。至於詞書的文章，則與歌所詠賦之事實相對應，成為說明人、時、地、事件之歌集文體而定型化，此可視為假名之成為散文、物語、日記之文體而發達的前一階段❾❶。

---

❾❶ 鈴木日出男，〈王朝貴族の美意識〉，《圖說日本文化の歷史》，四。

四、閨秀文學的開花結果

1. 從日記至日記文學

當物語文學發展成為散文文學之際，也形成假名散文的日記文學。此一文體雖可認為濫觴於《土佐日記》，然日記文學這個稱呼乃近代學者所命名，故日記並非把它當作文學作品來創作。它本源性的紀錄事實淵源於中國大陸，亦即淵源於史官紀錄帝王日常生活之「起居注」。〈職員令〉規定中務省紀錄天皇動靜的內記日記，嵯峨朝以後的太政官外記也須紀錄行事儀禮。藏人所則從宇多天皇朝開始有殿上日記。當時雖有各種紀錄公務的日記，但除此以外，也很早就有個人的手記（筆記），唯他們並非為表達個人感懷而書寫日記。

與前此日記不同的許多日記之出現，係在平安時代經過百年的十世紀以後，這種情形與官方編寫歷史事業之中斷互為表裡。也就是說，國政的營運已非由律令的公權，而已歸私的權勢之家，這種動向致使有異於公家日記的私人日記之盛行必然化。當我們批閱宇多、醍醐、村上三天皇之所謂三代御記，及皇族、攝關、大臣以下人員之日記時，便可清楚看出其筆法充滿個人色彩。然此並不意味他們否定日記原有的原則，因為三代御記成為攝關及各官員了解天皇日常作為之依據而受重視，故它們與公家日記起相同的作用。

2. 閨秀日記文學

女性之擬以自己的心、目來表達自己生活實態之動向表面化在十世紀中葉，其最早的成果為右大臣藤原道綱之母之《蜻蛉 (Kagerō) 日記》〔見圖三六〕。她是中層貴族藤原倫寧 (Tomoyasu) 之女，嫁與後來擔任攝政、太政大臣的藤原兼家。由旁人看來她是過著幸福美滿的生活，但自恃才色俱備的她卻一直為無法滿足的夫妻生活所苦。此一日記乃表白自結婚以後二十餘年間的，身為人妻、人母的人生，亦即將自己的經驗與實際感覺直

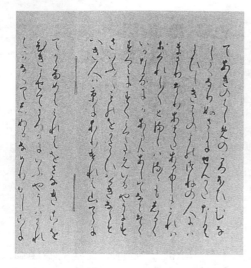

圖三六　《蜻蛉日記》　由上、中、下三卷而成之這部作品，係從與藤原兼家之贈答歌為中心之記述逐漸加強散文的分量來開展其敘述。東京都內閣文庫（公文書館）典藏。

率的表達出來，故其文章與一般文人所寫物語或日記有異。也就是說，與被漢文所馴致言語和對象保持對應關係，而且與主語、述語、修飾語的用法清楚而具邏輯性者相對的，將情感轉移於言語而曲折著文脈以呈現晦澀性。此雖可認為是以歌詠和歌的方式來表達生活於傳統社會的女人心境，但這種文體卻給日後之散文文學發展帶來新方向。

　　此後有紀錄和泉式部與敦道 (Atsumichi) 親王違反世俗之戀愛故寔的《和泉式部日記》 (Izumishikibunikki)，仕於藤原彰子的女房❷紫式部 (Murasaki Shikibu) 所書寫有關宮中生活之見聞、感想的《紫式部日記》，及時代稍晚的國司菅原孝標 (Takasue) 之女在上總 (Kazusa) 度過少女歲月後上京，在京中生活的美夢破碎而成為「受領」之寡婦後，回憶其生平書寫之《更級日記》(Sarashinanikki)。釋成尋 (Jyōjin) 之母則有縷述與前往宋朝之子離別之情的 《成尋阿闍梨母日記》。 此外， 又有敘述以堀河天皇（1086～1107 在位）之薨為中心的宮廷生活的《讚岐典侍日記》等，無不直率的表達作者的個性。

　　在眾多閨秀文學作品中最傑出者為十世紀至十一世紀之間完成的清少納言 (Seisyōnagon) 之《枕草子》，與紫式部的《源氏物語》。肥後守清原元輔之女清少納言仕於一條天皇中宮・關白藤原道隆之女定子，她根據服務宮廷的經驗書寫之《枕草子》，乃由對自然與人生之敏銳的，審美的觀察及宮廷的社交生活之描述而成篇，是為日本隨筆文學之嚆矢。清少納言執筆當時，藤原道隆雖因政爭而敗退，但貫穿於此書者，卻是拋棄暗淡的現實，來維護主家光榮之層面而值得注意。

　　紫式部為越前守藤原為時之女，與山城守藤原宣孝結婚而生下後來稱為大貳三位之女，然在不久以後成為寡婦。二十餘歲就成為未亡人的紫式部抗拒著前途渺茫的境遇，傾其所有的力量創作《源氏物語》。此書固為四任帝王，前後長達七十年的虛構人生史。它描寫無論容貌、才華或素質都高人一等的主角光源氏 (Hikarugenshi) 雖極盡享受無與倫比的榮華富貴，卻過飽嘗無比苦惱的一生。它雖追求現世的最大理想，卻在其追求過程裡否定現世之價值，以追求活於來世之彼岸，此乃異於其他作品之省察人間之傑出文學。紫式部在創作此一著作的過程裡，文筆獲賞識而成為一條天皇中宮藤原彰子之女房。她雖置身於最高層的榮華世界，卻不沉浸於貴族社會表層的繁榮，而將透視時代之暗流與人們之命運之工作推展到極限❾❸。

　　《源氏物語》之後，也有許多由女房們書寫的物語，現存者有《狹衣物語》、《濱松中納言物語》、《夜の寢覺》（晚間睡醒）等長篇著作。

五、歷史物語與故事文學

1.歷史物語

　　當物語文學步向式微之路之際，歷史物語開始上場。《榮華物語》以編年方式敘述，以宇多天皇至堀河天皇之治世之天皇家、藤原氏為中心，前

---

❾❸　秋山虔，〈王朝貴族の美意識〉，《圖說日本文化の歷史》，四。

後兩百年的宮廷貴族之動靜。此書雖懷著繼承六國史的抱負來執筆，卻顯著顯露對領導攝關家全盛時代之藤原道長之讚歎與憧憬，其貫穿於全書的主情性、傷感性，乃將貴族社會的繁榮視為過去而加以回顧之表現。上、下兩篇凡四十卷，而上篇三十卷為赤染衛門之作云。

《大鏡》(1086～1129 之間？) 雖也是書寫至藤原道長之榮華為止之回想攝關時代者，然它採列傳體，故與編年體之《榮華物語》大異其趣。《大鏡》之後又出現所謂鏡物的歷史文學作品《今鏡》(1170)、《水鏡》(1169～1199 之間)、《增鏡》(1376)，此四者合稱「四鏡」。

2.故事文學

《大鏡》乃根據貴族社會所傳承之故寔來組成之歷史文學，《今昔物語》則是有系統的組織故寔之大篇幅著作，全書三十一卷，收錄故寔千百餘，分為天竺、震旦、本朝三大部分。每一部都始於佛教之成立、傳來、弘布，然後敘述與佛、法、僧有關之故事。震旦、本朝兩部則在上述文字之後繼言孝子之故事與因果報應，有關國王的傳承或各種世俗故寔。各卷內又以類似的兩則故事為對，並使它與相鄰的一對發生關聯，形成井然有序的排列。此書可能由出自精通和、漢之學，且對佛教有深入了解之貴族或大寺院僧侶手❹。《今昔物語》之文體雖源自《將門記》(940 以後)、《陸奧話記》(1062 以後)，卻給日後的軍事小說之所謂「和漢混淆文」以很大影響。此外，平安末期的故事集有《江談抄》(1104 前後)、《打聞集》(1134 前後)、《古本說話集》(1130 前後) 等。

---

❹　秋山虔，〈王朝貴族の美意識〉，《圖說日本文化の歷史》，四。

第六章

王權之旁落勢家

第一節　八至九世紀之東亞與日本

一、東亞的中心·唐朝

1.動盪不安的東亞

　　從八世紀中葉前後起約兩百年之久的東亞，在表面上雖誇耀著絢爛的文化，實際上則處於激烈的政治變化與社會改變面貌之中。不用說，當時東亞世界的中心為中國的唐朝，唐朝四周的國家或多或少受其影響。然此唐朝卻在其盛世八世紀中葉的玄宗時代，以安史之亂為契機，長期積聚著的政治、經濟上的矛盾一一浮現，致社會發生很大的變動。結果，數百年來一直統治著中國的原有貴族逐漸沒落，新興地主與商人階層成為新的統治階層上場，改變了社會結構。經此變化後至十世紀初，在本質上以舊貴族為基礎的唐朝滅亡 (907)，經過五代分裂的時期 (907～960)，迎接由新興統治階層為基礎所構成政治、社會的新時代。此一新時代，即宋王朝的出現 (960)。

　　另一方面，遠隔重洋的日本在唐玄宗之治世相當於聖武、孝謙兩天皇執政的時期，即所謂奈良盛世。乍看起來，律令體制似已整備，惟當經過此一時期後，竟為掌握政權問題一再發生糾紛，因此在八世紀末，首都也

從奈良遷至長岡 (784)，復由長岡遷至平安京 (794)。在這種情形之下，平安京的政府整備律令體制，找出使它適用於日本的方式。並且又以此為契機，日本的政治、社會開始步向其獨自的道路，於九～十世紀肇造新的平安社會。

其介於中、日兩國間之滿洲一帶和朝鮮半島，這兩個地區從七世紀末開始，在政治上也發生很大的變化。從中國東北地方的東部至朝鮮半島北部之間的地區，長久受高句麗的統治。高句麗雖一直與朝鮮半島南部的百濟、新羅兩國，或與中國北朝政權及隋、唐兩個王朝對立，卻於 668 年受唐、新羅聯軍之攻擊而倒下，領土為唐所占領。之後，因唐朝對此一地區的支配力減弱而放棄朝鮮半島 (676)，新羅取代唐而統治朝鮮半島的大半土地，即領有連接現今平壤與日本海岸的咸興附近以南之地，然後逐漸向西北拓展領土，也就是說，新羅開始統一朝鮮半島。

另一方面，原高句麗所領有北半的滿洲地區雖離開唐朝之手，卻在七世紀即將結束的 698 年，由大祚榮建立渤海國。有人認為大祚榮是原屬高句麗的靺鞨族君長之一，高句麗滅亡時被強制遷徙至營州 （今遼寧省遼陽），於萬歲通天九年 (696) 利用契丹人李盡忠叛亂的機會，逃歸高句麗故土，重新統一該地的民眾，建立渤海國。

渤海國成立後，仿效中國的律令體制整備國家體制，而它之廣建佛寺，也當與此有關。之後，雖因政權之繼承問題或對外關係之遭遇挫折而有過紛爭，不過直到 926 年被遼消滅為止，統治滿洲東部至朝鮮半島北部之地長達兩百三十年之久。以上乃日本從遷都平安京之八世紀末前後至十世紀前半之間東亞各國興衰的梗概。其間，日本與這些國家均有所接觸，彼此之間在政治、經濟、文化等層面相互影響著，而其接觸情形與當時東亞世界的國際關係，及各該國家的政治、社會情勢有深厚關係。

2.環繞於唐的東亞三國關係

此一時代的東亞世界之中心為唐朝，因此日本、新羅、渤海三個國家

不斷向中國朝貢，不過它們求之於唐的互不相同，接觸條件的高低，關心的方式，也因各該國家所處地理環境之不同，政治情況之差異而有別。由此三個國家所引起政治、軍事方面的各種關係，也與唐之間的政治及其他各種關係有莫大關聯。

　　唐朝則對這些國家懷有自己是中心國家的意識，並保持這種態度與它們接觸，這種接觸方式實與唐朝本身之利害關係結合在一起。因此，與此三個國家的交通往來，係以唐朝本身之利益與尊嚴為主，同時也反映唐朝本身政治社會的情勢❶。

二、唐朝之動靜與東北亞三國家

1.日本與唐

　　日本之與唐交通，始自舒明天皇二年派遣犬上御田鍬向唐太宗朝貢。之後，於孝德天皇白雉四年、五年 (654)，齊明天皇五年 (659) 連續派遣，學習大唐帝國的政治制度、統治組織及思想、文化。不過當時唐與日本的利害關係，只要是有關朝鮮半島的未必一致。且說自四～五世紀以來，日本不僅把朝鮮半島南部的部族國家群（弁辰、弁韓諸國）納入統治之下，對西南部的百濟也具有強大的影響力，同時也致力將東南部的新羅置於自己支配之下。惟當時對新羅的影響力之不如對百濟，其因可能在新羅的傑出統治者輩出，而且新羅國民具有強烈的獨立自主風氣。

　　四世紀至七世紀前半的朝鮮半島北部為高句麗之領土，高句麗與百濟、新羅等三個國家，長年形成鼎立局面，但有時其中的兩個國家聯合起來對付另外一個國家，在這種複雜的政治地圖裡想要插手的，就是在六世紀以後興起的隋，繼則為唐朝。

---

❶　三上次男，〈八～九世紀の東アジアと日本〉，《圖說日本の歷史》，四（東京：集英社，1974）。

　　中國王朝雖從漢代開始即對朝鮮半島表示積極的關心，然在隋、唐時代對高句麗，其處置卻發生很大的問題。一向在滿洲東部、朝鮮半島北部之地成為強大民族國家的高句麗，非但從東北亞之一隅威脅隋、唐的北疆，而且與蒙古高原的遊牧國家突厥聯手逼迫中國的北疆。

　　對中國而言，來自北方的壓迫是個很大的威脅，如不祛除此一威脅，統一大業勢必陷於困難，故非鏟除自東北亞至內陸亞細亞之間的部分鎖鍊不可。每當中國產生強大有力的中央集權國家時，其所以首先會嘗試切斷北方諸國家中能夠擊破的部分的原因在此。隋、唐帝國成立後，它們也採取同樣的手法，將其切斷的目標朝向比較脆弱而有可能切斷的東北亞之高句麗。然事實上卻出隋、唐的意料之外，高句麗不僅國力強盛，還數次打敗隋、唐的遠征軍（隋代三次，唐太宗之治世三次）。因此，至高宗時改變方針，決定從南北兩方夾擊，故乃謀占領高句麗南方的百濟，與新羅合攻百濟 (660)，百濟求救於日本，由於日本一向視百濟為自己保護國，所以中、日兩國便因朝鮮半島問題形成對立局面。天智天皇治理下的日本雖為援救百濟派遣陸、海大軍，然此大軍竟於天智天皇二年八月，與唐、新羅之聯軍戰於錦江河口（白村江之役）而全軍覆沒，旋百濟滅亡❷。經此戰役，日本方才領悟唐朝不僅在政治、文化方面，就是軍事上也遠遠超過自己，故其統治階層對唐朝的認識便變得更直接而具體，所感受的壓力也可能較前沉重❸。

　　之後，唐與新羅的聯軍雖消滅高句麗 (668)，但唐旋將其部隊從朝鮮半島撤回本國。自此以後，日本不再與唐軍交鋒，故因戰敗而來的怨恨之情不但沒有持續下去，反而產生敬畏之念。

---

❷　張昭等，《舊唐書》，卷一九九，上，〈東夷傳〉「百濟條」；歐陽修等，《新唐書》，卷一四五，〈東夷傳〉「百濟條」。

❸　三上次男，〈八～九世紀の東アジアと日本〉，《圖說日本の歷史》，四。

2. 唐與新羅

　　就唐與新羅之關係言之，新羅初時領有可謂為邊境的朝鮮半島東南部，政治地理較日本或渤海惡劣。因此新羅為謀本國之發展，及克服這種環境以獲得生產力更高，政治地理條件更佳的土地，故乃在五～六世紀以來踟躕於高句麗、百濟、日本之間的惡劣政治環境中，驅使其巧妙的外交手腕和敏捷的軍事行動，建立有利於自己的地盤，並且與唐建立密切關係，提高在東北亞地區的國際地位。然此一國家最為在意的乃是北方強國高句麗，只要它存在，新羅的安全便會受到威脅，因此，新羅一再求救於唐。

　　唐朝本身也不希望高句麗強盛，故應新羅之要求派出大軍。新羅與唐之聯軍進攻百濟與高句麗，使該兩國先後滅亡。雖然如此，新羅未必獲得預期的結果，因為唐占領了百濟、高句麗之故土，設安東都護府於此❹。新羅非但未獲土地，可能因此加深與日本之間的對立意識❺。

　　在此情形之下，新羅乃設法煽動百濟與高句麗之遺民叛亂，並予支持，而鉗制牟岑之叛亂即是其最顯著例子❻。唐因而終於決定放棄朝鮮半島之地，故新羅不勞而獲半島的大半土地。唐在表面上雖不許新羅如此，然在八世紀以後為使新羅從背後牽制渤海國，遂承認其領有朝鮮半島。此後，新羅成為唐最忠實的藩屬，新羅之不似日本、渤海之有自己年號而奉唐正朔，即可證明此一事實。與此相對的，唐也優遇新羅，如玄宗天寶十二年(753) 正月一日舉行朝賀儀式時，曾把新羅列為外國使節的東列之首，即是明證❼。唐之所以如此優遇新羅的原因在於它的忠順，但對新羅北進遼東

---

❹　張昭等，《舊唐書》，卷一九九，上，〈東夷傳〉「百濟條」；歐陽修等，《新唐書》，卷二二〇，〈東夷傳〉「百濟條」。

❺　三上次男，〈八～九世紀の東アジアと日本〉，《圖說日本の歷史》，四。

❻　池內弘，〈高句麗滅亡後の遺民の叛亂及び唐と新羅との關係〉，《滿鮮地理歷史研究報告》，第十二。

❼　此一席次因第十次遣唐使藤原清河提出抗議而取消。

方面的舉動則未曾疏忽其警戒之心。

3.日本與新羅

如前文所說，日本的部隊在白村江敗於唐、新羅軍後，便完全失去朝鮮半島上的殖民地。新羅雖因此袪除來自東南的危機，卻因百濟的故土如非被唐軍占領，就是在其管轄之下，故無法向西擴張勢力。然它為了將來，隱忍了一段時間。當此之時，新羅或許恐日本報復，故曾自戰後經過五年的天智天皇七年起約十年間，屢遣使節前往日本。惟當唐朝放棄朝鮮半島之地，新羅在實質上統治該地區的天武天皇四年（唐高宗儀鳳元年，676）前後起，便逐漸改變對日本的態度，採對等立場，這對往日視新羅為保護國的日本而言，當然不是好現象，因此，它們兩國之間的情感遂逐漸形成對立，不過至七世紀末為止，彼此之間仍有官方往來。雖然如此，這兩國之已交惡，可由天武天皇十三年 (685)，及持統三年回國的留唐學生之被新羅「送使」送回之事實窺見其端倪❽。

迄至八世紀，日本與新羅之間的對立表面化，雙方不僅沒有正式往來，到中葉其交惡已臻高峰而有戰爭一觸即發之勢，此事發生在唐與渤海國作戰，唐命新羅助征之際。當此之時，日本朝廷曾研議是否利用此一機會進攻新羅（天平寶字二年～六年，758～762），並計畫建造大船及培訓新羅譯語（翻譯）人才。此一計畫雖未付諸實施，卻可由此得知當時兩國之間的緊張關係。

此一時期的新羅為景德王之治世 (742～765)，而對日本有強烈的敵對意識。這就如韓人黃壽永所說，在景德王時代所建新羅故都慶州東南吐含山上著名石窟庵，其本尊釋迦如來的視線之所以朝向東南方的日本，可能與馴服日本之思想有某種關聯。此事似可以白村江之役當時的文武王（661～681 在位）為守護新羅，遺言將其骸骨埋在距吐含山不遠的日本海中岩石

---

❽　三上次男，〈八～九世紀の東アジアと日本〉，《圖說日本の歷史》，四。

（大王岩），或在距大王岩不遠處興建巨剎（感恩寺），而石窟庵本尊之視線與感恩寺及大王岩在同一直線上且朝向日本之事實獲得某種啟示❾。

八～九世紀的日本、新羅兩國政府雖一直處於對立狀態，但民間仍私相往來，這種往來至九世紀更為頻繁。對唐朝或渤海而言，日本與新羅之對立應非它們之所願見，因為它們當前的利害關係雖不一致，卻都希望日本能夠從背後牽制新羅。

4.渤海與唐

當我們看渤海國之四周時，可發現其西方與唐接壤，南與朝鮮半島之新羅相鄰，北方有構成獨自政治社會的黑水靺鞨，東方則隔著海洋與日本遙遙相對。對渤海而言，這些國家都不能漠視，其利害關係最密切者應是唐與新羅。唐乃當時東亞的重心，為要滿足渤海國的文化與經濟欲望，實為不可或缺的國家，雖然如此，在政治、外交方面的利害關係卻未必一致。而渤海之與新羅，它們兩國之間的對立情形也相當嚴重。

就唐與渤海之間的政治關係言之：渤海國的疆域在高句麗北部，這個國家在建國後也自以為是高句麗的繼承者，此事可由渤海國於聖武天皇神龜四年所遣第一次使節，及天平寶字二年所遣第四次使節所持國書之內容獲得佐證❿。即渤海國之建立與原高句麗國有密切不可分的關係。然高句麗卻在長年的戰鬥後為唐所滅，因此原高句麗的人民對唐的積怨頗深。非僅如此，建立渤海國的大祚榮，他曾在高句麗滅亡之際被俘送中國。後來逃出而於獨立戰爭之際受到唐軍的猛攻。迄至渤海國在實質上已自立，無法再欺壓時，唐乃驅使其巧妙的外交手法，於玄宗開元元年封渤海國王為渤海郡王，致力將它納入自己的統治體制之中。渤海雖敬畏唐朝，但並未緩和其抵抗態勢。

---

❾　三上次男，〈八～九世紀の東アジアと日本〉，《圖說日本の歷史》，四。

❿　《續日本紀》，卷二一，〈淳仁天皇紀〉，天平寶字二年十二月己亥朔戊申條。

　　新羅對唐的這種態度在第二任國王武王大武藝之治世顯露出來，此事與其弟大門藝亡命於唐❶有關。大武藝於唐玄宗開元二十年 (732) 統率大軍進攻山東半島，即是他這種態度的表現之一。渤海國雖採唐的律令體制實施中央集權，卻不從屬於唐而採獨立態度，此事亦可從它使用自己年號之事實顯現出來。使用自己年號，乃高句麗以來之傳統。第三任的文王大欽茂以後則因唐朝國力式微，兩國關係已無初期那麼緊張，有使節之往來與朝貢、貿易活動，雖然如此，兩國似乎都非站在完全互相信賴的態度交往。

　　就唐言之，初時，唐為阻渤海建國而遣軍進攻，當知無法達到目的時則改採懷柔政策。然為防渤海國勢力之擴大，乃謀擾亂其內部。第二任大武藝時，知唐派的王弟大門藝之所以亡命於唐，可視為唐所採外交政策成功的一個層面。渤海國的報復措施雖以進攻山東半島顯現出來，然唐為對應其攻擊，遂命新羅從南方攻擊渤海國（開元二十一年，733）。此後雖不再發生如此重大的衝突事件，唐似乎持續監視著擁有與昔日高句麗相同政治地理位置的渤海國❷。因此，從表面上看來，唐與渤海國保持和平狀態，實際上處於對立關係，彼此都未放棄警戒對方之念。這種情形可謂為北方民族所建立之國家，與中原國家之間所見傳統的政治姿勢。

三、唐的遠交近攻政策

1.渤海、日本與新羅

　　渤海國與日本之間的關係亦與唐有關，當我們了解渤海國之派遣使節前往日本，係因發生大門藝亡命事件而渤海國與唐之間的關係險惡之次年（聖武天皇神龜四年，727❸）時，應可了解其個中情形。由於高句麗有不

---

❶　武王仁安八年，唐玄宗開元十四年 (716)。

❷　三上次男，〈八～九世紀の東アジアと日本〉，《圖說日本の歷史》，四。

❸　《續日本紀》，卷一〇，〈聖武天皇紀〉，神龜四年十二月（戊辰朔）丁亥條云：「渤海郡王使高齊德等八人入京」。

少人亡命日本，此一事實可能使它對日本產生親近感。

　　次言渤海國與新羅之間的關係。如前文所說，渤海國以高句麗之繼承國家自居，與此相對的，新羅不僅聯唐打倒渤海國，而且後來領有包含首都平壤在內的高句麗南部之地，即領有原高句麗疆域中生產與文化兩方面最重要的地方。渤海國獨立後，雖在連接現今鴨綠江口與咸鏡南道咸興附近與新羅接壤，它們兩國卻以上述理由始終嚴重對立，未曾建立邦交，而大武藝王攻唐之際，唐之命新羅助征，也當是使其關係險惡的因素之一，而渤海國於東南邊境置南京南海府，西南邊境要地置西京鴨綠府，其目的即在防備新羅。

　　如果渤海國與新羅之間的關係如同新羅與日本之間的關係一樣緊張，則日本與渤海國之間的關係自有所決定，亦即渤海國為對抗新羅而欲與日本交往。日本也擬利用這種政治情勢，將對新羅的立場導向有利的局面。此事可由渤海國進攻山東，唐命新羅助征之際，日本朝廷曾研議進攻新羅之事實窺見其一斑。

　　渤海國求之於日本的理由並不侷限於此，因為它不僅與唐有潛在的緊張關係，而且與唐之間的貿易也不盡如所願，所以就這點而言，它希望獲得日本之支持，並且要求日本與之貿易。因此，當它與唐之間的關係趨於較平穩的時期所遣第七次使節團，在光仁天皇寶龜二年 (771) 抵日時，其船遽增為十七艘， 主要人員少則二三十人， 多不過約七十人增為三二五人❶，其後復有相當數目的使節團赴日，他們固有政治使命，卻可認為交易已居於主要地位。渤海國輸往日本的貨物有虎、熊、狗、貂等皮貨，人參等藥材及蜜臘等。

---

❶　《續日本紀》，卷三一，〈光仁天皇紀〉，寶龜二年六月丙辰朔壬午條云：「渤海國使青綬大夫壹萬福等三百二十五人，駕舟十七隻，著出羽國賊地野代湊，於常陸國安置供給」。

2.唐對日本的態度

唐雖認為新羅是忠實的藩屬，但因前有占領高句麗故土事件，之後兩國又在遼東東南部接壤，故未必全面允許其要求。唐如要確保遼東方面的領土，就非控制朝鮮半島上的國家不可，此乃長期以來中國在外交方面所受的教訓。為使新羅不致為所欲為，實須使新羅對岸的日本牽制它，而唐所採者為遠交近攻政策，此乃曹魏在邪馬臺國來朝後所採支配異族的傳統策略。就這點而言，日本對唐頗有利用價值。八世紀的奈良時代，日本為加強中央集權需求中國文物之際，也當是唐朝利用日本的價值最高時期。

不用說奈良時代的日本政府，無論在政治組織或統治機構，或文化方面的宗教、思想、文物等領域，無不熱心學習於唐，因此，此一時期的日本政府乃克服當時艱難的航海。與國內的事務多端，從七世紀初開始不斷遣使前往中國。如前文所說，遣使初期因與朝鮮半島諸國的關係尚未造成嚴重對立，所以遣唐使節船能夠循著朝鮮半島西海岸北進，經渤海灣至山東半島登陸。惟至八世紀，東北亞的國際形勢發生變化，日本與新羅形成對立，致無法航行比較安全的朝鮮半島沿岸航路，改由橫渡黃海至山東；後來又改行大洋路或南島路，故其航路隨著日本與朝鮮半島諸國關係的好壞而有所變更，直至宇多天皇寬平六年菅原道真被命為遣唐使時建議停派，方才結束中、日兩國間的官方往來❶❺。停派遣唐使後的貿易與文化之攝取便委諸商人、僧侶之手。其從日本各地出土的唐代越州窯陶瓷器等❶❻，可能在民間的交易活動中被帶往日本。

當停派遣唐使後，將不斷進展的大唐帝國之政治情勢傳達日本，或將種種大陸產品運往日本的，就是渤海國的使節人員與其商人們。

---

❶❺　因朝廷採納菅原道真之建議，此次遣唐使未成行，所以最後一次前往中國的使節為承和元年任命，五年後返抵國門的第十七次遣唐使藤原常嗣一行。

❶❻　其完整者被發現於福岡縣觀世音寺遺址，破片則從福岡縣大宰府遺址及奈良縣大安寺遺址出土。

3.渤海國與日本

前文已說因八、九世紀政治、外交的因素，促使渤海國與日本兩國之間的關係密切，其表示關係密切者，就是它們彼此之間使節往來的頻繁。渤海國使節之前往日本，從聖武天皇神龜四年起，至醍醐天皇延喜二十二年止，在前後一九五年間多達三十五次，遠超過日本遣唐使前往中國的次數。由於日本也屢派使節前往渤海國，故可知當時兩國交往之密切。此一事實不僅被紀錄於中、日兩國之史乘，在考古學上也可從渤海國首都上京龍泉府（黑龍江省東京城）宮殿遺蹟所發現日本鑄造之銅錢和銅開珎獲得佐證❶

渤海國與日本之間的接觸，初時是因渤海國與唐、新羅形成對立狀態，故欲與日本在政治上相互提攜而開始。所以初期的交往政治要素濃厚。惟當東北亞的政情安定後，便加上了經濟要素，而前文所提光仁天皇寶龜二年所遣第七次使節團成員總數凡三二五名，船共十七艘，其中應有不少貿易商人加入其行列。

渤海國使節團所攜帶的貨物，除將毛皮、藥材及該國其他物產作為貢

表二二：遣渤海使節表

任命年	使　節	典　據	寶龜三	武生鳥守	續日本紀
神龜五	引田虫麻呂	續日本紀	寶龜八	高麗殿嗣	續日本紀
天平一二	大伴犬養	續日本紀	寶龜九	大綱廣道	續日本紀
寶字二	小野田守 高橋老麻呂	續日本紀	延曆一五	御長廣岳 桑原秋成	日本後紀
寶字四	陽侯玲璆	續日本紀	延曆一七	內藏賀茂	日本後紀
寶字五	高麗大山 伊吉益麻呂	續日本紀	延曆一八	滋野船白	日本後紀
寶字六	多治比小耳 板振鎌束	續日本紀	弘仁一	林東人	日本後紀

❶　原田淑人、駒井和愛，《東京城：渤海國上京龍泉府址の發掘調查》（東亞考古學會，1939）。

品外，可能也將得自中國的貨物輸往日本。由於八世紀後半以後，日本與唐之間的接觸次數大為減少，故以渤海為仲介帶來的物貨必為日本朝野人士所歡迎。若然，則對日本而言，這種貿易在某種意義上，扮演了替代唐、日貿易的角色。

在政治上，渤海國也給日本帶來種種利益，即：在蒐集唐、新羅的消息方面，渤海國在政治、地理上遠較日本方便，所以它可能把有關該兩國或其他國家更多、更正確的消息傳達日本。至於對華學有造詣的渤海國使節和日本高層知識分子之間的詩文唱和，當可視為儀禮的表現。

渤海國也扮演日本至唐的通路角色，例如：淳仁天皇天平寶字三年派遣第十一次遣唐使時，因與新羅之間的關係惡化，既無法經由朝鮮半島西岸，也無法橫渡黃海，故乃採路過渤海國方式達到入唐目的。至於因種種

表二三：來日渤海使節表

來日年	使　節	典　據	弘仁九	慕威德	類聚國史
神龜四	高仁義	續日本紀	弘仁一〇	李承英	類聚國史
天平一一	胥要德	續日本紀	弘仁一二	王文矩	類聚國史
勝寶四	慕施蒙	續日本紀	弘仁一四	貞泰	類聚國史
寶字二	揚承慶	續日本紀	天長四	王文矩	類聚國史
寶字三	高南申	續日本紀	承和八	福賀延	日本後紀
寶字六	王新福	續日本紀	嘉祥一	王文矩	日本後紀
寶龜二	壹萬福	續日本紀	天安三	烏孝慎	三代實錄
寶龜四	烏須弗	續日本紀	貞觀三	李居正	三代實錄
寶龜七	史都蒙	續日本紀	貞觀一三	楊成規	三代實錄
寶龜九	張仙壽	續日本紀	貞觀一八	楊中遠	三代實錄
寶龜一〇	高洋弼	續日本紀	元慶六	斐頲	三代實錄
延曆五	李元泰	續日本紀	寬平四	王龜謀	日本紀略
延曆一四	呂定琳	類聚國史	寬平六	斐頲	日本紀略
延曆一七	大昌泰	類聚國史	延喜八	斐璆	日本紀略
大同四	高南容	類聚國史	延喜一九	斐璆	日本紀略
弘仁一	高南容	日本後紀	延喜二二	不詳	日本紀略
弘仁五	王孝廉	日本後紀	延長七	斐璆	日本紀略

理由無法直接自唐回國的使臣，也經由渤海國東返。

　　日本與渤海國之間的關係之所以如此密切，除政治上經濟上的利害情形相似外，這兩個國家都同樣採取以律令體制為基礎的政治體制，就這點而言，或許有有無相通之處。

　　除上述外，值得注意的是渤海國的佛教。該國佛教之盛行可由其首都上京龍泉府遺址附近七座規模宏大的寺院遺址所見佛像、壁畫獲得佐證。此外，從東京龍原府址（吉林省琿春縣半拉城）及吉林省西古城子之都城遺蹟所發現遺物的情形亦復如此。因受文獻的侷限，我們雖無法了解該國佛教的特性，然從半拉城出土之二佛並坐像觀之，當可推測在某一時代也有過《法華經》信仰。由於這種情形與奈良時代相似，故兩者之間可能有某種交往。就這種意義上言，渤海國的政治體制或文化，可能給日本帶來某種啟示作用❶❽。

第二節　藤原氏掌握中央政權之歷程

一、藤原氏的崛起

　　藤原氏在不比等之後分為南、北、式、京四家，其中始自麻呂的京家在麻呂之子濱成時，即在桓武天皇即位後不久，因坐天應二年（延曆元年，782）的冰上川繼之亂凋零。此一事件乃認為濱成女婿冰上川繼企圖謀反，而將川繼夫妻流放伊豆（靜岡縣），其母不破內親王（聖武天皇之女）被流放淡路國（兵庫縣）；岳父參議兼侍從藤原濱成則被解除官職。濱成乃山部親王（日後之桓武天皇）被立為太子之際，與藤原百家（式家）對立的人物。此一事件被視為百川派所策畫的陰謀。

---

❶❽　三上次男，〈八～九世紀の東アジアと日本〉，《圖說日本の歷史》，四。

　　始自武智麻呂的南家於平城天皇大同四年，因伊豫親王事件失勢。此一事件係說伊豫親王謀叛。因此，伊豫與其母藤原吉子俱被幽禁於大和國川原寺，而母子俱在該寺仰藥自殺。吉子係武智麻呂之曾孫女，事件發生後，吉子之兄友人、雄友，豐成之孫乙叡等多人獲罪，但大都在日後被赦，就伊豫親王而言，當時的人們也認為他蒙受不白之冤而表同情。《日本後紀》以為此一冤情係藤原藥子之兄仲成所策畫者。

　　其始自宇合 (Umakai) 的式家雖繁榮於光仁、桓武兩朝，卻因發生於嵯峨天皇弘仁元年的藥子之亂而沒落，代之而得勢者為始自房前的北家。藥子之亂發生時，嵯峨在宮廷設處理機密文書的藏人頭 (Kurōdonotō)，使巨勢野足 (Koseno notari) 與北家的藤原冬嗣擔任斯職。藏人在初時屬臨時性官職，後來常設，成為中央政府的重要機構。冬嗣之子良房則於承和之變時掌握進出政府樞要的機會。所謂承和之變，就是在仁明天皇承和九年，時任春宮坊帶刀 (Tōgūbōnotachihaki) 的伴健岑 (Tomono Kowamine)，與時為但馬權守 (Tajimagonnokami) 的橘逸勢 (Tachibanano Hayanari) 等人，擁皇太子恆貞親王 ❶❾ 企圖謀反的事件。結果，除恆貞的皇太子被廢外，健岑被流隱岐國（島根縣），逸勢流放伊豆（靜岡縣❷⓿）；此外尚有受牽連者百餘人被捕，六十餘人被處流刑。此一事件被認為是藤原良房為剷除與藤原氏無血緣關係的恆貞親王，以立其外甥道康親王為皇太子所策畫之陰謀。良房所擁立的道康親王在不久以後繼承皇位，是為文德天皇（850～858 在位）。於是良房以外戚身分逞其威勢，於天安元年 (857) 擔任太政大臣。良房將太政大臣的職務委其弟良相 (Yoshimi)，至其女明子（文德天皇女御）所生皇子時年九歲的惟仁親王即位為清和天皇（858～876 在位）後，便掌握天皇大權，代理天皇視事，成為不折不扣的攝政。

---

❶❾　橘逸勢和嵯峨天皇、釋空海均擅長書法，稱為「三筆」。逸勢於前往伊豆途中，逝世於遠江國（靜岡縣）。

❷⓿　恆貞親王為淳和天皇之子，母親係嵯峨天皇之女正子內親王。

表二四：藤原氏族譜

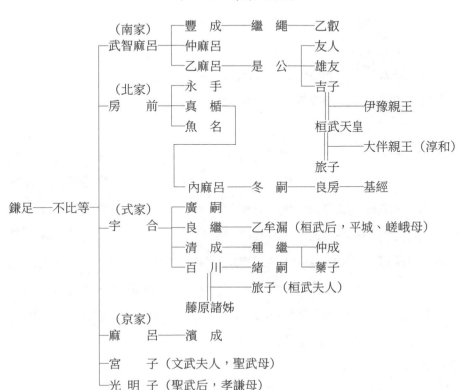

二、應天門之變

　　良房的權力有一個問題，即他除明子外沒有其他子女，所以無論地位的繼承或外戚政策都人手不足，故乃以其兄長良之子基經為養子，於清和天皇即位時任命他為藏人頭（時年二十四），使之成為繼承人；使皇太子的位子虛懸，然後物色適當的太子妃，而立皇太子便成為邁入老人之境的良房之課題。

　　貞觀二年 (860)，伴善男升任中納言❷❶。善男曾獲仁明天皇之殊遇，因

---

❷❶　令外之官，位於大納言之下，編制員額三名。近侍天皇，職司奏疏之轉呈與傳達

與良房之關係良好，故任中納言而兼民部卿，在簡化事務與重整稅制方面有傑出的表現❷。當時的政權首腦為太政大臣良房之下的右大臣良相，中納言善男精幹地處理國政，中納言由良房的姻親藤原氏宗昇任。三名嵯峨源氏與中納言平高棟 (Tairano Takamune) 係富於文化氣息的貴族，在太政官的發言雖起不了甚麼作用，卻是院宮王臣家之主而其社會的權力不能忽視。

貞觀五年 (863)，流行感冒襲擊平安京，源定、源弘及其他許多人因此死亡。次年正月，清和天皇舉行成人禮，高棟、善男、氏宗等晉陞為大納言，源融中納言，基經為參議。清和時年十五，良房的權勢雖仍屹立不可動搖，但良相使其次女進宮，旋獲清和之寵愛，這對良房而言，無異一片黑雲。非僅如此，良房於本年冬患重病。當此之時，源信、源融等人謀叛的謠言甚囂塵上，故一向與源信對立的善男便公開進讒言。良房雖於次年 (865) 痊癒，但政情依然不穩，故對諸司、諸家的集會與宴飲作若干限制。

在這種情勢之下，朝堂院的正門應天門於貞觀八年 (866) 閏三月燒燬，雖未查出縱火的人犯，藤原良相與伴善男竟謀將此一罪行加諸左大臣源信身上。然此陰謀不為良房、基經所同意。源信雖因此幸免於難，但此以後閉門不再出仕。迄至八月，有名為大宅鷹取者，控告縱火的主犯為伴善男、中庸 (Nakatsune) 父子。善男雖始終極力否認，然有人控告其家人生江恆山殺死鷹取之女，故將他與被視為共犯的伴清繩加以拷問結果，供認應天門事件確為善男、中庸之所為。於是善男、中庸及其家人紀豐城、伴秋實、伴清繩被處流刑，近親亦受累。因此，伴氏被貼上「積惡之家」的標籤而沒落❸。藤原良相也表示辭職之意，於次年十月病歿。

皇命，並參與政務。大臣不在時不能代理其職務。正四位，封戶二百，資人三十。鎌倉時代編制為八～十人。

❷　佐伯有清，《伴善男》(東京：吉川弘文館，1970)，頁 57。

❸　吉田真司，〈平安京〉，《平安京》。

伴善男被告發的仁和二年八月，良房獲「攝天下之政」的詔敕，再次
確認代理已長大成人的清和天皇行使大權，直到良房死亡為止，清和在實
質上並未執政。同年十二月，藤原基經昇為中納言，在源信、藤原良相、
伴善男離去後的廟堂上一如良房生前，與大納言藤原氏宗共同處理太政官
政務。非僅如此，良房在同年使基經之妹高子入宮為清和女御。應天門之
變的真相雖不明，但良房善用此一良機確保大權，一舉解決自己的繼承人
與后妃的問題。在此情形之下，已經沒有可與良房、基經抗衡者。

在良房去世前夕的貞觀十四年 (872)，曾敗於清和的惟喬親王出家，隱
居京都北郊的小野。惟喬與紀有常、在原業平等文人有來往，形成一個文
學集團。此一集團與良房所振興的宮廷和歌成為《古今和歌集》的泉源。
當時失意的親王除惟喬外，尚有在藥子之變時被廢的太子高岳（真如）入
東大寺，於貞觀四年 (862) 渡唐，在轉往天竺途中客死羅越國。承和之變
的犧牲者恆貞也出家，專心於佛道修行。

三、前期攝關時代

貞觀十八年 (876)，清和天皇讓位，由清和與高子所生貞明親王繼位，
是為陽成天皇（877～884 在位）陽成登基時亦年僅九歲。當時良房的養子
基經雖是右大臣，但詔命曰：「少主未親萬機之間，基經攝行政事。」❷當
時雖有左大臣源融，卻擱下他而命基經，此實另有用意。之後，基經於元
慶四年 (880) 被任命為太政大臣，但辭而不受，致太政官的奏事被耽擱，
故公卿們乃商議使弁官與史官前往基經宅第報告庶政云。《公卿補任》以此
為基經被任命關白。當時陽成曾使學者們討論太政大臣的職掌之有無。討
論結果，言太政大臣雖無固定職務，卻為職事官（經常服勤的官員），其具

❷　《日本三代實錄》（東京，吉川弘文館本），卷三〇，〈陽成天皇即位前紀〉，貞觀
　十八年十二月甲辰朔條。

體機能為「總百官，奏事、下事必先諮秉」。亦即擁有奏宣機務之權，相當於關白職務，因此認為基經被任命為攝政、關白的時期為「前期攝關時代」。

由於陽成天皇的作為有時失常，故為基經所廢，由年時年五十五的光孝天皇繼位 (884)。惟只經三年餘，於仁和三年改由宇多天皇登極。宇多即位後，任用學者菅原道真，擬藉此以壓抑藤原氏勢力。學術造詣極高的道真雖於醍醐天皇時晉昇為右大臣，與左大臣藤原時平並居樞要，竟於延喜元年突然被解職，流放九州為大宰權帥 (Dazainogonnosochi)。道真失位的理由雖是他企圖使自己女婿齋世 (Tokiyo) 親王即皇位，但有人認此為時平所策畫之陰謀，但真相不明。由於道真的弟子多在政府各機關擔任要職，致使其他氏族飽受威脅，乃不爭之事實，然與菅原學閥對立的大藏善行學閥之在道真失位之際扮演相當的角色，實不難想像❷。

醍醐天皇在位三十餘年，至延長八年 (930) 八歲的朱雀 (Suzaku) 天皇即位，藤原忠平為攝政。天慶四年 (941) 朱雀十九歲時，忠平擔任關白。九年，村上天皇（946～967 在位）即位後，忠平仍任關白。惟至天曆三年 (949) 忠平去世，村上不再任命關白。由於宇多天皇時由藤原基經與菅原道真輔政，醍醐天皇時由藤原時平輔佐以振興政治，故以其年號稱當時政治為「寬平、延喜之聖代」；醍醐、村上兩天皇時不任命攝政、關白而採天皇親政方式，故後世稱之為「延喜、天曆之治」，被認為是公家 (kuge)❷ 政治的理想形態。惟就如舉辦最後一次班田在延喜二年 (902) 所示，十世紀初是一個很大的轉變期。亦即時任式部大輔 (shikibunodaifu) 的三善清行 (Miyoshi Kiyoyuki) 上〈意見十二條〉，其重點為如何挽救國家財政的破綻。我們雖不知清行到底如何把握事態，但其第八條所言須維護國司權威，由國司的教諭來控制人民思想，乃與自古以來即已存在的「政治良否在於政

---

❷　阿部猛，《攝關政治》（東京：教育社，1977），頁 24。

❷　原指天皇、朝廷。迄至鎌倉時代武家 (buke) 地位確立以後，遂與武家相對的稱近侍天皇的一般朝臣為公家 (kuge) 眾，簡稱公家。

治家之才幹」的想法相通。實際上，平安時代九世紀的政治動向，係由於一群被稱為「良吏」的官員階層個人的才幹，使政治保持一定的安定，因此，清行的想法具有九世紀的這種色彩。他曾舉藤原保則為國司、官員的典範，為他撰寫傳記，並稱美之為德治主義政治家的典型。清行雖在其〈意見十二條〉裡主張重整律令體制須登用幹練的官員，作適當的政治運用，不過律令制在整個九世紀所陷入的僵局，單憑良吏個人所具有的才幹及其所為「仁政」與「德治」已無法打開，而律令制破綻之一端即是出現於朱雀天皇之治世的平將門之亂與藤原純友之亂。

四、叛亂與政變

1.平將門、藤原純友之亂

以東國為舞臺豎起叛旗的平將門為桓武天皇之後裔。桓武之曾孫高望 (Takamochi) 王，於寬平二年 (890) 獲賜「平」姓，並被任命為上總介 (Kazusa nosuke) 前往東國，在此落地生根。其子國香任常陸大掾 (Hitachinodaijyō)，良兼下總介 (Shimousanosuke)，良持（即良將）為陸奧鎮守府將軍，成為在關東擁有強大勢力的豪族。良持之子將門旋因土地問題與其族人私鬥，於承平五年 (935) 弒其伯父國香，天慶二年襲擊常陸國府。繼則奪下野 (Shimotsuke)、上野 (Kōzuke)，反叛中央政府。將門自稱新皇，任命跟隨他的豪族為關東各地的國司。並且在下總（栃木縣，Tochigiken）國猿島郡石井鄉築王城，任命文武百官，建造律令體制的小國家，宣言自立。朝廷雖以藤原忠文為征東大將軍，使之前往征討，惟在此以前，平貞盛、藤原秀鄉等人合力進攻，使將門敗死於猿島。（平將門之亂，又稱承平之亂）

豎叛旗的另一個主角為藤原純友。將門在東國活躍的同一時期，純友雖被任命為伊豫掾前往四國，但他竟與瀨戶內海的海盜合謀橫行於其任所附近的海域，及襲擊山陽、南海各地，然後入侵大宰府肆行縱火、劫掠。

表二五：桓武平氏

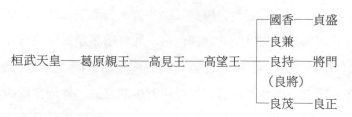

桓武天皇——葛原親王——高見王——高望王

- 國香——貞盛
- 良兼
- 良持——將門
  （良將）
- 良茂——良正

表二六：藤原純友的來歷

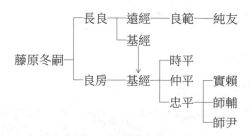

藤原冬嗣

- 長良——遠經——良範——純友
- 　　　　基經
- 良房——基經
  - 時平
  - 仲平——實賴
  - 忠平——師輔
  - 　　　師尹

承平六年雖為紀淑人所平定，復以伊豫（愛媛縣）的日振島為據點，劫奪公家與私人的財物，繼則侵犯讚岐，驅逐其國司，然後向阿波（德島縣）國府前進。天慶三年，小野好古 (Onono Yoshifuru)、源經基以追捕使統軍西下。純友因其所部藤原恆利之離叛而見敗，一時逃往大宰府，卻受征西大將軍藤原忠文之追擊逃回伊豫，結果為警固使橘遠保所捕殺。（藤原純友之亂，又稱天慶之亂）

在東西兩地同時發生的叛亂給首都的貴族們帶來重大衝擊。此兩叛亂雖通常被視為表示武士階級成長的事件，不過平將門擬建立的小國家僅是律令國家的東國版，不可謂為武士階級自有的政權。就將門軍隊之特性言之，其主從關係尚不足以說是封建的。純友的軍事組織也似乎相當脆弱，因為海盜之主體固為瀨戶內海兩岸的豪族，然其部下卻是沿岸農民，如果生活安定，可以隨時結束其劫掠行為，以純友為頂點的階層政治之形成尚不充分，所以無法產生政權。至於平定純友之亂的小野好古部隊之主力，

可能來自律令國家之衛府與檢非違使之軍士，係經由國衙機構召集的當地士兵。與此相對的，打倒將門的軍隊則為東國豪族的部隊，與西國有異。然進攻將門的平貞盛之軍隊也非獨立的軍力，乃是與律令國家機構結合後始能發揮其力量，這點值得注意❷。

2. 安和之變

康保四年 (967) 五月，村上天皇崩，結束所謂「天曆之治」，皇太子憲平 (Norihira) 親王即位，是為冷泉 (Reizei) 天皇（967～969 在位）。冷泉雖容貌出眾，但舉止多乖，如：在即位以前踢蹴鞠（kemari，踢球）時為將蹴鞠踢到樑上而整日踢不停，即位後則以刀削傳於宮中的名笛，或坐在門房屋頂等。並且他又體弱多病，所以無法執政，由藤原兼家擔任藏人頭，藤原實賴擔任關白。此後歷任天皇幾乎都設攝政或關白之職，不設為異數，於是由藤原氏所為攝關政治正式化，不過在安和二年 (969) 發生左大臣源高明 (Minamotono Takaakira) 失位的安和事變。

高明係醍醐天皇之子，降為臣籍，賜姓源。因其妻係右大臣藤源師輔之女（村上天皇皇后安子之妹），故將己女進為村上天皇與皇后所寵愛為平親王之妃。惟當師輔與皇后相繼去世，致為平失去有力後盾而無法當太子。然至藤原實賴擔任太政大臣的康保四年十二月，高明為左大臣，實賴之弟師尹 (Morotada) 為右大臣。安和二年三月，左馬助源滿仲與前武藏介藤原善時向朝廷告密，言左兵衛大尉源連，中務少輔橘繁延等人陰謀擁立為平親王。結果，繁延、釋運茂等人被捕，連與平貞節被朝廷通緝。並且前相模介 (Sagaminosuke) 藤原千晴與其子久賴亦被捕。鞫問後知源高明亦參與其事，致高明宅第為檢非為使之部隊所包圍，以陰謀廢除天皇之罪被貶為大宰權帥，以網代車（ajironokuruma，囚車）送往九州。失去主人的高明宅第在數日後被焚燬。四月，繁延被流放土佐（高知縣），良茂佐渡（新潟

---

❷　阿部猛，《攝關政治》，頁 36。

表二七：源高明與皇室、藤原氏之間的關係

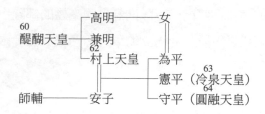

縣），貞節則流於越後（新潟縣）。

　　高明雖於兩年餘後被召回京師，但未復出政界而於天元五年 (982) 去世，年六十九。著有關於朝廷禮儀的《西宮記》著稱於世。

　　安和事變乃藤原師尹等人所策畫之冤獄，時人已有所論評。經此一事變，由藤原氏獨占中央政府要職的體制確立，同時也是天皇制式微的一個重要階段。

五、攝關政治

1.平忠常之亂

　　安和之變後五個月，冷泉天皇退位，皇太弟守平親王繼位為圓融天皇（969～984 在位），立冷泉之長子師貞親王為皇太子。圓融乃年僅十一的少年，故由實賴攝政。策畫安和之變的主謀藤原師尹雖昇任為左大臣，卻僅經半年即死亡，時人以為這是陷害高明的報應。師尹病篤時的左大臣為源兼明，右大臣藤原賴忠 (Yoritada)。大家原以為由官位較高的弟弟兼明（大納言）繼任師尹之職，但因兼通（權中納言）已從其妹安子（村上后，冷泉、圓融母）取得攝政、關白職依兄弟次序遴選之承諾書，故圓融難違母親遺命，以兼通為關白、內大臣，旋以之為太政大臣。貞元二年 (977)四月，左大臣突然被復為親王，被逐出政界，由賴忠繼其職，此似係兼通為壓抑其弟兼家使賴忠晉昇所採之措施。同年十月，兼通病篤，兼家擬請求

表二八：藤原氏與皇室之間的關係

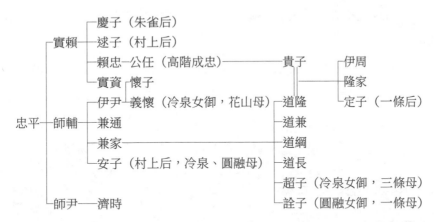

天皇在其兄亡後能繼任關白之職，其企圖卻為兼通所看穿，故兼通扶病進宮，在旁人扶持下將關白之職讓與藤原實賴之子賴忠，並奪兼家右大臣之職，由藤原濟時繼其任，致兼家再失機會。兼通於此事發生後一個月去世。

　　賴忠與其父實賴同樣誠實正直，不會與兼家構釁，兼家也對賴忠採妥協態度，以待日後陞遷之機會，因兼家之女超子為冷泉上皇女御，生有居貞 (Iyasada)、為尊 (Tametaka)、敦道 (Atsumichi) 三親王，另一女詮子則為圓融天皇女御，生下懷仁 (Yasuhito) 親王。不出所料，機會終於來臨。永觀二年 (984)，圓融將皇位讓與皇太子師貞親王，並立懷仁為太子。師貞即位後為花山 (Kazan) 天皇（984～986 在位）。

2.花山天皇之出家

　　花山天皇的後宮雖有數名女子，然其所寵愛者為兼通之異母弟大納言藤原為光之女忯子 (Shishi)，但她於懷孕八個月時去世，致花山有出家之意。在此情形之下，乃將花山之退位計畫付諸實施。因兼家之子道兼時任藏人而時常接近天皇，故乃利用其地位，與天皇之護持僧嚴久同勸其出家以憑弔忯子之菩提。道兼且言自己願與天皇一起出家。因此，花山乃決心

出家，道兼於寬和二年 (986) 六月下旬將天皇帶出清涼殿，進入山科 (Yamashina) 元慶寺（花山寺）後徑自回去，花山這才知自己上當，但為時已晚。

花山離京後，兼家關閉宮中諸門，使其年二十一的季子道長向關白賴忠報告發生重大事情的緣由，亦即日後權傾一世的道長從此時開始出現在歷史舞臺。花山出家後在熊野等地修行而獲相當佛果。他在和歌方面也展露其才華。退位時年僅十九，寬弘五年 (1008) 四十一歲時圓寂。

六、藤原道長之上場

1.兼家與道隆

懷仁親王即位後為一條天皇，居貞親王為皇太子。兼家以天皇、皇太子外祖父身分獲安定的職位。即他擔任攝政，繼賴忠之後為藤原氏長者（族長）。另一方面，因一條天皇繼位而失去關白職位的賴忠則品嚐了下臺悲哀。賴忠雖在其太政大臣任內去世，但日後出自此一系統者不再有擔任攝政關白者，而為兼家的子孫們所獨占。

兼家掌握政權後，便安排己子與孫子擔任中央政府要職，亦即將其長子道隆自從三位・非參議提拔為正二位・權大納言，三子道兼為正三位・權中納言。永延元年 (987)，提拔次子道綱，季子道長為從三位。越明年（永祚元年，989）則使年二十三的道長出任權中納言。次子道綱之母為藤原倫寧之女，即《蜻蛉日記》(kagerōnikki) 的作者。道隆、道兼、道長三人之母俱為藤原中正之女，她也生一條天皇之母詮子，及東宮居貞親王之母超子，故居於兼家元配的地位。

兼家擔任攝政四年後因病辭職，由長子道隆繼其任，兼家旋去世。道隆和他父親一樣，很露骨地謀求族人之陞遷，他使十八歲的次子伊周 (Korechika) 擔任從三位・權中納言，次年陞為權大納言，又次年正三位，二十一歲時為內大臣。長子道賴雖於二十五歲任正三位・大納言時死亡，

但四子隆家則在十六歲時已陞為從三位。道隆之女定子係一條天皇中宮，有才色兼備之令譽。《枕草子》的作者清少納言就是侍奉定子的宮女。道隆之妻日貴子，岳父名叫高階成忠 (Takashina Naritada) 係一位學者，陞從二位，其兒子們也各居要職。後來，道隆一家被稱為「中關白家」，此一稱呼似因前有兼家，後有道長各逞權勢而來❷❽。

　　長德元年 (995)，京師一帶流行赤斑瘡，中納言以上公卿十四人中，在同一年裡死亡者八人，道隆、道兼亦在其列。道隆雖有意將關白之職讓與己子伊周，但不為天皇所同意。因此道隆乃言在其生病期間由伊周代理，故下令由伊周「內覽❷❾」。所謂「內覽」，即事前閱覽百官所上奏疏或天皇所下一切命令等，所以在實質上與關白並無多大差別，但並非正式關白。四月十日，道隆死，繼任關白之職者為道兼。道兼雖達成願望，惟他已染赤斑瘡。五月二日，勉強進宮謝恩，七日後辭世，故有「七日關白」之稱。道兼死亡之同日，左大臣源重信，中納言源保光亦亡故❸⓪。

2.道長與伊周

　　五月八日道兼去世當時，關白、左大臣、右大臣、大納言之職出缺，所以居最高職位者為內大臣藤原伊周 (Koretada)，權大納言有道長、道賴（六月死亡）、顯光等人。在此情形之下，繼任道兼之職位者應是伊周或道長。伊周年二十二，道長三十。道長雖是伊周叔父，但伊周之妹定子為中宮而受天皇寵愛，故難於決定繼任人選。然因道長之姊即天皇生母東三條院詮子強力推薦，一條天皇乃下令由道長「內覽」。六月，道長越過伊周陞為右大臣。之後，道長在長達三十年的歲月裡掌握政權，出現藤原氏的全

---

❷❽　阿部猛，《攝關政治》，頁 48。

❷❾　在天皇批閱太政官所上奏疏之前先行閱覽之意。從平安中期開始，攝政與關白雖必內覽，但有時不當關白而只內覽，或有攝政、關白而另設內覽，或由前任關白內覽等，情形因時而異。

❸⓪　阿部猛，《攝關政治》，頁 49。

盛時代。

　　道長與伊周事事對立，開會時也發生肢體衝突；道長的侍從與伊周之弟中納言隆家之侍從，也曾在京師街道相互放箭，道長之貼身衛兵亦為隆家之隨員所傷；更有僧侶在伊周外祖父宅第從事祈禱咀咒道長之傳聞。在此情形下，於長德二年 (996) 正月十六日夜間發生使伊周失位的事件。

　　伊周早就與太政大臣源為光之女三君有染，而花山法皇也開始與其女四君私通。伊周誤以為花山也至三君處，乃與胞弟隆家商議對策。隆家利用月夜率領隨員埋伏，等待花山一行人馬到來。隆家原擬予以威脅警告，使隨員射箭，結果，其箭竟射穿花山衣袖。花山逃回寓所後雖保持沉默不欲張揚醜聞，惟事情已傳開。隆家輕率的舉動使伊周陷於困境。迄至二月，檢非違使以伊周家臣私自蓄養兵士為由搜索其宅第。三月，當東三條院詮子病重時，流言此係伊周咀咒所致。四月，有人密告伊周使人在法琳寺舉行大元帥法。所謂大元帥法，乃密教❸❶的修法，當時規定人臣不可舉行這種法會。經此密告，伊周的命運便已決定。

　　四月二十四日，伊周被貶為大宰權帥，隆家降為出雲權守。罪名有三：①箭射花山法皇。②詛咒東三條院詮子。③舉行大元帥法。伊周位於二條的住宅為檢非違使所包圍。包圍部隊的指揮官是位法律專家，即《令集解》的編者惟宗允亮 (Koremune Tadasuke)。因宅內有中宮定子在，故檢非違使不易進入。經數日後，隆家當場被捕，伊周則潛出。復經數日後，伊周以

---

❸❶　源出於古印度，佛教中的密教。唐開元 (713～741) 初傳入中國，形成宗派。以《大日經》和《金剛頂經》為依據，把大乘佛教的繁瑣理論運用在簡化通俗的誦咒祈禱方面。認為口誦真言（密語），手結契印（身密），心作觀想（意密），三密同時相應，可以即身成佛。在中國只傳了兩代便衰落。西元 804 年，日僧空海至唐學佛，密宗因此東傳日本，成立了日本的真言宗，佛學界稱為東密。西元八世紀到十一世紀期間，印度密教傳入中國西藏地區，建立西藏密教的傳統，稱為「藏密」。

出家人裝扮返家被捕。之後，雖也鬧出一些風波，然在長德三年 (997) 三月，因頒大赦令，伊周、隆家得以入京，數年後復原職。雖然如此，他們兄弟在政界已發生不了作用，道長則確立了他的霸權。

第三節　攝關政治

一、藤原道長的全盛時代

1.兩后並立

　　藤原道長登上最高權位寶座時雖無有力的對立者，但也有些許不安，因大納言藤原公季 (Kinsue) 之女義子，與右大臣藤原賴光之女元子俱為一條天皇之女御，而中宮定子仍獲天皇之寵愛。與此相對的，道長為左大臣時，其女彰子只有九歲。長德四年 (998) 道長罹患重疾，自以為不久人世。惟於次年全癒後，使年僅十二的彰子進宮為女御。長保二年 (1000) 二月陞為中宮，與之同時中宮定子成為皇后。因定子於同年末去世，彰子之地位因此獲得安定。彰子入宮時有四十名女房隨行，紫式部也在其中。侍奉定子的清少納言與侍奉彰子的紫式部乃當代宮廷閨秀作家的雙璧。

　　寬弘五年，彰子生下敦成 (Atsuhira) 親王，次年生敦良親王。三年後一條天皇崩，三十六歲的東宮居貞親王繼位，是為三條天皇（1011～1016在位）。敦成親王被立為太子。三條天皇尚為太子時，道長曾進其女妍子，當彰子成為太后時，乃以妍子為中宮，藤原齊時之女娍子為皇后。並且循一條天皇時定子、彰子之例，三條天皇也同時擁有兩位皇后。娍子立后時眾臣畏懼道長權威，均未參加冊封儀式，下層官員也都未上班，致不得不省去儀式；是夜妍子進宮時則有公卿十二人及藏人頭以下所有殿上人都出席云❷。

表二九：藤原氏女子與皇室之間的關係

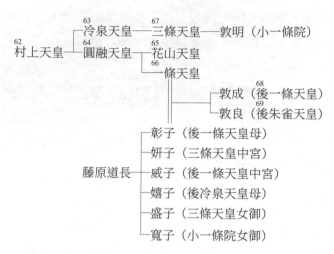

2.三條天皇與道長

三條天皇與藤原道長相處情形不佳，三條雖擬任命大納言藤原實資之子資平為參議，卻不為道長所同意；當三條欲整修被火燒燬的大內殿宇時，道長又以疾疫正在流行，如整修勢必引起國司們之怨懟為理由加以反對。長和二年 (1013) 四月，三條降敕交代舉行賀茂祭❸❸不可鋪張，道長則我行我素而祭典依舊極盡華美之能事。

三條天皇從長和三年 (1014) 前後開始罹患眼疾，有時幾乎陷於失明狀態，雖舉行祈禱或施醫，並未見效。道長耐心等待其惡化，三條因有眼疾，故不得不退位。 長和五年正月 ， 九歲的敦成親王即位 ， 是為後一條天皇

---

❸❷ 阿部猛，《攝關政治》，頁 55。

❸❸ Kamonomatsuri，亦稱葵祭 (Aoimatsuri)。京都賀茂別雷 (Kamowakeikazuchi) 神社，和賀茂御祖 (Kamonomioya) 神社之例行祭祀典禮，每年四月中酉之日（現今為五月十五日）舉行。天智天皇六年定為官祭，至平安時代趨於隆盛。與石清水八幡宮 (Iwashimizuhachimangu) 之祭典相對的，也叫北祭。因以葵葉裝飾車簾、社殿，及作為祭祀人員之冠，故有葵祭之名。

(1016～1036)。對於立誰為太子問題，天皇與道長的意見相左，結果道長讓步，立三條天皇之子敦明 (Atsuakira) 親王（母娍子）。道長終於達成願望，以天皇外祖父身分就任攝政，然道長擔任此職僅年餘即請辭，將其職位讓與二十六歲的長子賴通。同年十二月，道長被任為太政大臣，但他在兩個月後辭職。從表面上看道長似已淡出政壇，其實不然，他被稱為「大殿」(ōtono) 而在賴通背後實質操作政界。道長雖經歷內覽、攝政、太政大臣之職而未曾擔任關白，然其日記卻被稱為《御堂關白記》，皈依佛教後則被稱為「禪閣」（出家的前關白）。其故在於即使未曾擔任關白，實質上處理過與關白同樣的政務，所以才有如此稱呼云。

　　道長辭太政大臣之職的寬仁二年 (1018)，其子賴通以二十七之齡擔任攝政、內大臣，二十六歲的賴宗為權中納言，二十三歲的教通為權少納言，因此道長一家已無強大的政敵而頗為安泰。不過使道長難於釋懷的，就是東宮敦明親王的存在，其故在於他非自己的外孫。

　　敦明之母后娍子在宮中處於孤立狀態，其妻延子（堀河天皇女御）為左大臣藤原賴光之女，但賴光無能，為人所輕，不足倚賴。就敦明而言，因系出冷泉天皇，故難言為英明。三條上皇於寬仁元年 (1017) 崩。敦明無法承受來自道長的心理壓力，於同年八月自動放棄東宮之地位❸❹。敦明辭去東宮後，上東門院彰子有意立敦康親王為太子，但道長以敦康無監護人為理由拒絕，立敦良親王。敦明辭去東宮後，獲比照太上天皇的待遇，以「小一條院」稱呼他，封戶等收入也與東宮時代相同，並且道長使其女寬子與他結婚。

　　寬仁二年正月，為後一條天皇舉行成人儀式，三月，道長之女威子進宮。當時後一條年十一，威子二十。威子乃後一條生母之胞妹，即後一條之姨母，這種近親結婚在當時並無特別不自然之處。同年十月十六日，威

---

❸❹　赤染衛門，《榮華物語》。

子成為中宮，於是道長家出了三位后妃，此事實屬空前。此後，道長又使其女嬉子為東宮敦良親王之妃。敦良於其兄後一條天皇崩後即位，是為後朱雀天皇（1036～1045 在位）。後朱雀即位時道長雖已不在人世，然在後朱雀之後由嬉子所生親仁親王繼位為後冷泉天皇（1045～1068 在位），亦即道長實際成為三任天皇的外祖父，其兒子們也都長命而各居要職，享受榮華富貴。

3.道長之死與賴通時代

萬壽二年 (1025) 七月以後，道長家一再發生不幸事件，即小一條院之女御寬子病故，繼則東宮敦良親王妃嬉子罹患當時流行的赤斑瘡，於生產親仁親王（後冷泉天皇）五日後，年僅十九即去世。五年五月，道長唯一出家的兒子顯信示寂於無動寺；八月，女，即太后妍子亡故，年三十三。道長本人也因患痢疾，於十一月撒手人寰，享年六十二。

被藤原實資《小右記》書為其威如帝王的道長之死，對攝關家而言是一大損失。在道長時代協助政務的實資已年逾七十，其被稱為四納言的公任、齊信、俊賢、行成等人也因退隱或死亡而僅有六十歲的大納言齊信在職，所以賴通在當時雖已是關白，卻非獨自承受乃父遺留下來的重擔不可。

長曆 (Chyōryaku) 元年 (1037) 四月，後一條天皇以二十九之齡崩。如前文所說，後一條崩後，同母弟後朱雀天皇即位，立道長之女嬉子所生親仁親王為太子。後朱雀即位時，賴通因當時無女，故不得不以姪女即敦康親王女嫄子為中宮。然後朱雀已有皇后，即三條天皇之女（母妍子）禎子內親王，生有尊仁（Takahito，日後之後三條天皇）親王。賴通雖使嫄子進宮，卻未生皇子而於長曆三年 (1039) 去世。賴通之弟教通使其長女生子進宮為女御，亦未生皇子。此後賴宗之女延子、教通三女歡子相繼入宮，也都未生下皇子。及後三條天皇（1068～1072 在位）即位，藤原氏便失去外戚的地位，此與道長時代較之，可謂時運不濟。

賴通自寬仁三年 (1019) 擔任關白後，至治曆三年 (1067) 辭去此一職務

為止，確保長達五十年之久的政權。雖然如此，他在政界給人的印象並不深，其故應與他個性溫和，處事認真有關。

4.平忠常之亂

平將門、藤原純友之亂以後，地方上未曾發生值得一提的戰亂，惟在道長去世的萬壽四年 (1027) 前後，平忠常在東國的上總、下總一帶搶奪官物，給國司造成威脅。平忠常乃平良文（將門叔父）之孫，被稱為前上總介或下總介，而在房總半島（千葉縣）逞其威勢之土豪。長元元年 (1028)，忠常襲擊安房 (Awa) 國衙，殺安房守惟忠。朝廷決定討伐忠常，六月以平直方、中原成道為追討使。然追討部隊不肯動身而遷延時日。七月，上總國要求差派追討使，且報告上總國府已淪入忠常之手。迄至八月，追討使方從首都出發。

自此以後兩年，追討軍雖與忠常作戰，卻未獲戰果。故朝廷於長元二年 (1029) 解除中原成道職務；次年九月，將平直方召回京師。另以甲斐守 (Kainokami) 源賴信為追討使，賴信為經基之孫。經基在承平之亂時為武藏國司，因不戰而逃回京師，故飽受非難。後來在天慶之亂追討藤原純友有功，於瀨戶內海地方厚植源氏勢力。經基之子滿仲在安和之變時為藤原氏效力，滿仲之子即賴信。長元四年四月，賴信帶忠常已出家之子前往甲斐國（山梨縣）之際，平忠常自往甲斐投降；但於被賴信帶往京師途中死於美濃國（岐阜縣），賴信乃取其首級入京。忠常之子常昌、常近雖仍在坂東未降，因朝廷不再追究，故忠常麾下的勢力仍被保留於該地。

源賴信揮軍至甲斐之際，忠常之所以未戰而降，其理由可能有如下二端：其一是經兩年戰亂後房總半島的安房、上總、下總三國不僅荒蕪不堪，且人心已背離忠常。其二則為忠常在亂前與賴信為主從關係，故使他無法抗戰。但無論如何，經此一戰亂以後，關東地方的平氏失勢，代之而起者為源氏。賴信於歷任國司後居河內 (Kawachi) 國石川莊，成為河內源氏始祖。滿仲與其子賴信、賴光俱為攝關家之侍 (samurai) 者而逐漸伸張其勢

力，故此一時期的武士尚係貴族們的隨從，而他們之被認為與貴族並列，乃在前九年之役與後三年之役（見後文）以後，即至賴信之子賴義，孫義家時，武士方才出現於歷史舞臺。

二、攝關政治的政務實態

1.公卿的施政

如據「令」制，則有所謂「朝政」者，即官員於每日拂曉至政府辦公處所，天皇親臨大內裡（大內）正殿──大極殿，大臣以下列座，在天皇面前討論政務。惟在嵯峨天皇時設藏人所以後，大極殿的朝政意義稀薄，改在可謂為天皇私宅的紫宸殿舉行朝會。惟至九世紀中葉，這種朝會見廢，改為旬政。所謂旬政，就是天皇在每月一日、十一日、十六日、二十一日，四次出御紫宸殿視政，所有公卿皆出席，結束後舉行名為「旬宴」的宴會。天皇不出御而只有公卿出席時則謂「平座」(hiraza)，於公卿們聚會之宜陽殿聽政。迄至平安中期，天皇通常不出御而於每月朔日舉行天皇親覽諸司所上奏疏之「告朔」儀式。之後此一儀式也僅有每年三月一日及十月一日舉行兩次，並且天皇不出席而由大臣在朝堂（大極殿所在地）舉行，謂之朝堂政。

當朝堂政儀式化後，代之而來者為「官政」，即大臣或大、中納言出席於太政官之候廳（外記廳）聽內外諸司所申報政事的儀式。然此一儀式在不久以後為「官結政」所取代，所謂官結政，即將諸司、諸國之申文（報告）捆紮成為一束，於付「官政」之前，作為準備工作而予以展讀。其在弁官之「結政所」舉行者叫「官結政」，在太政官「外記」之「結政所」舉行者則謂「外記結政」。後來因官結政也在外記的結政所舉行，致兩者混淆。

官政之被簡化者為「外記政」，即除每月六日、十二日、十八日、二十四日、晦日❸❺之固定假日外，公卿以下各官每日集合於太政官候廳舉行，當此一行事式微後，則為外記結政所取代。實施「外記政」時如遇緊急事

務，則參議統率少納言、外記、史生在結政所於文書上蓋印，使其生效，謂之「結印請印」。

　　經弁官整理呈上太政官的文書由上卿裁決，此「外記政」係由當日出席的中納言以上官員中地位最高者為上卿。所謂上卿，原指作為「上」首而負責處理事情的公卿之意，每當有例行或臨時行事時遴選負其責的上卿。其遴選方式視儀式之大小來決定由大臣或中納言來擔任，事小則有時也由參議執行，而有幹練者獲選的傾向。

2.制　度

　　由公卿所為國政審議以「定」(sadame) 的形式來進行。「定」有御前定、殿上定、陣定等。御前定乃公卿集合於天皇日常所居之殿宇，在天皇面前處理緊急大事之謂。會議的大概情形是大臣召參議一人拿取放在御前圓座上的文書，每讀一條文後，使眾卿表示意見，然後由大弁官加以紀錄。殿上定也叫僉議，即公卿們在清涼殿❸❻臨時評議重要政務。惟御前定與殿上定的實例不多，故可能僅限於特殊例子。

　　陣定係公卿們在位於左、右近衛之陣的座（陣座）評議政事，所以也稱陣議 (jinnogi)，又因陣座也叫仗座，故亦稱仗議。舉行陣定的場所「左右近衛陣」在宮中負責警衛的左、右近衛的警衛室。左近衛陣在日華門內，即位於紫宸殿東南的宜陽殿西廂，右近衛陣在月華門內，即位於紫宸殿西南校書殿東廂。其使用左抑或右，並無一定，不過似乎利用左近衛陣的次數較多，其故在於公卿們的辦公處所宜陽殿距左近衛陣較近❸❼。

---

❸❺　月終，農曆的每月最後一天。《說文》，「晦，月盡也」。

❸❻　平安京大內殿宇之一，與儀式用殿宇紫宸殿相對的，係天皇日常所居之處，位於仁壽殿之西。木造，檜木片屋頂。主要房間除晝御座 (Hirunoomashi)、夜御座、除鬼間、臺盤所、朝餉間 (Asagareinoma) 御手水間、御湯殿、殿上間外，尚有后妃居住的房間。原在此舉行公卿會議等，天正年間 (1573～1592) 以後，成為只舉行儀式的地方。目前的「京都御所」為安政年間 (1854～1960) 重建者。

三、攝關政權的經濟基礎

　　有人說：藤原政權的經濟基礎在於莊園，尤其攝關家有稱為「殿下渡領」(denkawatariryō) 而只有攝關才能傳領的莊園群，以其強大的經濟力為背景掌握政權。有許多地主之將莊園捐給藤原氏固為事實，不過其捐贈係在藤原氏確立權勢之後，而且「殿下渡領」之成立時期也在藤原氏全盛期之後，所以藤原政權的成立並非以莊園為基礎。亦即使藤原政權成立者係隨著律令制高級官僚之地位而來的，律令的各種給與。例如：左大臣或右大臣上任後，可獲職分田三十町❸，位田四十～六十町（相當於正二位或從二位），職封二千戶，位封三百～五百戶，如將其收入換算為米，則有五～六千石。此外，又有季祿、馬料、月料等臨時津貼，故其收入可觀。非僅如此，藤原氏更傳領著賜與鎌足、不比等的鉅額封戶（一萬五千戶），據說其收入相當於米四萬石。由於藤原氏一族之居大臣以下高官、高位者眾多，故其作為政府職官的收入遠超過其他姓氏，而這些收入之成為確立政權的基礎，殆無疑慮。

1.公領的結構

　　前文已說，律令制的給與對藤原氏之確立其政權具有重大意義，其收入當然由農民們的負擔來支撐。在平安時代，國司所支配的公家土地謂之國衙領。從十世紀前後開始，國衙領的結構已開始發生很大的變化。律令體制的租稅制度除田租外，調、庸、雜徭或出舉等原以人頭或戶別課徵，但從此一時期開始，改依田地的面積來課稅。其負擔這些稅賦的單位叫做「名」(myō) 或「負名」(fumyō)，其農民則稱為田堵 (tato)❸。另一方面，

---

❸　阿部猛，《攝關政治》，頁 86～87。

❸　一町等於三〇〇〇‧一九五坪，約等於一公頃。

❸　原為田頭之意，後來指直接經營土地者（田堵住人）。至十～十一世紀前後，成為佃耕莊園領主之田地者之稱呼。在平安中期，他們雖無土地方面的權利，卻透過工

在莊園裡以一年為期將莊田租給農民佃耕,以收其田租之農民也稱為田堵,所負田租單位也叫做名 (myō)。因佃耕期限僅一年,故田堵對田地的權利薄弱,一旦發生不正當的行為,其耕作權便立即被收回。惟至平安後期鐵製農具普及,農業技術進步,生產力提高以後,部分農民便貯積其實力,逐漸加強其對田地的權利。並且把田堵的耕地稱為「名田」(myōden),稱名田的所有者為「名主」(myoshyu)。迄至平安末期,無論國衙領或莊園,也都以名田為單位徵收貢租或公事❹(kuji),並且以名主為繳納貢賦的負責人,承認名主對名田的私有權❶。

　　農民的負擔在平安時代也發生變化。令制的租稅體系雖以租、庸、調、雜徭、出舉為中心,惟十～十一世紀的國衙領卻改為官物❷(kanmotsu) 與雜役 (zōyaku)❸;平安末期以後的莊園制下則變為年貢 (nengu)、雜公事、夫役體系。官物相當於往日的租與出舉,其數量雖因國而有別,惟至十一世紀中葉固定為田地一段❹繳米三斗❺。雜役則相當於令制下的調、庸、雜徭。莊園制的貢賦為田地一段繳三～六斗,約等於收穫量的三成。雜公事乃旱田或菜園、山林的物產,抑或棉及其他手工業產品,夫役被用於耕作領主(地主)之佃 (tsukuda,直營田)或割草、搬運等❻。

　　十一世紀以後,國衙領創出新的支配體制,即以往國之下的「郡一鄉」秩序瓦解,在國之下有郡、鄉、院❼、別名 (betsumyō),等以同一等級並

　　作權加強其權利,將自己名字冠於所耕之地,使之成為「名田」而獲私的所有權。
❹　由於從事政務,故引申為以人為客體之賦課。在古代、中世,以人為客體之賦課稱「公事」,以土地為客體之賦課則叫「年貢」(nengu)。
❶　阿部猛,《攝關政治》,頁 96。
❷　由諸國繳納政府的租稅或物品。
❸　各種夫役、勞役。
❹　計算面積的單位,一段等於三〇〇坪。
❺　一斗等於一八・〇三九公升。
❻　阿部猛,《攝關政治》,頁 97。

列而彼此之間無上下關係。亦即它們成為各自獨立的行政單位，接受國司的支配及繳納稅賦。此一變化與下述別名之成立有關。

所謂別名，即「別符之名」之意，乃指與原來之公領有別而由國司支配、徵稅的地區，此乃當地領主承包未開墾之土地或荒地之開發，然後被承認為其為開墾人所有者。別名乃私的經營獲得承認之私營田。這種田不僅免繳雜稅，其領主尚可支配別名之農民。由於別名的廣泛成立，故須重編原來的「郡－鄉」支配體制。所以國衙一方面承認領主之支配別名，一方面將他們改編成為新的統治體制。

2. 莊園的成立

通常把八～九世紀的莊園稱為初期莊園，這種莊園以由開墾而來的墾田為中心，所以也叫做「自墾地系莊園」。不過初期莊園在九世紀後半已陷於不振，至十世紀則「寄進地系莊園」（捐贈地系莊園）逐漸增加。

前此以郡司為始的地方豪族，或收購農民的小規模墾田（治田），或以自己貨（資）本與勞力從事開墾，以擴大自己的墾田面積。不過他們沒有直接向政府申請作為莊園之特權的辦法，因此當政府的取締嚴屬時，便對確保自己所領有土地感到不安；並且當直接從事耕作的農民們的實力增大時，對於他們的支配也日益困難。於是那些領主乃將自己的田地捐給貴族或大寺院、神社，請他們當名義上的所有人（稱本所或領家），自己則在各該地方當莊官（管理人），每年繳納定額的貢賦，接受其保護。尤其藤原氏的攝關政治開始後，地方上的領主（稱根本領主或開發領主）們便爭先恐後的把自己土地捐給攝關家。因此，攝關家所領土地以寄進地系莊園較多，成為其政權的經濟基礎之一。

莊園的成立方式不一。在律令體制下，其作貴族、寺院、神社之俸祿之一者為經指定之一定數目之戶（封戶），由此封戶所繳田租之半數及調、

---

❹ 官設倉庫，起源於倉院的地方行政單位。

庸之全額（封物）經由國司之手轉交貴族與寺院、神社。惟當來自諸國的
封物之遲交情形增加時，封主便直接派人至封戶所在地催收。於是封戶便
有如貴族封主之私有地，不久以後則莊園化。又，大寺院雖擁有砍伐建築
木材的山林，惟當樵夫們開墾山林而耕地增加時，這種耕地也發展成為莊
園；牧場也有經開墾成為莊園者。

3.莊園的架構

　　莊園之管理機構雖因領主、莊園之不同而有異，不過其多數以莊官為
管理人而採間接管理方式。如係領主直接管理，謂之直務 (jikimu)。莊園
地主被稱本所或領家，惟兩者的差異不明確。如果在領主之上有皇室或攝
關家等地位更高者，大都稱他們為本所。莊官職司耕地分配、營造生產條
件，徵收、繳納貢賦，及維持治安。莊官的任命方式有二：其一為由領主
派遣，其二為起用當地人員。尤其相當於上級莊官的預所 (azukaridokoro)
大都由領主心腹擔任，預所也稱雜掌。莊民之有勢力者被任為「沙汰人」
(satanin)❹❽、「番頭」(bangashira)、「乙名」(otona)❹❾，居於管理莊園機構的
末端。

　　莊地的架構也因其成立背景和在那以後的發展方式之不同，可分為一
圓莊園（集中莊園）和散在莊園（分散莊園）兩種。前者的莊地集中在一
處，它多係經開墾荒地而成，大都位於東國邊境地帶；後者則匯聚各地狹
小面積的土地而成，須經購買墾田或併補方式成立，它們多散布於山城國
或大和國等開發較早的地區。對莊園領主而言，莊地分散並非好現象，乃
致力使它們集中，故設法與其他領主交換土地（謂之相博）使之集中，（謂
之圓田化）。

---

❹❽　從中世至近世之間，實際執行命令、判決之人員。政府機構負責庶務或各種集會
　　的代表等。中世寺院的幹部集會，眾徒集會之代表，中世後期的村落組織「總」
　　的代表等，俱稱為沙汰人。

❹❾　沙汰人、番頭、乙名俱為管理莊園人員的職稱。

　　因莊園裡尚有未經開墾之土地或荒地，及田、園、山林、建屋基地等，因此莊地被分為未墾之山林原野與耕地。耕地又分為荒地、河川、堤防、道路等無法耕作之土地，及實際耕作的見（現）地。其中，公領或別人的莊園，及莊園裡屬於寺院、神社的田園，和給與莊官、沙汰人的給田叫做除田而不成為莊圓領主之收入。至於作為維護灌溉設施經費的「井料田」(iryōden)，也被視為「除田」。

4.不輸不入權

　　所謂不輸，就是不必向政府繳納田租，不入，即國家權力不能介入莊園。因貴族、寺社的「大土地所有」（擁有廣大的土地）有礙班田農民之生活，故不時加以約束，這種措施不會使律令國家的基礎發生動搖。此乃由於輸（繳）租田——墾田的增加能夠增加稅收，對國家不會有負面影響。與此相對的，政府在調查實際情形後，如果申請理由正當，則發給〈太政官符〉或〈民部省符〉予以許可。這種手續叫做「立券莊號」，因此成立之莊園謂之「官省符莊」。其經由國司獲得特權的則稱為「國免莊（地）」，不過這種莊園必需每當國司交替之際重新提出申請，故其所獲特權並不安定。在立券莊號之際，須確定莊園的範圍，定其四至。惟因四至內也有公田或別人土地及未墾地，所以並非莊園裡的所有土地都不輸租，只有提出申請者才給與特權。此外，又有只免除雜役的莊園，即只徵收莊田租稅而免除分配給農民的雜役，這類莊園叫做「雜役免莊」。這種莊園大都為經由有力的豪族開發，或以拚補方式成立之莊園而出現於十世紀以後。通常所謂「不輸之權」者有上述不輸租與免除雜役兩種，惟就莊園領主而言，他們當然希望租與雜役都能夠免除。迄至十一世紀，便出現擁有這種特權之莊園。

　　國司原為徵稅問題使國使或檢田使前往莊園調查土地，然要求免除莊園內所有土地與居民之租稅的莊園領主卻開始拒絕官員進入調查。到了平安時代末期，部分國司竟將檢田權委託、讓與莊園地主，此為「不入之權」。後來這種不入之權被擴大，出現把警察權也委託、讓與莊園領主者。

於是這種莊園便成為從國家之徵稅權、裁判權獲得解放之治外法權地區❺⓪。

5.攝關期的莊園整頓

即使莊園獲得不輸租的特權，然其特權僅限於當時登錄在文書的田地，其新開墾之田地仍為課徵稅賦的對象，因此國司要找出（謂之勘出）未曾登錄的田地課稅（謂之收公）。至平安後期，國司與莊園地主為收公問題形成嚴重的對立。政府也為防莊園之擴大而從事整頓莊園。這種整頓，通常指從延喜二年開始，數次公布有關莊園各種法規與實施內容之整個政策而言。如就攝關期言之，政府發布〈整頓令〉的時間與內容為：

⑴延喜二年三月十二、三兩日，以〈太政官符〉形式發布。內容是①停廢進貢旬料、節料的御廚❺❶以遏止妨礙農民生產之舉。②禁止院宮王臣家之占有山川沼澤，俾能公私共用。③停止「敕旨開田」❺❷。④禁止權門於諸國置田，並為經營該田而建「莊家」，或借農民私宅以貯積因占據山林之利而來的稻穀。

⑵永觀二年十一月十一日頒布，以延喜以後成立之莊園為審查對象。

⑶寬德二年 (1045) 十月二十一日頒布，阻止經由國司之「國免莊」的成立，而以私領為「別名」，承認私領之特權。

⑷天喜三年 (1055) 三月十三日頒布，停止寬德二年以後新成立的莊園，並列舉不聽從此一命令者之名，更言如不服從國司之命者將予解職，永不錄用。

---

❺⓪　阿部猛，《攝關政治》，頁 103。

❺❶　帶穗的稻穀。

❺❷　此為延喜年間整頓莊園的重點。敕旨田之增加意味著皇權基礎的加強，但此一命令卻把這種田納入「公田」。公田的「地子」（jishi，佃租）被送至太政官作為官員俸祿。停止敕旨田乃對皇室財政的壓迫，使中央政府的財政充裕。此一法令的另一個重點，就是禁止院宮及五位以上官員收購農民的田宅，及占有閒地、荒田，以抑制權門所有土地面積的擴大。

⑸治曆五年（1069，四月改元為延久元年）二、三月間頒布停止寬德二年以後成立的新莊園。通常將此一命令稱為「延久莊園整理令」。重點為：①禁止莊園領主肆意驅使平民百姓將公田納入莊園之中。②整頓浮免田❸。③禁止相博，即禁止把肥沃的公田與貧瘠的莊田交換。④免除寄人(yoriyudo❹) 的雜役。⑤調查園地❺。

⑹承保二年 (1075) 閏四月二十三日頒布。停止寬德二年以後成立的莊園，其增加的田地則無論延久以前或以後一律禁止。

由上述可知，攝關期的莊園整頓以「延久整理令」最具時代意義，即：以往的整理令係以國家與莊園領主之關係來處理，其方式也以文書審查為中心。「延久整理令」則把握當時莊園應有的狀態，採取對應現實的策略。通觀這些整理令，可知藤原氏係一貫的採取配合政策的態度。

第四節　王朝政治之財政與軍事、警察

一、財　政

1.大藏省

古代國家的財政分為中央與國衙，前者以搬運至京師的調庸物品或交易物資及其他為財源，以供作皇室費用或官衙費及官員俸祿，後者則將所貯積之田租「出舉」，以此所得利息作為財源，以充勸農、國衙行政費及國司俸祿。

---

❸　免田中「坪」之未固定者，即賦與免除特權的田地因年分之不同而有異，故國衙的支配也因而無法固定，所以「整頓浮免田」就是指決定「坪」位置，使之定免（田）化（固定化）。

❹　居住公領的公民之寄身權門、寺社者。

❺　前此園地非國司所支配，但政府此次卻以園地為調查對象，此舉值得注意。

從全國各地繳納的調庸裡雖有鹹魚等繳交大膳職 (Daizenshiki) 或藥物之繳交典藥寮者，然其居多數的纖維製品或金屬製品則原則上繳納大藏省，然後依實際需要支出。從諸國繳納大藏省的物資，律令定有繳納期限，即：近國在十月三十日以前，中國十一月三十日以前，遠國十二月三十日以前。我們雖不知每年運至京師的物資有多少，然如據澤田吾一《奈良朝時代民政經濟の數的研究》，以古代之總人口為六〇〇萬，正丁人口占百分之十八來計算，則正丁總數為一〇八萬，如將他們所負擔之調庸換算為布，則有一〇八萬匹。中男、次丁所需負擔之調庸因有種種減免規定，所以即使其總數在一〇八萬匹以下，也不會有太大差異。

集聚於大藏省的地方貢租之被作為皇室費用的，轉移至內藏寮 (Uchikuraryō)，充作官員給與的則於支付日由大藏省發放，官衙費用則適時支付。

大藏省乃有如倉庫之機構，與當今大藏省之除匯集稅款，扮演金庫角色者外，還要擔負編製預算、負責結算者大不相同。古代國家負責編製預算與決算的單位為民部省屬下的主計寮與主稅寮。大藏省庫藏物品的出納管理嚴密，必需會同中務省的官員——監物 (genmotsu) 辦理。平安時代則要有一位弁官及中務、民部、大藏三省之次官各一人，監物一人，主計助一人到場，由中務省所屬中央倉庫之主鑰與大藏省之下層官員——倉部共同開啟倉庫，搬運完畢後予以彌封❺❻。

2.內藏寮

供應皇室費用的內藏寮，除圖書寮 (Zushyoryō) 提供之紙張與兵庫寮 (Hyōgoryō) 支付之梓弓等物品外，其餘貨物俱由大藏省供給，其從國外進口的物品則似乎由內藏省取得。律令所定內藏頭所管轄者為「金銀、珠玉、寶器、錦綾、雜綵、氈褥、諸蕃貢獻奇瑋之物、年料供進御服，及別敕用

---

❺❻　森田悌，《王朝政治》(東京：教育社，1979)，頁 122～123。

物」，故除食品外，負責所有的供應物品。

從大藏省分受的物品謂之季料，分春、秋兩次供應。十世紀初制訂的《延喜式》法定其品目與數量。主要者為白棉二千屯，錢三百貫，庸布五百端，鍬五百口，鐵五百廷，及少量的各種色綾、色帛、藥品。因此係天皇一人之所需，如有皇后則給與天皇所需之半，而季料之用於神事者似乎不少❺❼。

律令所訂內藏寮掌管之物品，或《延喜式》之季料雖無食品，實際上從奈良時代末期開始也負責供應食品。令制有畿內官田之目，即在畿內設百町之特別田，由大炊 (ou) 寮收藏其穀物。至奈良末期則將部分官田的收益交與內藏寮，稱為「年立舂米」而由諸國提供稻米。隨著時間的流逝，內藏寮便具有皇室內廷經濟中樞的特性而參與內廷所需食品的業務。

負責與內廷經濟有關業務的內藏寮，不僅其作為出納衙門的地位重要，似乎也被視為地位較高的機構。平安時代以後，如其妻妾的出身卑微，就無法擔任內藏寮的主管——內藏頭。在九、十世紀時擔任內藏頭者大都是有良吏之令譽的官員，或天皇之隨從，每當新天皇即位時，內藏頭也多隨之更迭，而內藏頭之於卸任後被任為參議者亦不少。

3. 官衙費

以大藏省供應之物品從事各種活動的情形雖因機關之不同而有別，其數量最多者應是與神祇官有關之祭神所需幣物（錢幣）與供品。內藏寮所供應者雖也用於神事，但那只侷限於與皇室有關者，其事關律令國家，或由國家主持之祭祀，則由大藏省支應。在財政上，皇宮與政府有明確區分，當時是以寮庫、官庫的名稱來表示。

神祇官所主持最重要的行事為祈年、月次 (tsukinami) 及新嘗祭 (niinamesai)。每當舉辦行事時，神祇官向太政官提出申請，然後從大藏官

---

❺❼　森田悌，《王朝政治》，頁 124。

庫支付。其與每一神社的幣物雖少，但因神社多，故其總數可觀。如據《延喜式》的記載，舉行祈年祭時能獲幣物之神社有七三七座，所獲主要物品為絁約八十五匹，庸布約一百四十五端，鍬二百九十一口等。即位大嘗祭等非例行神事的供品，也由大藏官庫支應。宗教關係的佛事，其所需物品也規定由大藏省提供。有關此一方面的，《延喜式》列有正月的最勝王經會、正月修真言法、正月修大元法等。

　　《延喜式》所見神佛事以外官衙費之由官庫負擔者，如：內匠(Takumi)寮為縫製所需纖維關係材料來自大藏省。內匠寮乃製作宮中所需各種傢具與車輿的單位，其需要纖維製品的工程不少。木工寮所需金屬於每年九月一日由其主管機關向大藏省請領。勘解由使所需薪炭則於夏季向大藏省請領代金以便選購。大藏省如無現貨，則改支貨幣。至於左右衛門府舉行騎射競技時所需服裝係向大藏省請領，左右馬寮製作馬鞍之材料亦由該省負擔。

4.官員給與

　　官員給與之由大藏省以外機構支付者有民部省支給之大糧，宮內省支付之月料，及由太政乾廚家支付太政官職員的時服等。其中最重要者為以官庫物品為財源的季祿、位祿及時服。

　　季祿乃於每年二月、八月給與在京文武職事官，及大宰府、壹岐、對馬之官員者，具有期末津貼性質，一期上班一百二十日為支付俸祿的條件❺⑧。季祿依位階的高低支給，一位者可獲絁三十匹，棉三十屯，布一百端，鍬一百四十口。位階最低之少初位所得者則為絁一匹，棉一屯，布二端，鍬五口。如換算為稻，則一位為二千六百束，少初位七十束；米則分別為一百三十斛與三‧五斛。

---

❺⑧　職事官乃〈職員令〉有職務規定之官員，除例假外，以每日上班為原則。也稱「長上官」，其對詞為「番上官」，番上官隔日上班。如用現今用語，前者為專任，後者屬兼任。在給與考課方面，前者遠較後者為優。

位祿的支給對象為四、五位之貴族，正四位支給絁十匹，棉十屯，布五十端，庸布三百六十丈；從五位支給絁四匹，棉四屯，布二十九端，庸布一百八十丈；女子減半。換算為稻穀則分別為一千七百束（八十五斛），及八百八十束（四十四斛）。三位以上的貴族雖無位祿，卻有從正一位的三百戶至從三位一百戶的食封。

初時，時服只給皇親，後來也支給一般官員，迄至大同三年則給與所有的職官。分夏、冬兩次支付，因位階之不同而支給額有別。支給季祿與時服時，太政官將受領人員之名冊與支給數目交與大藏省，於發放當日在大藏省庭院唱名交付。

5. 官庫匱乏

從九世紀前後開始，因律令制之全面式微，致大藏省的收支情況惡化。由於課丁之逃亡與偽籍而來的帳冊之形式化，使調庸的收支情況不佳。此固為官庫匱乏的原因之一，然其根本因素在於國司之不依限繳納，或以劣品充數，抑或不繳。雖然如此，國衙之財政也未必窘迫，例如在寬平八年(896) 前後，中央政府雖有意派遣檢非違使至諸國查帳，因怕國司們之反彈而中止，致中央官庫（大藏省）陷於極端的拮据。十、十一世紀的大藏官庫雖未必完全空虛，但無法支付政府經費及發放官員們之俸祿卻是事實❺❾。如據三善清行的〈意見十二條〉，大藏官庫在延喜十年(910) 代已開始匱乏，原應支給所有官員的季祿只能給部分人員。就官衙費而言，當村上天皇即位而欲舉行大嘗會時，曾發生經費籌措困難的現象。在攝關期雖有以大藏官庫物品支應宮廷行事之例，但大藏省的支給能力已弱化❻⓿。

6. 政府各機關的財源

隨著大藏省供應能力的減低，各機關為確保財源，乃要求諸國提供和

---

❺❾　森田悌，《王朝政治》，頁 130～131。

❻⓿　森田悌，《王朝政治》，頁 131。

交易，並致力獲得諸司之領土。如據天慶二年閏七月五日〈官符〉所引「修理職解」，以〈太政官符〉每年使諸國繳交魚、海藻、檜皮、赤土、石灰紙、商布、稻草等物。該〈官符〉同時也記載相模國（神奈川縣）應繳的石灰厚紙，從延喜二十年 (920) 至承平元三年 (933) 的十四年間，已欠繳二萬五千張，安藝國（廣島縣）的檜木皮年料也從承平元年起至六年之間欠繳四千二百圍。這表示當時的諸國繳稅情形已大不如前。

政府各機構之設定所領土地固為九世紀以來之傾向，惟在王朝時代能知其名稱者甚稀，在昌泰四年 (901) 前後，播磨國（兵庫縣）的農民們成為六衛府舍人，將所收穫的稻穀稱為本府之物，則該地當與衛府有捐贈關係，並且可從而推知衛府之進出地方的情形頗盛❻。由於九世紀末的〈官符〉記載著各機關人員因與諸院、諸家使者一樣，在各該地方從事經濟活動而被彈劾，故可認為各機關收取莊田穀物。

為獲位祿與衣服所需經費，雖曾於元慶三年 (879) 在畿內設官田四千町，卻於五年十一月二十五日〈官符〉，將它們分配給大舍人寮以下三十九司，作為支付各該機關職員俸祿之需。如據攝關期史料的記載，此官田之經營係由畿內各機關以「要劇田」名義出租。

7.權門勢家之經濟來源

以攝關家為始的權門勢家之收入，第一是因就任官職而來的律令的俸祿、位季祿及其他，尤其重要者為給與三位以上公卿之食封。因左、右大臣的職封 (shikifu) 為二千戶，這表示他獲得律令制下的四十個鄉（每鄉各五十戶）。大臣的位階相當於正二位，可獲位封二百戶，故其所得者共二千二百戶，相當於四十四鄉份，其收入相當於阿波國（德島縣）或紀伊國（和歌山縣）所繳稅賦之總數；如換算為米則約等於五千四百石。由平安時代攝關家的大臣輩出，故僅就食封而言便有如此收入。

---

❻ 森田悌，《王朝政治》，頁 134。

在律令給與裡，由大藏省支給的祿物雖因官庫匱乏而從十世紀開始減少，然因其食封係由國司直接繳納，故可認為在整個平安時代都很充實，尤其對攝關家能介入國司等權門之人事問題，故國司對封戶的貢納應不敢怠慢。

對於因國庫空虛而來的祿物之減少問題，如就上層貴族言之，他們在十世紀以後便將其財源求之於較充裕的國衙，以俸祿名義取代大藏省的支給。至於國司——直接到當地處理政務（受領）者，他們不僅繳交封戶的收入與俸祿，同時也為獲其關愛而作另外表示。因此，他們之認為繳衲攝關家較繳衲大藏省重要者不少。

莊園也是權門的重要財源，如據藤原實質 (Sanesuke)《小右記》的記載，全國已成為攝關家之土地而公領已無立錐餘地。無立錐之地的說發雖難免誇張，卻可由此窺知九世紀以來權門之致力獲取莊園，以充實其經濟之一斑。

王朝國家的中央財政雖日益困窘，權門勢家，尤其攝關家的經濟卻顯著充實。到十世紀以後則出現攝關家彌補國用不足的情形，例如：天慶九年村上天皇即位舉行大嘗祭之際，因國用不足而陷於困窘時，藤原時平曾捐獻棉布而儀式得以順利進行。又如寬仁四年 (1020) 後一條天皇患病時，因無法支付為天皇誦經求佛之僧侶們的費用之際，藤原道長曾為政府代付❻❷。

二、軍事、警察

1.律令軍團制的改革

律令時代的兵制採徵兵制，服役年齡為二十一歲至六十歲，以輪流方式至全國各地的兵團服常備役，武器、糧食自備。且從軍團的士兵中選出

---

❻❷　森田悌，《王朝政治》，頁 136。

衛士至衛府擔任一年的衛戍任務，並且以三年為期，前往西南邊境當防人 (sakimori)，從事邊防。

律令軍團制大致上每戶徵調一名士兵，使其前往每國各設數處的軍團接受名為「軍毅」之軍官施予之軍事訓練，根據實際需要擔任警備工作，或軍事行動，有時也參與救災活動。

因士兵們來自農民，如果農民們的生活安定，自可確保素質良好的兵員，惟至八世紀後半，農民的階級分化進展以後，富裕者開始逃避兵役，貧困者當兵的例子增加，致軍團士兵的素質顯著降低。在此情形之下，因徵兵來的兵士役便被視為他律❸的義務，奴僕之任務，所以無法使年輕力壯者自動服役。復由於擁有指揮兵員之權的國司動輒驅使兵員從事私人的耕作，致兵員的地位更為降低。

軍團士兵之被動員上戰場雖有天平十二年平定藤原廣嗣之亂之例，但大規模動員則在桓武天皇朝征討蝦夷之際。當時雖動員十萬大軍，惟就如前文所說，此一動員只成為當時財政困窘的原因之一，軍事上並未獲勝。在延曆八年 (789) 六月的戰役裡，分為三支的六千名官軍強行渡河作戰，卻為約一千七百名的蝦夷部隊所愚弄，造成陣亡二十五，中箭者二百四十五，溺死者一千三十五之結果。此一敗北固有指揮官之過失，然其最大原因應是軍團士兵的羸弱化。

經由征討蝦夷部隊敗北的教訓，便開始對律令軍團制有所反省，於延曆十一年六月決定：除必需確保大量兵員的邊境──陸奧 (Mutsu)、出羽 (Dewa) 兩國及九州外，其他各地均停徵兵員，而以地方豪族──郡司子弟為「健兒」(kondei) 加以徵調。原則上，健兒為騎兵，負責國衙及其他衝要處所的警衛工作。此一政策的改變表示，由少數精良的軍士取代人數眾多而欠缺軍事能力的農民兵，亦即改採少數精銳主義。然此健兒制也無法

---

❸　heteronomy，倫理學名詞。與自律相對。非出於自願，因別人的命令或束縛而行動。

擺脫律令國家所為他律的義務之特性，因此，被選為健兒者也出現請替身之現象。結果，實施此一新制後不久便開始弱化，致健兒被視為與前此農民兵無甚差異，沒有戰鬥能力，所以律令國家擬從上層編制的武力也告敗。

2. 諸郡人兵

軍團士兵制、健兒制相繼失敗後，為維護王朝國家地方秩序而浮上檯面的，就是「諸郡人兵」。「諸郡人兵」一詞雖相當陌生，但元慶七年(883) 二月，上總國由鄉里強制遷居的，名為「俘囚」之蝦夷叛亂時，國司藤原正範為戡亂而動員的武力即以此稱呼❻❹。因此一事件發生於廢止軍團士兵之後，故其參加戡亂者不可能為軍團士兵。上總國所規定健兒之編制員額為百人，故正範所徵調者，應是與前此軍團士兵、健兒不同方式編制的武力。

在九世紀初，共同體秩序開始動搖，雖然如此，以郡司為中心的當地有力者卻將貧窮化的人們加以重編，故共同體的秩序繼續存在，當時所謂富豪階層，即指此當地有力者而言。九世紀中期以後，郡司階層之救濟貧民，或替貧民繳納調庸的例子增多，這可視為當地有力者、富豪階層的活動之一。這些人固以出舉緊縛其屬下的人們，亦即以共同體首長之權威使屬下服從，然他們為維持秩序，可能在其周邊佈置能夠動員軍力的態勢。這種武力應是諸郡人兵，一旦有事，可應國司之要求動員❻❺。

只因諸郡人兵是郡司階層為維護自己支配秩序而編，故與軍團士兵或建兒不同，不會形式化而能夠有效發揮武力。郡司階層的人們雖與國司（受領）有對立的契機，但在體制下卻居於支配農耕者的立場，所以他們也是

---

❻❹ 《日本三代實錄》，卷四三，〈陽成天皇紀〉，元慶七年二月戊戌朔九日丙午條云：「上總介從五位下藤原朝臣正範飛驛奏言：『市原郡俘囚卅餘人叛亂，盜取官物，數掠人民。由是發諸郡人兵千人，令其追討。而俘囚燒民廬舍，逃入山中，商量非數千兵者不得征伐者。』」

❻❺ 森田悌，《王朝政治》，頁 140。

王朝國家的統治階級，因此具有包含支配國衙在內的王朝體制擁護者之特性。在此情形之下，如遇俘囚叛亂等有礙國衙支配的事件發生，對郡司亦屬不利，故有可能動員郡司階層所統率的諸郡人兵。從史料上看，九、十世紀又有所謂「諸國兵士」者，他們也應是諸國人兵而為國司所動員。

3.國衙的軍制

維持地方秩序者固為諸郡人兵，但除此以外，國司也有直屬武力。國司原為文官，其赴任時的扈從人員有嚴格限制，故無直屬武力。然在九世紀中葉以後，地方民眾襲擊國司事件頻傳，致有國司隨身佩帶刀劍，並以武力高強者為扈從的傾向。如據天曆十年 (956) 六月二十一日〈駿河國司解〉的記載，曾經發生郡司或國司屬下的「判官代」被奸狡之徒殺害的事件，兩年後則有相當於副國司的人員被殺，故乃上書要求准許國司佩帶刀劍自衛而獲同意。因〈駿河國司解〉說「比照諸國之例」，故可認為國司的武裝化在十世紀前半已開始進行。

三善為康編《朝野群載‧國務條事》有關於國司赴任的注意事項，其中有須帶擅長武藝者前往，及途中使勇敢能幹者在前並決定住處之目。此固表示國司之以武人為扈從已成慣例，這種現象可能在九世紀末至十世紀初已經發生。

4.刀伊之入寇

茲以刀伊之入寇為例說明攝關時期的軍事行動。刀伊係韓語而其意為夷狄，實際指居住於朝鮮半島東北部至滿洲方面的女真人。他們曾經建立渤海國，滅亡 (927) 後雖與高麗從事貿易活動，但從十一世紀初開始，其部分民眾卻成為海盜，襲擊日本沿岸。那些海盜於寬仁三年三月二十七日分乘五十餘艘船侵犯對馬島，然後轉往壹岐島登陸，殺害國司藤原理忠。四月七日襲擊筑前國（福岡縣）。據文獻記載，當時船上每艘有二、三十人至五、六十人，故其總數當在二千人以上，劫掠米穀，斬食牛馬，殺戮老幼男女，擄掠男、婦以去。當時早良郡居民文室忠光等人雖奮勇殺死數十

人，但郡民之因參與戰鬥而被俘者似乎不少。

　　大宰府命前少監大藏種材、藤原明範，散位平為賢、平為忠，前監藤原助高等人防禦，於九日擊退敵人。十二日，刀伊再度登陸，大宰府軍不僅將其擊退，還予追擊。十三日，前任大宰介❻❻源知率領郡內士兵打敗攻入肥前國（佐賀縣、長崎縣）的刀伊，射殺數十人。之後，刀伊向朝鮮半島東岸逃走，為高麗軍所擊破。當時大宰府的最高指揮官為權帥(gonnosochi) 藤原隆家，其下的將領具有現任官員性質，他們以自己所組成之武力與刀伊作戰。因他們擊退兩千餘人的敵人，故其動員的規模相當龐大，亦即大宰府與諸國司係倚靠當地官員與地方豪族之力，方才能夠從事如此大規模的動員。

5.檢非違使之設置

　　在律令體制下負責平安京之警察任務者為左、右京職與彈正臺、衛府。左、右京職既負責左、右京的民政，也擔任警察行政。彈正臺巡察京城。衛府則不僅防守宮城，也還巡邏宮城。如據〈宮衛令〉「分街條」的記載，衛府於京內設留守房子，夜間擊鼓逮捕未經許可擅自出城者，予以處罰❻❼。至於衛府之巡邏京城內部，乃《延喜式》所規定者。

　　律令雖作上述規定，然京職與彈正臺俱為文官，未具備逮捕人犯的充分能力，故由衛府所擔任的巡邏京城有懈怠現象。因六衛府裡的左、右衛門府衛士選自農民兵，故與軍團士兵之弱化一樣的軍事機能減低，而出身地方豪族階層的左、右兵衛府之兵衛、近衛也未必盡責，故其軍事機能也值得懷疑。在這種情形之下，為維持京城內治安而於嵯峨朝新設檢非違使。此一官職在初時可能臨時使其負責警察任務而由長於武略者擔任，但在嵯峨朝前半已成為常設官職。

---

❻❻　介，職稱。官位與官職相等者叫「守」。官位低職位高者叫「介」。例如：武藏守、武藏介。

❻❼　律令規定京城居民夜間不准外出。

《弘仁式》左、右衛門府關係條文裡有：「凡檢校左（右）京非違者，官人一人，府生一人，火長五人（二人看督長，二人官人從，一人府生從。）」所謂檢校非違，就是檢舉非法行為，其擔任斯職者為檢非違使。火長係衛士裡幹練者的職稱。在上述情形之下設置的檢非違使在此以後，因京城治安惡化等關係而人員逐漸擴充，至承和元年置別當，以之為檢非違使的首長。如據貞觀十三年編《貞觀式》的記載，其編制為佐 (suke) 一人，尉 (jyō) 一人，志 (sakan) 一人，府生一人，火長九人（看督長二，案主一，官人從五，府生從一），此為《延喜式》所繼承。佐以下人員表示其為衛門府官人，以官人身分擔任檢非違使。《弘仁式》的左、右京官人各一，《貞觀式》增為左、右各三及官人從者。

檢非違使屬左、右衛門府官員，左、右衛門府的衛士雖已羸弱化，但其為官人的四等官則似由長於武略、戰略的官員來擔任。檢非違使不僅是負責緝捕人犯的武力機關，也是裁判人犯的司法機構；亦即檢非違使在其擴充過程裡，繼承管轄京城內裁判之左、右京職之職務，具有處人犯以徒刑以上刑責之權限。這種裁判不侷限於京職的事件而同時管轄地方諸國之事件，故所任命者除長於武略之人員外，也讓出身明法道之法律專家擔任斯職。出身明法道者多擔任「志」，謂之「道志」，長於武略者則多為「少尉」，習慣上稱「追捕尉」。

迄至攝關時期，檢非違使的員額遠較《延喜式》為多，成長為擁有優於檢非違使以外其他警察機關如：六衛府、左右馬寮，及權門私有武力之機構，而居於京城內司法、警察之頂點。因此，檢非違使以外的警察人員之因功而請求轉任檢非違使者不少。

6.派遣檢非違使至遠國

當檢非違使的地位日益重要時，他們除負責京城的警察任務外，也被派往各地方執行任務。檢非違使之被派往遠國之規模最大者為長元元年派遣平直方鎮壓平忠常之亂之際。直方雖未能完成使命而由源賴信消滅忠常，

表三〇：檢非違使別當敍任表

姓　　名	敍　　　　任　　　　日　　　　期		本　　　職
文室秋津	天長一一年 (834)	一月二七日	參議・左近衛中將
伴　善男	嘉祥　二年 (849)	六月　　四日	參議・右衛門督
藤原氏宗	仁壽　二年 (852)	五月　　五日	參議・左近衛中將
藤原良繩	貞觀　五年 (863)	三月	參議・右衛門督
在原行平	貞觀一二年 (870)	一月二六日	參議・左兵衛督
大江音人	貞觀一六年 (874)	三月　　七日	參議・左衛門督
源　能有	元慶　三年 (879)	四月　　五日	參議・左衛門督
源　是忠	寬平　三年 (891)	七月二三日	中納言・左衛門督
藤原時平	寬平　四年 (892)	五月　　四日	參議・左衛門督
源　　光	寬平　五年 (893)	三月　　六日	中納言・左衛門督
源　貞恆	寬平　九年 (897)	五月二五日	參議・右衛門督
平　維範	延喜　八年 (908)	三月　　五日	中納言・左兵衛督
藤原忠平	延喜　八年 (908)	九月　　一日	參議・左兵衛督
源　　當時	延喜一一年 (911)	一二月二八日	參議・右兵衛督
藤原恆佐	延喜二一年 (921)	二月　　四日	參議・右衛門督
藤原實賴	承平　三年 (933)	五月二七日	參議・右衛門督
藤原師輔	天慶　三年 (940)	九月　　三日	權中納言・左衛門督
藤原顯忠	天慶　五年 (942)	三月二九日	中納言・左衛門督
源　高明	天曆　二年 (948)	二月　　七日	中納言・左衛門督
藤原師尹	天曆　七年 (953)	九月二五日	中納言・左衛門督
藤原朝忠	天德　元年 (957)	一二月二五日	參議・右衛門督

典據：森田悌，《王朝政治》，頁 150。

但當時的中央政府所期待者，卻是由他來戡平此一內亂。

檢非違使不僅緝捕人犯，也多從旁協助國司收稅，所以他也是保證王朝國家收納體制的武力機構。就其首長別當言之，九世紀的攝關家人員擔任斯職者屬例外，故藤原忠平以後攝關家之為別當者特別引人注意。尤其忠平，他雖於擔任參議、左兵衛督時為別當，不過昇任大納言、近衛大將以後也沒辭此一職務。由此當可窺知，檢非違使與攝關政治有密切關聯。

第五節　武士之上場

一、武士的起源

　　如前文所說，日本古代的兵制乃當律令制的軍團難供使用後，在諸國採有定額的健兒制。健兒由國司供應糧食與馬匹，故能致力修習武藝，於是產生精於武藝的專家。健兒乃郡司子弟或有財力農民之擅長弓馬之術者，如無戰事便無所事事，所以在平安中期以後消逝。因健兒接受國司的支給，故得以統制，惟當這種制度式微時，有財力的農民或精於武藝者未必乖乖地聽從國司的統制。

　　國司的辦公處為國衙，其武力則是健兒所。國司有維持轄區治安與徵稅之任務。為完成任務，就須有某種程度的武力與強制力。如果無法藉助健兒之力，而轄區又有長於武藝者抗稅或擾亂秩序，則勢必影響安寧，因此國司乃自兼押領使❸，或獲得隨身侍衛。如國司之負責徵稅的傾向濃厚，國司便帶領傴從而形成私的武裝集團。

　　武士之起源雖主要由於擅長武藝者之存在，然他們之究竟出於健兒，或通常所謂出自莊園、公領的田堵，實難遽下斷言。近年則有學者從王權的觀點立論，以為武士係保護天皇安全與維護首都安寧者，其將擅長武藝人士視為武士者為權門。初期武士係以近衛府為中心培養之武藝與貯積武器，而為源、平兩氏所繼承❹。但無論如何，隨著律令體制之式微，社會

---

❸　令外官之一，職司平定地方上之爆亂，緝捕盜賊。平安時代以後設於全國各地。初時任命地方豪族擔任斯職，利用其手下兵員維持治安。藤原純友之亂前後成為常設官職。

❹　高橋昌明，《武士の成立　武士像の創出》（東京：東京大學出版會，1999），頁53。

秩序無法維持時，以某種形式產生維持社會秩序的武力乃自然趨勢，而此武力便發展成為武士。

當武力發展成為武士時，如桓武天皇三世孫高望(Takamochi)王被命為上總介(Kazusanosuke)前往東國後，其子孫便在當地定居而土豪化，並且經營廣闊的田園云。出身皇族而又擔任國司，如利用律令的權威與財力，經營規模宏大的田園應該輕而易舉，不過未必所有的武士都系出皇家。

1.東國的平氏

表三一：平將門的來歷

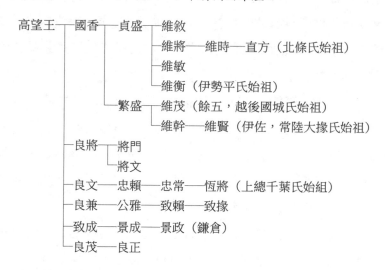

典據：《尊卑分脈》。

平將門之亂爆發之際，其與將門為伍的兄弟們雖被誅，但東國的平氏並不因此滅絕。平定此一叛亂者固有藤原秀鄉等平氏以外的人物，然其主力卻是將門之族人而以平貞盛為最，而平氏在日後也興盛於東國的理由在此。貞盛為使自己在東國擁有許多土地，及為謀自己領土之安全，曾考慮與將門妥協；由於他又在京城擔任左馬允(Samanojyō)，故有順應時勢之知識，亦即他在此一叛亂時已利用將門私兵所無郎等(rōtō❼⓿)之組織來作戰。

貞盛除具備上述條件外，貞盛復於天延二年 (974) 被任命為陸奧守。鎮守府將軍再度前往東國，於是平氏不僅迅速恢復其在東國的地盤，而且益發穩固。

貞盛有維敘 (Korenobu)、維將 (Koremasa)、維敏 (Koretoshi)、維衡 (Korehira) 四子，維敘歷任上野介、常陸介 (Hitachi)、陸奧守之職，維將任常陸介，維敏為陸奧守 (Mutsunokami)、上野介 (Kōzukenosuke)、常陸介，維衡則歷任陸奧守、出羽守、伊豆守、下野守、上野介、常陸介之職。常陸（茨城縣）、上野（群馬縣）、上總（千葉縣）三國在平安時代初期被定為「親王任國」，親王為各該國之國司，但親王本人仍留在京師領取國司俸祿，當地政務由「介」(suke，次官) 代行。因此，此三國之實質上首長為「介」，在文獻上也有將「介」稱為「守」(kami) 的例子。由此可知，貞盛之四子相繼被任命為東國首長，於是東國與平氏之間的結合非常緊密。

貞盛除親生兒子外，又收了不少養子，相傳其長子維敘為京都權門藤原濟時 (Naritoki) 之子，孫維時，姪（繁盛之子）維茂也被作為養子❼。因維茂相當於貞盛之十五子，所以也叫「餘五」。隨著貞盛一族的成長，平氏一門的勢力急速壯大。

2. 首都的源氏

當平氏在東國鞏固其地盤之際，源氏則在京都取寵藤原氏以謀提高自己地位。不用說系出清和天皇的源滿仲本人，其三個兒子賴光、賴親、賴信亦復如此。尤其賴光對當時的權力者藤原道長的效勞雖曾成為世人的話題，然有關他的種種武勇故寔，不會逸出他擔任檢非違使或衛府官員的範

---

❼0　也稱郎從、郎黨。古代、中世之侍從人員。雖是表示武士各階級間之統屬關係之詞，但係指乘騎之武士而非下人、厮從等部下。出現於十世紀三十年代平將門之亂爆發前後，平安時代之「受領」多帶領郎等前往任所。隨著武士團之形成，成為他們的中堅分子。首領的郎等之下又有郎等，形成封建的身分秩序。

❼　日本有將妻舅、孫子作養子之例，故不能以我們的尺度來衡量這個問題。

疇。賴光歷任上野介、下野介，及尾張、備前、但馬 (Tajima)、讚岐、伯者 (Hōki)、淡路、攝津、伊豫、美濃 (Mino) 諸國之守，此乃以「受領」奉仕權門貯積財富常用的手段。此外，又在三條天皇（1011～1016 在位）尚為太子時之春宮大進（Tōgūnodaijyō，東宮坊官員）、內藏頭，及三條退位後的別當（bettō，**⓻**），將其據點放在京都。賴光之妻為中納言平維仲之女，其女嫁與和琴名師源濟政。子賴國雖也歷任諸國之「受領」，但主要在宮中擔任內藏頭、東宮大夫、皇太后大進等職務，並且又是個文章生**⓼**。滿仲之嫡系謂之多田源氏。

滿仲的嫡系成為京師之武者而步上繁榮之途，賴信亦不例外。賴信為藤原道長之近侍。寬仁三年被命為石見（Iwami，島根縣）守即將前往任所之際，藤原實資把他請到自宅贈與餞儀，而於日記《小右記》記謂：「賴信為道長侍從，金額雖少，不給不好意思。」亦即賴長因係道長之侍從，所以在貴族之間頗吃得開。前文已說，賴信曾被命討伐平忠常之亂而忠常親至甲斐降伏；忠常之所以輕易降服，乃因他與賴信有主從關係。

表三二：源氏族譜

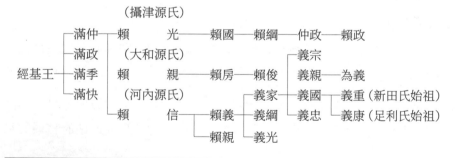

⓻　原指有本職者在政府其他機構擔任首長，後來則指專任之首長。原置於諸大寺以統轄寺院之僧官，初設於奈良東大寺。

⓼　大學有紀傳（後改稱文章）、明經、明法、算四道。四道中，平安時代以後興起者為紀傳道（文章道）。文章道在大學經過考試後為擬文章生，接著通過式部省的文章生試後就成為文章得業生。

二、源氏的興隆

1.源氏的來歷

　　源滿仲為源經基之子，有舉世無雙之勇者之令譽，乃被朝廷及大臣、公卿們所倚重的武將。如前文所說，安和之變 (969) 爆發時，左大臣源高明失位。此雖是藤原氏排擠異姓人士的最後一次事變，但事變的起因在於滿仲之告密。此一事件似為藤原氏為使高明失位的陰謀，而滿仲卻巧妙利用這個機會擊退自己的競爭對手藤原千晴，並因告密之功被敘為正五位下。自此以後，源氏便成為藤原攝關家的武力後盾而獲提拔。

　　滿仲之子賴光歷任攝津守等諸國國司後負責大內的守衛，長和五年 (1016) 藤原道長的宅第遭祝融之災時，賴光曾承擔所需一切傢具，使眾人驚歎其華美，亦即善用機會討好攝關家。雖然如此，他確是一個傑出的武將，他與其弟賴親在各大小戰役中均有傑出的表現。賴親定居大和國，成為大和源氏宇野氏始祖。賴光之另一胞弟賴信亦曾任相模、陸奧、河內諸國國司及鎮守府將軍等職，成為後世所謂清和源氏嫡系之祖，他也是一位傑出武將而頗多軼聞流傳於世。

　　平將門之亂以後在東國繁榮者為擊敗將門的藤原秀鄉與平貞盛之子孫們。貞盛之四個兒子均曾擔任常陸、上野等國司而頗有勢力，而貞盛之叔父良將、良文等亦各有其地盤。良文至其孫忠常時，雖領有上總、下總等地，非僅不繳租，反而於長元元年襲擊上總國衙而叛亂，終為朝廷所遣追討使源賴信所平定。之後，源氏便開始在東國伸張勢力。

　　源賴信在其晚年擔任河內守時，曾將一封〈祈願文〉納入石清水 (Iwashimizu) 八幡宮，說其在此以前的勳功，並祈禱自己百年大壽及一家男女的榮華富貴。他在祈禱文裡首言該神宮之主神應神天皇之武功與八幡大菩薩護國之靈驗，然後述及自己族譜，謂其曾祖陽成天皇係權現（Gongen，應神天皇）的十八世孫，賴信則為此天皇之四世孫。然後又說

其父祖以來無不以武藝奔走朝野之功,祈求八幡神之保護。此一〈祈願文〉在明治末年為星野恆 (Hoshino Hisashi) 教授所發現,並撰〈六孫王非清和源氏考〉一文在《史學雜誌》發表,認為清和源氏其實是陽成天皇子孫。此一論說曾引起日本史學界極大迴響。所舉理由是:因陽成天皇的日常舉止粗暴,致為藤原基經所廢,所以是個名聲欠佳的天皇。因此,在平安時代末期,為與掌握政權的武人平氏對抗,在重視祖先名聲的武家社會裡,如有這種祖先實不方便,故乃從陽成天皇上溯一任而以清和天皇為源氏始祖。星野教授所提這種見解為大多數學者所認同,打破數百年來以清和天皇為源氏始祖的說法。雖然如此,部分學者不贊同星野教授的見解,仍以清和天皇為源氏始祖。

表三三:清和源氏陽成源氏族譜

```
              ┌陽成天皇
清和天皇──┤貞純親王──經基王(賜源姓)──滿仲──賴信
陽成天皇──元平親王──經基王(賜源姓)──滿仲──賴信
```

2.前九年之役與後三年之役

　　自從坂上田村麻呂於延曆二十年 (801) 遠征後,陸奧之蝦夷便不再反叛朝廷,但出羽國狄人的叛亂卻接踵而起,其故在於「此國田地膏腴,土產所出珍貨多端,豪吏并兼,有無紀極。私增租稅,恣加徭賦。」❼❹此亂之被敉平,非以武力,乃是藤原保則袪除政治弊端,放寬法禁,除去叛賊心中之不滿,亦即採取與叛賊妥協方式解決問題。惟當出羽國狄人叛亂時,陸奧的蝦夷並未發生動搖,其故在於出羽的各小集團分散孤立之際,陸奧的蝦夷以安倍氏為主步向統一之路。

　　陸奧緣邊之郡並非固定,乃隨著蝦夷地方經營的進展北進。坂上田村

---

❼❹　三善清行,《藤原保則傳》。

麻呂遠征後的緣邊之郡為膽澤、和賀、江刺、稗貫、紫波（志波）岩手六郡，其關門則為衣川關 (Koromogawanoseki)。衣川關設於源自奧羽山脈東流之衣川，與北上川匯流的西南岸，今日地名為岩手縣西盤郡平泉町大字中尊寺字衣關。朝廷雖於膽澤郡築膽澤城，並自多賀城將鎮守府遷徙於此，但陸奧六郡的民政卻根據緣邊郡的原則任命俘囚首長來治理，其被命擔任斯職者為安倍氏。安倍氏之來歷不明，僅知此一氏族為俘囚系統。《陸奧話記》云：「六個郡之司有安倍賴良，是同忠良子也。父祖忠賴，東夷酋長，威名大振，部落皆服。橫行六郡，劫略人民。」安倍氏在三代之間實質上支配了六郡而擁有作為俘囚之主的勢力，至賴良時不僅有國家的鎮守府，也還在北上川流域的各要衝設鳥海、河崎、小松、廚川、鶴脛、比與鳥、嫗戶等十二柵以安置其族人守禦，所以在軍事上形成半獨立態勢。

　　在父祖三代之間完成支配現今北上川流域的安倍氏，不僅不輸賦貢，不服徭役，竟越過衣川關進入內郡。因此，太守藤原登任 (Naritō) 乃以出羽秋田城介平重成（繁成）為先鋒，發數千兵攻擊。安倍賴良立刻動員部內俘囚，迎戰於鬼切部（宮城縣鳴子町鬼首）而敗之。朝廷獲報後立即任

圖三七　《陸奧話記》　此係敘述前九年之後的軍記物語（軍事小說）。作者雖不詳，但可能在戰後不久已成書，乃根據〈官符〉、文獻等原始資料來撰著者。
宮內廳書陵部（公文書館）典藏。

命源賴義為陸奧守，使其征討叛賊，時在永承六年 (1051)。

　　賴義舉兵時坂東猛士雖雲集，戰況卻不順遂。因此，賴義乃採遠交近攻，以夷制夷方策，而以氣仙 (Kesen) 郡司金為時 (Konno Tametoki) 及下毛野興重 (Shimotsukeno Okishige) 為使，說服粳部 (Nukabe) 之俘囚，使其攻安倍氏背後；然遭以賴良長子貞任為中心的安倍一族頑強抵抗而大敗，幸獲義家之奮戰，賴義方得殺出一條血路逃出。

　　賴義雖一再請援，卻不得要領，乃極力請求出羽俘囚之主清原光賴及其弟武則之協助。康平五年 (1062) 七月，武則統率萬餘兵至陸奧國，賴義則於同月二十六日率領三千兵自國府出發，八月九日在栗原郡營岡與武則會合。經過一連串的苦鬥後，終於進攻衣川，追討敗逃之安倍氏部隊至廚川柵，復經激戰，至九月十七日使其淪陷，殺貞任──前九年之役。

　　直接使前九年之役結束者為出羽的清原氏，清原武則因功被任命為陸奧鎮守府將軍而頗有權勢。然在此以後清原氏一族發生內鬨，企圖於東北地方扶植勢力的賴義之子義家介入其紛爭，致於永保三年 (1083) 爆發後三年之役。義家攻圍清原武衡、家衡所據出羽之金澤柵（秋田縣橫手市），至寬治元年 (1087) 十一月使其淪陷。不過源氏無法在東北地方保持其勢力，由系出安倍、清原氏的藤原清衡據平泉統治奧羽地方。

3.源氏的式微

　　義家為當時武將之第一人，白河上皇為壓抑攝關家勢力，有賴義家之武力。義家之弟義綱也參與前九年之役而被任命為左衛門少尉，且有與乃兄不同的郎等。寬治五年 (1091)，義家的郎等與義綱的郎等因土地問題發生爭執，兩兄弟各自召集兵馬，在京都的武鬥一觸即發。經相當於義家主人的關白藤原師實出面調停方得無事。此一爭執爆發後，朝廷禁止諸國民眾將田園捐贈給義家，此一禁令或許為對這次爭執所作之懲處，然在次年復禁止義家新設莊園，故亦可認為是白河上皇從經濟方面來抑制義家勢力的膨脹。

圖三八　前九年之役與後三年之役關係地圖

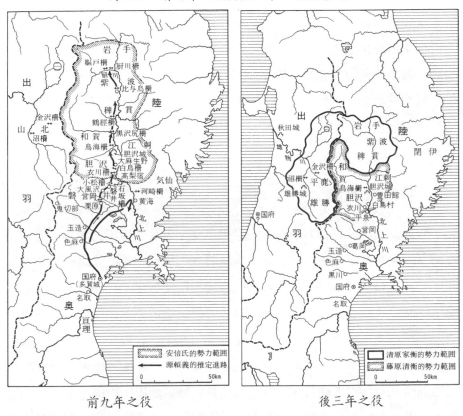

前九年之役　　　　　　　　　　　　後三年之役

典據：笹山晴生，〈攝關政治〉，《圖說日本の歷史》，五。

　　白河上皇雖壓抑義家勢力之膨脹，但也仍須倚靠武力來保護，其被登用者即義家之弟義綱。在發生上述爭執後的第二年，義綱被任命為陸奧守。又次年，平師妙 (Tairano Morotae)、師季 (Morosue) 父子襲擊出羽守之館舍，且縱火掠奪。義綱受命征剿而將師妙父子斬首，並使其手下降服。義綱因功獲敘從四位下，之後任美濃（岐阜縣）守。白河上皇日後起用平氏時也採取此一方式，故這種作法可認為是上皇方面的一貫伎倆。

　　義家於嘉承元年 (1106) 去世後，因長子義宗早死，次子義親因罪被流放隱岐島，乃以四子義忠為嫡傳，使義親之四子為義為繼承人。為義以十

四之齡被任命為左衛門衛，以義家養子身分繼承源氏嫡系，承繼一切正嫡
所帶文書、武具等。當義綱父子因檢非違使被傷事件獲罪時，為義被命為
追討使率其所部征剿。面對年僅十四的追討使，義綱一家並未多作抵抗而
投降、自殺。此固為源氏正嫡之郎等之力，但義綱之身為武士而無法抗拒
朝廷所遣追討使亦有以致之。此一事件發生以後，自賴義以來所建立源氏
正嫡之家便僅餘年少的為義一人而瀕臨絕滅，平氏代之而崛起，為上皇所
重用。

三、平氏之興隆

　　如前文所說，平氏有將門、貞盛、良文、忠常等傑出武將。此外，雖
又有所謂關東八平氏，但關東的平氏經前九年之役與後三年之役後，大都
從屬於源氏嫡系。其為上皇院廳（見後文）所提拔之平氏為伊勢平氏之正
盛（見表三一）。正盛之高祖父為貞盛，曾祖父維衡與源賴信俱有名將之令
譽。平氏與源氏同為將種、兵家，子正度 (Masanori) 曾任太子侍衛之武官
首長——帶刀長 (Tatewakinoosa)。正盛之父正衡雖是檢非違使，然在源氏
活躍的時代並不引人注目。與源氏之擅長武藝者輩出相對的，平氏除維衡
外，其他人員可謂為普通一般的武士。而其所以獲院方提拔的契機在正盛
於永長二年 (1097) 將其位於甲賀國鞆田 (Tomoda)、山田兩村之田圍二十餘
町捐贈給六條院❼❺。該院乃白河上皇所寵愛媞子內親王住居之處，媞子死
後為求其冥福而改為佛堂者。媞子之死使後白河有如喪失掌中之玉而甚為
悲慟，故在她死後兩日出家。以此方式取寵於後白河的正盛，便從管轄海
上小島的隱岐守轉任為收入豐盛的若狹（福井縣）守；更以營造後白河之
御願寺、尊勝寺曼荼羅 (Mandala❼❻) 之功而獲重任 (chyōnin❼❼)。

---

❼❺　白河上皇所居之處，位於平安京六條之北，西洞院之西。始於壽永三年 (1184) 平
　　業忠將其宅第作為上皇居處。文治四年 (1188) 焚燬，源賴朝重建。

❼❻　梵語之音譯。也寫作曼陀羅。印度係指築祭典用土壇以配置諸佛。中、日兩國則

嘉祥二年 (1107)，為討伐源義親而起用因幡（Inaba，鳥取縣）守平正盛。一個月後，正盛獲義親及其隨從四人首級之報告傳至京師。後白河聞後，立刻論功行賞，在正盛尚未入京之前便已任命他為但馬 (Tajima) 守，其子盛康為右衛門尉，盛長為左兵尉衛。消滅義親之功雖大，然正盛的出身卑微，竟出乎眾人意料之外的一躍而成為上國國司，如此提拔實屬空前。

義親首級之真偽問題，至今仍留下疑問，其故在於在那以後到處出現自稱義親者。義親首級曾被懸掛於獄門右側樹上，理應有不少人看見，而其子為義，弟義忠，叔義綱、義光，及其他子女當時也都在京師，他們理應立刻能分辨其真偽。即使為假也不作聲，抑或為真，但日後也有人說，義家的家人曾在熊野之湯峰與義親見面。

征討義親後二十二年的大治四年 (1129)，相傳自稱義親之男子出現於京都，在鳥羽上皇指使下隱匿於前關白藤原忠實之鴨居殿。後一條天皇曾命加賀（石川縣）介藤原家定前往忠實之家調查，結果並非義親云。後來則自稱義親者出現於近江（滋賀縣）大津，於檢非違使源光信宅前戰鬥後被殺。光信乃賴光四世孫，為鳥羽院四天王之一，因被疑率眾襲殺義親而曾一度被流放土佐（高知縣）。這些事件可謂為白河上皇破例提拔正盛的副產品❼❽。

成為白河上皇武力後盾的平正盛，也負責防衛南都❼❾北嶺僧兵的強行

為密教之修法而根據一定的法式，把許多尊佛像井然有序地繪畫在一起。曼茶羅可依其表現方式分為彩繪諸尊形象之大曼茶羅（現圖曼茶羅），僅以表示諸尊之梵字（種字）記號來表現之種子曼茶羅（法曼茶羅），以諸尊所持之物來表現佛體之三昧耶曼茶羅（法曼茶羅），及以諸尊之形象或所持之物作立體的鑄造或雕刻之羯磨曼茶羅等。

❼❼ 任期屆滿後再度被任命擔任同一職務（續任）。任期將到時，繳納財物或負責營造公家工程，因功續任原職。盛行於平安時代中期，而以「受領」之重任尤多。院政時期則以興建「御願寺」為常例。

❼❽ 貫達人，〈武士の登場と源平二氏の動き〉，《圖說日本の歷史》，五。

訴願，並且又因討伐在九州作亂者有功被敘為從四位下。其子忠盛也成為院的北面武士。某夜，白河上皇潛往祇園女御處，由忠盛奉陪。途中遇手持槌子者，上皇以為鬼怪，命忠盛射殺，忠盛卻予活捉。上皇頗欣賞其作為，乃言日後女御如生女，將為己子，若生男，則賜予忠盛，使其習武，而將該女御賜與忠盛。後來女御生下男嬰，此即為日後當太政大臣之清盛云。

　　忠盛身為院之近臣而亦長於和歌。大治四年鳥羽上皇實施院政從事首次敘位時，被敘為正四位下。長承元年 (1132) 為完成鳥羽之許願，營造得長壽院白河千體觀音堂。 此一建築雖於保元年間 (1156～1159) 因戰亂焚燬，與此類似者有清盛所建位於京都東山之妙法院，安奉千一尊千手觀音之三十三間堂。忠盛因建造得長壽院之功，可以在大內昇殿（內の昇殿）。所謂大內昇殿，即可進入位於大內清涼殿南之殿上房間。其獲准出入此一房間者謂之「殿上人」。由於四位、五位的官員與公卿也都無法出入於此，故成為「殿上人」乃屬最高榮譽。

　　在重視門第的時代，對因院之超擢與財富而就任要職的忠盛採取疏遠態度，乃殿上人們之自然趨勢。保延元年 (1135)，忠盛奉命征剿海盜，結果俘七十人回京，然只交三十人給檢非違使。時人以為其餘四十人之多數並非海盜，乃是捕捉非屬自己「家人」充數。亦即忠盛的作為宣傳意味濃厚，只因院方為其撐腰，別人莫可奈何。

　　忠盛不僅歷任收入較豐厚的國司之職，也因著眼於對外貿易（日宋貿易），貯積了偌大財富。仁平三年 (1153) 以五十八之齡辭世時，左大臣藤原賴長評謂：「經數國之吏，累富巨萬。奴僕滿國，武威軼人。」 ❽⓪

---

❼⑨　南都指在奈良時代盛行之佛教三論、成實、法相、俱舍、華嚴、律六個宗派；北嶺指京都延曆寺。這些寺院之僧兵往往為反對政府政策，或對政府有所要求而抬出神轎來抗議或要脅。

❽⓪　貫達人，〈武士の登場と源平二氏の動き〉，《圖說日本の歷史》，五。

表三四：伊勢平氏族譜

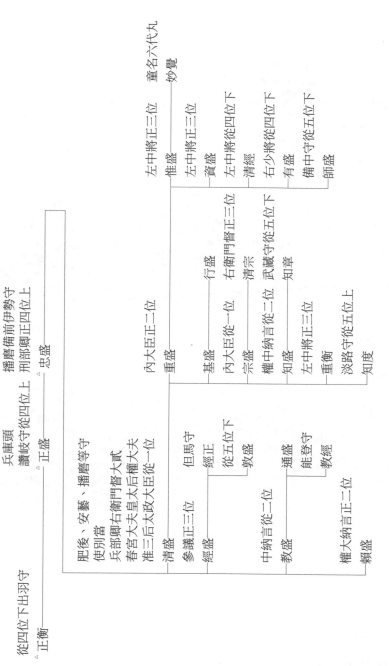

典據：貫達人〈武士の登場と源平二氏の動き〉，《圖說日本の歷史》五。△號為檢非違使

第七章
院政之開展與內亂

第一節　古代國家與地方豪族

一、律令體制之開展與地方豪族

1.地方豪族與國家公權

　　律令體制成立後，前此地方豪族所享有的各種權力雖受到種種限制，但並未否定他們所擁有支配者的地位，故他們以適應新體制的方式使自己的地位更為穩固。對地方豪族而言，國家並非他們敵對的對象，乃是他們在進行支配各該地方時不可或缺的存在。即使地方豪族鑽國法漏洞從事非法活動，也會利用國家權力或國家機構來掩飾。因此，他們在國家機構裡必須確保某種職位而加以維持。在眾多職位中，以當郡司最為有利。不過郡司在一個郡裡只有大領與少領，主政、主帳固為郡司之成員，在身分上往往與大、少領有別。並且不僅當大、少領的機會有限，而且因律令體制規定這些職位由傳統的豪族或新設的評督、助督等官員子孫來擔任，所以在當地貯積新勢力者之擬擔任郡司，並非易事。這就如《續日本紀》，卷一，〈文武天皇紀〉，二年三月辛酉朔庚午條所謂：「諸國司銓擬郡司勿有偏黨」似的，在現實上遴選時有所偏袒，所以要獲郡司職位並非易事。不過在大化革新前後，從當地離開傳統豪族之支配，欲自當支配者而從事活動

者不少，這就如戶籍所示，雖未當郡領，卻有人獲得相當於此一職位者。他們雖因律令體制而被登錄於戶籍或計帳❶，卻未必心甘情願的接受郡司統治。

2.地方豪族之出身與服勤

《正倉院文書》裡有養老五年的下總國葛飾郡大嶋鄉之戶籍資料，該資料雖不完整，但由此可知該鄉分為甲和、仲村、嶋俣三里，凡一百三十戶。此戶非所謂之鄉戶而係房戶，故非如筑前國或美濃國戶籍所見之大家族主義，乃是每戶十人上下。大嶋鄉一百三十戶中，知其家族成員者雖約九十戶，卻無人在中央政府工作。雖然如此，其村落內部已進行階級分化而貧富似已有差距。因為十人上下的房戶居多數的大嶋鄉，其中一戶四十一人的家庭，擁有奴、婢各一人。那些擁有奴、婢的，在地方上如要維護其階級的支配者地位，可能需與國家末端機構發生關聯。

當時地方豪族子弟之進出中央的機會有限，其能以兵衛 (hyōe) 出仕者為郡司子弟，如據令制，則其比例為每三郡兩人。然在現實上，可與郡司比擬的豪族當不在少數，而他們可能在國衙服務。

《令義解》，卷一七，〈選敘令〉，「郡司軍團條」 錄有 「外散位 (gesanmi) 者分番上下」 之詞，所謂「外散位」，係指居住於當地而被授與「外位」(gei) 職官員之已離職者❷。規定他們以分番（一百四十日以上，輪流服勤）方式授予位階，此當係指地方行政中心之國衙而言。

---

❶ 也叫大計帳、大帳。與戶籍同為律令制的基本帳簿。作為調、庸賦課的帳冊而每年製作一次。〈令〉規定國司在每年六月使戶主申報戶內口數、性別、年齡、容貌，及課口、不課口後加以統計，使大帳使於每年八月三十日前送至太政官。

❷ 《令集解》，卷一七，〈選敘令〉「郡司軍團條」云：「朱云：『未知何處可上下？』答：『國府可上耳，外五位以上亦同也。』穴云：『外散位者，分番上下，其任內里長後解替者，為外散位外位。任坊長解者為內分番耳。』問：『郡司五位致仕上何處耶？』答：『長上於國府，注上日行事，申太政官。官量定等第耳。』」

　　《續日本紀》，卷三，〈文武天皇紀〉，大寶三年 (703) 八月庚申朔甲子條謂：「大宰府請有勳位者作番直軍團，考滿之日送於式部，一同散位永預選敘」而獲同意，此一辦法在次年實施於全國。他們不僅屬於軍團，國司也可使役。換句話說，他們雖屬軍團，實際採取服務國衙的方式。《續日本紀》雖言他們為「續勞」，以「外散位」「分番」者也當係「續勞」。又如據《續日本紀》的記載，當主政、主帳因任期屆滿被解職時，其身分便與一般農民相同。如此則往日之勤勞無法獲得回報，所以應使他們在國衙繼續服務，以免除其雜役❸，這也應為「續勞」。此外，尚有繳錢以請求在政府機關服務者，例如：從平城京遺蹟出土，有神龜五年 (728) 之紀年的木簡謂：曾有人繳納銅錢五千文作為續勞錢者。當時的五千文可購米五石（相當於現今二石），亦即相當於正丁一人之口分田的全年收穫量。

　　由上述可知，即使未曾當過郡司（或已離職），也可在國衙服勤。至於他們在國衙服務的情形，可以天平十年度《駿河國正稅帳》所見「郡散事」獲得線索。由該《正稅帳》得知約三十個「郡散事」之名，他們把到達駿河國（靜岡縣）的〈太政官符〉送至鄰國為務，因此他們不僅是農民，在國衙裡似乎也獲得與其工作相當的地位。如據已知其名的「郡散事」，則其地位可能比照地方豪族；他們雖無法當郡司，卻以「郡散事」在國衙服務❹。又如據天平寶字四年 (760) 的〈甲斐國司解〉，因出身該國的坤宮官（皇后宮官員）之斯丁（負責仕丁之膳食者）逃亡，乃派都留 (Tsuru) 郡散事繼其職。由此觀之，郡散事不僅處理本郡事務，也還涉及所有的國務❺。

　　當郡領的每郡雖只有兩名，然以「續勞」在國衙服務者則遠較兩名為

❸　《續日本紀》，卷八，〈元正天皇紀〉，養老二年夏四月乙丑朔癸酉條云：「太政官處分：凡主政、主帳者，官之判補，出身灼然。……而以理解任，更從白丁，前勞徒廢，後苦實多。……內外散位，仍免雜徭……」。
❹　米田雄介，《古代國家と地方豪族》（東京：教育社，1979），頁 99。
❺　米田雄介，《古代國家と地方豪族》，頁 99～100。

多，故無法當郡領的地方豪族們便以服務國衙獲得公權力，從而以此為千斤頂支配地方。

二、律令體制之動搖與地方豪族

1.地方豪族之爭取國家公權

　　亦即律令國家的這種支配係根據正式的途徑，地方則依國－郡－鄉－里等行政機構來施行，因此，地方豪族如不與公權的末端機構發生關聯，便很難立即支配農民，即使支配農民，也無法獲得國家之承認。雖然自律令國家成立以來，農民即被規定由國家來把握，被登錄於戶籍及計帳，國家也無法切斷豪族與他們之間的關係。當律令國家的權力強大有力的起作用時，這種關係很少會表面化而以正式途徑支配農民，惟當地方豪族與農民們開始得知國家權力不如當初所認為之律令法那麼強大時，便會鑽法律漏洞加強豪族與農民之間的關係。

　　地方豪族能夠組織班田農民，將他們編成為勞力，可能以傳統的在地支配者君臨他們，雖然如此，也無法由是傳統的豪族就能組織農民。亦即豪族們必需與農民共話家常，甘苦與共，方能產生與農民共同生活的意識。惟當農民們因某種因素非出售土地不可時，其土地勢必集中在富豪身上。如據平安時代〈官符〉的記載，因出售不得買賣之班田，致「良田多歸富豪之門」。如連口分田也予以出售，則耕作口分田者該何去何從？如非逃亡，就得在戶籍上動手腳。當農民把土地出售以後，如非遷徙他處，便以某種形式繼續耕作原有的田地，因為這對買主而言，可以不必找尋耕作者及節省不必要的開支。話雖如此，並非所有的農民都沒落，他們之確保自己土地，繼續自立經營者亦非少數。雖然如此，他們也無法僅靠自己所有之土地來生活，亦即須耕別人土地。在此情形下，便有農民與地主之間的共同體關係，或在土地買賣背後有某種債務關係，從而將農民們的勞力組織起來。惟從事自立經營的農民，他們如要以其剩餘勞力耕作他人土地，

則因他們有選擇耕地之權，當然選擇勞動條件較佳者，尤其在公布《墾田永世私財法》❻以後，全國各地的私地增多，地方豪族開始擁有墾田，結果，所需勞力便相對增加。

《類聚三代格》所錄延曆九年 (790) 四月十六日〈官符〉謂：「禁止提供魚酒給田夫」，此言因富人家在開始農耕之際準備許多魚酒以招集勞力，貧者則只能準備粗糙的食物，致連播穀種都不盡如人意。由於人們散盡家財競相提供魚肉供應田夫，故乃呼籲他們停止這種競爭。當時政府雖三申五令也仍無法禁絕，實由於農民們欲將其勞力提供給條件較好者所致。

對地方豪族而言，勞力之組編關係著他們本身的農業經營能否成立，因此也就非盡己之所有力量來集聚勞力不可。如果地主具有國家公權，則其找尋勞力便容易進行。在此情形之下，地方豪族便企求當郡司，已當郡司者則極力維護其職位。

從奈良時代末期前後開始，各地豪族為求擔任郡司而發生神火問題，所謂神火，即郡等的倉庫（正倉）發生火災，初時把它當作神的作祟來處置，實際上肇因於地方豪族們的縱火。縱火的動機有二，其一是為私吞前此農民繳納之米、布等物，故縱火以掩飾不法勾當。其二則為謀現任郡司失位而為，亦即由郡司族人，或與此相類似的階層人士縱火。從天平寶字七年前後開始已有發生神火的紀錄，如據延曆五年 (786) 六月，或同年八月所下〈太政官符〉的記載，政府已看穿神火之本質，故曰：「正倉之被焚未必由神，其故在於不逞之徒危害旁人而相互焚燒，監主之司為避虛納而縱火」。並且明言自今以後，無論神火或人火，各該國郡司等人員必需負正倉院失火之責。由此可知，當時掌握國家公權者既有不少犯法人員，地方豪族之間也有許多企圖使現任郡司失位，欲以此取代其職位者；全國各地都發生為占郡司之缺而勾心鬥角。他們雖未必為貪瀆而想當郡司，但可能

---

❻　聖武天皇天平十五年公布，凡所開墾之田俱歸開墾者所有。

因擔任該職而能作更有利的在地支配。

　　如據文獻史料的記載，八世紀時約有一百三十五名豪族將他們的私財捐獻東大寺或國分寺，那些捐獻者之具有郡司頭銜者二十六名，很明顯的可視為地方豪族者有九十餘名。已擔任郡司而仍獻財物，可能藉此以謀自己地位之更加穩固；其為擔任郡司者則可能企圖因此由國家賜與官職、位階及氏姓，並以此為千斤鼎從事支配地方或步上中央官員之路。亦即企圖由此獲得國家的權威，從而支配農民。

2.代繳調庸與增益戶口

　　迄至九世紀，也出現地方豪族們以私有財物獻給國家的史料，例如《續日本後紀》，卷九，〈仁明天皇紀〉，承和七年二月戊申朔壬申條所謂：「相模國大住郡大領外從七位上壬生直廣主，代窮民輸私稻一萬六千束」。如果只言代窮民輸私稻，雖無法了解箇中情形，然如當時土地買賣理由之有「依正稅」、「依所負官物」，當可知地方豪族為貧農代繳貢賦的情形。地方豪族除替農民繳納貢賦外，也還為農民修築灌溉溝渠與救濟貧農，如：上舉《續日本後紀》同卷同年三月丁丑朔戊子條所錄，陸奧國磐城 (Iwaki) 郡大領外正六位上勳八等磐城臣雄公 (Iwakino Omiokimi) 修築大橋二十四座、溝池堰二十六處，整修官舍正倉一百九十間；該書同日條又錄宮城 (Miyagi) 郡權大領 (Gonnotairyō) 外從六位上勳七等物部己波美 (Mononobeno Kihami) 造私池灌溉公田八十餘町，並以私稻一萬一千束救濟貧農所負欠之調庸；同書卷一○承和八年 (841) 八月戊戌朔辛丑條則謂相模國（神奈川縣）高座 (Takakura) 郡大領外從六位下勳八等壬生直黑成 (Mibuno Ataikuronari) 替貧民繳納調布三百六十端二丈八尺，庸布三百四十五端二丈八尺，正稅一萬一千一百七十二束二把，並提供稻五千五百零四束給饑餓的民眾。

　　救濟貧民固為地方官員應做之事，然就其替農民繳納調庸，發現新戶口而予以申報之情形觀之，實為郡司等律令官員理想的行動，不過在同一時期，政府卻一再下令禁止國司或郡司之偽報戶籍，則國、郡司當有以此

謀求不法利益者在。此事可由《日本三代實錄》，卷五，〈清和天皇紀〉，貞觀三年 (861) 秋七月癸酉朔十四日丙戌條所謂：伊勢（三重縣）國司十二人（含前任）與郡司十五人合謀隱匿課丁二百一十八人，為農民所告發之事實窺見其端倪。亦即那些國郡司把原應登錄在籍帳的人口未予登錄，藉此將應繳調庸中飽私囊。

3.私出舉

上述伊勢國與相模國的郡司之作為似乎與隱匿課丁完全相反，然在實質上並無兩樣。《續日本後紀》，卷一二，〈仁明天皇紀〉，承和九年八月王戌朔庚寅條紀錄著豐後（大分縣）國前介 (Sakinosuke) 中井王因犯法被告發之事。即中井王在擔任國前介期間貯積不少財富，卸任後則在該國為農民們代繳其應繳之調庸而倍取其利。乍看起來，替無法繳納調庸的農民繳納貢賦，似為一項慈善之舉，其實是以此倍取其利，這在當時也應屬高利，因此，代繳調庸屬於「私出舉」(shisuiko)，亦即他們假借代繳之美名從事高利貸勾當。

無法繳納調庸的農民為繼續從事生產而不得不接受地方豪族的代繳，然其擁有墾田的農民也因無法繳納正稅、官物而面臨出售土地的窘境，在此情況下，眾多農民當然無法償還其本利。因此，他們所採取的辦法唯有下列三端，即：①放棄政府所分配的口分田逃亡。②出售口分田。③提供勞力（役身折酬）。①係片面的清算債權人與債務人之間的關係，如此則債權人將蒙受損失，所以債權人可能將逃亡者之私財——口分田納入自己手裡。②令制雖不許出售口分田，但平安時代以後不乏買賣口分田的例子，在此情形之下，口分田便會集中於地方豪族之手。③固為消除債務而為，但債務關係卻會透過役身折酬而增加其幅度。當農民們失去口分田時，便會斷絕其生存之路，所以如要繼續活下去，就非找尋能夠容納他們之處不可。其能容納他們的，不外乎為寺社王臣之莊園，或地方豪族們。

4.地方豪族之支配土地人民

　　寶龜十一年十月二十六日的〈太政官符〉謂：伊勢國的民眾在該國到
處流浪，致無法徵調服勞役之工人。命諸郡調查的結果，那些流浪者大都
逃至王臣家之莊園。不過他們在籍帳上卻被註記為死亡而削籍，或當作逃
亡而予以除名。這種偽造戶籍的情形從八世紀後半開始盛行，至九世紀愈
益增加，而前舉隱匿二百一十八人課丁之舉，也應是製造偽籍的勾當。

　　當時的農民也會偽造戶籍資料，農民之申報戶籍資料是否不實，其作
最後審查與捺國印，並將其提出中央政府者為國司。延喜二年三月十三日
的〈太政官符〉說：「戶籍所注大略，戶或一男十女，或戶合烟無男」，遇
到這種情形，即使非國郡司也知其偽。如據同年阿波國（德島縣）板野郡
田上鄉戶籍，則其所載男女人數為一比七，即女子為男子之七倍，這種情
形也應與現實有很大的出入。審查這種資料的國郡司理應知其偽而居然把
它送到中央，則以此方式製作戶籍資料，可能為一般風潮。雖然如此，卻
不能以風潮兩字把它解決，因國郡司的違法勾當可能隱藏其間。例如前舉
王生直黑成的戶口增益為三千一百八十六人，但須課徵稅賦的人口卻僅有
二百三十九人，其餘二千九百四十七人則非課徵對象。不須課徵的人口裡
也包含男子（耆老、少丁等），我們雖無法立即算出其男女人數的比率，但
課口與不課口的男女比率與當時戶籍並無差異。若然，則雖說是增益戶口，
其中實有作假成分。政府雖知這種作法在貪圖口分田，卻只有頒給口分田
而庸調竟相對減少，致國家所需費用日益短絀❼。平安時代的班田收授雖
逐漸減少，並沒有全面廢除這種制度，故以增益戶口獲頒口分田，及為逃
避調庸，則以多報不課口為有利。亦即國郡司為貪求口分田而增益戶口。

　　由上述可知，當時的地方豪族們以不法手段集聚土地，並組織農民使
之耕種。八世紀的地方豪族雖以捐獻財物方式取得榮譽與地位（官職、祿

---

❼　延曆四年三月二十五日〈太政官符〉。

位、姓氏），至九世紀也可能以此方式獲得。惟就如替農民繳納貢賦似的，那些地方豪族卻欲利用與農民之間的信賴關係或債務關係來謀求相互結合。官位在八世紀雖對支配農民具有意義，但至九世紀的農民支配卻須要有超越官位者。這種傾向不僅使律令國家的秩序發生動搖，不久以後竟產生否定律令國家本身存在的現象。

三、律令體制之瓦解與地方豪族

1.富豪浪人

　　公地公民制固為統治律令制國家的根本，但此公地制卻從八世紀中葉開始瓦解，雖然如此，其成為土地國有基礎之口分田、公田等區分，仍儼然存在於國家所有之下，所以如有侵犯國有地者，便被視為干犯法令，成為處罰對象。公民制則將所有人民縛在土地上，以徵收調庸及雜徭為原則，且只許由國家來治理人民。雖然如此，從八世紀初開始，已有不少人企圖擺脫國家的支配。在此場合，他們也在應受國家支配的前提下，被視為流浪、逃亡者而受處分。因此，他們始終成為緝捕對象，一經發現，便被送回本國或被編入當地農民之中。因此，流浪、逃亡之舉被視為不法而成為查禁對象。九世紀雖仍貫穿著此一原則，惟在現實上，支配土地、人民的方式已發生很大變化。就公民制言之，流浪者已開始獲國家之承認。延曆九年，當政府擬征討蝦夷之際，為製作鎧甲而有意倚賴富豪經濟力量時，曾向全國下令「無論土人、浪人及王臣之佃使，均檢錄財物」。土人指納編的公民，浪人指逃避國家支配的人士。當時政府既倚賴這種流浪者的經濟，則不僅可窺知當時國家財政之困窘，也可從而得知流浪者與公民並列。流浪者原是生存受威脅而不得不離開家鄉者，然由此卻可知那些流浪者之生活已有超越一般公民者。學者把這類流浪者稱為「富豪浪人」。

　　流浪者之中有不少確立自立經營者。因弘仁十四年 (823) 二月二十一日所頒之〈格〉，為確保中央財政而從大宰府管區開始實施公營田

(kueiden❽) 制。此一制度雖曾中斷，但在貞觀十五年 (873) 又恢復，而無論土人或流浪人均分配給他們耕佃。因此，流浪人已獲與土人相同的待遇。前此貞觀八年 (866) 十月八日的〈太政官符〉，任命流浪人為國之史生；寬平七年 (895) 九月二十七日的〈格〉則記載：美濃（岐阜縣）國無論土人、流浪人俱充為運輸繳納中央之物資者（進官雜物編丁），亦即流浪者已確保與公民相同的市民權。

原因違反國家法令而應受制裁的流浪者之被納入國家機構之內，這表示他們在當地的支配力已不能忽視。這種擬擺脫律令國家支配者在當地開始擁有強大支配力之事實，實會從根柢搖撼律令國家的支配力量。只因為如此，國家雖不得不對他們採取對應措施，然與律令國家體制緊密聯結的地方豪族亦復不少。律令國家雖從九世紀末葉已大致瓦解，卻由於這種豪族之存在，故能夠在十世紀以後轉換新的支配體制。

2. 富豪與地方權力的結合

富豪階層與地方權力相互勾結的現象所在皆有，尤其郡司不僅屬於富豪階層，同時也是國司權力的下層機構，而律令國家本來的原則，至九～十世紀也依然存在。就以《將門記》所見武藏國足立 (Adachi) 郡司武藏武之言之，他有年來恪勤公務之令譽，治郡之名聞於國內而撫育之方在於民家。由於他是個模範郡司，故其逾期繳納貢賦未曾受歷任國司之譴責云。雖然如此，他卻拒絕國司進入其轄區。所以如從忠實的徵稅負責人層面來看，他是與國衙權力結合的郡司，但欲以武力排除國司入郡的層面，則可

---

❽ 與私營田相對的稱呼。官田、官營公田的總稱。利用班田農民的徭役耕作，收入歸國家所有。弘仁十四年因大宰大貳小野岑守之建議，在大宰府管區實施之田制。此乃為對應極度滯繳的租稅而挑選大宰府管區之良田萬餘町為公營田，動員六萬餘人，使每五人耕作一町之田。以此相對的，免除耕作公營田者的貢賦。此一措施，即使供應耕作者的糧料，也尚有餘額。此一制度實施至九世紀末。這種制度也影響了畿內的官田經營。

說是在地土豪（富豪）的典型。即使郡司尚未達到大富豪的地步，富豪與地方權力結合而獲某種利益的情形可能不少。此可由前舉菅原道真於仁和二年冬所賦「五律」一首窺見其一斑。

3. 富豪與中央權力的結合

富豪與中央權力勾結的對象，九世紀初的〈官符〉所記錄者為「親王及王臣」或「王臣家」，中期以後則書如「諸院、諸宮、王臣勢家」、「五位以上」等中央貴族，及寺社或官宦人家，亦即不外乎為莊園領主或莊園領主階層。中央權力與地方富豪階層之所以相互勾結，其故在於雙方都有所求於對方。

中央權力欲與地方富豪結合的要素之一，在於想要集聚面積廣大的土地。身為高級律令官員的他們之基礎雖建立在班田制——公地、公民制之上，但從八世紀以來一直希望自己擁有廣大土地而蛻變著。而解除這種矛盾的鎖鑰，實蘊含於富豪的成長，及富豪與中央權力的結合之中。對居於權力寶座上的貴族而言，圈選未墾地而予以登錄固為易事，但要開墾那些土地所需勞力卻非設法招集不可。招募沒落的班田農民——浪人，使之開墾與耕作，乃當時被廣泛利用的方法，有的雇傭附近農民，有的出租而委託富豪經營，偶而遣人前往監督；即使獲贈富豪的土地，或買進了土地，其經營方式亦與此大同小異。為維持莊園的生產活動，就得委託當地的富農經營。

中央貴族欲與地方富豪結合的要素之二，在於委託他們代辦私出舉業務。中央貴族之把用於出舉的稻穀或財物放在地方，將其利息併入自己財產，此乃很早就有的作為，其起源可上溯到實施律令制度以前。八世紀以後的禁止私出舉政策雖從史料上消失，事實上仍有此舉，九世紀以後忽又顯現出來。例如延喜二年三月的〈官符〉禁止王臣之家假私宅以號稱莊家，貯積稻穀以營私出舉而妨礙國務，由此當可知，王臣家之私出舉和經營莊園密切結合在一起，亦即莊園領主的私出舉可謂為經營莊園的一個層面。

　　中央貴族欲與地方富豪結合的要素之三，在於將他們推舉為下層官員後，可以獲得一定程度的薪資。八世紀初的〈蓄錢敘位令〉已是一種賣位制度，而當時之已有因貢獻物貨而獲位階之富豪，在八世紀以後的史料中數見不鮮，此亦不外乎為一種賣官位的行為。九世紀當時雖尚無法以捐獻方式獲得正式律令官員的地位，惟至九世紀末則可因捐獻某一程度的款項便可獲得「雜色」(zōshiki❾)、雜任 (zōnin) 等下層官員的地位，他們所捐獻的財物便成為貴族或官司的收入。如就捐獻財物的富豪而言，即使是地位不高的雜色，不僅可因此獲得免除賦課的特權，也還可向未具這種身分者顯示其絕大權威。非僅如此，他們因與中央之高貴勢家保持私的臣屬關係，可獲更多的實質利益，例如在史料上所屢見他們「假本主之威」與國郡司「對捍」，或「陵轢」國郡司，或「侵漁」百姓，這種現象自非偶然。

4.富豪的活動與新的地方情勢

　　富豪與中央貴族因各有需求而彼此勾結，其勾結作弊的地方在所謂「莊園」的新的土地所有形態上，其在此開展的活動給國衙之支配領域帶來深刻影響。課徵調庸或舉辦公出舉之所以能夠順利進行，乃由於國衙機構具備固有的行政功能，然當富豪與中央貴族相互勾結，這種功能當首先受其影響。為因應這種情勢的變化，自非採取新的租稅制度或採取其他方式不可，例如出舉之依田別貸放，調庸之名別賦課，由富豪徵稅及承包送物貨至京師等，展開了在八世紀未曾見過的情況，而這種變化的背後實有商品流通的發展在。其次值得注意的是在富豪當中已出現結黨群居，形成武士集團的雛型。其黨徒之部分人員雖不外乎為群盜，卻成為「侍」(samurai)而當「本主」之爪牙。因此，平將門之亂並非將門個人引起的偶發事件，乃是蟠踞於東國的小規模武士集團在其背後活動著。尤其在九世紀末以後，

---

❾　律令體制下的下層官員，位於品部、雜戶 (zakko)、白丁與賤民之間，其身分為良民。

史料上開始出現國司的裁判權已無法行之於其所任職的國中。國司原由天
皇委任他執行各該國中有關宗教、教育、行政、軍事、裁判等多方面的業
務而權限非常廣泛。就裁判言之，國郡司不僅裁決民事問題，在刑事上則
郡司擁有初審權，國司負責再審，然後為太政官（弁官）之審判，最後由
天皇敕裁，此為律令制的裁判原則。惟當王臣家在國內濫設莊園，富豪與
中央貴族相互勾結，則這種原則勢必無法執行，因此，至十世紀時部分地
區已瀕臨崩潰，因為當時的〈官符〉一再出現王臣家不經國司而發出〈家
符〉派出使者；被派使者則帶領許多隨從前往地方召集或逮捕郡司、雜色
人等加以譴責、禁錮，陵轢人民的現象，所以國司裁判權所面臨的危機由
此可窺見其一斑❿。

5. 王臣家之子孫與秩滿解任者

　　被稱為王臣家的上層貴族，也非置身於以攝關家為頂點的貴族制社會
特有的幽雅和風習之約束中不可。雖然如此，其中也出現不滿足於這種環
境，或被逐出這種環境者。充滿荊棘的鄉村雖不似京師之華麗，卻無貴族
社會特有的束縛。只因為他們具有高貴的血統而成為人們憧憬的對象，但
也有他淳樸的層面。他們之被任命為地方官的，主要為叫做「受領」階層的
中級貴族，但上層貴族也有因被命為地方官，或以公、私使者身分走出京畿
的機會。由於具有承包徵稅業務的地方官員可從中央政府獲得「全能者權
能」的保障，故他們既可施恩以博取民心，也可錙銖必求以貯積財富，所
以無論上層貴族或中級貴族，吸引他們居住地方的魅力在此。如要說他們
兩者的不同處，則是出身上層的貴族所處立場較有利。在此情形之下，他
們在任期屆滿後也往往不願離開地方。至於他們之在秩滿卸任後，即使返
回京師，也未必能夠陞遷，所以這也當是使他們繼續逗留地方的原因之一。

　　國司之在職期間，以其絕大權力和財富為背景，獲得廣闊墾田者頗不

---

❿　彌永貞三，〈律令制の崩壊と地方豪族の動き〉，《圖說日本の歷史》，四。

乏人，而他們之於在職期間與富豪相互勾結，至難於離開者也可能不在少
數。因此，他們便在卸任後繼續停留在任所從事農、商，或武裝而結黨群
居，橫行內外，擾亂治安，這種例子以西海道或東國等遠離中央的地方
尤多❶。

第二節　攝關時代之地方財稅制度

一、新舊相剋

　　從攝關政治開展的十～十一世紀開始，日本的古代國家已逐漸蛻變，
新舊交錯而呈現複雜的面貌。亦即自九世紀以來，京師貴族社會的古代名
族沒落，地方社會的伏流則發生往日的郡司階層新舊相剋、交替的變化❷。
攝關期地方社會之新鮮處在於往日被徭役負擔所束縛的上層公民打破以往
的框架，不再將所有人民登錄於戶籍以之為公民，並授與口分田而根據計
帳課徵貢賦，徵調他們從事徭役，向中央政府提供勞力的公民支配。雖然
如此，由國司所圖謀把握耕地，使田堵百姓（農民）等新的社會身分者承
包耕作，以之為「負名」（fumyō❸）課徵賦役，從而較前徵收更多的財貨，
把它繳交中央的地方政治功能本身則沒有改變。不過國司的「受領」則有
異於往日而在九世紀以後開始萌芽，至十世紀則以體制化的田堵百姓階層
為新的社會基礎，而以國司為媒介，將他們納入地方政治組織裡謀求建立

---

❶　彌永貞三，〈律令制の崩壊と地方豪族の動き〉，《圖說日本の歴史》，四。

❷　米田雄介，《古代國家と地方豪族》，頁 37。

❸　莊園裡的承包人的名田。將田租繳納該領主，公事則向其他領主負擔的二元關係
　　的名田。如果寺院的莊民至其他莊園或國衙領地耕作，也產生貢納關係，所以有
　　此稱呼。從平安時代開始出現的「雜役免」、「一色田」、「半不輸」等，其性質與
　　此相同。

彼此之間的關係❶。因此，十世紀中葉已看不到由郡司所為之地方政治，而郡司以「判官代」(hangandai) 的國衙職稱在國衙服務，成為「在廳官人」❶之一員。不過受領並非使往日的郡司負責郡內的一切徵稅業務，乃是使他自己從京師帶來的族人或隨從徵收而逐漸擴大其徵稅範圍。其下復有成為新的開發領主，在國衙占有職位者成為十一世紀以後的在廳官人。

　　這種變化的開始以九世紀中葉的社會變化為背景，以十世紀前後的寬平 (Kanpyō，889～898)、延喜 (Engi，901～923) 改革為界而從政治上開始者為王朝國家的第一階段。繼則進入在十一世紀中葉隨著公田官物率法之成立的而來的王朝國家之第二階段，至院政開始而體制化，結束其過渡期。

　　當縱觀過渡期的地方社會時，便可知其從公民百姓（農民）分解中上場的田堵百姓（農民）才是地方社會的中堅，而九世紀以來的田堵百姓之成長，與以他們為基礎之村落開發或莊園政治編制的進展有關❶。

二、調庸制的變遷

　　租、庸、調、雜徭為地方財政支柱，公出舉則為律令貢租中心，其中調、庸為中央政府之財政基礎。當時為備荒而將田租之大部分貯積於地方，故能反映於財政者有限。雜徭主要為國、郡司所利用，而在地方的國政運

---

❶　小林昌二，〈攝關期の地方社會〉，《攝關政治と王朝文化》（東京：吉川弘文館，2002）。

❶　也稱在廳。從平安中期至鎌倉時代，在國司之下經辦各種業務的官員。他們大都為地方豪族而世襲其職務。國司制度紊亂後，國司居住京師而不前往任所，實際政務由國廳（留守所）目代 (mokudai) 以下之各在廳官員辦理。他們之多數在平安末期武士化，至鎌倉時代成為幕府的御家人 (gokenin，直屬部隊)，其特性也發生變化而與知行國主的代官——目代對立。

❶　小林昌二，《日本古代の村落と農民支配》（東京：塙書房，2000），頁 13。

用上成為不可或缺的勞力，這些勞力可能多半被投入農村的生產，耕地的開發，及交通的營運方面；其由此所獲產品雖有一部分成為繳納中央政府的貢賦，卻經由重重曲折影響中央與地方的財政。

　　如據〈賦役令〉的規定，調以絹、絁、糸爰絲、布等布帛類為主，此外又有稱為雜物的鐵、鍬、鹽、海產，及稱為副物的紫、茜等染料，黑葛、木賊、油、漆、紙、蓆、鰹（柴）魚煎汁 (katsuonoirori)，及其他鄉土特產為課徵對象。課徵標準是次丁（老丁及殘疾）為正丁（成年男子）之半，中男（十七～二十歲之男子）為正丁之四分之一。即以成年男子為基準而及於次丁、中男，其餘則不成為課徵對象。這是一種人頭稅。

　　庸以課於正丁之歲役十日為基準，次丁五日，中男及京畿內不課。原以服勞役為原則，實際上則似乎以繳納布帛類替代勞役居多，但無論如何，庸也是一種人頭稅。

　　調庸物品由繳納義務人親自送往京師倉庫，不許國司收取運費負責代運，或於京師購買相同物貨繳納。此固非必須由納稅義務人親自繳納，但其所需費用則非負擔不可。調庸物品首先送至郡衙，由郡衙送至國衙。國衙於清點蓋上國印後附文送往京師。搬運調庸物品至京師者謂之運腳或綱丁 (kōchyō)，其無法僱請運腳之多數農民則似乎大家輪流搬運。

三、調庸違闕與政府對策

1. 追究國郡司之責

　　調庸制實施至八世紀中葉以後開始出現新事態，此一事態至九世紀更為嚴重。所謂新事態，即調庸之逾期繳納或數量不足，或未繳，或繳交品質粗劣者。由於調庸物品為中央政府的主要財源，所以上述負責現象給中央財政帶來嚴重影響。為此，中央政府所採取的措施，就是追究職司貢納調庸的國、郡司之責。當時地方國衙每年定期派遣至中央的重要使者有四，謂之四度使，即報告地方政務的朝集使，攜帶成為課役基礎之計帳之計帳

使，呈遞地方財政報告書（正稅帳）之稅帳使，及搬運調庸物品的貢調使。
貢調使乃國衙所遣搬運調庸物品至京庫的負責人，其正使由「目」(sakan)
以上的國司擔任，隨員有擅長會計、計算的屬僚（雜掌）。

　　貢調使原應與調庸物品同時進京，卻往往藉官方使者之特權利用驛馬
先行入京，不與綱領郡司偕行，其在京師期間的開支以公費報銷。貢調使
所攜帶者並非調庸物品，乃是有關調帳、庸帳及其他有關調庸的公文。貢
調使抵京後首先向太政官提出這些公文，太政官檢查文件是否完備後把它
交給民部省，由民部省轉交大藏省。另一方面，貢調使又率領自任國搬運
貢調物品至京師的綱領郡司至民部省，然後與民部省之「錄」(sakan)、史
生 (shisyō) 偕往大藏省。繼則在大藏錄會同下貢調使、綱領郡司、民部錄、
民部史生等人，將所上調庸物品加以清點。清點完後民部省移〈應納調物
狀〉給大藏省。大藏省接到此〈調物狀〉後向太政官申報〈應繳官之由〉，
然後在規定月分二十日前開始隨時收取，並交付每日所收物品之收據。繳
納完了後，貢調使率綱領郡司前往大藏省呈上收據，然後由民部省所屬主
計寮檢查相關文件，並經主稅寮確認完納後製作〈返抄〉（收據）交付使
者。庸之繳納手續亦應與此相仿。〔見圖三九〕

　　貢調使如得不到〈返抄〉便無法回去，綱領郡司也可能如此。貢調使
與綱領郡司之為繳納調庸物品的主要負責人，可由此繳納手續獲得佐證。
當調庸物品之粗劣、逾期未繳等成為政治問題時首先成為肅清對象的就是
他們。

　　從八世紀末的寶龜年間開始規定專門負責貢調的國郡司，而一再發布
明確其責任的政令。設置專門負責調庸的國司，意味著禁止以其他公務名
義較貢調使先入京的使者在停留京師期間，代理貢調使提出調帳與庸帳。
專賣國司須先將其姓名、經歷報告中央政府，他必須親自入京處理繳交調
庸物品業務。延曆九年規定，使者在京期間須在民部簽到，如曠職日數多
則將影響其考績。前此，調庸物品如有違闕，綱領國司則解除其現職，無

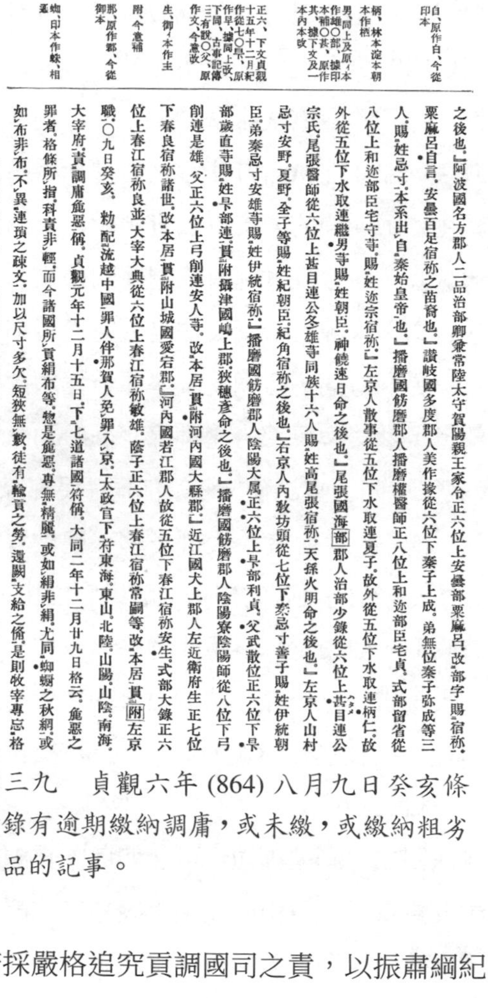

本文依本內。原印本作男，原印上文，原一作柄其柄，本補○○。原印本作男，原印男、原作○。今從本朝印本

白、原作白。今從本朝印本柄、林本淀本本朝

三代實錄卷九　清和天皇貞觀六年八月

生、御丁本作主附、今業補御本那、原作那。今從御本

畑、日本作馳、相迊

之後也。阿波國名方郡人二品治部卿兼常陸太守賀陽親王家令正六位上安曇部粟麻呂改部字賜宿祢。栗麻呂自言，安曇百足宿祢之苗胄也。男、姓寸之本系出，自秦始皇帝之後也，弟無位秦子弘成等三人、賜姓忌寸。本系出，自秦始皇帝也。八位上和迩部立宅守等、賜姓迩宗宿祢。左京人散事從五位下水取連夏子故外從五位下水取連柄仁故。宗氏尾張醫師從六位上苦目連公多雄等同族十六人賜姓高尾張醫師從六位上苦目連公。忌寸安野、夏野、全子等賜紀角宿祢、紀角宿祢。天孫火明命之後也。左京人山村臣、弟秦忌寸安雄等賜姓伊統宿祢。播磨國飾磨郡人陰陽大屬正六位上卓利貞、父武散位正六位下卓部歲直寺賜姓呉部連。其附籍者命之後也。播磨國飾磨郡人陰陽寮陰陽師從八位下弓削是雄、父正六位上弓削連安人等、改本居「貫附山城國愛宕郡」「河內國若江郡人故從五位下秦江宿祢安生式部大錄正七位位上春江宿祢敏雄。改本居「貫江宿祢」近江國犬上郡人左近衞府生正六位下卓下秦良宿祢諸世。改本居「貫附山城國愛宕郡」「河內國大縣郡」大宰府貢調庸麁惡佈。貞觀元年十二月十五日下七道諸國符佈，大同二年十二月十九日格云，麁惡之職。○九日癸亥，敕配流越中國罪人伴那賀人免罪入京，太政官下符東海東山北陸山陽山陰南海卯者、格簰所指科貢非。輕而今諸國所貢絹布等，悉是麁惡、專無精麗，或如絹非絹尤同，蛔蟖之絲網或如布非布，不異蓮頹之疏文。加以尺寸多欠。短狹無、數徵有輪負之勢、還關支給之徭。是則牧宰專忌格

圖三九　貞觀六年 (864) 八月九日癸亥條所錄有逾期繳納調庸，或未繳，或繳納粗劣物品的記事。

法獲得民部〈返抄〉之國司則不讓他參與身為貢調使者的釐務，及剝奪其公廨，而讓非專責國司之代理綱領國司業務者，亦受相同處分。迄至大同二年則將此〈格〉改為正式的法律條文來處置，其未繳納部分由使者的公廨來填補。此後至齊衡二年 (855)，將追究未繳清調庸之責的對象從貢調使、綱領郡司擴及國司史生以上之所有人員；貞觀六年則把填補的責任範圍擴大到國博士等有品秩的所有官員。直到十世紀初為止，對剝奪公廨的範圍，實物的備辦方式，處置手續，或黜陟的方法等，其所頒政令容或有若干沿革上的差異，但基本方針並無改變。亦即律令政府採嚴格追究貢調國司之責，以振肅綱紀，如果仍未見效，則追究所有國司之責。

2.恩赦與勘繳手續

中央政府對逾期未繳的調庸物品雖採上述措施，不僅效果不彰，而且繳交粗劣物貨或逾期未繳的情形日益嚴重。為對應這種情勢所採取的，就是與現實妥協而一再讓步，以防未繳數目增加。其辦法之一，就是以恩赦來銷帳〔見圖四〇〕，而承和九年所頒「恩詔」可謂為劃時代的措施，不過未繳調庸在當時尚不成為「恩赦」對象。繼則於仁壽三年 (853) 四月頒布

「無須繳納承和十年以前未繳調庸」之恩詔，此當係把未繳調庸銷帳的首例。此一詔敕所意圖者在於拯救因天花而來的民力之疲弊，其所以定為「承和十年以前」，似可認為以往未繳十年分的調庸，無論如何也非彌補不可。因為承和十年恰好為仁壽三年的十年前。此後則包含免除調庸在內的〈官符〉 在齊衡年間 (854～857) 一再出現 ， 這可視為響應簡化檢納業務的措施❶。勾銷未繳調庸乃一方面消除相關官員沉重的心理負擔，一方面維護整肅綱紀政策的面目。於是勘查調庸繳納的業務簡化，其副次的成效在歷史上值得注目。

調庸檢查、繳納手續之使貢調使們最感痛苦者，為寶龜十年所定未取

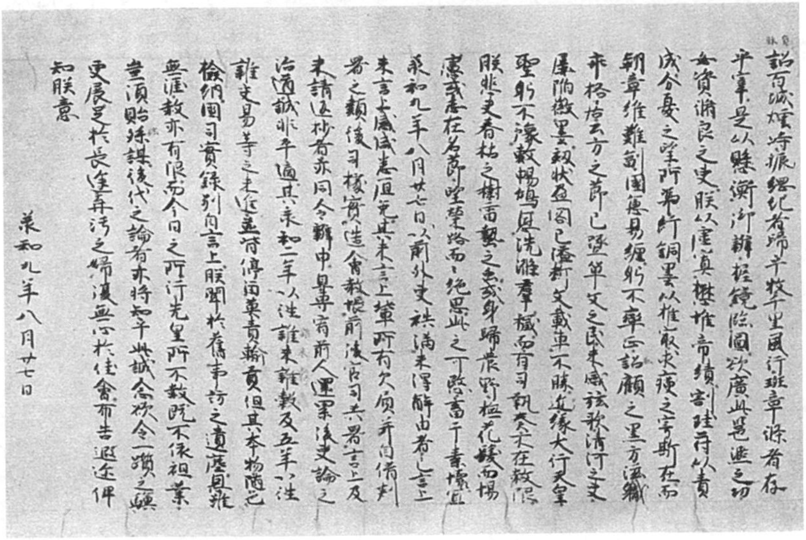

圖四〇　《類聚三代格》承和九年八月二十七日〈太政官符〉　弘仁以來長達四十餘年的時間，以天皇、上皇身分逞其權勢的嵯峨上皇，在上月十五日於嵯峨院歡渡其五十七歲誕辰而頒布大恩赦令。就如本文所述，他原諒國司之未繳雜米、雜穀、雜交易物及未受〈交替許可證〉等，使律令的原則發生很大的變化。之後對於未繳調庸問題的防杜措施被逐漸取消。尊經閣文庫典藏。

❶　彌永貞三，〈律令制の崩壞と地方豪族の動き〉，《圖說日本の歷史》，四。

得〈返抄〉不能回任國之〈格〉。只要有些許未繳或違關被查出，就無法獲得〈返抄〉，使貢調使陷於苦境。由天長三年 (826) 五月之〈格〉，開始對已繳部分給與臨時〈返抄〉；至承和十年之〈格〉，使此一辦法也及於寺院、神社及諸家封戶所繳調庸物貨。我們可由仁壽二年四月之〈格〉所謂：「多者累積數十年，少者五、六年，未曾獲〈返抄〉。……非僅如此，一旦被指定為貢調使，便長久無回國希望；如至主計寮簽到的次數不足則被免職。諸使中貢調使尤受嚴厲譴責。……」了解〈返抄〉手續使貢調使陷於痛苦深淵的實情。該〈官符〉為解除這種現象所採措施是：①今後即使有未繳清者，在審查損益手續完了後應讓其回國，使之致力填補未繳部分。②今年未繳清部分使其明年完繳，如有逾期未繳之國，則使該國之長官及使者負責繳清。此〈格〉在日後雖作若干修改，但其基本方針是：沒有〈返抄〉也可回國；未繳清部分以一年為期加以解決，這兩點辦法乃為日後被長久繼承的原則。就這種意義上言，仁壽的〈官符〉實為調庸檢查、繳納手續史上值得一提之辦法，而仁壽三年所頒註銷除往來年繳部分，則為補充此一條文者。

3. 未繳率徵制

前文說為註銷未繳雜米以下各種調庸而於承和九年發布恩赦，然此恩赦卻成為日後繼任國司者承擔前任者所留下未繳部分的責任。為調整這種不公平現象，乃於承和十三年九月決定課徵每年未繳部分的十分之一，以減輕繼任國司者之不當負擔。惟此〈格〉在其事由裡言：「赦前舊年之調庸並未進官物」而似與未進調庸發生關聯。惟從日後變遷觀之，此是否與原〈格〉相符，或此〈格〉具有實質上效果，不無疑問。因為仁和四年 (888) 七月的〈格〉所引藤原保則的〈解狀〉言：「租稅（田租與出舉）雖原有率徵之例，調庸未必如此」。當時保則雖主張調庸也比照租稅採率徵制而獲政府同意，但日後的國司在其任內必需負責填補未繳部分，如仍有未繳清者應拘提勘解由使。故此〈格〉乃欲以率徵法將前國司往日所累積未

繳部分消除，日後出現之未繳部分則在各該國司任內加以解決，亦即調庸
率徵制之施行，與如有未繳調庸情事發生，就要拘提勘解由使。總之，承
和十三年雖發布調庸率徵制而與恩赦搭配，卻未實施而於仁和四年與解由
制相配合。雖說率徵十分之一，卻未明言何者的十分之一，所以民部省內
部對此一問題的看法也不能一致。因此，至寬平三年 (891) 乃請官方裁決
而決定為未繳部分的十分之一。雖然如此，此一時期未繳部分的數量極為
龐大，即使其十分之一也遠較一年分的調庸為多而無法解決實際問題，故
乃又規定為當年應繳數目的十分之一，如此方才完成「調庸未進率法」。

4.大帳年中死丁率法

　　與率徵制有關而必須提及者為「大帳」，所謂「大帳」，就是掌握徵收
調庸對象之課丁（調庸丁）之帳冊。登錄於大帳的課丁數之增減，與調庸
之增減有密切關聯。〈令〉文明白規定以戶口之增益作為國郡司考課之基
準，此一方針至《延喜式》為止一直沒有改變，而《延喜式》之所以有關
於「大帳勘會」的詳盡條文，亦基於同一旨趣而來。與其他公文一樣，大
帳也依國之遠近定有繳交中央的期限，亦即大帳記完後至提出有若干期限。
被登錄於該年分之大帳的課丁固有繳納調庸之義務，但如果在大帳製作完
了後至提出期限截止前死亡者，則不能向他課徵調庸，此即為「大帳後死
調庸丁」。大帳後死調庸丁的增加，即表示調庸的減少。《延喜式》為抑制
「後死庸丁」之不合理增加設有巧妙的條文，即：如果大帳製作完了後死
亡的月別平均數較年中死者（前年度死者）之年間月別平均數為高，其相
當於差額人數之調庸須由國司負責繳納。制訂此一條文的用意雖佳，卻也
有漏洞，因為只要使年中死者的人數增加，便可增加大帳製作後的死亡人
數。天慶五年 (942) 所引主計寮之〈解〉謂：從表面上看，當時課丁之與
大帳法令抵觸者雖減少，然與昌泰 (898～901) 以前較之，延喜以後的年中
死者急速增加，因而大帳作成後的死亡人數也急遽增加，致調庸顯著減少。
政府為對應此一現象，日後只承認調庸丁總數之一成之年中死亡者，如逾

此數則予以舉發調查,其超過人數將併入課丁人數徵收。此一措施即是「年中死丁率法」,此一規定在基本上與調庸率徵法相同,俱為遏止調庸減少的辦法。

5.「損戶率法」

除上述外,尚有關於損戶率及損戶課丁問題。〈賦役令〉規定:如果因水、旱、蟲、霜等害而損失七成以上,可免租、調;損八成以上課、役全免。據慶雲三年之〈格〉,如發生七分以上之損戶,國司有權裁量免除調庸者國四十九戶以下,損七分以上之戶數超過五十戶以上(異損)則向太政官報告,三百戶以上則需於九月三十日以前奏聞天皇。此慶雲三年〈格〉之旨意雖一直被繼承到延曆年間,卻不斷發生逾越〈格〉所定上限之「異損」情形,致使政府不得不發出誡諭「虛偽報告」、「逾期報告」之政令。然此乃國司為使未繳調庸合法化的少數辦法之一,所以政府所意圖者似乎不易兌現❶❽。

迄至弘仁七年 (816),出現「不三得七」❶❾ 之〈格〉,通計一國如能徹底遵守「不三得七」之原則,則國司可在此一範圍內裁量減免措施。此〈格〉雖非放棄「大國四十九戶云云」之慶雲〈格〉之原則,但通計一國可在帳冊上處理這點,似乎表示損戶數的比率相當高。這種現象對徵收調庸者而言實為不利,但從繳納者言之也有失公允。

到了天長十年又出現:以損、得戶之丁為彼此同率,如違此率而予過多的減免,則調查舉發《損田帳》以補徵其不足數之〈格〉,這表示將損戶作不合理的虛報之舉已不能視若無睹的地步。弘仁七年的國內通計原則至承和十三年 (846) 見廢,而有課丁不多之戶可依其申請減免,大國四十九戶以下則把它作為例損戶而置於課徵範圍外之〈格〉。雖然如此,並未放棄

---

❶❽　彌永貞三,〈律令制の崩壞と地方豪族の動き〉,《圖說日本の歷史》,四。

❶❾　八世紀所確立,估計減免十分之三的租稅,其餘十分之七課稅的慣例。

主計寮所嚴守之「彼此同率格」。之後，雖有仁壽年間 (851～854) 及齊衡年間的兩次改革，惟至貞觀十三年又恢復「彼此同率」辦法。

四、新情勢的開展

1.調庸的名別賦課

　　律令法的體系將口分田的頒給與調庸之課徵分開，調庸係人頭稅而非地稅。如遇損七分以上的嚴重災害，固可免繳調庸，但擁有口分田與繳納調庸之事未必完全沒有關聯。調庸雖非地稅，然如無口分田便無調庸，此當係律令的立場，即使帳冊與現實顯著乖離的九世紀末葉以後，也仍維持此一原則。當時不僅未失此一原則，反而視口分田或土地之所有與調庸之繳納關係，較往日更為密切，例如：寬平八年四月的〈官符〉所載山城國問民苦使 (momikushi) 平季長所謂：「即使為治水而責備農民之調徭❷以抑制口分田，實為不當」，此語當可表示九世紀末葉官員對此一問題的想法。延喜十四年 (914) 三善清行的〈封事十二條〉裡也說：「公家之所以頒口分田，在於收調庸，舉正稅」。其所以有這種意見，應是：雖因帳冊制度破壞而難於掌握農民，卻因田圖、田籍而得以掌握耕地。

　　其成為課徵調之對象的前提條件在於口分田的頒給，並且又是經濟充裕而堪為農夫者，亦即擁有土地（口分田）而被認為有能力擔負稅捐者，故當其名被列入徵稅帳冊時，其背後實存在著土地與財產。因此，在承平二年 (932) 當時被列入徵稅帳冊者，既是以擁有土地為前提的人，也是課稅的單位。當課徵調庸逐漸發生困難的情形下所產生新的課稅體系，係以「名」為單位，此為九世紀至十世紀前半之間變遷的大致情形。如據尾張國（愛知縣）〈郡司百姓等解文〉的記載，十世紀末葉的調庸已被併入地稅裡。

---

❷　畿內不課庸，故此徭指雜徭。

2.交易制

　　從九世紀初至十世紀前半之間，律令政府雖為維護調庸制而採取上述種種對應之策，卻無法挽回狂瀾。然政府無論如何也需要調庸，故在此情形之下開展者即為交易制。

　　將乘田❷的地子 (jishi❷) 易為輕貨繳納中央乃〈令〉之所定，而將成為地方國衙財政之主要支柱的部分出舉利稻作為交易財源，把由此所得物資繳交中央，亦為〈令〉所規定，此兩者俱為八世紀以來所確立之慣例。當此一慣例發展以後，便產生以乘田地子和出舉利稻為主要財源的交易。就這點言之，它與八世紀的慣例並無二致。如從物資生產者方面言之，其交易物品係根據當時所作估價支付代金，為搬運至京師倉庫則給與公費，所以雖有強制他們提供一定數量的物資之情形，但理應與提供一般商品無多大差異。然在原則上，將那些物資搬運至京師之負責人為貢調使，而檢驗、收納手續則可能比照調庸辦理。就收受者言之，品目本身既與調庸無多大差異，且可能具有流動性。因此，可能被認為類似調庸，或與調庸無法區分的貢納物品。如果調庸無法順利到達京師，則欲以交易物品來補充，或以它們來取代，乃自然趨勢。

　　如將地方國衙之財源加以分類，則如下表：

　　從九世紀初至十世紀前半百餘年間，律令政府為維持調庸制所採措施雖多彩多姿，然其效果似乎有限。

---

❷　亦書如剩田。令制下公田的別稱。頒給口分田、位田、賜田、墾田、私田後所餘之田畝。依〈田令〉規定，這種田直屬國家，由國司管理，而以一年為期租給農民，向其課徵收穫量之五分之一地租以繳交太政官。平安中期以後，因班田制崩潰而自然消逝。

❷　在律令體制下，將頒給口分田後所剩之田出租給農民所得之地租，定額為收穫量的五分之一。

表三五：國衙財源

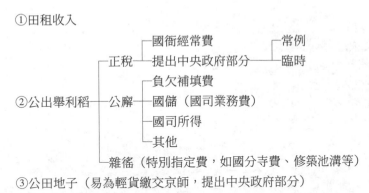

①田租收入

```
          ┌正稅──┬國衙經常費────┬常例
          │      └提出中央政府部分─┴臨時
②公出舉利稻─┤公廨──┬負欠補填費
          │      ├國儲（國司業務費）
          │      ├國司所得
          │      └其他
          └雜徭（特別指定費，如國分寺費、修築池溝等）
③公田地子（易為輕貨繳交京師，提出中央政府部分）
```

典據：彌永貞三，〈律令制の崩壞と地方豪族の動き〉，《圖說日本の歷史》，四。

3.搬運調庸至京師的承包制

　　當我們看寬平七年 (895) 所引美濃國之〈解〉之「諸國例」時，可發現將「租稅調庸」分攤給郡司們，使他們專門負責，並徵調土人（設籍於該國者）、浪人（無籍貫者）作為綱丁，使之搬運調庸物品至京師，如果官物有損失，則以他們的私物來彌補損失，而國司不負彌補損失之責的事例增加。《延喜式・氏部》則規定：將官物運往京師之際如有損失，則除「如法科處」綱領、腳夫外，還規定將虧損部分分為五份，向綱領徵收三份，腳夫徵收二份。在此所謂專門負責的郡司，應是代替國司承包繳納租稅調庸者。亦即貢調使不上京，綱領郡司胡作非為而中飽私囊等情況的背後有擺脫〈職制律〉或〈職員令〉、〈考課令〉之郡司之立場在。因為：雖說他們根據國家權力課徵調庸，或把調庸運往京師，實際情形是他們有義務將必要的東西運往政府規定的地方。與之同時，如有虧損，他們也有彌補虧損部分之責，完全負責一切大小事情，而其間似有相當的裁量權。

　　天曆元年的〈官符〉記載：近年有置「弁濟使」之國，將官物置於彼處以謀私利。貢調使妄自稱弁濟使而在「奔競之間」喪失官物。為獲〈返抄〉而貢調使所應做之計算工作卻完全委諸史生，當非彌補虧損不可時，

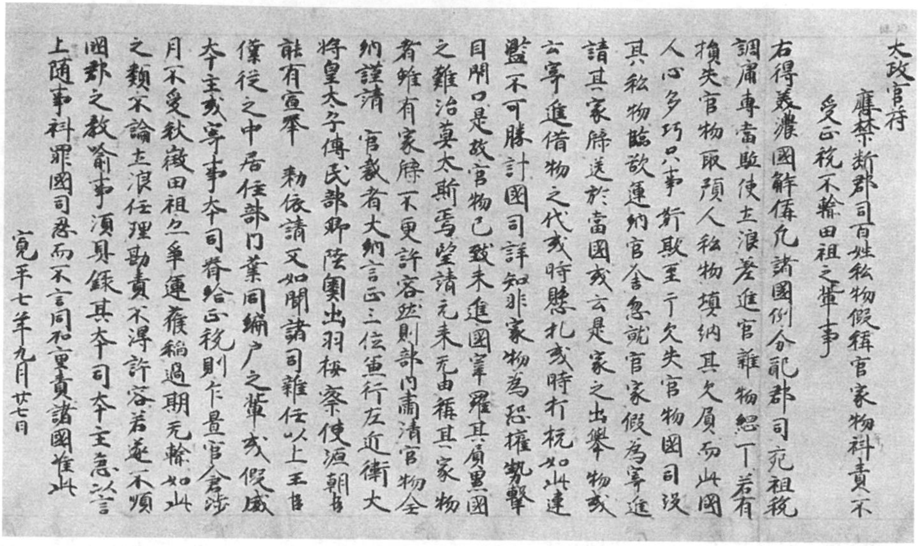
太政官符
應禁斷郡司百姓私物假稱官家物科責不
受正税不輸田租之輩事
右得美濃國解偁，尤諸國例分配郡司充租税
調庸專當駈使土浪差進官雜物綱丁，若有
損失官物，取預人私物填納其欠負，而此國
人心多巧，只事欺罔，至于欠失官物，國司設
其私物，臨欲運納官舍，忽就官家假為寄進，
請其家牒送於當國，或云是家之出舉物，或
云寄進借物之代，或時懸札，或時打杭，如此違
濫不可勝計，國司詳知非家物，為恐權勢，彎
目閉口，是故官物已致未進，國宰羅其負累，國
之難治莫太斯焉，望請，元來无由稱其家物
者，雖有家牒，不更許容，然則部内肅清，官物全
納，謹請　官裁者，大納言正三位兼行左近衛大
將皇太子傅民部卿陸奧出羽按察使源朝臣
能有宣，奉　勅，依請，又如聞，諸司雜任以上，王臣
僕從之中，居住部内，葉同編戸之輩，或假威
本主，或寄事本司，脊給正税，則作畳官倉，涉
月不受，秋徵田租，乞年運獲稲，過期无輸，如此
之類，不論土浪，任理勘責，不得許容，若逆不順
國郡之教，喩事須具録，其本司本主，意以言
上，随事科罪，國司忍而不言，同和亦重責，諸國准此
寬平七年九月廿七日

圖四一　《類聚三代格》寬平七年九月二十七日〈太政官符〉　寬平年間 (889～898) 乃律令體制發生很大變化的時期，此〈官符〉可謂為其最佳例子。在貢調使、綱領郡司領導下由腳夫運輸調庸繳納的律令原則已不復見，而國衙使郡司專門負責詰庸租稅，在郡司們的責任下繳納調庸，如有缺失，則由負責人以私財來彌補而成為「國例」。與此相對的，負責者則尋求皇族或有力貴族保護，以對抗國衙之究責。尊經閣文庫典藏。

卻把責任完全推給「愚暗」的綱丁們。從其文脈觀之，在此出現的「弁濟使」，似為貢調使之私稱，這使人不由得聯想出現於康保三年 (966) 五月藤原賴國〈書狀〉的「弁濟所」。但無論如何，弁濟使可能為貢調使屬下，或與貢調使為同一個人。即：將官物收於彼處以謀私利，於「奔競間」失去官物的處所就在「弁濟使」或「弁濟所」。「奔競間」的語意雖不甚明瞭，然由寬平三年的丹波國（京都府）〈解〉所謂：「徵物使」爭先搶奪調庸物的情形觀之，則弁濟使們可能趁彼此搬運調庸混亂之際謀求交易之利，並且可從而推知當時的商品的流通範圍已相當廣闊㉓。

㉓ 彌永貞三，〈律令制の崩壞と地方豪族の動き〉，《圖說日本の歷史》，四。

五、出舉制的變遷

1.公出舉制的確立

出舉乃出借錢財以收本、利。在此所欲探討者為穎稻的出舉，亦即成為律令國家本身所出借、回收之主體之公出舉 (kusuiko)。律令的條文既無關於公出舉的規定，其起源也眾說紛紜，雖然如此，出舉卻是八世紀以來支撐國家財政的重要收入。

前文雖已提及利稻的運用問題，在此擬進一步說明：天平五年以前，出舉稻除正稅（大稅）外，依其運用目的有郡稻、公用 (kuyō) 稻、兵家 (hyōka) 稻、驛起稻、寺用稻等名稱。其職司出舉事務的官員不侷限於國司，而由郡司直接負責，或國司接受中央官員的指揮辦理。惟至天平六年的郡稻，繼則十一年的兵家稻與驛起稻被併入正稅，而為國司所掌握、運用。在此情形之下，財政規模雖未必有很大變動，但與昔日依費用別各有負責人，經辦手續有別者較之，其負責者已侷限於國司而他可以作彈性運用，因此可防下屬機關之出錯及違法使穎稻減少的缺失。

天平六年，除實施郡稻之正稅混合外，也還施行國司借貸之制。所謂國司借貸之制，即把一定數量的穎稻無息借給國司的恩貸制度，國司可以此出舉作為自己收入的來源，而天平十七年成立的公廨稻 (kugaitō) 之制，則似由此借貸制發展者。公廨稻是國司以其利息彌補官稻之負欠，並以之為相當於往日國儲之財源，所餘部分則可編入國司收入的辦法。由此制而為國司所掌握作為出舉財源的穎稻，大致上被析為正稅、公廨兩稻，前者主要作為國衙經常費與繳交中央政府的財源，後者用於彌補負欠、國司所得及其他。此外，雖尚留下部分雜（色）稻，但公廨稻制可認為是給國司廣泛運用有關出舉稻的自由和權限，以加強國衙財政，並確保中央政府財政的措施。同時也可認為以正稅、公廨兩稻為主軸的財政運用基礎在此時已確立，其帶有濃厚稅制色彩的出舉制度也因此成立。隨著公廨稻的設置，

雖大幅增加作為出舉財源的穎稻之必要，但似乎也有些地方將原來所保有
的穎稻大致上二分為正稅、公廨兩稻者。

2.九世紀出舉的擴大

以正稅、公廨（及雜稻）為主軸的公出舉運用，至九世紀也沒有改變。
惟在一般趨勢裡，作為公出舉財源的本穎稻，即正稅、公廨、雜稻的數量
即使在名義上有所增加，其所出舉的穎稻與本穎的比率——出舉率則應無
甚變動。本穎數增加而仍維持其出舉率，這表示由出舉而來的國衙財政，
及國家財政之規模有擴大傾向。我們雖因受史料之囿限而無無法探討其擴
大的實態，卻可從天平年間的正稅帳窺見其端倪。〈正倉院文書〉裡所見二
十餘國之正稅帳，係詳錄當時國衙財政的報告，其內容雖相當豐富，卻因
多屬殘卷，不僅難從其中找尋本穎數量，而且俱為天平十七年設公廨稻以
前的資料，故只能推測其梗概而已。

第三節　院　政

一、步上院政之路

1.後三條天皇之即位

治曆四年 (1068) 四月十九日，後冷泉 (Goreizei) 天皇崩，同日，皇太
子尊仁 (Takahito) 親王即位，後三條天皇之治世 (1068～1072) 於焉開始。
因後三條與攝關家藤原氏無外戚關係，故其即位給藤原氏帶來重大打擊。
後三條天皇為後朱雀 (Gosuzaku) 天皇之次子，後冷泉之弟。後冷泉之母為
藤原道長之女嬉子 (Kishi)，後三條之母則為三條天皇之女禎子內親王，故
關白藤原賴通雖是後冷泉的舅舅，但對後三條言之，毫無外戚關係，所以
後三條之被立為皇太子，乃藤原氏所不願見者。

藤原賴通曾公然為難後三條天皇之生母禎子內親王。禎子在後朱雀天

皇尚為東宮時，因藤原道長之女嬉子去世而繼為太子妃，於長元七年
(1034) 生下尊仁 (Takahito) 親王。九年 (1036)，後一條天皇駕崩而後朱雀
即位，明年禎子被立為皇后。然賴通竟阻擋皇后進入大內，其間使自己養
女嫄子為女御入宮，然後將嫄子推為中宮，期待她生下皇子。然嫄子僅生
皇女而於長曆三年死去，經周年忌辰後，皇后方得進大內，此時已經後朱
雀即位後四年八個月的時間。很明顯的此為賴通故意使人不快的作法，他
徹底討厭尊仁親王的存在。

2.立尊仁親王為太子

　　關白藤原賴通對尊仁親王的態度既如上述，他被異母兄後冷泉天皇立
為太子的經緯如何？尊仁之被立為太子的時間與後冷泉之登基同日，乃寬
德二年正月十二歲之時。因未留下任何紀錄，故難知箇中情形。如據《今
鏡》所載〔見圖四二〕，當後朱雀病篤發生繼承問題時，賴通雖表示暫時擱
置，但賴通的異母弟權大納言藤原能信 (Yoshinobu) 卻強烈主張如失此機
會，尊仁便無法成為太子，故經後冷泉之裁決而立尊仁。因《今鏡》的成
書在此一事件發生後百二十年，故其正確性未必可靠，惟能信在尊仁當太
子之同時為春宮大夫，之後至其死亡的二十年間始終以大夫奉仕，且以姪
女藤原茂子為養女以配親王。茂子生貞仁親王即日後之白河天皇（1072～
1086 在位）。白河平日謂如無能信，自己便不可能即帝位而尊稱能信為「春
宮大夫殿」，故能信對尊仁之立太子有功，殆無疑慮。

　　能信雖是道長之子，但與以源倫子為母之主流賴通、教通有異，而與
兄賴宗同以源明子為母。明子乃安和之變時失位，被貶至九州的左大臣源
高明之女。賴宗、能信兄弟與攝關家主流似採不合作態度，故尊仁四周充
滿著反賴通的空氣。

3.賴通之退隱

　　攝關家之換不合己意的太子的近例，為道長壓迫三條天皇之子敦明親
王（小一條院），終於使他辭去太子之位，而以其外孫敦良親王（後朱雀天

表三六：皇室族譜

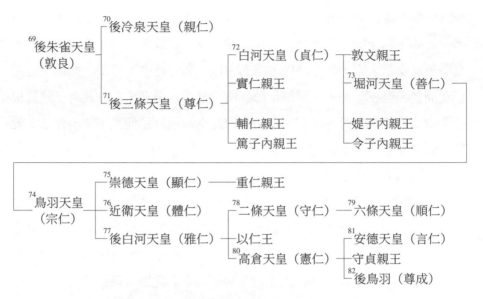

典據：土田直鎮，〈院政〉，《圖說日本の歷史》，五。

註：阿拉伯數字為即位次序。

皇）為東宮。賴通雖可能用種種手段來壓迫尊仁，惟《今鏡》僅言東宮時常擔心自己不知何時會被趕下太子地位而未言其緣由，《榮華物語》也記載東宮尊仁與賴通不和之事。幸虧未誕生可取代東宮尊仁的皇子，故尊仁乃以當時不遇的大江匡房 (Ōeno Masafusa)、藤原實政 (Sanemasa) 等才俊為侍從培養學識，度過二十四年的東宮歲月。

當賴通領悟大勢已無可挽回時，乃於治世交替之前三日將關白之職位讓與其弟教通，於是時年七十七的老關白遂離開政權寶座。

後三條天皇之即位，在不以藤原氏為外戚的天皇出現這點言之，實為宇多天皇後相隔一百七十年之事。並且他的個性剛毅果斷，為三十五歲的壯年天子。故個性較溫和的關白教通不僅充分尊重後三條的旨意，而且有凡事倚靠後三條判斷之傾向，因此，後三條對國政的態度逐漸積極化。於

是以這些條件為基礎，出現
強大有力的後三條天皇之新
政❷。

二、後三條之親政

1.後三條天皇之新政

　　後三條即位後，於次年
（延久元年）二月發布〈延
久莊園整理令〉，廢除後冷泉
於寬德二年以後成立之莊園
中文件不齊全者。同年閏十
月則為調查有關莊園的證件
而設莊園券契所（記錄所）。
整理莊園時因攝關家的莊園
也成為調查對象，故曾受關
白教通之抗拒。由於正式的
莊園體制在當時尚未確立，
故政治的影響較經濟的打擊
為大，亦即攝關家從屬於天
皇之事為眾所周知。由此，
可窺知後三條對自己在太子
時代所受壓抑的報復意識。
非僅如此，記錄券契所的設
置，將前此由國司個別認定

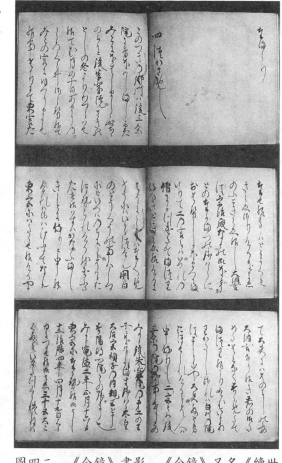

圖四二　《今鏡》書影　《今鏡》又名《續世
繼》，成為《大鏡》之續篇，而以假名記載後一
條天皇萬壽三年 (1026) 至高倉天皇嘉應二年
(1170) 之間的歷史。作者可能為釋寂昭（藤原
為經），史料的可信度高。此係記載後三條天皇
立太子之際的內幕。此為現存諸本中最古老的
版本。東京都富山記念館典藏。

---

❷　土田直鎮，〈院政〉，《圖說日本の歷史》，五。

的莊園集中於中央，以阻遏新莊園的增加。並且又設「宣旨枡」以統一度量衡，故使營造伊勢神宮、大內，及舉行大嘗祭等國家大事時，能夠超越莊園、公領之域而容易徵收一國平均役的賦課，故正式的中世國家財源基礎在此時已確立❷⑤。

2. 攝關之從屬

因後三條天皇非藤原道長之外孫而其立場與前數位天皇有異，故似有開創新王朝之意識，這點與否定天武系皇統而開天智系皇統之光仁、桓武天皇相通。後三條於延久元年 (1069) 五月企圖征討東夷而向石清水八幡宮祈禱，而此事由陸奧守源賴俊及清原貞衡等人之征討蝦夷島付諸實施，這種作法似與桓武一樣，擬透過征討夷狄來樹立新王朝的權威。

後三條親政後攝關似已起不了甚麼作用，因他既非天皇尊親而與一般臣子無異，自無法從天皇幼時開始給與影響，如據鎌倉時代所完成《古事談》的記載，當藤原賴通將關白之職位讓與乃弟教通時，約定在兩三年後須把此一職位讓與賴通之子師實 (Morozane)，不過教通違約不讓，致雙方引起糾紛。經後三條裁決，使教通留任。在攝關時代，因攝關之職位問題曾經發生過數度糾紛，然因圓融天皇之母藤原安子之遺言，使兼通、兼家兄弟間的爭執結束；一條天皇之母藤原詮子為抑止其姪藤原伊周 (Korechika) 之野心，將政權給與藤原道長；亦即每當攝關家發生繼承問題時，均由出身攝關家的國母出面解決爭端❷⑥。在親權強大當時，有關皇位、攝關等皇權中樞的人事糾紛，係由天皇之父親（上皇）、母后，或母后之父（外祖父）裁決。然在平均壽命短，皇位之父子相承尚未落實之當時，由上皇裁決者僅有宇多、圓融兩例，外曾祖父裁決者也只有良房、兼家、道長三例而已，因此母后的活動特別醒目❷⑦。然後三條即位後已無出身攝關

---

❷⑤ 石田進，〈院政時代〉，日本史研究會編，《講座日本史》，二（東京，東京大學出版會，1970）。

❷⑥ 元木泰雄，《院政期政治史研究》（京都，思文閣，1996），頁 53。

家的國母，故能從事調停者除天皇外別無他人。在此情形下，分為賴通、
教通兩派的攝關家不得不從屬於握有人事決定權的天皇。即天皇很單純的
不採能使外戚復活的方策❷。

3.後三條之讓位

延久四年 (1072) 十二月，後三條在位僅四年而突然退位，慈圓著《愚
管抄》雖謂後三條此舉係為實施院政，然在重視前例之當時，很難認為他
突然想實施院政。由於後三條於退位之次年崩，享年四十，故有人以為因
病而退，然他在去世前夕非但行幸攝津國之住吉神社與四天王寺，而且未
曾祈禱治病，所以這種說法也難成立。在此情形之下值得注意的是當白河
(Shirakawa) 天皇繼位時，同時使其弟實仁親王出家。因白河之妃為賴通嫡
子師實之養女，故實仁之出家實有預防攝關外戚復活之意圖在。並且就如
天皇之預定由實仁之弟輔仁 (Sukehito) 親王繼位似的，後三條退位的原因
似為使皇位繼承次序明確化❷。後三條雖早死，然其即位與儀禮不僅被視
為延久之例而為後世貴族所尊重，他本人也被認為是新王朝之創始者而獲
讚美。

三、白河之政務與讓位

1.天皇之主導權

白河親政期間，也壓抑著攝關而確立以天皇為軸心的政治主導權，其
直接原因與前述攝關家內部的糾紛有關。由於後三條不承認賴通之子師實
繼承關白之職，故為教通之繼承人問題左大臣藤原師實與教通之子信長對
立，而其爭執持續至白河天皇時代。

承保二年九月教通彌留之際，白河接受其所寵愛中宮賢子（師實養女）

---

❷　目崎德衡，《貴族社會と古典文化》（東京，吉川弘文館，1995），頁 151。

❷　石田進，〈院政時代〉，《講座日本史》，二。

❷　橋本義彥，《平安貴族》（東京，平凡社，1986），頁 76。

之請求，任命師實為關白。師實雖因此獲關白寶座，但經此調停、任命，
攝關對天皇的從屬性加深。只因師實從屬於天皇，所以政務或其他行事的
主導權便逐漸從攝關轉移到天皇之手。後三條與白河在位期間曾製作日記與
公事書，致力確立有關天皇之禮法，並且主導「歌合」與行幸，及廢除關白
家女房的歌合與師實之遊覽大井川活動，在儀式方面逐漸確立主導權❸。

　　承曆三年 (1079)，白河使藤原通俊編輯《後拾遺和歌集》。敕撰和歌集
之編纂乃一條天皇寬弘五年完成《拾遺和歌集》以來之事。因道長、賴通
等攝關全盛期也未曾編纂過和歌集。故《後拾遺和歌集》之編纂，實意味
著使貴族們普遍了解天皇才是歌壇與文藝之中心❸。

　　在佛教方面，白河於承曆元年 (1077) 在京師東郊白河地方興建法勝
寺，此一寺院的規模超越道長所建法成寺，其八角形九重塔及各伽藍的雄
偉建築，實具有表示天皇權威遠超攝關之上之層面❸。然較此營造事業重
要者為在工程進行之際，接受以播磨守高階為家 (Takashinano Tameie) 為
始的受領之捐獻。法勝寺之營造不僅使國司的捐獻進一步發展，而且成為
受領國司對院在經濟方面的奉仕盛行的契機❸。

　　值得注意的是：從法勝寺落成之次年開始，以此寺為舞臺舉行的大乘
會，與後三條天皇所建圓宗寺之法華、最勝會形成北京三會 (Hokkyōsane)，
給天臺顯教系僧侶定位為決定昇晉僧綱之法會。結果，前此以興福寺之維
摩會為中心而為南京三會 (Nankyōsane) 所獨占的顯教系僧侶之僧綱昇進
經徑，從天臺系僧侶昇遷之路分離。此事不僅使維摩會之意義降低，也使

---

❸　橋本義彥，《平安貴族》，頁 130。

❸　元木泰雄，〈院政の展開と內亂〉，《院政の展開と內亂》（東京：吉川弘文館，
　　2002）。

❸　元木泰雄，〈院政の展開と內亂〉，《院政の展開と內亂》。

❸　上島享，〈受領成功の展開〉，上橫手雅敬監修，《古代・中世の政治と文化》（京
　　都：思文閣，1994）。

與興福寺有關之攝關家權威帶來重大打擊❸。並且該寺又具有大規模法會舞臺之意義，及明白表示著院為各種法會主持者之立場❸。

當《後拾遺和歌集》之編纂即將完成的應德三年 (1086) 十一月，白河突然將皇位讓與其子善仁 (Taruhito) 親王——堀河天皇。一般認為此一讓位是為實施院政，不過這與後三條之情形一樣，很難認為他一開始就企圖實施史無前例的院政。故其讓位的真正目的，可能為使己子善仁親王繼位，而乘其父後三條所決定東宮實仁親王去世的混亂中作此決定❸。後三條雖可能欲使其弟輔仁親王在白河之後登基，但白河卻否定乃父意願，此事竟給日後政界帶來難於彌補的裂痕。

白河之所以固執由善仁繼位，除他是自己所寵愛中宮賢子所生外，更重要的是因親生子即位而身為父親的可獲天皇之親權。由至親執政的時期，身為父院的有決定皇位繼承人的極大權限，而在院政時期能夠實施院政的，也侷限於父院等直系尊親，兄、伯等旁系親屬則沒有實施。由於白河之強行推舉己子，結果便使其確實步上院政之路❸。

另一方面，善仁親王的即位使身為天皇外祖父的藤原師實的立場加強。師實是在道長之後經過一段時間始成為攝政，然因國母賢子已歿，而且其職位又是由白河所任命，故師實一直與院協調，採政務由白河作最後決定的態度。

2.關白師通之猝死

前此後三條為防皇家與攝關家之間的外戚關係復現，故乃為阻止以師實養女為妃的白河之子即位而立胞弟實仁為東宮，然因堀河即位而所擔心

---

❸　平雅行，〈黑田俊雄氏と顯密體制論〉，《歷史科學》，一三八（大阪：大阪歷史科學協議會，1994）。

❸　山岸常人，〈法勝寺の評價をめぐって〉，《日本史研究》，四二六 (1998)。

❸　橋本義彥，《平安貴族》，頁 152。

❸　元木泰雄，《院政期政治史研究》，頁 257。

的問題居然出現。此一問題在從屬於白河的師實時代雖未表面化，惟當師
實於寬治八年 (1094) 將關白職位讓與其嫡子師通 (Moromichi) 後，事態便
完全改變。

　　師通係天皇的外伯父，因其職位係由父親讓與，故對白河沒有負欠，
職此之故，師通輔佐著年少天皇而掌握政務的主導權。這就如《愚管抄》
所說，師通執行政務時，未曾與白河上皇或師實磋商。例如：當延曆寺、
日吉 (Hie) 神社因對美濃守源義綱的作為於嘉保二年 (1095) 十月抗爭時，
師通雖召開公卿會議以謀對策，且與白河聯絡，卻未徵詢師實的意見。非
僅如此，更認為此一抗爭為不當而幾乎獨斷的動員武士將其趕走。在師通
態度強硬的面前，白河只能參與院司或皇家內部的業務，故其立場與攝關
政治當時的宇多、圓融上皇並無二致❸，因此出現後三條所擔憂的現象。
不過這種現象卻戛然而止，其故在於師通在承德三年 (1099) 六月猝死，年
三十八。師通死後，繼承人為年僅二十一的權大納言藤原忠實，因此，忠
實無法當關白而止於內覽，四年後方由白河任命為關白，於是攝關的權威
再次降低。

四、政治結構之變化

1.皇家與攝關家

　　在攝關時代，有時便宜上把繼承攝關的藤原北家稱為攝關家，不過嚴
密說來，這種說法並不妥切。家乃以父子關係為主軸的親族關係，基本上
指政治地位或家業作父子相承者而言。這種關係如從族譜觀之便可知其繼
承關係複雜多歧，故不能認為「攝關家」已成立。

　　就天皇家方面言之，其情形亦復如此。攝關時代的皇位繼承與中間夾
雜著女皇的奈良時代大異其趣，乃是由同胞兄弟、堂兄弟、叔姪等種種關

---

❸　目崎德衛，《貴族社會と古典文化》(東京，吉川弘文館，1995)，頁 87。

係來繼承，這種情形實反映著被外戚關係所囿限的皇位繼承方式。亦即由有勢力的外戚來決定皇位繼承人。而父皇的意願不被尊重。同樣的，攝關地位的決定也要看其送入宮廷的女子有沒有生下皇子，所以並非攝關的兒子們能夠自動繼承這個職位。後三條的即位不僅切斷這種瓜葛，而且與藤原北家之旁系——出身閑院系的藤原茂子之間生下貞仁親王，並且又於在位期間和參議源基平之女之間生下兩子。在此情形之下，奠定了由身為家長的父院決定皇位繼承人的基礎。

當以父子相承為基礎而除去由攝關主導政治之外殼的天皇面臨困難的政務之際，產生了需要父院庇護的院政，然當實施院政時，有時也會呈現對有關繼承王權的愛憎，或有關政務判斷之錯誤或過失等問題，而此事便成為院政期政情動盪的原因之一。另一方面，就如由天皇來調停攝關繼承問題所引起之糾紛似的，攝關地位的降低乃由於他也成為天皇任命的臣子之一，並且其繼承者也變成不管他是否為外戚。這就如後文所述，鳥羽天皇於嘉承二年 (1107) 十二月即位之際，排除外戚藤原公實而由歷代擔任攝關的後裔忠實為攝政，成立繼承攝關職位的「攝關家」。也就是說，原為姻親關係的天皇與攝關分離，攝關之為人臣的立場明確化。並且由皇家之家長父院限制了攝關女兒的進宮，致攝關家之繼續成為外戚問題也陷於困難，此與師通之剛直相反的，要使攝關政治復活的情勢益發嚴厲。

2. 公卿的變化

攝關時代貴族政權的最大特色在於親人政治❸，即攝關政治為天皇親屬的共同政治，而天皇之外戚、皇子、源氏等親屬獨占高位、高官。與此相反的，即使是大臣之子孫，一旦喪失親屬關係，則會同時喪失政治地位。就如前文所說，其特色在於父院、母后、外祖父等天皇之親權者具有決定政治中樞之權威❹。然以藤原道長為界，逐漸增加非親屬關係的公卿，其

---

❸　黑板伸夫，《攝關時代史論集》(東京：吉川弘文館，1980)，頁 51。

故在於能夠進入大內的侷限於道長一人，及因皇子減少所造成的源氏之消滅❹⓪。 在這種情形之下出現於朝卿之間者為擅長有職 （yūsokukojitsu 故實❹②）的醍醐源氏，及以實務官僚活躍政壇的小野宮流之人們。前者為在安和之變失位的源高明之後裔， 因其女為道長之側室， 故其兄俊賢(Toshikata) 得當大納言；之後因攝關家與皇家無姻親關係，故由源隆國、隆俊等人繼承大納言職位。

　　系出師輔之兄實賴而出現《小右記》之作者實資 (Sanesuke) 之小野宮流，也世世繼承權中納言之職，他們之得以繼承政治地位的原因之一，在於他們長於有職故實及身為實務官僚的識見與能力被重視。

五、院政之確立

1.院政與父院

　　因關白藤原師通猝死，使白河院參與更多政務的裁決。然隨著堀河天皇之長大成人，堀河也從事政務的裁決，致有時造成天皇與院的對立❹③。依貴族社會的前例，天皇親政才是正常形態，忌諱不正軌的院政。然而堀河竟於嘉永二年七月，年二十九而薨。當時原為後三條所預定的皇位繼承人輔仁 (Sukehito) 親王為三十五歲的壯年，堀河之子宗仁則僅有五歲。非但如此，輔仁又有左大臣源俊房等村上源氏等支持者，故為皇位繼承問題造成政情的不穩。

　　由於白河院不願把皇位讓與輔仁，故有重祚之意，然他在鍾愛之女郁芳門院去世之際出家，故不得不打消重祚之念而以強硬手段使己孫宗仁即

❹⓪　倉本一宏，《攝關政治と王朝貴族》（東京：吉川弘文館，2000）。

❹①　元木泰雄，《院政期政治史研究》。

❹②　關於官位昇遷的次序，職務內容，年中行事、慣例、臨時業務等及於細部之知識，簡稱有職。嫻於此一方面之各種業務者叫「有識者」，簡稱「識者」。

❹③　美川圭，《院政の研究》，頁 116。

位，是為鳥羽天皇（1107～1123 在位）。然鳥羽年僅五歲，須任命攝政輔政；由於堀河時的關白藤原忠實 (Tadazane) 非鳥羽外戚，故鳥羽之外伯父——閑院流的權大納言藤原公實雖向白河要求由其擔任攝政，但白河聽從學者源俊明的意見，決定由忠實擔任斯職，亦即在決定攝政人事等重大問題時，輔佐院務裁決的公卿們所扮演的角色浮現出來。忠實因白河院之恩寵而得當攝政，故他完全從屬於院，因此已不可能恢復攝關政治。於是白河院掌握了政務的主導權，國政的最重要事務，也在院的主持下，於院廳舉行的會議來決定，於是白河院的院政正式開始❹。

　　白河院於擁立幼主之次年正月，使其十五名近臣擔任收入較豐之受領國司，並透過攝政忠實之人事權，對攝政所主持的官員任命也予以強大壓力，使自己的意見反映出來。雖然當時有與白河對立的輔仁派，然白河院卻主導政治而使院政穩固。院政的基礎也是能夠對皇位或攝關的繼承作最後決定的父院權力，由於親人政治形成父院獨占肥大化的天皇親權，遂形成院的強大權威，致中世的皇權由父院與其權威所支撐之天皇所構成，亦即父院所希望即位的天皇才是正統君主；若違反院之意志，即其正當性被質疑的皇權便會喪失安定性。攝關時代的皇權係以外戚為中心之多重親人關係來支撐，惟因變成以父院權威為最大根據，致因父院或正統的繼承人死亡而皇權之正當性發生動搖，從而引起糾紛；而中世皇權之所以一再分裂，及為皇權而政爭不絕的原因在此。

2.正統皇權之確立

　　對帶領幼主與柔順攝政之白河院而言，最後的難關在於原來的皇位正當繼承人輔仁親王。當時重視已故後三條意見之貴族既多，對不正常的院政之反感也不少，而系出村上源氏之左大臣源俊房與其弟大納言師忠等，支援輔仁之勢力也可能無法忽視。如前文所說，由於皇位由父院決定，故

---

❹　美川圭，《院政の研究》，頁 116。

父院所希望即位者才是正統君主，父院所不希望之天皇的正當性便會發生
問題。只因父院後三條薨，致原來的皇位繼承人輔仁之立場不穩，違反後
三條遺志而白河以強硬手段使之即位的堀河之正當性發生問題。不過這兩
派的對立出人意料之外的很快獲得解決，即：永久元年 (1113)，皇后宮有
一則亂塗亂寫的文字，書寫者為輔仁親王之護持僧──左大臣源俊房之子
釋仁寬，唆使其兄釋勝覺之童子千手丸 (Senjyumaru) 所寫企圖暗殺鳥羽天
皇的文字❹。白河院聞訊後立刻處理此事，千手丸與仁寬流放，輔仁與俊
房閉門思過。結果，此派政治生命遂告斷絕。

於是白河院以他本身之皇統為正統，確立以其直系皇孫所組成之皇權。
當白河克服最後難關後，便開始獨裁的政務❻。之後，自白河親政開始既
輔佐院、同時也約束院的有力公卿們先後去世，而大江匡房在天永二年
(1111)，源俊明則在永久二年 (1114) 撒手人寰，由一切聽從白河旨意的近
臣輔政，致院的恣意、專擅情形日益嚴重。

保安元年 (1120)，當白河院前往熊野參拜而關白忠實留守京師之際，
忠實應鳥羽之邀商討其女勳子入宮事宜。白河聞後，即中止忠實之內覽業
務，次年將其罷免。由此當可窺知院對攝關的強大人事權，也就是說，如
果侵犯有關天皇配偶問題的家長權限，即使是關白也毫不容情的予以懲罰。
並且年逾二十的鳥羽也因有自立的動靜，故於兩年後使他將皇位讓與五歲
的崇德 (Sutoku) 天皇（1123～1141 在位）。自此以後，每當天皇長大成人，
便使他將皇位讓與幼主，由院持續保持政治主導權，於是這便成為院政的
基本形態❼。

3.院的專制政治

院政的政務雖由太政官執行，然無法向太政官下令的院之所以能夠使

---

❹ 元木泰雄，〈院政の展開と內亂〉，《院政の展開と內亂》。

❻ 高橋昌明，《清盛以前──伊勢平氏の興隆》（東京：平凡社，1984），頁 85。

❼ 元木泰雄，《院政期政治史研究》，頁 257。

其聽命的原因，在於其主要職務由院的近臣擔任❹，惟因公卿之為院近臣者不多，所以他們無法壟斷政務。包含院近臣在內的許多職事弁官雖也有參與最後決策者，然在基本上扮演傳達政務的角色，所以無法推動政務❹。白河政務之值得注意者為他召集身邊公卿，在密室作最後裁決。我們雖無法否定院與院近臣之政務具有獨裁性質，但也有登用幹練實務官員之層面。院政係以天皇制為外殼，對應著政治勢力發生激烈競爭的中世施行，並且公卿與武士的傾軋，則採院政與武士政權對立的形式。結果，維護了天皇權威，使天皇制繼續維持下去。並且又以迅速、現實的對應為急務，致無法避免院的專制態度❺。

　　在白河親政、院政初期，出身傳統公卿家的近臣之活動顯著，不過這種公卿在後來逐漸沒落，代之而起者為院之近臣。其所以致此的原因，雖有無後嗣或被捲入政爭等偶發情事，惟當院近臣因事被流放時有救濟措施，側近公卿則無。

　　院政初期確需具有強大政治力量的公卿支持，然隨著院政的確立，他們反而成為桎梏。專制開始以後院所需者為能夠隨意使喚的院臣。院臣有兩種，其一為畢生為受領國司而歷任大國之受領，即使晉陞公卿而至晚年也仍止於三位（散三位）者；及在年輕時歷任三～四國受領國司後，歷任弁官或五位官人、藏人頭等實務官員，晉陞公卿而為參議者❺。

4.登用實務人材

　　院的實務官僚系近臣不多，其家系雖侷限於藤原氏的為房、內麿系統或桓武平氏高棟王系統，但他們被攝關認為幹練而獲很高的評價。尤其隨侍白河的藤原為房與其子顯隆，及隨侍鳥羽院的顯賴等祖孫三代，可謂為

---

❹　橋本義彥，《平安貴族社會の研究》（東京：吉川弘文館，1976），頁 138。
❹　元木泰雄，《院政期政治史研究》，頁 257。
❺　元木泰雄，《院政期政治史研究》，頁 257。
❺　美川圭，《院政の研究》，頁 116。

幹練實務官僚之代表，而他們才是站在輔佐白河院、鳥羽院政務之最後決裁者❷。

　　白河院政期以後，藤原為房的子孫們在太政官除居於製作文書、傳達等弁官裡的複數職位外，也當藏人頭、藏人而成為天皇之近臣，於是他們在事實上獨占了主要政務的傳達工作。在院廳方面，為房的一門也多就任負責實務的「判官代」，唯有他們擁有昇任院廳「別當」的特權，實質上統合院廳的實務，亦即天皇、院、太政官的實務被為房系統的人員所支配。

　　在院政之下，即使出身卑微，只要有才幹便可參與政務中樞，由此可看出就算家庭地位不高，只要是有才幹的貴族就讓他參與政務，故可由此看出其登用人才的特性。久安四年 (1148)，顯賴去世後，進入鳥羽院政之中樞者為藤原通憲，亦即信西入道。

第四節　保元・平治之亂

一、源、平兩氏之消長

1.源義家

　　相傳源氏興隆之祖源義家出身清和源氏，曾祖父滿仲以攝津多田為據點，在安和之變 (Annanohen) 時暗中活動，與攝關家結合成密切關係以確立自己勢力。祖父賴信於長元元年 (1028)～四年 (1031) 平定平忠常之亂而著稱於世。父賴義則於十一世紀中葉的前九年之役鎮壓奧州的安倍氏而揚威，義家也參加前九年之役，在後三年之役與奧州清原氏作戰而予以平定。源氏不僅經由賴信以來所平定戰亂而在東國奠定基礎，而且在後三年之役後於關東地區奠定屹立不可動搖的勢力。尤其在後三年之役，朝廷認為此

❷　元木泰雄，《院政期政治史研究》，頁 257。

係私鬥而不論功行賞時，義家拋出私財以犒賞將士之事實，使義家的人望更為提高。承德二年 (1098)，義家獲昇院殿之殊榮。

　　然在義家周圍卻逐漸產生使源氏凋零的要素，其一為源氏的內鬩。寬治五年，義家與其弟義綱因領土問題發生爭執而幾至動武，致朝廷禁止義家率兵入京。使義家更不利者為其子義親的叛逆。義親雖擔任對馬守，卻於西陲為非而不聽從大宰府之命，故朝廷於康和三年 (1101) 遣使討伐。義家本人也遣部下使義親返京。然該部下竟與義親勾結，殺害朝廷使節。因此，朝廷乃於次年將義親流放隱岐，並處分其黨徒。惟官方不僅無法使義親前往隱岐，出雲國目代反為其所殺，並持續作惡，使義家的立場陷於苦境。在此情形之下，義家於嘉承元年去世，年六十八，於是平氏以義親事件為契機驟然崛起。

2.伊勢平氏

　　系出桓武天皇的平氏至維衡 (Korehira) 時，在京師與藤原道長、藤原顯光 (Akimitsu)、小野實資等政界有勢者締結主從關係，並以此為千斤頂，鞏固其為中層貴族的根基而曾被任命為伊勢守。

　　維衡之曾孫正盛不僅與院近臣藤原維房、顯季 (Akisue)，及白河院之寵妃等建立密切關係，而且在承德元年 (1096) 把伊賀的私領捐贈給六條院，以謀接近上皇。所謂六條院，即前此去世的白河院之女郁芳門院媞子內親王的菩提寺。

　　義家死後，正盛逐漸顯揚其武名。首先，他於嘉承二年奉命討伐源義親，一個月後割義親首級凱旋，因功由因幡守 (Inabanokami) 轉任但馬（兵庫縣）守。之後，為防禦僧兵及緝捕盜賊而盡力，於元永二年 (1119) 遣部下討伐西陲海盜獲得成功。

　　正盛之子忠盛也繼乃父之後為緝捕盜賊、海盜而活躍。大治四年緝捕山陽、山陰兩道之海盜，保延元年則捕獲日高禪師以下七十個海盜。其間，於長承元年獲准昇殿，此為武士獲准昇殿之第一人。由於正盛、忠盛父子

之屢在瀨戶內海至九州之間緝捕海盜，遂逐漸將西國武士納入其支配之下而「多西海、南海名士。」❺保延元年遴選海賊追捕使之際，候選人有平忠盛、源為義兩人，忠盛因「其勢聞於西海」❺獲選，這表示其經營西陲已獲相當成果。

由於正盛、忠盛之武名係經上皇之特別提攜而獲得，故當時對其討伐源義親之真偽已為人所懷疑，致在討伐後也不斷流傳著義親尚存於世的傳說❺。

3.源氏的凋零

平正盛之討伐源義親凱旋在天仁元年 (1108) 正月。同年三月，爆發延曆寺僧徒藉神威要脅朝廷的事件。朝廷為防僧徒入京，乃遣檢非違使及武士防範於未然❺。前此源氏雖以武士而隆盛，如今則因平氏之崛起而源、平兩氏並列於紀錄。

與平氏之日益興隆相對的，源氏自義家死後，為族內領導人問題發生內鬨，驟然步上式微之途。因義家遺言，由其第四子義忠繼承嫡系，然在天仁二年 (1109) 二月，義忠竟不知被何人所殺。嫌犯雖多，義家之弟義綱也被懷疑而成為討伐對象。其受命討伐者為義親之子為義。為義在近江甲賀山攻打義綱一族，義綱之子姪們相繼自殺。義綱本人則於降伏後被流放佐渡島（新潟縣），然後又被殺。義綱黨徒因而滅亡，源氏有力的一角因此崩潰。源氏的嫡系雖由為義所繼承，然他尚係十四歲的少年。

相傳義光也牽涉到殺害義忠的事件，不過在真相不明的情況下義綱見討，事情遂告結束。一般認為義綱是含冤而死。但無論如何，源氏自義家

---

❺　源師時，《長秋記》，元永二年十二月二十七日條。

❺　源師時，《長秋記》，元永二年四月八日條。

❺　飯田悠紀子，《保元・平治の亂》（東京：教育社，1979），頁 42。

❺　藤原忠宗，《中右記》，天仁元年四月一日條紀錄當時情況云：「檢非違使並源氏、平氏，天下弓兵之士，武勇之輩數萬人」。

死後因權力鬥爭而始終無法解決，致一觸即有動武之勢。結果，源氏歲遂步向式微之途。

　　當院政之主由白河轉為鳥羽後，平忠盛、清盛繼續獲得院之庇護，在上述情形下繼承嫡系的源為義則不得不度其遭時不遇的歲月。亦即忠盛、清盛歷任受領之職而為義則止於檢非違使而已。非僅如此，更因其第八子為朝在鎮西胡作非為，致觸怒鳥羽院而不得不解官、蟄居。此與忠盛、清盛父子之被延曆寺僧徒要求判其流刑之際，鳥羽院袒護他們而只判「贖銅」（罰鍰）較之，簡直不可同日而語。

　　前此康治二年 (1143)，為義臣屬於當時內大臣藤原賴長，形成主從關係，此一關係使為義於爆發保元之亂 (1156) 之際，加入崇德上皇陣營而敗亡，故為義的一生都在不得意的環境裡度過。

二、鳥羽院政期之矛盾

1.出身諸大夫之皇后

　　鳥羽院於其院政開始後不久的壽永二年 (1183)，與藤原忠實之女勳子（泰子）完婚，成為史無前例的退位後之嬪妃，這象徵鳥羽院與忠實之攜手合作，惟泰子因高齡而無法為鳥羽產子。另一方面，自進鳥羽宮殿後也一直受白河寵愛的待賢門院因此被疏遠，乃理所當然之事**㊚**。其最受鳥羽之寵愛而生下三位皇子、皇女，成為政界颱風眼者為院近臣藤原長實 (Nagazane) 之女得子（日後的美福門院），她於保延元年產女，故在此以前已服侍於鳥羽院。四年後，她又生一子（日後之近衛天皇）。皇子以崇德天皇中宮聖子養子名義，被立為親王、太子。其所以如此的原因，應與其母出身大夫家有關。此皇子稱體仁 (Narihito) 親王，於永治元年 (1141) 年僅

㊚　角田文衛，《待賢門院の生涯──淑庭秘鈔》（東京：朝日新聞社，1985），頁123。

三歲時即位。時年二十三的崇德，他與鳥羽之將皇位讓與自己兒子一樣，把皇位讓與年幼的體仁，以確保院的政務主導權。因係讓位給養子，而又獲未來主持院政的保證，故崇德答應讓位。然對外公告的〈宣命〉(senmyō❸)卻把讓位給「養子」寫成讓位給「皇太弟」，致崇德無法實施院政。由於能夠實施院政者侷限於天皇之直系尊親，而崇德卻如《古事談》所說有白河私生子之傳聞，致搖撼他本人的皇權，鳥羽院可能因此欲將崇德排除於皇權之外。而崇德此時內心的怨懟，也成為日後發生保元之亂的遠因之一❸。

隨著近衛天皇（1141～1155 在位）之即位，得子被立為皇后，成為出身院近臣家者之首位國母、皇后。得子之堂兄弟藤原家成遂歷任大國受領，並因受鳥羽院之關愛而迅速昇遷，成為權中納言，終於在諸國領有許多皇家領地，形成獨占之勢❻。

初時，藤原忠實以下攝關家一門與家成之間保持著良好關係，政界因此呈現平穩狀態。惟當崇德被強制退位，在〈宣命〉裡以欺詐方式記述使其無法實施院政後，崇德・待賢門院周邊與近衛・美福門院周邊的關係便陷於險惡，其波瀾遂擴及於整個政界❻。

2.美福門院與待賢門院

美福門院與待賢門院之對立，不僅使崇德上皇與近衛天皇之傾軋與皇統分裂，同時也使有力公卿們及攝關家捲入此一風波，致政界發生兩大陣營對立的形勢，成為爆發保元之亂的遠因。

---

❸　傳達天皇命令的文書形式之一，詔敕之以假名書寫者。

❸　元木泰雄，〈院政の展開と內亂〉，《院政の展開と內亂》。

❻　高橋一樹，〈鳥羽院政期における寺領莊園の立莊と知行國支配〉，《ヒストリア》，一七一 (2000)，頁 17。

❻　高橋一樹，〈鳥羽院政期における寺領莊園の立莊と知行國支配〉，《ヒストリア》，一七一 (2000)，頁 17。

　　美福門院之父祖藤原末茂之系統，原是缺乏政治力量的大國受領系統的院近臣家，故乃加深與有婚姻關係之同一系統之有力公卿家相互提攜，以堀河天皇之外戚身分享受榮華，後來卻屈居在崇德之外戚閑院系統之下，而與村上源氏顯房系之雅定 (Masasada)，及攝關家之旁系中御門 (Nakamikado) 系統之伊通 (Koremichi) 結合。他們與待賢門院之兄弟，相當於崇德外戚的閑院系藤原實行、實能 (Saneyoshi) 兄弟尖銳對立，致實行、實能與村上源氏之嫡系雅定為昇任大將、大臣而相互牽制、拮抗。然因鳥羽院無法解決此一爭端，故從藤原宗忠死後的保延四年 (1138) 至久安五年 (1149) 之間未補右大臣之缺，及輔仁親王之子左大臣源有仁 (Arihito) 辭職後，有兩年多時間使此一職位懸缺，致此一時期的大臣僅有內大臣藤原賴長而已❷。

　　上述政界的分裂亦與攝關家有關，藤原忠實之長子忠通以伊通之妹宗子為妻，次子賴長則於長承二年 (1133) 與閑院系之實能之女幸子結婚。因此，實行、實能等乃為昇任大臣而接近賴長，故政界的龜裂當然也將給他們兄弟的立場帶來極大影響。當此之時，發生使兩者之間關係顯著惡化的事態，即：因忠通無嫡子，乃以年齡相差二十餘之胞弟賴長為養子，因此，賴長獲攝關正式繼承人之待遇，賴長經攝關家嫡子之特權地位——五位中將後成為史上最年輕的內大臣 （十七歲）。惟當忠通於康治元年 (1142) 獲渴望已久的嫡子基實 (Motozane) 後，便不願將攝關讓與賴長，致兩兄弟間的關係開始惡化，而此一惡化事態與以兩個女院為中心之政界分裂重疊在一起❸。

3. 攝關家之分裂與政情之不穩

　　賴長從久安四年開始活動使其養女多子 (Tashi) 入宮為近衛天皇妃，由

❷　元木泰雄，《藤原忠實》（東京吉川弘文館，2000，人物叢書），頁 99。

❸　元木泰雄，《藤原忠實》，頁 99。

表三七：美福門院與代賢門院的關係

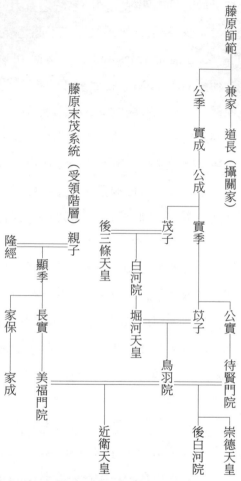

典據：元木泰雄，〈院政の展開と內亂〉。

於多子也是待賢門院之姪公能 (Kinyoshi) 之女，故美福門院不僅堅決反對，兩年後則與忠通聯合企圖使自己養女呈子 (Teishi) 進宮。結果，雖以多子與呈子分別被冊封為皇后與中宮，而以一帝兩后方式解決爭端，但賴長與忠通、美福門院之間的關係徹底惡化。更有進者，忠通違約拒絕將攝關職位讓與養子賴長，因自己所作決定與身為家長的權威被否定而憤怒的父

親——藤原忠實，非但斷絕與忠通之間的父子關係，也還將已讓與忠通的
族長地位、莊園及東三條殿等家產收回給賴長。因此，賴長除擁有攝關家
之家產機構外，也還掌握興福寺的管理權及乃父忠實所讓與源為義以下之
武力，成為攝關家之中心。然因鳥羽院使忠通續任關白而又給賴長以內覽
地位，致攝關家的分裂更為嚴重❻。結果，政界遂以鳥羽院為頂點，形成
忠實與賴長、閑院系，及美福門院、院近臣、忠通等兩個政治集團，彼此
尖銳對立。當此之時，參與鳥羽院之政務裁決的實務官僚近臣之首腦人物
信西（藤原通憲）崛起。信西於為房系近臣顯賴在久安四年去世之際成為
鳥羽侍從而深入政治中樞，扮演美福門院集團之參謀角色。

　　之後，內覽賴長雖成為推行政務的中心人物，然因他保守而又愛好嚴
屬懲誡的政策，致引起許多院臣的反感❻。復由於院領莊園之成立問題而
來的競爭，使忠實、賴長與藤原家之間的對立加深。迄至仁平 (Ninpyō) 元
年 (1151)，賴長因細小糾紛而摧毀家成宅第。以此事件為契機，賴長遂失
去鳥羽院之信任而在政治上陷於孤立❻。非僅如此，賴長為取締違反自己
命令的興福寺僧侶及其隨從，乃遣檢非違使與家人前往他們藏匿的仁和寺、
上賀茂神社、石清水八幡宮等處，致引起爭鬥與殺傷事件，污染境內與神
域。賴長這種奔走於統制權門內部的態度，遂引起與其他權門之間的傾軋，
加深了攝關家的孤立❻。當此之時，與攝關家結合之諸國源氏一門也相繼
引起騷亂，源為義之次子義賢於久壽二年 (1155)，在武藏國被其兄義朝長
子義平所弒。亦即伺候攝關家的為義、義賢，與在東國經由接近受領而站
在院方的義朝形成完全的對立❻。在這種擾攘的情勢下，鳥羽院所寵愛之

---

❻　橋本義彥，《藤原賴長》（東京：吉川弘文館，1964，人物叢書），頁 156。

❻　橋本義彥，《藤原賴長》，頁 156。

❻　元木泰雄，〈院政の展開と內亂〉，《院政の展開と內亂》。

❻　元木泰雄，〈院政の展開と內亂〉，《院政の展開と內亂》。

❻　元木泰雄，〈院政の展開と內亂〉，《院政の展開と內亂》。

皇子近衞天皇於久壽二年七月二十三日以十七之齡猝死後，中央政情便陷於極度的動盪不安。

三、內亂的爆發

1.皇權的動搖

　　因近衞無子，故非開會決定繼承者不可。要決定繼位者之際，藤原賴長於六月喪妻，故此一會議在鳥羽、美福門院（鳥羽后）、藤原忠通及釋信西（藤原通憲）等人主導下進行，結果，崇德上皇之子重仁親王被排除，而以美福院之養子守仁親王即位為前提，決定暫由守仁之父雅仁(Masahito)登極。

　　雅仁係待賢門院之子，因他即位的可能性低，故日夜沉溺於風化女子歌唱之俗謠──今樣 (imayō ❻❾)，於是出現不學帝王學的天皇後白河（1155～1158 在位）。後白河在日後成為治天之君，代表貴族政權與平氏政權、鎌倉幕府等武士政權對抗，此乃任何人也未曾逆料之事。另一方面，繼讓位之際的謀略之後，皇子之即位又受阻而再度喪失實施院政機會的崇德，其內心之不滿實不難想像。

　　雅仁登基的背景，可能鳥羽厭惡崇德為白河私生子，及美福門院因恐隨崇德院成立而來的壓抑，及信西之妻為雅仁乳母而來之考量等。更值得注意的是此時已不再命賴長內覽。賴長之所以被排除於政治中樞之外，肇因於欲使忠實、賴長失位的忠通、美福門院之策謀 ❼⓿。

---

❻❾　平安中、末期的歌謠。所謂今樣，就是當時風格的意思。源自和讚（以日語歌頌佛之行業與法義的讚美歌）的法文歌，與神樂 (kagura) 合而成為四句神歌，後來世俗化而變成七五調四句的歌謠。原起於巫子（女巫）、白拍子（出現於平安末期的歌舞，或其演藝人員）而盛行於貴族之間。其部分歌詞見於《梁塵秘抄》。鎌倉時代以後式微。

❼⓿　藤原賴長，《臺記》。

　　待賢門院之子後白河即位後，忠實、賴長父子被擬恢復外戚身分的實行、實能及閑院系一門所棄而處於完全孤立的狀態。然居於政界頂點，壓抑著不滿分子的鳥羽上皇，他在保元元年 (1156) 罹患重病。崇德雖被排除於皇統之外，但他原居於皇家嫡系，其居於攝關家中心且擁有許多莊園與強大武力的賴長之存在，實使缺乏權威的後白河天皇和美福門院之皇權發生動搖。面臨危機的他們乃在鳥羽薨前作周全準備，並挑撥不滿分子，迫使崇德、賴長步上武裝蜂起之途❼。

2.保元之亂的爆發

　　面臨鳥羽罹患重病的美福門院及信西以下院近臣門，乃趁鳥羽未薨前動員有力的在京武士；七月二日鳥羽薨後，則透過天皇所擁有國家權力動員檢非違使、衛府等武士，以加強京師及其周圍之警備。亦即在鳥羽彌留的六月一日，動員下野守源義朝及源義康衛成後白河所居高松殿；源光保、平盛兼衛成院與美福門院，及太子守仁所居鳥羽殿。繼則平基盛等檢非違使在七月五日從事保衛京師。如據《保元物語》的記載，則國司們將諸國武士送往京師云。動員北面等有力軍事貴族、檢非違使、地方武士，亦見於院政時期的大規模抗爭❼，亦即後白河陣營利用國家公權從事最大限度的武力動員。於是以周全準備為背景，向崇德與賴長挑釁。

　　京師的嚴密警戒把崇德與賴長排除於京城之外，其所以如此布署的原因，可能為避免京師陷於戰亂之中。鳥羽彌留之際，崇德雖有意見其最後一面，卻見卻而被捺下異端之烙印。鳥羽薨後，禁止攝關家之從莊園動員武士；七月八日則賴長的宅第東三條殿被接收。如據《保元物語》的記載，搜索東三條殿的結果，因賴長謀反的動向明確，故下令流放他云。在此情形下，賴長所面臨的抉擇就是蜂起以一決雌雄，或甘願被流放而斷絕政治

---

❼　橋本義彥，《平安貴族社會の研究》，頁 53。

❼　高橋一樹，〈鳥羽院政期における寺領莊園の立莊と知行國支配〉，《ヒストリア》，一七一 (2000)，頁 17。

生命。此外，在崇德、賴長的陣營有信實以下之興福寺僧侶和攝關家莊園之武士團有參戰動向。由此觀之，崇德、賴長方面的武力，除崇德身邊人員外，大都為攝關家的私兵；亦即保元之亂爆發之際的兩陣營武力，後白河方面係以國家權力動員的國家軍隊，崇德、賴長方面則是集結身為攝關家的權門武力❼❸。

如據藤原忠通的管家平信賴的日記《兵範記》的記載，平清盛的三百騎，源義朝的二百騎，及源義康百騎的後白河陣營的兵員，於保元元年七月一日拂曉發動攻擊。其兵員雖僅有六百騎，但他們的武力卻將決定日後政治權力的走向。

3.戰亂的結束

由於崇德、賴長麾下的部隊善戰而不易分出勝敗，故後白河陣營乃使正在等候作戰的源賴政加入戰鬥行列。他們在人員方面既居上風，又採源義朝之策略火攻，所以後白河陣營至辰時已獲壓倒性勝利，結果，戰敗的崇德上皇與賴長及參加戰鬥的武士們都逃離白河殿。後來崇德雖出面，卻被流放讚岐，八年後死於該地；其子重仁親王則出家而遠離政界，故崇德之皇統遂告斷絕。以武力來解決因皇權而來的對立問題，乃平安時代初期平城上皇之亂以後第二次發生者，而爆發此一兵亂的背景，可能為父院所保證的皇權之不安定性，及天皇退位後也仍能掌握政權的二元的皇權所造成之矛盾❼❹。

另一方面，賴長因在戰場為箭所傷而死，被拘提的子女及其同黨的貴族們被流放。結果，賴長的系統斷絕而忠通重居氏長者（族長）寶座。忠實則因在戰鬥期間滯留宇治，戰後又拒絕與逃至奈良的賴長見面，故被認為保持中立；雖然如此，仍被軟禁於京都北邊的知足院，六年後寂然與世

---

❼❸　上橫手雅敬，〈院政期の源氏〉，御家人制研究會編，《御家人制の研究》（東京：吉川弘文館，1981）。

❼❹　元木泰雄，〈院政の展開と內亂〉，《院政の展開と內亂》。

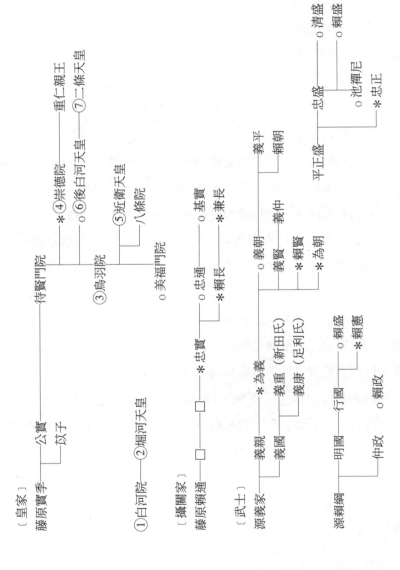

表三八：保元之亂時的勢力分布情形

〔皇家〕

藤原實季——公實——待賢門院
　　　　　　　　　　　　　　＊④崇德院——重仁親王
　　　　　　　　　　　　　　○⑥後白河天皇——⑦二條天皇

①白河院——②堀河天皇
　　　　　　　　　　　　③鳥羽院
　　　　　　　　　　　　　　⑤近衞天皇
　　　　　　　　　　　　　　八條院

〔攝關家〕

藤原賴通——○美福門院
　　　　　　　□——＊忠實——○忠通——○基實
　　　　　　　　　　　　　　　賴長——＊兼長

〔武士〕

源義家——＊為義——□
　　　　　義親——義重（新田氏）
　　　　　義國——義康（足利氏）
　　　　　　　　　○義朝——義平
　　　　　　　　　　義賢——賴朝
　　　　　　　　　　＊賴賢——義仲
　　　　　　　　　　＊為朝

源賴綱——明國——行國——○賴盛
　　　　　　　　仲政——○賴政——＊賴憲

平正盛——忠盛——○清盛
　　　　　　　　　　　　○賴盛
　　　　　　　○池禪尼
　　　　　　　＊忠正

典據：元木泰雄，《院政の展開と內亂》，《院政の展開と內亂》。

註：○為後白河陣營　＊為崇德上皇陣營

長辭。忠實之所以未被流放，可能忠通為保全攝關家領土而奔走的結果❼。

降伏的源為義以下諸武士雖現身，卻為其族人所斬，此乃沿襲勝者處死敗者，亦即沿襲包括正式追討在內的武士作戰的慣例而為。為要切斷一再重演報復之自力救濟鎖鍊，處死敵人乃被認為理所當然之事。由於行刑被委諸族人手，故源義朝不得不斬其父為義及諸胞弟之首；然義朝可謂因而解決了河內源氏長久以來的內鬨。亂後雖暫時解決政治勢力的對立問題，但政界不僅未因此獲得安定，反而更加深其混亂局面。

4.權門的式微與瓦解

保元之亂的結果，攝關家所受影響最大，忠通雖重獲氏長者的地位，畢竟只給信西和美福門院帶來勝利而其政治地位反不如前。其氏長者的地位也以〈宣旨〉來決定，致攝關家的自立性後退了一大步❼。例如：保元三年 (1158) 四月舉行賀茂臨時祭之際，忠通因責備後白河之寵臣藤原信賴無禮，反而被後白河處以閉門思過及解除管家職務之罰，此可視為象徵攝關家政治力的事件。忠通雖從其被認為保持中立的父親忠實手中獲得攝關家的大半領地，但因失去以源為義為首之管理莊園之武士集團，致其對攝關家領土的支配發生動搖❼。例如：平治元年 (1159)，似為攝關家莊官的平信兼入侵伊勢國須可莊而殺害其職官之一族。非僅如此，氏長者與興福寺之間的聯繫也因忠通之子釋惠信 (Eshin) 與該寺僧對立而與武士共同襲擊該寺致被流放，所以自鳥羽院政期以來的政治中心攝關家的權力弱化，從而貴族、武士一體化的複合權門也告瓦解。

就皇家言之，後白河雖排除了崇德之皇統，由正統的繼承人守仁親王於保元三年即位——二條天皇（1156～1165 在位），但二條年僅十六而監護的美福門院也欠缺權威。後白河則雖已成為父院，不過他之登極係過渡

---

❼　元木泰雄，〈院政の展開と內亂〉，《院政の展開と內亂》。

❼　竹內理三，《武士の登場》，《日本の歷史》，6（東京：中央公論社，1965），頁 58。

❼　田中文英，《平氏政權の研究》（京都：思文閣，1994），頁 225。

性質,所以沒有實施院政以主導政務之權威與權力。至以近臣之伺候他的,也是接近二條天皇的信西一門,與藤原信賴、成親等傳統近臣家的旁系,或與村上源氏之源師仲,武士源義朝等與待賢門院有關的人員。並且鳥羽院與美福門院所聚斂的皇家領土之多數為他們之女八條院所繼承,因此,與皇家領土關係頗深的平氏一門等鳥羽的有力近臣便與後白河保持距離,致鳥羽所擁有的權威與院近臣集團,及其經濟　基礎瓦解,身為權門的皇家在事實上也面臨瓦解的命運。結果,在鳥羽院政期併存的有力政治勢力中,皇家與攝關家式微,原從屬於院的院近臣開始自立。其掌握主導權者則為學者政治家且為實務官僚系的院近臣信西(藤原通憲)。

5.平治之亂始末

表三九:平治之亂時的勢力分布情形

典據:元木泰雄,〈院政の展開と內亂〉,《院政の展開と內亂》。

平治之亂爆發於平治元年十二月,平清盛前往熊野(三重縣)參拜之際,源義朝的部隊乘平清盛離開京都時遽襲後白河的住處三條殿,其目的在殺信西與其子弟們。信西屬藤原南家的學者系統,其祖父為大學頭。信西活躍於文化方面而接近鳥羽院,於藤原顯賴死後成為首席實務官僚系院近臣,輔佐鳥羽裁決政務,終於躋身政務中樞。由於信西權勢原本不高而居然主導政務,故政界可能對他有反感。並且又因平治之亂以前的政界已形成院政派與天皇親政派的對立,而信西及其一門卻對後白河院及二條天皇兩方具有強大影響力,致激化了院政、親政兩方間的矛盾,因此,兩派似乎超越了平日恩怨,為打倒信西而結合在一起。

信西雖迅速離京逃亡,卻為源光保等人所捕殺,其子弟亦被解職流放;

院與天皇被監禁於藤原信賴之下，故信賴、義朝等人之起兵，在初時獲很大戰果。惟當打倒共同敵人以後，院政、親政兩派又恢復尖銳對立。親政派與參拜熊野回京的清盛聯繫，使二條天皇逃至清盛位於六波羅的宅第。後白河聞後放棄了院的近臣。其前往地點雖有仁和 (Ninna) 寺或六波羅之說，但無論如何，他係因與天皇對立而被流放，躲過保元之亂時乃兄崇德的覆轍。如與天皇對立，上皇絕無他的正當性。

由於天皇、上皇的脫險，失去自己立場爭正當性根據的信賴、義朝等院政派雖攻打在六波羅的清盛，但協助舉兵的源光保等人已離去，而源賴光又與之作對，所以很快的在六波羅被擊敗。如據釋慈圓《愚管抄》的記載，最後跟隨義朝者不足十騎云。如從亂後未處罰東國武士的情形觀之，當時參戰之武士必不多。

信賴降後被清盛斬首於六條之河邊；義朝則於逃亡東國途次，在尾張國被殺；參戰的長子義平於逃亡後被處死，次子朝長則因負傷而亡。只有首次上戰場的第三子賴朝被宥而流放伊豆（靜岡縣）。《平治物語》雖以為賴朝被宥的原因在於清盛之岳母池禪尼個人請求，然賴朝生母之為出身後白河近臣熱田宮司家，亦當與此有關❼❽。

第五節　武士之侵犯皇權

一、最後勝者平清盛

平治之亂的結果，藤原信賴、源義朝以下院政派官員完全消逝，平清盛則因戡亂有功而使親政派居於有利地位。不過在次年，即永曆元年 (1160) 二月，以冒犯後白河上皇為理由，公卿的親政派中心人物即二條天

---

❼❽　上橫手雅敬，〈院政期の源氏〉，《御家人制の研究》。

皇的外戚藤原經宗、為房系統的參議藤原惟方 (Korekata) 被處流刑，負責緝捕他的是奉後白河之命的清盛。迄至六月，鳥羽的北面武士——二條親政派的軍事貴族重鎮，美濃源氏之光保、光宗父子以謀反嫌疑被流放薩摩（鹿兒島縣）而於途中遇害。親政派之所以被肅清，固由於二條之年少，但親政派之涉及平治之亂而被究責，亦有以致之❼⑨，而清盛等在亂前保持中立，也當是使處罰親政派成為可能的因素之一❽⓪。總之，平治之亂前活躍於政治舞臺的信西一門及院政、親政派毀滅而勝利的成果為清盛所獨占。

　　清盛所得成果之一，就是因源義朝、光保一族之滅亡而與之對抗的軍事貴族消滅。結果，清盛獨自負責討伐諸國之叛亂，實際掌握國家之軍事、警察權。並且在亂後的次年，以平治之亂爆發當時對行幸六波羅有功，從正四位下躍昇為正三位而加入公卿行列。同年八月就任參議，次年則除兼任檢非違使「別當」外，又昇任權中納言成為議政官之一員。因此，清盛不僅成為武士之首領，且以公卿身分具有很大的發言權。

　　經由保元、平治兩次戰亂，使清盛獲最後勝利的背景為：保元之亂後政治結構發生變化與政情不安的情勢中，自力救濟的要素加強；結果，武士的政治地位顯著提高，雖然如此，清盛的武力卻有很大的侷限。因為與清盛締結主從關係而使他能夠自由自在地驅使之武士團，僅有平家貞 (Iesada) 一門等原有的伊賀、伊勢地方的武士，所以每當要平定規模較大的叛亂時，就非由朝廷或院下令以動員地方武士不可。此一軍事動員的形態固為居於院政期在京武者的延長線上，但在亂後已無與之競爭的軍事領袖亦有以致之，所以這種情形持續至治承、壽永之亂爆發為止，因此規範了平氏之軍制，使平氏與皇權密切不可分❽①。

　　永曆元年十一月，美福門院繼親政派之失位後去世，由後白河院主導

---

❼⑨　安田元久，《後白河上皇》（東京：吉川弘文館，1986，人物叢書），頁 74。

❽⓪　元木泰雄，〈院政の展開と內亂〉，《院政の展開と內亂》。

❽①　元木泰雄，〈院政の展開と內亂〉，《院政の展開と內亂》。

政治，清盛以下之平氏一門就任院廳別當、判官代等職以支撐院政。非僅如此，清盛正室之異母妹滋子獲後白河之寵愛，於應保元年 (1161) 九月產子。隨後平時忠、教盛等人企圖擁立此子為太子而被解職。由於後白河與平氏一門的結合，遂給二條天皇之皇位造成威脅。不過位居皇家正統的二條隨著他的長大成人，獲得強大有力的權威，復由於後白河之登基乃過渡性質，所以非但沒有身為父院的權威，也無法強迫二條退位。在應保二年前後，二條已居優勢而在平治之亂時被流放的藤原經宗等人已回京，與此相對的，後白河之近臣們則相繼被處流刑。清盛在此政界處於緊張情勢之際，巧妙的周旋於親政、院政兩派之間，在政治上則從屬於正統的皇位繼承者二條天皇。

同年三月，二條天皇位於里內裡的押小路東洞院新宅落成之際，清盛與其族人在該宅第周邊設置警衛室以衛戍。雖有人認為此係從諸國動員的武士輪流保衛宮室之始，卻與平氏一門從事衛戍之性質不同。在日本古代史上，以武力衛戍皇權的例子相當特殊，只侷限於白河、鳥羽與輔仁派對立，及保元之亂爆發前夕等王權分裂之際。就此意義上言，二條與後白河的對立深刻，而二條對後白河近臣的壓迫相當嚴厲。

清盛除衛戍里內裡外，也受天皇有關政治方面的諮詢；且於長寬二年 (1164) 以深獲天皇信任之關白藤原基實為婿；而他之對後白河，則僅於營造蓮華王院時在經濟上予以協助而已。清盛雖擁有最強大的武力，卻受王權規範的層面大，故其立場是支持正統皇權而隸屬於它❷。

二、後白河與清盛

1.後白河與清盛之合作

後白河與二條之對立似隨二條之長大成人而後者接近勝利，然二條竟

---

❷　元木泰雄，〈院政の展開と內亂〉，《院政の展開と內亂》。

於永萬元年 (1165) 七月，年僅二十三即結束其生涯。二條擬將皇位讓與年幼的六條天皇 （1165～1168 在位） 以阻遏後白河之院政，然六條年僅二歲，其母也因出身卑微，故政治權威之低落勢所難免。非但如此，理應擁護天皇以推動政務的藤原基實 ， 他也以二十四之齡於仁安元年 (1166) 辭世。於是政治的主導權便轉移到六條的祖父後白河之手。然而如要安定的實施院政，則天皇須是自己擁立的，因此後白河企圖使六條退位，由滋子所生皇子憲仁親王繼位。然六條之母之外甥，閑院系之藤原實定、實家等人支援天皇 ， 且與同為閑院系的後白河次子之為八條院猶子的以仁 (Mochihito) 王有合作跡象。由於後白河的權威不穩，故皇統的去向顯得相當微妙。

清盛當然積極擁立平時子之姪憲仁，故與後白河之間成立以憲仁及其母滋子為媒介的政治合作。後白河也支援清盛而使他於永萬元年昇為權大納言，亦即清盛以非公卿子弟昇上權大納言。

清盛與後白河之間的關係一向冷淡，保元之亂時，他並非與後白河作私的結合，乃是以應天皇徵召方式參戰。平治之亂爆發之初則保持中立，後來雖因親政派之邀請而討伐院政派的藤原信賴、源義朝，然在亂後卻又應後白河之請逮捕親政派的藤原經宗、惟方等人。惟就如前文所說，在後白河與二條嚴屬對立情況下，政治上他是二條親政派，故他與後白河在政治上的合作實以此為始。

清盛雖隸屬於正統天皇二條之皇權，但與後白河之間的關係則是為擁立新皇權的政治合作。因後白河未繼承皇家的財產，故無法透過家產機構使清盛從屬於己。清盛於其女婿基實死後，使其未亡人盛子管理遺產而事實上掌握於自己手中，形成取代皇家家產機構之經濟基礎，因此清盛自立的條件於焉具備。

後白河與清盛之間雖孕育著對立的契機，卻以滋子為媒介，同樣以憲仁即位為目標而形成合作關係。仁安 (Ninan) 元年十月，憲仁被立為太子，

表四〇：平氏一門與皇家之間的關係

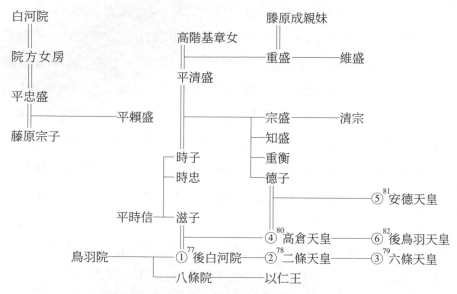

平家與攝關家之間的關係

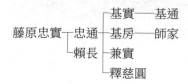

典據：元木泰雄，〈院政の展開と內亂〉，《院政の展開と內亂》。

註：阿拉伯數字為即位次序。

次月，清盛昇為內大臣。前此院近臣家只能昇到權大納言，並且直到鎌倉末期為止，除後鳥羽之外戚坊門信清 (Bōmon Nobukiyo) 外，院近臣家未曾有人當過大臣，因此，清盛的昇遷可謂為破例。明年二月，清盛昇任人臣最高的職位——太政大臣。不久以後，清盛辭去太政大臣之職，其子重盛 (Shigemori) 成為平氏之重心 ❽ 。又明年，利用清盛生病的機會，高倉天皇

❽　五味文彥，〈平氏軍勢の諸段階〉，《史學雜誌》，八十八編八號 (1979)。上橫手雅敬，〈平氏政權の諸段階〉，安田元久先生退任記念論集刊行會編，《中世日本の諸

（憲仁，1168～1180 在位）急遽登基，後白河以父院身分正式開始實施院政。清盛則退引至攝津福原（神戶），與後白河共同開展對中國南宋的貿易。皇權的中心人物後白河與清盛的合作排除了貴族們的反感，並且使大輪田泊（Ōwadanotomari，神戶港）的對南宋貿易具有半官方性質，而此貿易實為象徵他們兩者之相互協調者。經此貿易，福原（神戶）便逐漸發展成為都市。

2.合作的破局

後白河與清盛之合作，至承安元年 (1171) 清盛使其女德子為高倉天皇之中宮而更為密切，而其背後之有滋子（建春門院）之活動，自不待言。更由於平氏一門裡亦有接近清盛嫡長子重盛及後白河者，因此平氏一門有形成皇家莊園之傾向❽。然與此合作相對的，他們兩者之間的裂痕也逐漸擴大。在德子入宮前的嘉應元年 (1169) 末，當延曆寺僧向院近臣藤原成親訴願之際，平氏一門對防範採消極態度，致後白河將其妻舅平時忠，及叔藏人頭平信範 (Nobunori) 處以流刑。每當延曆寺僧對院近臣有所訴願時，平氏對其防護都採消極態度，因此，後白河之敘任平氏擔任四位的別當或「判官代」的人數也逐漸減少。

當滋子於安元二年 (1176) 去世（三十五歲）後，他們兩者之間的矛盾遂表面化，亦即滋子死後為擔任藏人頭、右大將問題，院近臣與平氏一門發生卡位戰。院近臣為藏人頭一職壓抑了清盛最寵愛的兒子知盛 (Tomomori)，而任命院近臣藤原光能 (Mitsuyoshi)，平氏一門則壓抑院近臣藤原成親，使清盛次子宗盛擔任右大將。亦即平氏家格的上昇妨礙了院近臣之官位昇遷。

就後白河言之，他之實施院政係以成親等傳統的近臣家旁系，及光能、

相》，上（東京，吉川弘文館，1989）。

❽　高橋一樹，〈中世莊園の立莊と王家‧攝關家〉，《院政の展開と內亂》。

高階泰經 (Takashina Yasutsune) 等出身在廳官人而被稱為「近習」的新興勢力為基礎❽，故院近臣之昇遷實有其必要性。如就清盛言之，在白河、鳥羽院政時期，院與院近臣獨裁而上流貴族被疏遠似的，因後白河與院近臣之崛起，平氏一門有被置於政務外之虞，因此對院近臣的昇遷遂變得神經過敏。

除上述外，後白河有使自己年幼的兒子成為高倉天皇養子的動作，此乃企圖使幼主取代即將成年的天皇，以確保院在政務上的主導權，此乃各院政均有的現象。如果尚未有皇子的高倉就此退位，則清盛也將喪失與皇家之間的姻親關係，因此，深恐自己被疏離於政務之外的清盛之無法容忍別人暗中活動使高倉退位，自屬必然❾。

三、幽禁上皇

1.鹿谷（鹿ケ谷）事件

後白河與清盛之間的鴻溝加深之安元三年 (1177) 四月，又發生延曆寺僧侶的大規模訴願運動。此一訴願的對象為院近臣之中心人物釋西光之子──加賀守藤原師高 (Morotaka)，其故在於前此一年以目代身分前往加賀（石川縣）的師高之弟師經攻擊、燒燬位於加賀、越前（福井縣）的延曆寺末寺，因此延曆寺、日吉社僧徒、神職人員遂大舉向高倉天皇之宮殿表示其強烈不滿。由於平氏一門未採應有的對應措施，致不得不將師高處以流刑。非僅如此，在大規模訴願之後，又發生盜賊入侵中宮廳的臨時辦公處及發生大火災，致大內與貴族們的宅第、民房成為灰燼，使京都混亂不堪。極度忿怒的後白河雖將親近平氏的天臺座主明雲以謀反罪流放伊豆，但於前往近江途中被僧侶們奪回。後白河見此情況後，於五月末命自福原

---

❽　五味文彥，《院政期社會の研究》（東京：山川出版社，1984），頁 54。

❾　元木泰雄，《院政期政治史研究》，頁 89。

上京的清盛攻擊延曆寺，採取動員近江、越前、美濃三國武士之態勢。惟至六月，事態發生一百八十度的改變，因北面武士多田行綱之密告而欲打倒平氏的陰謀曝光，院近臣之中心人物藤原成親、釋西光、俊寬等全部被捕或被殺或被流放——鹿谷事件。《愚管抄》等書雖以後白河為此一事件之主謀，惟就如《平家物語》所強調「重盛之諫言」，以及親院政派成員之活動，清盛未曾攻擊後白河。然除上述因素外，如使後白河的院政停止，實無上皇可以取代他，所以清盛之未加害後白河，實有其不得已之苦衷❽。不過親院政派之存在與難於樹立替代皇權的兩個條件在兩年內便告消除，因為進宮七年未生產的德子在次年（治承二年，1178）底生下渴望已久的皇子言仁 (Tokihito) 親王——日後之安德天皇（1180～1185 在位）。結果，否定了後白河而有可能樹立清盛所認為理想的高倉院政‧安德天皇皇權。非僅如此，平重盛在次年以四十二歲之壯年去世。重盛處於後白河與清盛對立的夾縫中雖無法使力❽，惟當他死後平氏內部已無能夠掣肘後白河與清盛之對立者，因此，他們兩者之間的衝突實無法避免。

2.後白河之停止院政

　　重盛去世前夕的治承三年 (1179) 六月，清盛已喪失另一個子女——管理攝關家土地的盛子，享年二十四，此乃她與其夫死別後第十三年之事。因盛子之死，攝關家土地的前途就變成流動的，由後白河暫管。在盛子死後不久任命官員時，後白河任命藤原基實之弟——關白基房年僅八歲之子師家為象徵攝關嫡系的特權職位中納言中將，將基實所遺之子基通留在原來的散位。此一人事安排實意味著排除基通系統而以基房、師家系統為攝關家嫡系，從而繼承攝關與基實所遺之領土。對平氏而言，攝關家領土乃其經濟基礎而不可或缺，因此，攝關家主人之改為基房系統，意味著平氏

---

❽　元木泰雄，《院政期政治史研究》，頁 89。

❽　上橫手雅敬，〈院政期の源氏〉，《御家人制の研究》。

在經濟方面將面臨嚴重危機❽❾。非僅如此，後白河在重盛死後，將其子所繼承之知行國越前（福井縣）給與院近臣，更於重盛的治喪期間前往寺、社參拜❾⓿，亦即後白河與攝政基房聯手向清盛挑釁。

清盛對後白河的挑釁，於十一月採武裝蜂起（起義）的手段，他從福原率領數千武士入京，以武力為背景控制京師，掃除所有政敵。他首先解除攝政基房父子的職務，流放基房；繼則使釋明雲重為天台座主，及解除院近臣三十九名的職務，然後將太政大臣藤原師長，權大納言源師賢 (Morokata) 等有勢力者逐出京外，而親院政派的平賴盛亦被撤職，因此，院政派受到徹底的鎮壓。於是繼鹿谷事件後再度受到嚴厲整肅的後白河近臣勢力完全瓦解。之後，清盛終於將後白河軟禁於京都南邊的鳥羽院，使其政務停擺。治天之君之被軟禁，及其政務之被停止，此乃前所未有之事；而人臣之以武力改變皇權，也是平安時代以後首次發生之事。其所以能夠採取強硬手段，應與清盛被視為皇家子息的權威，及後白河即位以來無法拂拭的脆弱而不安定的皇權有關❾❶。當面臨一連串事態之際，其所以能夠頒布〈宣命〉、〈詔書〉等天皇的正式命令，及任免官吏，實因獲由平氏一門所擁護高倉天皇之支持❾❷。

3.創出新皇權

政變的結果，後白河院政被徹底否定，構築了新的皇權。繼被流放的基房之後擔任關白者為清盛之女婿藤原基通。明年 (1180) 二月，高倉天皇退位，成為治天之君，言仁親王即位，是為安德天皇。亦即清盛以外孫為天皇，女婿為院與攝政，於是清盛確立以自己人所構成的理想皇權，亦即繼承

---

❽❾ 田中文英，《平氏政權研究》（京都：思文閣，1994），頁 95。

❾⓿ 《平家物語》。

❾❶ 元木泰雄，《平清盛の鬪い——幻の中世國家》（東京：角川書店，2001），頁 251。

❾❷ 上橫手雅敬，〈院政期の源氏〉，《御家人制の研究》。

清盛血統的新王朝開始而平氏政權成立❸。 不過清盛並未立刻開始軍事獨
裁，乃是在政變後立刻返京，將政務交給高倉、基通及嫡子宗盛處理❹。

　　清盛以軍事強人的姿態在福原採取以武力保護皇權的態度，不過無論
年幼的安德，或年輕的高倉與基通都缺乏行政經驗，而宗盛的個性也優柔
寡斷無法主導強大有力的政務推動。復由於新皇權又是篡奪的政權，遂致
於治承四年 (1180) 爆發欲以武力否定此一政權的以仁 (Mochihito) 王之亂。
以此亂為契機，清盛開始其軍事獨裁。

　　另一方面，從院及院近臣取得的許多知行國便被分配給平氏一門與其
同黨之貴族，起用平氏一門與家人以取代往日院政派的目代，也就是說，
各地的平氏「家人」奪取了在廳官人的地位。惟當時的知行國傾向於由同
一國主繼續支配❺，形成目代、在廳官人的統治秩序❻。因此，將目代、
在廳官人加以很大變化的平氏的措施，就如在以仁王舉兵後，將伊豆的知
行國主由源賴政改為平時忠似的，使既有的統治秩序陷於紊亂而在各地引
起反對浪潮❼。

四、清盛之爭鬥與死亡

1.內亂的爆發與遷都福原

　　乍看起來，似因否定後白河之皇權與樹立高倉‧安德之皇權，使長久
以來有關皇權的糾紛已告結束，可是成為鳥羽、美福門院最寵愛之皇女──
大莊園地主之猶子以仁王，卻以正當性被質疑的篡奪政權成立為契機，企

❸　上橫手雅敬，〈院政期の源氏〉，《御家人制の研究》。

❹　元木泰雄，《院政期政治史研究》，頁 89。

❺　五味文彥，〈平氏軍勢の諸段階〉，《史學雜誌》，八十八編八號 (1979)。上橫手雅
　　敬，〈平氏政權の諸段階〉，《中世日本の諸相》，上。

❻　川端新，《莊園制成立史の研究》(京都：思文閣，2000)，頁 124。

❼　野口實，《武家の棟梁の條件》(東京：中央公論社，1994，中公新書)，頁 28。

圖奪取皇位。

　以仁王在治承三年發生政變之際，領土被奪而再三感受平氏的壓力，故有其蜂起的很大動機，《平家物語》雖以攝津源氏之老將源賴政為促使蜂起者，但此說應屬創見，一般認為以仁王才是蜂起的中心人物❽。另一方面，後白河之皈依很深的圓城寺 (Onjyōji)，及因族長基房被處流刑而憤激的興福寺等也有舉兵與之合流的動向。權門寺院合流的背景並不侷限於這些個別的理由，清盛之打破慣例使高倉退位後首次參拜嚴島 (Itsukushima) 神社，重視與平氏有密切關聯的該神社❾，而欲改變宗教界一貫的秩序，也激起權門寺院很大的反感，因此，延曆寺的反平氏也看準了時機。此一事件因來自熊野的密告而暴露，在準備尚未齊全的情形下舉兵的以仁王與源賴政很快的被打敗。然清盛深感被激烈反對之權門寺院圍繞之危機，乃壓抑其一門及貴族們的反對，於六月很唐突的請上皇、天皇遷徙福原，即遷都福原。遷都乃清盛個人所作決定，於是他開始軍事獨裁。

　此遷都似有意擺脫因火災或過密化而陷於紊亂，致難於排除污穢的京師（左京），以營造符合新皇朝之新都之意圖在，惟因係突然的遷都，故不僅準備不足，也因受地形限制而無法設定條坊，所以尚未頒布正式遷都〈宣命〉就告結束。並且僅與京師附近的寺、社結合以舉行使皇權莊嚴化的各種儀式、祭典，故無法做到完美的遷都工作。雖然如此，清盛居然計畫把大內與八省等首都的重要機構遷至福原❿。然當他正忙於遷都之八月中旬，由東國傳來被流放於伊豆國的源賴朝舉兵，殺死該國目代的消息。

2.內亂的深刻化

　乍看起來，源賴朝的舉兵似因敗於石橋山而結束，然當賴朝前往房總

---

❾⃝ 元木泰雄，〈院政の展開と內亂〉，《院政の展開と內亂》。

❾⃝ 嚴島，位於廣島灣西南之小島，日本三景之一。島的周圍二十八公里，最高處海拔五百二十五公尺。屬廣島縣宮島町。島之前方有嚴島神社，為平清盛所建。

❿⃝ 元木泰雄，《院政期政治史研究》，頁 323。

半島與千葉、上總介兩氏的勢力結合後，反而有控制南關東之勢。治承四年九月，賴朝與甲斐（Kai，山梨縣）源氏的聯軍在駿河（Suruga，靜岡縣）國富士川的戰役裡擊敗平維盛 (Koremori)、忠度 (Tadanori) 所統率之追討軍。追討使慘敗的結果，使平氏政權的權威掃地，促使內亂之全國化與長期化。

　　平氏見敗的原因在於軍制，平氏的軍制採精強而人員較少的「私郎從」、家人，與正式動員的眾多「假武者」、官軍之二元制，故可謂繼承以少數家人為軸心之在京武者之武力編制❶。由其對應以仁王之亂可知，在作戰時，基本上以家人為前鋒，規模較大士氣較低的官軍則採等待掃蕩戰的形式。這種作戰方式雖適合鎮壓小規模的叛亂，但像此次大叛亂則根本無法因應❷。

　　治承三年政變的結果，坂東也成立平氏與親平氏派的知行國，然在那些知行國之間卻形成武士集團相互間的對立。曾為知行國主的院、院近臣派目代被放逐，取代往日在廳官人之平氏家人之立場被加強，這種動向在以仁王舉兵後的追討源氏問題中更為激烈。平日就已相互對立的坂東武士團在平氏的壓力下，自然引起許多武士的反抗與蜂起，終於引起大規模的叛亂❸。

　　平氏在富士川的敗北使內亂擴及全國，其接近京師的近江、若狹（Wakasa，福井縣）之反平氏勢力也蜂起。在全國擾攘不安的情況下，清盛決定還都。還都的直接原因並非高倉院與院近臣，或延曆寺僧侶的激烈反對，乃是富士川之敗北與內亂之惡化使他不得不打消遷都福原的念頭。

3. 最後的戰鬥

　　十一月末，清盛下令返回京都，返京後立刻開始討伐近江的源氏，至

---

❶　元木泰雄，《武士の成立》（東京：吉川弘文館，1994），頁 146。

❷　川端新，《莊園制成立史の研究》，頁 124。

❸　川端新，《莊園制成立史の研究》，頁 124。

十二月，近江已大致平定。討伐之際曾命延曆寺、日吉社提供兵糧及緝捕叛徒。十二月十日則要求諸國供應兵糧米，及向公卿、受領徵調衛戍大內的兵員，亦即他把莊園領主與權門納入平定內亂的體制之下，命其提供物資。此一體制在次年二月宗盛就任總官時被加強、確立 **⑩④** 。

遷都後不久，解除後白河的軟禁，惟此絕非清盛的讓步，乃為防高倉院之萬一所採措施，故後白河的政務非但在清盛去世前未曾重開，反而於解除軟禁後的十二月十一日焚燬與後白河有密切關係的園城寺。因此，解除後白河的軟禁不可能為回歸過去 **⑩⑤** 。

焚燬園城寺、南都具有他們參與以仁王舉兵的報復作用。原來遷都福原具有因害怕權門寺院之勢力而緊急避難之特性，因此，隨著遷都的實現，與權門寺院之間的對決勢不可免。不畏佛敵而堅決進行的兩件縱火攻擊事件，實含有以京師為據點從事戡亂的清盛的決意。亦即與後白河之皇權尖銳對立而中止院政的清盛，他也擬直接面向莊園領主的權門，使其從屬化 **⑩⑥** 。

治承五年 (1181) 正月，高倉上皇薨，清盛稱為遺詔而實施前述總官制，成立包含五畿內與其周邊諸國在內軍政的統御體制。於是在總官宗盛之下，可以動員超越國之框架的部隊，平氏因成功地擺脫小規模而以私郎從為中心的軍制 **⑩⑦** 。在此情形之下，諸國的兵糧徵收體制也獲整頓。

除上述外，清盛也著手改造首都，他把大內遷至接近平氏據點的八、九條附近，並整備武士的屯駐地，也就是說，為彌補遷都失敗而推動其營造新都的構想 **⑩⑧** ，此事似與八、九條附近的都市、經濟顯著發展有關 **⑩⑨** 。

---

⑩④　川端新，《莊園制成立史の研究》，頁 124。

⑩⑤　田中文英，《平氏政權研究》，頁 95。

⑩⑥　元木泰雄，〈院政の展開と內亂〉，《院政の展開と內亂》。

⑩⑦　元木泰雄，〈院政の展開と內亂〉，《院政の展開と內亂》。

⑩⑧　上橫手雅敬，〈院政期の源氏〉，《御家人制の研究》。

⑩⑨　美川圭，〈京・白河・鳥羽──院政期の都市〉，《院政の展開と內亂》。

當貴族政權經由清盛之手正要全面改造之際，清盛竟於同年閏二月四日因發高燒死亡，享年六十四。

五、源平兩氏之爭鬥

清盛死後次日，其繼承者宗盛向後白河謝罪，要求歸還政權，結果，自治承三年的政變後，後白河正式回歸政界，於是自政變經年餘後，平氏政權便告消滅。與之同時，遷至八條的安德天皇也返回位於左京中心的閑院御所，故以八條、九條為中心逐漸整備的首都功能瓦解。其對東大寺、興福寺僧侶的處罰也被解除，至六月則開始討論其重建問題。於是清盛的政策幾乎完全中止，致貴族政權的全盤改造計畫煙消雲散❿。不過宗盛以清盛遺言為擋箭牌，不理會後白河之制止繼續追討源氏，因此，總官制度可能依然存在，所以在清盛死後不久在墨俣川 (Sunomatagawa) 的戰役裡，平氏之所以大勝源氏，應是由這種制度而來。在這種情形下，平氏雖暫時收復至美濃為止的地方，惟在此以後因饑荒而戰況陷於膠著。

由於宗盛違反後白河旨意強行討伐源氏，故其戰鬥具有私鬥性質，更何況對後白河而言，源賴朝係被認為奉〈院宣〉舉兵⓫，故其軍事行動帶有自力救濟性質，貴族們也認為諸國之源氏係因清盛之軟禁後白河與遷都福原方纔舉兵，故平氏之為私鬥而強徵兵員與糧秣，使他與貴族政權之間的鴻溝加大加深。在此一階段的源、平兩氏的戰鬥，具有與源氏結合之超越權威的後白河，與擁戴不安定的安德皇權的平氏拮抗性質。源氏方面的武士在原則上係與安德、平氏政權・平氏家人作戰，並未否定京都的貴族政權，這點值得注意⓬。

迄至壽永二年，事態發生很大變化，即源義仲在北陸一帶為反平氏而

---

❿　上橫手雅敬，〈院政期の源氏〉，《御家人制の研究》。

⓫　元木泰雄，〈院政の展開と內亂〉，《院政の展開と內亂》。

⓬　上橫手雅敬，《源平爭亂と「平家物語」》（東京：角川書店，2001），頁 159。

舉兵，並與協助以仁王舉兵的叔父們及源義廣、行家等聯繫，且組織與京都關係較密切的北陸道武士上京，加強其活動❶❸。後白河把入京的義仲以下之源氏定位為官軍，並將前此發生之事態完全歸咎於平氏，置身於源、平爭鬥之外以保持中立。

義仲的部隊入京後因饑饉而軍律不整，致失去後白河的信任；更因取代安德天皇的人選問題，義仲推舉以仁王之子。由於此舉係侵犯治天之君的皇位決定權，致義仲與後白河之間的對立難於和解。在這種情形下，義仲於壽永二年閏十一月襲擊後白河住處，消滅院方武士使後白河屈服。義仲雖不似清盛之改變皇權，但此舉卻使在京武士的離叛，致他們與上京的賴朝部隊結合。弱化的義仲於次年正月為賴朝部將源範賴、義經所討伐。

同年，在瀨戶內海恢復勢力的平氏部隊於年末抵福原，企圖再度入京，惟已控制京都的賴朝部隊於二月在一谷 (lchinotani) 擊敗平氏。結果，喪失許多親信的平氏退至讚岐國屋島 (Yashima) 而喪失再度入京的可能性。與此相對的，賴朝以軍事支配京師與畿內，將朝廷置於其保護之下，使賴朝樹立全國性武士政權邁出一大步❶❹。

平氏雖失去上京的可能性，卻仍以讚岐為據點繼續抵抗。賴朝雖也因難在畿內徵糧、徵兵，致討伐平氏的戰鬥一時停頓❶❺，不過因義經於元曆二年 (1185) 正月突襲屋島而情勢為之一變，至三月，安德天皇與平氏一門在壇浦 (Dannoura) 步上滅亡之途；亦即平氏在皇權分裂之際，與其所奉之皇權一起滅亡。

---

❶❸　淺香年木，《治承・壽永內亂序說》（東京：法政大學出版局，1980），頁 93。

❶❹　大山喬平，《鎌倉幕府》，《日本の歷史》，6。

❶❺　宮田敬三，〈元曆西海合戰試論——「範賴苦戰と義經出陣」論の再檢討〉，《立命館文學》（京都：京都印書館，1998），頁 554。

第八章
平安時代之文化

第一節　顯密佛教與淨土世界

一、平安初期佛教界的革新

　　奈良時代的佛教因成為鎮護國家的宗教，故在國家盡力保護下得以蓬勃發展，但也從而導致僧侶之墮落與腐敗，致有遁入空門以逃避租庸調者。所以桓武天皇乃於其即位之延曆元年下詔宣布「佛教云畢」，裁撤負責營造法花寺的法花寺司，給前代以來盛行的造寺事業畫下休止符。明年六月，則下令嚴禁營建私寺及將田園捐贈給寺院。桓武之禁建寺院與統制寺院財產，乃為維持國家財政所必須之措施，但也說明了國家財政已無法對宗教作積極的保護。在此情形之下，教團為維持其勢力，乃不得不與新興的貴族勢力結合，或積極開放福音，求取更多信徒，以打開困難局面❶。

　　就在此一時期出現兩位偉大僧侶，即最澄與空海。最澄，近江（滋賀縣）滋賀郡人。延曆四年在比叡山建草堂（後來改稱延曆寺）。二十三年，隨遣唐使藤原葛野麿、石川道益一行入唐，次年返國，於山城國高雄山寺講解經典，開天臺宗。他認為一切眾生皆有佛性，故曾與法相宗的碩學德

---

❶　鄭樑生，《日本通史》，頁 137。

一展開激烈論爭。並且又為培養門下弟子而制訂嚴格的「山家學生式」，使其門徒在山林中修業十二年，然後根據各人的專長，使他們各為社會盡力。惟其制訂此一「學生式」的目的在培養大乘菩薩僧侶，故須能與之配合的大乘戒壇。然當時的日本只有南都六宗小乘戒之三戒壇，故乃上〈表〉奏請於比叡山設大乘戒壇，卻遭南都僧綱的強烈反對。最澄雖著《顯戒論》予以攻擊，卻至他圓寂後七日的弘仁十三年六月四日方許其設立，嵯峨且賜與「延曆寺」之匾額，謚傳教大師❷。

　　空海，讚岐（香川縣）人。初學儒，上京入大學。著《三教指歸》以論儒、釋、道三教之優劣，以為佛教至高無上，遂皈依佛門。延曆二十三年，與最澄聯袂入唐，大同元年回國。弘仁七年，在敕賜地紀伊（和歌山縣）之高野山創建金剛峰寺，為弘揚真言密教而不遺餘力。當時，朝廷、貴族對其信仰頗深，嵯峨天皇將京師的東寺賜與他，以為教王護國寺。

　　空海於讚岐開鑿萬頃農池，致力開發農業，且創綜藝種智院，以為教導一般民眾子弟之場所。在宗教上則對起自奈良末期片斷的古密教作整體的組織。並且著《十住心論》以批判諸宗，及將佛教析為顯、密二教，認為密教居於一切宗教之上，而將它分為金剛界❸與胎藏界❹之兩界曼荼羅。因此他主張諸佛菩薩森羅萬象俱為大日如來之所現，大日如來之分身，將日本前此多神教之信仰全部包容於其教義之中。這種密教之獨創的組織體

---

❷　鄭樑生，《日本通史》，頁 137。

❸　佛家語。對胎藏界而言。指大日如來的智德部門。摧破一切煩惱有如金剛，故稱。在事相上這是密宗壇場的設施。《大日經》，十二，云：「金剛喻如來，秘密變也，金剛無有法能破壞之者，而能破壞萬物，此智慧亦爾」。

❹　佛家語。梵語 Garbha-kosa，漢音蘗縛俱舍，意思是隱覆、含藏。密教以地、水、火、風、空五大，及清淨菩提為本具的理性，此理性包括一切諸法，具足萬德，正如母胎含藏子體，故稱胎藏。密教修行的法門，分胎藏界、金剛界兩部，前者屬理，後者屬智。見《大日經疏》。

系乃當時之中國亦罕見❺。空海示寂後，獲賜弘法大師之號。

二、密教之興隆

最澄、空海圓寂以後，隨著貴族勢力之臻於全盛時代而天臺教義不行，空海所倡導之密教符合貴族要求，成為所謂加持祈禱之佛教而風靡一時。當貴族的政治勢力強大以後，隨之而來的，就是在其內部發生強烈的權力鬥爭。於是莫不擬藉宗教力量打倒對方以謀自己一門之繁榮。因此他們不僅建寺，甚至對皇位繼承問題也分黨派祈禱己方獲佛之庇佑而大獲全勝，致舉世成為祈禱萬能的時代。於是真言宗便呈現空前盛況而天臺宗亦密教化。迄至慈覺大師圓仁，智證大師圓珍出，其教理便顯得更有組織。東寺之密教稱為東密，延曆寺之密教則叫臺密。之後圓珍之門徒被逐出比叡山，乃至近江園城寺，結果便分為山門（延曆寺）與寺門（園城寺）而彼此以武力爭利。於是在短短的兩三百年之間，日本的密教便呈現空前盛況，臺密、東密並駕齊驅，致使南都各宗派也都完全受到它們的影響❻。

三、佛教的貴族化

在天臺宗方面，圓仁的弟子良源獲藤原師輔之助，於橫川建楞嚴三昧院而為其座主 (zasu)，以廣學堅義振興其論義。其弟子源信則與慶滋保胤等人開勸學會 (964) 與「二十五三昧會」，並著〈一乘要訣〉。源信弟子寂昭於長保五年 (1003) 入宋，藤原佐理 (Sukemasa) 之子成尋則於延久四年入宋巡歷智者大師之聖蹟、諸寺，而北宋神宗曾賜與善慧大師之號。著有《在唐日記》、《參天臺五臺山記》。乃母則遺有《成尋阿闍黎母日記》，描寫送其子入宋之慈母情懷。成尋在宋時，曾使其同伴賴緣先行回國，將經典託

---

❺ 鄭樑生，《日本通史》，頁 137。
❻ 鄭樑生，《日本通史》，頁 138～139。

回日本，他自己則終於客死中土❼。

　　真言宗方面，宇多法皇❽的後人仁和寺 (Ninnaji) 之寬朝為東寺「長者」而充實其經濟力，並開遍照寺以孔雀王法為得意。醍醐寺的仁海則建曼荼羅寺，以請兩經法顯其靈驗。這種注重特定修法旋波及於天臺宗、朝廷以及攝關家而設秘法，致佛教成為祈禱繁榮與詛咒政敵之工具。於是聖道門寺院乃因與權門之提攜而貴族化，致貴族進出僧界而引起其內部的糾紛，使各流派反目❾。

四、淨土思想的興起

　　祈禱佛教流行，貴族佛教興隆以後，教團便逐漸世俗化，致有僧兵跋扈的現象。然這種情形在平安末期也逐漸步上窮途末路而末法思想廣為流行。在佛教預言的年代論中有將釋迦之圓寂為基準，將祂入寂以後的頭一千年為正法，次一千年像法，在那以後的一萬年為末法的說法。正法時代的佛陀之教、行、信俱存，像法時代只存教與行，末法時代則僅存教，在那以後則教、行、信俱不存在。如到末法時代，則天災地變不斷發生，戰亂、疾疫、盜賊、火災之難接踵而來，生命的安全難期必。因此眾生乃以鬥爭為事，機根❿變得薄弱，壽命年復一年的減短，這種末法思想成為迫切問題，係隨著武士之崛起而貴族之精神陷於萎靡不振。以致即使微不足道之小事，也會把它看成與平時不同；平凡的事情，也會認為是不幸事件的前兆而心生疑慮，感到恐懼。《扶桑略記》永承七年 (1052) 條謂：從這年開始進入末法。事實上，當時的社會也正進入這種情況。貴族們因此一

---

❼　鄭樑生，《日本通史》，頁 139。

❽　正式稱呼為太上法皇。上皇出家以後的稱呼。

❾　鄭樑生，《日本通史》，頁 137。

❿　存在於眾生中，因教法而發出之心機。《教論》，上，云：「文隨執見隱，義送機根現」。

事實與佛教所載之世界相似，致一味相信末法時代已來臨而逐漸失去對日常生活的信心與希望。對苟延殘喘於這種時代的人們而言，唯一能獲得安慰的就是厭離穢土，欣求淨土的思想❶。

五、佛教界的動向

1.淨土教的源流

日本的淨土教，如只從讀誦經典或禮拜阿彌陀佛等事實觀之，可回溯到飛鳥時代，至奈良時代，出現釋智光註釋唐僧迦才之《淨土論》。天平寶字四年光明皇后薨時，則曾使諸國造阿彌陀佛淨土之畫像，及抄寫《稱讚淨土經》（《阿彌陀經》之異譯）。迄至平安時代，則天臺宗教團有止觀行之四種三昧之一的常行三昧（亦稱般舟三昧、私立三昧），以七日或九十日為限，常步行而口誦阿彌陀佛之名，心中不斷思想阿彌陀佛的行法。

承和五年 (838) 入唐的圓仁東傳了五臺山的「念佛三昧」，於仁壽元年 (851) 在叡山常行堂勤修它，並加上止觀的常行三昧，稱之為「例時作法」，成為一山的重要行事之一。圓仁圓寂 (865) 後則於每年八月十一日起舉行七天，此即所謂「山之念佛」（不斷念佛）。相傳圓仁又把前此最澄所傳「法華懺法」之大綱加以修改以弘揚其精要，不久以後將此兩者合稱為「曉懺法」、「夕例時」（念佛）。不過此乃只侷限於僧院內部的修養，即使有時會刺激部分貴族或文人的好尚，但從事此一方面之修行者畢竟有限，而念佛三昧之流行市井小民之間，乃釋空也出現以後❷。

空也之名之正式出現於紀錄，始於天慶二年，在那以後約經二十餘年的時間，皈依他的人們之層面擴大，至應和三年 (963) 秋季於京都賀茂川岸旁興建臨時堂宇，舉行金字《大般若經》之書寫供養時，已獲宮廷之贊

---

❶　鄭樑生，《日本通史》，頁 139～140。

❷　川崎庸之，〈藤原文化の諸相〉，《圖說日本の歷史》，五。

助且與左大臣以下有結緣之事實。當時撰寫該經供養願文者為文章得業生三善道統。如據該願文的記載，此一寫經工作從天曆四年 (950) 開始共費十四年歲月，「半錢之施，一粒之所捨，漸漸合力，微微功成。」❸供養之夜則設萬燈會❹以修菩薩戒。

　　當時的淨土思想有兩個流派，其一是彌勒的淨土，金峰山被認為是為彌勒佛誕生準備的靈場而獲信仰。惟自平安中期以來，其作宗教的開展的，乃是對往生位於西方十萬億土之彼方彌勒淨土之信仰。其使此一信仰成為教理者為惠心僧都源信。源信在其所著《往生要集》為說明厭離穢土的迫切理由，乃描寫地獄、餓鬼、畜生與夫天人的世界，並與此相對的表示淨土的情形。惟當時尚無將現世視為穢土的迫切理由，所以貴族們反而把淨土當作現世榮華的延伸與完成而加以歡迎。然在貴族當中，尤其因隨著攝關政治之確立而失其步上榮華之途的中下層貴族之間，普及了逃避現實的信仰。於是在源信的周圍逐漸組成以臨終念佛為目的的信仰集團。源信示寂以後，這種信仰便以比叡山、京都一帶為中心，廣泛地滲透於全國。然因仍在顯教與密教的既成教團內部主張淨土信仰，故無法貫徹其信仰生活。所以後來對寺院的修道生活感覺不滿的人們乃相繼離開顯、密各宗派的寺院。那些「聖」❺(hijiri) 或遁世者的多數，在寺院附近或安靜的土地上結草庵，誦《法華經》或念佛，以過其清貧的信仰生活。其中也有像空也似的，很早就投身於市井中說教者。因此，淨土教便逐漸傳播於民眾之間。

　　在南都方面則東大寺隨著律令體制之式微而失去昔日勢力，但該寺僧侶奝然卻於北宋時前往中國，巡歷天臺山與五臺山，帶回釋迦像與北宋印

---

❸　藤原明衡，《本朝文粹》。

❹　為懺悔滅罪而將萬燈供養於菩薩的法會。

❺　原為碩德之僧之意。從十世紀前後開始，則指離開正式的佛教寺院至別處修行，或遊行諸國之僧侶而言。多念佛修行者而在日本淨土信仰發展史上占有重要地位。

經院敕版《一切經》（大藏經），與天臺宗拮抗而籌建清涼寺未成，直到圓寂後，方才由其弟子盛算在京都嵯峨完成心願。興福寺則成為攝關家的寺院而繁榮，學僧輩出，法會齊備❶❻。

如據《扶桑略記》的記載，在空也舉行經典供養之次年，即康保元年 (964) 三月，大學寮北堂（文章道）的學生們在比叡山西坂本始修「勸學會」，那學生之一為慶滋保胤。保胤「與台山禪侶二十口，翰林書生二十人共作佛事，號曰勸學會。……方今欲使一切眾生入諸佛之知見，莫先於《法華經》。故起心合掌，講其句偈，滅無量罪障，使生極樂世界者莫勝彌陀佛，故開口揚聲唱其名」而言其動機。於是聽講《法華經》與念佛三昧之勤修，便成為此一時代之風尚，而比叡山的年輕僧侶與文人所相聚的勸學會正是促進此一風潮者。

2. 《往生要集》的影響

源信於天延元年 (973) 在比叡山的六月會❶❼擔任「廣學豎義」 ❶❽而揚名。次年應召參加宮中舉行的「季御讀經」 ❶❾論義，與三論宗之䚡然相問答而獲所有與會人員之稱讚。《往生要集》由〈厭離穢土〉、〈欣求淨土〉、〈極樂證據〉、〈正修念佛〉、〈助念方法〉、〈別時念佛〉、〈念佛利益〉、〈念佛證據〉、〈往生諸行〉、〈問答料簡〉 ❷❶等十章而成。第一、二章表示人們因往生極樂（天堂）始能入佛陀領悟之域。即使產生厭離穢土之思想，也很難在此娑婆世界修道結果，所以即使碰巧發願修行，也難有成就，唯有極樂國土的眾生具備許多條件，能夠增進佛道。第三章言何以在十方淨土中只提極樂問題。第四章言要如何始能生於極樂，親眼看到阿彌陀佛。第

---

❶❻　鄭樑生，《日本通史》，頁 140～141。

❶❼　每年六月於最澄忌辰舉行之法華大會。

❶❽　在論義席上對所提出之論題立義，以答問者之論難，為當時天台座主良源所創辦。

❶❾　每年春、秋兩季所舉行轉讀《大般若經》之法會。

❷❶　所謂「料簡」(ryōken)，即想法、動機、主觀、居心之意。

五章根據五世紀前後人世親的《淨土論》，以說禮拜、讚歎、作顯、丑察、回向 (ekō) 等五念門之行，其重點在第四的觀察門，而注重白毫觀的意義。他以為所謂「光明遍照十方世界，念佛眾生十萬世界」的光明，發自阿彌陀佛眉前的白毫，而吾人在彼攝取之中，眼雖為煩惱所障而讀法看見，但大悲卻無倦地常照吾身，所以吾人應經常如此誦念以欣己心。

　　第五章言「正修念佛」應有之具體用心與修行之法。源信以為保護「大菩提心」與三業（言身、口、意之所作），及深信至誠而常念佛，此三條件為「往生之要」，並且以為「往生之業以念佛為本，其念佛之心，必須如理。故須具備深信、至誠、常念三事」。

　　第六章言平時須一日或七日或九十日，在一定時日勤事念佛，及臨修時應念佛。其中說明九十日之修行時舉《止觀》有關常行三昧之意。

　　第七章言為使行者決定其心，故別以明之。第八章言雖非念佛而遮住其他種種妙行，但無論男女貴賤，行住坐臥，不論時處諸緣，修之不難，乃至臨終願求往生，得其便宜者，莫如念佛；其最後的選擇則應任憑各人之樂欲（第九章），而源信所處立場在此 ㉑。

　　但無論如何，《往生要集》所引起的反響極大，早在寬和二年已有人以該書為指南組成勵行念佛的「二十五三昧會 ㉒」的團體，而慶滋保胤（寂心，寬和二年出家）與源信也有協助他們的跡象。二十五三昧眾由二十五個基本結眾（發起眾），及十九個基本（最初）結緣眾所組成。保胤與源信為此製〈起請〉以協助他們 ㉓。本來其聚眾係以叡山碩學為中心的聚會，相傳源信復於長保三年 (1001) 建花臺院於橫川，開始「迎講」，使「緇素

㉑　川崎庸之，〈藤原文化の諸相〉，《圖說日本の歷史》，五。

㉒　所謂「二十五三昧」，即：二十五有，即將眾生輪迴之生死界分為二十五種，破其二十五有之二十五種三昧，從而表示其厭離穢土之思想。

㉓　〈橫川首楞嚴院二十五三昧請〉有二種，其一為寬和二年保胤撰，其二則為永延二年 (988) 源信撰。

貴賤之結緣者」激起「即身往詣極樂國」之思❷。而「集其場者，至緇素老少、放蕩邪見之輩，皆不覺流淚結往生之業，五體投地種菩提之因。」❷迎講雖也稱為「迎接會」或「練供養」，卻如被稱為「菩薩聖眾圍繞於左右，供養伎樂，歌詠讚歎」❷似的，可能具有演劇效果。如據藤原行成的日記《權記》的記載，藤原道長很早就獲得《往生要集》，且於寬弘二年(1005) 委託行成製作新抄本，將原有者給與行成。日後，道長之於法成寺興建諸堂使之表現極樂淨土之情景，描寫道長富貴生活的《榮華物語》，亦處處以《往生要集》為樣本來敘述❷。其塑造法成寺諸佛或平等院鳳凰堂之阿彌陀如來像的定朝則很早就心儀源信的為人，他也曾參加源信寬弘四年創始的靈山院釋迦堂「每日作法」之「結番供養」儀式❷。此外，相傳為源信所作之雕像、繪畫，如：大原三千院之〈阿彌陀三尊像〉〔見圖四三〕，或高野山之〈聖眾來迎圖〉等佛教藝術，可能都是由《往生要集》所促成❷。

六、法華信仰

1.源信的《一乘要訣》

　　《往生要集》係以皈依《法華經》者之立場來撰述，以天臺教義為前提，所以前舉「二十五三昧起請」裡特別加上「每月十五日正中以後應念佛，以前講《法華經》」一則，言在念佛之前須聞法，並且每月十五日不斷念佛之前，也要以「有智禪僧說《法華經》之理，將見聞弱知之人速踰開

---

❷　《源信僧都傳》。

❷　《本朝法華驗起》。

❷　《源信僧都傳》。

❷　川崎庸之，〈藤原文化の諸相〉，《圖說日本の歷史》，五。

❷　《靈山院過去帳》。

❷　川崎庸之，〈藤原文化の諸相〉，《圖說日本の歷史》，五。

圖四三　阿彌陀三尊像
平安時代流行表現阿彌
陀如來引導死者前往極
樂淨土的佛像，此像亦為
其代表作之一。隨侍在側
的觀音、勢至之上身向前
傾而作探身狀，使人坐在
祂前面時會有佛靠近之
感覺。如據〈勢至像胎內
造像記〉的記載，此像係
釋實照於久安四年為往
生極樂而作。京都府三千
院供奉。典據：《圖說日
本の歷史》，五，頁117。

示悟入之位」。亦即將《法華經》之「一切皆成佛之理」置其根柢，而此為
「往生極樂之教行」。職此之故，源信所以在撰述《往生要集》二十年餘後
又撰《一乘要訣》之意在此。源信在《一乘要訣・序》裡說：

> 諸乘權實古來諍，俱據經論，互執是非。余，寬弘丙午歲（三年，
> 1006）冬十月，病中歎曰：「雖遇佛法不了佛意，若終空手，後悔何
> 追？爰尋經論文義，賢哲章疏，或使人尋，或自思擇，全捨自宗他
> 宗之偏黨，專探權智實智之深奧，遂得一乘真實之理，五乘方便之
> 說。既開今生之蒙，何遺夕死之恨。

由此觀之，源信不僅確信他已達到「一乘真實之理，五乘方便之說」之域，
更臻於「既開今生之蒙，何遺夕死之恨」的地步，而此應是他包含《往生
要集》在內的研究成果❸。源信在此書文末以下舉一〈偈〉❸作結束：「我

今信解一乘教，願生無量壽佛前；開示悟入佛智見，一切眾生亦然」。

2.法華八講之流行

由上述可知，藤原時代淨土教的特色在與《法華經》之講讚讀誦結合在一起，「曉懺法、夕例時」也不侷限於寺院內部，而「法華八講」成為時代風尚。所謂「法華八講」，就是把《法華經》八卷，分為八人、八座來舉行講讚供養之法會，在此加上開結二經成為十講❷。藤原道長對此一行事尤其熱心，不滿足於八講而採三十講方式，並以之為每年行事。長保四年 (1002) 的三十講從三月一日開始，至四月一日為止連續舉行三十天，其間夾雜著掩韻、和歌之會而成為慣例❸。

日本的淨土教在此以後，由大原寺之良忍，東大寺之永觀、珍海等開了新生面，創出與法然相聯繫的契機。

七、院政期的佛教

歷任的院主上皇都把鉅額的金錢投擲於造寺、造佛及參拜寺院、神社方面而漫無節制。這就如白河上皇在出家以後也不受戒似的，其信仰並無證悟成佛或鎮護國家的熱情。白河上皇所許願的六勝寺——法勝、尊勝、最勝、圓勝（以上白河）、成勝（崇德）、延勝（近衛），係以阿彌陀堂與五大堂為中心，不設僧堂與食堂而為起願者之休息處所云。他們營造這些寺院的經濟來源固為封戶與莊園，卻以「成功」(jyougou) 方式來完成為其特色，而除建造這些寺院以外的為數甚多的造佛、造塔、寫經等事業，其情

---

❸⓪　川崎庸之，〈藤原文化の諸相〉，《圖說日本の歷史》，五。

❸①　梵語。gāthā。音譯偈陀、伽陀；意譯偈頌。以詩句的形式讚頌佛德，敘述教理。漢譯大都以五字或七字為一句，四句為一偈。以近體詩體裁所賦佛教詩。

❸②　相傳日本之八講在延曆十五年 (796) 為勤操和尚始修於石淵寺，越明年，最澄在叡山舉辦十講法會，並將它定位為一山之中心行事。

❸③　藤原行成，《權記》。

形亦復如此。白河、鳥羽、後白河法皇等人之所以不斷前往金剛峰寺、熊
野（鳥羽二十一次，後白河三十三次）、金峰山去參拜，雖代表著弘法大師
（空海）入定留身說、淨土教信仰、彌勒信仰、靈驗所巡禮等當時的信仰
形態，卻也無法否定遊樂的風潮❸❹。

　　隨著密教的流行，南都六宗與天臺、真言的各寺院因得貴族們之捐獻
而獲得廣闊的莊園，致其財力有超越其保護者之勢。其分散於各地方的小
寺院也為藉中央寺院的權力，乃將自己土地捐贈於它，以之為「本寺」，自
己則退居「末寺」地位。由於此一時代已無法將新職位分配給貴族子弟，
故其多數乃為求生活上的方便而進出寺院為僧侶。當此之時，他們通常多
住於本寺內的「子院」，在貴族保護下獲得財產與權勢。於是就在「門跡」
（掌門人）名義下，支配處於劣勢的「子院」以逞其權勢。延曆寺之青蓮
院、曼殊院、三千院；興福寺之一乘院、大乘院，即為其門跡❸❺。

　　當寺院領土增加以後，不僅使國家的統制權變弱，放寬對僧侶的約束，
而且也對各大寺提供了他們能夠供養許多私度僧侶的財力。結果，延曆、
圓城、東大寺等在諸國擁有廣闊莊園的諸大寺至各擁有數千僧侶。那些僧
侶的一部分，尤其年紀較輕者，乃統率在寺院打雜的堂眾、行人之集團，
或寺屬莊園之士兵，擔任保護寺院及其領土工作。如果莊官、莊民之有未
繳貢賦者，則前往其處追究，此即為僧兵。莊園擴大的結果，與他寺之間
發生的糾紛便會愈益激烈，而那些僧兵便經常成為以武力解決糾紛的前鋒。
延曆寺與圓城寺，興福寺與東大寺等諸大寺間的爭執，即其顯著例子。其
間，他們屢向朝廷「強訴」❸❻，以貫徹其目的。當此之時，他們就抬出貴

---

❸❹　鄭樑生，《日本通史》，頁 141～142。

❸❺　鄭樑生，《日本通史》，頁 142。

❸❻　亦書如嗷訴。神社、寺院的神官、僧侶們假藉神、佛之權威向朝廷或幕府強烈主
　　張其要求的集體行動，尤以興福寺僧侶之以春日神社之神木，延曆寺僧侶之以日
　　吉社神輿所為之請願行動最著。盛行於平安末期。

族們所畏懼的日吉神社之神轎（延曆寺），與春日社之神木（興福寺）以為要挾手段。在此場合，其下級僧侶便經常成為武裝集團之中樞而不時與上級學問僧侶發生爭執。於是那些僧侶就透過這種方式，獲得以平等地位參與寺院行政的權利，從而發展成為所謂「滿寺集會」的集會制度❸❼。

八、本地垂跡說的產生

佛教東傳日本以後不久，即產生諸神只不過是由佛法來拯救的眾生之一之說法，於是便建造了神宮寺。繼則當佛教信仰廣布時，便出現「神佛習合說」。所謂「神佛習合」，就是佛教信仰與日本固有的神祇信仰融合調和，所以也稱為「神佛混淆」。這種說法始自奈良時代，至平安時代則產生：認為佛菩薩在日本是姑且以神的姿態出現的「本地垂跡說」，如：阿彌陀如來之垂跡為八幡神，大日如來之垂跡為伊勢大神。迄至平安末期，則出現諸神就是本地無始無終之佛為濟渡眾生而將其跡垂於日本的說法，從而任何一個地方的神祇都被一一比作佛。此一現象固為表示密教之流行與寺產之增加而與地方上諸神接觸之結果，而將日本原有之神攝取於佛教教義之中，然在另一方面，也說明佛教在此一時期已顯著的日本化❸❽。

至於修驗道的起源，則被認為是在文武天皇之治世前後，「役行者」（修行者）居住在大和葛城山使喚鬼神之際。所謂修驗道，就是原始的山岳信仰和佛教之密教結合在一起者。這種信仰之成為教團，係在密教流行的平安末期。此後，以金峰山、大峰為根據的醍醐寺三寶院（本山派），及以熊野為道場的圓城寺聖護院（當山派）成為那些修驗者的勢力範圍❸❾。

---

❸❼　鄭樑生，《日本通史》，頁 143。

❸❽　鄭樑生，《日本通史》，頁 143。

❸❾　鄭樑生，《日本通史》，頁 142。

第二節　平安時代之漢文學

一、平安朝前期天皇對儒學的態度

　　桓武天皇於延曆十三年遷都平安京以後，除繼續勵精圖治外，也注重文教政策。故曾下「王者以教為先」之詔，增加大學生員額，增設勸學田，並親自監試「對策」。平城 (Heizei) 天皇廣讀經史而尤工於文藻，且下詔給諸王及五位以上子弟之十歲以上入學者，分業學習。嵯峨天皇尤好讀書，善屬詩文，得草隸之妙。每於遊獵行幸之時，命侍臣唱和獻詩。淳和天皇則使諸氏子孫盡入大學習經史，其學業之堪用者，便量才授職，以資鼓勵。仁明 (Ninmyō) 天皇亦喜愛儒學，博覽群書而最好經史，且兼愛文藻，能辨漢音清濁。至於清和天皇，除盡心於政事外，也好讀詩傳。其後之宇多天皇亦擅長儒學，此可由其〈寬平遺誡〉(Kanpyōikai) 的文字中看出其端倪。迄至醍醐 (Daigo) 天皇之治世，則常使博士講授《日本書紀》、《漢書》、《春秋穀梁傳》諸書，或御南殿詔明經博士討論經義。在上者愛好儒學的情形如此，朝野之士自必有甚焉者❹。

二、吳音、漢音的確立

　　桓武除重視文教政策外，他本身也精通儒學，故曾任大學頭之職。及登極後於延曆十一年十一月下詔使諸學士學漢音。如據山崎美成《好古錄》的記載，《日本紀略》有：

　　　　延曆十一年閏十一月辛丑，敕明經之徒不可習吳音，發聲誦讀，既

---

❹　鄭樑生，《日本通史》，頁 144～145。

志訛謬，熟習漢。

亦即因與唐之間的交通頻繁，故長安、洛陽方面的讀音成為標準，糾正了當時發音的亂象。次年四月二十八日則制訂：

自今以後，年分度者，非習漢音，勿令得度❹。

原來在奈良朝初期以前的漢文係音讀以後加以解釋。〈學令〉云：

凡學生先讀經文，通熟，然後講義。

《集解》云：「讀文，謂白讀也。」又引《古記》云：「學生先讀經文，謂談經音。次讀《文選》、《爾雅》音，然後講義」。
〈職員令〉「大學頭一人」下之〈集解〉則曰：

明經先生就音博士讀《五經》音，然後講義。

音博士之名見於《日本書紀》，卷三○，〈持統天皇紀〉，朱鳥五年 (691) 九月，及六年十二月，係採用唐人。〈職員令〉：「音博士二人，掌教音」。又據《續日本紀》的記載，聖武天皇於天平七年以唐人袁晉卿為大學音博士，光仁天皇則於寶龜九年 (778) 賜晉卿以清村宿禰之姓 。迄至桓武天皇時確立佛典讀吳音，漢籍讀漢音的制度。

---

❹　菅原道真，《類聚國史》。

三、充實大學寮與創設私學

　　延曆十三年十月，桓武於奠都平安後，擴大其規模而一切模仿中國之制。他鑑於大學經費不足，乃大幅增加勸學田，由原來的二十町擴增為水田百二十町，並增加大學生員額，獎勵文學，及改善其職員之待遇。當時的大學寮似在二條大路之南，三條坊門之北，即位於今日二條城之西，有本寮、廟堂、明經道院、算道院、明法道院、都堂院（紀傳道）等黌舍並立而頗為壯觀。因當時的高級官員選自出身大學者，依各人才能授職，故好學之風鬱然而起。受此刺激而在各豪族之間也相繼設立學校，如：左大臣藤原冬嗣於弘仁十二年 (821) 設立勸學院，嵯峨天皇之皇后橘氏於承和年間 (834～847) 與其弟氏公 (Ujikimi) 議設學館院，和氣廣世 (Wakeno Hiroyo) 於延曆末年建弘文院，在原行平 (Arihirano Yukihira) 於陽成天皇元慶五年 (881) 設獎學院，淳和天皇之子恆良 (Tsunenaga) 親王所創淳和院，及前述空海於淳和天皇天長五年 (828) 所建綜藝種智院等。這些學校均以教育各該氏族之子弟為目的，唯有綜藝種智院所教育之對象不侷限於僧侶，一般貧賤子弟也可入學。其中，藤原氏的勸學院之規模最大，曾有凌駕大學寮之勢，致有：「勸學院之雀，能囀蒙求」之譽。於是學問頓時勃興，學者輩出，今日能知其名者多達二百人 ❷。因此，當時編撰的書籍甚多。

　　不過當時人所愛好者為詩賦文章等文學方面，如就其所讀漢籍言之，有《孝經》、《論語》、《史記》、《漢書》、《文選》、《顏氏家訓》、《白氏文集》、《李商隱集》、《遊仙窟》等，本國圖書則不出《古事記》、《日本書紀》、《萬葉集》之範疇，藤原佐世 (Sukeyo) 所編《日本國見在書目錄》所錄列之漢籍雖多達一千五百餘種，通常被閱讀者可能為上舉數種 ❸。由於

---

❷　豬口篤志，《日本漢文學史》，頁 100～101。
❸　豬口篤志，《日本漢文學史》，頁 101。

當時與中國之間的來往頻繁，所以舶載了許多漢籍。並且又逢初唐、中唐詩文隆盛的時代，所以日本也受其影響而只埋頭於文學方面，使平安朝的漢文學綻放光芒，形成日本漢文學史上的第一個高峰。此一時期的漢文著作有《續日本紀》，及空海的《三教指歸》、《文鏡秘府論》、《篆隸萬象名義》和《性靈集》等。

四、《白氏文集》與《昭明文選》之流行

1.《白氏文集》

就如清少納言著 《枕草子》 第二一一段所謂：「書者 《文集》、《文選》……博士之申文」似的，《文集》指《白氏文集》，它是平安時代學者、縉紳及閨秀所必讀之教養書，對日本漢文學、國文學所造成之影響至深且鉅。

在整個平安時代，除《白氏文集》外東傳日本之唐人詩集有李嶠、王勃、楊炯、盧照鄰、駱賓王、宋之問、沈佺期、劉希儀、王維、王昌齡、李白、李頎、杜甫、皇甫冉、皇甫曾、蕭穎士、李嘉祐、錢起、盧綸、李端、楊巨源、劉禹錫、鮑容、元稹、章孝標、賈島、許渾、溫庭筠、方千、公乘億、杜荀鶴、張文成等；[44]而未能看到賀知章、陳子昂、張九齡、孟浩然、儲光羲、王之渙、高適、李華、岑參、元結、司空曙、韋應物、孟郊、王建、張籍、李覯、韓愈、柳宗元、李翱、李賀、杜牧、李商隱、司空圖、汪遵、章碣等大家所熟悉之詩人。當時只要提及《文集》，就是指《白氏文集》，故可知其被日域人士喜愛之一斑。

白居易作品之受日域人士喜愛的原因在於：①白詩意思淺近易懂，流麗而語調好，即蘇軾所謂「白俗」。②在中國也非常流行。如據《甌北詩話》的記載，在白居易生前已流行海內。③詩數多，取材範圍廣泛而及於上下層社會各階層，語彙豐富而成為作詩、文之範本。④白樂天之為人清

---

[44]　藤原佐世，《日本國見在書目錄》；林鵝峰，《本朝一人一首》，卷一。

廉潔白，忠鯁讜直，不追隨權勢而對時世達觀，希冀煙霞風流。⑤思想穩健而具有儒、釋、道三教一致思想，而當時的日本思想界傾向於神、儒、佛合一，故容易被接受。都良香 (Miyakono Yoshika) 曾讚白氏謂：「治安禪病，發菩提心。為白為黑，非古非今。《集》七十卷，盡是黃金」。此當是對它起共鳴，及崇尚精神之表現。

2.《昭明文選》

自從奈良時代開始，梁太子蕭統所輯《文選》便為日本士大夫所珍重，其理由固在於當時可作詩文規範的圖書不多所致，但其主因卻在於隋、唐人士喜愛之故。《文選》之東傳日本為時甚早，可回溯到聖德太子制訂《憲法十七條》之前❹，至奈良時代已廣為流行。因為養老二年頒布的〈令〉中規定：「凡進士試時務策二條，所帖《文選》帙七帖，《爾雅》三帖」。迄至平安時代，閱讀《文選》的風氣愈盛，故太政官曾於延曆十七年下令大學生之十六歲以下者，須就史學家習《爾雅》、《文選》，而歷任天皇之召儒臣進講此二書事，史乘亦屢有記載。

五、嵯峨天皇與弘仁期詩壇的文學觀

弘仁期的漢詩文在平安時代漢文學史上，鮮明的標榜文學觀為其特徵，而此特徵乃根據魏文帝曹丕《典論‧論文》所言「文章經國之大業，不朽之盛事」而來。亦即把文學之意義與經營國家結合在一起，欲從此發現其價值之不朽性之經國的文學觀。例如小野岑守 (Onono Minemori) 在最早的詩集《凌雲集‧序》之篇首說：「臣岑守言：魏文帝有曰：『文章者經國之大業，不朽之盛事。年壽有時而盡，榮樂止乎一身。』信哉！」由此當可知曹丕此言對當時日域人士所造成影響之一斑。此一文學觀至第三部

❹　《憲法十七條》第五條云：「有財之訟，如石投水；乏者之訴，似水投石」。此乃模仿曹魏李康〈命運篇〉所謂：「其言也，如以水投石，莫之受也。……其言也，如以石投水，莫之逆也」。

詩集而將其名為《經國集》，滋野貞主 (Shigenono Sadanushi) 在其〈序〉裡說：

> 臣聞天肇書契，奎主文章，古有採詩之官，王者以知得失。故文章者，所以宣上下之象，明人倫之敍，窮理盡性，以究萬物之宜者也。……楊（揚）雄《法言》之愚，破道而有罪；魏文《典論》之智，經國而無窮。是知文之時義大矣哉。

而較魏文帝更為強調文學意義之所在，而「文章經國之大業」，實為貫穿於弘仁期詩壇的文學理念。這種理念也見於嵯峨之詩篇。其〈書懷〉詩曰：

> 忝以文章著邦家，莫將榮樂負煙霞。即今永抱幽貞意，無事終須遣歲華 ❹ 。

起句所謂「以文章著邦家」，表示以文章經營國家，而此應是嵯峨的文學觀。

嵯峨對文學的理念也表現在他的詔敕上，例如他對到達學齡的子弟們應入大學讀書的〈詔敕〉裡說：

> 經國治家，莫善於文；立身揚名，莫尚於學。是以大同 (806～810) 之初，令諸王及五位已上子孫十歲已上，皆入大學，分業教習 ❼ 。

亦即他主張經國、治家最有效的手段為學文，所以政治色彩相當濃厚。

---

❹　《續日本後紀》，卷一七，〈仁明天皇紀〉，承和十四年 (847) 冬十月癸巳朔戊午條。

❼　《日本後紀》，卷二二，〈嵯峨天皇紀〉，弘仁三年五月戊午朔戊寅條。

六、初期儒者與漢文著作

歷任天皇既銳意於政教方面，復有貴族之家設學校以教導子弟，則必人才輩出而文化更為昌隆。當時皇子、諸王之在儒學方面享有令譽者有桓武之子葛野親王熟悉舊典，葛多親王精於譜學，良岑安世長於文藻。平城有子高岳親王遠涉重洋，欲至天竺探究佛蹟。嵯峨諸子源信、源弘、源常、源覺、源明等則莫不愛好學問而通史傳，亦有兼善書法、繪畫、音律者。其女有智子內親王則富詩才而其詩見於《經國集》，有才媛中秀才之譽，其〈奉和漁家〉一首曰：

> 春水洋洋滄浪清，漁翁從此獨濯纓。何吞里？何姓名？潭裡閑歌送太平❹。

又賦〈奉和巫山高〉一律曰：

> 巫山高且峻，瞻望幾岧岧。積翠臨倉海，飛泉落紫宵。陰雲朝晻曖，宿雨夕飄飄。別有曉猿叫，寒聲古木條❹。

以上兩首俱為和嵯峨詩而作。至於淳和子恆貞親王，亦以非常之器著稱於世。

值得注意的是此一時期之詩體題詠模仿之作為多而缺乏個性的表現。文則以對策為主而重實用，缺少雅致之作。

在公卿方面則有綜理朝政的藤原冬嗣、良房、基經之輩，清原夏野通於治體，藤原緒嗣懷經濟之才；藤原三安、安倍安仁明於決斷而處事迅速。

---

❹　菅原清公等，《經國集》。
❹　菅原清公等，《經國集》。

菅原氏則三世為文學宗師，而清公以邦國元老著稱，是善傳家學，著述多。道真則登臺鼎而致鹽梅之術。至與道真同時者則有三善清行，通時務，博學洽聞，為一時所推❺⓪。

如從文學方面觀之，當時有小野篁、春澄善繩、大江音人、都良香、橘廣相、大藏善行、藤原佐世、紀長谷雄俱通經史而各有所長。書法有嵯峨、空海、橘逸勢三筆，已能擺脫漢唐影響而自創一格。在陰陽五行方面則有茲岳川人、弓削是雄等人較著❺①。

詩文著作除前舉《凌雲集》、《文華秀麗集》、《經國集》等總集外，別集有菅原氏之《三代集》、空海之《性靈集》、都家之《都氏文集》等。

菅原道真乃平安時代首屈一指之詩人、政治家，也是儒學的實踐者。他被視為文學之神、教育之祖，至今仍受日域人士信仰，奉祀道真之天滿宮、北野神社遍布於全國各地而多達二萬餘所❺②。道真十二歲時所賦五絕〈月夜見梅華〉曰：

月耀如晴雪，梅花似照星。可憐金鏡轉，庭上玉房馨❺③。

十四歲時所賦〈臘月獨興〉則曰：

玄冬律迫正堪嗟，還喜向春不敢賒。欲盡寒光休幾處，將來暖氣宿誰家？冰封水面聞無浪，雪點林頭見有花。可恨未知勸學業，書齋窗下過年華❺④。

---

❺⓪　鄭樑生，《日本通史》，頁 147。

❺①　鄭樑生，《日本通史》。

❺②　美川圭，《院政の研究》，頁 138。

❺③　菅原道真，《菅家詩草》，卷首。

❺④　菅原道真，《菅家詩草》，卷首。

少年時代即有如是佳作，由此當可窺知其漢文學造詣之深厚。

就釋空海言之，其漢文學之造詣亦不亞於道真，他才藻富贍而尤長於對句之妙。例如：

> 無常暴風，不論神仙，奪精猛鬼；不嫌貴賤，不能以財贖，不得以勢留。延壽神丹，千兩雖服，返魂奇香，百斛盡燃。何留片時，誰脫三泉，尸骸爛草，中以無全，神識煎沸，釜而無尃。或投嶄巖之刀嶽，流血潺湲，或穿及嶕嶤之鋒山，貫胸愁焉❺❺。

其詩文集《遍照發揮性靈集》凡十卷，簡稱《性靈集》。其首卷為詩，第二卷碑，三、四卷表、啟，五卷啟、書，六、七、八卷願文、表白，九、十卷雜文。詩文凡百二十八首，概為駢文而大部分為有關佛教者。其為唐僧惠果（三朝國師）所作碑文，及天長五年所作〈綜藝種智院式並序〉可謂為傑作。其他多屬實用性質，篇幅大而由此可窺其博學，惟缺乏風韻。

七、官學之式微

1.仕宦之途

日本之學制係模仿唐制，所以在原則上無論其身分或出身門第如何，都須取得任用資格以後方能進入宦途。唐朝設大學教授學生的目的在於「聚天下賢英，為政之首。」❺❻故其對學生入學資格的規定甚嚴，見於《唐書》卷四四〈選舉志〉。日本當時雖人口不多，但大學只有一所，因此對學生之入學資格也模仿唐制而加以限制。凡大學生取五位以上子孫，及東西史部子弟為之，若八位以上子弟之情願入學者亦准入學❺❼。唐代中央官學之課

---

❺❺ 空海，《三教指歸》，下卷，〈假名乞兒論〉。

❺❻ 王溥，《唐會要》，卷三七，陳子昂〈疏〉。

❺❼ 清原夏野等，《令義解》，卷三，〈學令〉，第十一，「大學生」條。

程亦為日本所模仿，《大寶令》與《養老令》之〈學令〉不僅規定儒學之正經教材，也還規定其註疏本及通經辦法。茲將其教材內容表列如下：

表四一：中日兩國大學課程內容、教材版本比較表

經　　別	中　　國（唐朝）	日　　本
	課程內容及其教材版本	
大　　經	禮記（鄭玄註）、春秋左氏傳（服虔、杜預註）	同左
中　　經	毛詩（鄭玄註）、周禮（鄭玄註）、儀禮（鄭玄註）	同左
小　　經	周易（鄭玄或王弼註）、尚書（孔安國或鄭玄註）、春秋公羊傳（何休注）、春秋穀梁傳（範寧註）	周易（鄭玄或王弼註）、尚書（孔安國或鄭玄註）
必修科	孝經（舊令：孔安國或鄭玄註，新令：開元御註）、論語（鄭玄或何晏註）、老子（舊令：河上公註，新令：開元御註）	孝經（孔安國或鄭玄註）、論語（鄭玄或何晏註）

典據：《唐書》，卷四四，〈選舉志〉；《令義解》，卷三，〈學令〉，「教授正義」條。

日本必修科之所以無《老子》，其因可能在於老子主張無為，排斥儒家之仁義道德而有違日本當時之立國精神。

　　日本雖模仿唐朝學制，教授科目也和唐制無甚差異，然其進宦途方面，卻有與中國制度相異之處，亦即在中國為任用官吏所舉行之科舉制度在日本根本沒有實施。中國的科舉制度在 587 年由隋文帝開其端，經唐代而做得相當徹底，至宋代臻於全盛。迄至清代則在形式上最為完備而一直維持到光緒三十年（明治三十七年，1904）。

2.學制之變質

　　大學的四道中，從平安時代以後興起者為紀傳道（文章道），自此詩學、歷史學發達。就其文章道而言，在大學通過考試後為擬文章生，接著通過式部省的文章生試後為文章生。然後從其中遴選兩名為文章得業生。

文章得業生在經過七年的學習過程後，經文章博士之推舉參加方略考試及格後為秀才。秀才再經考對策及第，方能擔任官職。所以他們自進入大學以後，至能獲官職的路程既遙遠，過程也相當艱辛。不過這種制度僅是對一般學子而言，其有財有勢的卻不必走如此漫長的路子而享有特權❺❽。因此，這種學校制度與任用官人的關係裡，早已有名無實。

3.學問的家學化

其享有特權者為上層貴族的子弟，他們可以靠蔭子蔭孫的制度獲得官職，所以從開始起就含有大學與國學只侷限於以中下層官吏子弟為對象之機能與意味。並且其成為四道之中心的博士，與特定家庭結合而家學化，所以私人的要素非常濃厚。進入大學、國學，然後經由考試任官，固為不拘門第而唯才是用的律令制度之一，卻由於氏姓制度的殘存勢力根深柢固，致原本立意良好的制度發生破綻。也因為如此，方使平安時代的儒學家學化顯著起來。就文章道而言，文章博士由出身菅原家、大江家、藤原之式家、南家、北家之日野家來擔任，而以菅原、大江兩家所占比例為尤重。結果，秀才也自然侷限於此兩氏之門人。至其新設文章院之東、西曹司，也各為菅原、大江兩氏的學統所獨占。尤其接連三代都出了博士的菅原家，首將文章道作其家學，致其所辦私塾有「菅家廊下」之稱。就明經道言之，也成為中原、清原兩家之家學。明法道在初時固由惟宗 (Koremune)、小野兩氏所獨占，但在十二世紀中葉以後，卻為坂上、中原兩家所取代。至於算道，則由小槻 (Otsuki)、三善 (Miyoshi) 二氏占據著。因此，在中下層官吏的社會裡，上述學制雖與其仕宦不無關聯，但並無掩覆整個官吏制度即為官司制度的機能與意味❺❾。大學只能完成這種受圍限的任務的情況，在各博士家的學統裡系列化中所見者，即是各氏族圖謀充實學校之舉。此舉

---

❺❽　村井康彥，〈官學の衰微と家學の隆盛〉，《圖說日本文化の歷史》，四。

❺❾　鄭樑生，《日本通史》，頁 149。

即是前述各氏族所設之勸學院、學館院等。

4.國學之式微

　　根據律令制而來的學制之式微情形，地方國學遠甚於中央之大學。有關國學的實態雖不甚清楚，但與國衙功能之變質而似乎很早就失其實質功能，而中央應派遣人員之無法充實，也當是其因之一。也就是說，過去曾規定諸學生之年逾三十者始可任命為國博士（醫師），但如此則三十歲以前完成業者卻無法就職而難於避免饑寒之苦，故在延曆八年正月廢除這種規定；惟至元慶七年十二月，又下令停止任命非受業人之國博士（醫師），而規定趨嚴。迄至寬平七年二月，又規定艱居苦住於學舍的大學典藥生及鴻儒名醫之子孫，可經推舉擔任諸國博士醫師而再度放寬其規定。就在這種時嚴時寬的變革下，並無法阻止國學之式微❻⓪。

5.官學之貧窮

　　大學、國學的學制之所以式微，經費短絀亦為其理由之一，就大學言之，三善清行在延喜十四年所上〈意見十二條〉裡說，學生之勸學田與充當大學寮雜用之諸國出舉稻減少或欠缺，致應給與數百學生的糧米，即使煮成稀粥也無法使他們溫飽。因此，有人事關係者雖能擔任官職，無人事背景者則唯有飲泣返鄉。結果，大學雜草叢生，寂寥無人。三善之言容或有誇張成分，其所說情況之真實性當八九不離十。就國學而言，其經費固由各國衙財源中的雜稻來支應，但當國衙的經費已用罄，入不敷出的九世紀末以後，在經濟方面也迫使國學急速步上式微之途。當時雖也有如石見(Iwami) 國之置勸學田的，但這畢竟是少數，未必全國各地都能夠做到這一點❻①。

---

❻⓪　村井康彦，〈官學の衰微と家學の隆盛〉，《圖說日本文化の歷史》，四。

❻①　《令義解》，卷三，〈學令〉，第十一，「大學生」條。鄭樑生，《日本通史》，頁150。

八、平安後期漢文學之式微

　　十世紀三十年代後期的天慶之亂，實暴露王剛凌夷之端，其與政教隆
污有關之漢文學亦不得不傾向於衰頹之運。惟此一時期之前半尚能維持前
期之流風餘韻，尤其尚能尊崇歷朝天皇之文學，故得維持其命脈於不墜，
如：村上天皇夙嗜文學，善詞藻，其為政與醍醐天皇並稱，故天曆 (947～
957) 文學接跡於延喜。圓融天皇亦好風流文雅，屢召文人賦詩。至於一條
天皇則尤好學而崇之，其詩藻尤勝人一籌，故其詩被存於《本朝麗藻》及
《類題古詩》。之後，後一條、後朱雀、後冷泉、白河諸天皇亦均用心於學
業，故漢文學尚能維持於不墜。然當學界諸道成一家之業，所謂四道專門
之家發於前期之末而成於前半；而四道以外的醫學、天文曆法、陰陽道亦
各成為專門之業，學術既已歸為一家之業，則才人能士自無角逐競爭之餘
地而無法望其進取向上之風氣，因而漢文學之頹廢自屬必然❷。結果，自
漢文學東傳以後一直引領風騷的優越地位，終為禪僧們所取代。

　　漢文學既已僵化、頹廢，和歌乃代之而逐漸興起，且反映時代而賦男
女戀愛之歌日多，此乃由於人貴奢淫，浮詞雲興，豔泉流涌，其實皆落，
其華獨榮。因此，如將平安前期與後期作概括性比較，則前者活動，後者
靜止；前者富男子之風，後者多女人之性。可求豪華於前者而豔靡之姿存
於後者。故以剛健為特色之漢詩文盛於前期，以婉麗為擅長的和歌、和文
在後期有其勢力 ❸。

---

❷　村井康彥，〈官學の衰微と家學の隆盛〉，《圖說日本文化の歷史》，四。鄭樑生，
　　《日本通史》，頁 151。

❸　村井康彥，〈官學の衰微と家學の隆盛〉，《圖說日本文化の歷史》，四。鄭樑生，
　　《日本通史》，頁 151。

九、教訓與故寔

1.幼主之教訓書

在九世紀末完成《日本書紀》、《續日本紀》、《日本後紀》、《續日本後紀》、《日本三代實錄》、《日本文德天皇實錄》等六國史以後，編纂國史的國家事業告終而個人日記上場，其最早出現者為《宇多天皇日記》（又名《寬平御記》），此當為日本的特徵。因為中國有關皇帝的紀錄為「起居注」官員所負責，其根據此紀錄編纂者即被稱為《□□實錄》之正史，皇帝不可能親自寫日記。此一問題姑且不談。繼宇多天皇之後有醍醐、村上兩天皇之日記，合稱「三代御記」，成為後世範本。不過以後兩者「二代御記」成為一般稱呼，可能因《宇多天皇日記》將與藤原基經之間的糾紛——阿衡之紛爭所作感情表白過於激烈而有所顧忌。因此，從二代御記完成的時期開始，它們便被庋藏於清涼殿「五之間」的黑漆廚子裡，成為了解「主上御作法公事」的「教訓幼主」書，亦即紀錄每日行事之實情的日記成為後人之參考，成為行動之南針。

如從廣義上言，從事實汲取教訓，乃與以歷史為鏡子的看法相通。與六國史之以國家的次元被接受相對的，從九世紀末至十世紀初開始，個人的日記（繼天皇日記之後出現的公卿日記，如藤原忠平的《貞信公記》，藤原師輔的《九曆》等）上場，這表示以個人或個人所屬之家的次元成為鏡子或教訓。尤其對年中行事化的公事禮法為大家所關心，除由本人詳記其程序外，也有人整理每一行事的細節成為所謂「部類記」，以供相關人士之參考。在這種情況下，在特定家庭之次元產生有職故實 (yuusokukojitsu)，而有九條家流與小野宮流。關於故寔的書有較早時期源高明著《西宮記》，後來藤原公任 (Kinto) 著《北山抄》，以及大江家的《江家次第》最具代表性。

2.給子孫的指南

當時除有職故寔書外，又有給與子孫積極思惟或行動指南的「教訓書」

值得注目，如宇多天（上）皇的《寬平御遺誡》，九條師輔的《九條殿御遺
誡》等即是其典型。前者乃宇多天皇對其子醍醐天皇敘述其對政事與人事
之想法，以之為身為帝王應採取之行動。後者在政事與人事方面與前者相
同處雖多，其範圍、規模卻不及前者。

第三節　國風文化之形成

一、唐式文化之易容

1.日式文化發展之契機

　　平安京乃貴族與平民共存的世界，這兩個階層雖對立，在文化上卻和
緩地交流著，此乃在平城京的生活中未曾有過的現象。以平城京為舞臺的
律令制文化模式極具規格，係以左右對稱為美的象徵；平安時代則在基本
上雖繼承律令體制，卻以莊園式形式開展其社會體制。因此，在文化上也
發生變化，亦即前一時代的對稱之美，在此時已以左右相競之破格為尚。

　　平城京時，唐朝的一切都成為它的規範，然在平安時代，此文化母國
已因內亂而式微，故除最澄、空海等僧侶渡海求佛法、佛典外，彼此間的
往來已不似往日那麼熱絡。所以上述《凌雲集》、《文華秀麗集》、《經國集》
等之編輯，實存在著對盛唐的懷念之情，在現實上則只有從訪日的渤海國
人士中找尋唐人身影而已。然在嵯峨天皇之治世，除渤海人外，新羅人之
移居日本者亦不在少數，在此情形下，日本似已產生中華的氣氛，而其將
平安京之左京稱為洛陽城，右京命名長安城，及擬將此兩京之條坊改為唐
名的構想，實直率的說明了這一點。曾留學唐朝的釋永忠之將喫茶習慣加
以移植，而日本人士這種中華意識的昂揚，實給日式文化之形成帶來發展
之機❻❹。

2. 雅樂的左右兩部制

左右相競的現象最早見於仁明天皇即位之年 (833) 開始之雅樂左右兩部制，亦即將所有樂曲分為唐樂與高麗樂兩個系統，其左右則貫徹於一切曲名。上演時的服飾也成為對舞（番舞，tsugaimai）形式。這種形式以彼此相對的互競為尚。這種相競，有如相撲之節會，含有原為近衛府官員之鍛鍊武術者聚合而頗為盛行，其最能表現此一情形者，即收錄自延長六年 (928) 至保元三年 (1158) 所有曲目之《舞樂要目》。在此場合，猿樂❻❺也與名叫桔槔 (Kikkan) 的曲子左右成對而上場。前者是猴，後者為青蛙的脫褌舞（披動物皮所跳之舞），牠們乃是時人所喜愛的山中與水中之動物。這種在相撲以後表演的舞樂，初時由敗北者表演，後來則成「物合」形式。這種表演也叫勝負舞，於競馬、賭弓之後表演。因此，它既是遊戲，也含運動意味。它們多行於衛府官員之間，一般貴族則喜愛在正月寒風中打毬，三月則在櫻花、綠柳下踢球（蹴鞠）❻❻。〔見圖四四、四五〕

二、日式文化之形成

1. 日式文化與假名之形成

當人們對漢文學有相當修養以後，也對它之理解作更深一層之研究，從而使其成為適合日本風土的日式文化。導致這種機運者為「假名」(kana) 之創造。「假」即假借，「名」則是字，亦即假借中國文字以表達日本人的意念，所以漢字才是「真名」(mana)、正字。早在奈良時代，已利用漢字表達日語，即利用所謂「萬葉假名」來書寫自己所要表達之意，如《古事記》、《萬葉集》等是。而自奈良時代至平安時代之間，已逐漸有人

---

❻❹　鄭樑生，《日本通史》，頁 130。

❻❺　也寫作申樂、散更。日本古代、中世的演藝之一，語源為唐之散樂，滑稽的模仿秀。在古代宮廷的餘興節目或舉行祭典時表演。

❻❻　鄭樑生，《日本通史》，頁 131～132。

圖四四、四五　踢球　踢球（蹴鞠）與詩歌、管弦同為平安貴族所喜愛。宮中在仁壽殿東庭，一般貴族則在宅第從事此一遊戲。以高約一丈五尺的柳（東南）、櫻（東北）、松（西北）、（西南）四根柱子來作範圍，謂之 kakari。每一 kakari 各兩人共八人就位，從松的上球踢起，速踢三次後傳給他人，高度以 kakari 之下枝為準。服裝以直衣、束帶為正式。球以薄皮製作，中央稍凹而呈繭狀。東京都田中家典藏。典據：《圖說日本文化の歷史》，四，頁 162。

開始將那些筆畫多的漢字予以簡化，或利用其偏旁，或把它寫成草書，終於成為表達日本語的標音文字，目前通行的平假名與片假名，即當時以此方式產生者。它既非一人所創，也非在同一時期完成，其完成與定型要等到明治政府頒布「五十音圖」。在平安初期，無論公家或私人，其業務俱用漢字處理，平假名為女子所用。惟自延喜、天曆以後，中國文化的衝擊舒緩時，無論和歌、故寔、小說或隨筆，都利用假名書寫❻。

2. 日本文學的興隆

假名之普及固為日本文學興隆之契機，但較此更值得注意者為從平安貴族社會產生之閨秀作家如紫式部、清少納言、赤染衛門、和泉式部等，她們不僅擅長作和歌，也以隨筆、物語（故寔）日記等著稱於世。其完成

---

❻　鄭樑生，《日本通史》，頁 132。

於十世紀前半的《宇津保物語》之作者與成書經過，作為文學作品的形式，本文之重複與其卷帙之先後等雖不無問題，然其批判上流階級人士之生活與浪費及政爭實態值得注意。而其融合說話集和歌唱故寔要素於一爐的長篇寫實主義作品如：《竹取物語》、《伊勢物語》等，皆成為產生《源氏物語》之前提。

紫式部的《源氏物語》五十四「帖」，描寫典型貴族光源氏（《源氏物語》之主角）與其子薰等之戀愛生活，深受《白氏文集》，尤其〈長恨歌〉之影響，藉用因果報應之理法，且使之開展莊園貴族社會之矛盾與苦惱，從而提起人們的現實問題。其雄偉構想與精妙的心理描寫，敘事與抒情的調和等表現，表示了日本的文化創造力之高度，它不僅成為世界最早的長篇小說之一，也給後世以莫大影響。作者不詳的《落窪物語》是描寫因一夫多妻制而產生之虐待繼子的典型故寔具有勸善懲惡之意，乃適合中、下層貴族家庭閱讀之作品❻❽。

《紫式部日記》則是紫式部 (Murasaki Shikibu) 在宮中服務期間所寫而具有官方紀錄之一個層面，乃是作者以第一人稱書寫其交友與心境之內省紀錄。《蜻蛉日記》、《和泉式部日記》、《更級日記》等，雖因其生活環境之不同而有內容上之差異，卻都以犀利的眼光來觀察宮中人物的心理與其靈魂深處，而以深切筆觸來書寫，故與廷臣日記之年中行事、備忘錄成對比。清少納言則與紫式部之文才難分軒輊，是一位隨筆作家。其《枕草子》對外界事象與人物之精神內涵之描寫，具有敏銳的批判精神而表現奇拔、簡潔。至於紀貫之 (Kino Tsurayuki) 的《土佐日記》一卷則是作者記敘自土佐返回京都的旅途之苦與喪子之痛，及回京之喜悅，它開以假名書寫日記之先河❻❾。

---

❻❽　鄭樑生，《日本通史》，頁 133～134。
❻❾　鄭樑生，《日本通史》，頁 134。

　　當時，和歌被視為社交所必須之才華而受重視，無論在宮中或貴族宅第，無不常設一定題目來歌詠，並以「歌合」(utaawase) 方式競爭其優劣。敕撰歌集則以前舉《古今和歌集》二十卷較著，惟與《萬葉集》較之，雖富於情趣而在技巧上較進步，卻缺少迫力與天真**⑩**。

　　九世紀後半的六歌仙：在原業平 (Arihirano Norihira)、僧正遍昭、喜撰法師、大友黑主、文屋康秀、小野小町（女）等，其作品富於蓬勃情感與美的意識。延喜十三年 (913) 以後成書的《新古今和歌集》，則以能取代六歌仙地位為目標而作。在村上天皇之治世有利壺等五人在「和歌所」，為《萬葉集》標訓點，且於天曆五年 (951) 編輯敕撰《後撰和歌集》**⑪**。

三、生活方式的和風化

1.貴族的生活

　　通常稱平安時代為貴族時代。從奈良時代開始紊亂的土地制度，在平安時代以後步上崩潰之途，成為由擁有廣大私有地（莊園）之貴族支配之世。在大化革新之際，為制訂土地盡力的中臣鎌足的子孫藤原氏，竟擁有最廣闊的私地而逞其權勢。

　　平安時代的貴族們在地勢較高的左京建宅第，開展華麗優美的和風文化。奈良時代盛行的唐式生活以寬平六年廢止遣唐使為契機，步上以日本傳統和風土為基礎之和風化之途，而平安中期極盛之世，即相當於此和風文化開花的時期**⑫**。

　　由財富與權勢所支撐的貴族生活，就如平安文學或畫軸所見，係在各種年中行事與詩歌管弦中度日。由於當時的宮廷政治之本身，就是年中行事與儀式，故隨此而來的飲食供應亦有所規定。當時的貴族生活就如〈駒

---

⑩　鄭樑生，《日本通史》，頁 134。

⑪　鄭樑生，《日本通史》，頁 134。

⑫　樋口清之，〈生活の和風化〉，《圖說日本文化の歷史》，四。

競行幸繪卷〉〔見圖四六〕所見極為華麗。與宮廷儀式相同的行事也在貴族
家庭舉行，而歌舞音樂與酒宴往往持續至深夜。歌合、鬥雞、打毬、踢球
等每天日課，無不與消費有關。

　　經由文學作品、畫軸所知之貴族生活雖相當優雅，實際上並不健全，
其故在於受形式之束縛而無法從事自由的飲食，因此陷於慢性的營養失調
症。復由於不知勞動及運動不足，致氣力衰弱。非僅如此，他們在精神方
面也不健康，因為他們相信物怪與迷信，拘泥於方向之良否與不如意的日
子，而自我圍限日常生活。其所以流行淨土思想的原因，實存在於不滿現
世而將希望寄託於來世。不久以後，貴族們之所以因武士之崛起而墮落，
其最大原因實在於其過度不正常的生活所造成。

圖四六　《駒競行幸繪卷》　繪卷即畫軸。取材於《榮華物語》〈駒競卷〉
(komakura benomaki)。此一畫面係描繪萬壽元年 (1024) 九月十九日，天皇與
東宮行幸關白藤原賴通宅第時，於前庭表演船樂之情形者。大阪府久保坂太
郎典藏。典據：《圖說日本文化の歷史》，四，頁 12～13。

2.庶民的生活

平安時代的庶民生活簡樸而不受形式上的約束，自由而健康，並且隨著經濟發達而工人與商人增加。每當舉行首都之代表性祭典賀茂祭時，庶民扶老攜幼地觀看貴族的遊行行列。祇園之「御靈會」則是為祛災厄與疾病而由民間發起的祭典，亦即他們認為不幸事件的發生肇因於怨靈作祟，故有意祛除它而舉行這種儀式。

就如為祛除災厄而舉辦祇園 (Gion) 祭似的，京師的生活絕不似其名稱那麼平安，因疾疫流行而往往造成許多人死亡，復由於諸國饑饉而欠缺糧食，或難民、群盜闖入京師而擾亂治安。尤其在平安末期的養和元年 (1181) 發生大饑荒之際，京師有許多餓死者。如據鴨長明 (Kamono Chyōmei)《方丈記》的記載，當時左京的死者多達四萬二千三百餘。因當時平安京的人口在二十至二十五萬之間，故約有五分之一的人餓死。前此一年的治承四年 (1180)，鎌倉幕府的創設者源賴朝雖舉兵而於富士川使平氏大軍敗逃，這也是因西日本發生大饑荒而無法補給糧餉所致。

在此一時期崛起的武士，他們本來也是農業生產者，具備：居住地方、擁有土地、從事生產等三條件，而以質實剛健為宗，逐漸顯露於社會表面。首先進出京都的平氏之所以瞬間即逝，其故在於拋棄原來生活而模仿貴族生活。與此相對的，源氏則在東國過著樸實健康的生活，故能夠壓抑軟弱化的貴族，樹立武家政權❼❸。

2.平安人的衛生觀念

王朝貴族的生活不僅不健康，在衛生方面也難恭維。從外表看來雖穿得很體面，卻無法保持身體的清潔。雖偶而從事蒸氣浴、水浴或洗腰部，但除產浴外並無溫浴的習慣，故皮膚的污垢多，貴族之所以要焚香，其故在於消除體臭❼❹。蒸氣浴對當時盛行的皮膚病等似有療效，而當時醫學水

---

❼❸ 樋口清之，〈生活の和風化〉，《圖說日本文化の歷史》，四。

準之已相當高，可由丹波康賴所著《醫心方》三十卷獲得佐證。該書除記載內、外科之治療法外，也述及藥物的使用法、健康管理及性醫學等。不過當時的貴族並未因醫學知識進步而利用它，其故在於他們所重視者為迷信而非醫學，所以一旦生病，就仰賴祈禱加持，此乃當時日記或文學數見不鮮之事。尤其被記為胸痛的，似多屬肺結核或心臟病。就權傾一時的藤原道長言之，他也常為糖尿病、眼疾、胸痛（心臟）所苦。

當時的男女貴族雖有年逾八十之長壽者，平均壽命短而未及三十歲就死亡者不少。尤其女性不僅多半關在屋裡而少運動，不衛生而且多早婚，故短命者多。更由於母體虛弱，缺乏衛生常識，所以嬰兒的死亡率高。一般民眾則雖昕夕因勞動而過著健康生活，但因衛生欠佳、疾疫流行及饑饉而喪命者不少[75]。

說到平安時代，通常只會想到貴族華美的生活，其實從整體觀之，貴族僅占全國國民的一少部分，所以不能忽略居於基層的貧困大眾。

四、國風文化之形成

1.國風的意涵

一般說來，與平安初期昂揚的唐式文化相對的，在那以後所產生具有日本的美意識或式樣的文學（和歌、日記、物語）、繪畫（大和繪）、書法（以假名書寫者）、雕刻（宋朝模式）、建築（寢殿造）等，統稱為國風文化。在此場合，所謂國風，就是指日本國風、倭（和）風之意。國風一詞之原義為「國家的樣子」只要根據《古事記》、《日本書紀》的用例，雖指「土風」、「土俗」，卻無與唐（中國）風相對的日本（倭）風之意。

《詩經》為中國最古老的詩集，其中有「國風」一詞。本書所錄三百

---

❼❹　樋口清之，〈生活の和風化〉，《圖說日本文化の歷史》，四。

❼❺　樋口清之，〈生活の和風化〉，《圖說日本文化の歷史》，四。

五篇之詩分為〈風〉、〈雅〉、〈誦〉三大部分。其中,國風也簡稱為「風」,
指產生於黃河流域諸國,及在周王室直轄地,具有地方性歌謠百六十篇而
言,它由〈周南〉、〈召南〉、〈邶風〉、〈鄘風〉、〈衛風〉五部而成。與此相
對的,〈雅〉(〈大雅〉、〈小雅〉)為中央政府周王室之歌,凡百五篇,〈頌〉
四十篇則是周王室及其他的神樂歌。因此,〈國風〉乃在內容與質方面和雅
相對而質樸,在空間上,中央(都)與地方(鄙)相對。如就遠東地區言
之,與文化先進國家唐相對的,可以日本之國風來理解。所謂國風(倭風)
文化的成立,應是指「國風」在質上提高、洗練而成為「雅」(miyabi)❼❻。

2.國風文化的特性

　　一般認為菅原道真於九世紀末建議停派遣唐使後,唐朝文化的影響較
少,因而形成國風文化。惟就如後文所說,唐朝滅亡後,中、日兩國間的
交通由宋船取代遣唐船,其來往情形較往日更為頻繁,復由於平清盛之採
積極的對宋貿易政策,故中國文物的東傳未曾間斷過。因此,所謂國風文
化的形成,應把它理解為:「透過前此長期接受唐朝文化以後,好不容易已
能產生自己的東西」較妥。十世紀初的敕撰和歌集《古今集》乃國風文化
誕生的紀念作品,如據研究該書的學者之看法,其技巧受六朝(Likuchyo)
詩風影響之色彩濃厚,乃是和歌接近、同化於漢詩之中產生者。與所謂「日
本之美相對的,實須重新檢討其純粹性。通常雖認為平安時代的歌、文所
見優豔情趣為純粹的日本美,不過其中仍含有中國的要素。」❼❼然在另一
方面,《古今集》將千百首歌分為十二類,以春、夏、秋、冬等季節來區
分,這種方式濫殤於《古今集》,而它之反映著日本的美意識,實無法否
認。至於在此一時代所產生「雅」的文化,其發祥地既是平安京,也是生
活於這個城市的宮廷社會。

---

❼❻　樋口清之,〈生活の和風化〉,《圖說日本文化の歷史》,四。

❼❼　小西甚一,〈《古今集》的表現の成立〉,《日本學士院紀要》,頁 713。

3.都市與國風文化

從廣義上言，都市在形成文化所扮演的角色，就是將疾病之流行視為怨靈作祟，在神泉院舉行慰撫其靈的儀式進出街頭，從而將其最主要關心轉移到神轎以下的遊行市街，並加上田樂與散（猿）樂而變得多彩多姿。例如：長和二年所舉行祇園御靈會，在神轎後面有散樂空車(munashiguruma)，因空車可能指無車頂之臺車，故散樂者可在上面作種種表演，亦即當前所見山車 (dashi) 的雛型在此一時期已經出現。

當時不僅對各種擺飾講究排場，在街頭參加遊行的近衛官人們在穿著方面也講究風流，致不得不一再下令禁止他們的這種作為。神事的祭祀化，在祭禮時所講究華美的風流，這些都是在都市的發展過程中產生者。因此，王朝的宮廷文化，也絕非孤立於外界。例如：催馬樂 (saibara)❼乃平安初期民間歌謠之被宮廷貴族所採用而予以精練者；十世紀成立的內侍所神樂(Naijisyokagura) 則由來於舉行大嘗祭之際的琴歌神宴，亦即由來於人們隨著琴之伴奏歌唱神樂，至平安時代與地方上的神事遊戲融合而舞蹈化，演奏場所也改在內侍所，終於成為演藝。此乃土風、國風的歌舞經宮廷採用而被錘鍊，成為國（倭）風演藝的典型例子❼。

五、婦女文化、藝文化的昂揚

1.閨秀文化

平安中期宮廷文化之所以綻放絢爛的花朵，其背後實有如前文所說以近親關係為基調之政治架構，與宮女們的傑出表現。在這個世界裡，公卿

---

❼ 古代歌謠之一，平安初期產生於民間，然後廣泛流行於貴族之間。因它產生於民間，故旋律不一。惟當作為大歌而被採作宮廷歌謠，樂譜經數次選定後，至平安中期便成為律、呂兩種而固定。內容以歌詠戀愛者多，具四句詩型式。其歌唱方式有源家流及藤原家流兩種，以箏、笙等樂器伴奏；只有歌而無舞蹈。

❼ 村井康彥，〈唐風から和風へ〉，《圖說日本文化の歷史》，四。

們奔競於自己女兒之進宮,從而期待皇子之誕生。結果,後宮裡有許多后妃及伺候后妃的女房。就於長保元年 (999) 十一月一日入宮,成為一條天皇女御之藤原道長之女彰子而言,在她進宮之前除從四、五位官員之女兒們中遴選容貌出眾、且有教養而舉止優雅者四十人外,又有童子六人,僕人六人❽。因一條在此以前已有藤原道隆之女定子等五個妃子,且有人數大致與此相等的女房,故其總數之到底有多少,當有超越我們想像者。而就在那些女房中產生清少納言、紫式部等閨秀文學家,自不待言。由此觀之,國風文化的特質之一為婦女文化的昂揚,此乃中國或世界其他各國罕見的現象。因為貴族社會無論如何也是男人的社會,如果被稱為「真名」(mana) 的漢詩文是正式、公開的學問,那麼由女性所利用「假名」(kana) 的上場,則意味著閨秀的文學、文化之誕生。並且因此文化「僅有一次」出現於王朝時代,故有其時代意義❽。

2.地方文化、庶民文化的胎動

　　當我們要了解國風文化時不能忽略者為與中央相對的地方,及與貴族相對的一般民眾之存在。由地方和一般民眾為主體的文化創造雖有待日後,但其作為新文學的軍記(軍事)文學或說話(故事)文學,或與它有密切關聯而發展的畫軸,卻暗示著從國風化的地平線上登上舞臺,當它們成為主角時,真正的國風文化方才誕生。

六、與外國之間的文化交流

1.停派遣唐使後的對外貿易

　　日本四面環海的地理條件,雖使它與大陸之間的關係造成間接的,但與之相對的,卻也具有使它認為係未知的異鄉而產生浪漫思潮的要素。其

---

❽　《榮華物語》。

❽　村井康彥,〈國風文化の創造と普及〉,《岩波講座日本歷史》,古代,四(東京:岩波書店,1976)。

被認為完成於九世紀初至十世紀中葉之間的物語文學始祖《竹取物語》，其所具有古老傳承之世界裡，實有對唐土 (Morokoshi)、天竺或蓬萊山等虛實之異鄉心懷憧憬之濃厚色彩。這種對異鄉、異國的憧憬，成為當時人們崇拜「唐物」的溫床。

九世紀末由菅原道真所建議停派遣唐使的措施，在政策上，對外關係趨於消極化；復由於唐朝滅亡後唯一的交往國家渤海也在延長四年 (926) 消失於東亞世界。雖然如此，在此前後到日本的中國或高麗的商船反而增加其次數。故政府乃命大宰府統制、管理博多灣的交易，行使所謂「先購權」。當接到商船到達的報告後，政府即派「交易唐物使」購買所需物品，然後讓包含貴族在內的一般民間人士買賣❷。

天德四年 (960) 趙匡胤建立宋帝國以後因鼓勵對外貿易，故當時前往日本的中國船隻較前更為頻繁，每當他們前往日本時，無不攜帶大量的衣服、工藝品、香、藥、圖書及各種嗜好品❸。如據藤原道長的日記《御堂關白記》的記載，大內曾於寬弘三年舉行御覽唐物儀式。那些物品乃宋朝商人曾會文所帶，當時道長曾獲贈蘇木、茶杯、圖書等。此外，道長也得到大宰府官員贈送之唐朝物貨；與道長同一時期的公卿小野宮實資 (Ononomiya Sanesuke) 也曾在九州高田牧購買唐朝的產品❹。由此觀之，當時的上層貴族似以私人交易方式，在以博多為中心的北九州取得唐朝物品，因此，即使是國風文化開展期的此一時期，他們愛好唐物的風潮依舊昂揚而未曾減退。

2. 日宋貿易

自延喜七年唐朝滅亡至天德四年宋朝統一中國為止的半個世紀，中國商船之前往日本雖多達十餘次，日本船卻未曾至中國，其故可能因寬平年

❷ 村井康彥，〈唐風から和風へ〉，《圖說日本文化の歷史》，四。
❸ 森克己，《日宋貿易の研究》（東京，國立書院，1948）。
❹ 村井康彥，〈唐風から和風へ〉，《圖說日本文化の歷史》，四。

間的對外態度消極，而延喜年間又採限制貿易政策所致。另一方面，政情不穩的五代十國之榮枯盛衰，自顧不暇的情勢，也當然會影響兩國間的貿易關係。

　　平安時代的達官貴人多珍重孔雀、鸚鵡、羊等動物，牠們由宋商供應。當時的日本政府官員雖未曾至中國，卻從宋商取得不少珍奇物貨，如：錦、綾、香藥、瓷器、圖書等。尾張（岐阜縣）的加藤四郎則於貞應二年(1223)隨釋希玄道元到中國學製瓷術，回國後在瀨戶開窯，「瀨戶燒」於焉誕生。

　　當時除道元外，至中國學佛者不少，其最著者為前文所舉嵯峨清涼寺之裔然(hōnen)，岩倉寺僧成尋，及明庵榮西等。榮西至中國後將禪宗之臨濟宗東傳日域，道元則傳禪宗之曹洞宗，經他們弘揚的結果，隨禪宗東傳的朱子學在中世便成為日本思想的主流而盛極一時。後冷泉天皇之護持僧成尋則於延久四年四月，與弟子七人搭宋商孫忠之船前往中國巡歷名剎，於五臺山國清寺禮拜智顗(Chige)大師之真身，完成宿願而感激涕零。成尋所走的路徑可由他仔細記載的日記《參天臺五臺山記》得而知之，此一日記與平安初期僧侶圓仁的《入唐求法巡禮行記》同為寶貴的紀錄。當神宗垂詢「日本國所需漢地物貨為何？」時，成尋答以「香、藥、茶碗、錦、蘇芳等」。日後吉田兼好在其《徒然草》(Tsurezuregusa)第百二十段謂：「唐國之物除藥外無必要」，由此可知當時日域人士所關心者為何。由此觀之，平清盛於十二世紀後半所為日宋貿易，實應由此對外關係密切化的情形中來加以理解。清盛不僅鼓勵對外貿易，也還整備大輪田泊（兵庫港），將商船引進瀨戶內海，使貴族們慨歎此係「天魔之所為」。結果，不僅《太平御覽》等文物東傳，數量龐大的銅錢也源源不斷的進口，致治承三年六月前後疾疫流行時，被認為此係「錢病」 ❽❺，而將宋朝銅錢與疾疫扯在一起。

---

❽❺　村井康彥，〈唐風から和風へ〉，《圖說日本文化の歷史》，四。

此與平安初期之將疾疫視為怨靈作祟，而於神泉院舉行御靈會較之，何啻天壤？

七、編纂格式

當嵯峨、淳和、仁明三天皇愛好唐式文化而典章制度又趨完備時，即開始編纂「格」、「式」。前文已說，當時雖以律令為國家的根本法典，但徒有律令也無法推動行政工作。因律令僅作原則上的規定者多，故在實施時須隨時作具體指示，或作若干變更。遇有問題時，都以詔敕或太政官符——太政官的命令方式來指示，而其所下之詔敕或太政官符謂之「格」(Kyaku)。每一民在日常執行公務或某一特定之政策，則須以具體的施行細則為依據，此施行細則即是「式」(shiki)。然當所經時間長久，所下詔敕與太政官符增多，內容也容易混淆不清，故須加以整理，使法令完備。

前此雖曾數次編纂律令，但在奈良時代未曾作總合的「格」、「式」。編纂「格」、「式」的時機成熟昂揚於桓武天皇治世之延曆年間。不過在延曆二十二年只輯有關國司交接的《延曆交替式》，故正式從事「格」、「式」的編纂因桓武薨而中斷。嵯峨繼位後重開編纂事業，於弘仁十一年完成「格」十卷，「式」四十卷，合稱《弘仁格式》。惟其「式」有不完備處，所以至天長七年方才付諸實施。其體例是將詔敕與太政官符納入「格」，「式」則以「凡……」開頭的獨立條文，並依衙門別分類，成為日後「格」、「式」的基本形式。因前此已完成《延曆交替式》，故弘仁間編纂者乃有關朝廷與大內所舉行儀式之程序之《弘仁儀式》與《弘仁內裡式》，前者已佚亡❽❻。

編纂「格」、「式」時當然也對律令的原有條文表示關心，奈良時代的明法家們雖已對律令條文作種種解釋，然因言人人殊，故須將那些眾多解釋加以統一，俾便引用。乃於淳仁天皇時召集學者檢討往日對令文所為解

---

❽❻　鄭樑生，《日本通史》，頁135。

釋，然後採用其中適當的見解以為官撰註釋書之說明，此即完成於天長十年，施行於承和元年的《令義解》十卷，於是其註釋書與本文具有同等效力。此書一出，大家莫不以此為依歸，致其他各家見解幾乎不為人所顧。然《令義解》所作解釋只記學者們檢討令文以後的結論，未言各家之觀點。惟各家議論之值得參考者多，所以在淳和天皇貞觀年間，法律家宗直本乃輯諸註釋書，將各種不同見解依令的先後次序排列，成為《令集解》五十卷，以為日後研究者之參考。因此書引用《大寶令》註釋書之「古記」，《養老令》註釋書之「令釋」、「新令私記」、「跡記」、「彈例」、「省例」，及中國律令等而使《大寶令》恢復其原貌，故可由此得知律令變遷之情形❸❼。

此外，萬多親王等人又於弘仁六年編纂《新撰姓氏錄》三十卷，《目錄》一卷，此乃將京師及山城、大和、攝津、河內、和泉等地一百八十二氏之家譜依皇別、神別、諸蕃來分類，並將其重點放在改賜姓方面而具有預防畿外民，尤其已斷絕其戶籍者之流入京畿，及冒名、冒蔭以逃避稅賦及兵役之意義❸❽。

第四節　新演藝與工藝技術之開展

一、節會與延年

1.節　會

在平安時代，使宮廷貴族之生活多彩多姿者為各種各樣的行事。這些以「年中行事」為名每年舉行者，以能夠順利進行為吉利。其成為此行事之骨幹者為一月七日（人日，jinjitsu）、三月三日（上巳，jyōshi，曲水

---

❸❼　鄭樑生，《日本通史》，頁 136。
❸❽　鄭樑生，《日本通史》，頁 136。

宴)、五月五日（端午，tango）、七月七日（七夕，tanabata）、九月九日（重陽，chyōyō）之五日。宮廷的節會 (sechie) 則除上述外有正月的元日節會，十六日的踏歌節會，十一月中辰日的豐明節會 (Toyonoakarinosechie)。這種節日與節會多半來自農耕生活的占年、預祝、收穫等行事，曾幾何時成為宮中儀式。在豐明節會所舉行配帶花朵的五節舞由來於田舞，在踏歌 (toka) 時節所舉行賭弓，端午前後的競馬，七夕前後舉辦的相撲等，原本屬於年中行事。

　　此一時代的年中行事屬朝儀而為政治的重要一環，而每月的旬政❽，春秋兩季的除目❾，及寺、社的祭典法會亦屬於此。此成為宮廷、寺社之核心儀式的年中行事，實可謂已演藝化。宮廷的女踏歌〔見圖四七〕可能受中國之影響，因為〈蘇軾詩序〉謂：「正月人日，士女相與遊嬉，謂之踏青」。所謂踏青，乃於新年取青草以踩土地使之結實，以求豐穰，這種行事可能成為踏歌之源流❾。由此觀之，在此以後，即十七日的射禮與十八日舉行的賭弓，也應與諸國神社之弓矢行事一樣，係源自占卜一年吉凶之農耕行事，而於日後在京都蓮華王院（三十三間堂）的通矢儀式留下其遺痕。亦即當時不僅宮廷的儀式影響諸國，民間行事也昇華於宮廷，這種交流在節會方面尤為顯著。

　　當時的年中行事，除上述外尚有：前文所說元日的朝賀之儀，元月十六日的踏歌之宴，四月八日的浴佛節，七月十五日的盂蘭盆會，八月十五日的中秋節，十一月的冬至，十二月中旬的煤拂❿，十二月二十日除夕前的大儺，十二月二十三日晚間送灶神上天等。

---

❽　於旬日所舉行天皇聽政之儀式。

❾　官員的任免。

❾　林屋辰三郎，〈年中行事と新しい藝能の展開〉，《圖說日本文化の歷史》，四。

❿　打掃灰塵，於十二月中旬擇日而為。

圖四七　女踏歌　所謂踏歌，就是一邊踩地，一邊唱歌跳舞，在三節會之一的
踏歌節會表演。原有正月十四日的男踏歌與十六日的女踏歌。男踏歌在十世紀
中斷而只存女踏歌。由內教坊所挑選約四十名的舞妓在「樂前大夫」的帶領下
至南庭，排成大圓圈，歌舞著繞庭三次。繪於十二世紀。東京都田中家典藏。

2.延　年

　　所謂延年，即表示福壽延年之意，鎌倉時代侷限於寺院舉辦。平安時
代則開始出現於攝關政治時期，將其表演處作為管弦場所，藤原行成《權
記》　長保三年九月六日條記有　《延年要抄》　之書名。　完成於寬弘六年
(1009) 的《曆林》記載，於五月一日沐浴有「延年除禍」之效，這表示延
年一詞在當時已一般化。延年乃平安時代誕生於貴族之間的遊宴，因耍猴
者參與其餘興節目而產生新的延年演藝❾❸。

　　延年的演藝架構，係以稱為風流的部分為中心，並有開口、答辯、連

---

❾❸　林屋辰三郎，〈年中行事と新しい藝能の展開〉，《圖說日本文化の歷史》，四。

事三部分。風流 (furyū) 係猿樂眾與若音兒 (wakanegochi) 所表演之模仿短劇，演出時作種種巧妙安排。開口由猿樂者擔任而以謠或詞敘述祝賀之詞，答辯則繼其後由會眾當場隨意問答，繼則有兒之舞，最後由連事述說舉行延年的功德作結束。惟此一程序至鎌倉時代風流具有內容上的構思時，風流及其他餘興便被排在最後。

二、田樂與猿樂

1. 由咒能至演藝

　　演藝源於咒能，從狩獵、漁撈開始至農耕為止，祈禱一切豐穰的咒能逐漸使表演者固定而企求有觀眾，從而使它步上演藝之途。其中狩獵、漁撈的咒能者們早在奈良時代的東西市裡，作為「乞食者」(hogaibito) 而以山中居民姿態，以「鹿」為主題；或以討海人姿態而以「蟹」為主題表演歌謠。當此之時可能有簡單的動作摻雜其間，其歌詞被收錄於《萬葉集》，把當時人們對收穫物品的意願傳達至今天。農耕的咒能者們之以演藝人員姿態上場的時期為平安時代，他們所表演的就是田遊、田舞、田樂〔見圖四八〕。

圖四八　田樂　舉行祭典時在門前演奏的田樂。雖說是田樂，卻早已沒有農村插秧的印象而都市化，並且演奏者專業集團化。中間的一個人把小鼓拋上以吸引觀眾，而由樂人圍著他。左上有一個吹笛者，其次兩人將數彩的鼓繫於腰部。右邊三人則高舉盤子敲打。每一表演者的動作都充滿動感。由此當可窺知當時席捲京都街上的情景。東京，田中家典藏。

　　田遊乃儀禮化以前的稱呼，為求豐饒而表演男女擁抱或其他咒術的，舞蹈的演技。這種表演在不久以後變為田舞而步上儀禮化之路，之後被納入田樂。在平安時代，這種表演成為農民男、婦之雜樂而引起貴族們的關心。貞觀六年二月，清和天皇於行幸太政大臣藤原良房之染殿第 (Somemonodai) 之際，山城國司曾率領郡司農民舉行「耕田之禮」，八年閏三月復有此舉，因當時「農夫田婦，雜樂皆作」，故此應是指祈禱穀物收成豐饒而言。迄至長治元年 (1104) 五月，在鳥羽殿也有過類似活動，留有如下紀錄：「耕作之興，田樂遊興，誠動感情。」❾❹

2.田樂專業者的出現

　　田樂專業者之出現，為時甚早。一條天皇長德四年四月十日，舉辦例行的松尾祭之際，山崎津人表演田樂而發生表演者相互鬥毆的事件，因有不少京都人受牽連而被殺害，致山崎津的三十餘棟房舍遭縱火焚燬，故其參加表演者之為山崎人，殆無疑慮。如據《日本三代實錄》，卷一四，〈清和天皇紀〉，貞觀九年七月十二日條的記載，山崎乃：「累代商賈之鑱廛，逐魚鹽利之處也」。此處在日後，近衛家的政所為直接管理它而置山崎散所。此津的人們也居住於無須繳稅的土地而從事勞動，因有演藝才能而參與田樂表演。

　　參與祭禮的田樂者也出現於長承二年五月，於宇治（京都府）離宮明神的祭典場所出現。當時，巫女、馬長 (Mechyo)、一物 (Hitotsumono)、田樂、散樂於參加表演後，呈現「田樂法師原，其興無極，笛無定曲任口吹，鼓無定聲任手打，鼓笛喧嘩，驚人耳目」❾❺之景況。而我們可從「田樂法師原」的文字裡確認當時已成立演藝集團。迄至仁平 (Ninpei) 三年，已成為「宇治川等座々法師原」，而形成宇治、白川等「座」❾❻，此為日本史上

---

❾❹　林屋辰三郎，〈年中行事と新しい藝能の展開〉，《圖說日本文化の歷史》，四。

❾❺　藤原忠實，《中右記》，長承二年五月三日條。

❾❻　日本中世由工商業、交通運輸業、演藝人員所組成特權的同業組織。他們以朝廷、

最早出現之有關演藝之「座」。

3.猿　樂

　　前此學者們認為猿樂與田樂一樣，由奈良時代隨著中國雅樂東傳的散樂演化而成，然傳達散樂內容的《信西古樂圖》所繪「散樂雜伎」裡有稱為〈猿樂通金輪〉曲〔見圖四九〕，故它可能由來於此。由於前文所說猴子的褌脫舞與稱為桔槹之青蛙之褌脫舞成對表演，故它可能系出舞樂。總之，無論散樂或猿樂，均作骨稽的模仿而具有充分的娛樂色彩。

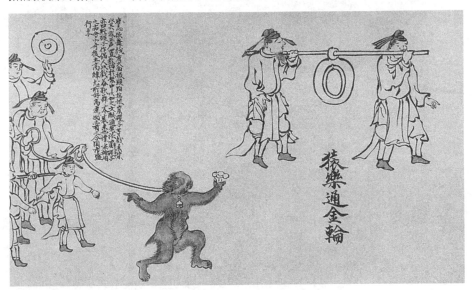

圖四九　猿樂通金輪　《信西古樂圖》的部分畫面。該書係將平安初期的舞樂、散樂繪成畫軸者，不過沒有出自信西（藤原通憲）之筆之確證。圖中所繪者為散樂之一，表示猴子穿越金輪之曲藝，它與模仿動作在不久以後使散樂與猿樂的區別不清楚而開展成為新的猿樂。東京藝術大學典藏。

　　貴族、寺社為「本所」，提供「座役」（可視為保護費）而享有各種販賣、表演和獨占權，及免除稅賦等特權。

三、御靈會與風流

1.御靈會

　　以平安京為中心的都市生活裡，出現前所未有的祭典——御靈會 (Goryoe)。所謂御靈，係指敬畏、懼怕怨靈而欲使其平靜下來之意。從奈良時代開始至平安時代，藤原貴族崛起的背後有不少人成為政治犧牲品而結束其悲慘命運；農村方面則信仰調節晴雨的天神，即尊崇雷神。惟當都市成立以後，不僅田地下降之雨會給都市帶來氾濫之災，打雷也會引起火災，致成為災厄之神。當後兩者結合在一起時，政治上的沒落者就成為怨靈而引起災厄。因此，為使那些怨靈平靜，便出現了「御靈會」。

　　最早的御靈為桓武天皇時的他戶皇子 (Osabenomiko)、井上內親王、早良親王等，清和天皇貞觀五年五月，則以早良親王、伊豫親王、藤原夫人、觀察使、橘逸勢、文室宮田麻呂等為御靈，首次在神泉院舉辦御靈會，後來則把菅原道真也列入御靈之中。與御靈特定化之同時，牛頭天王等災厄之神也一般化而出現。相傳祇園御靈會始於貞觀十一年，因疾疫流行而於神泉院豎立全國的六十六根矛。六十六代表全國的國數。祇園會之山則始自長德四年，京中以雜藝為業的猿樂法師無骨牽引模仿大嘗會標山之作山 (tsukuriyama)。至南北朝 (1336～1392) 時，矛也附上基座與車子，而作山也成為慣例，由下京古町之各街坊提供。

　　平安時代的祇園御靈祭以田樂為中心，競演各種各樣的雜藝而多與《新猿樂記》之內容相符。御靈之神威高昂時，不僅祇園社，就連《新猿樂記》裡的舞臺之稻荷 (Inari) 祭也以「稻荷御靈會」來稱呼。祭祀菅原道真的北野社既是與祇園社並稱的正式「北野御靈會」，就連賀茂社也曾被認為具有御靈會之特性。

2.風　流

　　以御靈信仰為背景，為驅走春花將謝時的災厄之神，也盛行「大念佛」

活動。壬生 (Mibu) 地方的大念佛雖從中世開始，但平安時代係以鎮花祭名
義，以紫野今宮社為中心在各村落競演「安閑花」❾(Yasuraibana) 祭。保
元之亂爆發前的久壽二年，曾以敕令禁止民眾參與安閑花祭，惟其下令禁
止的目的不詳。這種活動也是在風流、花傘之下隨鉦聲搖擺紅羽毛擊鼓，
在街上結隊遊行，以祛除災厄；村裡的人們則爭相聚集於花傘下，俾能獲
其效驗，此一行事至今猶存。

　　所謂風流，就是富有創意的造作，舉行御靈會時，風流係稱為座的節
目之一。風流一詞含有前代遺風、前人餘流之意，它不僅具有強烈的傳統
感，也還有創造的喜悅感，就這點言之，風流實具有日本文化趣味濃厚的
一個層面❾。

四、工業技術與其工具的進步

1.從唐風至和風

　　從八世紀末至十二世紀末約四百年的平安時代，包含前一時代奈良之
唐風融入優美的和風，創出具有特色之國民藝術的藤原氏貴族文化時代（前
半約二百年），與出身農民而充滿活力，並且也反映於王朝文化的源、平武
士時代（後半百餘年）。優美、纖細、潔淨等日本人特有的感性，如就漆工
藝方面言之，使其花紋、構思由唐風轉變為和風，以木器為主體來取代乾
漆與漆皮，使泥金畫、螺鈿的技法急速發展成為國民藝術以顯示日本人的
個性。

　　就造佛像的領域言之，以檜木為主要材料之木造佛像取代前此飛鳥、
白鳳時期之銅佛，天平年間之乾漆或塑像。自此以後，檜木便成為日本人
士雕刻佛像不可或缺的木材，此實可謂為平安時代技術的、藝術的特色❾。

❾　林屋辰三郎，〈年中行事と新しい藝能の展開〉，《圖說日本文化の歷史》，四。

❾　林屋辰三郎，〈年中行事と新しい藝能の展開〉，《圖說日本文化の歷史》，四。

❾　村松貞次郎，〈技術と道具の展開〉，《圖說日本文化の歷史》，四。

　　　為要自由自在的利用具有彈性的檜木從事雕刻，就必須要有銳利的刀子與研磨它的磨刀石。其能表現優美、纖細、潔淨等感性造型的，不外乎為犀利的工具。在平安時代，日本刀已開始其獨自的發展，至平安後期的源、平時代已出現名刀。此乃由於鍛冶技術的進步，與此一時代開始從山城（京都市）附近出產良質磨刀石，使以造佛像為始之木材加工所需工具之銳利性急速提高所致。

　　　從農民士兵至專業士兵形成武士集團，及騎馬軍團出現的時代背景裡，在貴族社會無法獲得之迫切緊要的機能性，與莊園制崩潰過程裡，其從中央傳播到地方的各種技術，以及綜合優美、華麗之中央文化之精華者為甲冑，而此甲冑當可視為象徵平安時代後半之精神者⓿。

2.技術與工具之進步

　　　在律、令、格、式所規範古代國家之法則下，集約的隸屬於政府機構的技術人員，他們隨著藤原時代莊園制的開展而散布到地方。與之同時，在莊園裡也形成可與來自中央之技術人員競爭之技術人員集團。其由中央技術人員所為全國性傳播⓿，與從而開展的地方技術，實為平安時代技術史上極具特色者。

　　　當工藝技術傳播於全國各地並從而發展之際，其所使用工具也反映技術之成長而種類增加，尤其刀類不僅纖細化，而且更為銳利。因此，在古代、中世所用基本的生產用具在平安時代已完成開發。當時使用的工具雖都已失傳，惟在平安中期，即承平年間 (931～938) 完成日本最早的分類式和漢辭書《和名類聚抄》紀錄著如下之工具名稱：

　工匠用具：曲尺、準繩、墨斗、墨繩、墨笀、斧、枳、鏴、釿、鋤、鋸、

⓿　村松貞次郎，〈技術と道具の展開〉，《圖說日本文化の歷史》，四。

⓿　由坂上田村麻呂、源義家所代表的東國經營，為其傳播的契機之一。如在未開拓的平泉 (Hiraizumi) 出現之平安文化的精華──中尊寺金色堂 （完成於天治元年〔1124〕）即是。

　　　　　鑿、�、鐵槌、柊梭。

製作用具：轆轤、鋌、釘、鐕、栓、椓擊。

刻鏤用具：錐、觿、鈔。

膠漆用具：木賊、椋葉、錯子。

鍛冶用具：韛、蹈韛、鐵鉗、鐵碪、鎚、鏟剗、鑽、鉸刀、鑢（銼）子。

五、漆工藝

1.朝廷的工場

　　如據延長五年(927)《延喜式》的記載，當時朝廷之日用家具與器具多由木工寮、內匠寮製作，其中有關漆工部門的漆部 (Nuribe) 則於大同三年被併入內匠寮，由內匠寮主管各種器具的油漆作業。

　　日本的漆工歷史悠久，可回溯到繩紋時代。隨著時代的進展，技術也日益進步，應用範圍也更為廣闊。至奈良時代已有長足進步，因平安時代的漆器需要量顯著增加，故朝廷工廠漆器部門的工作繁忙。

　　《延喜式》錄列著內匠寮應負責的許多漆工種類，及漆工作業所需各種材料之詳細標準。當時製作的漆器有紅漆、黑漆、朱漆等。所謂紅漆，就是在木器上塗蘇方而加上透漆（精製的半透明油狀漆），使木頭的紋路可以顯現出來。正倉院所典藏者有赤漆紋欛木御廚等數件紅漆器，即產自內匠寮。《延喜式·主計》條記載諸國以庸課徵漆器之地區有伊勢、三河 (Mikawa)、遠江 (Tōtomi) 等二十餘國而有庸韓櫃之目。諸國應繳之韓櫃有白木韓櫃與塗漆韓櫃，而後者規定其內外俱塗紅漆，邊與把手塗黑漆。可見紅漆與黑漆的技術在當時已傳布至全國各地。

　　在漆液裡加入鐵雖可製造黑漆，但當時係在漆液裡加上油煙來製作，惟其混合的比例沒有一定標準，故其配合視用途而定。朱漆係在漆裡加上朱砂而成。在奈良時代沒有遺物與紀錄，至平安時代則貞觀十三年的《安祥寺伽藍緣起資財帳》裡紀錄著「朱漆器三百八十六口」；元慶七年的《觀

心寺緣起資財帳》則紀錄「朱漆器百廿五枚」而當時已有不少朱漆器。又由《延喜式》的記載可知，當時的朝廷工場也製作朱漆器。

2.技藝的消長

平安時代的漆工技藝雖承自奈良時代，惟其部分技藝卻有退步現象。就其質地言之，塞（soku，乾漆）與漆皮的作例減少，而木器成為主流。塞乃以麻布、漆來使之堅實而亦稱為乾漆；漆皮則是在皮革製品上塗漆者。平安時代的乾漆製遺物以仁和寺的寶相華迦陵頻伽蒔繪塞冊子盒〔見圖五〇〕為著，此乃空海和尚於延喜十九年(919)，將其從中國帶回的三十帖冊子呈上醍醐天皇觀看之際，賞賜給他裝該冊子者，故除具有歷史意義外，也知其製作的年代而相當寶貴。

漆皮由來於福井縣神宮寺，目前典藏於奈良博物館之蓮唐草蒔繪經箱，相傳此箱製作於十一世紀。上述乾漆與漆皮製箱子，無論圖案或製作技術都相當傑出。然這種材質的物品之所以至平安時代減少而木器增多，可能為日本風土的特徵，及木器製作的技術普及、進步所致。

3.泥金畫

正倉院所典藏金銀鈿莊唐太刀(kingindensōkaratachi) 上有稱為末金鏤(matsukinru) 的加裝飾物，此乃將漆塗完後把金粉撒上去，它被視為蒔繪（makie，泥金畫）的源流。平安時代促進這種技巧發展而製作了許多泥金畫。泥金畫乃日本獨自發展的手工藝，它被認為是日本傑出的漆工藝而至今仍獲外國人士很高的評價。

平安時代的泥金畫製作可回溯到九世紀製作的花蝶蒔繪挾軾（藤田美術館典藏），較前舉三十帖冊子盒為早。所謂挾軾，即附有放置臂肘處的椅子。正倉院雖有紫檀木畫挾軾，但與正倉院所典藏者之為木畫裝飾相對的，此為施以泥金者，並且此泥金係利用金、銀粉而經過研磨——研出蒔繪。

所謂研出蒔繪，就是把漆塗在器物表面讓它乾了以後，再以漆畫花紋，在漆尚未乾時撒上金、銀粉。如此則金、銀粉便會黏在漆上，而將多餘的

金、銀粉刷下。等花紋部分
的漆完全乾了以後，包含花
紋在內的整個木器都塗上
漆，等它乾了，即以木炭磨
其表面，如此則塗漆的部分
會被磨掉而出現所繪之花
紋；俟花紋全部出現後，在
其表面薄薄地抹上一層漆，
然後用油和磨粉磨一下即告
完成。製作研出蒔繪雖費時，
但因金銀粉固定於漆層而不
會剝落。迄至平安時代末期，
則出現將此技法簡化的「平
蒔繪」(hiramakie)，此乃只在
撒金、銀粉的部分塗上以樟
腦稀釋之漆以壓住金、銀粉，
然後研磨使它散發光澤。

　　表現泥金畫效果的方
式，除金、銀粉外，也利用
青金粉（攙銀粉的金粉）以
求色彩的變化。除花紋部分
外，也有在紋底撒上金粉者。

圖五〇　寶相華迦陵頻伽蒔繪壜冊子盒

質地為將壜漆塗於放置模型上的布以作乾漆
（壜），然後再塗以黑漆，撒上金粉。係技法精
緻的研出蒔繪（泥金畫）。製作於延喜十九年，
它表現了平安時代前期的研出蒔繪之技法。長
三十七公分，寬二十四點四公分。京都寺仁和
寺典藏。

4.平紋與螺鈿

　　所謂平紋，就是從金、銀的薄板剪下花紋，把它貼在漆器上作裝飾。
此一技法可回溯到中國漢代而稱為「平脫」，正倉院藏有由來於此一名稱之
銀平脫八角鏡箱。這種技藝在平安時代也製作，而春日大社所典藏「本宮

御料古神寶類」裡有平紋裝飾的唐櫛笥等家具。不過此一家具所見之平紋技巧已退步，只把花紋貼在塗漆部分，此與剝下平紋部分之漆，或自古以來加以研磨之手法較之，已完全被簡化。

　　至於螺鈿，則是從夜光貝等貝片割取花紋，把它嵌在器物的裝飾技藝。此一技藝已見於奈良時代，而正倉院有這類典藏品。不過正倉院所典藏之螺鈿以嵌在紫檀材質者多，嵌在漆器上者則僅有螺鈿玉帶箱而已。平安時代則把螺鈿作為漆器裝飾而盛行製作，與泥金畫併用而發揮其裝飾效果。

六、平安時代的甲冑

1.短甲與挂甲

　　武士團在十世紀已成立，平安時代從事戰鬥的壯士已非由農民所組成之兵員，乃是以專門從事戰鬥而存在之專業人員，此可由爆發於天慶二年(939)的平將門之亂獲得佐證。此一戰亂的戰鬥形式，除將門個人出類拔萃的武勇外，其決定勝負者實為短期決戰之騎射戰。在關東平原疾馳，騎馬作戰，為關東武士之特色[102]。

　　以往的武裝為政府供應的短甲〔見圖五一〕、挂甲〔見圖五二〕或綿襖冑。短甲由鐵板所綴成而其技術性頗高，在防禦方面頗為牢固，不過在固定化的活動方面所受限制大，故可能為高級武官所用。挂甲則以小韋絲把許多小鐵片聯綴而成，它雖不如短甲那麼堅牢，但具有伸縮性與機動性，故使用機會較多。因此具有伸縮性之挂甲適合於以機動性騎射戰為戰鬥方式之武士之獨自性，故它對鎧甲之形成有很大的幫助。因為稍晚出現的大鎧甲係以挂甲為主體而成，大鎧甲的每一部分都留有挂甲的痕跡。〔見圖五三〕

2.源平時代的甲冑

　　當藤原氏專橫之際，武士集團已對中央政權有很大的影響力。源、

---

[102] 鈴木友也，〈武士の發生と鎧の成立〉，《圖說日本文化の歷史》，四。

圖五一　短甲

圖五二　掛甲

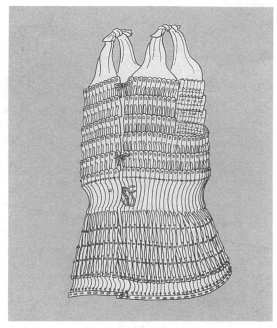

短甲以金銅板連綴而成，雖具大堅固的防禦功能，但缺乏自在性。古墳時代後期之遺物，從埼玉縣上中條出土。高六十三點六公分。東京國立博物館典藏。

與短甲同為古墳時代的代表性甲胄型式，它與短甲之不同處在以細長的金屬小片，或皮革聯綴而成。多製於八世紀以後。典據：末永雅雄《日本上代の甲胄》。

平兩氏成為那些武士集團之首領而終於掌握政治實權，成為源平時代，而此一時代在日本甲胄史上也臻於一個頂點。那些甲胄的名稱見於《保元物語》、《平治物語》、《平家物語》、《源平盛衰記》等軍記物❿而有甲、鎧、圍兜、束腹等，它們亦見於〈前九年合戰繪卷〉、〈後三年合戰繪卷〉、〈平治物語繪卷〉、〈結城合戰繪卷〉、〈伴大納言繪詞〉、〈男衿三郎繪詞〉等畫

❿　也叫戰記物。以戰爭為主題，盛行於鎌倉、室町時代的文藝作品。平安時代雖有

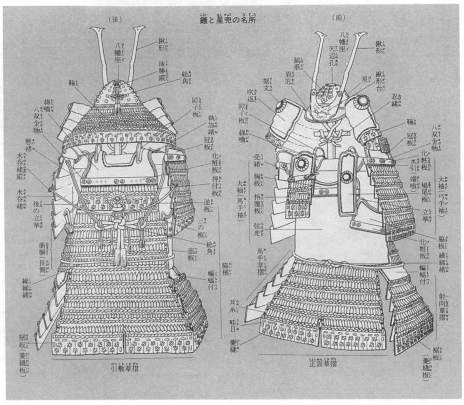

圖五三　鎧甲與星兜的零件名稱　典據：《圖說日本文化の歷史》，四，頁 122。

軸，而以源平時代為中心的甲冑最為華麗。

七、佛像雕刻

1.平安雕刻的特色

　　日本的佛教在平安時代，已從奈良時代的國家佛教轉變為私人的佛教。平安時代初期由自唐返國的空海與最澄所傳真言、天臺兩宗與前此東傳之佛教大異其趣，而由都市佛教變為山岳佛教，自寫經信仰轉變為祈禱信仰，

　　《將門記》、《陸奧話記》等作品，但經鎌倉初期的《保元物語》、《平治物語》，至《平家物語》完成為文藝作品。描寫南北朝內亂的《太平記》即其傑作之一。

因此在寺院禮拜的佛像所具有的形象也與往日大不相同，充滿量感而具有威力的、神祕的精神性，故不再追求天平雕刻那種理想之美或寫實性❿。

　　此一時代之雕刻之特色為所用材料幾乎都是木材（檜木），且不在雕刻完成的佛像上貼金箔或彩裝而保持木材原有的色澤。

2. 單木造與拼木造

　　如從技法上言，平安時代以後的木雕可大別為單木造與拼木造兩種。單木造乃從九世紀至十世紀之間所製作，拼木造則活躍於十一世紀前半的名匠定朝 (Jyōchyō) 所研發留傳下來者，自此以後，大部分木雕都採用拼木方式。

　　從常識上言，單木造就是以一根木頭雕一尊像，拼木造則是以數根木頭雕刻身體的各部分，然後把它拼起來。原則上，這種說法並無錯誤，不過嚴密言之則未必如此。在單木造佛像裡，既有失去兩手的，也有膝蓋斷截的，這些失去的部分並非與胴體同一根木頭來雕後被截斷，乃是一開始就分別用不同木頭來製作，然後把它組裝起來，此可由其切口平整，或有枘（榫頭）之情形獲得佐證。拼木造則是造像者一開始就把「具有等值的兩塊以上材料放在前後或左右，有規律的把它們合在一起，製作木像的基本部分。」❺這種作法可以讓許多佛師同時工作，在短時間內完成許多佛像。

3. 佛師與其組織

　　天平時代製作佛師的人員隸屬於宮廷，從事官營寺院之造佛工作。惟至平安時代，因官方的造寺工程減少，故佛師們乃屬各有勢力的寺院，且多具有僧籍者。即使同為佛像，有的繪畫而成，有的則以木頭雕刻而成像，因此稱畫佛畫者為「繪佛師」，雕木像者為「木佛師」。迄至平安中期，佛師職業化而興建佛師的工作兼住宅的房子——佛所。其居上層的佛師稱大

---

❿　佐藤昭夫，〈一本造と寄木造〉，《圖說日本文化の歷史》，四。

❺　佐藤昭夫，〈一本造と寄木造〉，《圖說日本文化の歷史》，四。

佛師，居下層者叫小佛師。這種組織之明確化的時期似在定朝父親康尚之時。在定朝時代，曾動員約一百二十名佛師雕刻等身佛像二十七尊。當時，定朝為特別大佛師，其下有大佛師二十人，小佛師一百零五人，即一個大佛師之下有五個小佛師。就其他例子言之，在每一大佛師之下，似乎也有數名或十數名小佛師，而此可能為一般情形。

第五節　農業生產與地方交易

一、農業生產

1.自然與災害

　　如據《日本氣象史料》的記載，奈良時代的自然災害以豪雨、乾旱為多，平安時代則大風、大雨的肆虐比較醒目。京都在平安時代初期常受颱風、淫雨之襲擊，此固為自然災害，但與被害地區周邊之開發有關。

　　自然災害之發生，與淀川 (Yodogawa) 沿岸之開發，長岡京之謀求水、陸運輸之利，而選擇桂川 (Katsuragawa) 西岸之地不無關聯。長岡京東部屬低濕地，故易受桂川河水上漲之影響。政府發布遷都長岡京之詔雖是延曆六年，然前此三年已任命「造長岡京使」，次年整修淀川，《續日本紀》所謂：「遣使掘攝津國神下、梓江、鯵生野，俾通三國川。」即指此而言。本年秋季，河內國的洪水氾濫。遷都長岡的次年因和氣清麻呂之建議，由他負責修築河內、攝津境內的堤防而動員了二十三萬餘人。施工後使淀川氾濫的範圍縮小，人們得在河流附近住居及耕種。其流經河內、攝津之間的淀川，或與之匯流的大和川則雖在平安時代初期挖掘灌溉溝渠及築堤等大規模的水利工程，以擴充攝津、河內的肥沃耕地，但也因此造成雨災。

2.農民生活與農業生產

　　律令體制下的農民所負擔的稅賦以人頭稅為重，故因無法忍受庸、調、

雜徭等重擔而流浪各處者（浮浪人）不少。那些流浪者被大寺院等用於開
墾田地，成為初期莊園的勞力。即使在國衙的領土下，也成為在田堵下開
展生產活動之勞力。當時的農業生產形態不一，既有皇室、大貴族的大規
模直營地經營，和國衙領之田堵與莊園名主階層之經營，及田堵向國衙承
包貢租者。如據此一時代的史料，尤其文學作品，它們所紀錄者以皇室、
大貴族之大規模直營為多。

⑴皇室的直營菜園

　　當時朝廷有為提供皇室食用之直營菜園，此菜園屬於內膳司。如據《延
喜式》的記載，分散各處的菜園共有三十九町二百步，其中十八町三段位
於京北園，此處所用肥料為廐肥，由左、右馬寮搬運。因一天搬運六次，
故距皇室不遠。耕作所用獸力為牛十一頭，到各地搬運貨物則備有車、船，
備用之農具則為鋤四十把、鎬三十四把、馬耙、犁各二張，由十四個仕丁
耕作。因各種作物所需勞力不少，故可能需要更多的勞力，但到底如何調
配，則不可得而知之。園裡雖種二十四種作物，但不種稻而除雜糧、蔬菜
外，也種香辛料。

⑵莊園內的村落

　　在莊園裡所形成的村落形態，因莊園之成立過程，莊域的廣狹，所在
地的地形條件差異等而有所不同。如以日後成為集村之畿內莊園池田莊而
言：延久年間 (1069～1074) 的莊園土地本身分散於條里制的三個里，惟至
文治二年 (1186) 已大致集中於一個里。並且除兩戶外，大致集中於目前的
池田聚落周邊而分散於八個坪（一町四方之區域）。在延久年間，可能有池
田莊的居民至其他莊園耕作，或其他莊園的居民至池田莊耕作，因此，村
與莊不一致，即使同一莊裡，分散居住的情形可能相當顯著。就現存史料
觀之，不乏畿內其他莊園居民分散居住之例。

3.農業技術面面觀

⑴溜池

當時雖以淀川水系為中心的治水工程發達，卻不表示大、小河川已被作為灌溉水源而加以利用。在律令制支配已廣泛滲透於全國各地的平安朝前期，不僅以國衙的力量築造許多溜池，在莊園內部也由領主築造而使條里內的荒地逐漸變為耕地。其在奈良時代所築位於池田莊的廣大寺池，在此一時代已被擴大。

⑵稻作的體系化

此一時代的稻作，插秧已相當普及，製作苗圃、採取秧苗、搬運秧苗、插秧等一系列作業已體系化。在領主、豪族階層的田裡，已利用下人、賦役從事大規模插秧；一般民眾之田則以交換勞力方式從事有組織的插秧。插秧後於夏季從事拔稗、除草工作，至秋季稻穀將成熟時，則利用稻草人等來驅逐鳥獸。

割稻時通常使用鐮刀，而《枕草子》記載著大家並列割稻的情景。其用於脫穀的器具不詳。使糙米變白米的作業，則可能兩人相對坐下，拉繩子使磨的上層轉動的方式❿。

⑶菜園管理

如據《延喜式‧內膳司》，「園耕作」條的記載，當時係利用動物的排洩物作肥料，以牛翻土，整地。種植蔬菜則既有移植的，也有直播種籽的，並且又從事除蟲工作。

二、漁　業

1.漁獲物的種類

如前文所說，在原始時代已有漁業，從內陸河川、湖沼或海洋沿岸水域中容易從事漁業的地方開始逐漸發達。其捕撈方式是：奈良時代以前已

---

❿　古島敏雄，〈平安時代の農業〉，《圖說日本文化の歷史》，四。

能利用釣具、網具，至平安時代已有進一步的發展，而其捕魚地域也可能較前更為廣闊，所捕種類與數量也增加不少。如據《常陸風土記》的記載，當時捕獲者有鯉魚、鯽魚、鮭魚等魚類，鮑魚、蛤蜊等貝類，海苔等海藻類。《出雲風土記》所錄者為香魚、鮭魚、鱒魚、鱸魚、烏魚等淡水或半鹹水魚；海豚、河豚、沙魚、青花魚、墨魚、章魚、海參等海產魚類；鮑魚、蝶螺、蛤蜊等貝類，及海苔等海藻類。《肥前風土記》則除貝類、海藻類外，尚有鯛魚、青花魚等。

2.魚類的貢品

海產的需要量以鮑魚、裙帶菜、鰹魚居多。為運輸貢品與貯藏，乃將其重點放在乾燥物、鹽醃物、輕量物品方面。其最需要水產者為祭神所需之供品，其次為呈獻朝廷及作為百官糧食者。其貢獻採作為調、庸、中男貢租、供品、或朝廷月料方式。

在鯉魚、鯽魚、鮭魚、香魚、鱒魚、鱸魚等淡水魚中，能從文獻資料看出產地者為鮭魚與香魚。貢獻鮭魚者為信濃、越後、越中、越前、若狹 (Wakasa)、丹後、但馬、因幡 (Inaba)、備前諸國；貢獻香魚者則有山城、近江、備前、備中、備後、紀伊、豐後、筑前、肥後、土佐、美濃、尾張、駿河、伊勢、但馬、播磨、阿波、伊豫、周房、伯耆 (Hōki)、筑後、肥後、丹波、大和、美作、大宰府等。

3.海產之流通

以畿內為中心的近國，在此一時期可能已有不少海產流通於市場，邊遠地區及其他各地的漁業則可能仍維持著自給自足的狀態。不過若干地方如奈良、京都等地已打破這種狀態而在交通要衝、寺社門前，或在各地國府等已出現市場，交換水產。其在市場流通之水產有鮮魚及以鹽醃漬者兩種。

4.鹽之生產與其流通

隨著奈良、平安時代莊園制度之開展，製鹽業也為權門貴族所掌握。他們在自己莊園裡有廣闊的鹽木山，築造鍋爐，利用自己所支配之農漁民

製鹽，而規模可能相當大。

鹽雖被作為調、庸來貢獻，然其必要性遠在魚類之上，故其流通範圍更為廣泛。鹽既在奈良、京都以及各交通要衝、寺社門前、各國府等市場上與其他物品交換，行商的範圍也可能相當廣闊❼。

三、莊園市場之展

1. 東、西市之式微

平安京的官營市場——東、西市中首先式微者為西市，如就平安京所處地理條件言之，右京多低濕地而一開始就難望它能有甚麼發展。如據《池亭記》的記載，十世紀末前後的「西京人煙稀少，殆幾幽墟」，故西市之首先呈現式微現象，乃理所當然之事。因此，《續日本紀》所紀錄承和九年 (842) 前後的情形是：「百姓悉遷於東，……市纏既空，公事闕怠」。前此承和二年 (835) 曾將特定商品限於西市出售，此乃為振興西市所採之措施。迄至平安末期則東市也失其市場功能，已不復有昔日繁榮景象❽。

2. 市鎮的成立

如據《寂廉法師集》的記載，鎌倉時代初期的檢非違使廳之別當（首長）藤原隆房，他擬將首都的政治恢復昔日狀貌，故不承認七條之市場而把商人全部趕走，結果，原來蕭條的三條、四條一帶頓時熱鬧起來。

大江匡房 (Ōeno Masafusa) 所撰《續本朝往生傳》〈阿闍梨覺真傳〉也說，七條町一帶的店家櫛比鱗排，出售各種各樣的物品。當時的店家模樣見於〈信貴山緣起繪卷〉及〈年中行事繪卷〉，成為現今京都通庭式住宅之起源。就如畫軸所見，當時店家有架子放置商品，且標示其所販售物品——招牌。東、西市所揭示者雖可能為文字招牌，但十世紀的店家則似乎利用圖畫招牌或模型招牌❾。

---

❼　古島敏雄，〈平安時代の農業〉，《圖說日本文化の歷史》，四。

❽　阿部猛，〈莊園市場の發展〉，《圖說日本文化の歷史》，四。

四、商業的擴展

1.地方市場的發達

從平安京商業之由官營東西市轉移到市鎮商業的過程裡，各地的市集也開始發達。我們雖無法從史料來探究以國衙為中心之地方交易圈的存在，但如果想到大量物資的運輸必需以國家權力為媒介，則國衙市集之扮演重要角色，實不難推測。

奈良時代市集之在平安時代仍成為小交易圈中心，可由《枕草子》所謂：「市有辰市。椿市乃在大和許多市集中前往長谷參拜者必逗留之處，以為與觀音菩薩有緣，至此而心情不同。有尾房市、餝磨 (Shikama) 之市，飛鳥之市」。《八雲御抄》則舉如下之市集名：

安倍市 （駿河）、陳市、椿市、三輪 (Miwa) 市、飛鳥市、輕市、磐餘 (Iware) 市、 西市 （大和）、餝磨市、 里市 (Satonoichi)、 尾房 (Ofusa，播磨） 市。

餝磨市位於國衙、國分寺附近，故可能為國衙之市。有關地方市集之史料雖不多，姑且舉一、二例子如下：在長承年間 （1130 年代），歌長清國之子末房至伊勢國益田莊的星川市場而擬從事交易，莊裡的職員久米為時欲循例向其徵收津料 （tsuryō，市場稅）。末房不服，不僅惡言相向，還拔刀胡亂揮舞，欲殺為時。為時雖幸免於難，但為作日後證據而沒收其刀。並且又召喚末房至政所，沒收其所有貨物「□五十隻，沙丁魚九束，米肆升伍合，稻十三把」。末房因恐被罰，乃從政所逃走。日後則自稱為伊勢神宮之神人 (jinin) 而作虛偽紀錄，申訴莊之政所違法取走其貨物。因當時在市

---

❿　阿部猛，〈莊園市場の發展〉，《圖說日本文化の歷史》，四。

集裡的人們作證末房有殺人之意如據律文的規定，末房須受「杖一百」之制裁云❿。亦即當時如要出入市集，就得繳納津料。

　　迄至十二世紀後半的安元年間 (1175～1177)，有可窺知地方市場具體情形的例子：即大和國原廣瀨郡（今葛城郡）有名為南鄉莊的東大寺領土。該莊園之東邊有葛城川，西側有高田川而地勢平坦。它由幾個名田所構成，規模可能不大。莊內居民都必須負擔夫役及各種各樣的「公事」。東大寺向該莊課徵的「雜公事」是：

　　　　魚、草蓆、真箆、簾子、鯵、青花魚、鰹魚、大干（大根、蘿蔔）、牛蒡、栗子、薪柴、松把、粽子、糯米、艾草、菖蒲、筆、橘子、草莓、雜紙、國絹、鹽。

上舉雜公事係以「名」為單位課徵，由沙汰人、莊官匯集繳交東大寺。這些公事的一部分出自農民之手，其他則在市場籌措。當東大寺要求繳納鯵魚作為祭神用品時，該莊居民所作答覆是：「鄉下市場無鯵魚。」❶對要求繳納國絹所為答覆是：「鄉下市場無此物」❷，而以麥來代替。如據《平安遺文》的記載，該莊應繳之簾子購自三輪市場❸。由此觀之，莊園的市場為籌措公事物品所不可或缺者。

2.批發商的起源

　　如要提及物資流通的問題，在中世則必須述及問丸❹(toimaru) 問題。

---

❿　竹內理三，《平安遺文》，第四七〇一號。

❶　竹內理三，《平安遺文》，第三七五七號。

❷　竹內理三，《平安遺文》，第三七八八號。

❸　竹內理三，《平安遺文》，第三七五四號。

❹　中世居住於港口或重要都市從事物資管理，仲介買賣等工作的業者。平安末期已出現於淀川、木津川、桂川等渡口從事貢賦物資上岸之領主，與準備旅行之

作為運輸業者、倉庫業者的問丸起源於古代，而「問」一詞則由來於華語的「邸」。邸指倉庫，《唐律疏義》以為邸係置物之處，將出售物貨的地方寫作「店」。在奈良時代，平城京之東市西側有相模國的調邸，它是保管由相模國送至首都之調物的倉庫。

有關問丸之最早史料見於源師時之日記《長秋記》保延元年的紀錄，它說：當石清水八幡宮舉行放生會之際，欽差一行從鳥羽殿門前走到桂川乘船至八幡宮，而由戶居男（toio，問男）準備船隻。嘉應元年藤原成親被流放備中國時，護送他的檢非違使居住於桂川旁的「播磨問易家」 ❶❶❺ (Harimatoiya)；治承三年春日祭使前往奈良之際，在木津 (Kotsu) 為其準備六艘船者則為「各國及各莊園之問丸」 ❶❶❻。因此，問丸在平安末期已出現於全國各地。

3. 皇朝十二錢

如前文所說，日本古代政府之正式鑄造貨幣，始於和銅元年的「和銅開珎」，和銅開珎有銀錢、銅錢兩種，不過銀錢在不久以後被廢。其後至平安時代中期的約二百五十年間，共鑄十一次的銅錢，合稱為皇朝十二錢。政府每當改鑄之際賺取其品質之差額，致貨幣品質降低而引起通貨膨脹。例如：貞觀永寶的文字不清楚，輪廓不完整，致人民不願使用。貨幣品質的下降，不僅使其信用掃地，並且又使新錢一等於舊錢價值之十，故大家死藏舊錢而無法使其流通。結果大家在交易時要求良幣而拒收劣幣（撰錢，erisen）。政府雖禁止這種行為，其效不彰。

「問」。迄至鎌倉時代則在鳥羽、坂本、敦賀 (Tsuyuga) 等地，也設倉庫以儲藏物資及從事準備船隻，提供住宿等業務。這些人員在初時由莊園領主支付津貼或使其擔任莊官，後來則成為獨立的業者。室町時代則從事各地物產之中盤買賣。江戶時代的問屋（tonya，批發商）即由此演進而成。

❶❶❺　平信範，《兵範記》。
❶❶❻　中山忠親，《山槐記》。

從永觀二年前後開始，人們不愛使用貨幣而物價上漲，鹽一升的價格從五十文漲至六十文；次年秋季起，則社會大眾俱不用貨幣，致造成交易上的不便，而這種情形持續年餘云❼。也就是說，當時的錢幣已失去作為法幣的價值，政府雖為使其流通而採取獎勵措施，卻未能達到目的。當時貨幣之所以無法暢通，其因不在商業不振，而在未能供應良質貨幣❽。

五、物資的流通與移動

1.借　上

在鎌倉時代，稱高利貸為借上 (kashiage)，其最早紀錄見於保延二年 (1136) 明法 (myōhō) 博士〈勘文案〉❾。如據該〈勘文案〉的記載，以琵琶湖岸之大津為根據地的日吉 (Hie) 社大津左、右方神人 (jinin) 們利用保管日吉社供米的機會，往來於諸國而將那些米以高利出借，出借時以借者（債務人）之私有領地作抵押，而借者的層面廣闊，地區也及於近江、越前、越中。值得注意的是借者多受領階層。由神人或僧侶所為私出舉，乃古代末期的重要問題之一，院政期的施政者已體認其為政治問題。藤原敦光在其保延元年的〈勘文〉裡說：

> 諸國士民為逃課役，或稱神人，或為惡僧，橫行部（國）內，對捍國務。加之居住京中之浮食大賈之人，或於近都借一物，向遠國貪三倍之利。或春時與少分，及秋節取大利。神人、惡僧等橫行京中，譴責債務者❿。

---

❼　阿部猛，〈莊園市場の發展〉《圖說日本文化の歷史》，四。

❽　阿部猛，〈莊園市場の發展〉《圖說日本文化の歷史》，四。

❾　竹內理三，《平安遺文》，第二三五〇號。所謂勘文，就是儒者、熟悉典章制度或各種行事者、陰陽家等，考據古例，擬定方向，並勘察其事慣例等，然後書寫自己意見，把它呈上朝廷或幕府將軍的文書。案，即草稿。

因此，政府雖三令五申其法禁，也無法遏止這種高利貸。

2.物產之移動與貿易

在律令體制下，農民的加工品雖以調、庸方式被匯集於京師，惟在十世紀以後，並非向農民直接徵收實物作為調、庸，而改為農民繳交貨款，由國衙統一購買的「交易備進體制」。經由交易而來的實物之收取，在令制下也以「諸國貢獻物」、「土毛」名稱存在著，前者為各地特產之金、銀、珠玉、皮革、羽毛等價格較高，或較珍貴而要送往京師的物品。土毛則是收購地方上的特產，將其送往京師。它們兩者俱屬臨時性質，交易的貨款以郡稻充之，由郡司負其責。如前文所說，貢獻物品被收納於內藏寮倉庫。貢獻物、土毛之制可能為律令財政制度成立以前的，國造朝貢之發展形態。這種制度之變遷情形雖不詳，但在《延喜式》已固定者有「年料別貢雜物」、「諸國貢蘇」、「年料雜器」、「交易雜器」、「交易雜物」等制度。年料別雜物以租穀當貨款來交易，其貨品除租穀外尚有：

> 麻、斐紙麻、墨、掃墨、青砥、鎌垣船、漆、柏、檳榔節、紫草、
> 長海松、牛角、黃楊、羚羊角、支石、杏仁、甘葛汁、胡桃子、木
> 賊、樺皮、牧牛皮。

除上述外，諸國每年貢獻之物品裡有藥物，它也屬年料別貢雜物之一，由山城國以下三十五國及大宰府貢獻❶。

蘇係藥用乳製品，《延喜式》將其出產國分為一至六組，每六年貢獻一次，由四十六國及大宰府進貢。

年料雜器由尾張、長門兩國繳納，以正稅作為交易貨款。其物品有瓷

---

❶ 藤原明衡，《本朝文粹》。

❶ 阿部猛，〈莊園市場の發展〉《圖說日本文化の歷史》，四。

器、椀、盞、杯等。

交易雜器由畿內五國及丹波國繳納，品目為：酒槽、臼、置簀。

交易雜物由五十二國及大宰府繳納，交易貨款由正稅扣除。貨品有烏賊、沙丁魚、白絹、鹿皮、金漆、醬大豆、大豆等。

上舉五種交易貢獻物與諸國貢獻物之調庸品相同。

3. 由莊園制而來的地方物產的進京

物資流通的另一個管道，就是根據莊園制收取體制系統而來的物資之集中京城。莊園領主從莊園收取者有年貢 (nengu ⑫)、雜公事、夫役三種。年貢多繳納米、麥，雜公事繳園裡的作物、水產或單純的加工品。由莊園繳交的貨物被貯藏於倉庫，並根據其用途支出、消費。攝關家等貴族擁有專門工人的工場，生產其所需之物品。就藤原忠實之家言之，他家有政所、藏人所、小舍人所、御隨身所、侍所、行事所、御續所、主殿所、御臺盤所、御厩、修理所、作物所、御服所、膳所、納殿、贄所、御倉町等機構，其中有具備倉庫、工場、廚房功能之功能者。御倉町儲藏家具與雜器，在此有工場，而冠師、佛師、鑄物師、塗師屬此。修理所為木工，作物所則係金工系統之工場，御服所從事紡織工作。

以首都為中心的物資流通，至平安末期已相當完備而似已能夠安定的提供各種貨物，商人們從各地攜往的地方名產也已成為貴族們日常生活不可或缺的東西⑫。

六、陸上交通與水運

1. 《延喜式》所見之交通路線

由於《延喜式》收錄著延長五年所完成有關交通方面的規定，故可知

---

⑫　莊園領主或封建領主向農民徵收的地租。

⑫　阿部猛，〈莊園市場の發展〉《圖說日本文化の歷史》，四。

平安時代初期的全國交通狀態。

　　以畿內、東海道為始的七條官道，原則上每隔三十里（十六公里）設一個驛，在驛換乘驛馬傳達中央與地方之間的信息。驛路分為大路、中路、小路，而以山陽道為大路，東山、東海兩道為中路，其他為小路，此乃根據〈廐牧令〉所作之區分。由此七道而成之官道網狀組織，到底完成於實施律令體制的哪一個階段？雖難究其詳，但奈良時代的路線與此《延喜式》既有不同處，驛馬之數目也有出入，故可能根據各該時期之政治情況逐漸修改而趨於完備。如果此官道組織係此一體制的原則，則此陸上交通體系之因水運而遭破壞，表示律令體制已無法維持其平衡❿。

2.都城周邊的交通系統

　　如據足利健亮的研究，當時的陸上交通，即七道的起點俱為平安京的羅生門，〔見圖五四〕然後向各地伸展。

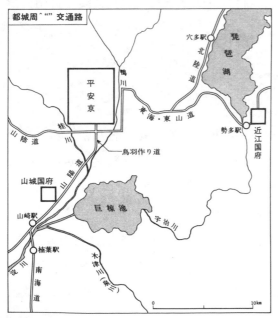

圖五四　都城周邊的交通路線
　　由此圖可知平安京附近的官道都是直行路線。從平安京羅生門向南直行者為「鳥羽之作道」，由此道轉往西南，然後再直行，可與久我畷 (Kuganawate) 聯結。此一路段被視為與北陸、東海、東山三道共用，而山城國府與近江國府均位於與官道有關的地點。典據：《圖說日本文化の歷史》，四，頁 122 所引足利健亮所繪之原圖。

---

❿　豐田稔，〈陸上交通と水運〉，《圖說日本文化の歷史》，四。

如從水運層面觀之，在地理上平安京較平城京為優，其故在於平安京以淀津為其外港，運費遠較陸上便宜。就瀨戶內海言之，在史料上，平安時代的瀨戶內海水運驟然呈現多方面的開展。平安初期海盜在此橫行，搶奪運往京師的官米。以伊豫日振島為據點而引發戰亂的藤原純友，即是瀨戶內海的海盜頭目，相傳在其手下的船隻多達一千五百艘。

當時的內海水運之一為從沿岸莊園運輸貢米，莊園領主確保運輸便利的港口而各有其運輸手段。例如：攝津的日吉神社占據著播磨國明石郡魚住濱，及加古郡阿閇津濱，石清水八幡宮的莊園經營著以淡路鳥飼莊，及播磨、備前、備後、安藝、周防、長門、伊豫等內海的沿岸地區。

筑前國觀世音寺位於九州遠賀川流域的莊園，為要將其年貢輸往其本寺——大和的東大寺，係利用瀨戶內海來搬運，其路線是沿著遠賀川而下，集結於博多後利用瀨戶內的航路。如據當時的紀錄，搬運稻米百石所需船費、祭船費、舵首、水手等之功食料共計四十五石，以及耗羨，警衛兵員之糧料等❿，故所費不貲。

七、平安人的旅遊

1.寺社與交通

平安末期，後白河上皇所撰《梁塵秘抄》卷二紀錄著八幡若宮、熊野若王子子守御前、比叡的山王十禪師、加茂有以片國貴船之大明神為始之名神、大社之名，及有靈驗的寺社之名，尤其以山城國之清水寺、賀茂社、稻荷社、石清水八幡宮，及山城國以外的石山寺、延曆寺、長谷寺、金剛峰寺、熊野三社為著。就常出現於平安時代文學作品與紀錄之石山寺而言，紀貫之所賦之歌裡提到該寺之名；十世紀中葉完成的《大和物語》第一七二則也有關於宇多天皇參拜該寺的紀錄。由於宇多參拜的次數太多，故國

---

❿　竹內理三，《平安遺文》，第二二九六號。

司曾慨歎勢將「民疲國亡」，故宇多曾令他國之直轄領地為其籌措經費云。

　　成書時間稍晚於《大和物語》的藤原道綱之母的《蜻蛉日記》，記載她於二十年間前往稻荷社兩次，賀茂社四次，長谷寺兩次，石山寺一次。她參拜石山寺時，以步行方式約費兩天半時間。道綱的異母弟藤原道長則除參拜祖祠春日社外曾前往十餘處寺院禮拜。

2.參拜熊野三山

　　熊野位於紀伊國（和歌山縣）。古代日人視熊野三山為聖地，從平安中期開始，以白河、鳥羽、後白河、後鳥羽各上皇為中心的貴族盛行至此參拜。所謂熊野三山，就是東牟婁郡本宮町的熊野本宮大社，同郡那智勝浦町的那智神社，及新宮市的熊野速玉神社。早在十世紀初的宇多上皇，十世紀末的花山院已有至此參拜的紀錄。如前文所說，《梁塵秘抄》言後白河上皇曾至此參拜三十三次，白河、鳥羽兩上皇及藤原氏的數名成員則曾至此十餘次。尤其上皇參拜時有許多貴族隨行，故其在沿途徵用之人馬甚多。藤原忠宗《中右記》所記元永元年 (1118) 九月所徵調之夫役凡八千一百一十四人，馬一百八十五匹，可見其勞民傷財之一斑。當時除皇族、貴族外，武士們也前往熊野，如平清盛於平治元年二月，於前往途中聞藤原信賴、源義朝發動武裝攻擊而急速返京，即是好例。

　　除上述外，紀貫之的《土佐日記》，及菅原孝標之女之《更級日記》也紀錄有關旅行的情景。

附錄一　憲法十七條

　　一曰：以和為貴，無忤為宗，人皆有黨，亦少達者。是以或不順君父，乍違于鄰里。然上和下睦，諧於論事，則事理自通，何事不成？二曰：篤敬三寶，三寶者佛、法、僧也。則四生之終歸，萬國之極宗，何世何人，非貴是法？人鮮尤惡，能教從之，其不歸三寶，何以直枉？三曰：承詔必謹，君則天之，臣則地之，天覆地載，四時順行，萬氣得通；地欲覆天，則致壞耳。是以君言臣承，上行下靡。故承詔必慎，不謹自敗。四曰：群卿百寮，以禮為本，其治民之本，要在乎禮。上不禮而下非齊，下無禮以必有罪。是以群臣有禮，位次不亂；百姓有禮，國家自治。五曰：絕餮棄欲，明辨訴訟。其百姓之訟，一日千事；一日尚爾，況乎累歲。頃治訟者，得利為常，見賄聽讞。便有財之訟，如石投水；乏者之訴，似水投石。是以貧民則不知所由，臣道亦於焉闕。六曰：懲惡勸善，古之良典，是以無匿人善，見惡必匡。其諂詐者，則為覆國家之利器。為絕人民之鋒劍，亦佞媚者。對上則好說下過，逢下則誹謗上失，其如此人，皆無忠於君，無仁於民，是大亂之本也。七曰：人各有任，掌宜不濫，其賢哲任官，頌音則起；奸者有官，禍亂則繁。世少生知，尅念作聖，事無大少，得人必治；時無急緩，遇賢自寬。因此國家永久，社稷勿危。故古聖王為官以求人，〔為人〕不求官。八曰：群卿百寮，早朝晏退，公事靡盬，終日難盡。是以遲朝不逮於急，早退必事不盡。九曰：信是義本，每事有信，其善惡成敗，要在於信。君臣共信，何事不成？君臣無信，萬事悉敗。十曰：絕忿棄瞋，不怒人違。人皆有心，心各有執。彼是則我非，我是則彼非；我必非聖，彼必非愚，共是凡夫耳。是非之理，詎能可定？相共賢愚，如鐶無端。是以彼人雖瞋，還恐我失，我獨雖得，從眾同舉。十一曰：明察功過，

賞罰必當。日者賞不在功，罰不在罪，執事群卿，宜明賞罰。十二日：國司、國造，勿歛百姓。國非二君，民無兩主，率土兆民，以王為主。所任官司，皆是王臣，何敢與公賦歛百姓？十三日：諸任官者，同知職掌。或病或使，有闕於事，然得知之日，和如曾識。其以非與聞，勿防（宕？）公務。十四日：群臣百寮，無有嫉妒。我既嫉人，人亦嫉我，嫉妒之患，不知其極。所以智勝於己則不悅，才優於己則嫉妒。是以五百〔歲〕之，乃今遇賢，千載以難待一聖，其不得賢聖，何以治國？十五日：背私向公，是臣之道矣，凡〔夫〕人有私必有恨，有憾必非同，非同則以私妨公，憾起則違制、害法。故初章云「上下和諧」，其亦是情歟。十六日：使民以時，古之良典，故冬月有間，以可使民。從春至秋，農桑之節，不可使民。其不農何食？不桑何服？十七日：夫事不可獨斷，必與眾宜論，少事是輕，不可必眾，唯逮論大事，若疑有失，故與眾相辨，辭則得理。

【典據：《日本書紀》，卷二二，〈推古天皇紀〉，十二年夏四月丙寅朔戊辰條。】

附錄二　改新之詔

　　其一曰：罷昔在天皇等所立子代之民，處處屯倉及別臣連、伴造、國造、村首所有部曲之民，處處田庄，仍賜食封，大夫以上，各有差。降以布帛賜官人、百姓有差。又曰：「大夫所使治民也，能盡其治，則民賴之，故重其祿，所以為民也。」其二曰：「初修京師，置畿內、國司、關塞、斥候、防人、驛馬，及造鈴契、定山河。凡京每坊置長〔一〕人，四坊置令一人，掌按撿戶口，督察奸非，其坊令取坊內明廉強直堪時務者充。里坊長並取里坊百姓清正強幹者充。若當里坊無人，聽於比里坊簡用。凡畿內東自名墾橫河以來，南自紀伊兄山以來，西自赤石櫛淵以來，北自近江狹狹波合坂山以來為畿內國。凡郡以四十里為大郡，三十里以下四里以上為中郡，三里為小郡。其郡司並取國造性識清廉堪時務者為大領、少領。強幹聰敏工書算者為主政、主帳。凡給驛馬、傳馬，皆依鈴傳符剋數。凡諸國及關給鈴契，並長官執，無次官執。」其三曰：「初造戶籍、計帳，班田收授之法，凡五十戶為里。每里置長一人，掌按檢戶口，課殖農桑，禁察非違，催駈賦役。若山谷阻險，地遠人稀之處，隨便量置。凡田長卅步，廣十二步為段，十段為町。段租稻二束二把，町租稻廿二束。」其四曰：「罷舊賦役而行田之調，凡絹、絁、絲、棉，並隨鄉土所出。田一町絹一丈，四町成疋。長四丈，廣二尺半，絁二丈，二町成疋。長、廣同絹，布四丈，長、〔廣〕同絹、絁，一町成端。別收戶別之調，一戶貨布一丈二尺，凡調副物鹽贄，亦隨鄉土所出。凡官馬者，中馬每一百戶輸一疋，若細馬每二百戶輸一疋，其買馬直者，一戶布一丈二尺。凡兵者人身輸刀、甲、弓、矢、幡、鼓，凡仕丁者，改舊每卅戶一人，而每五十戶一人以充。諸司以五十戶充，仕丁一人之糧，一戶庸布一丈二尺，庸米五斗。凡采女

者，貢郡少領以上姊妹及子女形容端正者，以一百戶充采女一人，糧、庸布、庸米皆准仕丁。

【典據：《日本書紀》，卷二五，〈孝德天皇紀〉，大化二年春正月甲子朔條。】

日本史（修訂三版） 林明德／著

過去二千年來的中日關係，日本受惠於中國者甚厚，但近百年來，日本報之於中國者極酷。中國飽受日本之害，卻不甚了解日本。本書雖不抹煞日本所受中國文戶影響之深，但卻著重日本歷史文化發展的主體性，俾能深入了解日本歷史的獨特發展模式及其文化特徵。

日本近代史（四版） 林明德／著

本書起自明治維新以迄今日的發展，詳述近代日本在接觸西方文化的過程中，如何博採東西方文化之長處、勵精圖治，一面發展經濟與現代化，一面制定對外策略，於瞬息萬變的時代找到國家與民族的定位，並在一波波國內危機、國際局勢變化中突破困境，持續茁壯發展。

日本現代史（二版） 許介鱗／著

作者參酌豐富的史料文獻，具體分析1945年後及至今日，日本如何因應這些挑戰，並一步步邁向現代化國家的歷程，帶領讀者理解戰後日本史的許多重要議題，尤其獨特的是，本書更參酌了日本的國情與民族性，兼具歷史研究的理性與國族情懷的感性，為現代日本的形成，尋求一個答案。

日本通史（增訂二版） 林明德／著

日本人善於模仿，日本文化可說是以先進文化為典範而形成。日本積極的吸取中國文化，與日本固有文化相融合，產生了「和魂洋才」和「國風文化」。直到明治維新時期，才轉而吸收歐美文化。本書闡析日本歷史的發展過程，並探討日本的民族性、階層制度與群體意識等問題，從各層面了解日本的歷史文化。

近代中日關係史（修訂二版）　　林明德／著

日本自明治維新後，即步上歐美帝國主義之後塵，對亞洲大肆侵略，一部近代中日關係史，即在日本大陸政策陰影下發展，飽含中國人辛酸血淚。作者有鑑於此，擬以史家史筆探討近代中日關係之演變發展，激發國人認識日本，重視中日關係之未來發展。

日本中世史　　鄭樑生／著

日本中世史始於十二世紀末的鎌倉幕府，直到十六世紀室町幕府滅亡為止。這個時期最主要的特色就是天皇勢力的衰落，以及武士階層的興起。在這個「下剋上」的時代裡，不僅在政治方面出現了重大的變化，武士階層與庶民也逐漸在文化方面發揮其影響力，使得此時的日本，出現了不同於古代史的新氣息。本書最後更闡明日本戰國時期的發展，完整呈現從中世過渡到近世的過程。

日本史──矜持的變色龍　　廖敏淑／著

日本列島位於東亞大陸北側，浮懸海上，其地理位置造就其歷史發展的獨特性。列島上的人們，自古以來長期吸收外來文明，就像是條靈活變化、順勢而為的變色龍，隨著環境改換面目來適應衝擊與變局，但同時又能維持自身特色，打造因地制宜的傳統，最後發展出獨樹一幟的歷史文化。

日本史──現代化的東方文明國家　　鄭樑生／著

她擁有優雅典美的傳統文化，也有著現代化國家的富強進步。日本從封建的舊式帝國邁向強權之路，任誰也無法阻擋她的發光發亮。她是如何辦到的？值得同樣身為島國民族的我們學習。

秦漢史論稿（二版）　　邢義田／著

本書收錄論文計十一篇，書評與資料介紹共六篇，全書四十五萬言。論文所涉從天下觀到山東、山西之分野，從鄉里聚落到壁畫發展，雖似漫無涯際，實則皆以探究秦漢政治與社會生活之關係為重心。言天下觀、皇帝制度，意在說明中國中心之天下觀如何形成，皇帝又如何而為「萬物之樞機」（董仲舒語）。

隋唐史（上）：盛世帝國　　王壽南／著

描繪隋唐帝國的盛世景色和興亡輪替，並廣及璀璨瑰麗、影響深遠的文化風采。本書從政治史的角度切入，看隋朝如何統一南北分裂百餘年的中國，卻又不到半世紀便崩毀滅亡？而李氏一家如何真正終結亂世，創建威震天下的大唐帝國？中國唯一的女皇帝武則天、唐玄宗與楊貴妃的纏綿悱惻、安史之亂與盛世的終結……帶您一覽隋唐兩代的風起雲湧！

隋唐史（下）：璀璨文化　　王壽南／著

描繪隋唐帝國的盛世景色和興亡輪替，並廣及璀璨瑰麗、影響深遠的文化風采。本書分專章介紹隋、唐時代的制度與文化。科舉考試考什麼？入朝為官小訣竅？均田、租庸調、兩稅如何維繫國家命脈？而在盛唐帝國的滋養下，更成就文人雅士創造出意境深遠、萬古流芳的絕妙好詩。世界帝國的制度特色與豐富文化內涵，盡在書中！

南宋地方武力（修訂二版）　　黃寬重／著

本書論及南宋為何以江南半壁山河能夠立國百餘年之原因、南宋政權之性質以及南宋對強幹弱枝國策的重大修正，而且將地方武力的問題置於南宋中央與地方關係的脈絡中討論，充分掌握了時代特性與問題關鍵。具有高度原創性，對瞭解宋代軍事、政治與社會貢獻甚大。

明清史（三版）　　陳捷先／著

當過和尚的朱元璋如何擊敗群雄、一統天下？何以神宗皇帝二十多年不肯上朝理政？雍正有沒有改詔奪位？乾隆皇究竟是不是漢人？中國歷史悠久綿長，明清兩代是上承帝制下啟共和的重要關鍵時期。作者以深入淺出的筆法，清晰地介紹明清兩朝的建國歷程和典章制度；並以獨到的見解，臧否歷任帝王治績、析論兩朝盛衰之因，值得關心明清史事的人一讀。

明朝酒文化（二版）　　王春瑜／著

在中國歷史的長河之中，酒從一種飲品變成一種文化，上至政治、外交、律法，下至文學、禮俗、醫學等，都有酒的身影。作者以小見大，用酒的角度作為出發點，探究明朝政治社會文化的發展，以酒為墨，渲染出一幅幅鮮活生動的明朝社會生活。

中國近代史（簡史）（六版）　　李雲漢／著

中國近代三百年，一本全都知！豐富的圖文內容，帶您瀏覽中國大江山河的歷史演變。本書敘事範圍橫跨三百年，從滿清建國至民國九十年代，是一部層次分明，文字清暢的中國近代史。中國近代史大家李雲漢教授詳盡敘寫了轟隆砲響下的大時代變化，從晚清的近代化、中華民國對民主共和的追求，一路到近年來的兩岸關係。

中國現代史（增訂九版）　　薛化元／著

本書分題論列中國與臺灣現代歷史的發展脈絡，並評析其歷史涵義。對於這段歷史過程中的重大事件，論述不求其詳備，而取其精義，且與時並進，希望能讓讀者有系統而概念性的理解。關於這段歷史過程中諱莫難明的史事，也參酌最新研究成果，務求確實無訛，盼望亦能讓讀者有超越傳統歷史論述的認知。

韓國史——悲劇的循環與宿命　　朱立熙／著

位居東亞大陸與海洋的交接，注定了韓國命運的多舛，在中日兩國的股掌中輾轉，歷經戰亂的波及。然而國家的困窘，卻塑造出堅毅的民族性，愈挫愈勇，也為韓國打開另一扇新世紀之窗。

越南史——堅毅不屈的半島之龍　　鄭永常／著

龍是越南祖先的形象化身，代表美好與神聖。這些特質彷彿也存在於越南人民的靈魂中，使其永不屈服於強權與失敗。且看越南如何以堅毅不撓的精神，開創歷史的新篇章。

印尼史——異中求同的海上神鷹　　李美賢／著

印尼是一個多元、複雜的國家——不論在地理或人文上都是如此。印尼國徽中，神鷹腳下牢牢地抓住 "Bhinneka Tunggal Ika" 一句古爪哇用語，意為「形體雖異，本質卻一」，也就是「異中求同」的意思。它似乎是這個國家最佳的寫照：掙扎在求同與存異之間，以期鞏固這個民族國家。

愛爾蘭史——詩人與歌者的國度　　周惠民／著

愛爾蘭與臺灣皆為海島國家，前者環大西洋而立，後者鄰於太平洋，也因其優良的地理位置，吸引諸多民族到訪、開墾，抑或統治，但其歷史卻鮮為人知。因此，本書以愛爾蘭歷史為核心，從政治、經濟、文化、藝術等多方面建構愛爾蘭，期盼讀者能輕鬆閱讀愛爾蘭的歷史，並一同悠遊於「詩人與歌者的國度」。

伊拉克史——兩河流域的榮與辱　　鄭慧慈／著

兩河流域的人民，自古雖飽受幼發拉底河與底格里斯河氾濫所苦，卻能憑藉洪水沖積後的肥沃土壤，創造出歷史上最古老的農耕文明之一。這塊成就人類文明、靈性的搖籃，如何化作流淌血與淚的悲痛地？本書參酌豐富史料，以政治、文化為主軸，細述伊拉克的數千年歷史，邀您一同見證兩河流域的榮與辱。

捷克史——波希米亞的傳奇　　周力行／著

位處歐洲心臟地帶的捷克，深受日耳曼和拉丁文化勢力的影響，也是傳統歐洲與斯拉夫世界的橋樑。二次大戰後捷克陷於蘇聯的鐵幕之下，1968年的布拉格之春喚起捷克沉睡的靈魂，而1989年的絲絨革命，終為捷克的民主化開啟新頁。

波蘭史——譜寫悲壯樂章的民族　　洪茂雄／著

十八世紀後其波蘭被強鄰三度瓜分，波蘭之所以能復國，正顯示波蘭文化自強不息的生命力。二十世紀「團結工會」推動波蘭和平改革，又為東歐國家民主化揭開序幕。波蘭的發展與歐洲歷史緊密相連，欲了解歐洲，應先對波蘭有所認識。

奈及利亞史——分崩離析的西非古國　　黃女玲／著

奈及利亞，這個被「創造」出來的國家，是歐洲帝國主義影響下的歷史遺緒。國內族群多元且紛雜，無法形塑國家認同、凝聚團結意識；加上政治崩壞、經濟利益瓜分不均，使得內戰不斷、瀕臨分崩離析的局面。今日的奈及利亞，如何擺脫泥沼，重展非洲雄鷹之姿？

伊朗史——創造世界局勢的國家　　陳立樵／著

曾是「世界中心」的伊朗，如今卻轉變成負面印象的代名詞，以西方為主體的觀點淹沒了伊朗的聲音。本書嘗試站在伊朗的角度，重新思考那些我們習以為常的觀念與說法，深入介紹伊朗的歷史、文化、政治發展。伊朗的發展史，值得所有關心國際變化的讀者深入閱讀。

阿富汗史——戰爭與貧困蹂躪的國家　　劉雲／著

經歷異族入侵，列強覬覦，阿富汗人民建立民族國家，在大國夾縫中求生存，展現堅韌的生命力。然而內戰又使阿富汗陷於貧困與分裂，戰火轟隆下，傷痕累累的阿富汗該如何擺脫陰影，重獲新生？

希臘史——歐洲文明的起源　　劉增泉／編著

希臘擁有偉大而悠久的歷史，走向現代的路途卻是顛簸坎坷。這個歐洲文明的起源地，能否發揮她古老的智慧，航向名為未來的彼岸呢？本書將帶您一起見證，希臘如何經歷數千年的歲月，打磨出其歷久彌新的榮光。

丹麥史——航向新世紀的童話王國　　許智偉／著

風景秀麗的丹麥孕育了安徒生瀾漫的童話，隨手汲拾皆是美麗的故事，在充滿花香和書香的土地上，給予人們充滿希望的福音，也為世界和平帶來一股清流。
本書經由親身的體驗與文獻的理解，說明美麗而動人的童話王國——丹麥之歷史淵源。

智利史——山海環繞的絲帶國　何國世／著

智利位處南美邊緣，東面為雄偉的安地斯山脈，西面為一望無際的太平洋。天然的地理限制，使智利向南北發展，造就如絲帶般的狹長國土。然而山海環繞、與世隔絕的環境並未阻礙智利人前進的腳步，他們突破大山大海的限制，強勢逆襲，成功躋身拉美強國之列。

俄羅斯史——謎樣的國度　周雪舫／著

俄國詩人布洛克在《野蠻人》詩中提及：「俄羅斯是個難解的謎。」英國首相邱吉爾在1946年的鐵幕演說中也提及蘇俄：「那是謎中之謎，外裹一層極具奧秘的謎語。」本書依時間順序展開敘述，旁及各時期的政治、外交、經濟、社會、文化等各層面，希冀將俄羅斯千餘年來的發展特色呈現給讀者，為您解開俄羅斯的層層奧秘。

尼泊爾史——雪峰之側的古老國度　洪霞／著

雪山之側的古老王國尼泊爾，冰川林立，山河壯麗，風光宜人，是世界上著名的遊覽勝地，號稱「亞洲的瑞士」。它也是一個歷史悠久、文化燦爛的古國。獨立之後，它努力在政治、經濟、文化、外交各個方面走自己的路，試圖擺脫貧困和落後。

法國史——自由與浪漫的激情演繹　劉金源／著

法國是當今世界舉足輕重的大國，也是一個有著悠久的歷史、燦爛的文化、發達的經濟以及獨特的魅力的國家。本書以時間為經，以政治、經濟、社會等為緯，揭示了法蘭西民族獨特的民族稟賦與魅力，展現了其所開創的以「自由」與「浪漫」為特徵的現代文明。

西班牙史——首開殖民美洲的國家　　方真真、方淑如／著

西班牙，大航海時代的海上強權，締造了傲人的日不落國，也將王國帶入前所未有的輝煌。在時代的轉移下，經歷高潮、低盪、君權和獨裁，今日的西班牙，終於走出一條民主之路。

奧地利史——藍色多瑙國度的興衰與重生　　杜子信／著

十九世紀時，民族主義在奧地利掀起滔天巨浪，帝國步入了命運的黃昏，日漸分崩離析。二次大戰後，奧地利更被迫斬斷與德意志世界聯繫的根。在此之前，他們自認是「德意志人」；自此之後，「奧地利人」取而代之，持續在世界舞臺上綻放璀璨耀眼的光芒。

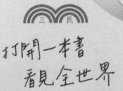

國家圖書館出版品預行編目資料

日本古代史／鄭樑生著.－－二版一刷.－－臺北市：
三民，2024
面；　公分

ISBN 978-957-14-7518-9 （平裝）
1. 日本史 2. 古代史

731.21   111013246

日本古代史

作　　者	鄭樑生
發 行 人	劉振強
出 版 者	三民書局股份有限公司
地　　址	臺北市復興北路 386 號 (復北門市)
	臺北市重慶南路一段 61 號 (重南門市)
電　　話	(02)25006600
網　　址	三民網路書店 https://www.sanmin.com.tw
出版日期	初版一刷 2006 年 6 月
	二版一刷 2024 年 1 月
書籍編號	S730200
Ｉ Ｓ Ｂ Ｎ	978-957-14-7518-9